J. Schweitzer Verlag (Arthur Sellier) München.

Becher, Dr. H., k. Landgerichtsrath, **Die gesammten Materialien** zu den das **Bürgerliche Gesetzbuch und seine Nebengesetze** betreffenden **bayerischen Gesetzen und Verordnungen.**

Die bisher ausgegebenen **18** Lieferungen enthalten:

I. Abth.: **Gesetz, betr. die Vorbereitung der Anlegung des Grundbuchs.**
II. Abth.: **Gesetz, betr. das Unschädlichkeitszeugniß.** (Vollständig.)
III. Abth.: **Gesetz über das Liegenschaftsrecht in der Pfalz.** (Vollständig.)
IV./V. Abth.: Bd. 1. **Ausführungsgesetz zum B.G.B.** (bis zur Vereinigung mit dem Entwurf eines Gesetzes, die durch die Einführung des B.G.B. veranlaßten Aenderungen der seit 1818 erl. Gesetze betr.). (Vollständig.)
IV./V. Abth.: Bd. 2. **Gesetz, die durch die Einführung des Bürgerlichen Gesetzbuchs veranlaßten Aenderungen der seit 1818 erlassenen Gesetze betr.** (bis zur Vereinigung mit dem Entwurf eines Ausführungsgesetzes zum B.G.B.). (Vollständig.)
IV./V. Abth.: Bd. 3. **Ausführungsgesetz zum B.G.B.** (nach Vereinigung mit dem in Abth. IV/V Bd. 2 enth. Gesetze). (Vollständig.)
VI. Abth.: **Ausführungsgesetz zur Grundbuchordnung und zu dem Gesetz über die Zwangsversteigerung und die Zwangsverwaltung.** (Vollständig.)
VII. Abth.: **Gesetz, die durch die Einführung des Bürgerlichen Gesetzbuchs veranlaßten Uebergangsvorschriften betr.** (Vollständig.)
VIII. (Schluß-)Abth.: **Notariatsgesetz.** (Vollständig.)

Diese 18 Lieferungen kosten Mk. 52.—. Zu den vollständigen Abtheilungen II—VIII können Einbanddecken zum Preise von je 50 Pfg. bezogen werden. Einzelne Teile des Werkes werden nicht abgegeben. Der Schluß des Werkes ist baldigst zu erwarten.

☞ Bei dem **außerordentlich billigen Preise** dieser Materialien, die natürlich nur **in weit geringerer Auflage** gedruckt werden können, als jene zu den **Reichs**gesetzen, dürfte **nach Vollendung des Werkes eine Preis-Erhöhung** eintreten! **Auf keinen Fall findet eine Preisermäßigung statt.**

Becher, Dr. H., k. Landgerichtsrath, **Die Ausführungsgesetze zum Bürgerlichen Gesetzbuche. Sammlung der von den Bundesstaaten zur Ausführung des Bürgerlichen Gesetzbuchs und seiner Nebengesetze erlassenen Gesetze und mit Gesetzeskraft versehenen Verordnungen.** Bis Juni 1900 lagen vor Lief. 1—8. (128 Bogen.) **Mk. 19.40.**

Die Anlage des Werkes ist derart, daß jeder Bundesstaat eine selbständige Abtheilung mit eigenen fortlaufenden Nummern und Seitenzahlen erhält. Die Reihenfolge der 26 Bundesstaaten ist der Uebersichtlichkeit u. des leichteren Aufschlagens wegen alphabetisch. Innerhalb jeder Abtheilung (Bundesstaat) werden die Gesetze und Verordnungen in chronologischer Reihenfolge gebracht.

Maenner, Karl, k. Oberlandesgerichtsrath, **Das Recht der Grundstücke nach dem Bürgerlichen Gesetzbuche und der Grundbuchordnung für das Deutsche Reich.** 8°. (VIII und 408 Seiten), broschirt **Mk. 9.—,** in Halbfranz gebd. **Mk 11.—.**

Reidel, F., k. Amtsrichter, **Gesetz über die Angelegenheiten der freiwilligen Gerichtsbarkeit** vom 17. Mai 1898. Handausgabe mit Erläuterungen und ausführlichem Sachregister. 8°. (10 Bogen.) In Ganzleinen gebd. **Mk. 3.20.**

Ergänzungsbändchen, enthaltend **Erläuterungen auf Grund der bayer. Ausführungsbestimmungen.** 8°. (6 Bogen.) kart. **Mk. 1.60.**

Dispeker, Dr. S., Rechtsanwalt, **Alphabetisch geordneter Führer durch das Bürgerliche Gesetzbuch** und dessen Nebengesetze mit besonderer Berücksichtigung der für Bayern geltenden Bestimmungen. gr. 8°. (24½ Bogen.) Eleg. in Halbfranz gebunden **Mk. 9.—.**

Die Notariatsgebührenordnung

für das

Königreich Bayern

mit den einschlägigen Bestimmungen des Gebührengesetzes in der Fassung vom 11. November 1899,

und einer

Tabellarischen Berechnung

der bei Notariatsgeschäften anfallenden Staats-, Gemeinde- und Notariats-Gebühren

bearbeitet von

Heinrich Kaisenberg,
Kgl. Notar in München.

München 1900.
J. Schweitzer Verlag (Arthur Sellier).

Kgl. Hof- u. Univ.-Buchdruckerei von Fr. Junge (Junge & Sohn) Erlangen

Vorwort.

Gegenwärtiges Buch soll den Notaren und ihren Gehilfen, insbesondere den mit der Gebührenbewerthung betrauten Gehilfen, ein übersichtliches und vollständiges Hilfs- und Nachschlagebuch für das ganze notarielle Kosten- und Gebührenwesen bieten. Die vielfachen Nachfragen, welche seit Ankündigung des Buches dem Verfasser wie der Verlagsbuchhandlung aus Notariatskreisen zugekommen sind, sprechen für das Bedürfniß eines solchen Hilfsmittels.

In dem ersten Theil des Buches sind die gesetzlichen Bestimmungen bezüglich der Staatsgebühren und örtlichen Besitzveränderungsabgaben nebst Vollzugsvorschriften und die Notariatsgebührenordnung aufgenommen. Die den bezüglichen Bestimmungen des Gebührengesetzes in der Fassung vom 11. November 1899 beigefügten Anmerkungen bezwecken vor Allem die Aenderungen, welche das Gesetz über das Gebührenwesen durch die Novelle vom 9. Juni 1899 erfahren hat, hervorzuheben und mit den bisherigen Bestimmungen zu vergleichen. Außerdem ist darauf Bedacht genommen, überall auf die einschlägigen Bestimmungen des Bürgerlichen Gesetzbuches hinzuweisen und deren Anwendung an einzelnen praktischen Beispielen zu erläutern.

Die der Notariatsgebührenordnung beigefügten Noten können zwar weder auf Vollständigkeit noch auf Einwandfreiheit Anspruch machen, werden aber trotzdem den Herren Kollegen und ihrem Hilfspersonal manche praktische Winke und willkommene Anhaltspunkte für Berechnung der Notariatsgebühren bieten und dazu beitragen, Unsicherheiten und Ungleichheiten in der Praxis zu vermeiden.

Besondere Sorgfalt ist dem zweiten Theile des Buches, der tabellarischen Berechnung der Staatsgebühren, örtlichen Besitzveränderungsabgaben und Notariatsgebühren zugewendet. Diese Gebührentabellen sind im Anschluß und nach dem bewährten System der bisher Reber'schen Tabellen, welche längst vergriffen sind und ein unentbehrliches Hilfsmittel in jeder Notariatskanzlei gebildet haben, bearbeitet und zwar in theilweise vollständig neuer Berechnung unter Berücksichtigung der durch die neuen Gebührenvorschriften bedingten Aenderungen.

Solche Aenderungen haben sich zunächst theilweise bei den Staatsgebühren ergeben, indem vor Allem die Gebühren für Hypothekbestellung von 3‰ und 6‰ auf $2^1/_2$‰ und 5‰ ermäßigt sind. Dann mußten, um den Zweck der Tabellen, rasch und sicher alle anfallenden Gebühren für jede Gegenstandssumme übersichtlich zusammen zu stellen, zu erreichen, in einer eigenen Rubrik die gemeindlichen Besitzveränderungsabgaben berechnet werden. Diese Rubrik reiht sich den Staatsgebühren für Besitzveränderungen d. i. den Mutationsgebühren unmittelbar an, um das Zusammengehörige auch zusammen zu bieten.

Die Notariatsgebühren sind entsprechend den in Art. 12 der Notariatsgebührenordnung vom 28. Dezember 1899 normirten Werthklassen und nach den einzelnen prozentablen Sätzen berechnet und ermöglichen die den einzelnen Rubriken beigefügten Artikel der Notariatsgebührenordnung ein rasches und sicheres Nachschlagen.

Bei der ziemlich mühsamen Bearbeitung der Tabellen wurde ich in dankenswerther Weise von Herrn Notariatskonzipienten Franz Engert in Augsburg unterstützt, dem ich hiemit meinen gebührenden Dank erstatte.

München, Pfingsten 1900.

Der Verfasser.

Abkürzungen.

A.G. = Ausführungsgesetz.
A.V. = Allerhöchste Verordnung.
B.G.B. = Bürgerliches Gesetzbuch.
C.P.O. = Civilprozeßordnung.
E.G. = Einführungsgesetz.
F.M.B. = F.M.Bktm. = Bekanntmachung des Kgl. Staatsministeriums der Finanzen.
F.M.Bl. = Finanzministerialblatt für das Königreich Bayern.
G.O. = Gesch.O. = Geschäftsordnung für die Notariate vom 24. Dezember 1899.
Geb.O. = Notariatsgebührenordnung vom 28. Dezember 1899.
Geb.G. = Gesetz über das Gebührenwesen in der Fassung vom 11. November 1899.
G.F.G. = G. freiw. G. = Gesetz über die Angelegenheiten der freiwilligen Gerichtsbarkeit.
G.K.G. = Reichsgerichtskostengesetz.
G.V.G. = Gerichtsverfassungsgesetz.
G.V.Bl. = Gesetz- und Verordnungsblatt.
Gr.B.O. = Grundbuchordnung.
H.G.B. = Handelsgesetzbuch.
J. = Instr. = Bekanntmachung des Kgl. Staatsministeriums der Finanzen vom 25. Dezember 1899, Instruktion zum Vollzuge des Reichsgerichtskostengesetzes und des Gesetzes über das Gebührenwesen betr.
J.M.B. = J.M.Bktm. = Bekanntmachung des Kgl. Staatsministeriums der Justiz.
J.M.Bl. = Justizministerialblatt für das Königreich Bayern.
K.O. = Konkursordnung.
N.G. = Not.G. = Notariatsgesetz vom 9. Juni 1899.
St.Pr.O. = Strafprozeßordnung.
Ue.G. = Gesetz, Uebergangsvorschriften zum Bürgerlichen Gesetzbuche betr., vom 9. Juni 1899.
W.O. = Wechselordnung.
Zw.V.G. = Reichsgesetz über die Zwangsversteigerung und die Zwangsverwaltung vom 24. März 1897.
Burkhard = Kommentar zum bayerischen Gesetz über das Gebührenwesen mit Nachtrag von Wilhelm Burkhard.
Pfaff = Das bayerische Gesetz über das Gebührenwesen in der Fassung der Bekanntmachung vom 11. November 1899, 4. Auflage 1900, von Hermann von Pfaff und Anton von Reisenegger, Ministerialräthen im Kgl. Staatsministerium der Finanzen.

Inhaltsverzeichniß.

I. Theil.

Gebührengesetz und Notariats-Gebührenordnung mit Vollzugsvorschriften.

II. Theil.

Druckfehler-Berichtigung.

Seite 21 Zeile 4 von unten ist statt „Art. 116" richtig zu lesen: „Art. 117."
„ 23 „ 3 „ oben ist statt „je nach dem" richtig zu lesen: „je nachdem."
„ 23 „ 8 „ „ ist statt „einlegt" richtig zu lesen: „eingelegt."
„ 63 „ ist in der Ueberschrift das Datum der Bekanntmachung statt 23. Dezember 1899 richtig zu lesen: „25. Dezember 1899."

Seite 121 ist in Zeile 20 von oben statt: „sohin einen Rücklaß von 2000 Mk." richtig zu lesen: „sohin reinen Rücklaß von 2000 Mk."

Seite	121	Zeile	13	von	unten	ist	statt:	„Geb.O."	richtig	zu	lesen:	„Gesch.O."
„	124	„	16	„	„	„	„	„	„	„	„	„
„	126	„	15	„	„	„	„	„	„	„	„	„
„	126	„	7	„	„	„	„	„	„	„	„	„
„	132	„	17	„	oben	„	„	„	„	„	„	„
„	132	„	2	„	unten	„	„	„	„	„	„	„
„	137	„	11	„	„	„	„	„langsamer"	„	„	„	„sorgsamer."
„	139	„	10	„	oben	„	„	„sind"	„	„	„	„und."
„	140	„	1	„	„	„	„	„Entlassung"	„	„	„	„Erlassung."

I. Theil.

Gebührengesetz

und

Notariats-Gebühren-Ordnung

mit Vollzugsvorschriften.

Auszug

aus dem

Gesetz über das Gebührenwesen

in der Fassung vom 11. November 1899.

(G.V.Bl. 1899 Seite 904.)

Erste Abtheilung.

Einleitende Bestimmungen.

Artikel 1.

Die in gegenwärtigem Gesetze bestimmten Gebühren treten an die Stelle der bisherigen Taxen, Einregistrirungs- und Stempelgebühren. Dieselben sind öffentliche Abgaben und fließen, soweit nicht gesetzlich etwas Anderes bestimmt ist, in die Staatskasse.

Anm. Die Gerichtskosten und Gebühren der Behörden, insbesondere die Gebühren für notarielle Beurkundungen, sind öffentliche Abgaben und genießen als solche die Priorität und den Schutz der Staatsabgaben; vergl. K.O. § 61 Ziff. 2, Str.P.O. § 459 ff. Die Staatsgebühren verjähren nach drei Jahren; A.G. z. B.G.B. Art. 124.

Artikel 2.

Der Mindestbetrag einer Gebühr ist 20 Pfennig, vorbehaltlich der Bestimmung im Art. 266 Abs. 3.

Pfennigbeträge, welche ohne Bruch nicht durch zehn theilbar sind, werden auf den nächst höheren durch zehn theilbaren Betrag abgerundet.

Anm. Nach Art. 266 Abs. 3 beträgt die Mindestgebühr bei Feuerversicherungen 10 Pfennig.

Artikel 3.

Gebühren werden nicht erhoben:

1. für Amtshandlungen, welche unabhängig von dem Verschulden einer Partei im öffentlichen Interesse von Amtswegen gepflogen werden;
2. wenn die Gebühr aus der Reichs- oder Staats-Kasse bezahlt werden müßte;

   Gleiches gilt von der Civilliste des Königs.

3. wenn die Tax- und Stempel- oder Gebührenfreiheit durch Gesetze, Verordnungen oder Staatsverträge ausgesprochen ist;
4. in Gegenständen der Dienstaufsicht und Disziplin;
5. in dem Verfahren wegen Verhängung von Ordnungs- und Ungehorsamsstrafen im Sinne des Art. 3 Ziff. 1 des Gesetzes zur Ausführung der Reichs-Strafprozeßordnung. In der Beschwerdeinstanz findet diese Bestimmung keine Anwendung.

Anm. Zusammenstellung der durch Gesetz bestimmten Gebührenfreiheit siehe Burkhard S. 85—93, 510; Pfaff S. 15—20.

Artikel 4.

Personen, deren Zahlungsunfähigkeit amtsbekannt oder durch obrigkeitliche Zeugnisse bescheinigt ist, haben in Gegenständen der Verwaltung und Verwaltungsrechtspflege auf einstweilige Befreiung von Gebühren Anspruch.

In den Angelegenheiten, in welchen der Notar seine Amtsgeschäfte vorläufig unentgeltlich vorzunehmen hat, werden auch Staatsgebühren vorläufig nicht erhoben. Die über die Verpflichtung des Notars, sein Amt vorläufig unentgeltlich auszuüben, ergehende Entscheidung wirkt auch in Ansehung der Staatsgebühren. Das Recht, auf die Entscheidung des Landgerichts anzutragen, sowie die Beschwerde gegen die Entscheidung des Landgerichts steht auch der Regierungsfinanzkammer zu.

Anm. 1. Vergl. Ges. freiw. Ger. § 14, A.G. z. B.G.B. Art. 129 und A.G. z. Gr.B.O. Art. 8, wonach die Bestimmungen der Civilprozeßordnung über Bewilligung des Armenrechtes auch für die Angelegenheiten der freiwilligen Gerichtsbarkeit und Grundbuchssachen gelten.

Anm. 2. Zu Abs. 2 vergl. Not.Ges. Art. 53, wonach der Notar, soweit nicht besondere Vorschriften maßgebend sind, verpflichtet ist, die Amtsgeschäfte vorläufig unentgeltlich vorzunehmen, wenn die Betheiligten, die ihn um die Ausübung seines Amtes angehen, zur Bezahlung der Notariatsgebühren außer Stande sind. In diesen Fällen tritt auch vorläufige Befreiung von den Staatsgebühren und Auslagen ein.

Die Bewilligung des Armenrechts erfolgt durch den Notar formlos, ohne daß es in der Regel eines Zeugnisses des Armenpflegschaftsrathes bedarf, durch den Vermerk „vorläufig gebührenfrei".

Artikel 5.

Die Gebühren, welche von den Betheiligten außer den für die Staatskasse zu verrechnenden Gebühren wegen der Bemühung einzelner Personen bei der Erledigung der Geschäfte zu entrichten sind, insbesondere Vorlade- und Zustellgebühren, Gebühren der Zeugen und Sachverständigen, Tagegelder und Reisekosten der Kommissäre, Gebühren der Pfarrer, Amtsärzte, Konsuln, Rechtsanwälte, Notare, Hypothekenbewahrer und Gerichtsschreiber, Gebühren der Gerichtsvollzieher und sonstiger Vollstreckungsorgane werden, soweit dieselben nicht bereits reichsgesetzlich geregelt sind, durch Königliche Verordnung bestimmt.

Anm. Bezüglich der Gebühren der Notare vergl. A.V. vom 28. Dezember 1899 G.V.Bl. S. 1183, J.M.Bl. S. 761.

Artikel 6.

Für die Berechnung der Fristen gelten die Vorschriften des Bürgerlichen Gesetzbuchs. Fällt das Ende einer Frist auf einen Sonntag oder allgemeinen Feiertag, so endigt die Frist mit dem Ablaufe des nächstfolgenden Werktags.

Anm. Vorstehende Bestimmung ist übereinstimmend mit C.P.O. § 222 und Ges. freiw. Ger. § 17. Bezüglich der Berechnung der Fristen vergl. B.G.B. §§ 186 bis 193.

Zweite Abtheilung.

Bürgerliche Rechtsstreitigkeiten.

I. Abschnitt.

Zwangsversteigerung und Zwangsverwaltung.

Artikel 7.

In dem Verfahren der Zwangsversteigerung und der Zwangsverwaltung von Gegenständen des unbeweglichen Vermögens im Wege der Zwangsvollstreckung finden die Vorschriften des Reichs-Gerichtskostengesetzes und die besonderen Vorschriften der Art. 8—20 Anwendung.

Anm. 1. Die Vorschriften der Art. 7—22 sind durch das Gesetz vom 9. Juni 1899, Aenderungen des Gesetzes über das Gebührenwesen betreffend, entsprechend den Bestimmungen des Reichsgesetzes über die Zwangsversteigerung und Zwangsverwaltung vom 24. März 1897 neu geregelt.

Anm. 2. Zu den Gegenständen des unbeweglichen Vermögens gehören außer den Grundstücken auch die Berechtigungen, für welche die sich auf Grundstücke beziehenden Vorschriften gelten, und die im Schiffregister eingetragenen Schiffe; vgl. C.P.O. § 864 Abs. 1 und Art. 21 des gegenwärtigen Gesetzes.

Anm. 3. Auszug aus dem **Reichsgerichtskostengesetz** in der Fassung vom 20. Mai 1898:

Gerichtskostengesetz.

Erster Abschnitt.

Allgemeine Bestimmungen.

§ 1.

In den vor die ordentlichen Gerichte gehörigen Rechtssachen, auf welche die Civilprozeßordnung, die Strafprozeßordnung oder die Konkursordnung Anwendung findet, werden Gebühren und Auslagen der Gerichte nur nach Maßgabe dieses Gesetzes erhoben.

§ 2.

Eine Erhebung von Stempeln und anderen Abgaben neben den Gebühren findet nicht statt.

Urkunden, von denen im Verfahren Gebrauch gemacht wird, sind nur insoweit einem Stempel oder einer anderen Abgabe unterworfen, als sie es ohne diesen Gebrauch sein würden.

Urkunden, welche im Verfahren errichtet werden, bleiben, soweit ihr Inhalt über den Gegenstand des Verfahrens hinausgeht, den allgemeinen Vorschriften über Erhebung von Stempeln oder anderen Abgaben unterworfen.

§ 3.

In einem weiteren Umfange, als die Prozeßordnungen und dieses Gesetz es gestatten, darf die Thätigkeit der Gerichte von der Sicherstellung oder Zahlung der Gebühren oder Auslagen nicht abhängig gemacht werden.

§ 4.

Ueber Erinnerungen des Zahlungspflichtigen oder der Staatskasse gegen den Ansatz von Gebühren oder Auslagen entscheidet das Gericht der Instanz gebührenfrei. Die Entscheidung kann von dem Gerichte, welches dieselbe getroffen hat, sowie von dem Gerichte der höheren Instanz von Amtswegen geändert werden.

Gegen die Entscheidung findet Beschwerde nach Maßgabe des § 567 Abs. 2 und der §§ 568—575 der Civilprozeßordnung, in Strafsachen nach Maßgabe der §§ 346—352 der Strafprozeßordnung statt.

Die Einlegung von Erinnerungen oder Beschwerden kann durch Erklärung zum Protokolle des Gerichtsschreibers oder schriftlich ohne Mitwirkung eines Anwalts erfolgen.

§ 5.

Eine Nachforderung von Gerichtskosten wegen irrigen Ansatzes ist nur zulässig, wenn der berichtigte Ansatz vor Ablauf des nächsten Kalenderjahres nach rechtskräftiger oder endgiltiger Erledigung des Verfahrens dem Zahlungspflichtigen eröffnet ist.

§ 6.

Die Gerichte sind befugt, Gebühren, welche durch eine unrichtige Behandlung der Sache ohne Schuld der Betheiligten entstanden sind, niederzuschlagen, und für abweisende Bescheide, wenn der Antrag auf nicht anzurechnender Unkenntniß der Verhältnisse oder auf Unwissenheit beruht, Gebührenfreiheit zu gewähren.

§ 7.

Der Mindestbetrag einer Gebühr ist zwanzig Pfennig.

Pfennigbeträge, welche ohne Bruch nicht durch zehn theilbar sind, werden auf den nächst höheren durch zehn theilbaren Betrag abgerundet.

Zweiter Abschnitt.

Gebühren in bürgerlichen Rechtsstreitigkeiten.

§ 8.

In bürgerlichen Rechtsstreitigkeiten werden die Gebühren nach dem Werthe des Streitgegenstandes erhoben.

Die volle Gebühr beträgt bei Gegenständen im Werthe:

1.	bis	20	Mark einschließlich	. . . .		1	Mark,	
2.	von mehr als	20	bis	60	Mark einschließlich	2	„	40 Pf.,
3.	„ „ „	60	„	120	„ „	4	„	60 „
4.	„ „ „	120	„	200	„ „	7	„	50 „
5.	„ „ „	200	„	300	„ „	11	„	
6.	„ „ „	300	„	450	„ „	15	„	
7.	„ „ „	450	„	650	„ „	20	„	
8.	„ „ „	650	„	900	„ „	26	„	
9.	„ „ „	900	„	1200	„ „	32	„	
10.	„ „ „	1200	„	1600	„ „	38	„	
11.	„ „ „	1600	„	2100	„ „	44	„	
12.	„ „ „	2100	„	2700	„ „	50	„	
13.	„ „ „	2700	„	3400	„ „	56	„	
14.	„ „ „	3400	„	4300	„ „	62	„	
15.	„ „ „	4300	„	5400	„ „	68	„	
16.	„ „ „	5400	„	6700	„ „	74	„	
17.	„ „ „	6700	„	8200	„ „	81	„	
18.	„ „ „	8200	„	10000	„ „	90	„	

Die ferneren Werthsklassen steigen um je 2000 Mark und die Gebühren um je 10 Mark.

§ 9.

Für die Werthsberechnung sind die Vorschriften der Civilprozeßordnung §§ 3—9 und der Konkursordnung § 148 mit den nachstehenden Bestimmungen maßgebend.

§ 9a.

Ist das Bestehen oder die Dauer eines Pacht- oder Miethverhältnisses für einen längeren als einjährigen Zeitraum streitig, so wird der Werth auf den Betrag des einjährigen Zinses berechnet.

Bei Ansprüchen auf Alimente, welche auf gesetzlicher Vorschrift beruhen, wird der Werth des Rechts auf die wiederkehrenden Leistungen, falls nicht der Gesammtbetrag der geforderten Leistungen geringer ist, auf den fünffachen Betrag des einjährigen Bezugs berechnet. Das Gleiche gilt bei Ansprüchen auf Entrichtung einer Geldrente, welche nach den §§ 843, 844 des Bürgerlichen Gesetzbuchs oder nach den §§ 3, 3a, 7 des Gesetzes, betreffend die Verbindlichkeit zum Schadenersatze für die bei dem Betriebe von Eisenbahnen, Bergwerken u. s. w. herbeigeführten Tödtungen und Körperverletzungen, vom 7. Juni 1871 erhoben werden.

Ist für die Dauer des Rechtsstreits, welcher eine Ehesache betrifft, über die Unterhaltspflicht der Ehegatten zu entscheiden, so wird der Werth des Rechts auf Entrichtung einer Geldrente auf den einjährigen Betrag derselben berechnet.

§ 10.

Bei nicht vermögensrechtlichen Ansprüchen wird der Werth des Streitgegenstandes zu 2000 Mark, ausnahmsweise niedriger oder höher, jedoch nicht unter 200 Mark und nicht über 50000 Mark angenommen.

Ist mit einem nichtvermögensrechtlichen Anspruch ein aus ihm hergeleiteter vermögensrechtlicher verbunden, so ist nur Ein Anspruch, und zwar der höhere maßgebend.

§ 35.

Zwei Zehntheile der Gebühr (§ 8) werden erhoben für die Entscheidung, einschließlich des vorangegangenen Verfahrens, über Anträge:

1. auf vorläufige Einstellung, Beschränkung oder Aufhebung einer Zwangsvollstreckung (Civilprozeßordnung §§ 707, 719, 769, 771 Abs. 3, §§ 785, 786, 805 Abs. 4, § 810 Abs. 2);
2. auf gerichtliche Handlungen der Zwangsvollstreckung (Civilprozeßordnung §§ 764, 791, 822, 823, 825, 828, 829 Abs. 1, §§ 835, 839, 844, 846—848, 857, 858, 885 Abs. 4, §§ 886, 900 Abs. 3, §§. 901, 930 Abs. 3);
3. auf Anordnung oder Aufhebung eines Arrestes oder einer einstweiligen Verfügung (Civilprozeßordnung §§ 921, 922, 934, 936—944), soweit nicht nachträglich eine Gebühr des § 26 Nr. 9 zur Erhebung kommt;

sowie

4. über Anträge, Einwendungen oder Erinnerungen, welche die Art und Weise der Zwangsvollstreckung oder das bei derselben vom Gerichtsvollzieher zu beobachtende Verfahren oder die von ihm in Ansatz gebrachten Kosten oder die Weigerung desselben betreffen, einen Vollstreckungsauftrag zu übernehmen oder eine Vollstreckungshandlung dem Auftrage gemäß auszuführen (Civilprozeßordnung § 766).

§ 45.

Drei Zehntheile der Gebühr (§ 8) werden erhoben für die Entscheidung, einschließlich des vorangegangenen Verfahrens, in der Beschwerdeinstanz, soweit die Beschwerde als unzulässig verworfen oder zurückgewiesen wird oder die Kosten des Verfahrens einem Gegner zur Last fallen. Insoweit dies nicht der Fall ist, werden Gebühren nicht erhoben.

Diese Vorschrift kommt bei Anträgen auf Aenderung einer Entscheidung des beauftragten oder ersuchten Richters oder des Gerichtsschreibers (Civilprozeßordnung § 576) zur entsprechenden Anwendung.

§ 46.

Wird eine Klage, ein Antrag, ein Einspruch oder ein Rechtsmittel zurückgenommen, bevor ein gebührenpflichtiger Akt stattgefunden hat, so wird ein Zehntheil der Gebühr erhoben, welche für die beantragte Entscheidung oder im Falle des § 43 für die beantragte Verhandlung zu erheben sein würde.

Diese Gebühr wird nicht erhoben, wenn ein zur Terminsbestimmung eingereichter Schriftsatz vor Bestimmung des Termins zurückgezogen ist.

Betrifft die Zurücknahme nur einen Theil des Streitgegenstandes, während über einen anderen Theil verhandelt, entschieden oder ein Vergleich aufgenommen wird, so ist die Gebühr für die Zurücknahme nur insoweit zu erheben, als die Verhandlungsgebühr oder die Entscheidungsgebühr sich erhöht haben würde, wenn die Verhandlung, die Entscheidung oder der Vergleich auf den zurückgenommenen Theil erstreckt worden wäre.

§ 47.

Gebühren werden nicht erhoben für die Verhandlung und Entscheidung:

1. über die Prozeß- oder Sachleitung, einschließlich der Bestimmung oder Aenderung von Terminen und Fristen;
2. über die Bewilligung oder Entziehung des Armenrechts, sowie die Verpflichtung zur Nachzahlung von Kosten (Civilprozeßordnung § 126);
4. über die Ablehnung eines Richters, eines Gerichtsschreibers oder eines Sachverständigen (Civilprozeßordnung §§ 42—49, 406);

Ist in den Fällen der Nr. 2, 4, 5, 6, 7, 10 das Verfahren nach freier richterlicher Ueberzeugung muthwillig veranlaßt, so hat das Gericht von Amtswegen die besondere Erhebung von drei Zehntheilen der Gebühr (§ 8) zu beschließen. Gegen den Beschluß findet Beschwerde nach Maßgabe des § 567 Abs. 2 und der §§ 568 bis 575 der Civilprozeßordnung sowie des § 4 Abs. 3 dieses Gesetzes statt.

In der Beschwerdeinstanz findet die Bestimmung des ersten Absatzes keine Anwendung, wenn die Beschwerde als unzulässig verworfen oder zurückgewiesen wird.

Fünfter Abschnitt.

Auslagen.

§ 79.

An baaren Auslagen werden erhoben:

1. die Schreibgebühren;
2. die Post- und Telegraphengebühren;
3. die durch Einrückung einer Bekanntmachung in öffentliche Blätter entstehenden Kosten;
4. die an Zeugen und Sachverständige zu zahlenden Gebühren;
5. die bei Geschäften außerhalb der Gerichtsstelle den Gerichtsbeamten zustehenden Tagegelder und Reisekosten;
6. die an andere Behörden oder Beamte oder an Rechtsanwälte für deren Thätigkeit zu zahlenden Beträge;
7. die Kosten eines Transports von Personen;
8. die Haftkosten nach Maßgabe der für die Strafhaft geltenden landesgesetzlichen Vorschriften.

§. 80.

Die Schreibgebühren werden für Ausfertigungen und Abschriften erhoben. Die Schreibgebühr beträgt für die Seite, welche mindestens zwanzig Zeilen von durchschnittlich zwölf Silben enthält, zehn Pfennig, auch wenn die Herstellung auf mechanischem Wege stattgefunden hat. Jede angefangene Seite wird voll berechnet.

§ 80 a.

Schreibgebühren werden nicht erhoben:

1. für die von Amtswegen anzufertigenden Ausfertigungen und Abschriften in den Fällen der §§ 4, 6, 16, 45, 47, 57, sofern in denselben keine Gebühren zu erheben sind;
2. für die Benachrichtigung von dem gegen einen Zahlungsbefehl erhobenen Widerspruche (Civilprozeßordnung §. 694);
3. für den Vollstreckungsbefehl (Civilprozeßordnung § 699);
4. für die Vollstreckungsklausel (Civilprozeßordnung § 725);
5. für das Zeugniß der Rechtskraft und für das Zeugniß, daß innerhalb der Nothfrist ein Schriftsatz zu Terminsbestimmung nicht eingereicht sei (Civilprozeßordnung § 706).

§ 80 b.

Für die von Amtswegen bewirkten Zustellungen werden baare Auslagen nicht erhoben. Die Erhebung der Schreibgebühr für die Ausfertigungen und Abschriften des zuzustellenden Schriftstücks wird hiedurch nicht ausgeschlossen.

Sechster Abschnitt.

Kostenvorschuß und Kostenzahlung.

§ 81.

In bürgerlichen Rechtsstreitigkeiten ist ein Gebührenvorschuß für jede Instanz von dem Antragsteller zu zahlen. Der Vorschuß beträgt soviel wie die höchste Gebühr, welche für einen Akt der Instanz zum Ansatze kommen kann.

Diese Verpflichtung besteht auch für den Widerkläger und im Falle wechselseitig eingelegter Rechtsmittel für jede Partei, in beiden Fällen unter getrennter Berechnung der Streitgegenstände.

Bei Erweiterung der Anträge ist der Vorschuß nach Maßgabe der Erweiterung zu erhöhen.

§ 84.

Außer dem Gebührenvorschuß (§§ 81—83) ist bei jedem Antrag auf Vornahme einer Handlung, mit welcher baare Auslagen verbunden sind, ein zur Deckung derselben hinreichender Vorschuß von dem Antragsteller zu zahlen.

Diese Vorschußpflicht besteht in Strafsachen nur in dem Verfahren auf erhobene Privatklage und für den Nebenkläger, welcher sich eines Rechtsmittels bedient.

Die Ladung und Vernehmung von Zeugen oder Sachverständigen auf Antrag des

Privatklägers oder des Nebenklägers kann von der vorgängigen Zahlung eines zur Deckung der erwachsenden Auslagen hinreichenden Vorschusses abhängig gemacht werden.

§ 85.

Ausländer, welche als Kläger auftreten, haben das Dreifache des im § 81 bestimmten Betrags als Vorschuß zu zahlen.

Diese Verpflichtung tritt nicht ein:

1. wenn nach den Gesetzen des Staates, welchem der Kläger angehört, ein Deutscher in gleichem Falle zu einer besonderen Vorauszahlung oder zu einer Sicherstellung der Gerichtskosten nicht verpflichtet ist;
2. im Urkunden- oder Wechselprozesse;
3. bei Widerklagen;
4. bei Klagen, welche in Folge einer öffentlichen Aufforderung angestellt werden;
5. bei Klagen aus Ansprüchen, welche in das Grund- oder Hypothekenbuch einer deutschen Behörde eingetragen sind;
6. wenn dem Kläger das Armenrecht bewilligt ist.

Die Verpflichtung besteht auch dann, wenn im Laufe des Rechtsstreits der Kläger die Eigenschaften eines Deutschen verliert, oder die Voraussetzung, unter welcher der Ausländer von der Verpflichtung befreit war, wegfällt.

Unter den gleichen Voraussetzungen haben Ausländer in den Fällen des § 83 Abs. 1 einen Gebührenvorschuß von 30 Mark zu zahlen.

Vor Zahlung des von einem Ausländer nach den vorstehenden Bestimmungen oder den Bestimmungen der § 83 Abs. 2, § 84 zu zahlenden Vorschusses ist die Vornahme jeder gerichtlichen Handlung abzulehnen, sofern nicht glaubhaft gemacht wird, daß die Verzögerung dem Ausländer einen nicht zu ersetzenden Nachtheil bringen würde.

§. 86.

Schuldner der entstandenen Gebühren und Auslagen ist derjenige, welchem durch gerichtliche Entscheidung die Kosten des Verfahrens auferlegt sind, oder welcher dieselben durch eine vor dem Gericht abgegebene oder demselben mitgetheilte Erklärung übernommen hat.

Schuldner der Schreibgebühr für Ausfertigungen und Abschriften, welche nicht von Amtswegen zu ertheilen sind, ist der Antragsteller.

§ 87.

Die durch die gerichtliche Entscheidung begründete Verpflichtung zur Zahlung der Gebühren und Auslagen (§ 86) erlischt, insoweit eine Aufhebung oder Abänderung der Entscheidung erfolgt.

Die Zurückzahlung bereits bezahlter Beträge findet, soweit der Gebührenansatz bestehen bleibt, nicht statt.

§ 88.

Sind die entstandenen Gebühren und Auslagen von der einen oder der anderen Partei durch Uebereinkunft beider Parteien übernommen (§ 86), so haftet jede Partei wenigstens für die Hälfte derselben.

Diese Haftbarkeit kann erst geltend gemacht werden, wenn eine Zwangsvollstreckung in das bewegliche Vermögen der nach § 86 zahlungspflichtigen Partei erfolglos geblieben ist.

§ 89.

In Ermangelung eines anderen Schuldners (§ 86) ist derjenige, welcher das Verfahren der Instanz beantragt hat, Schuldner der entstandenen Gebühren und Auslagen. Soweit es sich jedoch um Auslagen handelt, für welche der Gegner in Gemäßheit des § 84 Vorschuß zu leisten verpflichtet war, sind diese Auslagen vom Gegner zu erheben.

§. 90.

Die Verpflichtung zur Zahlung der vorzuschießenden Beträge (§§ 81—85) bleibt bestehen, wenn auch die Kosten des Verfahrens einem Anderen auferlegt oder von einem Anderen übernommen sind.

§ 91.

Besteht die Partei aus mehreren Personen, so haften dieselben in Ermangelung einer gerichtlichen Entscheidung über die Kostenvertheilung nach Kopftheilen.

§ 92.

Durch die Bestimmungen der §§ 81—91 wird eine nach den Vorschriften des bürgerlichen Rechts oder den Vorschriften der Civilprozeßordnung § 100 Abs. 4, § 788, der Konkursordnung §§ 57—60, 142, oder der Strafprozeßordnung § 498 Abs. 2, § 503 Abs. 4, § 504 begründete Verpflichtung zur Zahlung der entstandenen Gebühren und Auslagen nicht berührt.

§ 93.

Die Gebühren und Auslagen werden fällig, sobald das Verfahren oder die Instanz durch unbedingte Entscheidung über die Kosten, durch Vergleich oder Zurücknahme oder anderweite Erledigung beendigt ist.

§ 94.

In bürgerlichen Rechtsstreitigkeiten kommen folgende besondere Vorschriften zur Anwendung:

1. Schon vor der Beendigung der Instanz werden mit dem Ablauf je eines Jahres seit Bestimmung des ersten Termins oder Stellung des ersten Antrags die bis dahin entstandenen Gebühren und Auslagen fällig. Die einjährigen Fristen können auf Antrag von dem Gerichte verlängert werden. Der Ablauf der Fristen begründet nicht die Zurückforderung eines nicht verbrauchten Vorschusses.
2. In den Fällen einer Widerklage oder wechselseitig eingelegter Rechtsmittel kann jede Partei, wenn sie das von ihr beantragte Verfahren zurücknimmt, die getrennte Berechnung der Gebühren und Auslagen für dasselbe und die Zurückzahlung des von ihr gezahlten nicht verbrauchten Vorschusses fordern.
3. Eine nach § 47 Abs. 2, § 48 beschlossene Gebühr kann sofort nach dem Beschlusse von der in diesem bezeichneten Partei ohne Anrechnung eines derselben obliegenden Vorschusses erhoben werden.

§ 97.

Die Schreibgebühr für Abschriften und Ausfertigungen, welche nicht von Amtswegen zu ertheilen sind, wird sofort nach Anfertigung der Schriftstücke fällig.

Die Anfertigung kann von vorgängiger Zahlung eines die Gebühr deckenden Betrags abhängig gemacht werden.

Siebenter Abschnitt.

Schlußbestimmungen.

§ 98.

Von Zahlung der Gebühren sind befreit:

das Reich in dem Verfahren vor den Landesgerichten,

die Bundesstaaten in dem Verfahren vor dem Reichsgerichte.

Die landesgesetzlichen Vorschriften, welche für gewisse Rechtssachen oder gewisse Personen in dem Verfahren vor den Landesgerichten Gebührenfreiheit gewähren, werden durch dieses Gesetz nicht berührt.

Für das Verfahren vor dem Reichsgerichte kann die Befreiung von Gebühren durch Kaiserliche Verordnung mit Zustimmung des Bundesraths gewährt werden.

Soweit demjenigen, welchem die Gebührenfreiheit zusteht, Kosten des Verfahrens auferlegt werden (§ 86), sind Gebühren überhaupt nicht zu erheben und erhobene zurückzuzahlen.

§ 99.

Die Behörden haben einander zum Zwecke der Einziehung von Gebühren und Auslagen nach näherer Bestimmung der vom Bundesrath zu erlassenden Anweisung Beistand zu leisten.

§ 100.

Unberührt bleiben die bestehenden Landesgesetze, nach welchen neben der für ein Urtheil zu erhebenden Entscheidungsgebühr die Registrirungsgebühr für das im Urtheil festgestellte Rechtsverhältniß zu erheben ist.

§ 101.

Beträgt die Gebühr für die Aufnahme eines Vergleichs oder die auf Grund eines Anerkenntnisses oder Verzichtes erlassene Entscheidung (§§ 23, 41) weniger als die Gebühr oder Abgabe, welche nach den Landesgesetzen für einen außerhalb des Rechtsstreits abgeschlossenen Vergleich zur Staatskasse zu erheben sein würde, so ist der Mehrbetrag der letzteren neben der Entscheidungsgebühr zu erheben.

Artikel 8 (8, 9).

Für die Entscheidung, einschließlich des vorangegangenen Verfahrens, über den Antrag auf Anordnung der Zwangsversteigerung oder der Zwangsverwaltung werden zwei Zehntheile der Sätze des § 8 des Reichs-Gerichtskostengesetzes erhoben.

Diese Gebühr wird auf die nach den Art. 9, 11 für das angeordnete Verfahren zu erhebende Gebühr angerechnet.

Artikel 9 (10).

In dem Verfahren der Zwangsversteigerung werden erhoben:

1. für das Verfahren bis zur Einleitung des Vertheilungsverfahrens fünf Zehntheile und, wenn das Verfahren vor der Ertheilung des Zuschlags erledigt wird, drei Zehntheile der Sätze des § 8 des Reichs-Gerichtskostengesetzes;
2. für das Vertheilungsverfahren fünf Zehntheile jener Sätze. Findet nach § 144 des Gesetzes über die Zwangsversteigerung und die Zwangsverwaltung ein Verteilungsverfahren nicht statt oder wird nach § 143 des Gesetzes über die Zwangsversteigerung und die Zwangsverwaltung das Vertheilungsverfahren nach der Bestimmung des Vertheilungstermins, aber vor dem Beginne des Vertheilungstermins eingestellt, so werden drei Zehntheile der Sätze des § 8 des Reichs-Gerichtskostengesetzes erhoben.

Die im Abs. 1 bestimmten Gebühren werden im Falle der Ertheilung des Zuschlags nach dem Meistgebote, in allen übrigen Fällen nach dem Werthe des Gegenstandes der Zwangsversteigerung berechnet.

Mehrere Meistgebote oder Werthe von Gegenständen der Zwangsversteigerung sind zusammenzurechnen.

Ist der Betrag der Forderungen, die aus dem Meistgebote zu befriedigen sind, geringer als dieses oder ist der Betrag der Forderungen, wegen deren die Zwangsversteigerung angeordnet ist, geringer als der Werth des Gegenstandes der Zwangsversteigerung, so wird die Gebühr aus der Summe der Forderungen berechnet.

Anm. Zu den Entscheidungen, die dem Notar bisher nicht zustanden, aber künftig von diesem getroffen werden können, gehört die Entscheidung über die Einstellung des Verfahrens nach § 31—33 des Zw.V.Ges.; vergl. Verhdlgen. der K. d. Abg. 1899 Beil. Bd. XX Abth. II S. 755/756.

Artikel 10 (11).

Das Versteigerungsprotokoll ist im Falle des Zuschlags von dem Versteigerungsbeamten mit den nämlichen Gebühren zu bewerthen, wie ein Kaufvertrag.

Auf diese Gebühren finden die Bestimmungen in den §§ 4—7 des Reichs-Gerichtskostengesetzes keine Anwendung. An ihre Stelle treten die auf die Gebühren für Notariatsurkunden bezüglichen Vorschriften des gegenwärtigen Gesetzes, welche auch für die Werthsermittlung (Art. 41), die Zuständigkeit und das Verfahren in Beschwerdesachen Maß zu geben haben.

Wird der Zuschlag rechtskräftig aufgehoben, so ist die vom Ersteher entrichtete Gebühr zurückzuerstatten.

Anm. 1. Siehe Art. 146 (113 Ziff. 1, 114), 152 (120), 185; nach letzterer Bestimmung ist auch bei Zwangsversteigerungen eine Werthausscheidung zwischen beweglichen und unbeweglichen Sachen zulässig; vergl. auch Art. 152 Anm. 3.

Anm. 2. Die Gebührenermäßigung von 1% statt 2% bei Betheiligung von Verwandten (Art. 146 Abs. 1 Ziff. 1 lit. a) greift auch bei Versteigerungen von Immobilien und zwar sowohl freiwilligen wie Zwangsversteigerungen Platz; Pfaff Art. 10 n. F. Anm. 2, Burkhard Art. 11 a. F. Anm. 4.

Anm. 3. Erfolgt im Versteigerungstermine kein Zuschlag oder wird der Zuschlag vor der Rechtskraft der Bestätigung aufgehoben, so ist die über das Resultat der Versteigerung vom Notar aufzunehmende Urkunde als zu dem Verfahren gehörig gebührenfrei und nicht mit der Gebühr des Art. 171 (130 Ziff. 4) von 1 Mark zu bewerten; Pfaff Art. 10 n. F. Anm. 1, Burkhard Art. 11 a. F. Anm. 2.

Anm. 4. Wegen Werthsermittlung, wenn der Zuschlagspreis als dem wahren Werthe nicht entsprechend erachtet wird, siehe Art. 41 Anm.

Artikel 11 (12).

In dem Verfahren der Zwangsverwaltung werden erhoben:

1. der volle Betrag, wenn aber das Verfahren vor dem zur Aufstellung des Theilungsplans bestimmten Termin erledigt wird, fünf Zehntheile der Sätze des § 8 des Reichs-Gerichtskostengesetzes;
2. wenn das Verfahren länger als ein Jahr dauert, für jedes weitere Verwaltungsjahr fünf Zehntheile jener Sätze.

Die Berechnung dieser Gebühren erfolgt:

zu 1, aus dem Werthe der Forderung, für welche die Beschlagnahme erwirkt worden ist,

zu 2, aus dem Betrage, der in jedem Verwaltungsjahre zur Vertheilung an die Gläubiger gelangt.

Artikel 12 (14).

Für die Entscheidung über den Antrag auf Bestimmung eines neuen Versteigerungstermins (§ 85 des Gesetzes über die Zwangsversteigerung und die Zwangsverwaltung) werden zwei Zehntheile der Sätze des § 8 des Reichs-Gerichtskostengesetzes besonders erhoben.

Die Berechnung der Gebühr erfolgt, sofern dem Antrage stattgegeben wird, aus dem bei der früheren Versteigerung erzielten Meistgebote, im Falle der Abweisung aber nach dem Werthe der dem Antragsteller zustehenden Forderung und eventuell nach Maßgabe der Bestimmung im § 10 des Reichs-Gerichtskostengesetzes.

Artikel 13 (16).

Für den Termin zur weiteren Ausführung des Theilungsplans (§§ 139, 141, 157 Abs. 2 des Gesetzes über die Zwangsversteigerung und die Zwangsverwaltung) werden nach dem Werthe der einem Berechtigten zugetheilten Beträge, über welche im Termine verhandelt werden soll, drei Zehntheile der Sätze des § 8 des Reichs-Gerichtskostengesetzes erhoben.

Artikel 14 (17).

Im Falle der Erledigung des Verfahrens durch einen von dem Versteigerungsbeamten beurkundeten Vergleich (Arrangement) kommen die Bestimmungen des gegenwärtigen Gesetzes über die Gebühren für Urkunden und Ausfertigungen der Notare zur Anwendung.

Gleiches gilt von den im Verfahren vor dem Versteigerungsbeamten beurkundeten Vereinbarungen und Erklärungen, soweit deren Inhalt über den Gegenstand oder Zweck des Verfahrens hinausgeht.

Anm. Siehe Art. 153 (121) und Art. 10 Anm. 2 und 3.

Artikel 15 (19).

Die Kosten einer Veröffentlichung, welche der Versteigerungsbeamte nach § 40 des Gesetzes über die Zwangsversteigerung und die Zwangsverwaltung veranlaßt hat, sowie die Gebühren des Ausrufers, dessen sich der Versteigerungsbeamte im Versteigerungstermine bedient hat, gehören zu den Auslagen im Sinne des § 79 des Reichs-Gerichtskostengesetzes.

Artikel 16 (20).

Derjenige Gläubiger, auf dessen Antrag die Anordnung der Zwangsversteigerung oder der Zwangsverwaltung erfolgt ist, hat außer dem Gebührenvorschuß (Reichs-Gerichtskostengesetz § 81) auch für die mit dem Verfahren bis zur Einleitung der Vertheilung verbundenen Auslagen auf Erfordern einen zu deren Deckung hinreichenden Vorschuß zu erlegen.

Mehrere Antragsteller haften für die Berichtigung dieses Vorschusses als Gesammtschuldner.

Artikel 17 (21).

Im Vertheilungsverfahren können auf die aus der Masse vorweg zu deckenden Gebühren und Auslagen nach dem Fortgange des Verfahrens Abschlagszahlungen erhoben werden.

Artikel 18 (22).

In den Fällen des Art. 12 hat der Antragsteller einen Gebührenvorschuß nicht zu entrichten.

Die Erhebung der entstandenen Gebühren kann jedoch sofort nach der Entscheidung von der hierin bezeichneten Partei ohne Anrechnung eines derselben anderweitig obliegenden Vorschusses erfolgen.

Artikel 19 (23).

Soweit die aus der Masse zu deckenden Gebühren und Auslagen aus dem Baarbestande derselben nicht entrichtet werden können, haftet für dieselben derjenige Gläubiger, auf dessen Antrag die Anordnung der Zwangsversteigerung oder der Zwangsverwaltung erfolgt ist. Das Gleiche gilt, wenn das Verfahren ohne Vertheilung erledigt wird.

Die Haftung mehrerer Antragsteller bemißt sich nach dem Verhältnisse ihrer Forderungen.

Artikel 20.

Für die von dem Vollstreckungsgericht auf Grund des § 130 des Gesetzes über die Zwangsversteigerung und die Zwangsverwaltung veranlaßte Thätigkeit des Grundbuchamts werden Gebühren nicht erhoben. Auf die Eintragung des Erstehers als Eigenthümers findet diese Vorschrift keine Anwendung.

Artikel 21.

In dem Verfahren der Zwangsversteigerung eines im Schiffsregister eingetragenen Schiffes, dann eines ausländischen Schiffes, das, wenn es ein deutsches Schiff wäre, in das Schiffsregister eingetragen werden müßte, finden die Vorschriften der Art. 7—10, 12—20 entsprechende Anwendung.

Anm. Vergl. Zw.V.Ges. § 162—171, C.P.O. § 864 Abs. 1.

Artikel 22 (24).

Die Vorschriften der Art. 7—20 finden entsprechende Anwendung in dem Verfahren

1. der vom Konkursverwalter beantragten Zwangsversteigerung oder Zwangsverwaltung (§§ 172—174 des Gesetzes über die Zwangsversteigerung und die Zwangsverwaltung);
2. der Zwangsversteigerung des Grundstücks auf Antrag des Erben (§§ 175—179 des Gesetzes über die Zwangsversteigerung und die Zwangsverwaltung);
3. der Zwangsversteigerung zum Zwecke der Aufhebung einer Gemeinschaft (§§ 180—184 des Gesetzes über die Zwangsversteigerung und die Zwangsverwaltung);
4. der nach den Art. 161, 163, 164 des Berggesetzes vom 20. März 1869 stattfindenden gerichtlichen Versteigerung eines Bergwerkes oder einer Anlage, auf welche die Vorschrift des Art. 221 des erwähnten Gesetzes Anwendung findet;
5. der im Art. 232 Abs. 2 des Berggesetzes in der Fassung des Art. 157 des Ausführungsgesetzes zum Bürgerlichen Gesetzbuche vorgeschriebenen Zwangsversteigerung eines unbeweglichen Kuxes.

Vierte Abtheilung.

Angelegenheiten der freiwilligen Gerichtsbarkeit.

I. Abschnitt.

Allgemeine Bestimmungen.

Artikel 39 (47).

Die Vorschriften der §§ 6, 9, 9a, 10, 10a, des § 11 Abs. 2, der §§ 12, 13, des § 38 Nr. 3, der §§ 45—47, 79, 80, 80a, 80b, 81, 84, des § 85 Abs. 5, der §§ 86—93, des § 94 Nr. 2, 3, des § 97 und des § 98 Abs. 4

des Reichs-Gerichtskostengesetzes finden in den Angelegenheiten der freiwilligen Gerichtsbarkeit, welche von den Gerichten wahrgenommen werden, die Vorschriften der §§ 45, 46, des § 47 Abs. 1 Nr. 1, 2, 4, Abs. 2, 3, des § 80b und des § 94 Nr. 2, 3 des Reichs-Gerichtskostengesetzes finden auch in den Angelegenheiten der freiwilligen Gerichtsbarkeit, welche von den Notaren, die Vorschriften der §§ 45, 46 in den Angelegenheiten, welche von den Gerichtsvollziehern wahrgenommen werden, entsprechende Anwendung.

Artikel 40 (145 Abs. 1).

Die Betheiligten sind verpflichtet, den Werth des Gegenstandes, wenn der Gegenstand nicht in einer bestimmten Geldsumme besteht oder aus früheren Anträgen erhellt, und auf Erfordern auch den Werth eines Theiles des Gegenstandes dem Gericht oder dem Notar anzugeben.

Die Angabe kann jeder Zeit berichtigt werden.

Anm. Vergl. G.K.G. § 14.

Artikel 41.

In den Fällen, in welchen die verhältnißmäßige Gebühr für ein Rechtsgeschäft zu erheben ist, gelten, wenn der Zahlungspflichtige die Werthsangabe verweigert oder wenn die von dem Zahlungspflichtigen gemachte Angabe oder im Falle einer freiwilligen Versteigerung der Zuschlagspreis als dem wahren Werthe nicht entsprechend erachtet wird, die nachstehenden Vorschriften.

Anm. Nach Art. 10 (11) Abs. 2 ist gegenwärtige Bestimmung auch für das Versteigerungsprotokoll im Zwangsversteigerungsverfahren maßgebend, so daß auch hier, wenn der Zuschlagspreis als dem wahren Werthe nicht entsprechend erachtet wird, die Werthsermittlung nach den Vorschriften des folgenden Art. 42 (145 Abs. 2—7) erfolgt.

Artikel 42 (145 Abs. 2—7).

Das Rentamt hat den Betheiligten einen Werthsanschlag, welcher bei landwirthschaftlichen Grundstücken (Aeckern, Wiesen, Weinbergen, Hopfengärten, Weiden ꝛc. ꝛc.), sofern nicht besondere Verhältnisse eine Erhöhung oder Verminderung rechtfertigen, bis zum zwanzigfachen Betrage der Grundsteuer-Verhältnißzahl zu berechnen ist, mit dem Bemerken bekannt zu geben, daß, wenn Erinnerungen hiegegen binnen zwei Wochen nicht erhoben werden, dieser Werthsanschlag der Gebührenberechnung zu Grunde gelegt würde.

Werden Erinnerungen rechtzeitig erhoben und findet über den vom Rentamte gemachten Werthsanschlag eine Vereinbarung nicht statt, so erfolgt die Werthsermittlung bei dem Amtsgerichte durch zwei beeidigte Schätzmänner, von denen der eine vom Rentamte, der andere von den Betheiligten und, wenn diese binnen zwei Wochen nach gerichtlicher Aufforderung einen geeigneten Schätzmann nicht benennen, vom Gerichte bezeichnet wird. Der Durchschnitt ber beiden Schätzungen bildet die der Gebührenberechnung zu Grunde zu legende Werthssumme.

Die Kosten der Schätzung sind von den Betheiligten zu tragen, wenn die Werthsangabe verweigert würde oder wenn das Ergebniß der Schätzung den von den Betheiligten angegebenen Werth um 20 Prozent übersteigt.

Das Amtsgericht hat über Ablehnungsgründe, welche gegen die Schätzmänner geltend gemacht werden, sowie über das Ergebniß der Schätzung und die Verbindlichkeit zur Kostentragung zu entscheiden. Eine Anfechtung der Entscheidung findet nicht statt.

Ist der Werth von den Betheiligten in der Absicht, die Gebühr zu hinterziehen, zu gering angegeben worden, so trifft jeden eine Geldstrafe bis zum doppelten Betrage der hinterzogenen Gebühr. Wird jedoch die Werthsangabe noch vor Vornahme der Schätzung von dem Pflichtigen selbst berichtigt, so tritt nur Ordnungsstrafe bis zu 30 Mark ein.

Das Verfahren ist gebührenfrei.

Anm. Gegenüber den bisherigen Rechten enthalten die Vorschriften des gegenwärtigen Artikels mehrfache Milderungen, nemlich:

a) bisher war im gerichtlichen Werthsermittlungsverfahren die alleinige Schätzung des rentamtlichen Schätzmanns maßgebend, wenn die Betheiligten binnen zwei Wochen nach gerichtlicher Aufforderung keinen geeigneten Schätzmann bezeichnet haben; künftig ist in diesem Falle der zweite Schätzmann vom Gerichte zu bezeichnen, so daß immer zwei Schätzungen vorliegen müssen;

b) die Kosten der Schätzung sind bisher von den Betheiligten zu tragen, wenn das Ergebnis der Schätzung den von den Betheiligten angegebenen Werth um 10% übersteigt, künftig nur bei 20% Uebersteigung;

c) während bisher die Bestrafung schon bei wissentlich zu niederer Werthsangabe erfolgt, ist künftig die Absicht, die Gebühr zu hinterziehen, zur Anwendung der Strafbestimmung nothwendig;

d) endlich muß nicht die Strafe den doppelten Betrag der hinterzogenen Gebühr betragen, sondern es ist dieser doppelte Betrag nur das Höchstmaß der Strafe.

Artikel 43.

In den übrigen Fällen erfolgt die Festsetzung des Werthes gebührenfrei durch Beschluß des Gerichts, bei welchem die Gebühr in Ansatz kommt, wenn die Festsetzung von dem Zahlungspflichtigen oder der Staatskasse beantragt oder nach der Natur des Gegenstandes erforderlich wird; kommt die Gebühr nicht bei einem Gericht in Ansatz, so erfolgt die Festsetzung durch das Amtsgericht.

Das Gericht kann eine Beweisaufnahme, insbesondere die Einnahme eines Augenscheins oder die Begutachtung durch Sachverständige, auf Antrag oder von Amtswegen anordnen. In dem Beschlusse, durch welchen der Werth festgestellt wird, ist über die Kosten der Beweisaufnahme zu entscheiden. Die Kosten können ganz oder theilweise der Partei zur Last gelegt werden, welche durch Unterlassung der ihr obliegenden Werthsangabe oder durch unrichtige Werthsangabe oder unbegründete Beschwerde die Beweisaufnahme veranlaßt hat.

Artikel 44.

Ueber Erinnerungen des Zahlungspflichtigen oder der Staatskasse gegen den Ansatz von Gebühren und Auslagen entscheidet bei Gebühren, welche bei einem Gericht in Ansatz gebracht werden, dieses, bei Gebühren, welche bei einem Gerichtsvollzieher in Ansatz gebracht werden, das Amtsgericht.

Die Entscheidung erfolgt gebührenfrei.

Artikel 45 (49).

Die nach den Art. 43, 44 ergangenen Entscheidungen über Werthsfestsetzungen oder über Erinnerungen gegen den Kostenansatz können von dem Gerichte, welches die Entscheidung getroffen hat, oder von dem Gerichte der höheren Instanz jeder Zeit, auch nach der Beendigung des Verfahrens, von Amtswegen geändert werden.

Artikel 46.

Gegen die in den Art. 43, 44, 45 bezeichneten Entscheidungen ist die Beschwerde zulässig. Ueber die Beschwerde entscheidet das im Instanzenzuge zunächst höhere Gericht. Der § 199 Abs. 2 des Gesetzes über die Angelegenheiten der freiwilligen Gerichtsbarkeit findet entsprechende Anwendung.

Artikel 47 (153).

Gegen den Ansatz oder die Nachforderung von Gebühren, welche bei einem Notariat anfallen, steht dem Zahlungspflichtigen das Rechtsmittel der Beschwerde an das Landgericht zu, in dessen Bezirke das Notariat seinen Sitz hat.

Die Beschwerde ist erst zulässig, wenn der Zahlungspflichtige sich an die zuständige Regierungsfinanzkammer um Abhilfe gewendet und entweder eine abschlägige oder innerhalb sechs Wochen keine Entschließung erhalten hat. Die Regierungsfinanzkammer hat über solche Gesuche den Betheiligten die Empfangsbescheinigung unverzüglich und unentgeltlich auszufertigen.

Die Vorschriften des zweiten Absatzes finden keine Anwendung, wenn die Nachforderung von der Regierungsfinanzkammer veranlaßt ist.

Artikel 48.

Die Beschwerde kann bei dem Gerichte, dessen Verfügung angefochten wird, oder bei dem Beschwerdegerichte durch Einreichung einer Beschwerdeschrift oder durch Erklärung zum Protokolle des Gerichtsschreibers eingelegt werden.

Die Beschwerde kann auf neue Thatsachen und Beweise gestützt werden.

Hat der Zahlungspflichtige Beschwerde eingelegt, so ist die Beschwerde der Regierungsfinanzkammer zur Aeußerung mitzutheilen.

Die Beschwerde hat keine aufschiebende Wirkung.

Die Entscheidung ist mit Gründen zu versehen.

Artikel 49.

Gegen die Entscheidung des Beschwerdegerichts ist das Rechtsmittel der weiteren Beschwerde zulässig, wenn die Entscheidung auf einer Verletzung des Gesetzes beruht. Die Vorschriften der §§ 550, 551, 559, 561, 563, 574 der Reichs-Civilprozeßordnung finden entsprechende Anwendung.

Ueber die weitere Beschwerde entscheidet das Oberste Landesgericht.

Die weitere Beschwerde kann bei dem Gerichte erster Instanz oder bei dem Beschwerdegerichte oder bei dem Obersten Landesgerichte nach Maßgabe der Vorschrift des Art. 48 Abs. 1 eingelegt werden. Erfolgt die Einlegung durch Einreichung einer Beschwerdeschrift, so muß diese von einem Rechtsanwalt unterzeichnet sein. Der Zuziehung eines Rechtsanwalts bedarf es nicht, wenn die weitere Beschwerde von einer Behörde eingelegt wird.

Auf die weitere Beschwerde finden die Vorschriften des § 22 des Gesetzes über die Angelegenheiten der freiwilligen Gerichtsbarkeit und der Absätze 3, 4, 5 des Art. 48 dieses Gesetzes entsprechende Anwendung.

Ueber die weitere Beschwerde ist der Staatsanwalt mit gutachtlicher Aeußerung zu hören.

Artikel 50.

Die Entscheidungen erfolgen bei den Landgerichten durch eine Civilkammer, bei den Oberlandesgerichten und dem Obersten Landesgerichte durch einen Civilsenat. Die Entscheidung kann ohne vorgängige mündliche Verhandlung erfolgen.

Gegen Entscheidungen des Obersten Landesgerichts findet kein Rechtsmittel statt.

Die Vorschriften der Reichs-Civilprozeßordnung über die Ausschließung und Ablehnung der Gerichtspersonen finden entsprechende Anwendung.

Artikel 51 (52).

Ist eine Entscheidung oder sonstige Amtshandlung, für welche eine Gebühr nicht zu erheben wäre, nach freier richterlicher Ueberzeugung muthwillig veranlaßt worden, so hat das Gericht von Amtswegen die besondere Erhebung von drei Zehntheilen der Gebühr des § 8 des Reichs-Gerichtskostengesetzes zu beschließen.

Gegen den Beschluß findet Beschwerde nach Maßgabe der Art. 46 bis 50 statt.

Das Rechtsmittel der weiteren Beschwerde ist unzulässig.

Die Gebühr kann sofort nach dem Beschlusse von der in diesem bezeichneten Partei ohne Anrechnung eines derselben etwa obliegenden Vorschusses eingehoben werden.

Artikel 52 (53).

In dem Verfahren auf weitere Beschwerde erhöht sich die im § 45 des Reichs-Gerichtskostengesetzes bestimmte Gebühr um die Hälfte.

Artikel 53 (54).

Die Auslagen der Gerichte werden bei der Entstehung fällig.

III. Abschnitt.

Verhandlungen der Notare.

Artikel 144 (112).

Für Urkunden und Ausfertigungen der Notare werden Gebühren nach folgenden Bestimmungen erhoben.

Anm. 1. Die Uebernahme einer Urkunde in amtliche Verwahrung des Notars nach Art. 1 Abs. 1 Not.Ges. unterliegt nicht der verhältnißmäßigen Gebühr nach dem Inhalte der Urkunde, sondern der fixen Gebühr von 1 Mark nach Art. 171 (130 Ziff. 4), weil die Uebernahme nicht der Beurkundung durch den Notar gleichkommt. Die gegentheilige Anschauung Pfaffs in Note 1 zu Art. 144 geht davon aus, daß durch die Uebergabe einer Privaturkunde in die amtliche Verwahrung eines Notars dieser Privaturkunde die Eigenschaft einer Notariatsurkunde verliehen würde. Dies war bisher nach Art. 22 des rechtsrh. Not.Ges. allerdings der Fall, während das Not.Ges. vom 9. Juni 1899 eine solche Wirkung der nach Art. 1 Abs. 1 desselben zulässigen Uebernahme einer Privaturkunde in amtliche Verwahrung nicht beilegt.

Ebenso unterliegt die Hinterlegung einer Ausfertigung bei dem Notar zu dem Zwecke, die Stelle einer zu Verlust gegangenen Urschrift zu vertreten, Not.Ges. Art. 47, nicht der verhältnißmäßigen Gebühr, weil diese Urschrift schon bei ihrer seinerzeitigen Errichtung mit der treffenden Staatsgebühr bewerthet worden ist.

Anm. 2. Neben den Staatsgebühren kommen für die Urkunden und Ausfertigungen der Notare noch die Notariatsgebühren nach Art. 48 Not.Ges. und A.V. vom 28. Dezember 1899 für die Inanspruchnahme der amtlichen Thätigkeit des Notars zur Erhebung (vergl. Art. 5), ferner bei Besitzveränderungen die örtlichen Besitzveränderungsabgaben nach den näheren Bestimmungen des Gesetzes vom 15. Juni 1898, die Einführung einer Besitzveränderungsabgabe für Gemeinden betreffend, G.V.Bl. 1898 S. 292, J.M.Bl. S. 195.

Anm. 3. Nach Art. 309 Abs. 1 treten die neuen Bestimmungen über die Gebühren in Grundbuchsachen, soweit die Gebührensätze dem Gebührenpflichtigen günstiger sind, am 1. Januar 1900, im Uebrigen für jeden Grundbuchbezirk mit dem Zeitpunkt in Kraft, in welchem das Grundbuch als angelegt anzusehen ist.

Artikel 145 (113 Ziff. 2).

Verträge, Schuldbekenntnisse und Schuldversprechen unterliegen, soweit in den folgenden Artikeln nicht ein Anderes bestimmt ist, der verhältnißmäßigen Gebühr von drei vom Tausend der Gegenstandssumme, sofern jedoch der Werthsgegenstand den Betrag von 2000 Mark nicht übersteigt, von zwei und einhalb vom Tausend der Gegenstandssumme.

Anm. 1. Zu den Verträgen gehören auch die Leibgedingsverträge, auf welche nach Art. 32 A.G. z. B.G.B. die Bestimmungen des B.G.B. §§ 759—761 über Leibrenten Anwendung finden. Ueber deren Bewerthung bei Gutsübergaben vergl. Art. 187 (147 Abs. 1).

Anm. 2. Den Schuldbekenntnissen sind die Schuldversprechen im Sinne der §§ 518, 780 B.G.B. gleichgestellt.

Anm. 3. Da in Art. 154 (122 Abs. 1) für Bestellung einer Hypothek, Grundschuld oder Rentenschuld und Bewilligung der Eintragung einer solchen die Gebühr von bisher 6‰ nun auf 5‰ herabgesetzt, der ermäßigte Gebührensatz von 3‰ auf $2\frac{1}{2}$‰ gemindert und die Werthsgrenze dieses ermäßigten Gebührensatzes von

1500 Mark auf 2000 Mark erhöht ist, ist in Konsequenz dieser Gebührenerleichterung auch die allgemeine Mobiliargebühr bis zu einem Gegenstandswerthe von 2000 Mark auf $2^1/_2{}^0/_{00}$ der Gegenstandssumme ermäßigt, um zu verhüten, daß solche Rechtsgeschäfte unter Umständen mit einer höheren Gebühr belastet werden, als die Bestellung von Hypotheken u. s. w. im gleichen Betrage. Mit Rücksicht auf die Bestimmung in Art. 309 Abs. 1 kommt diese ermäßigte Gebühr von $2^1/_2{}^0/_{00}$ bei einem Werthgegenstand bis zu 2000 ℳ schon vom 1. Januar 1900 an zum Ansatz.

Artikel 146 (113 Ziff. 1, 114).

Für Verträge, durch welche sich der eine Theil verpflichtet, das Eigenthum an einem Grundstücke zu übertragen oder ein den Grundstücken gleichstehendes Recht zu bestellen oder zu übertragen, beträgt die verhältnißmäßige Gebühr:

1. eins vom Hundert der Gegenstandssumme:
   a) wenn der Vertrag zwischen Verwandten oder Stiefverwandten in gerader Linie oder zwischen Ehegatten oder zwischen Geschwistern abgeschlossen wird;
   b) bei Verträgen über die Theilung eines Nachlasses oder des Gesammtguts einer Gütergemeinschaft oder fortgesetzten Gütergemeinschaft;
   c) bei einem Werthsgegenstande bis zu 1000 Mark einschließlich;
2. ein und einhalb vom Hundert der Gegenstandssumme bei einem Werthsgegenstande von über 1000 Mark bis 2000 Mark einschließlich;
3. zwei vom Hundert der Gegenstandssumme in allen übrigen Fällen.

Sind bei Verträgen zwischen Verwandten oder Stiefverwandten (Ziff. 1 lit. a.) neben den Verwandten oder Stiefverwandten der absteigenden Linie Ehegatten oder Verlobten betheiligt, so findet auf deren Antheilsrechte die Bestimmung der Ziff. 1 Anwendung. In den übrigen Fällen der Ziff. 1 lit. a. ist bei Mitbetheiligung weiterer Personen die Gebühr nach den Antheilsrechten der einzelnen Personen gesondert zu berechnen.

Anm. 1. Die sog. Mutations- oder Immobiliargebühr ist an den obligatorischen Veräußerungsvertrag des § 313 B.G.B., zu dessen Beurkundung nach Art. 15 A.G. z. R.G.B.G. in der Fassung des Art. 167 I A.G. z. B.G.B. und Art. 1 Abs. 1 Not.-Ges. ausschließlich die Notare zuständig sind, und nicht an die Auflassungserklärung (§ 925 B.G.B.) geknüpft. Wird also, was die Regel sein wird, die Auflassungserklärung sofort in den obligatorischen Veräußerungsvertrag aufgenommen oder in letzterem einer besonderen Nachtragserklärung vorbehalten, so unterliegt dieselbe keiner besonderen Bewerthung; nur wenn kein mit der Mutationsgebühr bewertheter obligatorischer Veräußerungsvertrag vorliegt, wird die Auflassungserklärung mit dieser gleichen Gebühr bewerthet; siehe folgender Art. 147.

Anm. 2. Zu den Verträgen über Bestellung oder Uebertragung eines den Grundstücken gleichstehenden Rechtes gehört die Bestellung oder Uebertragung des Erbbaurechtes (§ 1017 Abs. 2 B.G.B.) und der durch Landesgesetz den Grundstücken gleichgestellten Rechte, so insbesondere des Bergwerkeigenthums und der unbeweglichen Kuxe des älteren Rechts, des Fischereirechts, der Realgewerbeberechtigungen und des in Art. 19 Abs. 2 des Gesetzes über das Liegenschaftsrecht in der Pfalz vom 1. Juli 1898 bezeichneten Rechts an einzelnen Räumen eines fremden Gebäudes.

Anm. 3. Die Berücksichtigung des Verwandtschaftsverhältnisses greift auch bei freiwilligen und Zwangsversteigerungen Platz; vergl. Art. 10 Anm. 2.

Unter Geschwister sind wie bisher nicht nur vollbürtige, sondern auch halbbürtige Geschwister zu verstehen. Sind Ehegatten von Geschwistern betheiligt, ist die Gebühr nach Abs. 2 Satz 2 nach den Antheilsrechten der einzelnen Personen gesondert zu berechnen.

Wegen des Einflusses des Verwandtschaftsverhältnisses unehelicher Kinder und deren Abkömmlinge mit dem natürlichen Vater und dessen Verwandten vergl. Art. 279 (252).

Anm. 4. Neben der Gebühr der Ziff. 1b kommt, wenn die Vermittlung der Auseinandersetzung eines Nachlasses oder eines Gesammtgutes durch den Notar erfolgt, noch die Gebühr des Art. 165 eigens zur Erhebung; vergl. Art. 165 Anm.

Anm. 5. Bei Zusammentreffen mehrerer Ermäßigungsgründe der Ziff. 1a, b und c beträgt die Gebühr immer 1% aus der Gegenstandssumme und wird solche nicht nochmals auf die Hälfte reduzirt.

Anm. 6. Die Ehe- und Erbverträge unterliegen als solche nicht mehr der Mutationsgebühr, sondern lediglich der fixen Gebühr zu 3 Mark; vergl. Art. 148 (115) und 163 (126).

Artikel 147.

Die Gebühr des Art. 146 wird für die Beurkundung der Auflassungserklärung erhoben, wenn nicht eine Urkunde vorliegt, welche mit dieser Gebühr schon zu bewerthen war.

Anm. 1. Diese Bestimmung steht im innigsten Zusammenhang mit der Vorschrift des Art. 118, welcher lautet:

> Bei der Entgegennahme der Auflassnng durch das Grundbuchamt wird, wenn nicht eine Urkunde vorliegt, welche mit der im Art. 146 bestimmten Gebühr schon zu bewerthen war. die Gebühr des Art. 146 und neben dieser diejenige Gebühr erhoben, welche für die Anfnahme der Urkunde über die Auflassung durch den Notar zu entrichten wäre.
>
> Das Gleiche gilt für die Bestellung oder Uebertragung eines Erbbaurechts.

Auf Grund des Vorbehaltes in § 98 Gr.B.O. sollen nach Art. 12 des A.G. z. Gr.B.O. Grundbuchamt und Notar die Erklärung der Auflassung nur entgegennehmen, wenn der nach § 313 B.G.B. erforderliche obligatorische Veräußerungsvertrag vorliegt. Es kann also für das Grundbuchamt die Entgegennahme und für den Notar die Beurkundung der Auflassungserklärung, ohne daß ein mit der Mutationsgebühr des Art. 146 bewertheter obligatorischer Veräußerungsvertrag vorliegt oder vom Notar gleichzeitig beurkundet wird, nur in Frage kommen, wenn der bisherige Eigenthümer auf Grund Gesetzes zur Eigenthumsübertragung verpflichtet ist oder wenn es sich um den Vollzug eines Vermächtnisses handelt, das ein Grundstück zum Gegenstande hat, oder wenn die Auflassung auf Grund einer von einem nicht bayerischen Notar oder Behörde errichteten Urkunde erfolgt. In diesen Fällen unterliegt die Beurkundung der Auflassungserklärung der Mutationsgebühr des Art. 146 in gleicher Weise wie die Entgegennahme der Auflassung durch das Grundbuchamt nach Art. 118 und kommt außerdem letzteren Falles neben der verhältnißmäßigen Gebühr des Art. 146 noch diejenige Gebühr zur Erhebung, welche für die Beurkundung der Auflassung durch den Notar an diesen d. i. die Notariatsgebühr zu entrichten wäre.

Anm. 2. Für das Zwangsenteignungsverfahren vergl. Art. 25:

> „Im Falle einer gütlichen Einigung der Betheiligten über die Abtretung vor der Distriktsverwaltungsbehörde (Art. 26 des Gesetzes zur Ausführung der Reichs-Civilprozeßordnung und Konkursordnung in der Textirung vom 26. Juni 1899) kommt aus dem Werthe des Gegenstandes ohne Abzug der Schulden die Gebühr des Art. 146 für die Staatskasse zur Erhebung.

Auf die Entscheidung von Streitfragen über die Pflicht zur Entrichtung der im Abs. 1 bestimmten Gebühr oder über deren Größe findet die Vorschrift des Art. 247 entsprechende Anwendung."

und Art. 26 A.G. z. C.P.O. und K.O.:

„Eine gütliche Einigung der Betheiligten über die Abtretung oder über die zu leistende Entschädigung wird mit der Protokollirung durch die Distriktsverwaltungsbehörde rechtswirksam. Vor dieser kann auch die Auflassung erklärt werden."

3. Die örtliche Besitzveränderungsabgabe kommt auch in den Fällen des gegenwärtigen Artikels wie in dem Art. 118 nach Maßgabe des Gesetzes vom 15. Juni 1898, die Einführung einer Besitzveränderungsabgabe für die Gemeinden betreffend, zur Erhebung (Verhdlg. der K. d. Abg. 1899 Beil. Bd. XX Abth. I S. 489 und Abth. II S. 770).

Artikel 148 (115).

Für Eheverträge wird an Stelle der nach Art. 145 oder 146 zu entrichtenden Gebühr eine fixe Gebühr von 3 Mark erhoben.

Zuwendungen von beweglichem Vermögen, welche in Eheverträgen an eine der den Ehevertrag abschließenden Personen von Seite ihrer Eltern oder Stiefeltern gemacht werden, sind nicht als selbständige Rechtsgeschäfte zu betrachten.

Anm. Für Eheverträge kommt weder die verhältnißmäßige Mobiliargebühr nach Art. 145 noch die Mutationsgebühr nach Art. 146 zur Erhebung und zwar auch dann nicht, wenn der Ehevertrag die Uebertragung des Eigenthums an Grundstücken und diesen gleichstehenden Rechten von einem der Ehegatten oder Verlobten auf den anderen zum Gegenstand hat. Werden aber in einem Ehevertrage an die Braut- oder Eheleute oder einen Theil von ihnen Seitens anderer Personen als Eltern oder Stiefeltern Zuwendungen gemacht, z. B. eine Aussteuer oder ein Heirathsgut versprochen, ein Grundbstück üerlassen u. dergl., so sind diese Zuwendungen Dritter als eigene Rechtsgeschäfte wie bisher so auch künftig, ersteren Falles mit der Mobiliargebühr des Art. 145, letzteren Falles mit der Mutationsgebühr des Art. 146, zu bewerthen. Zuwendungen der Eltern und Stiefeltern sind bezüglich beweglichen Vermögens nach Abs. 2 gebührenfrei, z. B. das Versprechen eines baaren Heirathsgutes oder einer Aussteuer, während Zuwendungen von Grundbesitz auch Seitens der Eltern oder Stiefeltern der eigenen Mutationsgebühr nach Art. 146 Abs. 1 Ziff. 1a unterliegen. Wenn also in einem Ehevertrag die Eltern ein Anwesen im Werthe von 10 000 Mark ihrem Sohne übergeben und letzterer im Anschluß hieran mit seiner Braut allgemeine Gütergemeinschaft abschließt, so ist dieser Ehevertrag mit 1% aus 10 000 Mark = 100 Mark für die Anwesensübergabe und 3 Mark fixe Gebühr für den Ehevertrag zusammen 103 Mark zu bewerthen. Würden die Eltern dagegen im Ehevertrag sich verpflichten, ihrem Sohne ein baares Heirathsgut von 10000 Mark zu geben, würde der Vertrag nur mit 3 Mark fixer Gebühr zu bewerthen sein.

Wie bei Beurkundung des Ehevertrags so wird auch bei der Eintragung des durch den Ehevertrag von dem einen Braut- oder Ehetheil auf den anderen Theil übergehenden Miteigenthums in das Grundbuch keine verhältnißmäßige Gebühr erhoben.

Artikel 149 (117).

Stiftungsgeschäfte unter Lebenden unterliegen den Gebühren für Verträge.

Stiftungsgeschäfte, die in einer Verfügung von Todeswegen bestehen, unterliegen der im Art. 163 bestimmten Gebühr.

Für Urkunden über Familienfideikommisse, gleichviel ob letztere unter Lebenden oder für den Todesfall errichtet werden wollen, beträgt die Gebühr 50 Mark.

Anm. 1. Stiftungsgeschäfte unter Lebenden bedürfen nach § 81 B.G.B. lediglich der schriftlichen Form, nicht der gerichtlichen oder notariellen Beurkundung, wie der § 78 des Entwurfs eines Bürgerlichen Gesetzbuchs vorgeschlagen hatte. Dieselben unterliegen den Gebühren für Verträge (Art. 145, 146, 147) selbstverständlich nur, sofern sie zu notarieller Urkunde errichtet werden, nicht auch bei schriftlicher Abfassung mit notarieller Unterschriftsbeglaubigung; letzteren Falles kommt nur die Beglaubigungsgebühr des Art. 173 Abs. 3 mit 50 Pfennig für jede Unterschrift zur Erhebung.

Stiftungsgeschäfte von Todeswegen können sowohl einseitig in einem Testament als wie vertragsmäßig in einem Erbvertrag getroffen werden, B.G.B. §§ 83, 84, 2101 Abs. 2, 2278, 2299 Abs. 1. Dieselben unterliegen außer der Gebühr des Art. 163 zu 3 Mark gemäß Art. 166 mit 111 bei ihrer Eröffnung der besonderen Gebühr von eins vom Tausend der Gegenstandssumme; vergl. Art. 166.

Anm. 2. Für Familienfideikommisse werden außer der Beurkundungsgebühr zu 50 Mark noch die besondere Gebühr der Art. 78—82 erhoben.

3. Familienfideikommisse.

Artikel 78 (65).

Für die Entscheidung, einschließlich des vorangegangenen Verfahrens, über Anträge auf gerichtliche Bestätigung eines Fideikommisses oder auf Genehmigung der Auflösung eines solchen werden fünf Zehntheile der Sätze des § 8 des Reichs-Gerichtskostengesetzes erhoben.

Artikel 79 (66).

Die Bestimmung des Art. 78 findet auch in dem Falle Anwendung, wenn das Verfahren die Einverleibung von Vermögen in ein bereits bestehendes Fideikommiß auf Grund einer die Mehrung desselben bezielenden neuen Disposition zum Gegenstande hat.

Artikel 80 (67).

In den Fällen der Art. 78, 79 kommen außer den dort bestimmten Sätzen, sofern die Errichtung oder Vermehrung des Fideikommisses gerichtlich bestätigt wird, noch eine besondere Gebühr zu zwei vom Hundert des gestifteten Vermögens ohne Abzug etwaiger Schulden zur Erhebung.

Ist die Bestätigung eines Fideikommisses nur bedingt erfolgt (§§ 10, 28, 29 der VII. Beilage zur Verfassungsurkunde), so wird die obige Gebühr erst nach Erfüllung der Bedingung aus dem in diesem Zeitpunkte vorhandenen Vermögen berechnet und erhoben.

Insoweit jedoch Fideikommisse aus Bestandtheilen bisheriger adeliger Familiengüter mit gebundener Erbfolge (Lehen, Majorate, Stammgüter u. dergl.) errichtet werden, kommt die in Abs. 1 bestimmte Gebühr nicht zur Erhebung.

Artikel 81 (68).

Für jede sonstige Entscheidung, welche eine Genehmigung oder Bestätigung enthält oder überhaupt eine vorgängige Prüfung Seitens des Fideikommißgerichts erfordert, einschließlich des vorangegangenen Verfahrens, werden drei Zehntheile der Sätze des § 8 des Reichs-Gerichtskostengesetzes bis zum Meistbetrage von 50 Mark erhoben.

Die Einschreibungen in die Fideikommißmatrikel erfolgen gebührenfrei.

Artikel 82 (69).

Wenn das zu einem Fideikommisse bestimmte Vermögen gemäß § 10 Abs. 2 der VII. Beilage zur Verfassungsurkunde unter gerichtlicher Aufsicht verwaltet werden muß, so kommen hiefür bei dem zuständigen Gerichte die in den Art. 83, 84 bestimmten Gebühren zur Erhebung. Hinsichtlich der Fälligkeit der Gebühren findet die Bestimmung im Art. 87 entsprechende Anwendung.

Anm. 3. Die im bisherigen Art. 116 aufgeführten Schenkungen sind nicht mehr besonders genannt, weil auf die Schenkungsverträge und Schenkungsversprechen (B.G.B. § 518) die allgemeinen Bestimmungen der Art. 145, 146, 175 Anwendung finden.

Artikel 150 (118).

Eine Gebühr zu ein und einhalb vom Hundert der Gegenstandssumme wird erhoben von Gesellschaftsverträgen (Statuten), welche die Gründung von Aktiengesellschaften oder von Kommanditgesellschaften auf Aktien zum Gegenstande haben, sowie von Verträgen oder Beschlüssen, welche die Erhöhung des Grund- oder Aktienkapitals solcher Gesellschaften betreffen.

Betrifft der Gesellschaftsvertrag die Gründung einer Aktiengesellschaft, welche nicht den Gewinn der Theilhaber bezweckt, so kommt anstatt der im Abs. 1 festgesetzten Gebühr von ein und einhalb vom Hundert der Gegenstandssumme eine Gebühr von drei vom Tausend der Gegenstandssumme zur Erhebung.

Der Berechnung der Gebühr ist der Betrag des Grund- oder Aktien-Kapitals, im Falle einer Erhöhung desselben der Mehrbetrag zu Grund zu legen.

Wird das Grund- oder Aktien-Kapital oder der erhöhte Betrag desselben nicht sogleich voll einbezahlt, so ist die Gebühr aus der jedesmaligen Theilzahlung zu entrichten, deren Einforderung der Vorstand der Aktiengesellschaft, bei Kommanditgesellschaften auf Aktien der Aufsichtsrath, der zuständigen Regierungsfinanzkammer vor dem anberaumten Einzahlungstermin anzuzeigen hat. Im Falle der Unterlassung rechtzeitiger Anzeige unterliegen die Mitglieder des Vorstandes der Aktiengesellschaft beziehungsweise des Aufsichtsrathes der Kommanditgesellschaft auf Aktien einer Geldstrafe von je 30—300 Mark. Für die Entrichtung der verhängten Geldstrafen ist die Gesellschaft subsidiarisch haftbar.

Soweit in solchen Verträgen sich der eine Theil verpflichtet, das Eigenthum an Grundstücken oder diesen gleichstehenden Rechten oder das Eigenthum an beweglichen Sachen zu übertragen, kommen neben den Gebühren des Abs. 1 oder 2 die im Art. 145 oder 146 bestimmten Gebühren besonders zur Erhebung.

Anm. 1. Der abgeänderte Abs. 5 statuirt gegenüber dem bisherigen Rechte eine erhebliche Erhöhung der Gründungsgebühren, von der Absicht ausgehend, das mobile Kapital der Aktiengesellschaften mit Rücksicht auf deren Bedeutung im heutigen wirthschaftlichen Leben und ihre ungleich größere Leistungsfähigkeit gegenüber dem einzelnen Unternehmer oder Gewerbetreibenden stärker, als dies nach der Beistmmung des bisherigen Art. 118 der Fall war, zu den öffentlichen Lasten heranzuziehen. Nach der bisherigen Praxis und Rechtsprechung des K. Obersten Landesgerichts ist die Gründungsgebühr von $1^1/_2\%$ neben den Mutationsgebühren nur dann zur Erhebung gelangt, wenn ein bei Gründung der Gesellschaft Nichtbetheiligter in derselben Urkunde, in welcher der Gesellschaftsvertrag verlautbart wurde, Grundstücke oder diesen gleichstehende Rechte an die Gesellschaft abgetreten hat, während in den Fällen, in welchen eine bei der Gründung der Gesellschaft betheiligte Person zum Zwecke der Erfüllung der ihr nach dem Gesellschaftsvertrage in Beziehung auf die Gründung obliegenden Verpflichtungen, und zwar im Gesellschaftsvertrage selbst, Grundstücke an die Gesellschaft überließ, die Ueberlassung der Grundstücke also die Einlage bildete, die Gebühr von $1^1/_2\%$ auf die aus dem Werthe der überlassenen Grundstücke zu erhebende höhere Mutationsgebühr zu 2% angerechnet, für die Ueberlassung von Mobiliarwerthen an die Gesellschaft als Einlagen der Aktionäre aber eine Gebühr überhaupt nicht erhoben wurde.

Durch die Gebührengesetznovelle vom 9. Juni 1899 ist die Bestimmung des Abs. 5 nun dahin abgeändert, daß in allen Fällen des Abs. 1 und 2 die sog.

Gründungsgebühr von $1^{1}/_{2}$% bei Abs. 1 und 3‰ bei Abs. 2 aus dem vollen Betrage des Gesellschaftskapitals und daneben und unabhängig davon noch die Mobiliarvertragsgebühr zu 3‰ oder die Mutationsgebühr zu 2%, je nach dem Mobiliarwerthe oder Grundstücke und diesen gleichstehende Rechte den Gegenstand des Vertrags bilden, zu Erhebung kommen, wobei es keinen Unterschied macht, ob Grundstücke und diesen gleichstehende Rechte oder bewegliche Sachen (Kapitalseinlagen) von einem der Gründer zur Erfüllung seiner im Gesellschaftsvertrage übernommenen Verpflichtungen in die Gesellschaft einlegt oder von einem Dritten, bei der Gründung der Gesellschaft nicht Betheiligten, im Gesellschaftsvertrage an die Gesellschaft abgetreten werden. Vergl. Verhdlg. d. K. d. Abg. 1899 Beil. Bd. XX. Abth. I S. 476.

Anm. 2. Gemäß Art. 296 kommt die in Abs. 5 bestimmte besondere Gebühr schon vom 1. Jan. 1900 ab zur Erhebung.

Anm. 3. Unter den in Abs. 2 begünstigten Aktiengesellschaften sind solche verstanden, welche ausschließlich gemeinnützige Zwecke verfolgen und deren Bestrebungen auch nicht nebenher mehr oder minder noch auf die Erzielung von Gewinn gerichtet sind; vergl. Entsch. d. Verwaltungs-Gerichtshofes vom 10. September 1894, Samml. Bd. XV S. 259.

Artikel 151 (119).

Wenn zwei oder mehrere Grundstückseigenthümer durch Tausch von Grundstücken, die der landwirthschaftlichen oder forstwirthschaftlichen Benützung zugewendet sind, ihren ganzen Grundbesitz oder einen Theil desselben behufs günstigerer Bewirthschaftung in Zusammenhang bringen, so wird für die Beurkundung des Tauschvertrags, für die Auflassungserklärung und für die Uebertragung von Hypotheken, Grundschulden oder Rentenschulden eine verhältnißmäßige Gebühr nicht erhoben.

Für Tauschverträge zwischen zwei Grundstückseigenthümern, bei welchen obige Voraussetzungen nur auf einer Seite gegeben sind, kommt die Gebühr des Art. 146 Ziff. 1 zur Erhebung.

Eine allenfallsige Geldaufgabe sowie überhaupt jeder Mehrwerth des eingetauschten Grundstücks gegenüber dem vertauschten Grundstück unterliegt der Gebührenbewerthung nach Art. 146.

Anm. 1. Zur Anwendung der in gegenwärtigem Artikel vorgesehenen Gebührenbegünstigung müssen drei Erfordernisse wenigstens bei einem der Vertragstheile gleichzeitig zutreffen, nemlich:

a) Zuwendung der Tauschobjekte zur landwirthschaftlichen oder forstwirthschaftlichen Benützung,
b) Arrondirung des ganzen oder theilweisen Grundbesitzes und
c) günstigere Bewirthschaftung als Zweck des Tausches.

Die Bestimmung verfolgt ausschließlich den Zweck, den Grundeigenthümern die vom Gesetze im Interesse der Landwirthschaft als wünschenswerth erachtete Arrondirung ihres Grundbesitzes zu erleichtern, und kann daher nur dann Platz greifen, wenn der eigentliche und Hauptbestimmungsgrund für den Abschluß eines Grundtauschvertrags in dem Streben nach Erzielung günstigerer landwirthschaftlicher Verhältnisse zu erblicken ist. Die Anwendbarkeit des Art. 151 (119) ist daher ausgeschlossen, wenn schon beim Vertragsabschlusse die Absicht des Grundeigenthümers deutlich erkennbar ist, die erworbenen Gründstücke der landwirthschaftlichen Benützung nur so lange zu erhalten, als sich nicht eine Gelegenheit zur anderweitigen rentableren Verwerthung ergibt; Entsch. d. Verwalt.G.H. vom 25. Mai 1891, Samml. Bd. XIII S. 86.

Anm. 2. Vergl. Art. 43 (39) des Flurbereinigungsgesetzes vom 29. Mai 1886 in der Fassung vom 30. Juli 1899, G.V.Bl. S. 522:

„Das nach Art. 38 Abs. 2 zu fertigende Flurbereinigungsoperat, sowie die auf Grund desselben erfolgenden Besitzänderungen, Ein- und Umschreibungen in den öffentlichen Büchern, dann die Bestätigungen auf den Operatsauszügen, Hypotheken-, Grundschuld- und Rentenschuldbriefen sind ebenso wie das erstinstanzielle Verfahren bei Flurbereinigungen, welche unter Mitwirkung der Flurbereinigungs-Kommission vorgenommen werden, von der Entrichtung von Staatsgebühren befreit.

Hinsichtlich der Gebührenbewerthung bei Flurbereinigungen, welche ohne Mitwirkung der Flurbereinigungs-Kommission vorgenommen werden, bewendet es bei den Bestimmungen des Gebührengesetzes."

Anm. 3. An Stelle der verhältnißmäßigen Gebühr tritt im Falle des Abs. 1 die fixe Gebühr des Art. 171 zu 1 Mark.

Anm. 4. Beispiele für die Gebührenberechnung;

a) A und B vertauschen zum Zwecke beiderseitiger günstigerer Bewirthschaftung und Arrondirung je einen Acker im Werthe von 3000 Mark; Gebühr 1 Mark (Abs. 1);

b) beim gleichen Tausch wird die Arrondirung nur auf Seite des A oder B bewirkt; Gebühr 30 Mark (Abs. 2);

c) beim gleichen Tausch mit beiderseitiger Arrondirung werthet der Acker des A 3000 Mark, der des B 2500 Mark; Gebühr: 5 (Abs. 3), nicht 10 Mark, weil der Mehrwerth, welcher allein der Gebührenbewerthung unterliegt, unter 1000 Mark beträgt; Art. 146 Abs. 1 Ziff. 3;

d) beim Tausch ad c ist die Arrondirung nur bei A oder B gegeben; Gebühr: 35 Mark, nemlich 1% aus 3000 Mark = 30 Mark wie ad b + 1% aus dem Mehrwerth zu 500 Mark = 5 Mark wie ad c (Abs. 2 und 3). Ob der Acker des A oder der des B den höheren Werth hat, ist gleichgiltig, weil die ermäßigte Gebühr des Art. 146 Ziff. 1 gemäß Art. 184 (143) immer aus dem höheren Werthe berechnet wird.

Anm. 5. Die Ermäßigungsgründe des Art. 146 Ziff. 1, denen der Fall des Abs. 2 des gegenwärtigen Artikels gleichgestellt ist, und Ziff. 2 kommen auch im Falle des Abs. 3 zur Anwendung; vergl. auch Art. 146 Anm. 3.

Beispiele:

a) Zwei Brüder A und B tauschen zwecks beiderseitiger besserer Bewirthschaftung und Arrondirung je einen Acker aus, von denen der des A 2000 Mark, der des B 3600 Mark werth ist; Gebühr 16 Mark = 1% aus dem Mehrwerth zu 1600 Mark; ist die Werthsdifferenz über 2000 Mark, beträgt die Gebühr auch nur 1% hieraus (Art. 146 Ziff. 1a).

b) In dem gleichen Beispiele sind A und B nicht verwandt; Gebühr 24 Mark = 1½% aus dem Mehrwerth zu 1600 Mark (Art. 146 Ziff. 2).

c) In dem gleichen Beispiel wie a ist der Acker des A 2000 Mark, der seines Bruders B 2500 Mark werth; Gebühr: 5 Mark nach Art. 146 Ziff. 1c, während Ziff. 1a nicht mehr zur Berücksichtigung kommt; siehe hiezu auch das Beispiel c in Anm. 4.

d) In dem gleichen Beispiele wie a ist die Arrondirung nur bei dem einen Bruder A oder B gegeben; Gebühr: 52 Mark, nemlich 1% aus dem höheren Werthe = 36 Mark + 1% aus dem Mehrwerth wegen des Verwandtschaftsverhältnisses = 16 Mark (Abs. 2 und 3 mit Art. 146 Ziff. 1 und 184).

e) Sind im vorigen Beispiel d A und B nicht verwandt, beträgt die Gebühr 60 Mark, nemlich 1% aus dem höheren Werthe zu 3600 Mark = 36 Mark (Abs. 2) und $1^1/_2$% aus dem Mehrwerth zu 1600 Mark = 24 Mark (Abs. 3 mit Art. 146 Ziff. 2 und 184).

Artikel 152 (120).

Auf Versteigerungen von Grundstücken finden die Bestimmungen des Art. 146 gleichmäßig Anwendung.

Wird bei einer öffentlichen Versteigerung von Grundstücken der Zuschlag auf die für die einzelnen Grundstücke gelegten Gebote ertheilt, so ist die Gebühr nach den Einzelnpreisen zu berechnen.

Für öffentliche Mobiliar-Versteigerungen werden die im Art. 257 bestimmten Gebühren aus der Summe der Zuschlagspreise erhoben.

Anm. 1. Unter Versteigerungen sind freiwillige und Zwangsversteigerungen zu verstehen; vergl. auch Art. 10 Anm. 1.

Anm. 2. Erfolgt kein Zuschlag, so kommt bei freiwilligen Versteigerungen sowie bei Zwangsversteigerungen die §§ 172 und 175 des Zwangsversteigerungsgesetzes die fixe Gebühr des Art. 171 (130 Ziff. 4) mit 1 Mark für den Versteigerungsakt zum Ansatz, während bei Zwangsversteigerungen im Wege der Zwangsvollstreckung auch diese fixe Gebühr nicht anzusetzen ist; vergl. Art. 10 Anm. 3.

Anm. 3. Werden mit Grundstücken in der nemlichen Urkunde auch bewegliche Sachen, z. B. mit einer Wirthschaft das Wirthschaftsinventar, mit einem Oekonomieanwesen die Fahrniß mitversteigert, ist eine Werthsausscheidung zwischen beweglichen und unbeweglichen Sachen in Anwendung des Art. 185 auch bei freiwilligen und Zwangsversteigerungen zulässig; vergl. Art. 10 Anm. 1.

Anm. 4. Nach Art. 257 beträgt die Gebühr bei öffentlichen Mobiliarversteigerungen 1% aus dem erzielten Gesammterlös.

Artikel 153 (121).

Vergleiche sind den nämlichen Gebühren unterworfen wie Verträge.

Anm. Bezüglich der Vergleichsgebühr in der streitigen Rechtspflege vergl. G.K.G. §§ 23, 101.

Artikel 154 (122 Abs. 1).

Für Verträge, durch welche sich der eine Theil verpflichtet, eine Hypothek, eine Grundschuld oder eine Rentenschuld zu bestellen, beträgt die verhältnißmäßige Gebühr fünf vom Tausend der Gegenstandssumme und, wenn die Summe den Betrag von 2000 Mark nicht übersteigt, zwei und einhalb vom Tausend der Gegenstandssumme.

Die gleiche Gebühr wird erhoben für die Beurkundung oder die Beglaubigung der Bewilligung zur Eintragung einer Hypothek, einer Grundschuld oder einer Rentenschuld. Ist die Gebühr schon für den im Abs. 1 bezeichneten Vertrag zum Ansatze gelangt, so wird für die Beurkundung oder Beglaubigung der Eintragsbewilligung eine Gebühr nicht mehr erhoben.

Ist für die Forderung schon eine mit der Gebühr nach Art. 145 bewerthete Urkunde errichtet, so wird die für diese entrichtete Gebühr angerechnet.

Die Vorschrift des Art. 121 findet gleichmäßige Anwendung.

Die Gebühr des Abs. 1 wird auch erhoben für die Beurkundung der Erklärung des Eigenthümers, daß eine Grundschuld für ihn in das Grundbuch eingetragen werde.

Anm. 1. In den Art. 154—161 sind die Gebührenvorschriften für die von den Notaren beurkundeten Hypothekengeschäfte und Grundbuchsachen nach Maßgabe des B.G.B. und der Grundbuchordnung neu geregelt.

Zunächst ist in Abs. 1 des gegenwärtigen Artikels die bisher für Hypothekenbriefe auf 6‰ bestimmte Gebühr für den obligatorischen Vertrag durch den sich der eine Theil verpflichtet, eine Hypothek, Grundschuld oder Rentenschuld zu bestellen, d. i. also für das Schuldbekenntniß mit Hypothekbestellung auf 5‰ herabgesetzt, desgleichen die ermäßigte Gebühr von 3‰ auf $2^1/_2$‰ und zugleich die Grenze, bis zu welcher diese ermäßigte Gebühr zu entrichten ist, von bisher 1500 Mark auf 2000 Mark Gegenstandssumme erhöht.

Da ferner künftig, d. i. von dem Zeitpunkte an, zu welchem das Grundbuch als angelegt anzusehen ist, nur die Hyptohekurkunde, welche die Unterwerfung des Schuldners unter die sofortige Zwangsvollstreckung enthalten soll, dem notariellen Beurkundungszwang unterliegt, von diesem Falle abgesehen zur Hypothekbestellung nach § 873 B.G.B. nur die Einigung der Vertragstheile über den Eintritt der Rechtsänderung und die Eintragung der Rechtsänderung in das Grundbuch erforderlich ist und die Eintragungsbewilligung, soferne sie nicht zu Protokoll des Grundbuchamts erfolgt, durch öffentliche oder öffentlich beglaubigte Urkunde nachgewiesen werden kann (Gr.B.O. §§ 19, 29), ist in Abs. 2 des gegenwärtigen Artikels die gleiche Gebühr, wie in Abs. 1 für den obligatorischen Darlehensvertrag, auch für die Fälle bestimmt, in welchen nur der dingliche Vertrag des § 873 B.G.B. d. i. nur die Bewilligung zur Eintragung einer Hypothek, Grundschuld oder Rentenschuld vom Notar beurkundet oder beglaubigt wird, ohne daß ein mit der Gebühr belegter Vertrag der im Abs. 1 bezeichneten Art vorausgegangen ist.

Zur vollständig gleichen Gebührenbewerthung der Hypothekbestellung, mag sie vor dem Notar oder dem Grundbuchamt erfolgen, bestimmt für letzteren Fall Art. 119:

„Bei der Eintragung
a) von Hypotheken, Grundschulden oder Rentenschulden,
b) der Uebertragung oder Belastung einer Hypothek, Grundschuld oder Rentenschuld,
c) der Bestellung von Dienstbarkeiten, Vorkaufsrechten und Reallasten,
wird, wenn nicht eine Urkunde vorliegt, welche nach Art. 154, 155, 159 zu bewerthen war, außer der Gebühr des Art. 116 in den Fällen unter a) die Gebühr des Art. 154, in den Fällen unter b) die Gebühr des Art. 155, in den Fällen unter c) die Gebühr des Art. 159, und neben dieser diejenige Gebühr erhoben, welche für die Aufnahme der Urkunde durch den Notar an diesen zu entrichten wäre.

Wenn die Eintragung zu erfolgen hat, ohne daß es hiezu der Bewilligung desjenigen bedarf, dessen Recht durch sie betroffen wird, kommt nur die Gebühr des Art. 116 zur Erhebung. Auf den Fall des Art. 154 Abs. 5 findet vorstehende Bestimmung keine Anwendung."

Vergl. ferner Art. 116 (88):

„Jede Eintragung in das Grundbuch, einschließlich der sie begleitenden Handlungen des Grundbuchamts, unterliegt, soweit in den folgenden Artikeln nicht ein Anderes bestimmt ist, einer Gebühr, welche bei Werthsgegenständen bis zu 200 Mark einschließlich ein Zehntheil der Sätze des § 8 des Reichs-Gerichtskostengesetzes, bei Werthsgegenständen über 200 Mark 1 Mark beträgt."

Die Bestimmung dieses Art. 116 findet bei jeder Eintragung in das Grundbuch statt, mag sie auf Grund eines notariell beurkundeten oder beglaubigten Antrags oder eines zu Protokoll des Grundbuchamts gestellten Antrags erfolgen.

Anm. 2. Bezüglich der Beglaubigung der Eintragungsbewilligung vergl. Not.Ges. Art. 30.

Anm. 3. Zu Abs. 4 vergl. Art. 121:

„Wird innerhalb eines Monats nach Eintragung der Hypothek der Nachweis erbracht, daß das Darlehen, für welches die Hypothek bestellt worden ist, ganz oder theilweise zur Rückzahlung einer auf den nämlichen Grundstücken oder einigen derselben ruhenden Hypothek verwendet worden ist, so wird die Gebühr aus dem dem zurückbezahlten Hypothekkapital entsprechenden Betrag auf die Gebühr für die neuerliche Hypothekbestellung angerechnet und der zuviel erhobene Betrag zurückersetzt."

Diese den Beschlüssen des früheren Landtags (vergl. Sitzung der K. d. Abg. vom 16. November 1897, Stenogr. Bericht 1897/98 Bd. IX S. 662 und Sitzung der K. d. R.R. vom 15. Januar 1896, Prot. Bd. VI vom Jahr 1897/98 S. 457) Rechnung tragende Bestimmung ist für den Hypothekschuldner von weittragendster Bedeutung und enthält für denselben eine ganz wesentliche Gebührenerleichterung.

In allen Fällen, in welchen das neue Hypothekdarlehen ganz oder theilweise zur Rückzahlung einer oder mehrerer auf den nemlichen Pfandobjekten oder auch nur einigen derselben ruhenden Hypotheken verwendet wird, mag die wegzufertigende Hypothek von dem nunmehrigen Darlehensaufnehmer oder einem seiner Vorbesitzer aufgenommen sein, greift die Bestimmung des Art. 121 gleichmäßig Platz.

Die Anrechnung erfolgt in der Weise, daß die Gebühr für den aus dem neuen Hypothekdarlehen wirklich zur Heimzahlung gelangenden Betrag der bisherigen Hypothek oder Hypotheken und zwar zu dem neuen Gebührensatz zu $5^0/_{00}$, nicht dem früheren zu $6^0/_{00}$, an der Gebühr für die neue Hypothekbestellung angerechnet wird. Ist also der zur Rückzahlung gelangende Effektivbetrag der wegzufertigenden Hypothek in Folge früherer Theilzahlung oder Annuitäten geringer wie der Nominalbetrag, so wird nur die Gebühr, welche sich aus dem wirklich zurückbezahlten, noch geschuldeten Effektivbetrag berechnet, in Anrechnung gebracht. Ist z. B. das ursprüngliche Hypothekkapital von 30000 Mark durch Annuitäten oder Theilzahlungen auf den Betrag von 25000 Mark herabgesunken, die neue Hypothek aber wieder auf 30000 Mark bestellt, so gelangt die Gebühr, wenn auch die bereits abgezahlten 5000 Mark noch nicht gelöscht sind, sondern die Hypothek noch mit dem ursprünglichen Betrag von 30000 Mark im Hypothekenbuch eingetragen ist, nur aus dem dem zurückbezahlten Hypothekkapital entsprechenden Betrage, sohin aus 25000 Mark mit 125 Mark auf die für die neuerliche Hypothekbestellung zu 30000 Mark zu erhebende Gebühr von 150 Mark zur Anrechnung und wird nur ein Gebührenbetrag von 25 Mark geschuldet.

Kann der vom Gesetz verlangte Nachweis der ganzen oder theilweisen Verwendung des neuen Darlehens zur Wegfertigung einer oder mehrerer bisheriger Hypotheken schon bei Beurkundung der Hypothekbestellung durch den Notar oder bei Eintragung der Hypothek durch das Grundbuchamt erbracht werden, was wohl in den weitaus meisten Fällen zutreffen wird, so soll nach Erklärung des Herrn Finanzministers in der Sitzung des Justizgesetzgebungsausschusses der K. d. Abg. vom 16. Mai 1899 (vergl. Verhdlg. der K. d. Abg. 1899 Beil. Bd. XX Abth. II S. 771) nicht eine Baarzahlung der ganzen Gebühr und spätere Rückzahlung, sondern sofort die Anrechnung stattfinden und nur der nach der Anrechnung eventuell noch anfallende Mehrbetrag der Gebühr erhoben werden. Als Nachweis genügt in diesem Fall die Konstatirung des Notars oder Grundbuchamts über die erfolgte Konvertirung.

Die Verrechnung und Bezahlung der ganzen Gebühr für die neue Hypothekbestellung mit nachfolgender Rückvergütung erfolgt daher nur, wenn die Rückzahlung einer bisherigen Hypothek aus Mitteln des neuen Hypothekdarlehens nicht schon bei der Errichtung oder Eintragung der neuen Hypothek feststeht, sei es, daß der Schuldner hievon dem Notar nichts sagt, oder sich vielleicht erst später hiezu entschließt.

Vgl. § 20 der Instruktion zur Ausführung des Reichsgerichtskostengesetzes und des Gesetzes über das Gebührenwesen vom 25. Dezbr. 1899, F.M.Bl. 1899 S. 300.

Die Vergünstigung dieser Bestimmung trifft auch zu, wenn der Schuldner schon im Voraus in Anhoffnung des ihm in Aussicht gestellten neuen Hypothekdarlehens, weil vielleicht der bisherige Gläubiger nicht zuwarten kann oder will, bis das neue Hypothekdarlehen zur Auszahlung gelangt, eine bisherige Hypothek aus eigenen Mitteln oder auch aus Mitteln einer zu diesem Zwecke kontrahirten Schuld zurückbezahlt hat und nachträglich das neue Hypothekdarlehen aufnimmt.

Dagegen wird die Bestimmung nicht Anwendung finden, wenn die mit dem neuen Hypothekdarlehen wegzufertigende bisherige Hypothek für eine aus einem Kauf- oder Tauschvertrage kreditirte Schuld errichtet worden ist, weil für diese frühere Hypothekbestellung nach Art. 183 (142) keine eigene Gebühr angefallen ist, daher auch keine Anrechnung und Rückersetzung einer nicht bezahlten Gebühr erfolgen kann. Die Absicht der Gebührenanrechnung ist nach Erklärung des Herrn Finanzministers (Verhdlg. d. K. d. Abg. Beil. Bd. XX Abth. II S. 771), daß „eine doppelte Anrechnung von Hypothekengebühren nicht stattfinden soll“. Wenn also für die erste Hypthekbestellung Gebühren nicht bezahlt worden sind, kann eine Anrechnung von solchen auch nicht stattfinden.

Anm. 4. Zu Abs. 5 vergl. § 1196 B.G.B., wonach eine Grundschuld auch für den Eigenthümer bestellt werden kann und zu der Bestellung die Erklärung des Eigenthümers gegenüber dem Grundbuchamt, daß die Grundschuld für ihn in das Grundbuch eingetragen werden soll, und die Eintragung erforderlich ist. Für die Beurkundung dieser Erklärung wird, da sie einer Hypothekbestellung gleich kommt, auch die Gebühr wie für eine solche erhoben. Dagegen kommt bei der Eigenthümerhypothek, weil deren Erwerb von Gesetzes wegen sich vollzieht, für den Antrag des Eigenthümers auf Umschreibung einer bestehenden Hypothek auf ihn selbst außer der Gebühr des Art. 116 (siehe Anm. 1 oben) keine weitere verhältnißmäßige Gebühr zur Erhebung; Verhdlg. der K. d. Abg. 1899 Bd. XX Abth. II S. 890.

Anm. 5. Die Gebührenermäßigung von 5‰ und 2½‰ für Hypothekenbriefe kommt gemäß Art. 309 Abs. 1 schon vom 1. Januar 1900 an zur Anwendung, ebenso gemäß Art. 296 die Bestimmung des Art. 121.

Anm. 6. Nach Art. 3 des Gesetzes vom 15. Dezember 1899, Staatsbeihilfe für die durch die jüngsten Hochwasser Geschädigten betreffend (G.V.Bl. 1899 S. 1005), werden für die Schuldbekenntnisse, Bürgschaftserklärungen und Bestellungen von Hypotheken sowie für Eintragung und Löschung der Hypotheken und für die Umschreibung der Hypotheken auf den Eigenthümer des belasteten Grundstücks Gebühren zur Staatskasse nicht erhoben.

Artikel 155 (122 Abs. 2).

Für die Beurkundung der Uebertragung oder Belastung einer Hypothek, Grundschuld oder Rentenschuld, der Uebertragung oder Belastung einer Forderung, für welche ein eingetragenes Recht als Pfand haftet, beträgt die Gebühr drei vom Tausend der Gegenstandssumme, sofern jedoch der Werthsgegenstand den Betrag von 2000 Mark nicht übersteigt, zwei und einhalb vom Tausend der Gegenstandssumme.

Die gleiche Gebühr kommt zur Erhebung für die Beglaubigung der Erklärung des bisherigen Gläubigers, daß die Uebertragung oder Belastung der Hypothek, Grundschuld oder Rentenschuld oder die Uebertragung oder Belastung einer Forderung, für welche ein eingetragenes Recht als Pfand haftet, in das Grundbuch eingetragen werden soll, ferner für die Beglaubigung der Erklärung des bisherigen Gläubigers, daß eine Hypothek, Grundschuld oder Rentenschuld, über die ein Brief ertheilt ist, an den neuen Gläubiger abgetreten wird, endlich für die Beglaubigung des Anerkenntnisses, daß eine Forderung kraft Gesetzes übertragen ist.

Ist bei Belastung einer Hypothek, Grundschuld oder Rentenschuld die Forderung, zu deren Gunsten die Belastung erfolgt, in ihrem Betrage niedriger als der Betrag der belasteten Hypothek, Grundschuld oder Rentenschuld, so wird die Gebühr aus dem Betrage der Forderung berechnet.

Anm. 1. Die Gebühr für Cession oder Verpfändung von Hypotheken und Forderungen ist im Allgemeinen 3‰ wie bisher und nur in gleicher Weise wie im vorigen Art. 154 bei einem Werthsgegenstande bis zu 2000 Mark auf 2½‰ ermäßigt.

Die Erwägungen, welche im vorigen Art. 154 Abs. 2 für die Eintragungsbewilligung der Hypothek u. s. f. maßgebend sind, greifen in gleicher Weise auch für die Abtretungserklärung des bisherigen Gläubigers Platz; vergl. Art. 154 Anm. 1. Nach B.G.B. § 1154 erfolgt die Uebertragung der Buchhypothek u. s. w. wie die Bestellung der Hypothek selbst durch Einigung der Vertragstheile und Eintragung in das Grundbuch, die Uebertragung der Briefhypothek u. s. w. dagegen durch schriftliche, auf Verlangen des neuen Gläubigers öffentlich zu beglaubigende Abtretungsbewilligung des bisherigen Gläubigers, soferne letzteren Falles nicht die Abtretung in das Grundbuch eingetragen wird, und Uebergabe des Hypothekenbriefes; gemäß der weiteren Bestimmungen des B.G.B. § 1155 wird die Abtretung der Briefhypothek durch öffentlich beglaubigte Abtretungsbewilligung des bisherigen Gläubigers künftig die Regel bilden. Es wird daher in allen Fällen der Hypothekübertragung, soferne sie nicht notariell beurkundet oder zu Protokoll des Grundbuchamts erklärt wird, eine öffentlich beglaubigte Erklärung entweder der Eintragungsbewilligung bei Buchhypotheken oder der Abtretungsbewilligung bei Briefhypotheken aufzunehmen sein, welche nach Abs. 2 der gleichen Gebühr unterliegt, wie in Abs. 1 für Hypothekbestellung normiert ist.

Anm. 2. Wegen des Zeitpunkts, von dem die neuen Gebührenbestimmungen an in Kraft treten, vergl. Art. 309 und Art. 144 Anm. 3.

Artikel 156.

Die Bestimmungen der Art. 154, 155 finden bei Errichtung oder Beglaubigung von Urkunden über die Bestellung eines Pfandrechts an einem im Schiffsregister eingetragenen Schiffe sowie eines dieses Pfandrecht belastenden Rechtes gleichmäßig Anwendung.

Anm. Bezüglich Schiffspfandrechts vergl. Ges. freiw. Ger. §§ 100—124 und bezüglich der Gebühren des Registergerichts hiebei Geb.G. Art. 63—68.

Artikel 157.

Für die Herstellung eines Theilhypothekenbriefs, eines Theilgrundschuldbriefs oder eines Theilrentenschuldbriefs beträgt die Gebühr 1 Mark.

Anm. 1. Nach § 61 Gr.B.O. und Art. 21 A.G. z. Gr.B.O. sind zur Herstellung von Theilhypothekenbriefen, Theilgrundschuldbriefen und Theilrentenschuldbriefen neben den Grundbuchämtern auch die Notare zuständig. Während die Gebühr für den durch das Grundbuchamt zu ertheilenden Theilhypothekenbrief u. s. w. nach Art. 122 Abs. 4 und 6 Geb.G. 2—6 Mark beträgt, ist die Gebühr, wenn der Theilhypothekenbrief u. s. w. vom Notar hergestellt wird, auf 1 Mark festgesetzt, damit die Herstellung durch den Notar einschließlich dessen Notariatsgebühr nicht theurer wird, als die Herstellung des Briefs durch das Grundbuchamt; Verhdlg. der K. d. Abg. 1899 Beil.-Bd. XX Abth. II S. 493.

Anm. 2. Vergl. Art. 309 Abs. 1.

Artikel 158.

Für die Vernehmung von Sachverständigen zur Ermittlung des Werthes von Grundstücken nach Art. 87 oder Art. 103 des Ausführungsgesetzes zum Bürgerlichen Gesetzbuche wird eine Gebühr von 1 Mark erhoben.

Anm. Nach Art. 87 A.G. z. B.G.B. sind für die Vernehmung von Sachverständigen zur Ermittlung des Werthes von Grundstücken neben dem Amtsgerichte auch die Notare zuständig, während die Ernennung und Beeidigung derselben ausschließlich den Amtsgerichten obliegt.

Für die Vernehmung der Sachverständigen durch das Amtsgericht ist nach Art. 132 Ziff. 1 die Gebühr gleichfalls 1 Mark.

Artikel 159.

Für Verträge, durch welche sich der eine Theil verpflichtet, eine Dienstbarkeit, ein Vorkaufsrecht oder eine Reallast zu bestellen, beträgt die Gebühr drei vom Tausend der Gegenstandssumme, sofern jedoch diese den Betrag von 2000 Mark nicht übersteigt, zwei und einhalb vom Tausend der Gegenstandssumme.

Die Vorschriften des Art. 154 Abs. 2 finden entsprechende Anwendung.

Artikel 160 (122 Abs. 3 u. 4).

Alle übrigen Rechtsgeschäfte über Grundstücke oder Rechte an Grundstücken unterliegen bei einem Werthsgegenstande bis 200 Mark einschließlich einer Gebühr von einem Zehntheile der Sätze des § 8 des Reichs-Gerichtskostengesetzes, bei einem Werthsgegenstande von mehr als 200 Mark einer Gebühr von 1 Mark.

Bei Löschungsbewilligungen wird eine besondere Gebühr für die Quittung nicht geschuldet.

Artikel 161 (124).

Verträge über Rechtsverhältnisse an Grundstücken sowie über die den Grundstücken gleichstehenden Rechte, welche sich außerhalb Bayerns befinden, unterliegen nur der Gebühr zu drei vom Tausend der Gegenstandssumme.

Artikel 162 (125).

Für Inventare und Vermögensverzeichnisse beträgt die Gebühr zwei vom Tausend des ausgewiesenen Vermögens unter Abzug der Schulden, mindestens aber 1 Mark.

Im Falle der Betheiligung Minderjähriger wird die im Abs. 1 bestimmte verhältnißmäßige Gebühr nur zur Hälfte erhoben.

In Vormundschaftssachen sowie in Nachlaßsachen, in welchen eine Gebühr nach Art. 83, 89, 90, 94 oder 165 zur Erhebung kommt, wird für das Vermögensverzeichniß oder das Inventar keine besondere Gebühr erhoben.

Anm. 1. Das B.G.B. bezeichnet als Inventar das auf Antrag des Erben aufzunehmende Verzeichniß des gesammten Nachlasses, B.G.B. §§ 1993 ff., 1406 Ziff. 1, 1453 Abs. 2, 2063, während den Ausdruck „Vermögensverzeichniß" das B.G.B. in einer Reihe von Fällen gebraucht, in denen Jemand zur Verzeichnung einer Vermögensmasse oder Sachengesammtheit berechtigt oder verpflichtet ist; B.G.B. §§ 1035, 1372, 1528, 1550, 1640, 1667, 1786, 1692, 1660, 1802, 1897, 1915, 2121, 2215, 2314.

Der Ausdruck „Vermögensverzeichniß" ist gleichbedeutend mit dem im bisherigen Art. 125 gebrauchten Ausdruck „Vermögensbeschreibung".

Anm. 2. Darüber, daß ein „Rentennachweis", welcher zwecks Erlangung der dienstlichen Verehelichungsbewilligung von einer Militärperson zu erbringen ist, kein Vermögensverzeichniß d. i. die Beschreibung eines Inbegriffs von Vermögensobjekten ist, sondern nur die Konstatirung des Vorhandenseins eines bestimmten Vermögens, und als solche nicht mit der Inventarsgebühr, sondern nur mit der fixen Gebühr des Art. 171 zu 1 Mark zu bewerten ist, vergl. Samml. d. Entsch. d. Obersten Landesgerichts Bd. XIV S. 28 und 62; a. M. Pfaff Art. 145 Anm. 3. Enthält dagegen der Rentennachweis die Zusicherung eines bestimmten Kapitals oder einer bestimmten Jahresrente Seitens eines Dritten, z. B. der Eltern, so ist die Urkunde mit der Gebühr des Art. 145 d. i. 3‰ bezw. $2^1/_2$‰ aus dem zugesicherten Kapitale oder mit dem $12^1/_2$fachen Jahresbetrage der zugesicherten Rente zu bewerthen.

Artikel 163 (126).

Eine Gebühr von 3 Mark kommt zur Erhebung:

1. für die Errichtung einer Verfügung von Todeswegen, eines Erbverzichtsvertrags sowie eines Vertrags, durch welchen ein Erbverzicht aufgehoben wird;
2. für die Uebernahme von Testamenten, welche nicht vor dem Notar errichtet sind, zur amtlichen Verwahrung.

Für die Ertheilung des Hinterlegungsscheins wird eine besondere Gebühr nicht erhoben.

Wird ein Erbvertrag zwischen Ehegatten oder Verlobten mit einem Ehevertrag in derselben Urkunde verbunden, so wird hiefür eine besondere Gebühr nicht entrichtet.

Werden von Ehegatten an einem und demselben Tage zwei gesonderte Testamente errichtet, in welchen sich dieselben gegenseitig Zuwendungen machen, so wird die Gebühr des Abs. 1 für beide Testamente zusammen nur einmal erhoben.

Anm. 1. Unter Verfügung von Todeswegen fallen nicht nur die Testamente, sondern in gleicher Weise auch die Erbverträge, denen der Erbverzichtsvertrag und der Vertrag über Aufhebung eines solchen gleich gestellt sind.

Ziff. 2 bezieht sich auf die holographischen Testamente, welche nach B.G.B. § 2248 auf Verlangen des Erblassers in amtliche Verwahrung zu nehmen sind, wozu nach Art. 1 Abs. 2 Not.Ges. ausschließlich die Notare zuständig sind.

Anm. 2. Zu Abs. 3: Ein mit einem Ehevertrag in derselben Urkunde verbundenes Eheversprechen unterliegt keiner besonderen Gebühr.

Die Gebühr für einen Erbverzichtsvertrag ist nur einmal zu erheben, auch wenn beide Elterntheile in einem Ehe- und Erbvertrage den Brautleuten gegenüber einen Erbverzicht erklären.

Anm. 3. Nach Not.Ges. Art. 65 Satz 2 dürfen Testamente und Erbverträge, die noch nicht verkündet sind, nicht eingesehen werden.

Artikel 164.

Der einfache und unbedingte Widerruf des Testaments, die einfache und unbedingte Aufhebung des Erbvertrags sowie die Zurücknahme eines hinterlegten Testaments oder Erbvertrags unterliegt der Gebühr von 1 Mark.

Wird bei Zurücknahme eines hinterlegten Testaments oder Erbvertrags gleichzeitig ein neues Testament oder ein neuer Erbvertrag dem Notar in amtliche Verwahrung übergeben, so kommt an Stelle der Gebühr des Abs. 1 jene des Art. 163 Abs. 1 Ziff. 2 zur Erhebung.

Anm. Wenn gelegentlich des Widerrufs des Testaments oder der Aufhebung des Erbvertrags neue erbrechtliche Bestimmungen vom Notar beurkundet werden, ist die Gebühr des Art. 163 Abs. 1 Ziff. 1 mit 3 Mark zu entrichten, neben welcher auch in diesem Fall gleich dem Fall des Abs. 2 die Zurücknahmegebühr nicht eigens anzusetzen ist.

Artikel 165 (127 Abs. 1 u. 2).

Für die durch den Notar erfolgte Vermittlung der Auseinandersetzung in Ansehung eines Nachlasses wird aus dem Werthe des Nachlasses nach Abzug der Schulden eine Gebühr von einem Zehntheile der Sätze des § 8 des Reichs-Gerichtskostengesetzes erhoben.

Die Vorschrift des Abs. 1 findet auf die Auseinandersetzung einer ehelichen Gütergemeinschaft oder einer fortgesetzten Gütergemeinschaft gleichmäßig Anwendung.

Auf die Festsetzung der einem Betheiligten zu erstattenden Kosten finden die Vorschriften des Reichs-Gerichtskostengesetzes entsprechende Anwendung.

Anm. Nach A.G. z. B.G.B. Art. 104 sind für die Vermittlung der Auseinandersetzung eines Nachlasses oder eines Gesammtgutes neben den Amtsgerichten auch die Notare zuständig; vergl. hiezu Ueberg.G. Art. 36, Ges. freiw. Ger. §§ 86—99.

Die Vermittlungsgebühr des Art. 165 ist die Pauschalgebühr für die amtliche Inanspruchnahme des Notars, neben welcher Gebühr, wenn die Auseinandersetzung ein Grundstück zum Gegenstande hat, die Gebühr des Art. 146 eigens zur Erhebung gelangt; eine Anrechnung der Vermittlungsgebühr auf diese Mutationsgebühr, wie bisher nach Art. 127 Abs. 2 Satz 2 älterer Fassung zugelassen war, findet nicht statt, weil letztere keine Vertragsgebühr, sondern eine Besitzveränderungssteuer ist.

Artikel 166 (127 Abs. 3).

Auf die durch den Notar verkündeten oder den Betheiligten vorgelegten Testamente und Erbverträge findet der Art. 111 gleichmäßig Anwendung.

Anm. 1. Vergl. hiezu Art. 111:

„Testamente und Erbverträge unterliegen bei ihrer Eröffnung einer besonderen Gebühr von eins vom Tausend der Gegenstandssumme, über welche in denselben verfügt ist. Bei Berechnung der Aktivmasse werden die Schulden in Abzug gebracht. Der Mindestbetrag der Gebühr ist 1 Mark.

Bei Testamenten und Erbverträgen, für welche bei ihrer Errichtung eine Gebühr von 10 Mark erhoben worden ist, kommt die Gebühr nach Abs. 1 nur insoweit zur Erhebung, als dieselbe den Betrag von 7 Mark übersteigt.

Bei Erbverträgen, welche bei ihrer Errichtung mit der verhältnißmäßigen Gebühr belegt worden sind, wird letztere Gebühr, soweit sie den Betrag von 3 Mark übersteigt, auf die Gebühr des Abs. 1 angerechnet."

Da die Erbverträge nach B.G.B. zu den Verfügungen von Todeswegen gehören und als solche bei ihrer Errichtung nicht mehr der Vertragsgebühr, sondern der fixen Gebühr von 3 Mark nach Art. 163 unterliegen, muß anderseits aus ihnen bei ihrer Verkündung die besondere Gebühr des Art. 111 wie bei Testamenten zur Erhebung kommen.

Anm. 2. Nach B.G.B. § 2260 ist das Testament den Betheiligten zu verkünden und ihnen auf Verlangen vorzulegen; die Verkündung darf im Falle der Vorlegung unterbleiben. Diese Vorlage des Testaments oder Erbvertrags ist, weil sie die Eröffnung ersetzt, mit der gleichen Gebühr wie die Verkündung zu bewerthen.

Anm. 3. Nach § 21 der Instruktion zum Vollzuge des Reichsgerichtskostengesetzes und des Gesetzes über das Gebührenwesen vom 25. Dezember 1899, FMBl. 1899 S. 300, macht es bei Anwendung der Vorschriften der Art. 111 und 166 keinen Unterschied, ob das Testament in Bayern oder außerhalb Bayerns errichtet, ob es von einem Notar beurkundet und eigenhändig geschrieben und unterschrieben ist, ob der Erbvertrag von einem bayerischen Notar oder einem außerbayerischen Notar oder Gericht errichtet worden ist. Die Gebühr des Art. 111 hat daher, vorbehaltlich der Bestimmungen der Art. 112 und 191 Ziff. 3 (Militärtestamente im Mobilmachungsfalle) in allen Fällen der Eröffnung von Testamenten und Erbverträgen zur Erhebung zu kommen.

Artikel 167.

Eine Gebühr von 2 Mark wird erhoben:

1. für die Anlegung und für die Abnahme von Siegeln, sofern nicht die Gebühr des Art. 101 zum Anfalle gelangt;
2. für die Abnahme von Versicherungen an Eidesstatt, die abgegeben werden, um einer öffentlichen Behörde eine thatsächliche Behauptung oder eine Aussage glaubhaft zu machen;
3. für die eidliche Vernehmung von Zeugen und Sachverständigen, für die Abnahme von Eiden und die Bewirkung von Zustellungen in den Fällen, in denen die eidliche Vernehmung, die Eidesabnahme oder die Zustellung nach dem Rechte eines ausländischen Staates oder nach den Bestimmungen einer ausländischen Behörde von einem Notar vorgenommen werden soll.

Anm. Zu Ziff. 1 und 2 vergl. Not.Ges. Art. 2 Ziff. 2 und Art. 3 Abs. 1, zu Ziff. 3 vergl. Not.Ges. Art. 3 Abs. 2.

Wenn in der nemlichen Sache und in dem nemlichen Protokoll die Abnahme mehrerer Versicherungen an Eidesstatt oder die eidliche Vernehmung mehrerer Zeugen und Sachverständigen erfolgt, kommt die Gebühr von 2 Mark nur einmal zur Erhebung; Verh. d. K. d. Abg. Beil. Bd. XX Abth. I S. 494.

Artikel 168 (128).

Eine Gebühr von 1 Mark wird erhoben:

1. für die Aufnahme der im § 1718 und im § 1720 Abs. 2 des Bürgerlichen Gesetzbuchs vorgesehenen Urkunde über die Anerkennung der Vaterschaft;
2. für die Beurkundung von Vereinbarungen zwischen dem Vater eines unehelichen Kindes und diesem über den Unterhalt für die Zukunft oder über eine an Stelle des Unterhalts zu gewährende Abfindung sowie für die Beurkundung einer Vereinbarung zwischen dem Vater eines unehelichen Kindes und der Mutter über die der Mutter aus der Beiwohnung und der Entbindung entstandenen Ansprüche.

Anm. Vergl. hiezu Ges. freiw. Ger. § 167 Abs. 2 und G.V.G. Art. 15 in der Fassung des A.G. z. B.G.B. Art. 167 I, wonach zur Beurkundung der Vaterschaftsanerkennung und der Alimentenverträge neben den Notaren auch die Amtsgerichte zuständig sind; für die gerichtliche Beurkundung werden nach Art. 92 (80) Ziff. 2 und 3 Gebühren nicht erhoben.

Artikel 169 (129).

Wechselproteste unterliegen einer Gebühr zu eins vom Tausend der zu fordernden Wechselsumme.

Anm. Zur Aufnahme der Wechselproteste sind nach W.O. Art. 87, A.G. z. G.V.G. Art. 66 Nr. 1 und Not.Ges. Art. 1 Abs. 1 die Notare und Gerichtsvollzieher zuständig; bezüglich letzterer vergl. auch § 11 Nr. 2 der Gerichtsvollzieherordnung vom 16. Dezember 1899, G.V.Bl. 1015, J.M.Bl. 517.

Artikel 170 (130 Ziff. 1 bis 3).

Einer fixen Gebühr sind ferner unterworfen mit

1. 20 Mark: die Generalversammlungsbeschlüsse von Aktiengesellschaften oder von Kommanditgesellschaften auf Aktien, sofern nicht die Bestimmungen des Art. 150 Anwendung finden; die Urkunden über Vornahme von Verloosungen oder Ziehungen;
2. 10 Mark: die Beschlüsse der Versammlungen der Vereine und der Gesellschafter bei Gesellschaften mit beschränkter Haftung, sofern nicht die Bestimmungen des Art. 145 oder 146 Anwendung finden; die Schiedsverträge ohne Gegenstandssumme;
3. 3 Mark: die Beurkundung des Antrags des Vaters eines unehelichen Kindes auf Ehelichkeitserklärung; Verträge über Annahme oder Aufhebung der Annahme an Kindesstatt.

Anm. 1. Zu Ziff. 3:
Nach B.G.B. § 1723 kann ein uneheliches Kind auf Antrag seines Vaters durch eine Verfügung der Staatsgewalt für ehelich erklärt werden; dieser Antrag bedarf nach B.G.B. § 1730 und Art. 1 Abs. 1 Not.Ges. der notariellen Beurkundung und ist nach § 20 der A.V. vom 24. Dezember 1899 (Zuständigkeitsverordnung) bei dem Amtsgericht einzureichen, in dessen Bezirke der Vater seinen Wohnsitz oder in Er-

mangelung eines Wohnsitzes seinen Aufenthalt hat; hat der Vater in Bayern seinen Wohnsitz oder Aufenthalt nicht, so ist der Antrag bei dem Amtsgerichte einzureichen, in dessen Bezirk die Heimathgemeinde des Vaters gelegen ist.

Die gleichfalls der notariellen Beurkundung bedürfenden Einwilligungserklärungen des Kindes und, wenn das Kind das 21. Lebensjahr noch nicht vollendet hat, der Mutter sowie der Ehefrau des verheiratheten Vaters (B.G.B. § 1726, 1730) unterliegen nicht der Gebühr des gegenwärtigen Artikels, sondern lediglich der Gebühr des Art. 171 mit 1 Mark; Verh. d. K. d. Abg. Beil. Bd. XX Abth. I S. 495.

Anm. 2. Zu Ziff. 3:

Die bisherigen Adoptionen und Arrogationen sind durch das B.G.B. durch die Annahme an Kindesstatt ersetzt, während eine Vereinkindschaftung das B.G.B. nicht kennt.

Der Vertrag über Annahme an Kindesstatt bedarf nach B.G.B. § 1750 Abs. 2 der notariellen Beurkundung, desgleichen auch nach B.G.B. § 1770 der Vertrag über Aufhebung der Annahme an Kindesstatt, weshalb letzterer Vertrag der gleichen Gebühr von 3 Mark unterliegt wie der Annahmevertrag.

Artikel 171 (130 Ziff. 4).

Urkunden, für welche eine Gebühr nicht anderweit festgesetzt ist, unterliegen einer Gebühr von 1 Mark.

Anm. Die Bestimmung des gegenwärtigen Artikels entspricht, wenn auch in kürzerer Fassung, sachlich vollständig der bisherigen Bestimmung des Art. 130 Ziff. 4; Verh. d. K. d. Abg. Beil. Bd. XX Abth. I S. 495.

Es gilt also für alle der verhältnißmäßigen Gebühr unterliegenden notariellen Urkunden vorbehaltlich der Bestimmung des Art. 174 (133) die allgemeine Bestimmung des Art. 2, daß der Mindestbetrag einer Gebühr 20 Pfennig ist, weshalb eine ausdrückliche Hervorhebung dieser Bestimmung, wie es im bisherigen Art. 130 Ziff. 4 Abs. 2 geschehen war, im Gesetze unterblieben ist; vergl. Art. 174 Anm.

Artikel 172 (131).

Für die Feststellung des Datums einer Privaturkunde, einschließlich der über die Vorlage auszustellenden Bescheinigung, wird eine Gebühr zu 1 Mark erhoben.

Anm. Vergl. A.B. vom 8. September 1879, G.B.Bl. 1161, und Gesch.O. für die Notariate § 271, J.M.Bl. 1899 S. 687.

Artikel 173 (132).

Für jede vollstreckbare Ausfertigung einer Notariatsurkunde wird, vorbehaltlich der Bestimmung im Abs. 2, eine Gebühr zu eins vom Tausend der Gegenstandssumme im Mindestbetrage von 50 Pfennig besonders erhoben.

Für die vollstreckbare Ausfertigung von Urkunden über die Bestellung einer Hypothek, einer Grundschuld oder einer Rentenschuld (§§ 799, 800 der Reichs-Civilprozeßordnung) sowie für andere Ausfertigungen oder beglaubigte Abschriften beträgt die Gebühr 50 Pfennig.

Die gleiche Gebühr wird auch für sonstige Beglaubigungen, Zeugnisse und andere derartige Bescheinigungen erhoben, über welche keine förmliche Notariatsurkunde errichtet wird.

Anm. 1. Ausfertigungen oder beglaubigte Abschriften von Urkunden, für welche nach Art. 191 Gebühren nicht erhoben werden, sind gebührenfrei zu ertheilen. (F.M.Entschl. vom 28. April 1888).

Anm. 2. Die Bestimmung des Abs. 3 bezieht sich auf die des Abs. 2, so daß die Gebühr für alle sonstigen Beglaubigungen, Zeugnisse und andere derartige Bescheinigungen, über welche keine förmliche Notariatsurkunde errichtet wird, ausnahmslos 50 Pfennig beträgt ohne Rücksicht auf die Gegenstandssumme des Schriftstückes, soferne nicht die Bestimmungen der Art. 154 Abs. 2, Art. 155 Abs. 2 und 3, Art. 156 Platz greifen.

Zu den sonstigen Beglaubigungen des Abs. 3 gehören vor Allem die Beglaubigungen von Unterschriften und Handzeichen, wozu nach Art. 1 Abs. 1 Not.Ges. und Art. 15 A.G. z. G.V.G. in der Fassung des Art. 167 I A.G. z. B.G.B. ausschließlich die Notare zuständig sind. Unter die Zeugnisse und sonstigen Bescheinigungen fallen z. B. die Lebenszeugnisse, die Bestätigungen über Aktien- oder sonstigen Vermögensbesitz, soferne hierüber nicht eine förmliche Notariatsurkunde errichtet wird, die Bescheinigungen über Vorhandensein oder Inhalt einer Urkunde u. A. Für die Ertheilung eines Hinterlegungsscheins bei Errichtung eines Testaments oder Erbvertrags oder Uebernahme eines Testaments zur amtlichen Verwahrung wird aber nach Art. 163 Abs. 2 eine besondere Gebühr nicht erhoben.

Artikel 174 (133).

Der Mindestbetrag einer verhältnißmäßigen Gebühr kann unter den Betrag der für das gleiche Rechtsgeschäft bestimmten fixen Gebühr nicht herabsinken.

Anm. Der Mindestbetrag einer verhältnißmäßigen Gebühr ist nur für Inventare und Vermögensverzeichnisse und zwar auch bei Betheiligung von Minderjährigen auf 1 Mark (Art. 162 Abs. 1 und 2), und für vollstreckbare Ausfertigungen von Notariatsurkunden auf 50 Pfennig (Art. 173 Abs. 1) fixirt. Bei allen anderen einer verhältnißmäßigen Gebühr unterliegenden notariellen Urkunden ist eine Fixirung auf ein Minimum nicht ausgesprochen und greift deshalb die Bestimmung des Art. 2 Abs. 1 Platz, wonach der Mindestbetrag der Gebühr 20 Pfennig ist. Dies gilt also insbesondere auch für alle Verträge, Schuldbekenntnisse und Schuldversprechen (Art. 145), dann für alle Verträge, durch welche sich der eine Theil verpflichtet, das Eigenthum an einem Grundstücke zu übertragen oder ein den Grundstücken gleichstehendes Recht zu bestellen oder zu übertragen (Art. 146), für die Auflassungserklärung (Art. 147) und für die Verträge, durch welche sich der eine Theil verpflichtet, eine Hypothek, Grundschuld oder Rentenschuld zu bestellen, und für die Uebertragung oder Belastung solcher Rechte (Art. 154, 155). Vergl. Art. 171 Anm.

Artikel 175 (134).

Die verhältnißmäßige Gebühr wird auch von Vertragsurkunden erhoben, welche nur die Erklärung eines der Vertragschließenden enthalten.

Wird die Erklärung des andern Theils besonders beurkundet, so ist für diese Urkunde, sofern sich die Erklärung auf eine mit der verhältnißmäßigen Gebühr schon bewerthete Urkunde bezieht, nur eine Gebühr von 1 Mark zu erheben.

Wird innerhalb drei Monaten oder, wenn der Vertragsantrag für die Annahme eine Frist bestimmt hat, binnen zwei Wochen nach Ablauf dieser Frist die Verweigerung der Annahme nachgewiesen, so wird nur die Gebühr für eine einfache Erklärung geschuldet und der hienach zuviel erhobene Betrag zurückersetzt.

Anm. 1. Ist durch Gesetz gerichtliche oder notarielle Beurkundung eines Vertrags vorgeschrieben, so genügt es nach § 128 B.G.B., wenn zunächst der Antrag und sodann die Annahme des Antrags von einem Gericht oder einem Notar beurkundet ist, und kommt in diesem Falle der Vertrag nach § 152 B.G.B. mit der erfolgten Beurkundung der Annahme zu Stande, wenn nicht ein Anderes bestimmt ist. Zur Beurkundung von Vertragsanträgen und Annahmeerklärungen sind nach Art. 1 Abs. 1 Not.Ges. und Art. 15 Abs. 2 A.G. z. G.V.G. in der Fassung des Art. 167 I A.G. z. B.G.B. ausschließlich die Notare zuständig. Es ist gerechtfertigt, derartige einseitige Erklärungen eines der Vertragschließenden mit der gleichen Gebühr zu bewerthen, wie die Beurkundung einseitiger Verträge. Die Bestimmung des Abs. 1 bezieht sich daher auf die Bewerthung von einseitigen Vertragsanträgen und Annahmeerklärungen, welch letztere jedoch nach Abs. 2 nur dann mit der verhältnißmäßigen Vertragsgebühr zu bewerthen sind, wenn nicht schon die Beurkundung des Vertragsantrags mit der verhältnißmäßigen Vertragsgebühr belegt wurde, was regelmäßig dann nicht zutreffen wird, wenn der Vertragsantrag nicht von einem bayerischen Notar beurkundet ist. Ist dagegen die Beurkundung durch einen bayerischen Notar erfolgt und demnach die verhältnißmäßige Gebühr bereits zum Ansatz gelangt, so hat nach Abs. 2 die Erhebung der letzteren Gebühr für die Beurkundung der Annahmeerklärung zu unterbleiben und nur mehr eine fixe Gebühr von 1 Mark zur Erhebung zu gelangen; Verh. d. K. d. Abg. Beil. Bd. XX Abth. I S. 495.

Anm. 2. Der Abs. 3 entspricht dem bisherigen Abs. 2 des Art. 134 unter Berücksichtigung der Bestimmung des § 148 B.G.B., wonach in dem Falle, daß der Antragende für die Annahme des Antrags eine Frist bestimmt hat, die Annahme nur innerhalb dieser bestimmten Frist erfolgen kann.

Der Nachweis, daß eine Annahmeerklärung nicht abgegeben worden sei, genügt nicht; es muß direkt die Thatsache der Verweigerung der Annahme nachgewiesen sein; Pfaff Art. 175 Note 3.

Artikel 176 (135).

Verträge, welche unter einer Bedingung abgeschlossen werden, sind, soweit das Gesetz nicht ein Anderes bestimmt, wie unbedingte zu behandeln.

Wird jedoch die Wirksamkeit des Vertrags ausdrücklich von der Zustimmung einer bestimmten dritten Person abhängig gemacht und innerhalb drei Monaten der Nachweis erbracht, daß die Zustimmung versagt wurde, so wird nur eine Gebühr von 1 Mark geschuldet und der hienach zuviel erhobene Betrag zurückerstattet.

Anm. Bezüglich der zu diesem Artikel ergangenen oberstrichterlichen Entscheidungen vergl. Pfaff Art. 176 Note 1—9, Burkhard Kommentar Art. 135 Anm. 1—10 und Nachtrag Art. 135 Anm. 3 und 4.

Artikel 177 (136).

Wird die Wirksamkeit eines Vertrags ausdrücklich von der nachträglichen Genehmigung einer Behörde oder der Vertreter von Körperschaften, Stiftungen und Anstalten des öffentlichen Rechtes abhängig gemacht, so wird die Urkunde erst bewerthet, nachdem der Beschluß erfolgt ist.

Wird die Genehmigung versagt, so beträgt die Gebühr 1 Mark.

Anm. 1. Der bei Betheiligung kuratelmäßiger Personen in der Urkunde gestellte Antrag auf kuratelamtliche Genehmigung gilt nach einer bei Pfaff Art. 177 Note 8 citirten F.M.E. vom 20. April 1889 als ausdrücklicher Vorbehalt im

Sinne des gegenwärtigen Artikels. Zur Abschneidung aller Zweifel empfiehlt sich aber in diesen Fällen in der Urkunde ausdrücklich die Wirksamkeit des Vertrags von Ertheilung der erbetenen kuratelamtlichen Genehmigung abhängig zu machen.

Anm. 2. Der Vorbehalt, daß die Giltigkeit des Verkaufs einer Wirthschaft von der Ertheilung der Wirthschaftskonzession abhängig sein soll, fällt nicht unter die Bestimmung des gegenwärtigen Artikels; Pfaff Art. 177 Note 2. Wird aber in einem solchen Falle der Vertrag unter der in die Urkunde aufgenommenen auflösenden Bedingung, daß er bei Nichtertheilung der Wirthschaftskonzession als nicht abgeschlossen gelten soll, errichtet, so bedarf es bei Nichteintritt dieser Bedingung keiner der verhältnißmäßigen Gebühr unterliegenden Rückverbriefung, sondern genügt zur Auflösung des Vertrags die Anerkennung der Vertragstheile, daß die Bedingung der Konzessionsertheilung nicht eingetreten ist, und unterliegt diese Erklärung gemäß Art. 178 nur der fixen Gebühr von 1 Mark; eine Rückvergütung der Vertragsgebühr findet dagegen nicht statt, weil der Vertrag selbst als bedingter Vertrag gemäß Art. 176 Abs. 1 wie ein unbedingter zu behandeln ist.

Artikel 178 (137).

Verhandlungen, welche blos den Vollzug, die Vervollständigung oder Vollendung bereits bewertheter Rechtsgeschäfte zum Gegenstande haben, sind nur mit der Gebühr von 1 Mark zu belegen, wenn sie eine Aenderung in Bezug auf die betheiligten Personen, auf den Gegenstand des Rechtsgeschäfts oder die Gegenstandssumme nicht enthalten.

Außerdem unterliegen sie der Gebühr wie ein selbständiges Rechtsgeschäft gleichen Inhalts.

Anm. Vergl. hiezu die bei Pfaff Art. 178 Note 1—14 citirten oberstrichterlichen Entscheidungen.

Artikel 179 (138).

Wird in einem der verhältnißmäßigen Gebühr unterliegenden Vertrag, in welchem der eine Theil sich verpflichtet, das Eigenthum an einem Grundstücke zu übertragen, dem anderen Theile das Recht vorbehalten, zu erklären, daß er die Rechte aus dem Vertrage für einen Dritten erwerben wollte, und hat der andere Theil unmittelbar nach der Unterschrift ausdrücklich erklärt, daß und für welchen Dritten er erwerben wollte, so werden, wenn binnen einer Woche die zustimmende Erklärung des Dritten in einer öffentlichen Urkunde dem Notar erbracht wird, außer den verhältnißmäßigen Gebühren für den Vertrag nur die außerdem noch treffenden fixen Gebühren geschuldet. Diese Vorschriften finden auf die den Grundstücken gleichstehenden Rechte entsprechende Anwendung.

Wird das Eigenthum an einem Grundstücke mehreren Personen gemeinschaftlich übertragen und erklären diese Personen bei der Auflassung, daß sie das Grundstück im Wege des Vertrags unter sich theilen wollen, so unterliegen die zum Zwecke der Theilung geschlossenen Verträge nur der Gebühr von 1 Mark, wenn sie binnen einer Woche abgeschlossen werden.

Anm. 1. Die Erklärung, daß für einen Dritten erworben werden wolle, muß immer in der Haupturkunde, wenn auch erst nach der Unterschrift, abgegeben werden, während die Bezeichnung des Dritten, für welchen erworben werden will, nicht unbedingt in der Haupturkunde erfolgen muß, sondern auch in einer unmittelbar nach Errichtung der Haupturkunde errichteten neuen Urkunde erfolgen kann; Beschluß des Obersten Landesgerichts vom 5. Mai 1891, Samml. Bd. 13 S. 400, Pfaff Note 2, Burkhard Nachtrag Art. 138 Anm.

Anm. 2. Die Bestimmung des bisherigen Abs. 2 Art. 138 ergibt sich aus Abs. 1 als selbstverständlich, ist daher als überflüssig gestrichen.

Artikel 180 (139).

Für die einfache und unbedingte Wiederauflösung eines Vertrags, welche innerhalb eines Monats nach Abschluß des aufzulösenden Vertrags beurkundet wird, ist nur die Gebühr von 1 Mark zu entrichten.

Nach Ablauf obiger Frist ist die Vertragsauflösung als neuer Vertrag zu bewerthen.

Bei Verträgen nach Art. 146 beginnt der Lauf der Frist mit dem Abschlusse des Vertrags ohne Rücksicht darauf, ob die Auflassungserklärung in diesem Vertrag enthalten oder später abgegeben ist.

Anm. 1. Ueber die Frage, was unter einfacher und unbedingter Wiederauflösung des Vertrags zu verstehen sei, vergl. Pfaff Art. 180 Note 1, Burkhard Nachtrag S. 548.

Anm. 2. Der neue Abs. 3 stellt klar, daß die im Abs. 1 bestimmte Frist schon mit dem Abschlusse des Vertrags nach Art. 146 zu laufen beginnt, und zwar ohne Rücksicht darauf, ob die Auflassungserklärung in diesem Vertrage enthalten oder später abgegeben ist; Verh. d. K. d. Abg. 1899 Beil. Bd. XX Abth. I S. 495.

Artikel 181 (140).

Wird ein Vertrag wegen Mangels der durch Gesetz oder Rechtsgeschäft bestimmten Form durch rechtskräftiges Urtheil für nichtig erklärt und in Folge dessen eine neue Urkunde errichtet, so unterliegt die letztere nur der Gebühr von 1 Mark, wenn sie keine Aenderung in Bezug auf die kontrahirenden Personen, auf den Gegenstand des Vertrags oder dessen Werth enthält.

Eine Rückerstattung der Gebühr für den vorausgegangenen Vertrag findet nicht statt.

Anm. Vergl. B.G.B. § 125:

> „Ein Rechtsgeschäft, welches der durch Gesetz vorgeschriebenen Form ermangelt, ist nichtig. Der Mangel der durch Rechtsgeschäft bestimmten Form hat im Zweifel gleichfalls Nichtigkeit zur Folge."

Siehe hiezu Pfaff Art. 181 Note 1.

Artikel 182 (141).

Jedes Rechtsgeschäft ist ohne Rücksicht auf die Zahl der bei demselben Betheiligten nur einmal zu bewerthen.

Anm. Wenn eine Hypothekforderung, welche übertragen oder gelöscht wird, mehreren Gläubigern gemeinschaftlich gehört, liegt nur ein Rechtsgeschäft vor, ebenso wenn eine Forderung an mehrere Personen abgetreten oder ein Grundstück an mehrere Personen verkauft wird.

Artikel 183 (142).

Enthält eine Urkunde mehrere Rechtsgeschäfte, welche von einander unabhängig sind oder nicht nothwendig eines aus dem andern fließen, so wird für jedes dieser Rechtsgeschäfte eine besondere Gebühr geschuldet.

Auf Verbindlichkeiten, welche nur als Bedingungen des Hauptvertrags erscheinen oder zur Erfüllung der Leistung oder Gegenleistung desselben bedungen oder übernommen werden, insbesondere auch auf Bürgschaften und Pfandbestellungen, findet vorstehende Bestimmung keine Anwendung.

Anm. 1. Vergl. hiezu den gleichlautenden Art. 18 Not.Geb.O., wonach die Voraussetzungen der besonderen Bewerthung mehrerer in einer Urkunde enthaltenen von einander unabhängigen Rechtsgeschäfte sowohl für die Staatsgebühr wie für die Notariatsgebühr die gleichen sind.

Anm. 2. Solche selbständige und von einander unabhängige Rechtsgeschäfte sind z. B. ein Kaufvertrag und die Cession des Kaufschillings oder eines Theiles desselben an einen Dritten, ein Kaufvertrag mit Einräumung eines Vorkaufsrechtes, die einem Kaufvertrag beigefügte Vereinbarung über Verwendung des Kaufschillings zur Befriedigung von Gläubigern des Verkäufers, z. B. die Vereinbarung, daß ein Theil des Kaufpreises beim Notar zum Zwecke der Wegfertigung einer nicht übernommenen Hypothek zu hinterlegen sei, ein mit einem Uebergabsvertrag verbundener Leibgedings- oder Austragsvertrag; vergl. zu letzterem Art. 187 Anm. 2.

Kein selbständiges Rechtsgeschäft oder eine unter die Ausnahmsbestimmung des Abs. 2 fallende Verbindlichkeit liegt dagegen vor:

a) bei Löschung einer vom Käufer übernommenen eigenen Hypothek in Folge Konsolidation,

b) bei nur dinglicher Uebernahme einer am Kaufpreise nicht anzurechnenden weiteren Hypothek oder Last in einem Kaufvertrag bis zur Wegfertigung derselben durch den Verkäufer, Beschluß des O.L.G. vom 2. Mai 1898, Samml. Bd. 17 S. 102,

c) bei Rangeinräumungsverzicht für den Fall der theilweisen Löschungsreife der Hypothek zu Gunsten der Resthypothek, während ein gleicher Verzicht für den Fall der Löschungsreife einer Vorhypothek ein selbständiges Rechtsgeschäft darstellt,

d) die Verpflichtung des Bierbezugs aus der Brauerei des Gläubigers bei einem Schuldbekenntniß und Hypothekbestellung eines Wirthes, sofern diese Verpflichtung die Bedingung der Darlehenshingabe und umgekehrt letztere die Bedingung der Bierabnahme ist,

e) die Uebernahme der Bezahlung eines Kaufschillingstheiles durch einen Dritten in einem Kaufvertrag, sofern diese Uebernahme in Ausweisung des Kaufpreises erfolgt; Beschluß des O.L.G. vom 31. August 1896, Samml. Bd. 16 S. 184. Vergl. hiezu die bei Pfaff Art. 183 Note 1—18 angeführten oberstrichterlichen Entscheidungen.

Artikel 184 (143).

Kommt in einem Vertrage neben der Leistung auch eine Gegenleistung vor, so wird bei Gleichheit der Gebührensätze die Gebühr nach dem größeren Werthe der Leistung oder Gegenleistung berechnet.

Bei Verschiedenheit der Gebührensätze ist die Gebühr aus jenem Werthe zu berechnen, welcher den höheren Betrag ergibt.

Artikel 185 (144).

Für einen Vertrag, durch welchen sich der eine Theil verpflichtet, das Eigenthum an Grundstücken oder ein den Grundstücken gleichstehendes Recht und das Eigenthum an beweglichen Sachen zu übertragen, ist die Gebühr des Art. 146 von dem Gesammtwerthe der beweglichen Sachen sowie der Grundstücke und diesen gleichstehenden Rechte zu entrichten, sofern nicht der Werth der beweglichen Sachen in der Urkunde besonders ausgewiesen wird.

Anm. Die geänderte Fassung dieses Artikels gegenüber dem Wortlaute des bisherigen Art. 144 entspricht den Bestimmungen des B.G.B. über Eigenthumserwerb (B.G.B. § 873, 925, 929). Die Werthausscheidung der beweglichen und unbeweglichen Sachen muß in der Urkunde selbst erfolgen, nicht etwa in einer zu diesem Zwecke aufgenommenen Nachtragsurkunde. Eine individuelle Bezeichnung der einzelnen beweglichen Sachen ist hiebei nicht erforderlich; es genügt die summarische Angabe derselben und ihres Werthes; Instr. § 22.

Artikel 186 (146).

Bei Pacht- oder Miethverträgen, welche auf bestimmte Zeit abgeschlossen werden, bildet der Betrag des einjährigen Zinses multiplizirt mit der Zahl der Jahre und, wenn der fünfundzwanzigfache Betrag geringer ist, dieser Betrag die Gegenstandssumme.

Wird der Vertrag auf unbestimmte Zeit oder Lebensdauer abgeschlossen, so ist der Berechnung der Gebühr der zwölf- und einhalbfache Betrag des einjährigen Zinses zu Grunde zu legen.

Anm. Pacht und Miethverträge unterliegen, wenn sie auch auf Grundstücke sich beziehen, nur der Mobiliargebühr des Art. 145 zu 3‰, nicht der Mutationsgebühr des Art. 146, weil sie nicht unter letztere Bestimmung fallen.

Beispiel: A verpachtet ein Gut auf 10 Jahre um einen jährlichen Pachtzins von 1000 Mark; Gebühr 3‰ aus 10×1000 Mark = 30 Mark. Beträgt die Pachtzeit 30 Jahre, so wird die Gebühr aus 25×1000 Mark = 25000 Mark mit 75 Mark berechnet. Ist der Pachtvertrag auf Lebensdauer abgeschlossen, so beträgt die Gebühr aus $12\frac{1}{2} \times 1000$ Mark = 37,50 Mark; Pfaff Art. 186 Note.

Artikel 187 (147 Abs. 1).

Der Werth einer Grunddienstbarkeit sowie der Werth des Rechtes auf wiederkehrende Nutzungen oder Leistungen ist nach Maßgabe der Bestimmungen der §§ 7, 9 der Reichs-Civilprozeßordnung zu berechnen.

Anm. 1. Vergl. C.P.O.:

§ 7: „Der Werth einer Grunddienstbarkeit wird durch den Werth, welchen dieselbe für das herrschende Grundstück hat, und wenn der Betrag, um welchen sich der Werth des dienenden Grundstücks durch die Dienstbarkeit mindert, größer ist, durch diesen Betrag bestimmt."

§ 9: „Der Werth des Rechts auf wiederkehrende Nutzungen oder Leistungen wird nach dem Werthe des einjährigen Bezugs berechnet und zwar:

auf den zwölfundeinhalbfachen Betrag, wenn der künftige Wegfall des Bezugsrechts gewiß, die Zeit des Wegfalls aber ungewiß ist;

auf den fünfundzwanzigfachen Betrag bei unbeschränkter oder bestimmter Dauer des Bezugsrechts. Bei bestimmter Dauer des Bezugsrechts ist der Gesammtbetrag der künftigen Bezüge maßgebend, wenn er der geringere ist."

Anm. 2. Die Begünstigung des bisherigen Art. 147 Abs. 2 für Austragsreichnisse (Nahrungsverträge) bei Gutsübergaben zwischen Verwandten der aufsteigenden und absteigenden Linie ging davon aus, daß diese Austragsverträge als dingliche Verträge erachtet und als solche mit der Immobiliargebühr von 1% bewerthet worden sind, der Kapitalswerth derselben aber, um die Betheiligten nicht zu sehr zu belasten, statt mit dem $12\frac{1}{2}$fachen Jahresanschlag ausnahmsweise nur mit dem fünffachen Betrag des einjährigen Bezuges zu berechnen war. Nachdem nun in Art. 32 A.G. z. B.G.B. auf den Leibgedingsvertrag (Leibzuchts-, Altentheils- oder Auszugsvertrag) die Vorschriften des B.G.B. über die Leibrente für anwendbar erklärt sind und nach diesen (B.G.B. § 759—761) die Leibrentenverträge nicht dinglicher, sondern nur obligatorischer Natur sind, unterliegen die Austragsverträge nur mehr der Mobiliargebühr zu $3‰$. Mit Rücksicht auf diese Gebührenerleichterung bestand kein Anlaß, von der Regel des § 9 C.P.O. für die Berechnung des Kapitalswerthes der Austragsreichnisse abzugehen und eine weitere Ermäßigung eintreten zu lassen, da die Mobiliargebühr zu $3‰$ aus dem $12\frac{1}{2}$fachen Werthe der jährlichen Reichnisse immer noch niederer ist wie die bisherige Immobiliargebühr zu 1% aus dem fünffachen Jahresanschlag. Es ist deshalb durch die Gebührennovelle vom 9. Juni 1899 der Abs. 2 des bisherigen Art. 147 ganz gestrichen, so daß es auch bei solchen Austragsverträgen bei der Regel des nunmehrigen Art. 187 verbleibt.

Wird bei einer Gutsübergabe der Werth des Anwesens durch die Schulden und Herauszahlungen vollständig ausgewiesen und außerdem noch ein Leibgeding (Austrag, Pfründe) bedungen, so bildet dieser Austragsvertrag einen selbständigen weiteren Vertrag, welcher mit $3‰$ aus dem $12\frac{1}{2}$fachen Anschlag der einjährigen Leistungen zu bewerthen ist. Bleibt aber nach Anrechnung der Schulden und Herauszahlungen vom Uebernahmspreis noch ein Theil des letzteren unausgewiesen, so unterliegt dieser Restkaufschilling nicht der Mutationsgebühr, sondern nur der Mobiliargebühr zu $3‰$ aus dem $12\frac{1}{2}$fachen Jahresanschlag der Austragsreichnisse und zwar auch dann, wenn der Kapitalswerth dieser Austragsreichnisse den angegebenen Werth des Anwesens übersteigt.

Beispiele: a) Die Eltern übergeben ihr Anwesen um 10000 Mark an ihren Sohn und dessen Braut gegen Uebernahme von 7000 Mark Schulden und 500 Mark baare Herauszahlung, während der Sohn sich die restigen 2500 Mark als Heiratsgut anrechnen darf. Außerdem bedingen sich die Eltern Austragsreichnisse im jährlichen Anschlag von 200 Mark.

Es tritt nicht eine Erhöhung des Uebernahmspreises von 10000 Mark auf 12500 Mark ein, sondern es liegen zwei von einander unabhängige Rechtsgeschäfte im Sinne des Art. 183 Abs. 1 vor,

ein Uebergabsvertrag zu 10000 Mark, zu bewerthen mit 1% =	ℳ 100.—
und ein Leibgedingsvertrag, zu bewerthen mit $3‰$ aus $12\frac{1}{2} \times 200$ Mark = 2500 Mark mit	ℳ 7.50
zusammen	ℳ 107.50.

b) Würde im vorigen Beispiel der Sohn sich die restigen 2500 Mark nicht als Heirathgut anrechnen dürfen, so würde dieser Betrag für die Ausweisung der Austragsreichnisse frei sein und durch deren Kapitalswerth gedeckt werden; der Vertrag wäre mit

1% aus 7500 Mark = ...	ℳ 75.—
und $3‰$ aus 2500 Mark mit	ℳ 7.50
zusammen	ℳ 82.50

zu bewerthen.

c) Wären in Beispiel a die

Schulden	ℳ 6000.—
die Herauszahlung	ℳ 500.—
und die Anrechnung des Sohnes	ℳ 2500.—
so wären am Kaufpreis	ℳ 9000.—

ausgewiesen und blieben für Ausweisung der Austragsreichnisse mit jährlich 200 Mark nur noch 1000 Mark übrig, während deren Kapitalswerth 2500 Mark beträgt. In diesem Falle kommt bei Berechnung der Mutationsgebühr der durch den Kaufpreis nicht ausgewiesene Mehrwerth, welcher auf die Austragsreichnisse fällt, nicht in Betracht, sondern ist nur mit der Mobiliargebühr zu bewerthen. Die Bewerthung erfolgt hienach

mit 1% aus 9000 Mark = ...	ℳ 90.—
und mit 3‰ aus 1000 Mark zur weiteren Ausweisung des Kaufpreises und aus den den letzteren übersteigenden 1500 Mark, sohin aus 2500 Mark = ...	ℳ 7.50
zusammen	ℳ 97.50.

Anm. 3. Bezüglich der Notariatsgebühr bei Leibrentenverträgen vergl. Not.Geb.O. Art. 29, wonach als Werthgegenstand der Kaufpreis und in Ermangelung eines solchen der zehnfache Betrag der Rente gilt.

Artikel 188 (148).

Bei Berechnung der Gebühr nach der Gegenstandssumme werden, vorbehaltlich der Bestimmung im Art. 162, die auf dem Gegenstande haftenden Schulden nicht in Abzug gebracht.

Anm. Vergl. Art. 162 für Inventare und als weitere Ausnahme Art. 165, wonach auch bei der Vermittelung der Auseinandersetzung eines Nachlasses oder einer Gütergemeinschaft durch den Notar die Gebühr aus der Gegenstandssumme nach Abzug der Schulden erhoben wird.

Artikel 189 (149).

Die Verbindlichkeit zur Entrichtung der Gebühr obliegt demjenigen, der die Thätigkeit des Notars veranlaßt hat. Ist dieselbe von Mehreren veranlaßt worden, so haften diese dem Staate gegenüber als Gesammtschuldner.

Vereinbarungen über die Tragung der Gebühren sind nur für die Betheiligten wirksam.

Anm. 1. Vergl. wegen der Notariatsgebühren den gleichlautenden Art. 49 Not.Ges.

Anm. 2. Wenn nicht die Betheiligten selbst, sondern für sie ein gesetzlicher Vertreter oder ein Bevollmächtigter die Thätigkeit des Notars veranlaßt haben, haften diese Vertreter und Bevollmächtigten persönlich für die Gebühren; eine Ausnahme hievon ist in Art. 281 getroffen, wenn für die Partei ein Rechtsanwalt handelt; vergl. Art. 281 Anm.

Anm. 3. Die Staatsgebühren verjähren als öffentliche Abgaben gemäß Art. 124 A.G. z. B.G.B. mit Ablauf von 3 Jahren vom Schluß des Kalenderjahres an, in welchem der Anspruch entstanden ist.

Artikel 190 (150).

Hat bei Verträgen der eine Theil der Kontrahenten auf persönliche Gebührenbefreiung Anspruch, so wird

1. für einseitige Verträge, durch welche nur für diesen Theil Verpflichtungen begründet werden, keine Gebühr,
2. für zweiseitige Verträge die Hälfte der Gebühr erhoben.

Anm. 1. Anspruch auf persönliche Gebührenbefreiung haben die Reichs- und Staatskasse (der Fiskus) sowie die Civilliste des Königs (Art. 3 Nr. 2), nicht aber die Kgl. Bank und deren Filialen oder ähnliche Staatsanstalten. Vergl. Art. 191 Anm. Die von Militärpersonen bei der Mobilmachung errichteten oder in amtliche Verwahrung gebrachten Testamente und Erbverträge gehören nicht hieher, sondern sind gemäß des folgenden Art. 191 Nr. 3 bedingungslos gebührenfrei. Auch die Bewilligung des Armenrechts nach Art. 4 fällt nicht unter die Bestimmung des gegenwärtigen Artikels, weil der Anspruch der zahlungsunfähigen Partei auf einstweilige Befreiung von Gebühren keine persönliche Gebührenfreiheit, sondern nur Stundung der geschuldeten Gebühr gewährt; vergl. Art. 4 Anm. 1 und 2 und Pfaff Note zu Art. 190.

Anm. 2. Zu den Verträgen ad Nr. 1 gehören Servitutbestellungen des Bahnärars bei Eisenbahnbauten, ad Nr. 2 Kauf- und Tauschverträge mit dem Fiskus, Grundabtretungen an die Eisenbahn, Forstrechtsablösungen durch den Fiskus u. A. Wenn in den Fällen ad 2 der Fiskus die Kosten allein übernimmt, ist der Vertrag gemäß Art. 3 Nr. 2 vollständig gebührenfrei zu behandeln.

Anm. 3. Ausfertigungen oder beglaubigte Abschriften von Verträgen, für welche nach gegenwärtigem Artikel Gebühren nicht erhoben werden, sind gebührenfrei zu ertheilen; F.M.E. vom 28. April 1888. Vergl. Art. 173 Anm. 1.

Artikel 191 (151).

Gebühren werden nicht erhoben:

1. für die Korrespondenzen der Notare, insbesondere die von ihnen erstatteten Berichte, für Mittheilungsschreiben mit oder ohne Antragstellung und Zustellungsaufträge, sowie für Anzeigen und Bekanntmachungen;
2. für Notariatsurkunden über die Bestellung von Sicherungshypotheken, welche ausschließlich die Sicherung von Forderungen des Staates oder staatlicher Anstalten bezwecken, sowie über die Kautionen der Hypothekenbewahrer in der Pfalz;
3. für die von Militärpersonen bei der Mobilmachung errichteten oder in amtliche Verwahrung gebrachten Testamente und Erbverträge sowie für deren Zurücknahme, Verkündung oder Vorlegung.

Anm. ad Nr. 2. Unter die staatlichen Anstalten, welche durch die neue Gebührennovelle bezüglich der in gegenwärtigem Artikel bezeichneten Fälle der Staatskasse gleich gestellt sind, gehören die Kgl. Bank in Nürnberg und deren Filialen, die Versicherungsanstalten, das Juliusspital in Würzburg u. A., so daß entgegen der bisherigen Praxis (vergl. Beschl. d. O.L.G. vom 7. Dezember 1886, Samml. Bd. 11 S. 529 und 551) nunmehr auch die notariellen Urkunden über die Bestellung von Sicherungshypotheken für Darlehensforderungen dieser staatlichen Anstalten gebühren-

frei sind; Verh. d. K. d. Abg. 1899 Beil. Bd. XX Abth. I S. 490 Nr. 5. Im Uebrigen ist an der Gebührenpflichtigkeit dieser staatlichen Anstalten nichts geändert und genießen dieselben weder nach noch vor Anspruch auf persönliche Gebührenfreiheit im Sinne des vorigen Art. 190; s. Art. 190 Anm. 1.

Artikel 192 (155).

Entsteht ein Streit darüber, ob auf einen Tausch die Bestimmungen des Art. 151 Abs. 1, 2 anwendbar seien, so hat die Distriktsverwaltungsbehörde, in deren Bezirke das ausgetauschte Grundstück liegt, zu entscheiden. Das Verfahren ist gebührenfrei; die baaren Auslagen fallen dem unterliegenden Theile zur Last.

Gegen die Entscheidung findet Beschwerde an den Verwaltungsgerichtshof nach Maßgabe der Bestimmungen im Abschnitt II des Gesetzes vom 8. August 1878, die Errichtung eines Verwaltungsgerichtshofes und das Verfahren in Verwaltungsrechtssachen betreffend, statt.

Sechste Abtheilung.

Anstellungen und besondere Verleihungen.

Artikel 236 (200).

Für die Anstellung als Notar wird eine Gebühr von 50 Mark erhoben.

— — —

— — —

Siebente Abtheilung.

Sonstige Gegenstände.

I. Abschnitt.

Allgemeine Bestimmungen.

Artikel 247 (211).

Streitfragen über die Pflicht zur Entrichtung der in dieser Abtheilung bestimmten Gebühren oder über deren Größe werden in erster Instanz von den Regierungsfinanzkammern in öffentlicher Sitzung durch Senate entschieden, welche mit Einschluß des Vorsitzenden aus drei Mitgliedern bestehen.

Außerdem hat den Sitzungen ein Vertreter des Aerars als Staatsanwalt beizuwohnen. Derselbe ist vor jeder Beschlußfassung mit seiner Erinnerung und seinem Antrage zu hören.

Die gefaßten Beschlüsse können für vorläufig vollstreckbar erklärt werden.

Gegen die Entscheidungen der Regierungsfinanzkammern steht sowohl dem Gebührenpflichtigen als auch dem Staatsanwalt das Rechtsmittel der Beschwerde an den Verwaltungsgerichtshof zu.

Im Uebrigen bemißt sich sowohl das Verfahren in erster und zweiter Instanz, als auch die Beschwerdefrist nach den Bestimmungen des II. Abschnittes des Gesetzes vom 8. August 1878, die Errichtung eines Verwaltungsgerichtshofes und das Verfahren in Verwaltungsrechtssachen betreffend.

Artikel 248 (212).

Auf Notariatsurkunden finden die Vorschriften im Art. 247 und im Abschnitt II Titel III, IV und V keine Anwendung, vorbehaltlich jedoch der Bestimmung im Art. 152 Abs. 3.

II. Abschnitt.

Besondere Bestimmungen.

I. Titel.

Besitzveränderungsgebühr.

Artikel 249 (213).

So oft ein Erwerb von Eigenthum an einem Grundstück oder an einem diesem gleichstehenden Rechte auf anderem als rechtsgeschäftlichem Wege stattfindet, sei es in Folge von Beschlüssen oder Entscheidungen der Behörden, im Erbweg oder auf sonstige Weise, schulden die neuen Eigenthümer die im Art. 250 bestimmte Gebühr, sofern nicht die Gebühren des Art. 118 oder des Art. 146 bereits zur Erhebung gelangt sind.

Das Gleiche gilt bei dem Erwerbe des Eigenthums an einem Grundstücke, das im Grundbuche nicht eingetragen ist und nach den Vorschriften der Grundbuchordnung auch nach der Uebertragung nicht eingetragen zu werden braucht, für die öffentliche Beurkundung oder Beglaubigung der Erklärung des Erwerbers und des Veräußerers.

Artikel 250 (214).

Die Gebühr wird aus dem Werthe des Gegenstandes ohne Abzug der Schulden berechnet und beträgt:

1. eins vom Hundert:
   a) bei dem Erwerbe von Erbschaften, Vermächtnissen oder Schenkungen von Todeswegen sowie bei der Succession in Lehen, Familienfideikommisse, Majorate, Stamm- oder Erbgüter;
   b) bei sonstigen Uebergängen auf die im Art. 146 Ziff. 1 lit. a bezeichneten Personen;
   c) bei einem Werthsgegenstande bis zu 1000 Mark einschließlich;
2. ein und einhalb vom Hundert bei einem Werthsgegenstande von über 1000 Mark bis 2000 Mark einschließlich;
3. zwei vom Hundert in allen übrigen Fällen.

Geht das Eigenthum an Grundstücken oder diesen gleichstehenden Rechten auf mehrere Personen, welche verschiedene Prozentsätze schulden, gemeinschaftlich über, so ist die Gebühr nach den Antheilsrechten der einzelnen Personen gesondert zu berechnen.

Ehegatten, Verwandte oder Stiefverwandte in absteigender Linie sind in den Fällen des Abs. 1 Ziff. 1 lit. a von Entrichtung der Gebühr befreit. Gleiches gilt für alle Eigenthumsübergänge, welche sich bei einem vertragsmäßigen Güterstande kraft des Gesetzes unter Lebenden vollziehen.

Anm. Die Gleichstellung der Stiefverwandten in absteigender Linie (Stiefkinder, Stiefenkel u. s. f.) mit den leiblichen Abkömmlingen in Bezug der Besitzveränderungsgebühren entspricht der mit dem bisherigen Art. 114 Abs. 3 gleichlautenden Bestimmung des Art. 146 Abs. 2.

Artikel 251 (215).

Bei der Succession in Lehen, Familienfideikommisse, Majorate, Stamm- und Erbgüter, bei einer Nacherbfolge oder einem Nachvermächtnisse, dann überhaupt in den Fällen, in welchen Nutzung oder Substanz auf dem Wege der Erbfolge gesondert erworben werden, finden auf die Werthsberechnung die Bestimmungen der Art. 13 bis 16, 21 bis 23 des Gesetzes über die Erbschaftssteuer entsprechende Anwendung.

Artikel 252 (216).

Wer auf irgend eine Weise das Eigenthum an Grundstücken oder diesen gleichstehenden Rechten erwirbt, ohne hiefür die Gebühr des Art. 118 oder des Art. 146 entrichtet zu haben, ist verpflichtet, dem Rentamt, in dessen Bezirke das Grundstück liegt, innerhalb zwei Monaten, vom Tage des Erwerbes an gerechnet, die Veränderung anzuzeigen und den Werth unter genauer Bezeichnung der einzelnen Objekte anzugeben.

Sind die Grundstücke in den Bezirken mehrerer Rentämter gelegen, so genügt die Anzeige und Werthsangabe bei jenem Rentamt, in dessen Bezirke das Hauptgut liegt.

Die wissentliche Versäumniß obiger Frist zieht Geldstrafe im doppelten Betrage der schuldigen Gebühr nach sich.

III. Titel.

Oeffentliche Mobiliarversteigerungen.

Artikel 257 (223).

Oeffentliche Versteigerungen von beweglichen Sachen und von Nutzungen, für welche nicht die sich auf Grundstücke beziehenden Vorschriften gelten, unterliegen einer Gebühr zu eins vom Hundert des erzielten Gesammterlöses.

Besteht der Preis in jährlich wiederkehrenden Leistungen, so finden auf die Werthsberechnung die Bestimmungen im Art. 186 entsprechende Anwendung.

Artikel 258 (224).

Von der Gebühr sind befreit:

1. Versteigerungen für Rechnung der Reichs- oder Staatskasse;
2. Versteigerungen im Meß- und Marktverkehr;
3. Zwangsversteigerungen;
4. Versteigerungen forstwirthschaftlicher Produkte;
5. Versteigerungen landwirthschaftlicher Produkte mit Ausnahme derjenigen Weinversteigerungen, bei welchen der erzielte Gesammterlös den Betrag von 100 Mark übersteigt;
6. Versteigerungen, welche im öffentlichen Auftrag oder von Vormündern zur Verwerthung von Mündelgut vorgenommen werden.

Artikel 263 (229).

Die Pflicht zur Entrichtung der Gebühr obliegt demjenigen, unter dessen Leitung die Versteigerung ausgeführt wurde.

Hat derselbe hiebei im Auftrag eines Anderen gehandelt, so haften beide für die Entrichtung der Gebühr als Gesammtschuldner.

Artikel 264 (230).

Einer Hinterziehung der Gebühr macht sich schuldig, wer

1. die im Art. 259 vorgeschriebene Anzeige nicht rechtzeitig erstattet, oder
2. die vorschriftsmäßige Aufnahme oder rechtzeitige Vorlage der Versteigerungsurkunde (Art. 260) unterläßt, oder
3. bezüglich der Versagung des Zuschlags (Art. 262 Abs. 2) wissentlich falsche Angaben macht.

Die Hinterziehung wird mit einer Geldstrafe geahndet, welche dem zehnfachen Betrage der hinterzogenen Gebühr gleichkommt, mindestens aber 30 Mark beträgt.

Läßt sich der Betrag der hinterzogenen Gebühr nicht ermitteln, so ist auf Geldstrafe von 30 bis 1000 Mark zu erkennen.

Im Falle des Art. 263 Abs. 2 haftet der Auftraggeber für die von dem Beauftragten zu entrichtende Geldstrafe nebst Kosten.

Ist jedoch anzunehmen, daß eine Gebührenhinterziehung nicht habe verübt werden können oder nicht beabsichtigt gewesen sei, so tritt nur Ordnungsstrafe bis zu 30 Mark ein.

Achte Abtheilung.

Gemeinsame Bestimmungen.

Artikel 279 (252).

Insoweit das Gesetz einem Verwandtschaftsverhältniß Einfluß auf die Gebührenpflicht einräumt, gilt als Verwandtschaft auch die durch Annahme an Kindesstatt begründete Verwandtschaft sowie das Verhältniß zwischen einem unehelichen Kinde und dessen Abkömmlingen einerseits und dem Vater und dessen Verwandten andererseits, sofern die Vaterschaft erweislich anerkannt ist.

Auf ein die Gebühr minderndes Verhältniß, welches zufolge eines richterlichen Erkenntnisses oder eines Vertrags schon vor dem Anfalle der Gebühr zu bestehen aufgehört hat, darf nicht zurückgegangen werden. Die Aufhebung der ehelichen Gemeinschaft nach § 1575 des Bürgerlichen Gesetzbuchs steht der Scheidung gleich.

Die vor dem Inkrafttreten des Bürgerlichen Gesetzbuchs vereinkindschafteten Kinder stehen in Ansehung der Gebührenpflicht den ehelichen Kindern gleich.

Artikel 281 (254).

In allen Fällen, in welchen für die Partei ein Rechtsanwalt handelt, ist für die Entrichtung der Gebühren, Auslagen und desfallsigen Vorschüsse nicht der

Anwalt, sondern die von ihm vertretene Partei verhaftet, wenn nicht der Anwalt ausdrücklich die Zahlung für die Partei übernommen hat.

Anm. Diese Ausnahmsbestimmung von der allgemeinen Regel des Art. 189 entspricht einer zu § 81 G.K.G. gemachten erläuternden Bemerkung der Reichstagskommission, um eine Gleichstellung der Rechtsanwälte hinsichtlich der im Gebührengesetz geregelten Gegenstände mit den unter die Reichscivilprozeßordnung fallenden Geschäften und den Bestimmungen des Reichsgerichtskostengesetzes herzustellen, und ist auf alle Fälle der freiwilligen Rechtspflege, insbesondere auch auf die Verhandlungen bei den Notaren auszudehnen. Vergl. Art. 189 Anm. 2 und Art. 283 Abs. 1.

Artikel 282 (255).

Für die Erledigung des Ersuchens einer nichtbayerischen Behörde in Angelegenheiten, auf welche das Reichs-Gerichtskostengesetz keine unmittelbare Anwendung findet, kommen, wenn eine Amtshandlung vorgenommen wird, für welche besondere Gebühren gesetzlich bestimmt sind, diese Gebühren zur Erhebung. Die Staatsregierung ist jedoch ermächtigt, für solche Fälle ausnahmsweise auch andere Gebührensätze zu bestimmen.

Ist um die Vornahme sonstiger Amtshandlungen ersucht, so können besondere Gebühren erhoben werden, deren Höhe die Staatsregierung bestimmt.

In beiden Fällen sind die mit der Erledigung des Ersuchens verbundenen baaren Auslagen zu erstatten.

Die Vornahme der Amtshandlung kann von der vorgängigen Erlage eines zur Deckung der Kosten hinreichenden Vorschusses abhängig gemacht werden.

Die bestehenden Vereinbarungen mit anderen Staaten werden hiedurch nicht berührt.

Gebühren und Auslagen werden nicht erhoben, soweit die Gegenseitigkeit verbürgt ist. Ob diese Voraussetzung gegeben ist, entscheidet die Staatsregierung.

Artikel 283 (256).

In Angelegenheiten, auf welche das Reichs-Gerichtskostengesetz keine unmittelbare Anwendung findet, kann gegenüber Personen, welche in Bayern nicht ihren ständigen Wohnsitz haben, bei Anträgen auf Einleitung eines amtlichen Verfahrens oder Vornahme einzelner Amtshandlungen, dringende Fälle ausgenommen, jede amtliche Thätigkeit in der Sache selbst von der vorgängigen Erlage eines zur Deckung der hiemit verbundenen Gebühren und Auslagen hinreichenden Vorschusses abhängig gemacht werden, auch wenn dieselben von einem bayerischen Rechtsanwalte vertreten sind.

Notare und Notariatsverweser, welche von dieser Befugniß keinen Gebrauch machen, haften dem Staate persönlich für die erwachsenen Gebühren, vorbehaltlich ihres Regresses an die zahlungspflichtige Partei.

Auch ist die Staatsregierung ermächtigt, in den in Abs. 1 bezeichneten Angelegenheiten gegenüber Ausländern besondere, von gegenwärtigem Gesetze abweichende Gebührensätze zu bestimmen und für Akte, welche an sich gebührenfrei wären, die Erhebung von Gebühren zu verordnen.

Anm. 1. Zu Abs. 2 vergl. Not.Ges. Art. 95 und Instr. § 24; nach letzterer Bestimmung sind rückständige Gebühren, welche von Personen geschuldet werden, die in Bayern nicht ihren ständigen Wohnsitz haben, von dem Notare dem Staate gegenüber persönlich zu vertreten und dürfen zur Beitreibung an die Rentämter nicht überwiesen werden.

Anm. 2. Von der Ermächtigung des Abs. 3 ist bisher noch kein Gebrauch gemacht.

Artikel 284 (257).

Für die Aufbewahrung der bei den Gerichten, den Notaren oder gemäß Art. 76 Abs. 3 des Gesetzes zur Ausführung des Reichs-Gerichtsverfassungsgesetzes in der Fassung des Art. 167 des Ausführungsgesetzes zum Bürgerlichen Gesetzbuche bei der Königlichen Bank oder anderen Kassen des Staates hinterlegten Gelder und Werthpapiere können besondere Gebühren (Depositalgebühren) erhoben werden.

Die Gebührensätze werden durch Königliche Verordnung bestimmt.

Anm. Vergl. A.V. vom 25. Dezember 1899, die Erhebung der Hinterlegungsgebühren betr., G.V.Bl. 1899 S. 1235, F.M.Bl. 1900 S. 24, J.M.Bl. 1899 S. 1074, und M.Bktm. vom 12. Januar 1900, die Erhebung der Hinterlegungsgebühren betr., J.M.Bl. S. 301, F.M.Bl. S. 81.

Artikel 286 (258 Abs. 3).

Die Vorschriften über Erhebung und Verrechnung der anfallenden Gebühren und Auslagen sowie über die Führung und Revision der Gebührenregister, über das Verfahren bei Aufnahme und Bescheidung der Revisionsprotokolle, dann bei Streitfragen und Beschwerden, soweit es nicht gesetzlich geregelt ist, und über die Abrechnung mit den Rentämtern werden von der Staatsregierung erlassen.

Anm. Vergl. A.G. vom 23. Dezember 1899, die Ausführung des Reichsgerichtskostengesetzes und des Gesetzes über das Gebührenwesen betr., G.V.Bl. 1899 S. 1223, F.M.Bl. 1899 S. 291 und Instruktion hiezu vom 25. Dezember 1899, F.M.Bl. 1899 S. 300, J.M.Bl. 1900 S. 335, 343.

Artikel 287 (260).

Die Beitreibung rückständiger Gebühren und Auslagen des Staates erfolgt durch die Rentämter im Wege des administrativen Zwangsvollzuges.

Durch Königliche Verordnung kann das Vollstreckungsrecht auch anderen Verwaltungsbehörden eingeräumt werden.

Die Mitwirkung der Rentämter bei der Beitreibung rückständiger Geldstrafen wird gleichfalls durch Königliche Verordnung geregelt.

Anm. Auf Grund der Bestimmung des Abs. 2 ist in § 12 der A.V. vom 23. Dezember 1899, die Ausführung des Reichsgerichtskostengesetzes und des Gesetzes über das Gebührenwesen betr., (G.V.Bl. S. 1223, F.M.Bl. S. 291) denjenigen Verwaltungsbehörden, welche ärarialische Gebühren und Auslagen zu verrechnen und ihre Rückstände nicht an die Rentämter zur zwangsweisen Beitreibung zu überweisen haben, das Vollstreckungsrecht eingeräumt.

Artikel 288.

Die Notare sollen, falls ihnen die Mitwirkung bei der Erhebung der Gebühren übertragen ist, bis zur Entrichtung der dem Staate und den Gemeinden anfallenden Gebühren die Aushändigung der Urschriften, Ausfertigungen und Abschriften an die Betheiligten und die Vorlage der Urschriften, Ausfertigungen und Abschriften für die Betheiligten an die Gerichte und andere Behörden verweigern. Thun sie dies nicht, so haften sie persönlich für die Gebühr.

Die Bestimmung des Art. 55 Abs. 2 des Notariatsgesetzes findet entsprechende Anwendung.

Anm. Vergl. Not.Ges. Art. 55:

„Der Notar kann bis zur Entrichtung der Gebühren und Erstattung der Auslagen die Aushändigung der Urschriften, Ausfertigungen und Abschriften an die Betheiligten und die Vorlegung der Urschriften, Ausfertigungen und Abschriften für die Betheiligten an Gerichte und andere Behörden verweigern, endlich die in seinen Händen befindlichen Urkunden, Gelder und Werthpapiere, soweit es erforderlich ist, zurückbehalten.

Ueber die Berechtigung der Verweigerung oder der Zurückbehaltung entscheidet auf Antrag das Landgericht. Eine Anfechtung der Entscheidung findet nicht statt."

und Art. 114:

„Der Notariatsverweser, der die Geschäfte auf fremde Rechnung führt, hat von den im Artikel 55 gegebenen Befugnissen Gebrauch zu machen. Unterläßt er dies, so haftet er für die Entrichtung der Gebühren und die Erstattung der Auslagen,"

dann Instr. § 23:

„Wenn von Urkunden, für welche die dem Staate und den Gemeinden anfallenden Gebühren bei der Abrechnung mit dem Rentamte noch nicht bezahlt sind, Ausfertigungen gemacht und diese nicht etwa wegen der rückständigen Notariatsgebühren vom Notare selbst zurückbehalten wurden (Art. 55 des Notariatsgesetzes), sind dieselben bei der Abrechnung an das Rentamt zu übergeben.

Hat der Notar vor Entrichtung der dem Staate und den Gemeinden anfallenden Gebühren Urschriften, Ausfertigungen und Abschriften an die Betheiligten ausgehändigt oder Urschriften, Ausfertigungen und Abschriften für die Betheiligten an die Gerichte und andere Behörden vorgelegt, so haftet er gemäß Art. 288 des Gebührengesetzes persönlich für die Gebühr. Eine Vorlage für die Betheiligten im Sinne dieser Vorschrift ist nicht gegeben, wenn der Notar vor Anlegung des Grundbuchs nach Art. 12 Abs. 3 des Notariatsgesetzes vom 10. November 1861 die von ihm aufgenommenen Urkunden zum Zwecke des Vollzuges in Urschrift an das Hypothekenamt übersendet."

Vergl. hiezu auch § 290 Gesch.O. für die Notariate.

Artikel 289 (261).

Dem Grundbuchamte ist es untersagt, eine Eintragung in das Grundbuch eher vorzunehmen, als der Nachweis über die Entrichtung oder Hinterlegung der Gebühren vorgelegt ist. Sofern den Notaren die Mitwirkung bei der Erhebung der Gebühren übertragen ist, bedarf es dieses Nachweises nicht, wenn die Eintragung auf Grund einer von einem bayerischen Notare errichteten oder beglaubigten Urkunde beantragt wird.

Handelt der Grundbuchbeamte dieser Bestimmung zuwider, so haftet er persönlich für die Gebühr.

Die Vorschriften der Abs. 1, 2 finden auf die Umschreibung in dem Grundsteuerkataster entsprechende Anwendung.

Anm. Die Bestimmungen dieses Artikels gelten nach Art. 309 für jeden Grundbuchbezirk erst von dem Zeitpunkt an, in welchem das Grundbuch als angelegt anzusehen ist, während bis dorthin für die Gebühren in Hypotheken- und Grundbuchsachen noch die seitherigen Bestimmungen Anwendung finden. Es verbleibt hienach bis zu diesem Zeitpunkte bei der Vorschrift des bisherigen Art. 261 Geb.Ges., wonach lediglich bei Umschreibung des Erwerbs- oder Besitztitels über Liegenschaften oder gleichgeachtete Rechte der Nachweis der Gebührenzahlung erforderlich ist, während künftig, d. i. nach Anlegung des Grundbuches, nach der Vorschrift des gegenwärtigen Artikels für jede Eintragung in das Grundbuche, also z. B. auch für die Eintragung einer Hypothek oder der Abtretung oder Verpfändung einer solchen, der Nachweis der Gebührenzahlung erforderlich ist. Mit Rücksicht hierauf gilt vor Anlegung des Grundbuchs die Vorlage einer Urkunde durch den Notar zum Zweck deren Vollzugs an das Hypothekenamt, sofern der Notar vorerst noch gemäß Art. 12 Abs. 3 des Not.Ges. vom 10. November 1861 zu dieser Vorlage verpflichtet ist, nicht als Vorlage für die Betheiligten im Sinne des vorigen Art. 288; vergl. Anm. zu Art. 288 und die dort angeführte Instr. § 23 und Gesch.O. für die Notariate § 290.

Artikel 294 (266).

Die Zuständigkeit und das Verfahren bei strafbaren Zuwiderhandlungen gegen die Bestimmungen dieses Gesetzes und der Vollzugsvorschriften zu demselben richtet sich nach den Vorschriften des Reichs-Gerichtsverfassungsgesetzes und der Reichs-Strafprozeßordnung.

Hinsichtlich des Verfahrens im Verwaltungswege finden die Bestimmungen der Art. 86, 87 Abs. 1, Art. 88 Abs. 1, Art. 89 Abs. 1 bis 3, 5, Art. 90, 91, 92 Abs. 2 des Gesetzes zur Ausführung der Reichs-Strafprozeßordnung entsprechende Anwendung mit der Maßgabe, daß an Stelle der Zollbehörden hier die Rentämter und, soweit Pflichtwidrigkeiten öffentlicher Beamten und Bediensteten, mit Ausnahme der Gerichtsvollzieher, in Frage stehen, die vorgesetzten Behörden zu treten haben.

Artikel 295 (267 Abs. 4).

Die Strafverfolgung von Zuwiderhandlungen gegen die Vorschriften dieses Gesetzes und der Vollzugsvorschriften zu demselben verjährt in drei Jahren; die Vollstreckung der rechtskräftig ausgesprochenen Strafen verjährt in fünf Jahren.

Anm. Die Vorschriften des bisherigen Art. 267 Abs. 1 und 2 über Verjährung der Gebühren und Auslagen des Staates sowie der Ansprüche auf Rückersatz bezahlter Gebühren und Auslagen sind ersetzt durch Art. 124 und 125 A.G. z. B.G.B., wonach diese sämmtlichen Ansprüche des Staates und gegen den Staat in 3 Jahren verjähren; siehe Art. 189 Anm. 3.

Neunte Abtheilung.

Schlußbestimmungen.

Artikel 296 (272).

Dieses Gesetz tritt gleichzeitig mit dem Bürgerlichen Gesetzbuche in Kraft.*)

Alle älteren Gesetze und Verordnungen über Taxen- Stempel- und Ein-

*) Gemäß Art. C des Gesetzes vom 9. Juni 1899 trat die Aufhebung der Art. 199, 231 bis 236 des früheren Gebührengesetzes bereits mit dem 1. Juli 1899 in Kraft.

registrirungsgebühren bleiben, soweit sie nicht ausdrücklich aufrecht erhalten sind, aufgehoben.

Artikel 297.

Die Gebührenvorschriften über die Zwangsversteigerung und die Zwangsverwaltung treten, soweit sie die Schiffe betreffen, an dem im Art. 296 bezeichneten Termine, im Uebrigen für jeden Grundbuchbezirk mit dem Zeitpunkt in Kraft, in welchem das Grundbuch als angelegt anzusehen ist. Bis zu diesem Zeitpunkte haben bei Zwangsveasteigerungen und Zwangsverwaltungen hinsichtlich der Gebühren noch die seitherigen Bestimmungen Anwendung zu finden. Das Gleiche gilt für das Verfahren, welches gemäß § 15 des Einführungsgesetzes zu dem Gesetze über die Zwangsversteigerung und die Zwangsverwaltung noch nach den Landesgesetzen zu erledigen ist, sowie für die Zwangsversteigerung eines gemeinschaftlichen Grundstückes zum Zwecke der Aufhebung der Gemeinschaft nach den Art. 41, 113 des Gesetzes, Uebergangsvorschriften zum Bürgerlichen Gesetzbuche betreffend.

Anm. Bezüglich der Gebührenvorschriften über die Zwangsversteigerung und die Zwangsverwaltung siehe oben Art. 7—22.

Nach § 1 E.G. z. Zw.V.G. ist das Gesetz über die Zwangsversteigerung und die Zwangsverwaltung vom 24. März 1897, soweit es die Schiffe betrifft, bereits am 1. Januar 1900 gleichzeitig mit dem Bürgerlichen Gesetzbuche in Kraft getreten, während es im Uebrigen für jeden Grundbuchbezirk erst mit dem Zeitpunkte in Kraft tritt, in welchem das Grundbuch als angelegt anzusehen ist. Vergl. auch Instr. § 1 Ziff. 1.

Artikel 298.

Die Bestimmung des Art. 25 tritt für jeden Grundbuchbezirk mit dem Zeitpunkte in Kraft, in welchem das Grundbuch als angelegt anzusehen ist. Bis zu diesem Zeitpunkte finden die seitherigen Vorschriften Anwendung.

Artikel 299.

In Ansehung der Hypotheken, welche schon zu der Zeit bestehen, zu welcher das Grundbuch als angelegt anzusehen ist, und der Hypothekenurkunden, welche in der Zeit vor der Anlegung des Grundbuches errichtet werden, bleiben die bisherigen Vorschriften über die Gebühren für Ertheilung einer neuen Vollstreckungsklausel und für vollstreckbare Ausfertigungen von Hypothekenurkunden in Kraft.

Artikel 302.

In den Angelegenheiten der freiwilligen Gerichtsbarkeit, für welche die bisherigen Gesetze maßgebend bleiben, werden auch nach dem Inkrafttreten des Bürgerlichen Gesetzbuches Gebühren nur nach Maßgabe der bisherigen Vorschriften erhoben.

Artikel 307.

Wird in den Landestheilen rechts des Rheines nach Art. 36 des Gesetzes, Uebergangsvorschriften zum Bürgerlichen Gesetzbuche betreffend, die Vermittelung der Auseinandersetzung in Ansehung eines Nachlasses beantragt, so werden für die Vermittelung besondere Gebühren nicht erhoben.

Für ein bei dem Inkrafttreten des Bürgerlichen Gesetzbuches bei einem Notare in der Pfalz anhängiges Theilungsverfahren wird nach dem Inkrafttreten des Bürgerlichen Gesetzbuches die Gebühr des Art. 165 erhoben, es sei denn, daß die Betheiligten von der Durchführung des Verfahrens abstehen, bevor eine Verhandlung vor dem Notare stattfindet. Auf die Gebühr des Art. 165 kommen die nach den bisherigen Vorschriften entrichteten Gebühren in Anrechnung.

Artikel 309.

Die Bestimmungen über die Gebühren in Grundbuchsachen treten hinsichtlich der Gebührensätze, soweit dieselben dem Gebührenpflichtigen günstiger sind, an dem im Art. 296 bezeichneten Termine, im Uebrigen für jeden Grundbuchbezirk mit dem Zeitpunkte in Kraft, in welchem das Grundbuch als angelegt anzusehen ist.

Bis zu diesem Zeitpunkte haben für die Gebühren in Hypotheken- und Grundbuchsachen noch die seitherigen Bestimmungen Anwendung zu finden.

Ebenso verbleibt es in Ansehung der Gebühren für das Hypothekenreinigungsverfahren bei den bisherigen Bestimmungen, soweit nach dem Inkrafttreten des Bürgerlichen Gesetzbuches ein Hypothekenreinigungsverfahren in der Pfalz stattfindet.

Artikel 310.

Für die innerhalb der ersten zehn Jahre nach Anlegung des Grundbuches beantragte Eintragung von Grunddienstbarkeiten, die zu der Zeit bestehen, zu welcher das Grundbuch als angelegt anzusehen ist, in das Grundbuch sowie für die Eintragung solcher Grunddienstbarkeiten in das Hypothekenbuch gemäß Art. 44 des Gesetzes, Uebergangsvorschriften zum Bürgerlichen Gesetzbuche betreffend, kommen Gebühren nicht zur Erhebung.

Ist auf Grund des Art. 10 des Gesetzes, Uebergangsvorschriften zum Bürgerlichen Gesetzbuche betreffend, die Eintragung von Grunddienstbarkeiten angeordnet worden, so findet die Vorschrift des Abs. 1 von dem Ablaufe der Frist zur Anmeldung der Grunddienstbarkeiten an keine Anwendung auf die Grunddienstbarkeiten, deren Eintragung angeordnet worden ist.

Artikel 311.

Auf notarielle Urkunden über den Erwerb und Verlust des Eigenthumes an einem Grundstücke oder diesem gleichstehenden Rechte sowie über die Begründung, Uebertragung, Belastung und Aufhebung eines anderen Rechtes an einem Grundstücke oder eines Rechtes an einem solchen Rechte finden auch nach dem Inkrafttreten des Gesetzes und bis zu dem Zeitpunkte, zu welchem das Grundbuch als angelegt anzusehen ist, die seitherigen Bestimmungen Anwendung. Jedoch haben auch in diesem Falle an Stelle der bisherigen Gebührensätze die Gebührensätze des gegenwärtigen Gesetzes zu treten.

Artikel 312.

Werden durch Beschluß der Mitgliederversammlung eines Vereins, der die Rechtsfähigkeit erlangt hat, Grundstücke und Rechte an Grundstücken, die zu dem bisherigen Vereinsvermögen gehören, vor dem Zeitpunkte, in welchem das Grundbuch als angelegt anzusehen ist, auf den rechtsfähig gewordenen Verein übertragen (Art. 2 Abs. 3 des Gesetzes, Uebergangsvorschriften zum Bürgerlichen Gesetzbuche betreffend), so wird für die Uebertragung eine Staatsgebühr nicht erhoben.

Artikel 313.

Die Vorschriften des Art. 249 bis 252 treten hinsichtlich der Gebührensätze an dem im Art. 296 bezeichneten Termine, im Uebrigen für jeden Grundbuchbezirk mit dem Zeitpunkt in Kraft, zu welchem das Grundbuch als angelegt anzusehen ist.

Bis zu diesem Zeitpunkte finden die seitherigen Bestimmungen Anwendung.

Anm. Zu den Art. 309, 311 und 312. Da die Bestimmungen des nunmehrigen Gebührengesetzes über die Gebühren in Grundbuchsachen, über die Gebühren für Notariatsurkunden über den Erwerb und Verlust des Eigenthumes an einem Grundstücke oder diesem gleichstehenden Rechte, sowie über die Begründung, Uebertragung, Belastung und Aufhebung eines anderen Rechtes an einem Grundstücke (Hypothek, Grundschuld, Rentenschuld) oder eines Rechtes an einem solchen Rechte, endlich die Bestimmungen über die Besitzveränderungsgebühren auf den Vorschriften des Liegenschaftsrechtes des Bürgerlichen Gesetzbuches und der Grundbuchordnung beruhen, haben auch die Bestimmungen der Abth. IV, Abschn. II, Ziff. 6 (Grundbuchsachen), die einschlägigen Bestimmungen der Abth. IV, Abschn. III (Verhandlungen der Notare), dann die Bestimmungen der Abth. VII Abschn. II des neuen Gebührengesetzes (Besitzveränderungsgebühr, Gebührenäquivalent) erst dann in Kraft zu treten, wenn das Grundbuch als angelegt anzusehen ist.

Bis zu diesem Zeitpunkte haben daher für die Gebühren in Hypotheken- und Grundbuchsachen, für Notariatsurkunden, sowie für Besitzveränderungen, welche sich auf anderem als rechtsgeschäftlichem Wege vollziehen, noch die Gebührenbestimmungen des bisherigen Gebührengesetzes Maß zu geben. Jedoch treten nach den alleg. Art. 309, 311 und 313 die durch das neue Gesetz gewährten Gebührenerleichterungen in Ansehung der Gebührensätze, wie z. B. für Verträge, Schuldbekenntnisse und Schuldversprechen (Art. 145) bei Werthsgegenständen bis zu 2000 Mark einschließlich nur $2^1/_2$ ‰ statt 3 ‰, für Eheverträge, Erbverträge und Erbverzichtsverträge (Art. 148 und 163 Ziff. 1) allgemein nur 3 Mark anstatt der bisherigen verhältnißmäßigen Gebühren, für Hypothekbestellungen (Art. 154) 5 ‰ und bei Gegenstandssummen bis zu 2000 Mark $2^1/_2$ ‰ statt 6 bezw. 3 ‰, für Hypothekbestellungen im Falle des Art. 121 (Art. 154 Abs. 4) Anrechnung der 5 ‰- bezw. $2^1/_2$ ‰igen Gebühr aus dem dem zurückbezahlten Hypothekenkapitale entsprechenden Betrage auf die für die neuerliche Hypothekbestellung zu erhebende Gebühr; für Cessionen und Verpfändungen von Hypotheken (Art. 155) 3 ‰ und bei Werthsgegenständen bis zu 2000 Mark $2^1/_2$ ‰ statt durchweg 3 ‰ bisher, für Bestellungen von Dienstbarkeiten, Vorkaufsrechten und Reallasten (Art. 159) 3 ‰ und bei Gegenstandssummen bis zu 2000 Mark $2^1/_2$ ‰ anstatt 2 % oder 3 ‰, für Notariatsurkunden oder Bürgschaften, Verpfändungen oder hypothekarische Kautionen, welche die Sicherung von Forderungen staatlicher Anstalten bezwecken (Art. 191) Gebührenfreiheit, für den erbweisen Uebergang des Eigenthumes an einem Grundstück oder diesem gleichstehenden Rechte an Stiefverwandte auf anderem als rechtsgeschäftlichem Wege (Art. 250 Abs. 3) — gebührenfrei statt bisher 1 % — **schon mit dem 1. Januar 1900 in Kraft** (Instr. § 1 Ziff. 6).

Artikel 314 (275).

Für die zur Zeit des Inkrafttretens dieses Gesetzes anhängigen Erinnerungen und Beschwerden gegen die Entscheidung über die Festsetzung des Werthes oder gegen den Ansatz und die Nachforderung von Gebühren und Auslagen verbleibt es bei den bisherigen Vorschriften. Dies gilt insbesondere auch von der Anfechtung der Entscheidung des Beschwerdegerichtes durch weitere Beschwerde.

Bei Hinterziehungen kommen hinsichtlich des Verfahrens im Verwaltungswege die Bestimmungen des gegenwärtigen Gesetzes zur Anwendung.

Die im Art. 10 Ziff. 29, 30 des Gesetzes vom 8. August 1878, die Errichtung eines Verwaltungsgerichtshofes und das Verfahren in Verwaltungsrechtssachen betreffend, enthaltenen Vorschriften über die Zuständigkeit des Verwaltungsgerichtshofes zur Bescheidung von Beschwerden in Gegenständen der Taxpflicht auf Grund des Taxgesetzes vom 28. Mai 1852 und der hier einschlagenden Bestimmungen des Gesetzes vom 8. November 1875, Abänderungen der Tax- und Stempelgesetze betreffend, dann der Stempelpflicht auf dem Gebiete der nichtstreitigen Rechtspflege, sowie der inneren, dann der Polizei- und Finanzverwaltung treten nicht in Wirksamkeit.

Artikel 315 (276).

Ist in Spezialgesetzen oder Verordnungen in Bezug auf Taxen und Stempelgebühren auf eines der im Art. 272 des Gesetzes vom 18. August 1879 in der Fassung vom Jahre 1892 aufgehobenen Gesetze oder auf eine durch gegenwärtiges Gesetz aufgehobene oder abgeänderte Bestimmung verwiesen, so kommen statt der bisherigen Vorschriften die entsprechenden Bestimmungen des gegenwärtigen Gesetzes zur Anwendung.

Kgl. Allerhöchste Verordnung

vom 23. Dezember 1899, die Ausführung des Reichs-Gerichtskostengesetzes und des Gesetzes über das Gebührenwesen betr.

(G.V.Bl. 1899 S. 1223, J.M.Bl. 1900 S. 335, F.M.Bl. 1899 S. 291.)

Im Namen Seiner Majestät des Königs.

Luitpold,

von Gottes Gnaden Königlicher Prinz von Bayern,

Regent.

Wir finden Uns bewogen, zur Ausführung des Reichs-Gerichtskostengesetzes vom 18. Juni 1878 in der Fassung der Bekanntmachung vom 20. Mai 1898 und des Gesetzes über das Gebührenwesen vom 18. August 1879 in der Fassung der Bekanntmachung vom 11. November 1899 zu verordnen, was folgt:

Titel I.

Allgemeine Bestimmungen.

§ 1.

Die Aufsicht über die rechnerische Behandlung des Gebührenwesens liegt den Finanzbehörden unter der Oberleitung des Staatsministeriums der Finanzen ob.

Die Notare haben bei Berechnung und Erhebung der aus Anlaß ihrer Amtsgeschäfte dem Staate und den Gemeinden anfallenden Gebühren unter Leitung und Aufsicht der Finanzbehörden mitzuwirken.

§ 2.

Den Finanzbehörden steht jederzeit frei, behufs Prüfung der Richtigkeit der Gebührenansätze und der Ueberträge in die Gebührenregister von den einschlägigen Akten der Gerichte, Notare und Verwaltungsbehörden Einsicht zu nehmen und zu diesem Zwecke Kommissäre in die Bureaus jener Behörden und Beamten abzuordnen.

Die gebührenverrechnenden Behörden und Beamten sind verpflichtet, auf die von der Revision erhobenen Bedenken die erforderlichen Aufschlüsse zu ertheilen und, sofern zur weiteren Verfügung die Vorlage von Aktenstücken an die Revisionsstelle nothwendig ist, Abschriften derselben fertigen zu lassen, falls die Einsendung der Originalakten sich als unthunlich darstellen sollte.

§ 3.

Streitfragen über die Pflicht zur Entrichtung von Gebühren und Auslagen oder über deren Größe, welche gemäß Art. 234 des Gesetzes über das Gebührenwesen der Entscheidung durch die einschlägigen Ministerien unterliegen, werden, sofern dieselben nicht von dem Staatsministerium der Finanzen in eigener Zuständigkeit zu erledigen sind, im Einvernehmen mit demselben beschieden.

§ 4.

Als Behörden, welche im Sinne des Art. 199 des Gesetzes über das Gebührenwesen den Distriktsverwaltungsbehörden gleichzuachten sind, bestimmen Wir:

Die Landgerichte und die Staatsanwaltschaften bei denselben, die Amtsgerichte, die Kreisarchive, Bezirksbergämter, die Oberpostämter, Oberbahnämter und Eisenbahnbausektionen, die Hauptzollämter, Rentämter, die Kreiskassen und die Lokalbaukommission München.

Als Mittelstellen im Sinne des Art. 200 des erwähnten Gesetzes haben zu gelten:

die Gesandtschaften, die Oberlandesgerichte, die Oberstaatsanwälte bei den letzteren, die Kreisregierungen, die Konsistorien und das Oberkonsistorium, das geheime Hausarchiv, das geheime Staatsarchiv und das allgemeine Reichsarchiv, die Generaldirektion der k. b. Staatseisenbahnen, die Generaldirektion der k. b. Posten und Telegraphen, die Centralstaatskasse, die Generalbergwerks- und Salinen-Administration, die Generaldirektion der Zölle und indirekten Steuern, die Staatsschuldentilgungskommission, das Oberbergamt, dann das Katasterbureau.

Das Staatsministerium der Finanzen ermächtigen Wir, veranlaßten Falles im Einvernehmen mit den einschlägigen übrigen Staatsministerien von dem Vorbehalte im Art. 201 des Gesetzes noch weitern Gebrauch zu machen.

§ 5.

Wo das Gesetz für den Ansatz der Gebühr einen Spielraum gewährt, hat die Behörde die Entscheidung über den von ihr nach Maßgabe des Art. 280 des Gesetzes über das Gebührenwesen zu bestimmenden Betrag in den gebührenpflichtigen Beschluß mitaufzunehmen, oder den bezüglichen Beurkundungen, Zeugnissen, Auszügen, Abschriften 2c. am Rande beizusetzen.

§ 6.

Die gemäß Art. 222 Abs. 5 des Gesetzes über das Gebührenwesen zu entrichtenden Schreibgebühren für Abschriften und Auszüge, deren Fertigung besondere paläographische oder Sprachkenntnisse erfordert, werden auf 50 Pfennig bis 2 Mark für jede angefangene Bogenseite bestimmt.

Die nähere Festsetzung des Betrags innerhalb dieses Spielraums hat durch die Behörde nach Maßgabe der Vorschrift im Art. 280 des erwähnten Gesetzes und des § 5 der gegenwärtigen Verordnung zu erfolgen.

Im Falle der Beglaubigung solcher Abschriften oder Auszüge kommt hiefür die Gebühr nach Art. 199 Ziffer 3 beziehungsweise Art. 200 des Gesetzes zur besonderen Erhebung.

§ 7.

Die im Art. 222 Abs. 4 des Gesetzes über das Gebührenwesen für Duplikate und weitere Ausfertigungen von rentamtlichen Steuerkataster-Extrakten sowie für Auszüge aus den rentamtlichen Grundbüchern bestimmten Gebühren werden, soweit sie eingehen, zu zwei Dritttheilen den Rentamtmännern als Vergütung für ihren desfallsigen Dienstaufwand zugewendet.

Bezüglich der Umschreibgebühren-Antheile der Rentamtmänner verbleibt es bis auf Weiteres bei den bestehenden Bestimmungen.

§ 8.

In Ansehung der Gebühren, welche von den Betheiligten außer den für die Staatskasse zu verrechnenden Gebühren wegen der Bemühung einzelner Personen bei der Erledigung der Geschäfte zu entrichten sind (Art. 5 des Gesetzes), bewendet es, insoweit Wir nicht ein Anderes verfügen werden, bei den bestehenden Vorschriften.

§ 9.

Die auf dem Gebiete der streitigen Rechtspflege in Armenrechtssachen vorkommenden Postsendungen unterliegen der Portopflicht.

In den Angelegenheiten der freiwilligen Gerichtsbarkeit, dann auf dem Gebiete der Verwaltung und Verwaltungs-Rechtspflege sind die in Armensachen von öffentlichen Behörden ausgehenden Postsendungen im internen Verkehre auch fernerhin als Dienstsachen portofrei zu behandeln, vorbehaltlich jedoch der nachträglichen Erhebung und Verrechnung des Portos im Falle der Verurtheilung einer zahlungsfähigen Gegenpartei in die Kosten.

Desgleichen ist der durch die Erhebung und Verrechnung der Gebühren veranlaßte interne Verkehr der Behörden unter sich einschließlich der Geldsendungen zwischen denselben als Dienstsache zu behandeln und daher portofrei.

Auch sind die dem Mahnverfahren vorhergehenden Mittheilungen der Gebührenschuldigkeit seitens der Organe des Staates an die Parteien im internen Verkehre der Portopflicht nicht unterworfen.

§ 10.

Die Entscheidung darüber, ob ein Gegenstand als Amts- oder Partei-Sache, beziehungsweise als Armensache (Art. 4 des Gesetzes über das Gebührenwesen, § 14 des Gesetzes über die Angelegenheiten der freiwilligen Gerichtsbarkeit) zu behandeln sei, steht vorbehaltlich des Erinnerungs- und Beschwerderechts der einschlägigen Finanzbehörden in allen Fällen der in der Hauptsache kompetenten Behörde, bei Amtshandlungen des Notars diesem zu.

§ 11.

Für die Besorgung des Gebührenwesens und der hiemit verbundenen Auslagen für Schreibmaterialien, Register und Gebührenanforderungsformulare erhalten die hiemit betrauten Beamten und Bediensteten mit Ausnahme der Rentamtmänner, der Beamten der Kreiskassen und der Centralstaatskasse, eine Tantieme aus den von ihnen percipirten und der Staatskasse verrechneten Gebühren und Strafgeldern.

Diese Tantieme beträgt bis auf Weiteres:

2 Prozent von den ersten 80 000 Mark,

1 Prozent von dem diese Summe übersteigenden Betrage der Jahreseinnahme.

Die Staatsministerien der Justiz und der Finanzen sind befugt, in den Fällen, in welchen die Vermittelung der Auseinandersetzung in Ansehung eines Nachlasses oder einer ehelichen Gütergemeinschaft oder einer fortgesetzten Gütergemeinschaft durch den Notare stattfinden (Art. 165 des Gesetzes über das Gebührenwesen), wenn die Auseinandersetzung Grundstücke oder diesen gleichstehende Rechte zum Gegenstande hat, dem Notar aus den von ihm nach Art. 146 des Gesetzes über das Gebührenwesen percipirten und der Staatskasse verrechneten Gebühren von der Vorschrift im Abs. 2 abweichende Tantiemen zu gewähren.

Im Falle eines während des Jahres eintretenden Wechsels in der Person des gebührenverrechnenden Beamten bestimmt sich der Tantiemensatz nach der Gesammtsumme der von dem abgetretenen und dem antretenden Beamten auf dieser Dienstesstelle percipirten und der Staatskasse verrechneten Gebühren und Strafgelder. Die Vertheilung der Tantieme unter den abgetretenen und den antretenden Beamten erfolgt nach Verhältniß der von jedem der beiden Beamten percipirten und der Staatskasse verrechneten Gebühren und Strafgelder.

Wird ein von dem gebührenverrechnenden Beamten percipirter und der Staatskasse verrechneter Betrag an den Gebührenpflichtigen wieder zurückerstattet, so findet entsprechende Kürzung des Tantiemenbezuges nach Maßgabe der zurückbezahlten Gebühren und Strafgelder statt.

Die Rentamtmänner erhalten die ihnen verordnungsmäßig zugewiesenen Tantiemen aus der vollen wirklichen Einnahme.

§ 12.

Auf Grund des Art. 287 des Gesetzes über das Gebührenwesen räumen Wir denjenigen Verwaltungsbehörden, welche ärarialische Gebühren und Auslagen zu verrechnen und ihre Rückstände nicht an die Rentämter zur zwangsweisen Beitreibung zu überweisen haben, das Vollstreckungsrecht ein.

Titel II.

Besondere Bestimmungen.

§ 13.

Die Erhebung, Ablieferung und beziehungsweise Wegrechnung der bei den Bezirksämtern und Notaren anfallenden Gebühren, Geldstrafen, dann der hiemit in Verbindung stehenden Auslagen und durchlaufenden Gelder liegt den Bezirksämtern und exponirten Bezirksamtsassessoren, dann den Notaren ob.

Bei den Bezirksämtern und exponirten Bezirksamtsassessoren sind diese Geschäfte unter Haftung und Verantwortlichkeit der Amtsvorstände zu besorgen.

Die zwangsweise Beitreibung dieser Gefälle liegt den Rentämtern ob.

§ 14.

Die rechnerische Behandlung der bei den Gerichten und Staatsanwälten anfallenden Gebühren und Geldstrafen, dann der hiemit in Verbindung stehenden Auslagen und durchlaufenden Gelder obliegt bei dem Obersten Landesgerichte, den Oberlandesgerichten und den Landgerichten den Obergerichtsschreibern, bei den Amtsgerichten den Gerichtsschreibern nach Maßgabe der desfalls im Instruktionswege zu erlassenden näheren Bestimmungen.

Die Beitreibung der in Strafsachen anfallenden Geldstrafen wird auf Requisition der Staatsanwaltschaft und beziehungsweise der Amtsrichter durch Vermittelung der Rentämter vollzogen. Die letzteren haben sich hiezu regelmäßig ihrer eigenen Vollstreckungsorgane (Amtsdiener, Beiboten) zu bedienen, welchen bei der Vornahme von Vollstreckungshandlungen die Eigenschaft von Gerichtsvollziehern zukommt.

Den Staatsministerien der Justiz und der Finanzen bleibt überlassen, vorbehaltlich der Bestimmungen im § 45 der Gerichtsvollzieher-Ordnung, im Falle des Bedürfnisses bei einzelnen Gerichten die Beitreibung der Geldstrafen in anderer Weise zu regeln.

§ 15.

Das Staatsministerium der Justiz kann die rechnerische Behandlung der anfallenden Gebühren und Geldstrafen, der Auslagen und durchlaufenden Gelder bei einzelnen Gerichten besonderen rechnungsführenden Gerichtsschreibern übertragen. Diese Gerichtsschreiber besorgen das Kostenwesen selbständig, jedoch unter der Dienstaufsicht der Obergerichtsschreiber.

Die Obergerichtsschreiber sind bei eigener Haftung in Bezug auf die treffenden Geldbeträge dafür verantwortlich, daß den im Abs. 1 bezeichneten Rechnungsführern alle Akten, Verhandlungen, Verfügungen und Entscheidungen behufs der Gebührenbewerthung rechtzeitig zugeleitet werden.

§ 16.

Für die Besorgung des Gebührenwesens der Gerichtsvollzieher und für die Einhebung und Beitreibung der Gebühren der Gerichtsvollzieher gelten die besonderen Vorschriften der Gerichtsvollzieher-Ordnung.

§ 17.

Die Bezirksamtmänner und exponirten Bezirksamtsassessoren, die Gerichtsschreiber und Notare bringen die anfallenden Gebühren und Auslagen nach Maßgabe der einschlägigen gesetzlichen Vorschriften und vorbehaltlich der Bestimmungen der §§ 5 und 10 selbständig in Ansatz.

Hinsichtlich der weiteren rechnerischen Behandlung haben dieselben, unbeschadet der gesetzlichen Befugniß der einschlägigen Gerichte und Verwaltungsstellen zur Entscheidung von Erinnerungen und Beschwerden, den ihnen durch die Finanzstellen zugehenden Entschließungen und Weisungen zu entsprechen. Jedoch stehen sie auch bezüglich dieser Geschäfte unter der ausschließlichen Disciplinargewalt der zur Ausübung der Disciplin über sie im Allgemeinen zuständigen Behörden.

Titel III.

Schlußbestimmungen.

§ 18.

Die weiteren Vorschriften über die Erhebung und Verrechnung der anfallenden Gebühren und Geldstrafen, dann der hiemit in Verbindung stehenden Auslagen und durchlaufenden Gelder, sowie über die Führung und Revision der Gebührenregister, über das Verfahren bei Aufnahme und Bescheidung der Revisionsprotokolle, dann bei Streitfragen und Beschwerden, soweit dasselbe nicht bereits gesetzlich geregelt ist, und über die Abrechnung mit den Rentämtern werden im Instruktionswege erlassen.

§ 19.

Diese Verordnung tritt am 1. Januar 1900 in Kraft.

Mit dem gleichen Zeitpunkte wird die Verordnung vom 20. September 1879, die Ausführung des Reichs-Gerichtskostengesetzes und des Gesetzes über das Gebührenwesen betreffend, aufgehoben.

München, den 23. Dezember 1899.

Luitpold,

Prinz von Bayern, des Königreichs Bayern Verweser.

Dr. Frhr. v. Riedel. Frhr. v. Feilitzsch. Dr. Frhr. v. Leonrod.

Auf Allerhöchsten Befehl:
Der General-Sekretär:
Ministerialrath v. Pausch.

Bekanntmachung vom 23. Dezember 1899,

Instruktion zum Vollzuge des Reichsgerichtskostengesetzes und des Gesetzes über das Gebührenwesen betr.

(F.M.Bl. 1899 S. 300, J.M.Bl. 1900 S. 343.)

Kgl. Staatsministerium der Finanzen.

Auf Grund der Allerhöchsten Verordnung bezeichneten Betreffs vom 23. Dezember l. J. werden zum Vollzuge des Reichsgerichtskostengesetzes vom 18. Juni 1878 in der Fassung der Bekanntmachung des Reichskanzlers vom 20. Mai 1898 und des Gesetzes über das Gebührenwesen vom 18. August 1879 in der Fassung der Bekanntmachung vom 11. November 1899 mit Ausschluß des Kostenwesens in Gegenständen der gerichtlichen Strafrechtspflege, für welches die Bekanntmachung der k. Staatsministerien der Justiz und der Finanzen vom 24. September 1879 „das Kostenwesen in gerichtlichen Straffachen betreffend“ (J.M.Bl. S. 1425 ff., F.M.Bl. S. 245 ff.) und die Bekanntmachung des k. Staatsministeriums der Justiz, des Innern und der Finanzen vom 23. April 1883 „die ökonomische Verwaltung der Gerichtsgefängnisse und die Kosten der Haft in denselben betreffend“ (J.M.Bl. S. 179 ff., F.M.Bl. S. 146) auch fernerhin Maß zu geben haben, im Einverständnisse mit den übrigen Civilstaatsministerien die nachfolgenden Bestimmungen getroffen:

I.

Einleitende Bestimmungen.

§ 1.

Mit dem 1. Januar 1900 tritt an die Stelle des Reichsgerichtskostengesetzes vom $\frac{\text{18. Juni 1878}}{\text{29. Juni 1881}}$ das Reichsgerichtskostengesetz in der Fassung der Bekanntmachung des Reichskanzlers vom 20. Mai 1898 und an die Stelle des Gesetzes über das Gebührenwesen vom 18. August 1879 in der Fassung vom Jahre 1892 das Gesetz vom 9. Juni 1899 in der Fassung der Bekanntmachung vom 11. November 1899. Letzteres Gesetz, das alle bisherigen Sondervorschriften für die Pfalz beseitigt und nunmehr für das ganze Königreich gilt, enthält jedoch eine Reihe von Ueberleitungsbestimmungen, welche die Anwendung der neuen Vorschriften von dem Eintritte gewisser Voraussetzungen abhängig machen und bis dahin die Bestimmungen des bisherigen Gebührengesetzes auch fernerhin anwendbar erklären. In dieser Beziehung wird Folgendes bemerkt:

1. Die neuen Gebührenvorschriften über die Zwangsversteigerung und die Zwangsverwaltung treten nur, so weit es sich um die Zwangsversteigerung von Schiffen handelt, mit dem obigen Zeitpunkte in Kraft; soweit jedoch Grundstücke und diesen gleichstehende Rechte den Gegenstand der Zwangsversteigerung und der Zwangsverwaltung bilden, haben die Bestimmungen der Art. 8—24 des bisherigen Gebührengesetzes auch künftig und zwar bis zu dem Zeitpunkte Maß zu geben, in welchem das Grundbuch als angelegt anzusehen ist. Wann das Grundbuch für einen Bezirk als angelegt anzusehen ist, wird durch das k. Staatsministerium der Justiz bestimmt (§ 26 der k. Verordnung vom 23. Juli 1898, „die Anlegung des Grundbuches in den Landestheilen rechts des Rheines betreffend", § 37 der k. Verordnung vom 28. August 1898, „die Anlegung des Grundbuches in der Pfalz betreffend"). Desgleichen haben die bisherigen Gebührenbestimmungen über die Zwangsvollstreckung in das unbewegliche Vermögen wegen Geldforderungen noch in den Fällen zur Anwendung zu kommen, in welchen ein vor dem Inkrafttreten des Gesetzes über die Zwangsversteigerung und die Zwangsverwaltung beantragtes Verfahren noch nach der Subhastationsordnung vom 23. Februar 1879 und der Novelle hiezu vom 29. Mai 1886 zu erledigen ist, endlich für die Zwangsversteigerung eines gemeinschaftlichen Grundstückes zum Zwecke der Aufhebung der Gemeinschaft nach Art. 41, 113 des Gesetzes, Uebergangsvorschriften zum Bürgerlichen Gesetzbuche betreffend.

2. Die Bestimmung des Art. 25 tritt für jeden Grundbuchbezirk mit dem Zeitpunkte in Kraft, in welchem das Grundbuch als angelegt anzusehen ist (Art. 298 des Gebührengesetzes). Erfolgt daher vor diesem Zeitpunkte im Zwangsenteignungsverfahren eine gütliche Einigung der Betheiligten über die Abtretung vor der Distriktsverwaltungsbehörde, so finden die Bestimmungen der Abth. VII Abschn. II Tit. I des bisherigen Gebührengesetzes auch fernerhin Anwendung.

3. In Ansehung der Hypotheken, welche schon zu der Zeit bestehen, zu welcher das Grundbuch als angelegt anzusehen ist, und der Hypothekenurkunden, welche in der Zeit vor der Anlegung des Grundbuches errichtet werden, bemessen sich die Gebühren für Ertheilung einer neuen Vollstreckungsklausel und für vollstreckbare Ausfertigungen von Hypothekenurkunden auch künftig nach den Vorschriften der Art. 29, 132 Abs. 2 des bisherigen Gebührengesetzes.

4. Findet für den Nachlaß eines vor dem Inkrafttreten des Bürgerlichen Gesetzbuches verstorbenen Erblassers ein erbschaftliches Liquidationsverfahren nach Art. 150 bis 157 des Ausführungsgesetzes zur Reichs-Civilprozeßordnung und Konkursordnung oder nach dem Inkrafttreten des Bürgerlichen Gesetzbuches noch ein Verfahren über das Aufgebot liegender Gründe nach Theil I Titel 51 §§ 100 bis 109 der preußischen Allgemeinen Gerichtsordnung statt, so verbleibt es in Ansehung der Gebühren für ein solches Verfahren bei den Vorschriften der Art. 30, 31 des bisherigen Gebührengesetzes. Desgleichen finden die Vorschriften der Art. 32, 33 des bisherigen Gebührengesetzes auf die bei dem Inkrafttreten des Bürgerlichen

Gesetzbuchs anhängigen Gütertrennungsverfahren, die Vorschriften des Art. 33 auch dann Anwendung, wenn der Antrag auf Vermögensabsonderung nach dem Inkrafttreten des Bürgerlichen Gesetzbuchs gestellt wird. Endlich verbleibt es in Ansehung der Gebühren für das Hypothekenreinigungsverfahren bei den Bestimmungen der Art. 99, 100 des bisherigen Gebührengesetzes, soweit nach dem Inkrafttreten des Bürgerlichen Gesetzbuchs ein Hypothekenreinigungsverfahren in der Pfalz stattfindet.

5. In den Angelegenheiten der freiwilligen Gerichtsbarkeit, für welche die bisherigen Gesetze maßgebend bleiben, werden auch nach dem Inkrafttreten des Bürgerlichen Gesetzbuchs Gebühren nach Maßgabe der Vorschriften des bisherigen Gebührengesetzes erhoben (Art. 302 des Gebührengesetzes). Für diejenigen Angelegenheiten der freiwilligen Gerichtsbarkeit dagegen, welche sofort von dem neuen Rechte erfaßt werden, gelten die Vorschriften des nunmehrigen Gebührengesetzes auch dann, wenn sie bei dem Inkrafttreten des Bürgerlichen Gesetzbuchs bereits anhängig sind, z. B. Vormundschafts- und Pflegschaftssachen.

6. Da die Bestimmungen des nunmehrigen Gebührengesetzes über die Gebühren in Grundbuchsachen, über die Gebühren für Notariatsurkunden über den Erwerb und Verlust des Eigenthums an einem Grundstück oder diesem gleichstehenden Rechte, sowie über die Begründung, Uebertragung, Belastung und Aufhebung eines anderen Rechtes an einem Grundstück oder eines Rechtes an einem solchen Rechte, endlich die Bestimmungen über die Besitzveränderungsgebühren auf den Vorschriften des Liegenschaftsrechtes des Bürgerlichen Gesetzbuchs und der Grundbuchordnung beruhen, haben auch die Bestimmungen der Abth. IV Abschn. II Ziff. 6, die einschlägigen Bestimmungen der Abth. IV Abschn. III, dann die Bestimmungen der Abth. VII Abschn. II des nunmehrigen Gebührengesetzes erst dann in Kraft zu treten, wenn das Grundbuch als angelegt anzusehen ist. Bis zu diesem Zeitpunkte haben daher für die Gebühren in Hypotheken- und Grundbuchsachen, für Notariatsurkunden sowie für Besitzveränderungen, welche sich auf anderem als rechtsgeschäftlichem Wege vollziehen, noch die Gebührenbestimmungen des bisherigen Gebührengesetzes Maß zu geben. Gemäß Art. 309, 311 und 313 des Gebührengesetzes treten jedoch die durch dieses Gesetz gewährten Gebührenerleichterungen, wie beispielsweise für Verträge, Schuldbekenntnisse und Schuldversprechen (Art. 145), für Eheverträge (Art. 148), für Hypothekbestellungen (Art. 154), für Hypothekbestellungen im Falle des Art. 121 (Art. 154 Abs. 4), für Cessionen und Verpfändungen von Hypotheken (Art. 155), für Bestellungen von Dienstbarkeiten, Vorkaufsrechten und Reallasten (Art. 159), für Erbverträge (Art. 163), für Notariatsurkunden oder Bürgschaften, Verpfändungen oder hypothekarische Kautionen, welche die Sicherung von Forderungen staatlicher Anstalten bezwecken (Art. 191), für den erbweisen Uebergang des Eigenthums an einem Grundstück oder diesem gleichstehenden Rechte an Stiefverwandte auf anderem als rechtsgeschäftlichem Wege (Art. 250 Abs. 3) schon mit dem 1. Januar 1900 in Kraft. Hienach gelangt auch im Falle des Art. 91 Abs. 1 des bisherigen Gebührengesetzes von diesem Zeitpunkte an bei dem Hypothekenamte statt der bisherigen Gebühr von 6 bezw. 3 vom Tausend der Gegenstandssumme nur mehr eine solche von 5 bezw. $2^1/_2$ vom

Tausend der Gegenstandssumme zur Erhebung. Anderseits tritt aber auch die Bestimmung des Art. 150 Abs. 5 des nunmehrigen Gebührengesetzes schon mit dem 1. Januar 1900 in Wirksamkeit. Es unterliegen daher von diesem Zeitpunkte an alle Verträge, welche die Gründung von Aktiengesellschaften oder von Kommanditgesellschaften auf Aktien zum Gegenstande haben, sowie alle Verträge oder Beschlüsse, welche die Erhöhung des Grund- oder Aktienkapitals solcher Gesellschaften betreffen, einer Gebühr von $1^1/_2$ vom Hundert oder im Falle des Art. 150 Abs. 2 einer solchen von 3 vom Tausend des Betrags des Grund- oder Aktienkapitals, daneben aber noch der Gebühr des Art. 145 oder des Art. 146, je nachdem Grundstücke oder diesen gleichstehende Rechte oder bewegliche Sachen den Gegenstand des Vertrags bilden.

7. Endlich verbleibt es für die zur Zeit des Inkrafttretens des nunmehrigen Gebührengesetzes anhängigen Erinnerungen und Beschwerden gegen die Entscheidung über die Festsetzung des Werthes oder gegen den Ansatz und die Nachforderung von Gebühren und Auslagen bei den Vorschriften der Art. 48, 154 und 160 des bisherigen Gebührengesetzes. Dies hat zur Folge, daß die Entscheidung des Beschwerdegerichts Rechtskraft erlangt, wenn nicht die weitere Beschwerde innerhalb der im Art. 64 des Ausführungsgesetzes zur Reichs-Civilprozeßordnung und Konkursordnung früherer Fassung bestimmten Nothfrist von einem Monat eingelegt wird.

§ 2.

Der Mindestbetrag einer Gebühr ist im Allgemeinen 20 Pfg., für Notariatsurkunden, vorbehaltlich der Bestimmung im Art. 171, 1 Mark und für Ausfertigungen derselben 50 Pfg., für Mobiliar-Feuerversicherungsverträge 10 Pfg. (§ 7 des Reichsgerichtskostengesetzes, Art. 2, 171, 173 Abs. 1, 266 Abs. 3 des Gebührengesetzes).

Auf Schreibgebühren beziehen sich die Vorschriften im § 7 des Reichsgerichtskostengesetzes und im Art. 2 des Gebührengesetzes nicht. Besteht eine Ausfertigung oder Abschrift, für welche Schreibgebühren zu entrichten sind, nur aus einer Seite, so beträgt auch die Schreibgebühr nicht mehr als 10 Pfg. (§ 80 des Reichsgerichtskostengesetzes).

§ 3.

Unter den Gegenständen der Dienstaufsicht im Sinne des Art. 3 Ziff. 4 des Gebührengesetzes sind insbesondere auch die Verhandlungen über eidliche Verpflichtung von Beamten und öffentlichen Dienern, über Urlaubsgesuche, Gesuche um dienstliche Verehelichungsbewilligung, um Erlaubniß zur Uebernahme des Amtes als Vormund, Pfleger oder Beistand seitens öffentlicher Bediensteter, die Zeugnisse über die Vorbereitungspraxis der Staatsdienstadspiranten ꝛc. begriffen.

§ 4.

Für die Bewilligung des Armenrechtes in den Angelegenheiten der freiwilligen Gerichtsbarkeit finden die Vorschriften des § 14 des Gesetzes über die

Angelegenheiten der freiwilligen Gerichtsbarkeit Anwendung, welche nicht nur für diejenigen Angelegenheiten, die durch Reichsgesetze den Gerichten übertragen sind (§ 1 des Gesetzes über die Angelegenheiten der freiwilligen Gerichtsbarkeit) gelten, sondern nach Art. 129 des Ausführungsgesetzes zum Bürgerlichen Gesetzbuch auch für diejenigen Angelegenheiten der freiwilligen Gerichtsbarkeit, für welche die landesgesetzlichen Vorschriften maßgebend sind und nach Art. 8 des Ausführungsgesetzes zu der Grundbuchordnung und zu dem Gesetze über die Zwangsversteigerung und die Zwangsverwaltung auch für Grundbuchsachen. Die Vorschriften des § 14 des Gesetzes über die Angelegenheiten der freiwilligen Gerichtsbarkeit haben aber auf Grund des § 194 dieses Gesetzes auch dann Maß zu geben, wenn die Vermittelung der Auseinandersetzung in Ansehung eines Nachlasses oder des Gesammtguts einer ehelichen Gütergemeinschaft oder einer fortgesetzten Gütergemeinschaft dem Notar übertragen ist. Der Art. 4 Abs. 2 des Gebührengesetzes bezieht sich daher nur auf die übrigen vom Notare wahrzunehmenden Geschäfte der freiwilligen Gerichtsbarkeit und bestimmt, daß die einstweilige Befreiung von den dem Notare zukommenden Gebühren (Art. 53 des Notariatsgesetzes) von selbst auch die Befreiung von den Staatsgebühren zur Folge hat. Daraus folgt, daß das Verfahren, in welchem die Befreiung von den dem Notare zukommenden Gebühren festgestellt wird, auch zur Feststellung der Gebührenfreiheit gegenüber dem Staate dient, sowie daß die Entscheidung, die über die Befreiung von den dem Notare zukommenden Gebühren ergeht, für die Befreiung von den Staatsgebühren gleichfalls wirksam ist. Ist der Fall des Art. 4 Abs. 2 des Gebührengesetzes gegeben, so hat der Notar der Urkunde beizusetzen: „vorläufig gebührenfrei“. Das Recht, auf die Entscheidung des Landgerichts anzutragen, sowie die Beschwerde gegen die Entscheidung des Landgerichts steht auch der Regierungsfinanzkammer zu. Ueber die Beschwerde entscheidet das Oberste Landesgericht (Art. 60 des Notariatsgesetzes).

§ 5.

Da gemäß § 9 Abs. 1 der k. Verordnung vom 23. Dezember 1899, die auf dem Gebiete der streitigen Rechtspflege in Armenrechtssachen vorkommenden Postsendungen der Portopflicht unterliegen, können auch Rechtsanwälte für den brieflichen Verkehr mit den Parteien, welchen sie zur vorläufig unentgeltlichen Wahrnehmungen ihrer Rechte gemäß § 115 Nr. 3 der Reichs-Civilprozeßordnung beigeordnet sind, Befreiung von der Entrichtung der Portogebühren nicht beanspruchen.

Ebensowenig kann die Vorschrift des § 9 Abs. 3 dieser Verordnung auf jene Fälle ausgedehnt werden, in welchen sich die Parteien bei Einsendung von Kostenvorschüssen oder Prozeßkosten der Vermittelung gemeindlicher Behörden bedienen, sowie auf Sendungen von Vorschußresten, welche von den Gerichtsschreibern, von Gemeindebehörden behufs Aushändigung an die Parteien gerichtet werden.

II.

Erhebung und Verrechnung; Revision.

A. Bei den Gerichten, Bezirksämtern, Rentämtern, Notariaten, Gerichtsvollziehereien und Gerichtsvollziehern.

1. Gemeinsame Bestimmungen.

§ 6.

Die Gebührenbewerthung der bei den Bezirksämtern (exponirten Bezirksamtsassessoren), Rentämtern und Notariaten vorkommenden Verhandlungen ist durch diese Behörden und Beamten vorzunehmen bezw. unter der Haftung und Verantwortlichkeit der Amtsvorstände besorgen zu lassen.

Bei den Gerichten obliegt die Gebührenbewerthung der Verhandlungen den Gerichtsschreibern. Das Staatsministerium der Justiz kann jedoch gemäß § 15 der Allerhöchsten Verordnung vom 23. Dezember l. J. die rechnerische Behandlung der anfallenden Gebühren und Geldstrafen, der Auslagen und durchlaufenden Gelder bei einzelnen Gerichten besonderen rechnungsführenden Gerichtsschreibern übertragen.

Die bei den Oberstaatsanwälten und bei den Staatsanwaltschaften an den Landgerichten etwa vorkommenden gebührenpflichtigen Verhandlungen sind gleichfalls durch die Gerichtsschreiber bei den einschlägigen Gerichten zu bewerthen.

Die Besorgung des Gebührenwesens der Gerichtsvollzieher obliegt dem rechnungsführenden Gerichtsschreiber des Amtsgerichts. Zur Besorgung des Gebührenwesens einer Gerichtsvollzieherei von größerem Geschäftsumfange kann dem Amtsgericht ein eigener rechnungsführender Gerichtsschreiber beigegeben werden (§ 28 der k. Verordnung, die Gerichtsvollzieherordnung betr.).

§ 7.

Die Gebühren, Geldstrafen, rückzuersetzenden Auslagen und durchlaufenden Gelder sind sofort nach ihrer Fälligkeit, d. h. sobald sie von dem Zahlungspflichtigen gefordert werden können, in dem Gebührenregister zu Soll zu stellen. Gleiches gilt von den in Gegenständen der streitigen Rechtspflege und in den Angelegenheiten der freiwilligen Gerichtsbarkeit gemäß der Bestimmungen des Reichsgerichtskostengesetzes und des Gesetzes über das Gebührenwesen zu entrichtenden Gebührenvorschüssen.

Die zu Soll gestellten Beträge sind, soweit dies nicht bereits vorher geschehen sein sollte, auf den betreffenden Urschriften und den etwaigen Ausfertigungen, bezw. in den bei den Gerichtsakten befindlichen speziellen Kostenverzeichnissen, sowie in den die Stelle der Konzepte vertretenden besonderen Registern unter Beifügung der Nummer des Gebührenregisters zu vermerken.

In den gerichtlichen Mahnregistern genügt der Vermerk der Gebührenregisternummern für sich allein.

Der Ansatz und die Sollstellung der Gebühren für Inventare und Vermögensverzeichnisse, welche von den Notaren im Auftrage der Gerichte aufgenommen werden, obliegt den Gerichtsschreibern. Die Gebühren und Auslagen der Notare für die im Auftrage der Gerichte vorgenommenen Staatsgeschäfte gehören zu den baaren Auslagen, die dem Notare aus der Staatskasse zu ersetzen sind.

§ 8.

Die Gebührenregister und bezw. die zu denselben erforderlichen Nebenbehelfe sind anzulegen:

1. bei den Notaren nach dem anliegenden Formular lit. A;
2. bei den Gerichten nach den Formularen lit. B bis G I;
3. bei den Bezirksämtern (und exponirten Bezirksamtsassessoren) nach dem Formular lit. H;
4. bei den Rentämtern nach dem Formular lit. I.

Werden auf Grund des Art. 112, 113 des Notariatsgesetzes die Geschäfte eines Notariats auf Rechnung des Staates geführt, so ist neben dem Register, Formular A, welches die nach dem Gebührengesetze anfallenden Staatsgebühren, dann die örtlichen Besitzveränderungsabgaben enthält, für die nach der Notariatsgebühren-Ordnung anfallenden und für die Staatskasse zu erhebenden Gebühren das in der Geschäftsordnung für die Notariate vorgeschriebene Notariatsgebühren-Register zu führen. Dieses Register ist jedoch in solchem Falle nicht in einem gebundenen Bande, sondern in gleicher Weise, wie das Staatsgebühren-Register, Formular A, monatlich vorzulegen (§ 9 Abs. 2).

Für das Gebührenregister der Gerichtsvollziehereien und der Gerichtsvollzieher hat das in den Dienstesvorschriften für die Gerichtsvollzieher vorgeschriebene Formular Maß zu geben.

§ 9.

Bei der Führung dieser Register, deren Anlage nach dem bisherigen Formate zu erfolgen hat, sind die denselben vorgedruckten Vorschriften, welche einen integrirenden Bestandtheil gegenwärtiger Instruktion bilden, genauestens zu beachten.

Die Gebührenregister sind für jeden Monat, bei den Rentämtern, den Gerichtsvollziehereien und den Gerichtsvollziehern für jedes Quartal neu anzulegen. Dieselben sind monatlich, bei den Gerichtsvollziehern am Schlusse des Quartals monatsweise abzuschließen. In letzteren sowie in den rentamtlichen Registern sind am Schlusse jeden Quartals die drei Monatsabschlüsse zusammen zu stellen.

Die äußere und innere Einrichtung, insbesondere auch der Rubrikenbau dieser Register darf nicht willkürlich verändert werden. Zu denselben ist dauerhaftes Papier zu verwenden.

Zur Schonung des Vordrucks auf der Rückseite sind die Gebührenregister bis zur Abrechnung in besonderen Umschlägen zu halten.

§ 10.

Die Einhebung und bezw. Wegrechnung der angefallenen Gelder ist zunächst von denjenigen Behörden und Beamten zu besorgen, welchen der Ansatz und die Sollstellung obliegt.

Behufs möglichster Fernhaltung von Rückständen haben die Bezirksämter (exponirten Bezirksamtsassessoren), Gerichtsschreiber und Notare den Pflichtigen die schuldigen Beträge ohne Verzug unter dem Beifügen bekannt zu geben, daß, wenn die Zahlung nicht bis zu einem bestimmten Tage vor der Abrechnung mit dem Rentamt erfolgt sein sollte, der Rückstand dem letztern zur zwangsweisen Beitreibung überwiesen werden müßte.

Erfolgen diese Zahlungsaufforderungen schriftlich, so ist denselben die betreffende Nummer des Gebührenregisters beizumerken.

Für die Gerichtsschreiber liegen desfallsige Formulare unter lit. G und G I bei. Dieselben können auch von den Bezirksämtern und Notaren verwendet werden.

Die Mittheilung dieser Kostenrechnungen an die Pflichtigen ist im internen Verkehr als Dienstsache portofrei.

Die Mahnung der säumigen Schuldner und die zwangsweise Beitreibung der Rückstände obliegt vorbehaltlich der für die Einhebung der Gebühren der Gerichtsvollzieher bestehenden besonderen Bestimmungen den Rentämtern.

§ 11.

Die eingehobenen ärarialischen Gelder sind von den vorbezeichneten Behörden und Beamten an dasjenige Rentamt abzuliefern, in dessen Bezirk ihr Sitz ist.

Bezüglich jener Städte, in denen zwei oder mehrere Rentämter ihren Sitz haben, wird bemerkt, daß die Gerichtsschreiber an den Obergerichten und den Amtsgerichten I, sowie die Notare mit dem Stadtrentamte, d. h. jenem Rentamte, zu dem der Stadtbezirk gehört, die Bezirksämter und Amtsgerichte II dagegen mit dem bezüglichen Landrentamt abzurechnen haben, welches dort, wo zwei Landrentämter sich befinden, durch die einschlägige Regierungsfinanzkammer bestimmt wird.

Bezüglich der Abrechnung mit den Rentämtern in München, Nürnberg, Augsburg und Würzburg hat es bis auf Weiteres bei den hiewegen ergangenen besonderen Entschließungen vom 28. September 1879 und vom 5. Oktober 1879 (Fin.-Min.-Bl. S. 549, 397), vom 26. Januar 1883 (Fin.-Min.-Bl. S. 33), vom 21. Juli 1892 und vom 5. November 1892 (Fin.-Min.-Bl. S. 155, 247) zu verbleiben.

§ 12.

Die Ablieferungen an das Rentamt haben schon während des Monats in runden Summen stattzufinden, sobald die perzipirten Staatsgelder bei den Notaren den Betrag von 2000 Mark, bei den größeren Gerichtsschreibereien und den Gerichtsvollziehereien den Betrag von 1000 Mark, bei den Bezirksämtern, den kleineren Gerichtsschreibereien und den Gerichtsvollziehern den Betrag von 500 Mark erreicht haben.

Bei der Abrechnung sind die für den jeweiligen Monat gemachten Abschlagslieferungen auf die für den betreffenden Monat oder das betreffende Quartal perzipirte Gesammtsumme zu ergänzen.

§ 13.

Die Abrechnung mit dem Rentamte hat durch die Bezirksämter, Notare und Gerichtsschreiber spätestens am 10. jeden Monats auf Grund des abgeschlossenen Gebührenregisters über die Anfälle des vorhergegangenen Monats vollständig zu erfolgen.

Die richtig gepflogene Abrechnung ist unter Durchstreichung der leer gebliebenen Folien des Gebührenregisters auf der Rückseite des letzteren in der dort vorgedruckten Weise unter Beifügung des Datums der Abrechnung, der Unterschriften der gebührenverrechnenden Beamten und des Rentamtmanns oder deren Stellvertreter, sowie der beiderseitigen Dienstsiegel zu konstatiren.

Soweit der Inhalt des Vortrags am Schlusse der Abrechnung im einzelnen Falle nicht oder nicht vollständig zutrifft, ist der bezügliche Theil des Vordrucks zu durchstreichen oder entsprechend abzuändern.

Das Rentamt ertheilt bei der Abrechnung eine nach Form dieser letzteren zu fertigende Bescheinigung, daß und auf welche Beträge, sowie eventuell unter Uebergabe welcher Dokumente ꝛc. ꝛc. die Abrechnung erfolgt ist.

§ 14.

Die Abrechnung der rechnungsführenden Gerichtsschreiber bezüglich der von ihnen perzipirten Gebühren und Auslagen der Gerichtsvollzieher mit dem Rentamt erfolgt vierteljährlich und zwar für jedes Vierteljahr am Schlusse des folgenden. Hiebei sind dem Gebührenregister das Datum der Abrechnung, die Unterschriften des rechnungsführenden Gerichtsschreibers und des Rentamtmanns oder deren Stellvertreter sowie die beiderseitigen Dienstsiegel beizusetzen. Ueber die erfolgte Abrechnung ist von dem Rentamte Bescheinigung zu ertheilen.

§ 15.

Die den gebührenverrechnenden Beamten aus den baaren Ablieferungen an Gebühren und Geldstrafen zukommenden Tantiemen sind denselben bei der Abrechnung gegen Interimsquittung zu bezahlen. Hiebei ist jedoch zur Vermeidung von Zuvielerhebungen und Rückvergütungen im Falle eines während des Jahres eintretenden Wechsels in der Person des gebührenverrechnenden Beamten darauf Bedacht zu nehmen, daß im Laufe eines Jahres der Berechnung der monatlich zu verabfolgenden Tantiemen die nach Verhältniß des jeweiligen Zeitablaufs reduzirte Tantiemenabstufungsgröße zu Grunde gelegt werde.

Am Schlusse des Jahres oder bei früherem Wechsel in der Person des bezugsberechtigten Beamten ist über den ihn treffenden, vom Rentamte zu berechnenden Gesammttantiemenbezug die Schlußquittung zu übergeben, wogegen die monatlichen Interimsquittungen hinauszugeben sind.

§ 16.

Bei der Abrechnung sind die Gebührenregister an das Rentamt abzugeben, woselbst sie auch mit Ausnahme der Gebührenregister der Gerichtsschreiber über die Gebühren der Gerichtsvollzieher nach erfolgter Revision aufbewahrt bleiben.

Den gebührenverrechnenden Beamten steht die Einsicht der von ihnen abgegebenen Gebührenregister jederzeit frei; auch ist ihnen gestattet, sich von diesen Registern Abschriften zu nehmen.

§ 17.

Ueber die Verwendung der einbezahlten durchlaufenden Gelder, welche sich beim Versuch der Hinausvergütung etwa als unbestellbar erweisen sollten, verfügen die vorgesetzten Finanzstellen, an welche desfalls berichtlicher Antrag zu erstatten ist. Soweit von solchen unbestellbaren Geldern nicht Guthaben des Aerars oder dritter Personen, welche in der nämlichen Sache begründete Ansprüche geltend gemacht haben, zu tilgen sind, werden dieselben vorbehaltlich späterer Hinausvergütung als zufällige Einnahmen dem Aerar verrechnet.

Durchlaufende Gelder, welche bis zum Schlusse des Rechnungsjahres nicht eingehoben sind, werden ruhend geführt oder als uneinbringlich abgeschrieben.

2. Besondere Bestimmungen.

a) Für die Notare.

§ 18.

Hinsichtlich der Gebührenbewerthung der Verhandlungen, welche von den Notaren in ihrer Eigenschaft als Versteigerungsbeamte gepflogen werden, wird auf die Art. 10, 14 des Gesetzes über das Gebührenwesen aufmerksam gemacht.

Der Ansatz, die Sollstellung und Erhebung der hienach anfallenden Gebühren obliegt den Notaren.

§ 19.

Bei Aufnahme von prozentabel zu bewerthenden Urkunden über Rechtsgeschäfte, welche keine bestimmte Geldsumme enthalten, deren Gegenstand aber gleichwohl eine Veranschlagung in Geld zuläßt, ist der beurkundende Notar gehalten, die Betheiligten zur Angabe des wahren Werthes behufs der Gebührenberechnung aufzufordern (Art. 40 des Gesetzes über das Gebührenwesen).

§ 20.

Die im Art. 121 des Gebührengesetzes gewährte Gebührenbegünstigung ist von dem innerhalb eines Monats zu erbringenden Nachweis abhängig, daß das Darlehen, für welches Hypothek bestellt worden ist, ganz oder theilweise zur Rückzahlung einer auf den nämlichen Grundstücken oder einigen derselben ruhenden Hypothek verwendet worden ist.

Diese Vorschrift findet gemäß Art. 154 Abs. 4 des Gebührengesetzes auch auf Notariatsurkunden Anwendung und tritt hier im Hinblick auf Art. 311 Satz 2 schon mit dem 1. Januar 1900 in Kraft, während deren Anwendbarkeit für das Grundbuch erst mit dem Zeitpunkte in Wirksamkeit tritt, in welchem das Grundbuch als angelegt anzusehen ist (Art. 309 des Gebührengesetzes).

Bezüglich des hienach zu liefernden Nachweises ergehen nachstehende Anordnungen:

Hat der Notar sowohl die frühere wie die neuerliche Hypothekbestellung beurkundet oder die Vermittelung der Heimzahlung des früheren Hypothekkapitals unter Verwendung des neuerlich erhaltenen Darlehens übernommen, so gilt der Nachweis als erbracht, wenn durch den Notar von dem ihm hienach bekannten Sachverhältniß in der Bemerkungsrubrik des Gebührenregisters kurze Vormerkung gemacht wird. Ist dagegen der Notar mit der Vermittelung der Zurückbezahlung des bisherigen Hypothekkapitals nicht betraut worden oder ist die neuerliche Hypothekbestellung bei einem anderen Notare beurkundet oder bei dem Grundbuchamt eingetragen worden, so ist die Thatsache, daß das neuerliche Hypothekkapital zur Wegfertigung des früheren Hypothekkapitals Verwendung gefunden hat, durch eine den Belegen des Gebührenregisters anzufügende Erklärung des bisherigen und des neuen Gläubigers, dann des Schuldners oder durch eine gebührenfrei zu ertheilende Bestätigung des Hypotheken- oder Grundbuchamts glaubhaft zu machen.

Wird der Nachweis in vorstehender Weise erbracht, ehe die Abrechnung mit dem Rentamte stattgefunden hat (§ 13), so ist von der Anforderung der vollen Gebühr für die neuerliche Hypothekbestellung Umgang zu nehmen und unter entsprechender Sollberichtigung des Gebührenregisters nach Vorschrift des § 67 dieser Bekanntmachung von dem Pflichtigen nur jener Gebührenbetrag einzuheben, welcher ihm nach Anrechnung der dem zurückbezahlten Hypothekkapital entsprechenden Gebühren auf die für die neuerliche Hypothekbestellung zu erhebende Gebühr etwa noch zur Last fällt.

Hat dagegen bis zur Erbringung des Nachweises die Abrechnung mit dem Rentamte bereits stattgefunden, so ist der volle Gebührenbetrag für die neuerliche Hypothekbestellung dem Rentamte zu überweisen und von diesem die Sollberichtigung und eventuelle Rückvergütung nach den Vorschriften der §§ 64, 67 zu bethätigen, zu welchem Behufe der Notar an das Rentamt die erforderlichen Mittheilungen zu machen hat.

§ 21.

Bei Anwendung der Vorschriften der Art. 111 und 166 des Gebührengesetzes macht es keinen Unterschied, ob das Testament in Bayern oder außerhalb Bayerns errichtet, ob dasselbe von einem Notare beurkundet oder eigenhändig geschrieben und unterschrieben ist. Ebensowenig ist im Gesetze unterschieden zwischen Erbverträgen, die von einem bayerischen Notare und zwischen solchen, die von einem außerbayerischen Notar oder Gerichte beurkundet worden sind. Die Gebühr des Art. 111 hat daher, vorbehaltlich jedoch der Bestimmungen der Art. 112 und 191 Ziff. 3 des Gebührengesetzes, in allen Fällen der Eröffnung von Testamenten und Erbverträgen zur Erhebung zu kommen.

§ 22.

Für einen Vertrag, durch welchen sich der eine Theil verpflichtet, das Eigenthum an Grundstücken oder ein den Grundstücken gleichstehendes Recht und das Eigenthum an beweglichen Sachen zu übertragen, ist gemäß Art. 185 des Gebührengesetzes die Gebühr des Art. 146 von dem Gesammtwerthe der beweglichen Sachen sowie der Grundstücke und diesen gleichstehenden Rechte zu entrichten, sofern nicht der Werth der beweglichen Sachen in der Urkunde besonders ausgewiesen wird. Eine individuelle Bezeichnung der einzelnen beweglichen Sachen ist hiebei nicht erforderlich; es genügt vielmehr auch schon die summarische Angabe derselben und ihres Werthes.

§ 23.

Wenn von Urkunden, für welche die dem Staate und den Gemeinden anfallenden Gebühren bei der Abrechnung mit dem Rentamte noch nicht bezahlt sind,

Ausfertigungen gemacht und diese nicht etwa wegen der rückständigen Notariatsgebühren vom Notare selbst zurückbehalten wurden (Art. 55 des Notariatsgesetzes), sind dieselben bei der Abrechnung an das Rentamt zu übergeben.

Hat der Notar vor Entrichtung der dem Staate und den Gemeinden anfallenden Gebühren Urschriften, Ausfertigungen und Abschriften an die Betheiligten ausgehändigt oder Urschriften, Ausfertigungen und Abschriften für die Betheiligten an die Gerichte und andere Behörden vorgelegt, so haftet er gemäß Art. 288 des Gebührengesetzes persönlich für die Gebühr. Eine Vorlage für die Betheiligten im Sinne dieser Vorschrift ist nicht gegeben, wenn der Notar vor Anlegung des Grundbuchs nach Art. 12 Abs. 3 des Notariatsgesetzes vom 10. November 1861 die von ihm aufgenommenen Urkunden zum Zwecke des Vollzugs in Urschrift an das Hypothekenamt übersendet.

§ 24.

Rückständige Gebühren, welche von Personen geschuldet werden, die in Bayern nicht ihren ständigen Wohnsitz haben, sind gemäß Art. 283 Abs. 2 des Gesetzes über das Gebührenwesen von dem Notare dem Staate gegenüber persönlich zu vertreten und dürfen zur Beitreibung an die Rentämter nicht überwiesen werden.

b) Für die Gerichtsschreiber.

§ 25.

Bei der Berechnung der Gebühren und Gebührenvorschüsse hat der Gerichtsschreiber in allen Fällen, in welchen eine gerichtliche Werthsfestsetzung bereits vorliegt (Reichsgerichtskostengesetz § 15), oder eine solche — sei es nach der Natur des Streitgegenstandes, sei es in Folge des Antrages einer Partei — erforderlich wird (§ 16 a. a. O. und Art. 43 des Gebührengesetzes), diese Werthsfestsetzung zu Grunde zu legen.

Wird jedoch der Werth durch den Betrag einer Geldforderung bestimmt, so ist die Gebühr nach diesem zu berechnen, soferne nicht durch besondere Anträge der Betheiligten auch hier eine gerichtliche Werthsfestsetzung herbeigeführt wird.

§ 26.

Die Vorschriften der §§ 20 und 21 dieser Bekanntmachung finden auf die Gebührenbewerthung der rechnungsführenden Gerichtsschreiber entsprechende Anwendung.

§ 27.

Im Falle des Art. 118 des Gebührengesetzes sind außer den dort bestimmten Staatsgebühren auch die nach Maßgabe des Gesetzes vom 15. Juni 1898, die Einführung einer Besitzveränderungsabgabe für Gemeinden betr., etwa zum Anfalle gelangenden örtlichen Besitzveränderungsabgaben von dem rechnungsführenden Gerichtsschreiber zu erheben und zu verrechnen. Für das bei der Sollstellung, Einhebung und Ablieferung dieser Gebühren zu beobachtende Verfahren gelten die besonderen Vorschriften der Ministerialbekanntmachung vom 25. Juni 1898 (Just.-Min.-Bl. S. 197 ff., Fin.-Min.-Bl. S. 291 ff.). Für die Besorgung der auf die Sollstellung, Erhebung und Verrechnung der örtlichen Besitzveränderungsabgaben bezüglichen Geschäfte werden den Gerichtsschreibern die im § 11 der erwähnten Bekanntmachung bestimmten Tantiemen zugewiesen.

§ 28.

Die Erhebung von Vorschüssen hat nach den einschlägigen gesetzlichen Bestimmungen zu erfolgen.

Für die Einforderung von Vorschüssen zur Deckung von Baarauslagen nach § 84 des Reichsgerichtskostengesetzes und Art. 16 des Gesetzes über das Gebührenwesen ist die Anordnung des Gerichtes maßgebend. Die im § 90 des Reichsgerichtskostengesetzes begründete Verpflichtung des Antragstellers zur Zahlung der vorzuschießenden Beträge wird hiedurch nicht berührt.

§ 29.

Die Vorschüsse sind zu erheben, sobald für deren Entrichtung die Voraussetzungen eingetreten sind.

In bürgerlichen Rechtsstreitigkeiten, welche in erster Instanz bei einem Landgericht oder einem Amtsgericht anhängig werden, ist der Vorschuß, wenn nicht etwa die Besorgniß des Verlustes vorliegt, erst nach stattgehabter kontradiktorischer Verhandlung oder wenn beide Theile im Termin zur mündlichen Verhandlung nicht erscheinen, zu Soll zu stellen und zu erheben.

Bei Anträgen auf Vornahme einzelner Amtshandlungen, mit deren Vollziehung das betreffende Verfahren überhaupt oder vorläufig beendigt ist und die entstandenen Kosten daher sofort erhoben werden können (Reichsgerichtskostengesetz § 93), insbesondere auch in jenen Fällen, für welche in den Gesetzen nur eine Gebühr für die „Entscheidung, einschließlich des vorangegangenen Verfahrens" vorgesehen ist, bedarf es im Allgemeinen der Einforderung von Vorschüssen nicht.

Wird der gestellte Antrag vor Vornahme der gebührenpflichtigen Amtshandlung zurückgenommen, so kommt die im § 46 des Reichsgerichtskostengesetzes bestimmte Gebühr zur Erhebung.

§ 30.

Abgesehen von der Vorschußpflicht des Antragstellers tritt die Fälligkeit der Gebühren und rückzuersetzenden Auslagen regelmäßig erst ein, wenn das Verfahren oder die Instanz durch unbedingte (nicht rechtskräftige) Entscheidung über die Kosten, durch Vergleich oder Zurücknahme (§ 29 Abs. 3) oder anderweitige Erledigung beendigt ist (§ 93 des Reichsgerichtskostengesetzes).

Ausnahmsweise findet schon im Laufe des Verfahrens eine Erhebung von Kosten insbesondere statt:

1. von Jahr zu Jahr in bürgerlichen Rechtsstreitigkeiten nach § 94 Nr. 1 des Reichsgerichtskostengesetzes;
2. nach Maßgabe des § 95 des Reichsgerichtskostengesetzes im Konkursverfahren;
3. nach Maßgabe des Art. 17 des Gesetzes über das Gebührenwesen bei der Zwangsversteigerung und der Zwangsverwaltung;

4. nach Maßgabe der Art. 82, 87, 102, 103 des vorerwähnten Gesetzes in Familienfideikommißsachen, in Vormundschaftssachen, dann in Nachlaß- und Theilungssachen.

§ 31.

Schuldner der entstandenen Gebühren und Auslagen ist gemäß § 86 des Reichsgerichtskostengesetzes derjenige, welchem durch gerichtliche Entscheidung die Kosten des Verfahrens auferlegt sind, oder welcher dieselben durch eine vor dem Gericht abgegebene oder demselben mitgetheilte Erklärung, z. B. in einem gerichtlichen Vergleich, übernommen hat.

In Ermanglung eines andern Schuldners, also beispielsweise namentlich in den Fällen des § 94 Nr. 1 des Reichsgerichtskostengesetzes, ist derjenige, welcher das Verfahren der Instanz beantragt hat, Schuldner der entstandenen Gebühren und Auslagen.

Die Verpflichtung des Antragstellers zur Zahlung der vorzuschießenden Beträge bleibt übrigens auch dann noch bestehen, wenn die Kosten des Verfahrens einem Andern auferlegt oder von einem Andern übernommen sind (§ 90 des Reichsgerichtskostengesetzes). Ist demnach in einem Reichtsstreite der Kläger mit Erlage des Gebührenvorschusses nach § 81 des erwähnten Gesetzes im Rückstande geblieben, so bleibt er als erster Schuldner für die Zahlung des vorzuschießenden Betrags auch dann noch verhaftet, wenn der Beklagte in sämmtliche Kosten des Rechtsstreits verurtheilt wird und sohin dem Staate auf Grund der richterlichen Entscheidung für die Bezahlung jenes Betrags als zweiter Schuldner mitverhaftet ist.

§ 32.

Die durch gerichtliche Entscheidung begründete Verpflichtung zur Zahlung der Gebühren und Auslagen erlischt wieder, soweit etwa nachträglich eine Aufhebung oder Abänderung der Entscheidung erfolgt. Jedoch findet in diesem Falle eine Rückerstattung bereits bezahlter Beträge seitens der Staatskasse nicht statt, soweit der Gebührenansatz an sich bestehen bleibt (Reichsgerichtskostengesetz § 87).

§ 33.

Sind die entstandenen Gebühren und Auslagen von der einen oder andern Partei durch Uebereinkunft beider Parteien (Vergleich) übernommen worden (§ 86 des Reichsgerichtskostengesetzes), so haftet jede Partei wenigstens für die Hälfte derselben. Diese Haftbarkeit darf indessen erst in Anspruch genommen werden, wenn eine Zwangsvollstreckung in das bewegliche Vermögen der Partei, welche den betreffenden Betrag durch die Uebereinkunft zur Zahlung übernommen hatte, erfolglos geblieben ist (Reichsgerichtskostengesetz § 88). In den Gebührenregistern ist daher solchen Falls zunächst die letztere Partei als Schuldner vorzutragen. Im Falle der Ueberweisung des schuldigen Betrags an das Rentamt zur Beitreibung ist jedoch die Vormerkung der nach § 88 des erwähnten Gesetzes subsidiär haftbaren Partei unter Auswerfung des von derselben eventuell zu vertretenden Betrags in der Bemerkungsrubrik nicht zu unterlassen.

§ 34.

Die Gerichtsschreiber können, sofern dies die Ausdehnung des Geschäfts als nothwendig oder zweckmäßig erscheinen läßt, über die von ihnen eingehobenen, in den Gebührenregistern zur Verrechnung gelangenden Gelder ein besonderes Tagebuch führen.

Die Regierungsfinanzkammern sind ermächtigt, die Führung eines solchen Tagebuchs nach Bedürfniß einzelnen oder allen Gerichtsschreibern aufzutragen und denselben ein Formular hiefür vorzuschreiben.

§ 35.

Das allgemeine Gebührenregister (Formular B) ist in der Regel bei jedem Gerichte nur einmal zu führen.

Bei denjenigen Amtsgerichten, welchen die Führung des Handelsregisters von dem Staatsministerium der Finanzen übertragen ist, können für Handelssachen besondere Gebührenregister geführt werden. Hiebei hat das Formular B unter entsprechender Abänderung der Aufschrift in „Gebührenregister für Handelssachen ꝛc.“ zur gleichmäßigen Anwendung zu kommen.

Die Abschlüsse dieser besonderen Register können solchen Falls vor der Abrechnung mit dem Rentamt in das allgemeine Gebührenregister übertragen werden.

Wird von dem Vorbehalte im Abs. 2 Gebrauch gemacht, so ist hievon durch den Gerichtsschreiber der vorgesetzten Regierungsfinanzkammer Anzeige zu erstatten und gleichzeitig dem einschlägigen Rentamte Mittheilung zu machen.

Im Uebrigen sind die in Registersachen (Vereinsregister, Güterrechtsregister, Schiffsregister ꝛc.) zum Anfalle gelangenden Gebühren im allgemeinen Gebührenregister zum Vortrag zu bringen.

Von dem Zeitpunkte an, in welchem für einen Grundbuchbezirk das Grundbuch als angelegt anzusehen ist, hat für den Eintrag der Gebühren in Grundbuchsachen das bei jedem Grundbuchamte zu führende Gebührenregister, Formular B I, Maß zu geben. Bis zu diesem Zeitpunkte bewendet es bezüglich der besonderen Gebührenregister für das Hypotheken- und Grundbuchwesen für die Amtsgerichte in den Landestheilen rechts des Rheins bei dem bisherigen Formulare.

§ 36.

Ueber die von den Parteien vorzuschießenden Gerichtsauslagen haben die Gerichtsschreiber ein besonderes Register nach Formular C (Vorschußregister) zu führen.

Dieses Register kann für ein oder mehrere Jahre angelegt werden. Dasselbe muß foliirt und mit einem Einbande versehen werden.

Wird die Anlage eines neuen Registers erforderlich, so ist das bisherige abzuschließen und sind die noch unerledigten Posten aus demselben in das neue Register vollständig überzutragen.

Die abgeschlossenen Register sind bei dem Gericht aufzubewahren.

Zu den Vorschußregistern ist ein nach Rechtssachen alphabetisch geordnetes Repertorium zu führen.

Die Prüfung der Register erfolgt bei der örtlichen Revision (§ 53).

§ 37.

Zu den Quittungen über bestrittene Auslagen und über die Hinausvergütung durchlaufender Gelder kann das Formular lit. D verwendet werden. Auf demselben können auch verschiedene Zahlungsbescheinigungen, jedoch unter getrennter Behandlung der in einer Sache bezahlten Gelder, vereinigt werden.

Die Register, wozu diese Quittungen Belege bilden, sind auf den letztern oben links anzugeben.

Die Belege zu den verschiedenen Registern müssen für jedes derselben getrennt gehalten und mit besonderer fortlaufender Nummer versehen werden.

§ 38.

Diejenigen Gerichtsauslagen, welche ohne vorgängige revisorische Prüfung nach Anfall bezahlt werden müssen, insbesondere Porti, Post- und Telegraphengebühren, Gebühren der Zeugen und Sachverständigen, soweit hiefür Kostenvorschüsse von den Parteien nicht erlegt wurden, haben die Gerichtsschreiber sogleich nach ihrem Anfalle beziehungsweise nach Anweisung des Gerichts für Rechnung der Staatskasse vorschußweise an die Empfangsberechtigten gegen Quittung auszubezahlen.

Die Liquidationen über die den Gerichtsbeamten gebührenden Kommissionskosten, welche durch Vorschüsse der Parteien nicht gedeckt sind, hat der Gerichtsschreiber vor der Auszahlung der Regierungsfinanzkammer unmittelbar zur vorgängigen revisorischen Prüfung in Vorlage zu bringen, wobei gleichzeitig die liquidirten Beträge zu den Akten bezw. in den bei denselben befindlichen Kostenverzeichnissen vorzumerken sind.

Nach erfolgter revisorischer Prüfung, deren Vornahme thunlichst zu beschleunigen ist, sind diese Liquidationen an den Gerichtsschreiber zur Auszahlung unmittelbar zurückzuleiten. Ergeben sich bei der Revision Bedenken, so ist nach Maßgabe der Vorschriften im § 40 zu verfahren.

§ 39.

Ueber die aus der **Staatskasse vorgeschossenen Gerichtsauslagen** haben die Gerichtsschreiber ein besonderes Register nach Formular E (Auslagenregister) zu führen.

Die Einträge in dieses Register haben nach den einzelnen Rechtssachen, in welchen die Auslagen erwachsen sind, jedoch nur im summarischen Ziffer für jede Auslagengattung oder jeden Beleg zu erfolgen.

Zu dem Ende ist je ein Quittungsverzeichniß (Formular D) entweder für je eine Rechtssache oder für je eine Ausgabenkategorie anzulegen und vor dem Uebertrage in das Auslagenregister die Summe zu ziehen.

Hinsichtlich der Porti und Postgebühren für abgehende Sendungen (§ 75) ist eine besondere Belegung des Auslagenregisters nicht erforderlich. Die Prüfung der diesbezüglichen Vorträge erfolgt bei der örtlichen Revision.

§ 40.

Das Auslagenregister ist nach erfolgter Vormerkung der Auslagen in den bezüglichen Kostenverzeichnissen (§ 42) monatlich abzuschließen und gleichzeitig mit der Abrechnung auf den Gebührenanfall des betreffenden Monats (§ 13) dem Rentamte zu übergeben, welches den ausgezahlten Betrag dem Gerichtsschreiber sofort zu ersetzen hat.

Sofern der Gerichtsschreiber in die Lage kommen sollte, aus den bei ihm eingehenden Geldern die anfallenden Gerichtsauslagen nicht bis zum Monatsschlusse vorschießen zu können, so hat er auf die von ihm bezahlten Posten unter Uebergabe der Quittungen mit dem Rentamt an einem früheren Termin provisorische Abrechnung über die bestrittenen Auslagen zu pflegen, und das Rentamt dem Gerichtsschreiber den vorgeschossenen Betrag ohne Verzug baar zu ersetzen, die Belege aber zurückzubehalten.

Nach erfolgter Abrechnung ist das Auslagenregister sammt Belegen sofort der Regierungsfinanzkammer zur revisorischen Prüfung und Einweisung in Vorlage zu bringen. Erstreckt sich die Vorlage auf zwei oder mehrere Register, so ist denselben ein Zusammentrag der Abschlüsse beizugeben.

Die Revision der Auslagenregister ist thunlichst zu beschleunigen.

Geben die aufgerechneten Auslagen zu Bedenken Anlaß, so ist, sofern nicht bloß Irrungen im Kalkul vorliegen, die Richtigstellung der Ansätze, bezw. die Rückerstattung der zu viel bezahlten Beträge bei dem Gerichte der Instanz eventuell bei dem Obergerichte durch Anregung der Offizialberichtigung herbeizuführen (§ 4 des Reichsgerichtskostengesetzes und § 17 der Reichs-Gebührenordnung für Zeugen und Sachverständige).

Irrungen geringfügiger Art sind nicht zum Gegenstande richterlicher Entscheidung zu machen.

Bezüglich der rechnerischen Behandlung der Gerichtsauslagen hat es bei den Bestimmungen der Bekanntmachung des Staatsministeriums der Finanzen vom 27. November 1880 „Rechnerische Behandlung der Gerichtsauslagen in bürgerlichen Rechtssachen und in der Justizverwaltung betr." (Fin.-Min.-Bl. S. 478 ff.) zu verbleiben.

§ 41.

Bei denjenigen Amtsgerichten, bei welchen gemäß § 35 Abs. 2 für Handelssachen besondere Gebührenregister geführt werden, sind für diese Rechtssachen auch besondere Vorschuß- und Auslagenregister zu führen.

§ 42.

In allen Fällen, in welchen für eine Rechtssache Spezialakten angelegt werden, ist denselben nach dem Inhaltsverzeichniß als erstes Aktenprodukt ein Kostenverzeichniß nach Formular F oder F I einzuheften oder einzulegen.

In diese Kostenverzeichnisse sind nicht nur die anfallenden Gebühren, Gebührenvorschüsse und Geldstrafen, sofern auch alle Gerichtsauslagen und Vorschüsse für dieselben, Schreibgebühren und sonstige durchlaufende Gelder vollständig vorzumerken, damit auf Grund derselben sämmtliche, in der betreffenden Rechtssache angefallenen Gelder zur Erhebung und Verrechnung gelangen.

Die Art der Führung im Einzelnen ist aus dem Vordruck und den dem Formular F beigegebenen Exemplifikationen ersichtlich.

In den Fällen des § 94 Nr. 1 des Reichsgerichtskostengesetzes ist das Kostenverzeichniß behufs der Verrechnung der fälligen Kosten vorläufig abzuschließen. Wird das Verfahren fortgesetzt, so ist bei der Fortführung des Verzeichnisses an den vorläufigen Abschluß unmittelbar anzubinden.

§ 43.

Bei der monatlichen Abrechnung mit dem Rentamte können die für dessen Rechnung in dem betreffenden Monate bezahlten Gerichtsauslagen, soweit sie dem Gerichtsschreiber von dem Rentamte nicht schon vorher ersetzt wurden, unter Uebergabe der bezüglichen Abzahlungsnachweise auf die Ablieferungsschuldigkeit des Gerichtsschreibers gut gerechnet werden.

Sollten die für einen Monat bestrittenen Ausgaben die Einnahmen übersteigen, so hat das Rentamt dem Gerichtsschreiber den Ausgabsmehrbetrag unter Berücksichtigung allenfalls geleisteter Vorschüsse baar zu vergüten.

In die Abrechnung auf die Anfälle des Gebührenregisters dürfen derlei Ausgaben nicht aufgenommen werden.

§ 44.

Die vom Gerichtsschreiber percipirten durchlaufenden Gelder (Rubrik 24 des allgemeinen, Rubrik 18 des Hypotheken-Gebührenregisters, Rubrik 22 des Gebührenregisters für das Grundbuchwesen) sind längstens bis zum Zeitpunkte der Abrechnung mit dem Rentamt an die Empfangsberechtigten baar hinauszubezahlen, wobei der bezügliche Quittungsentwurf sogleich mit einer fortlaufenden Nummer zu versehen ist (§ 37 Abs. 3).

Eine Ablieferung durchlaufender Gelder an das Rentamt hat daher in der Regel nicht stattzufinden. Vielmehr sind an letzteres lediglich die Hinausvergütungsnachweise, soweit möglich bei der Abrechnung, eventuell bei späterem Einlangen nachträglich zu übergeben.

Durchlaufende Gelder, welche sich beim Versuche der Hinausvergütung etwa als unbestellbar erweisen sollten, hat der Gerichtsschreiber anstatt des Hinausvergütungsnachweises gesondert dem Rentamte zu übermitteln.

§ 45.

Die laufenden Nummern des Gebührenregisters, unter welchen dem Rentamte Rückstände zur zwangsweisen Beitreibung überwiesen wurden, hat der Gerichtsschreiber sich in einem besonderen Verzeichnisse, nach Jahrgängen geordnet, vorzumerken.

Aendert sich in Ansehung solcher Rückstände in Folge einer in der höhern Instanz ergehenden Entscheidung nachträglich die Person des Zahlungspflichtigen (§ 32), so hat sich der Gerichtsschreiber zunächst im Benehmen mit dem einschlägigen Rentamte zu vergewissern, ob die Einhebung bereits erfolgt ist oder nicht, und in letzterem Falle nach Richtigstellung des bei den Akten befindlichen Kostenverzeichnisses dem Rentamt über die Aenderung der Zahlungspflicht behufs Berichtigung des Vortrags in dem einschlägigen Gebühren- und bezw. Rückstandsregister, sowie zur entsprechenden Berücksichtigung bei der Beitreibung die erforderliche Mittheilung zu machen.

§ 46.

In Fällen der Rechtshilfe unter den Behörden verschiedener Bundesstaaten sind für die Erhebung von Gerichtskosten in Gegenständen der ordentlichen streitigen Rechtspflege die Vorschriften des § 165 des Reichsgerichtsverfassungsgesetzes maßgebend.

c) **Für die Bezirksämter und exponirten Bezirksamtsassessoren.**

§ 47.

Falls bei einem Bezirksamt über die Abgabe von Formularpapieren (Reisepässen, Paßkarten rc. rc.) besondere Nachweisungen geführt werden, in welchen die gebührenpflichtigen Empfänger individuell und unter Einzelnvortrag der Gebühren aufgeführt sind, wird gestattet, letztere für bestimmte Zeitabschnitte, mindestens jedoch am Schluß jedes Monats unter Ausscheidung nach der Gattung der Anfälle summarisch in das Gebührenregister überzutragen.

Im Uebrigen sind hinsichtlich der Legitimationspapiere im Geschäftskreise des Staatsministeriums des Innern die bestehenden besonderen Anordnungen maßgebend.

§ 48.

Insoweit nach Art. 229 des Gesetzes über das Gebührenwesen Kostenvorschüsse behufs Vornahme bestimmter Amtshandlungen, mit welchen baare Auslagen verbunden sind, eingefordert werden, sind dieselben nach Analogie der in den §§ 36, 37 für die Gerichtsschreiber ertheilten Vorschriften zu behandeln.

§ 49.

Die in dem amtlichen Verfahren in Parteisachen erwachsenden Auslagen, welche durch Vorschüsse der Parteien nicht gedeckt sind, sind aus der Gebührenkasse vorschußweise zu bestreiten, gleichzeitig aber in der Rubrik 10 des Gebührenregisters rückeinnahmlich zu Soll zu stellen.

Die bei der Abrechnung mit dem Rentamt etwa noch bestehenden Rückstände an derlei Auslagen, mit Ausnahme der Porti und Postgebühren, sind in ein besonderes Verzeichniß zu bringen, welches nebst den betreffenden Ausgabsbelegen dem Rentamte zu übergeben ist.

Bezüglich der Kommissionskosten der Beamten und Bediensteten der Bezirksämter haben die im § 38 Abs. 2 und 3 hinsichtlich der Kommissionskosten der Gerichtsbeamten ertheilten Vorschriften entsprechende Anwendung zu finden.

§ 50.

Die im § 44 über die Behandlung durchlaufender Gelder bei den Gerichtsschreibern getroffenen Anordnungen sind in gleicher Weise auch für die Bezirksämter und exponirten Bezirksamtsassessoren maßgebend.

§ 51.

Ob über die Einnahmen an Gebühren, Auslagen und durchlaufenden Gelder neben den Gebührenregistern noch besondere Tagebücher zu führen sind, bleibt dem Ermessen und der Anordnung der Amtsvorstände überlassen.

d) Für die Rentämter.

§ 52.

Die Vorschriften des Art. 249 bis 252 des Gebührengesetzes treten hinsichtlich der im Art. 250 Abs. 3 den Stiefverwandten eingeräumten Gebührenbefreiung am 1. Januar 1900, im Uebrigen für jeden Grundbuchbezirk mit dem Zeitpunkte in Kraft, zu welchem das Grundbuch als angelegt anzusehen ist (vergl. § 1 oben).

Bis zu diesem Zeitpunkte bleiben für die Berechnung und Erhebung der Besitzveränderungsgebühren die Vorschriften der Art. 211 bis 215 des Gebührengesetzes in der Fassung vom Jahre 1892 maßgebend.

Ob und inwieweit im einzelnen Falle eine „Besitzveränderung“ im Sinne des Gesetzes als gegeben anzunehmen ist, ist nach den Bestimmungen des Civilrechtes zu beurtheilen.

Bemerkt wird hiebei, daß inhaltlich der Motive zu dem Gesetze vom 18. August 1879 unter „Besitzveränderungen“ hier im Allgemeinen und abgesehen von den im Gesetz ohnehin besonders behandelten Fällen der Succession in Lehen, Familienfideicommisse, Majorate, Stamm- und Erbgüter, der Nacherbfolge und des Nachvermächtnisses, dann der gesonderten Erwerbung der Nutzung und Substanz auf dem Wege der Erbfolge — nur Veränderungen am Eigenthum an Grundstücken und diesen gleichstehenden Rechten zu verstehen sind. Auf Mieth- und Pachtverhältnisse haben daher jene Gesetzesbestimmungen keinen Bezug.

Gemäß Art. 250 Abs. 3 des Gebührengesetzes sind Ehegatten, Verwandte oder Stiefverwandte in absteigender Linie in den Fällen des Abs. 1 Ziff. 1 lit. a, namentlich also bei dem Erwerbe von Erbschaften, Vermächtnissen oder Schenkungen von Todeswegen, von Entrichtung der Gebühr befreit. Gleiches gilt für alle Eigenthumsübergänge, welche sich bei einem vertragsmäßigen Güterstande kraft des Gesetzes unter Lebenden vollziehen.

In den Fällen der Befreiung von der Gebührenpflicht besteht auch keine Anmeldepflicht nach Art. 252 des Gesetzes.

Auf Grund der von den Pflichtigen einkommenden Anzeigen oder der von Gerichten, Notaren, Verwaltungsbehörden ꝛc. ꝛc. den Rentämtern zukommenden Mittheilungen über Besitzveränderungen sind behufs Regulirung der Gebühr, gegebenen Falls im Anschluß an die Erhebung der Erbschaftssteuer, die erforderlichen Verhandlungen zu pflegen, die treffenden Gebühren, nach deren Berechnung und Vormerkung zu den Akten, in dem Gebührenregister sofort zu Soll zu stellen und von den Pflichtigen zu erheben.

In allen Fällen, in welchen die Regulirung der Besitzveränderungsgebühr durch einen erbschaftlichen Uebergang veranlaßt ist, hat das Rentamt in dem Sterbfallregister bezw. in der Erbschaftssteuer-Nebenliste treffenden Orts in der Bemerkungsrubrik die Nummer des Gebührenregisters vorzumerken, unter welcher die Besitzveränderungsgebühr verrechnet ist.

§ 53.

Bezüglich der Erhebung und Verrechnung der Gebührenäquivalente, der Gebühren von öffentlichen Mobiliarversteigerungen, dann der Gebühren für Jagdkarten und Jagdwaffenscheine durch die Rentämter verbleibt es bei den hiewegen ergangenen besonderen Anordnungen.

3. Behandlung der Rückstände.

§ 54.

Sobald die Abrechnung mit einem Notar, Gerichtsschreiber oder Bezirksamte vollzogen ist, hat das Rentamt unverweilt die bestehenden Rückstände aus deren Gebührenregister ausziehen und in besondere Gebühren-Rückstandsregister übertragen zu lassen.

Diese Rückstandsregister sind immer auf ein ganzes Jahr, und zwar für jeden Notar, jedes Gericht und jedes Bezirksamt gesondert anzulegen. In den Fällen des § 35 Abs. 2 ist für Handelssachen, sofern eine besondere Abrechnung auf den bezüglichen Gebührenanfall stattfindet, auch ein eigenes Gebühren-Rückstandsregister zu führen.

Werden auf Grund der Art. 112, 113 des Notariatsgesetzes die Geschäfte eines Notariats auf Rechnung des Staates geführt, so sind bei der Abrechnung mit dem Rentamte die nach der Notariatsgebührenordnung anfallenden und für die Staatskasse zu erhebenden Gebühren nicht zur Zwangsbeitreibung dem Rentamt zu überweisen. Die Beitreibung erfolgt vielmehr auf Grund der Bestimmungen der Art. 50 ff. des Notariatsgesetzes durch den Notariatsverweser. Dieser hat die Rückstände in dem an das Rentamt abgelieferten Notariatsgebührenregister (§ 8 Abs. 2) ersichtlich zu machen und von den einschlägigen Vorträgen dieses Registers eine Abschrift zurückzubehalten, sodann die Beitreibung ungesäumt vorzunehmen und die nachträglich eingehobenen Beträge oder die Uneinbringlichkeitsnachweise dem Rentamt zu übergeben.

Die Einträge in die Rückstandsregister müssen eine vollständige Abschrift der treffenden Nummer des Gebührenregisters bis zu den Rubriken über die Perception und Ueberweisung der Rückstände enthalten. Daher sind die Rückstandsregister den Gebührenregistern entsprechend nachzubilden. Die Ertheilung besonderer Formulare für dieselben bleibt den Regierungsfinanzkammern überlassen.

§ 55.

Nach erfolgter Ausziehung der Rückstände hat sich das Rentamt sofort mit deren Beitreibung zu beschäftigen, und zwar unter Beachtung der für die zwangsweise Beitreibung von Staatsgefällen bestehenden Vorschriften.

Wohnen die Zahlungspflichtigen in anderen Rentamtsbezirken, so sind die treffenden Rentämter, denen jedoch die erforderlichen Notizen vollständig mitzuteilen sind, zu requiriren.

Die eingehenden Rückstände sind in den bezüglichen Rubriken des Gebühren-Rückstandsregisters als vereinnahmt vorzutragen. Das Gleiche gilt bezüglich der von dem Notariatsverweser nachträglich abgelieferten Rückstände (§ 54 Abs. 3). Zu diesem Behufe sind im rentamtlichen Gebühren-Rückstandsregister unter der Bezeichnung „Notariatsgebühren, welche für die Staatskasse vereinnahmt werden" besondere Rubriken für die Soll- und die wirkliche Einnahme zu eröffnen. Die von dem Notariatsverweser als uneinbringlich nachgewiesenen Rückstände an Notariatsgebühren sind unter Belegung mit den bezüglichen Uneinbringlichkeitsnachweisen in den Libellen zur Abschreibung zu beantragen, in welchen auch etwaige Rückstände, welche im Zeitpunkte des Rechnungsabschlusses bestehen, vorzutragen sind.

Wird den Pflichtigen ausnahmsweise die fristenweise Zahlung der schuldigen Beträge bewilligt, oder sind die Kosten von Mehreren pro rata zu bezahlen, so ist im Bedürfnißfalle für diese Zahlungen ein eigenes Subjournal anzulegen, dem eine solche Einrichtung zu geben ist, daß die Theilzahlungen übersichtlich durchgeführt werden können, und daß jederzeit der Perceptionsstand und der Ausstand ersehen werden kann.

Der Uebertrag aus diesem Rückstandssubjournal in das betreffende Rückstandsregister und der Eintrag in die einzelnen Rubriken desselben hat solchen Falles erst nach Bezahlung des Gesammtbetrags zu erfolgen.

Von den eingehenden Auslagen sind jene der Bezirksämter in der Rubrik unter den Gebühren zu vereinnahmen, da sie aus diesen vorgeschossen worden sind.

Die eingehenden durchlaufenden Gelder sind an die Empfangsberechtigten hinauszuvergüten, und die Bescheinigung derselben mit Nummern zu versehen und in der einschlägigen Rubrik der Belege zu allegiren.

Die Bezahlung der Zustell- und Vorladegebühren an Diener und Boten einer Behörde kann monatlich gegen eine Bescheinigung erfolgen, in welcher jedoch die treffenden Gebührenregisternummern, für welche die Zahlung geleistet wird, anzuführen sind.

Sollten die Rückstandsregister nicht die nöthigen Behelfe zur Beitreibung der Rückstände darbieten, so hat das Rentamt die einschlägigen gebührenverrechnenden Behörden oder Beamten um Ertheilung der erforderlichen weiteren Aufschlüsse zu requiriren oder selbst Einsicht von den desfallsigen Verhandlungen und Akten zu nehmen.

§ 56.

Die Vorschriften der §§ 54, 55 finden auf die Gebührenregister der Gerichtsschreiber über die Gebühren der Gerichtsvollzieher keine Anwendung.

§ 57.

Die Rückstandsregister und beziehungsweise die in denselben nicht gelöschten Posten bilden für die Staatsgebühren, wie für die in die Staatskasse fließenden Notariatsgebühren (§ 54 Abs. 3, 55 Abs. 3) am Schlusse des Rechnungsjahres die Grundlage für das betreffende Ausstandslibell.

Uneinbringliche Auslagen sind nach Maßgabe der Vorschriften im § 69 zu behandeln.

4. Hauptübersicht.

§ 58.

Nach Ablauf eines jeden Quartals und zwar in der Zeit vom 10. bis 15. des zunächst darauf folgenden Monats hat das Rentamt den Anfall an Gebühren und Geldstrafen aus den verschiedenen Gebührenregistern einschließlich der Notariatsgebührenregister (§ 8 Abs. 2) jedoch mit Ausnahme jener über die Gebühren der Gerichtsvollzieher in eine Hauptübersicht überzutragen, welche nach dem beiliegenden Formular lit. K anzufertigen ist. Hiebei sind immer die Hauptsummen der drei Monatsabschlüsse eines Notars, Gerichtes ꝛc. nach einander vorzutragen, so daß mit den Monatsabschlüssen eines weiteren Notars, Gerichtes ꝛc. ꝛc. erst nach Einstellung des ersten, zweiten ꝛc. ꝛc. zu beginnen ist.

Bei Eintragung in die Hauptübersicht sind die Ergebnisse der einzelnen Gebührenregister immer in den treffenden Rubriken der Hauptübersicht, die Gebühren für Jagdkarten und Jagdwaffenscheine mit den übrigen Gebühren aus der Verwaltung (Rubrik 10 und 11 des rentamtlichen Gebührenregisters) in einer Summe in die Rubrik 9 der Hauptübersicht einzustellen.

In die Rubrik 7 sind nicht nur die bei dem Grundbuchamte nach Art. 118, 119 des Gebührengesetzes anfallenden und in der Rubrik 12 des Gebührenregisters für das Grundbuchwesen verrechneten Notariatsgebühren, sondern auch jene Notariatsgebühren einzustellen, welche im Falle der Art. 112, 113 des Notariatsgesetzes auf Grund des Notariatsgebührenregisters (§ 8 Abs. 2) für die Staatskasse zu vereinnahmen sind.

Die Rubrik 20 soll zeigen, wie sich der Perceptionsstand bei den einzelnen Notaren, Gerichtsschreibern ꝛc. in jedem Monate gestaltet hat, die Rubrik 21, was an das Rentamt zur Beitreibung übergegangen bezw. an dessen eigenen Anfällen rückständig ist.

Die Summen der 20. und 21. Rubrik müssen zusammen immer die Hauptsumme der Rubrik 19 ausweisen.

Die Zusammenstellung des Sollanfalls an rückzuersetzenden Gerichtsauslagen auf der Rückseite der Hauptübersicht hat auf Grund der Vorträge in der Rubrik 19 der allgemeinen Gebührenregister der Gerichte und eventuell der besonderen Gebührenregister für Handelssachen zu erfolgen.

Die Hauptübersicht mit der vorerwähnten Zusammenstellung hat die Grundlage der Verrechnungseinweisung zu bilden.

§ 59.

Zu den von den Gerichtsschreibern geführten Gebührenregistern über die von ihnen percipirten Gebühren und Auslagen der Gerichtsvollzieher ist von dem rechnungsführenden Gerichtsschreiber an dem im § 14 bestimmten Abrechnungstermin eine von ihm angefertigte summarische Uebersicht (Formular lit. K I) nebst den zur Prüfung der Gebührenregister erforderlichen Belegen dem Rentamte behufs Vorlage an die Regierungsfinanzkammer zu übergeben.

5. Weitere Bestimmungen über die Revision.

a) Revision der Gebührenregister.

§ 60.

Am 15. des auf das abgelaufene Quartal folgenden Monats ist die im § 58 erwähnte Hauptübersicht sammt den Gebührenregistern an die Regierungsfinanzkammer zur Prüfung und Einweisung einzusenden.

Die Regierungsfinanzkammer hat die Revision, welche sich im Wesentlichen auf den Kalkul und die Prüfung der Belege zu beschränken hat, als eine dringliche Arbeit sofort vornehmen zu lassen. Bedenken, welche sich ohne Einsicht der Verhandlungen nicht beheben lassen, sind für die örtliche Revision in Vormerkung zu nehmen.

Das in der bisherigen Weise aufzunehmende Revisionsprotokoll ist sammt den Gebührenregistern dem Rentamte unter Vorstreckung einer angemessenen Frist zur Beantwortung hinauszugeben. Dasselbe hat von dem Protokolle den Notaren, Gerichtsschreibern ꝛc. sofort Abschriften der dieselben betreffenden Punkte mitzutheilen und diejenigen zu bezeichnen, über welche eine Aufklärung oder Erläuterung gewünscht wird.

Die Notare, Gerichtsschreiber ꝛc. haben ihre Erläuterungen diesem Protokollauszuge beizusetzen und denselben so beantwortet dem Rentamte wieder zurückzustellen.

Das Rentamt hat sodann diese Antworten vollständig in das Hauptprotokoll überzutragen und seine nöthigen Ergänzungen und die eigenen Beantwortungen beizusetzen.

Das so beantwortete Revisionsprotokoll ist der Regierungsfinanzkammer vorzulegen, welche hierauf, vorbehaltlich der Bestimmung im § 64, die weiteren Verfügungen an das Rentamt zu erlassen hat.

Das Rentamt hat den inzwischen zurückbehaltenen Protokollsauszügen die ergangenen Bescheide beizusetzen und dieselben sodann den Notaren, Gerichtsschreibern ꝛc. wieder zurückzugeben. Insoweit nach dem Inhalte der ergangenen Bescheide die Kenntniß der revisorischen Erinnerungen für das Rentamt noch von Belang ist, hat sich dasselbe von obigen Protokollsauszügen vor deren Zurückgabe Abschriften zu seinen Akten zu nehmen.

Sollten einzelne Punkte noch nicht entsprechend erläutert gewesen sein, so haben die Notare, Gerichtsschreiber ꝛc. dem Rentamte die weiter nöthigen Erläuterungen zu geben, welches sodann über sämmtliche Punkte Bericht zu erstatten und weitere Entschließung zu gewärtigen hat.

Dieses Verfahren ist so lange fortzusetzen, bis das Revisionsverfahren eines Quartals vollständig bereinigt ist.

§ 61.

Die Gebührenregister der Gerichtsschreiber über die von ihnen percipirten Gebühren und Auslagen der Gerichtsvollzieher sind mit den erforderlichen Beilagen und der im § 59 angeordneten summarischen Uebersicht nach Ablauf des im § 14 bestimmten Abrechnungstermins, sohin erstmals am 1. Juli 1900, von dem Rentamte der Regierungsfinanzkammer zur Verrechnungseinweisung gesondert in Vorlage zu bringen.

Zur Verrechnung werden nur die wirklich eingegangenen Beträge eingewiesen; Rückstände und Nachlässe haben in den Rechnungen nicht zu erscheinen.

Für die Revision der Gebührenregister, welche nach erfolgter Verrechnungseinweisung nebst Belegen an den rechnungsführenden Gerichtsschreiber zurückgeleitet werden und von diesem zu verwahren sind, haben die Vorschriften des § 60 Abs. 2 bis 9 sinngemäße Anwendung zu finden, jedoch mit dem Abmaße, daß das über die Revision aufgenommene Protokoll an den rechnungsführenden Gerichtsschreiber unmittelbar zur Beantwortung hinausgegeben und von demselben nach erfolgter Beantwortung der Regierungsfinanzkammer wieder in Vorlage gebracht wird.

b) Oertliche Revision.

§ 62.

Außer der in den §§ 60, 61 erläuterten Revision der Gebührenregister findet auch noch eine Prüfung der Richtigkeit und Vollständigkeit des Ansatzes und der Sollstellung von Gebühren, Auslagen und der hiemit zusammenhängenden durchlaufenden Gelder auf Grund der Verhandlungen der Gerichte, Bezirksämter, Rentämter und Notare, dann der Gerichtsvollziehereien und der Gerichtsvollzieher in den Bureaus dieser Behörden und Beamten durch Kommissäre der Regierungsfinanzkammer statt.

Zu diesem Zwecke ist zu jedem Gerichte, Bezirks- und Rentamte, dann Notare wenigstens einmal im Jahre ein Regierungskommissär abzuordnen. Die Zeit der Abordnung ist dem Ermessen der Regierungsfinanzkammer anheimgegeben. Es ist jedoch zur Zeit- und Kommissionskosten-Ersparung einem Kommissär in der Regel die örtliche Revision in mehreren aneinander grenzenden Amtsbezirken zu übertragen.

Der Regierungskommissär hat sich von dem Rentamte die Gebührenregister und die gerichtlichen Auslagenregister und in Ansehung der Gebühren und Auslagen der Gerichtsvollzieher vom rechnungsführenden Gerichtsschreiber die Gebührenregister behändigen zu lassen und sodann unter Zugrundelegung derselben zu prüfen, ob die angefallenen Gebühren, rückzuersetzenden Auslagen und sonstigen Gelder richtig in das Gebührenregister übertragen worden sind, ob die Ansätze den Verhandlungen der Gerichte und den Amtshandlungen der Gerichtsvollzieher entsprechen und ob die richtige Hinausvergütung der in den Vorschußregistern durchgeführten Posten stattgefunden hat. (Vgl. auch § 35 Abs. 6 und § 38 Abs. 4.)

Die gebührenpflichtigen Verhandlungen der Notare sind durchgehends in der bemerkten Weise zu prüfen. Hiebei ist auch der entsprechende Vollzug des Gesetzes vom 15. Juni 1898, die Einführung einer Besitzveränderungsabgabe für Gemeinden betr., und der hiezu erlassenen Bekanntmachung vom 25. desf. Mts. wahrzunehmen.

Bei den Gerichten, Bezirks- und Rentämtern sind die Verhandlungen, bei denen verhältnißmäßige Gebühren angefallen sind, insbesondere auch die größeren Akten in Prozessen, Konkursen, Subhastationen, in Vormundschaften und Verlassenschaften rc. einer eingehenden Prüfung zu unterstellen, welche sich probeweise auch auf den Kalkul der bei den Spezialakten befindlichen Kostenverzeichnisse zu erstrecken hat. Die übrigen Verhandlungen sind kursorisch zu prüfen.

Die Prüfung des Ansatzes und der Sollstellung der Gebühren der Gerichtsvollziehereien und der Gerichtsvollzieher hat an der Hand des Dienst- und des Gebührenregisters sowie der vorhandenen Akten zu erfolgen. Dieselbe hat sich nicht nur auf den Ansatz der nach der Abth. IV Abschn. IV des Gebührengesetzes zum Anfalle gelangenden Gebühren, sondern aller Gebühren und Auslagen zu erstrecken, die der Gerichtsvollzieher auf Grund der Gesetze und Verordnungen zu beanspruchen hat und die nach § 20 der Gerichtsvollzieherordnung aus der Staatskasse erhoben werden. Auch ist eine Kontrole darüber zu üben, ob die am Schlusse des Monats, in welchem die Vorlage des Quartalakts zur Regierungsfinanzkammer zu bethätigen ist (§ 61), noch bestehenden Rückstände an Gebühren und Auslagen vollständig in das Gebührenregister des nächsten Vierteljahres übergetragen worden sind, ebenso darüber, ob für die in den Gebührenregistern als uneinbringlich ausgewiesenen Gebühren und Auslagen die Uneinbringlichkeit entsprechend nachgewiesen ist.

Sollte die Behandlung des Gebührenwesens bei einem Gerichte, Bezirksamte oder Rentamte, bei einer Gerichtsvollzieherei oder einem Gerichtsvollzieher zu erheblichen Bedenken Anlaß geben, so kann auch die Prüfung sämmtlicher gebührenpflichtiger Verhandlungen eines gewissen Zeitraumes angeordnet werden.

Ueber die Prüfung der Verhandlungen ist ein besonderes Protokoll von dem Kommissär in der bisherigen Form der Revisionsprotokolle zu führen, welches die Ueberschrift zu erhalten hat:

„Protokoll über die örtliche Revision bei dem ... für die Zeit vom ... bis ...“.

Dieses Protokoll ist womöglich am Schlusse jedes Tages dem Notar, Gerichtsschreiber rc., welcher sich sofort eine Abschrift davon zu nehmen hat, zur Beantwortung zu geben, so daß am Schlusse der Prüfungsverhandlungen die Beantwortung erfolgt sein kann. Das Protokoll ist so zu fassen, daß dessen Bescheidung in der Regel ohne Einsichtsnahme der bezüglichen Aktenstücke erfolgen kann. Ist jedoch eine solche nicht zu vermeiden, so sind die nöthigen Aktenstücke im Original oder, wenn dies als unthunlich erscheint, in Abschrift beizulegen. Hiebei wird jedoch bemerkt, daß solche Abschriften nur ganz ausnahmsweise und in besonders wichtigen Fällen zu erholen sind.

Das Revisionsprotokoll ist der Regierungsfinanzkammer zur Bescheidung vorzulegen, welche hierauf, vorbehaltlich der Bestimmung des § 64, die weiteren Verfügungen unter Mittheilung des Protokolls an das Rentamt zu erlassen hat. Letzteres hat sich von dem Protokolle, soweit erforderlich, Abschrift zu seinen Akten zu nehmen und von den ergangenen Bescheiden dem Notar rc. Mittheilung zu machen. Das weitere Verfahren richtet sich nach den Vorschriften der §§ 60, 61.

c) Gebühren-Inspektionen.

§ 63.

Neben den örtlichen Revisionen bei den Gerichten, Bezirksämtern, Notaren und Rentämtern, dann bei den Gerichtsvollziehereien und Gerichtsvollziehern, finden kursorische Inspektionen des Gebühren-, Kosten- und Erbschaftssteuerwesens durch die einschlägigen Regierungsreferenten statt. Für die Vornahme und Durchführung dieser Inspektionen gelten bis auf Weiteres die besonderen Vorschriften der Entschließungen des Staatsministeriums der Finanzen vom 17. November 1882 und vom 17. Februar 1887.

d) Besondere Bestimmungen.

§ 64.

Bei der Bescheidung revisorischer Erinnerungen, welche die Gebührenbewerthung bei den Bezirksämtern betreffen, haben die Regierungsfinanzkammern vor der Beschlußfassung veranlaßten Falls sich mit der Regierungskammer des Innern in das erforderliche Benehmen zu setzen.

6. Mehrungen und Minderungen.

§ 65.

Sind in Folge der nach den §§ 60ff. vorgenommenen Revisionen und der hierauf ergangenen Bescheide Gebühren und sonstige Gelder an die Pflichtigen zurückzuvergüten oder von ihnen nachzuholen, so liegt dies vorbehaltlich der Bestimmung im § 66 dem Rentamte ob.

Behufs der rechnerischen Behandlung dieser Rückvergütungen und Nachholungen ist für jeden Notar, Gerichtsschreiber 2c. 2c. ein eigenes Rückvergütungs- und bezw. Nachholungs-Register anzulegen. Der Rubrikenbau dieser Register ist den betreffenden Gebührenregistern entsprechend nachzubilden. Die Ertheilung besonderer Formulare für dieselben bleibt den Regierungsfinanzkammern überlassen.

Die Nachholungs- und Rückvergütungs-Register sind für das ganze Rechnungsjahr anzulegen, und sind in den Rubriken derselben die Nachholungen und Rückvergütungen gehörig durchzuführen.

Minderungen an noch nicht percipirten Sollbeträgen sind gleich den Rückvergütungen in dem betreffenden Register durchzuführen. Selbstverständlich ist aber nur der richtig gestellte Betrag von dem Pflichtigen einzuheben, der zu bestätigen hat, daß er nur soviel und nicht mehr bezahlt hat.

Bei Minderungen an percipirten Sollbeträgen ist in dem Rückvergütungsregister unter der Bemerkungsrubrik der Tag der erfolgten Einzahlung zu vermerken.

Am Schlusse jeden Jahres sind die Nachholungen und Rückvergütungen in das Gebührenregister für den Monat Dezember des einschlägigen Notars, Gerichtsschreibers 2c. überzutragen, was in der Art zu geschehen hat, daß die Nachholungen den Gebührenregister-Abschlüssen zu-, die Rückvergütungen aber an denselben und eventuell in der Hauptübersicht abgesetzt werden.

Die nicht bewirkten Nachholungen sind einzeln in das betreffende Gebührenregister überzutragen. Den Gebührenregistern für den Monat Dezember ist daher, um diese Nachträge, welche vom Rentamte zu fertigen sind, vornehmen zu können, das benöthigte leere Registerpapier beizufügen.

Aenderungen, welche im laufenden Rechnungsjahre nicht mehr für einander gebracht werden können, sind im folgenden Jahre zu behandeln.

Die Nachholungs- und Rückvergütungs-Register haben Beilagen der Haupt-Gebührenregister und bezw. der Hauptübersicht für das IV. Quartal zu bilden.

Ergibt sich durch die Revision, daß einzelne Verhandlungen oder ganze Akten der Gebührenbewerthung nicht unterstellt worden sind, so liegt deren nachträgliche Behandlung und die Perception der Gebühren und sonstigen Gelder den treffenden Notaren und Beamten ob, und ist das Verfahren ganz gleich dem bei der ursprünglichen Gebührenbewerthung.

§ 66.

Für die rechnerische Behandlung der in Folge der Revisionen und der hierauf ergangenen Bescheide zu bewirkenden Nachholungen und Rückvergütungen an Gebühren und Auslagen der Gerichtsvollzieher haben die Vorschriften des § 65 mit dem Abmaße Anwendung zu finden, daß die Nachholungen und Rückvergütungen durch den rechnungsführenden Gerichtsschreiber bewirkt werden und dieser auch zur Anlage und Führung der dort bezeichneten Nachholungs- und Rückvergütungsregister gehalten ist.

Die Nachholungs- und Rückvergütungsregister haben Beilagen der summarischen Uebersicht für das IV. Quartal zu bilden. Der Uebertrag des Abschlusses desselben in das Gebührenregister für den Monat Dezember hat nach Vorschrift des § 65 Abs. 6 zu erfolgen.

§ 67.

Die nach Art. 150 Abs. 4 des Gebührengesetzes vorgeschriebenen Anzeigen des Vorstands der Aktiengesellschaft oder des Aufsichtsraths der Kommanditgesellschaft auf Aktien über die Einforderung von Theilzahlungen des Grund- oder Aktienkapitals sind an jene Regierungsfinanzkammer zu erstatten, in deren Bezirk die Aktiengesellschaft oder Kommanditgesellschaft auf Aktien ihre Hauptniederlassung hat. Ist die Urkunde über die Gründung der Aktiengesellschaft oder Kommanditgesellschaft auf Aktien von einem Notar errichtet worden, dessen Sitz sich im Bezirke dieser Regierungsfinanzkammer befindet, so ist die Gebühr aus den Theilzahlungen im rentamtlichen Nachholungsregister dieses Notars vorzutragen. Andernfalls bestimmt die Regierungsfinanzkammer das Nachholungsregister, in welchem die zum Anfalle gelangte Gebühr zu verrechnen ist.

§ 68.

Minderungen an Gebühren ꝛc. ꝛc. können sich auch noch aus andern als den im § 65 Abs. 1 erwähnten Gründen, so insbesondere bei der Zurücknahme einer Klage ꝛc. ꝛc. (§ 46 des Reichsgerichtskostengesetzes), oder in Folge Niederschlagung seitens der Behörde (Reichsgerichtskostengesetz § 6, Gesetz über das Gebührenwesen Art. 232), in Grundbuchsachen (Art. 121) oder bei Notariatsurkunden in den

Fällen der Art. 10 Abs. 3, Art. 154 Abs. 4, Art. 175 Abs. 3, Art. 176 Abs. 2 des letzteren Gesetzes, oder aus Anlaß der Erinnerungen oder Beschwerden der Pflichtigen ergeben.

Derlei Minderungen sind, wenn die Abrechnung mit dem Rentamte noch nicht stattgefunden hat, in den Gebührenregistern der betreffenden Behörde sofort an der Solleinnahme und eventuell, unter Hinausvergütung der zu viel erhobenen Beträge auch an der wirklichen Einnahme des bezüglichen Monats zu kürzen, wobei das Sachverhältniß in der Bemerkungsrubrik, gegebenen Falls unter Anreihung der Hinausvergütungsbelege, zu erläutern ist.

Hat dagegen die Abrechnung über fragliche Posten mit dem Rentamte bereits stattgefunden, so ist von diesem die Sollberichtigung und eventuelle Rückvergütung nach Maßgabe der Vorschriften im § 65 zu bethätigen, zu welchem Behufe die bewerthenden Behörden an dasselbe die erforderlichen Mittheilungen zu machen haben.

Ergeben sich aus den im Abs. 1 angeführten Gründen Minderungen an Gebühren und Auslagen der Gerichtsvollzieher, so ist ohne Rücksicht darauf, ob die Abrechnung mit dem Rentamte stattgefunden hat oder nicht, entsprechende Sollberichtigung nach Abs. 2 von dem rechnungsführenden Gerichtsschreiber vorzunehmen.

7. Uneinbringliche Auslagen.

§ 69.

Uneinbringliche Auslagen, zu welchen gegebenen Falles auch vorgeschossene Porti und Postgebühren gehören, sind durch die Libelle zur Abschreibung zu bringen. Die Auslagen der Gerichte bleiben solchen Falls dem Etat der besonderen Kosten für Ausübung der Gerichtsbarkeit zur Last. Uneinbringliche Auslagen der Gerichtsvollzieher werden von dem rechnungsführenden Gerichtsschreiber in der behufs der Abrechnung mit dem Rentamt anzufertigenden summarischen Uebersicht (§ 59) zur Abschreibung gebracht. Uneinbringliche Auslagen der Verwaltungsbehörden sind durch die Rückvergütungsregister des laufenden Jahres an Soll der Gebühren zu kürzen.

Rückständige Auslagen, deren Uneinbringlichkeit am Schlusse des Rechnungsjahres noch nicht feststeht, sind ruhend zu führen, rückständige Auslagen der Gerichtsvollzieher von dem rechnungsführenden Gerichtsschreiber einzeln in das Gebührenregister des nächsten Vierteljahres zu übertragen. Die bei den Verwaltungsbehörden angefallenen sind als vorschußweise Ausgaben aus den Gebühren in den rentamtlichen Kassabüchern auf das nächste Jahr zu transferiren.

8. Rechnungsstellung der Rentämter.

§ 70.

Die Rechnungsstellung der Rentämter über die Gebühren und Auslagen, sowie über die aus den ersteren zu bestreitenden Ausgaben hat sich nach den allgemeinen für die rentamtliche Rechnungsstellung geltenden Vorschriften zu richten.

B. Bei den übrigen Behörden und Stellen.

§ 71.

Bei den übrigen Behörden und Stellen wird, insoweit bei denselben gemäß der Bestimmungen des Gesetzes über das Gebührenwesen und § 4 der Allerh. Verordnung vom 23. l. Mts. überhaupt noch Gebühren anfallen, die Erhebung, Verrechnung und Revision im Allgemeinen auch fernerhin in der bisherigen Weise besorgt.

Hiebei haben sich die betreffenden Behörden und besonderen Taxämter, soweit thunlich, des beiliegenden Gebührenregisters (Formular lit. L) zu bedienen und haben die in Vorstehendem für die Bezirksämter und Rentämter ertheilten allgemeinen und besonderen Vorschriften analoge Anwendung zu finden.

Den einschlägigen Rechnungsstellen bleibt vorbehalten, wegen der etwa erforderlichen Modifikationen jenes Formulars für die einzelnen Behörden unter Berücksichtigung der jeweiligen Rechnungsschemate weitere Anordnungen zu erlassen.

Die Gebühren für Anstellungen und besondere Verleihungen (Abth. VI des Gesetzes über das Gebührenwesen) sind, soweit dieselben in die Staatskasse fließen, unter den Gebühren aus der Verwaltung zu verrechnen.

Bezüglich der rechnerischen Behandlung der Unterstützungsfondsabgaben nebst Zuschlägen und Ausschreibgebühren bewendet es bei den Vorschriften der k. Verordnung vom 30. März 1881 „Abgaben für Anstellungen und besondere Verleihungen betreffend“ und der zum Vollzuge derselben erlassenen Bekanntmachung vom 5. April des gl. Js.

§ 72.

Die bei dem Verwaltungsgerichtshof und der Oberberufungskommission anfallenden Gebühren, Auslagen ꝛc. ꝛc. sind in einem Kontrolverzeichnisse nach Formular M vorzumerken und den Taxämtern der betreffenden Mittelstellen zur Einhebung und Verrechnung in deren Gebührenregister zu überweisen.

Die Ueberweisung erfolgt, insoweit Entschließungen an jene Mittelstellen ergehen, durch Vermerk auf den Ausfertigungen unter Angabe der Nummer des Kontrolverzeichnisses, außerdem aber durch Uebersendung eines Auszugs aus dem Kontrolverzeichnisse in Form eines Ueberweisungsscheins nach Formular N.

Die bei dem Verwaltungsgerichtshof und der Oberberufungskommission erwachsenen Auslagen sind diesen Stellen von den Kassen, an welche die Ueberweisung erfolgt, entweder sofort oder in angemessenen Zwischenräumen baar zu ersetzen.

Am Schluße jedes Quartals ist das Kontrolverzeichniß in Original oder Abschrift — bezw. Auszug der einschlägigen Revisionsstelle zu übermitteln.

§ 73.

Bei den Kreiskassen sind die Gebührenregister nach dem beiliegenden Formulare lit. O zu führen. Dieselben sind für jedes Quartal neu anzulegen und monatlich abzuschließen. Am Schluß eines jeden Quartals sind die drei Monatsabschlüsse zusammenzutragen, worauf das Gebührenregister sammt Belegen an die

Regierungsfinanzkammer zur Revision und Verrechnungseinweisung in Vorlage zu bringen ist.

§ 74.

Bezüglich der Beitreibung allenfallsiger Rückstände haben die allgemeinen Bestimmungen über die Beitreibung rückständiger Staatsgefälle in Anwendung zu kommen, wobei zur geeigneten Nachachtung auf § 13 der Allerhöchsten Verordnung vom 23. l. Mts. aufmerksam gemacht wird.

C. Behandlung der Porti und Postgebühren.

§ 75.

Portopflichtige Sendungen sind auch im internen Verkehre regelmäßig von der absendenden Behörde zu frankiren. Eine Ausnahme von dieser Regel hat hauptsächlich nur in jenen Fällen Platz zu greifen, in welchen die absendende Behörde auf Requisition handelt und die Person des Pflichtigen nicht feststeht, oder in welchen aus andern Gründen die Einziehung der Portoauslage seitens der absendenden Behörde mit unverhältnißmäßigen Weiterungen verknüpft wäre. Jedoch ist in solchen Fällen die Bezeichnung der Sendung als „portopflichtige Dienstsache" nicht zu unterlassen.

Die durch Markenverwendung oder Baarzahlung bestrittenen Porti und Postgebühren haben sich die Behörden seitens der Post bescheinigen zu lassen.

Im Uebrigen bewendet es hinsichtlich der Behandlung der Porti und Postgebühren bis auf Weiteres bei den bestehenden Vorschriften.

D. Sonstige Bestimmungen.

§ 76.

Unter Bezugnahme auf Art. 281 des Gesetzes über das Gebührenwesen wird bemerkt, daß in allen Fällen, in welchen für die Partei ein Rechtsanwalt handelt, für die Entrichtung der Gebühren, Auslagen und desfallsigen Vorschüsse nicht der Anwalt, sondern nur die von ihm vertretene Partei haftbar ist, wenn nicht der Anwalt die Zahlung für die Partei ausdrücklich übernommen hat.

Die Kosten sind daher in Ermangelung einer solchen Erklärung seitens des Anwalts stets unmittelbar von der Partei selbst einzufordern.

Dies gilt auch für jene Fälle, in denen der Anwalt nicht als solcher, sondern als gewöhnlicher Parteivertreter handelt.

Auf andere Bevollmächtigte erstreckt sich jedoch jene Ausnahmsbestimmung nicht. Dieselben haben vielmehr in erster Linie für die Berichtigung der Gebühren und Auslagen für die von ihnen veranlaßten Amtshandlungen einzustehen.

§ 77.

Im § 85 des Reichsgerichtskostengesetzes, dann in den Art. 282, 283 des Gesetzes über das Gebührenwesen sind für Fälle der Inanspruchnahme der Behörden durch Ausländer bezw. durch auswärtige Behörden und durch Nichtbayern zur Sicherung der Ansprüche der Staatskasse besondere Vorschriften gegeben, auf welche zur geeigneten Wahrnehmung hiemit aufmerksam gemacht wird.

§ 78.

In Gegenständen der streitigen Rechtspflege (einschließlich der Strafrechtspflege) ist gemäß § 5 des Reichsgerichtskostengesetzes eine Nachforderung von Gerichtskosten wegen irrigen Ansatzes nur zulässig, wenn der berichtigte Ansatz vor Ablauf des nächsten Kalenderjahres nach rechtskräftiger oder endgültiger Erledigung des Verfahrens dem Zahlungspflichtigen eröffnet ist.

Im Uebrigen sind für die Verjährung rückständiger Gebühren und Auslagen, sowie für die Verjährung der Ansprüche auf Rückersatz bezahlter Gebühren und Auslagen die Vorschriften der Art. 124, 125 des Ausführungsgesetzes zum Bürgerlichen Gesetzbuche maßgebend. Diese Vorschriften gelten auch in den Fällen, in welchen ganze Akten (§ 65 Abs. 10) der Gebührenbewerthung nicht unterstellt worden sind.

III.

Verfahren bei Erinnerungen der Parteien und bei Beschwerden.

§ 79.

Für das Verfahren bei Erinnerungen und Beschwerden wegen des Ansatzes von Gebühren und Auslagen oder der der Gebührenbewerthung zu Grunde gelegten Werthsfestsetzung sind in Gegenständen der streitigen Rechtspflege die Vorschriften der §§ 4, 16 des Reichsgerichtskostengesetzes, in den Angelegenheiten der freiwilligen Gerichtsbarkeit die Vorschriften der Art. 43 ff. des Gesetzes über das Gebührenwesen maßgebend.

Im Uebrigen sind die Erinnerungen der Zahlungspflichtigen bei der Behörde oder dem Beamten zu Protokoll zu geben oder schriftlich einzureichen, wo die Gebührenbewerthung vorgenommen oder von wo aus die etwaige Nachforderung erhoben wurde. Ist letztere durch einen Revisionsbescheid veranlaßt worden, so kann die Erinnerung auch unmittelbar bei der Revisionsstelle eingelegt werden.

Die erhobenen Erinnerungen sind, sofern es sich um Gebühren ꝛc. in Gegenständen der Verwaltung oder für Anstellungen und besondere Verleihungen handelt, der nach Art. 234 des Gesetzes über das Gebührenwesen zur erstinstanziellen Entscheidung von Streitfragen zuständigen Behörde, sofern aber die Erinnerung die Gebührenbewerthung von Notariatsurkunden oder Gebühren der VII. Abtheilung des erwähnten Gesetzes betrifft, der einschlägigen Regierungsfinanzkammer unter Anlage der erforderlichen Behelfe mit gutachtlicher Aeußerung vorzulegen.

Die Regierungsfinanzkammern haben in den Fällen, in welchen gegen die Bewerthung einer Notariatsurkunde Erinnerung eingelegt wird, gemäß Art. 47 Abs. 2 des Gesetzes über das Gebührenwesen ungesäumt und unentgeltlich den Betheiligten die Empfangsbescheinigung auszufertigen.

Das weitere Verfahren bemißt sich bei Erinnerungen gegen den Ansatz und die Nachforderung von Gebühren, welche bei einem Notariat anfallen, nach den

Vorschriften der Art. 47 ff., bei Streitfragen über die Pflicht zur Entrichtung von Gebühren und Auslagen nach Abth. V des Gesetzes über das Gebührenwesen, nach den Vorschriften des Art. 234, bei Streitfragen über Gebühren für sonstige Gegenstände, Abth. VII des Gesetzes, nach Art. 247 desselben mit folgenden weiteren Bestimmungen.

§ 80.

Hinsichtlich des Verfahrens bei den Regierungsfinanzkammern nach Art. 247 des Gesetzes über das Gebührenwesen haben die §§ 1, 4, 6, 12, 15, 16, 18 mit 27, dann § 44 der zu dem Gesetze vom 8. August 1878, betreffend die Errichtung eines Verwaltungsgerichtshofes &c., erlassenen Vollzugsvorschriften vom 1. September 1879 (Ges.- u. Verordn.-Bl. S. 1014) entsprechende Anwendung zu finden mit nachstehenden besonderen Anordnungen:

1. Alle bei den Regierungsfinanzkammern einkommenden, im Art. 247 des Gesetzes vorgesehenen Erinnerungen sind vorerst dem nach der Geschäftsvertheilung zuständigen Sachreferenten zuzutheilen.
2. Stellt sich bei der von demselben vorgenommenen Prüfung die Erinnerung beziehungsweise der etwa erhobene Rückersatzanspruch als zweifellos begründet dar, so hat die Regierungsfinanzkammer sofort im Bureauwege die dem Ergebnisse der Prüfung entsprechende Verfügung zu treffen.
3. Erscheint dem Sachreferenten die Erinnerung oder der Anspruch unbegründet oder doch zweifelhaft, so sind die Akten dem Senatsvorstande zur Bestellung eines Referenten für die öffentliche Sitzung und sodann diesem zur weiteren Behandlung vorzulegen.
4. Der Senatsvorstand ist befugt, einen Gegenstand, welcher von dem Sachreferenten in Gemäßheit der Bestimmung der Ziff. 2 im Bureauweg erledigt werden will, durch Bestellung eines Referenten zur Verhandlung in die öffentliche Sitzung zu bringen. Es sind deshalb alle Entwürfe von diesbezüglichen Verfügungen dem Senatsvorstande, sofern er sie nicht vermöge seiner dienstlichen Stellung ohnehin zu unterzeichnen hat, zur Einsicht und Mitzeichnung oder etwaigen Bestellung eines Referenten für die öffentliche Sitzung mitzutheilen.
5. Die staatsanwaltschaftliche Vertretung des Aerars obliegt den Fiskalbeamten. Hinsichtlich derselben finden die Bestimmungen der §§ 33 Abs. 2, 36 und 37 Abs. 1 und 2 der zum Gesetze, betreffend die Errichtung eines Verwaltungsgerichtshofes &c. &c., ergangenen Vollzugsvorschriften vom 1. September 1879 sinngemäße Anwendung.

   Bei Regierungen, welche einen zweiten Fiskalbeamten nicht haben, ist gleichzeitig mit Bildung des Senats auch der Stellvertreter des Staatsanwalts aus der Reihe der Mitglieder des Finanzkammerkollegiums zu bestimmen.
6. Der Staatsanwalt ist verpflichtet, bei Fragen von erheblicher finanzieller Tragweite, ebenso bei Fragen von besonderer prinzipieller Bedeutung In-

struktionen vom Staatsministerium der Finanzen im Wege direkter Berichterstattung zu erholen und nach denselben zu handeln.

7. Will ein Beschluß für vorläufig vollstreckbar erklärt werden (Art. 247 Abs. 3), so ist dies in die Entscheidungsformel (§ 22 Ziff. 2 d. V.-V. vom 1. September 1879) aufzunehmen.

Bezüglich der bei der Vollstreckbarkeitserklärung zu beobachtenden Formen wird auf Art. 6 Abs. 3 des Gesetzes vom 23. Februar 1879 zur Ausführung der Reichs-Civilprozeßordnung und Konkursordnung in der Textirung vom 26. Juni 1899 und die zum Vollzuge desselben erlassenen Allerh. Verordnung vom 14. Juli 1879 (Ges.- und Verordn.-Bl. S. 705) hingewiesen. Das Verfahren in erster Instanz ist als Offizialsache gebührenfrei.

IV.

Schlußbestimmungen.

§ 81.

Gebühren, welche nach Art. 297 ff. des Gebührengesetzes noch nach den bisherigen gesetzlichen Vorschriften zum Anfalle gelangen, sind vorbehaltlich der Vorschrift im § 35 Abs. 6 in den nunmehrigen Gebührenregistern zu verrechnen.

§ 82.

Die Kosten für Anschaffung der Formulare lit. C, D, E, F, F¹, M, N und O sind auf sächliche Ausgaben des Etats für Gebühren und Strafen zu verrechnen.

Die Kosten für Anschaffung der übrigen Formularpapiere haben die einschlägigen gebührenverrechnenden Beamten aus ihren Tantiemen zu bestreiten.

Die durch die Instruktion abgeänderten Formulare können von der G. Franz'schen Hofbuchdruckerei, G. Emil Mayer, und der Hofbuchdruckerei E. Huber, dahier, bezogen werden.

Soweit die bisherigen Formulare eine wesentliche Aenderung durch diese Instruktion nicht erlitten haben, können dieselben bis auf Weiteres und vorbehaltlich deren entsprechender Ergänzung fortbenützt werden.

§ 83.

Diese Instruktion tritt gleichzeitig mit der Allerhöchsten Verordnung vom 23. Dezember l. Js., die Ausführung des Reichsgerichtskostengesetzes und des Gesetzes über das Gebührenwesen betreffend, in Kraft.

Von diesem Zeitpunkte an wird die Instruktion zum Vollzuge des Reichsgerichtskostengesetzes und des Gesetzes über das Gebührenwesen vom 21. September 1879 aufgehoben.

Den Regierungsfinanzkammern und den übrigen Revisionsstellen bleibt überlassen, die etwa noch weiter erforderlich werdenden Vollzugsanordnungen in eigener Zuständigkeit zu treffen.

München, den 25. Dezember 1899.

Dr. Frhr. von Riedel.

[Folgen die Formulare.]

Gesetz vom 15. Juni 1898,
die Einführung einer Besitzveränderungsabgabe für Gemeinden betr.

GVBl. 1898 Seite 292, JMBl. 1898 Seite 195.

Im Namen Seiner Majestät des Königs.

Luitpold,

von Gottes Gnaden Königlicher Prinz von Bayern, Regent.

Wir haben nach Vernehmung des Staatsrathes mit Beirath und Zustimmung der Kammer der Reichsräthe und der Kammer der Abgeordneten beschlossen und verordnen, was folgt:

Einziger Artikel.

Die Gemeinden sind mit Genehmigung des K. Staatsministeriums des Innern befugt, bei Veränderungen im Besitze oder Eigenthum unbeweglicher, im Gemeindebezirk gelegener Sachen, soferne und soweit diese Veränderungen nicht unter den in Art. 114 Abs. I Ziff. 1 des Geb.G.*) bezeichneten Personen erfolgen, dann von den im Gemeindebezirk gelegenen, nach Art. 218 ff. des Geb.G.**) gebührenäquivalentpflichtigen unbeweglichen Sachen eine örtliche Abgabe im Betrage von einem Viertel derjenigen Gebühr zu erheben, welche aus Anlaß der treffenden Besitz- oder Eigenthumsveränderung, beziehungsweise als Gebührenäquivalent an die K. Staatskasse zu entrichten ist. Bei Tauschverträgen über unbewegliche Sachen, welche in Bezirken verschiedener Gemeinden gelegen sind, findet die Erhebung der örtlichen Abgabe nach dem Verhältnisse des Werthes der einzelnen Objekte statt.

Die Beschlußfassung über die Einführung der örtlichen Abgabe steht in den Landestheilen diesseits des Rheins dem Magistrate unter Zustimmung der Ge-

---

*) Nun Art. 146 des Geb.G. neuer Textirung.

**) Nun Art. 254 des Geb.G. neuer Textirung.

meindebevollmächtigten, in Landgemeinden dem Gemeindeausschusse unter Zustimmung der Gemeindeversammlung, dann in der Pfalz dem Gemeinderathe zu.

Die Erhebung der örtlichen Abgabe erfolgt in der Form eines Zuschlags zu der für die Staatskasse zu erhebenden Gebühr. Dieser Zuschlag geht im Range sowie in Beziehung auf die Einbringlichkeit der für die Staatskasse zu erhebenden Gebühr nach; im Uebrigen genießt derselbe die gleichen Rechte und Vorzüge, welche durch das Gebührengesetz den für die Staatskasse zu erhebenden Gebühren beigelegt ist. Die Befugnis des K. Staatsministeriums der Finanzen zur Gewährung von Stundungen und Nachlässen von Staatsgebühren erstreckt sich auch auf die örtliche Abgabe.

Die näheren Vorschriften über die Erhebung der örtlichen Abgabe und die den perzipirenden Beamten hiefür zu gewährende Vergütung werden vom K. Staatsministerium der Finanzen erlassen.

Gegeben zu München, den 15. Juni 1898.

Luitpold,

Prinz von Bayern, des Königreichs Bayern Verweser.

Dr. Frhr. v. Crailsheim. Dr. Frhr. v. Riedel. Frhr. v. Feilitzsch.
Dr. Frhr. v. Leonrod. Frhr. v. Asch. Dr. v. Landmann.

Auf Allerhöchsten Befehl:
Der Oberregierungsrath im K. Staatsministerium des Innern:
Dr. Proebst.

Bekanntmachung

des K. Staatsministeriums der Finanzen vom 25. Juni 1898,

Vollzug des Gesetzes, die Einführung einer Besitzveränderungsabgabe für Gemeinden betr.

JMBl. 1898 S. 27.

Im Einverständnisse mit den K. Staatsministerien der Justiz und des Innern werden zum Vollzuge des Gesetzes vom 15. Juni 1898, die Einführung einer Besitzveränderungsabgabe für Gemeinden betreffend (G. u. V.Bl. S. 292), die nachstehenden Bestimmungen getroffen:

§ 1.

Die Bestimmung in Abs. 1 des Gesetzes, wonach die Gemeinden mit Genehmigung des K. Staatsministeriums des Innern befugt sind, bei Veränderungen im Besitze oder Eigenthum unbeweglicher, im Gemeindebezirk gelegener Sachen eine örtliche Abgabe von einem Viertheile der für die Staatskasse zu entrichtenden Gebühr zu erheben, bezieht sich sowohl auf diejenigen Besitz- oder Eigenthums-

Veränderungen, welche sich auf Grund eines notariellen Vertrages vollziehen (Art. 113ff.*) des Geb.G.), wie auf alle sonstigen Besitzveränderungen (Art. 213ff.**) des Geb.G.).

Nicht zur Erhebung kommt die örtliche Besitzveränderungsabgabe bei Besitz- oder Eigenthums-Veränderungen, wenn und insoweit dieselben zwischen Verwandten oder Stiefverwandten in auf- und absteigender Linie oder zwischen Ehegatten oder Geschwistern erfolgen. Die Bestimmungen in Art. 114 Abs. 3***) des Geb.G., wonach bei Mitbetheiligung weiterer Personen die Staatsgebühr nach den Antheilsrechten der einzelnen Personen gesondert zu berechnen ist, findet mithin bei der Berechnung der örtlichen Abgabe gleichmäßig Anwendung.

In gleicher Weise wie bei Veränderungen im Besitze oder Eigenthum unbeweglicher Sachen ist die örtliche Besitzveränderungsabgabe auch von Objekten zu entrichten, für welche nach Art. 218ff.†) des Geb.G. ein Gebührenäquivalent für die Staatskasse zum Anfall kommt.

§ 2.

Berechtigt zum Bezuge der örtlichen Besitzveränderungsabgabe ist, soferne die Genehmigung zur Erhebung einer solchen Abgabe seitens des K. Staatsministeriums des Innern ertheilt ist, diejenige Gemeinde, in deren Bezirk die unbewegliche Sache, an welcher eine Besitz- oder Eigenthums-Veränderung eintritt, oder für welche ein Gebührenäquivalent zu entrichten ist, gelegen ist.

Die Gemeinden, welche vom K. Staatsministerium des Innern die Ermächtigung zur Erhebung einer örtlichen Besitzveränderungsabgabe enthalten haben, werden im Justizministerialblatt, im Amtsblatt des K. Staatsministeriums des Innern und im Finanzministerialblatt bekannt gegeben werden. Die K. Notare, wie die K. Rentämter haben ein Verzeichniß derjenigen Gemeinden anzulegen, welchen die Ermächtigung zur Erhebung einer örtlichen Besitzveränderungsabgabe ertheilt ist.

§ 3.

Den Maßstab für die Höhe der örtlichen Besitzveränderungsabgabe bildet die für die treffende Besitz- oder Eigenthums-Veränderung, beziehungsweise als Gebührenäquivalent an die Staatskasse zu entrichtende Gebühr. Ein Viertheil dieser Gebühr wird neben der vollen, an die Staatskasse zu entrichtenden Gebühr als örtliche Abgabe erhoben. Pfennigbeträge werden auf einen durch zehn theilbaren Betrag aufgerundet.

Liegen unbewegliche Sachen, an deren Besitz oder Eigenthum durch einen notariellen Vertrag Aenderungen vorgenommen werden, in den Bezirken verschiedener Gemeinden, so ist, soferne eine oder mehrere Gemeinden zur Erhebung der örtlichen Besitzveränderungsabgabe befugt sind, der Werth der in den einzelnen Gemeinden gelegenen unbeweglichen Sachen gesondert vorzutragen und die ört-

*) Nun Art. 145, 146 Geb.G. neuer Textirung.

**) Nun Art. 249 Geb.G. neuer Textirung.

***) Nun Art. 146 Abs. 2 Geb.G. neuer Textirung.

†) Nun Art. 254 Geb.G. neuer Textirung.

liche Besitzveränderungsabgabe nach dem Verhältniß des auf diese unbeweglichen Sachen treffenden Teils der Staatsgebühr in Ansatz zu bringen.

Bei Tauschverträgen über unbewegliche Sachen, welche in Bezirken verschiedener Gemeinden gelegen sind, findet die Erhebung der örtlichen Besitzveränderungsabgabe nach dem Verhältnisse des Werthes der einzelnen Objekte in folgender Weise statt: Wird ein in der Gemeinde A gelegenes Grundstück im Werthe von 100000 Mark gegen ein in der Gemeinde B gelegenes Grundstück im Werthe von 60000 Mark und eine Tauschaufgabe von 40000 Mark vertauscht und haben beide Gemeinden die Befugniß zur Erhebung einer örtlichen Besitzveränderungsabgabe, so treffen von der aus Anlaß dieses Tausches zu erhebenden örtlichen Besitzveränderungsabgabe, welche bei einer Staatsgebühr von 2000 Mark im Ganzen 500 Mark beträgt, $^{10}/_{16} = 312$ Mark 50 Pfennig auf die Gemeinde A und $^{6}/_{16} = 187$ Mark 50 Pfennig auf die Gemeinde B. Hat nur die Gemeinde A die Befugniß zur Erhebung einer örtlichen Besitzveränderungsabgabe, so kommt die letztere nur bezüglich des in der Gemeinde A gelegenen Grundstücks mit 312 Mark 50 Pfennig zur Erhebung.

§ 4.

Der Betrag der zur Erhebung gelangenden örtlichen Besitzveränderungsabgabe ist von den K. Notaren gleich jenen der Staatsgebühr auf der treffenden Urkunde zu vermerken und unter Angabe der bezugsberechtigten Gemeinde im Gebührenregister ausgeschieden von der Staatsgebühr in den zwischen den bisherigen Spalten 21 und 22 unter der Ueberschrift:

„D örtliche Besitzveränderungsabgabe“

neu eingefügten vier Spalten vorzutragen. Die Bemerkungsspalte trägt mithin statt der bisherigen Nummer 22 die Nummer 26 (Anlage A)*).

Die in dieser Weise ergänzten Gebührenregister sind von der Hofbuchdruckerei E. Huber, dahier, bereits hergestellt. Den K. Notaren bleibt es jedoch unbenommen, die bisherigen Gebührenregister einstweilen fortzubenützen und dieselben veranlaßten Falls durch Einfügung der vier neuen Spalten zu ergänzen. Hiebei ist indessen zu beachten, daß auch der Vordruck für die Abrechnung mit dem K. Rentamte auf der letzten Seite des Gebührenregisters bei dem Anfall von örtlichen Besitzveränderungsabgaben eine Aenderung zu erfahren hat.

Die rentamtlichen Hauptübersichten sind durch Einfügung von drei neuen Spalten zwischen den bisherigen Spalten 21 und 22 zu ergänzen (Anlage B)**). Dieselben können ebenfalls von der Hofbuchdruckerei E. Huber bezogen werden.

§ 5.

Die Sollstellung derjenigen örtlichen Besitzveränderungsabgaben, welche als Zuschlag zu einer Besitzveränderungsgebühr nach Art. 213 ff. des Geb.G.***) oder als Zuschlag zu einem Gebührenäquivalent zu erheben sind, findet in den rent-

*) Ist hier weggelassen.
**) Ist hier weggelassen.
***) Nun Art. 249 Geb.G. neuer Textirung.

amtlichen Gebührenregistern in der Weise statt, daß unter derselben Nummer des Gebührenregisters, unter welcher die Sollstellung der staatlichen Gebühr in Spalte 7 beziehungsweise 8 erfolgt, die örtliche Besitzveränderungsabgabe in Spalte 16 und 20 vorgetragen wird. Für die Eintragung der Perzeption und Hinausvergütung der örtlichen Besitzveränderungsabgaben sind die Spalten 23 ff. zu verwenden.

§ 6.

Die Einhebung der örtlichen Besitzveränderungsabgabe erfolgt nach den für die Einhebung von Staatsgebühren bestehenden Bestimmungen. Insbesondere erstreckt sich das den K. Rentämtern in Beziehung auf die Beitreibung von Staatsgebühren zustehende Zwangsvollstreckungsrecht, sowie das Recht zur Ergreifung etwaiger Sicherheitsmaßregeln auch auf die örtliche Besitzveränderungsabgabe.

In Subhastationen wie in Konkursen genießen die örtlichen Besitzveränderungsabgaben den gleichen Vorzug wie die Staatsgebühren. Die Vorschrift in Art. 261 des Geb.G.*) findet auf örtliche Besitzveränderungsabgaben gleichmäßig Anwendung.

Werden Theilzahlungen geleistet, so sind dieselben zunächst an der zur Staatskasse geschuldeten Gebühr anzurechnen. In Beziehung auf die Gewährung von Stundungen und Nachlässen stehen die örtlichen Besitzveränderungsabgaben den Staatsgebühren gleich. Solche Stundungen und Nachlässe können nach Maßgabe der bestehenden Vorschriften von den Finanzbehörden ohne vorgängige Einvernahme der empfangsberechtigten Gemeinden bewilligt werden.

§ 7.

Die Abrechnung der K. Notare mit den K. Rentämtern über die von ihnen vereinnahmten örtlichen Besitzveränderungsabgaben erfolgt nach den für die Abrechnung über die Staatsgebühren bestehenden Vorschriften.

Die Abrechnung erfolgt stets nur mit einem Rentamte, auch dann, wenn die von dem Notar vereinnahmten oder dem Rentamt als Rückstand überwiesenen örtlichen Besitzveränderungsabgaben Gemeinden zukommen, welche nicht in dem Bezirke desjenigen Rentamts gelegen sind, mit welchem der Notar abzurechnen hat.

§ 8.

Die Rentämter haben die ihnen von den Notaren abgelieferten örtlichen Besitzveränderungsabgaben als durchlaufende Posten zu behandeln und nebst den von ihnen selbst vereinnahmten örtlichen Besitzveränderungsabgaben allmonatlich an die bezugsberechtigten Gemeinden auszubezahlen. Die betreffenden Sendungen unterliegen der Portopflicht auf Kosten der Gemeinden.

Am Schlusse eines jeden Jahres ist seitens der Rentämter mit jeder Gemeinde, für welche im Laufe des Jahres örtliche Besitzveränderungsabgaben angefallen sind, über den gesammten Sollanfall unter Ausweis der Rückstände und Nachlässe Abrechnung zu pflegen. Eine Abschrift dieser Abrechnung haben die Rentämter bis zum 1. Mai jeden Jahres der Regierungsfinanzkammer jenes

*) Nun Art. 289 Geb.G. neuer Textirung.

Regierungsbezirkes vorzulegen, in welchem die bezugsberechtigte Gemeinde gelegen ist. Die Regierungsfinanzkammern haben auf Grund der ihnen zugekommenen Abrechnungen eine Uebersicht der für die einzelnen Gemeinden zum Anfall gelangten örtlichen Besitzveränderungsabgaben herzustellen und diese Uebersicht bis zum 15. Mai eines jeden Jahres dem K. Staatsministerium der Finanzen in Vorlage zu bringen.

§ 9.

Die Revision der Gebührenregister und zwar sowohl jene bei den K. Regierungsfinanzkammern wie die örtliche Revision hat sich auf die Prüfung der Richtigkeit des Ansatzes der örtlichen Besitzveränderungsabgabe und auf den entsprechenden Vollzug der Abrechnung über dieselbe zu erstrecken. Tritt in Folge der Revision eine Erhöhung oder Ermäßigung der Staatsgebühr ein, so ist auch der Ansatz der als Zuschlag zu derselben zu Soll gestellten örtlichen Besitzveränderungsabgabe verhältnißmäßig zu erhöhen oder zu ermäßigen.

Bezüglich der rechnerischen Behandlung von Nachholungen und Rückvergütungen, dann von Rückständen und Nachlässen gelten für die örtlichen Besitzveränderungsabgaben die gleichen Bestimmungen wie für die Staatsgebühren.

§ 10.

Den zur Erhebung einer örtlichen Besitzveränderungsabgabe befugten Gemeinden steht das Recht zu, von den treffenden Gebührenregistern und Ausstandsverzeichnissen bei den K. Rentämtern Einsicht zu nehmen.

Etwaige Beschwerden der Gemeinden über den Ansatz von örtlichen Besitzveränderungsabgaben oder über die Abrechnung bezüglich derselben sind bei der dem abrechnenden Rentamte vorgesetzten K. Regierungsfinanzkammer einzureichen.

Ein selbständiges Recht der Beschwerde an die Gerichte nach Art. 153 ff.*), dann Art. 211 des Geb.G.**) steht den Gemeinden bezüglich der örtlichen Besitzveränderungsabgabe nicht zu; ebensowenig haben die Gemeinden das Recht, die Einleitung des Werthsvermittlungsverfahrens nach Art. 145 des Geb.G.***) zu beantragen.

Bezüglich des Beschwerderechtes der Zahlungspflichtigen hat es auch in Beziehung auf die örtliche Besitzveränderungsabgabe bei den Bestimmungen in Art. 153 f.*) und Art. 211**) des Geb.G. sein Bewenden.

§ 11.

Für die Besorgung der auf die Sollstellung, Erhebung und Verrechnung der örtlichen Besitzveränderungsabgabe bezüglichen Geschäfte und der hiemit verbundenen Auslagen für Register und Schreibmaterialien erhalten die K. Notare und die K. Rentämter eine Tantieme von je einem Prozent der von ihnen perzipirten und der bezugsberechtigten Gemeinde verrechneten örtlichen Besitzveränderungsabgabe.

---

*) Aufgehoben durch Art. XCIX des Ges., Aenderungen des Gesetzes über das Gebührenwesen betr., vom 9. Juni 1899 und ersetzt durch Art. 47 neuer Textirung.

**) Nun Art. 247 Geb.-G. neuer Textirung.

***) Aufgehoben durch Art. XCIX des Ges., Aenderungen des Gesetzes über das Gebührenwesen betr., vom 9. Juni 1899 und ersetzt durch die Art. 40 und 42 neuer Textirung.

Bekanntmachung

des K. Staatsministeriums des Innern vom 2. Oktober 1898,

Gemeindliche Besitzveränderungsabgabe betr.

J.M.Bl. 1898 S. 607.

Auf Grund der Wahrnehmungen, welche im Vollzuge des Gesetzes vom 15. Juni l. Js., die Einführung einer Besitzveränderungsabgabe für Gemeinden betr., seither sich ergeben haben, wird Nachstehendes eröffnet.

Dem Gesetze vom 15. Juni l. Js. liegt zwar die Absicht zu Grunde, den Gemeinden zur Bestreitung ihres erhöhten Aufwandes für öffentliche Einrichtungen und Anstalten eine neue Einnahmsquelle zu schaffen; gleichwohl waren dabei die gesetzgeberischen Faktoren der Auffassung, daß diese Einnahmsquelle nicht ohne Weiteres für jede Gemeinde sich eigne und wurde deshalb die Einführung der Besitzveränderungsabgabe von der jeweiligen Genehmigung des K. Staatsministeriums des Innern abhängig gemacht.

Es besteht Anlaß, die Gesichtspunkte, von denen bei Ertheilung jener Genehmigung ausgegangen wird, des näheren hervorzuheben:

1. Nach Maßgabe der Art. 39/30 Abs. 2 beider Gemeindeordnungen ist die Besitzveränderungsabgabe unter die subsidiären Deckungsmittel für den gemeindlichen Bedarf zu rechnen; es ist deshalb vorausgesetzt, daß in einer Gemeinde nach ihren Vermögens- und Belastungsverhältnissen für die Einführung der Besitzveränderungsabgabe ein Bedürfniß gegeben ist.

Zu den Verhandlungen ist demnach die wirthschaftliche Lage des Gemeindehaushaltes in ähnlicher Weise, wie zu den Gesuchen um Genehmigung des Lokalmalz- und Bieraufschlages, nachzuweisen und mit den zwei letzten Rechnungen und Voranschlägen der Gemeinde zu belegen.

2. Bei Erlaß des Gesetzes leitete ferner auch die Erwägung, daß mit der fortschreitenden Entwicklung mancher Gemeinden die Liegenschaften vielfach und nicht unerheblich im Werthe steigen, daß die Vortheile der gemeindlichen Einrichtungen besonders in Städten dem Immobiliarbesitze in hohem Maße zu Gute kommen und daß es deshalb billig erscheine, wenn solche Liegenschaften im Anschlusse an die staatliche Besitzveränderungsgebühr oder das Aequivalent hiefür auch an die Gemeinde eine Abgabe entrichtet werde.

Es wurde dabei an jene Fälle gedacht, wo in Städten und deren Umgebung oder in Gegenden mit stärkerem Fremdenbesuche ein häufigerer Verkehr in Grundstücken stattfindet oder zu erwarten steht und wo namentlich auch Grundstücke mehr und mehr zu Bauplätzen bestimmt und als solche verwertet werden.

Dagegen lag es nicht in der Intention des Gesetzes, den landwirthschaftlichen Interessen irgendwie nahezutreten, und kann deshalb eine gemeindliche Besitzveränderungsabgabe da nicht angemessen sein, wo es sich bei dem Besitzwechsel fast durchweg nur um landwirthschaftliche Gebäude und Grundstücke handelt und die Abgabe demnach als eine neue Belastung des landwirthschaftlichen Besitzes aufzufassen wäre.

Ob und inwieweit derartige Verhältnisse und Voraussetzungen im Einzelfalle gegeben sind, ist in sachentsprechender Weise zu den Akten aufzuklären.

3. In Rücksicht auf den Zweck, dem die Besitzveränderungsabgabe in der Gemeinde dienen soll, ist es von Belang, daß auf einen beachtenswerten Ertrag derselben für die Gemeindekasse gerechnet werden kann.

Es ist deshalb im Benehmen mit dem K. Rentamte zu erheben und darzulegen, ob und in welcher Art seither schon ein größerer Güterverkehr in der Gemeinde sich gezeigt hat oder ob und inwieweit ein solcher etwa in der Folge anzunehmen sei.

Letztere Voraussetzung muß aber im Allgemeinen zutreffen; es kann nicht genügen, wenn nur vereinzelte zufällige Besitzveränderungen größerer Bedeutung in Aussicht stehen.

4. Zur Einführung der Besitzveränderungsabgabe in einer Gemeinde ist darauf zu sehen, daß die Beschlußfassung der Gemeindevertretung in rechtsgiltiger Weise zu stande komme, sowie daß die Beschlüsse in der vorschriftsmäßigen Form zur Beurkundung gelangen und zu den Akten gebracht werden; für die Landgemeinden rechts des Rheins wird dabei auf die Ministerialentschließung vom 26. März 1887 Nr. 1670 (Min.-Amtsbl. S. 119) zur Nachachtung hingewiesen. Wo den gemeindlichen Beschlüssen die erforderliche Begründung und Ausführung zur Sache etwa schon beigefügt ist, kann von einem besonderen Berichte seitens der Gemeindeverwaltung abgesehen werden; auch ein Gesuch an das K. Staatsministerium des Innern ist nicht erfordert.

Seitens der Distriktsverwaltungsbehörden einschließlich der unmittelbaren Magistrate sind die Verhandlungen dem K. Staatsministerium des Innern mit Berichterstattung darüber direkt vorzulegen.

5. Die Ertheilung der Genehmigung zur Erhebung der gemeindlichen Besitzveränderungsabgabe erfolgt in der Regel widerruflich; für den Fall daher, daß die in gegenwärtiger Entschließung bezeichneten Voraussetzungen in der Folge sich als nicht zutreffend erweisen oder in Wegfall kommen sollten, bleibt die Zurücknahme der Genehmigung vorbehalten.

Allerhöchste Verordnung
vom 28. Dezember 1899, die Notariatsgebührenordnung betr.

GVBl. 1899 Seite 1183 bis 1205.

Im Namen Seiner Majestät des Königs.

Luitpold,

von Gottes Gnaden Königlicher Prinz von Bayern,

Regent.

Wir finden Uns bewogen, auf Grund der Bestimmungen des Artikel 5 des Gesetzes über das Gebührenwesen zu verordnen, was folgt:

Notariatsgebührenordnung.

Erster Abschnitt.

Allgemeine Vorschriften.

Artikel 1.

Die Vergütung für die Amtshandlungen der Notare bestimmt sich nach den Vorschriften dieser Gebührenordnung. Auf die Notariatsverweser finden diese Vorschriften, soweit nicht in einzelnen Fällen ein Arderes bestimmt ist, gleichmäßige Anwendung.

Anm. 1. Im Gegensatze zu den Amtshandlungen der Notare stehen die Nebengeschäfte (Privatgeschäfte); siehe bezüglich letzterer Art. 71—74.

Anm. 2. Bezüglich der Ausnahmen für die Notariatsverweser siehe Art. 95.

Artikel 2.

Für die Geltendmachung und Beitreibung der Gebühren und Auslagen der Notare und für das Armenrecht sind die Vorschriften des Notariatsgesetzes, für die Verjährung die Vorschriften des Bürgerlichen Gesetzbuchs, für die Buch- und Registerführung die Vorschriften der Geschäftsordnung maßgebend.

Anm. Vergl. hiezu:

a) für die Geltendmachung oder Beitreibung der Gebühren und Auslagen Art. 49—52, 55 Not.Ges.,

b) für das Armenrecht Art. 53,54 Not.Ges.,

c) für die Verjährung § 196 Ziff. 15 B.G.B. (2 Jahre),

d) für die Buch- und Registerführung Gesch.O. § 25 Nr. 9, 54 und für den Fall der Führung der Notariatsgeschäfte auf Rechnung des Staates Art. 112, 113 Not.Ges., Instr. § 8 Abs. 2 (F.M.Bl. 1899 S. 307, J.M.Bl. S. 343) und M.Bktm. vom 19. Januar 1900, die Führung von Notariaten auf Rechnung des Staates, hier die Verrechnung der Notariatsgebühren betr., F.M.Bl. S. 89, J.M.Bl. S. 461.

Artikel 3.

Gebühren werden, soweit nicht in besonderen Vorschriften ein Anderes bestimmt ist, nur in Parteisachen erhoben.

Für Amtshandlungen, welche unabhängig von dem Ansuchen Betheiligter von Amtswegen vorzunehmen sind, wie Eintragungen in die vorgeschriebenen Dienstregister, Anzeigen an Behörden, Vorlegung von Urkunden und Akten an solche, dürfen keine Gebühren angesetzt werden. Dasselbe gilt für Zustellungen, die von Amtswegen zu erfolgen haben.

Anm. 1. Bezüglich besonderer Vorschriften in anderen als Parteisachen siehe z. B. Art. 51 (für Testamentsvollstrecker), Art. 52 (Zwangsversteigerungsverfahren).

Anm. 2. Die Zustellungen von Amtswegen obliegen dem Notare bei dem Zwangsversteigerungsverfahren, der Vermittlung der Auseinandersetzung eines Nachlasses oder Gesammtgutes sowie dem amtlichen Verfahren über die Eröffnung von Testamenten und Erbverträgen, Gesch.O. § 203. Vergl. auch Art. 59.

Artikel 4.

Für die Berechnung seiner Gebühren und Auslagen, die Uebersendung der Rechnungen, die Aufforderung und Mahnung zur Zahlung, endlich für die Quittung kann der Notar weder Gebühren noch Auslagen verrechnen. Wird die Uebersendung der Quittung gewünscht, so können die Auslagen für die Post oder den Boten in Ansatz kommen.

Anm. Nach § 10 Abs. 5 Instr. sind die Mittheilungen der Kostenrechnungen an die Pflichtigen im internen Verkehr als Dienstsachen portofrei.

Artikel 5.

Für jedes Geschäft ist ohne Rücksicht auf die Zahl der dabei Betheiligten nur eine Gebühr zu erheben.

Anm. Vergl. hiezu Art. 18.

Artikel 6.

Geschäfte, deren Wirksamkeit an eine Bedingung geknüpft ist, sind wie unbedingte zu behandeln.

Anm. Hierunter fallen z. B. Verträge über Verkauf einer Wirthschaft unter der Bedingung der Ertheilung der Wirthschaftskonzession oder eines Baugrundes unter dem Vorbehalte der baupolizeilichen Genehmigung, dann freiwillige Versteigerungen unter dem Vorbehalte der nachträglichen Genehmigung des Zuschlages durch den Versteigerer oder einen Dritten; vergl. Art. 19 Note 2. Auch in den Fällen des Art. 176 Abs. 2 und Art. 177 Geb.G., wenn die Wirksamkeit eines Vertrages ausdrücklich von der nachträglichen Genehmigung einer bestimmten dritten Person oder einer Behörde u. s. w. abhängig gemacht ist und diese Genehmigung versagt wird, hat ohne Rücksicht darauf, daß dann die Staatsgebühr unter Umständen zurückvergütet oder gar nicht in

Ansatz kommt, der Notar die Gebühr für das Amtsgeschäft, als ob solches zu Stande gekommen wäre, zu beanspruchen.

Artikel 7.

Die Gebühr bildet die Vergütung für die gesammte, zur Erledigung des Geschäfts erforderliche Thätigkeit des Notars. Für einzelne zur Abwickelung eines Geschäfts gehörende Handlungen, wie Ladung von Betheiligten zu Amt, Bestellung von Zeugen und Sachverständigen, vorbereitende Besprechungen und Korrespondenzen, Prüfung von Büchern, Registern, Akten, Urkunden, Rechnungen, Einsicht von Grund- und Hypothekenbüchern dürfen besondere Gebühren nicht verrechnet werden.

Anm. Eine der Beurkundung des Geschäftes nachfolgende Thätigkeit des Notars, welche nicht zur Erledigung des Geschäftes erforderlich ist, wie z. B. Korrespondenz mit betheiligten Gläubigern wegen Bezahlung und Löschung ihrer Hypotheken, fällt nicht unter die Bestimmung des gegenwärtigen Artikels, sondern unter Art. 20, weil diese Regelung Sache der Betheiligten ist.

Artikel 8.

Wird ein Amtsgeschäft am Krankenlager oder zur Nachtzeit vorgenommen, so erhöht sich die Gebühr des Notars um ein Viertel. Die Erhöhung findet auch beim Zusammentreffen beider Erhöhungsgründe nur einmal statt.

Wird ein am Tage begonnenes Geschäft auf Wunsch der Betheiligten in die Nachtzeit hinein fortgesetzt, so gilt es als zur Nachtzeit vorgenommen, wenn es mehr als eine Stunde über den Beginn der Nachtzeit hinaus in Anspruch genommen hat. Der Notar kann in diesem Falle die erhöhte Gebühr nur dann beanspruchen, wenn er die Betheiligten vor der Fortsetzung in die Nachtzeit hinein auf den Eintritt der Gebührenerhöhung aufmerksam gemacht hat.

Welche Zeit als Nachtzeit zu gelten hat, bestimmt die Geschäftsordnung.

Anm. 1. Die Erhöhung der Gebühr um ein Viertel findet in gleicher Weise auch bei Nebengeschäften, z. B. für den Entwurf eines Testamentes am Krankenbette statt; siehe Art. 72.

Anm. 2. Beträgt die ordentliche Gebühr für das Amtsgeschäft, wie z. B. für Errichtung eines Testamentes oder Erbvertrages, die Hälfte der vollen Werthgebühr, so erhöht sie sich bei Vornahme des Amtsgeschäftes am Krankenbette um $^1/_4$ dieser halben Werthgebühr, nicht der vollen Werthgebühr. Bei einem Testamente mit einem Werthgegenstand von 2500 Mark beträgt die ordentliche Gebühr 6 Mark, am Krankenbette also 7 Mark 50 Pfennig, nicht 9 Mark.

Anm. 3. Die Nachtzeit umfaßt nach § 16 Gesch.O. die Stunden von 9 Uhr Abends bis 6 Uhr Morgens. Siehe auch § 17, 40 Abs. 2 Gesch.O.

Artikel 9.

Die Notariatsgebühren werden entweder nach festen Sätzen oder nach dem Werthe des Gegenstandes des Geschäfts oder endlich nach Maßgabe der von dem Notar auf die Erledigung des Geschäfts verwendeten Zeit bemessen. (Feste Gebühren, Werthgebühren, Zeitgebühren.)

Artikel 10.

Die zum Zwecke der Erhebung der Staatsgebühr festgestellte Gegenstandssumme ist auch für die Notariatsgebühren maßgebend, wenn gleichzeitig Staatsgebühren und Notariatsgebühren nach dem Werthe des Gegenstandes erhoben werden.

Anderenfalls erfolgt die Bestimmung der Gegenstandssumme nach den besonderen Vorschriften dieser Verordnung und in Ermangelung von solchen besonderen Vorschriften nach vernünftigem Ermessen.

Anm. Als Ausnahme von dieser Bestimmung siehe für Leibrentenverträge Art. 187 Geb.G. und Art. 29 Abs. 2 gegenwärtiger Verordnung.

Artikel 11.

Bei der Berechnung der Gebühren nach dem Werthe bleiben Bruchtheile eines Pfennigs außer Ansatz. Pfennigbeträge, die nicht durch zehn theilbar sind, werden auf zehn aufgerundet.

Artikel 12.

Die volle Werthgebühr beträgt bei Gegenständen im Werthe

1.			bis zu	100	Mark					1,—	Mark
2.	von	mehr	als	100	„	bis	200	Mark		1,80	„
3.	„	„	„	200	„	„	300	„		2,70	„
4.	„	„	„	300	„	„	400	„		3,60	„
5.	„	„	„	400	„	„	500	„		4,50	„
6.	„	„	„	500	„	„	600	„		5,40	„
7.	„	„	„	600	„	„	900	„		6,30	„
8.	„	„	„	900	„	„	1200	„		7,20	„
9.	„	„	„	1200	„	„	1500	„		8,10	„
10.	„	„	„	1500	„	„	1800	„		9,—	„
11.	„	„	„	1800	„	„	2200	„		10,50	„
12.	„	„	„	2200	„	„	2700	„		12,—	„
13.	„	„	„	2700	„	„	3300	„		13,50	„
14.	„	„	„	3300	„	„	4000	„		15,—	„
15.	„	„	„	4000	„	„	4800	„		16,50	„
16.	„	„	„	4800	„	„	5700	„		18,—	„
17.	„	„	„	5700	„	„	6700	„		19,50	„
18.	„	„	„	6700	„	„	7800	„		21,—	„
19.	„	„	„	7800	„	„	8900	„		22,50	„
20.	„	„	„	8900	„	„	10,000	„		24,—	„
21.	„	„	„	10,000	„	„	12,000	„		27,—	„
22.	„	„	„	12,000	„	„	14,000	„		30,—	„
23.	„	„	„	14,000	„	„	16,000	„		33,—	„
24.	„	„	„	16,000	„	„	18,000	„		36,—	„
25.	„	„	„	18,000	„	„	20,000	„		39,—	„
26.	„	„	„	20,000	„	„	23,000	„		42,—	„
27.	„	„	„	23,000	„	„	26,000	„		44,—	„
28.	„	„	„	26,000	„	„	29,000	„		46,—	„
29.	„	„	„	29,000	„	„	32,000	„		48,—	„

30.	von	mehr	als	32,000 Mark	bis	35,000 Mark	50,—	Mark
31.	„	„	„	35,000 „	„	38,000 „	52,—	„
32.	„	„	„	38,000 „	„	41,000 „	54,—	„
33.	„	„	„	41,000 „	„	44,000 „	56,—	„
34.	„	„	„	44,000 „	„	47,000 „	58,—	„
35.	„	„	„	47,000 „	„	50,000 „	60,—	„

Die ferneren Werthklassen steigen um je 10,000 Mark und die Gebühren um je 6 Mark; beträgt der Werth des Gegenstandes mehr als 400 000 Mark, so steigt die Gebühr von da ab nur mehr um je 1 Mark in jeder Klasse.

Anm. Innerhalb der einzelnen Werthklassen findet keine Theilung der Gebühr statt; bei einem Gegenstande von 110 Mark beträgt die Gebühr nicht 1 Mark 10 Pfennig, sondern 1 Mark 80 Pfennig, bei einem Gegenstande von 10100 Mark nicht 24 Mark 20 Pfennig, sondern 27 Mark, bei einem Gegenstande von 50100 Mark nicht 60 Mark 10 Pfennig, sondern 66 Mark u. s. f.

Artikel 13.

Für die Berechnung der Zeitgebühr kommt nicht bloß die zur Vornahme des Geschäftes selbst, sondern auch die zu den nothwendigen Vorarbeiten (Besprechungen, Akteneinsicht, Prüfung von Rechnungen ꝛc.) verwendete Zeit in Anschlag, mit Ausnahme der Zeit für die nach Art. 30, 35, 134 des Notariatsgesetzes erforderliche Einsicht des Grundbuchs und des Hypothekenbuchs.

Anm. Für die Erholung eines Hypothekenbuchsauszuges von einem auswärtigen Hypothekenamte darf, weil diese Thätigkeit eine vorbereitende Korrespondenz im Sinne des Art. 7 ist, ebenso wenig die Zeitgebühr angesetzt werden wie für die Einsicht des Grundbuches oder Hypothekenbuches.

Artikel 14.

Die Zeitgebühr wird nach Stunden bemessen. Ist die insgesammt für ein Geschäft aufgewendete Zeit geringer als eine Stunde oder ergibt sich bei der Zusammenrechnung außer vollen Stunden noch ein Bruchtheil, so wird zur vollen Stunde aufgerundet.

Artikel 15.

Die Zeitgebühr beträgt 2 Mark für jede Stunde.

Artikel 16.

Nimmt ein Geschäft, für das eine Werthgebühr anzusetzen wäre, soviel Zeit in Anspruch, daß die Zeitgebühr dafür sich höher berechnen würde als die Werthgebühr, so kann der Notar die Zeitgebühr beanspruchen.

Diese Bestimmung findet keine Anwendung, wenn die Gegenstandssumme nicht mehr beträgt als 200 Mark.

Anm. 1. Die Zeitgebühr darf nur an Stelle der Werthgebühr beansprucht werden, nicht auch an Stelle der festen Gebühr (Art. 9, 12).

Anm. 2. Die Bestimmung des Art. 47 Abs. 4, daß die Erhebung der Zeitgebühr an Stelle der in Art. 47 Abs. 1 bestimmten Gebühr ausgeschlossen ist, ist keine Ausnahme von der Vorschrift des gegenwärtigen Artikels, weil die Gebühr des Art. 47 Abs. 1 sich nicht nach der Werthgebühr des Art. 12 bemißt.

Artikel 17.

So oft der Notar die Zeitgebühr verrechnet, soll er beim Gebührenvermerk auf der Urkunde und im Gebührenregister angeben, wie viel Zeit das Geschäft in Anspruch genommen hat.

Anm. Eine Anführung, worin die Vorarbeiten bestanden haben, wie bisher nach Art. 21 Abs. 2 der Geb.O. vom 30. November 1875 vorgeschrieben war, ist nicht mehr erforderlich.

Artikel 18.

Enthält eine Urkunde mehrere der Werthgebühr unterliegende Rechtsgeschäfte, welche von einander unabhängig sind oder nicht nothwendig eines aus dem anderen fließen, so wird für jedes dieser Rechtsgeschäfte eine besondere Gebühr geschuldet.

Auf Verbindlichkeiten, welche nur als Bedingungen des Hauptvertrags erscheinen oder zur Erfüllung der Leistung oder Gegenleistung desselben bedungen oder übernommen werden, insbesondere auch auf Bürgschaften und Pfandbestellungen findet vorstehende Bestimmung keine Anwendung.

Anm 1. Vergl. Art. 183 Geb.G. Die Bestimmung greift nur Platz, sofern die mehreren von einander unabhängigen Rechtsgeschäfte der Werthgebühr, nicht auch, wenn sie oder einzelne von ihnen der festen Gebühr (Art. 9) unterliegen.

Fälle mehrerer von einander unabhängiger, der Werthgebühr unterliegender Rechtsgeschäfte sind ein Kaufvertrag mit Cession des Kaufpreises an einen Dritten, ein Uebergabsvertrag mit erbrechtlichen Bestimmungen oder mit einem Abnährungs-, Leibgedings- Austragsvertrag, oder mit einem Ehevertrag. Dagegen findet die Bestimmung des Abs. 1 nicht Anwendung bei einem Kaufvertrag mit Löschung von Hypotheken oder mit sonstigen Hypothekerklärungen.

Ein Kaufvertrag mit Hypothekbestellung für den Kaufpreis fällt unter die Verbindlichkeiten des Abs. 2.

Anm. 2. Bezüglich der Verbindung eines Ehevertrages mit einem Vertrag über religiöse Erziehung der Kinder oder mit einem Erbvertrag siehe Art. 26 Abs. 2 und Art. 27 Abs. 4.

Artikel 19.

Für Geschäfte, welche zwar begonnen, aber ohne Schuld des Notars nicht vollendet worden sind, erhält der Notar die Zeitgebühr.

Bei Geschäften, die im Falle ihrer Erledigung nicht mit der Zeitgebühr hätten bewerthet werden können, darf die Gebühr des Abs. 1 nur bis zur Höhe von Dreiviertel der für die Erledigung zustehenden Gebühr gefordert werden.

Anm. 1. Hier darf die Zeitgebühr für jede Thätigkeit des Notars, also auch für Einsicht des Hypothekenbuches und Grundbuches, für Erholung eines Hypothekenbuchsauszuges und für alle sonstigen vorbereitenden Handlungen angerechnet werden, vorbehaltlich der in Abs. 2 vorgesehenen Maximalgrenze.

Anm. 2. Hieher gehören z. B. Versteigerungen, die vor Ertheilung des Zuschlags, z. B. weil das geringste zulässige Gebot nicht erreicht wird oder weil der Versteigerer sofort erklärt, das gelegte Meistgebot nicht zu genehmigen, eingestellt werden. Wird dagegen der Zuschlag ertheilt, aber die Giltigkeit desselben von der nachträglichen Genehmigung des Versteigerers oder eines Dritten abhängig gemacht, so liegt ein bedingtes Rechtsgeschäft vor, welches nach Art. 6 wie ein unbedingtes zu behandeln ist; vergl. Art. 6 Note und Art. 23 Note 2.

Artikel 20.

Für alle Amtsgeschäfte, über welche in dieser Verordnung keine Bestimmung getroffen ist, erhält der Notar die Zeitgebühr.

Anm. Hierunter fällt die Korrespondenz mit Banken, Gläubigern oder sonstigen Betheiligten, soweit es sich nicht um eine zur Erledigung des Geschäftes erforderliche vorbereitende Thätigkeit handelt; vergl. Art. 7.

Artikel 21.

Ist ein von einem Notar vorgenommenes Amtsgeschäft nutzlos oder unwirksam, so hat der Notar keine Gebühren zu beanspruchen, wenn er die Nutzlosigkeit oder Unwirksamkeit verschuldet hat.

Das Gleiche gilt von der Erstattung nutzloser Auslagen.

Anm. Ein Amtsgeschäft ist durch Verschulden des Notars nutzlos oder unwirksam, wenn es wegen eines Formmangels oder wegen Außerachtlassung einer wesentlichen Vorschrift aufgehoben wird oder von Anfang an rechtsunwirksam ist; siehe z. B. Not.Ges. Art. 15, 16, 25. Bezüglich nutzloser Auslagen siehe Art. 78.

Zweiter Abschnitt.

Beurkundung von Rechtsgeschäften, von sonstigen Erklärungen, von Vorgängen und von Thatsachen.

Artikel 22.

Für die Beurkundung von Kauf-, Tausch-, Uebergabs- und Theilungsverträgen, Gesellschaftsverträgen, Mieth-, Pacht- und Werkverträgen wird die volle Werthgebühr erhoben.

Verträge, durch welche sich jemand verpflichtet, das Eigenthum an einem Grundstück oder an einer beweglichen Sache zu übertragen oder ein den Grundstücken gleichstehendes Recht zu bestellen oder zu übertragen, ferner Verträge, durch welche sich jemand verpflichtet, sein gegenwärtiges Vermögen oder einen Bruchtheil seines gegenwärtigen Vermögens oder sonst eine Vermögensmasse oder einen Bruchtheil davon zu übertragen, sind mit der Gebühr des Absatz 1 zu belegen, wenn nicht in den nachfolgenden Artikeln etwas anderes bestimmt ist.

Anm. 1. Ueber Gesellschaftsverträge vergl. H.G. § 182, Gesetz vom 20. Mai 1898, die Gesellsch. m. b. H., § 2.

Die Abänderung des Gesellschaftsvertrages durch die Generalversammlung fällt nicht unter gegenwärtige Bestimmung, sondern unter die Bestimmung des Art. 41.

Die Abtretung von Gesellschaftsantheilen und Theilen von solchen fällt unter Art. 24.

Anm. 2. Bezüglich der in Abs. 2 vorgesehenen Ausnahmen siehe Art. 23, 24, 27, 29, 47, 48, 52 Abs. 2.

Artikel 23.

Für die Vornahme von öffentlichen Versteigerungen, einschließlich der zugehörigen Beurkundung, wird die anderthalbfache Werthgebühr erhoben.

Wird bei einer öffentlichen Versteigerung von Grundstücken der Zuschlag auf die für die einzelnen Grundstücke gelegten Gebote ertheilt, so ist die Gebühr nach den Einzelpreisen zu berechnen.

Bei der öffentlichen Versteigerung von beweglichen Sachen und von Nutzungen, für welche nicht die sich auf Grundstücke beziehenden Vorschriften gelten, ist die Gebühr stets aus dem Gesammterlöse zu berechnen.

Anm. 1. Die Gebühr ist bei freiwilligen und Zwangsversteigerungen die gleiche; vergl. Art. 52 Abs. 2.

Anm. 2. Zur Vornahme der Versteigerung gehört nicht nur die Beurkundung der Versteigerungsverhandlung, sondern überhaupt der ganze Versteigerungsakt, insbesondere die Entscheidung über Zulassung oder Zurückweisung eines Gebotes und die Ertheilung des Zuschlages. Wird der Strichschilling beim Notare erlegt, ist solcher nach Art. 4 Not.Ges. zu dessen Annahme verpflichtet und hat hiefür eigens die Hinterlegungsgebühr der Art. 97 ff. zu beanspruchen. Die Versteigerung ist aber erst vollendet bei Ertheilung des Zuschlages und zwar auch dann, wenn die Genehmigung des Zuschlages von der nachträglichen Zustimmung des Versteigerers oder eines Dritten abhängig gemacht ist, vergl. Art. 6.

Wurde dagegen vor Ertheilung des Zuschlages die Versteigerung eingestellt, weil z. B. der Versteigerer erklärt, die gelegten Gebote nicht zu genehmigen, so würde die Versteigerung noch nicht vollendet sein, daher nicht die Gebühr des gegenwärtigen Artikels, sondern nur die des Art. 19 Abs. 1 angerechnet werden können.

Artikel 24.

Für die Beurkundung eines Schuldversprechens oder Schuldanerkenntnisses, eines Bürgschaftsversprechens, einer Schuldübernahme, einer Forderungsabtretung wird bis zu einer Gegenstandssumme von 2200 Mark die Hälfte, bei höherer Gegenstandssumme zwei Drittel der vollen Werthgebühr erhoben; ebenso für die Beurkundung des Versprechens, ein Pfandrecht an einer beweglichen Sache zu bestellen, für die Beurkundung der Bestellung, Belastung oder Uebertragung eines Erbbaurechts, einer Dienstbarkeit, einer Reallast, einer Hypothek oder eines sonstigen Rechts an einem Grundstück und für die Beurkundung des Versprechens, ein solches Recht zu bestellen, zu belasten oder zu übertragen.

Anm. 1. In den Fällen des Art. 154 Abs. 5 mit Art. 121 Geb.G. ist die Gegenstandssumme der ganze Betrag des neuen Darlehens, für welches Hypothek bestellt wird, und ist hieraus die Werthgebühr des Notars zu berechnen; vergl. oben Geb.G. Art. 154 Anm.

Anm. 2. Unter Forderungsabtretung fällt auch die Abtretung von Gesellschaftsantheilen und Theilen von solchen; siehe Gesetz vom 20. Mai 1898, die Gesellsch. m. b. H., §§ 15, 17.

Artikel 25.

Für die Beurkundung von Eheverträgen wird die Hälfte der vollen Werthgebühr, jedoch nicht weniger als 4 Mark nicht mehr als 40 Mark erhoben.

Die Gegenstandssumme wird nach dem gesammten beiderseitigen Rein-Vermögen beim Abschlusse des Ehevertrags berechnet.

Ist die Größe des Vermögens nicht ersichtlich und weigern sich die Betheiligten darüber eine Angabe zu machen, so beträgt die Gebühr 10 Mark.

Anm. 1. Ob sich der Ehevertrag auf das gesamte beiderseitige Reinvermögen erstreckt oder nicht, ist entgegen der Bestimmung bei dem Erbvertrage (vergl. Art. 27 Abs. 2) gleichgiltig.

Bei Verbindung des Ehevertrages mit einem Vertrage über religiöse Kindererziehung steht dem Notar die Gebühr für den Ehevertrag als die höhere zu, bei Verbindung mit einem Erbvertrage die Gebühr für den einen oder den anderen Vertrag und zwar bei Verschiedenheit der Gebühren die höhere. Vergl. Art. 26 Abs. 2, Art. 27 Abs. 4 und Note 2 zu Art. 27.

Anm. 2. Der Notar ist verpflichtet, die Betheiligten über die Höhe ihres beiderseitigen Vermögens zu befragen, da ohne solche Befragung von keiner Weigerung der Angabe gesprochen werden kann; eine Konstatirung hierüber in der Urkunde ist zwar nicht geboten, aber räthlich.

Artikel 26.

Für die Beurkundung eines Vertrags zwischen Brautleuten oder Ehegatten, durch den lediglich über die religiöse Erziehung der Kinder verfügt wird, steht dem Notar eine Gebühr von 2 Mark zu.

Wird in einem vom Notar beurkundeten Ehevertrag außer anderen Vertragsbestimmungen auch über die religiöse Erziehung der Kinder eine Verfügung getroffen, so steht hiefür dem Notar keine besondere Gebühr zu.

Anm. Der Abs. 2 enthält keine Ausnahme von der allgemeinen Regel des Art. 18 Abs. 1, weil der Vertrag über religiöse Kindererziehung nicht der Vertragsgebühr, sondern der festen Gebühr unterliegt.

Artikel 27.

Für die Beurkundung von Testamenten, Erbverträgen und Erbverzichtsverträgen wird die Hälfte der vollen Werthgebühr, jedoch nicht weniger als 4 Mark, nicht mehr als 40 Mark erhoben.

Die Gebühr wird nach dem Werthe des Gegenstandes oder des Vermögens berechnet, worüber verfügt ist.

Ist der Werth nicht ersichtlich und weigern sich die Betheiligten, ihn anzugeben, so beträgt die Gebühr 10 Mark.

Ist ein Ehevertrag mit einem Erbvertrage verbunden, so kommt nur eine Gebühr und zwar die höhere zur Erhebung.

Anm. 1. Die Werthgebühr dieses Artikels kommt nur bei Errichtung von Testamenten und Erbverträgen durch mündliche Erklärung des Erblassers zur Erhebung, nicht auch bei Uebergabe einer den letzten Willen oder den Erbvertrag enthaltenden Schrift, B.G.B. § 2238; letzteren Falles kann der Notar nur die Uebernahmsgebühr des Art. 55 Abs. 1 mit 3 Mark 50 Pfennig verrechnen. Hat der Notar zuvor das Testament oder den Erbvertrag auf Antrag des Erblassers als Privatschriftstück aufgesetzt, so steht ihm gemäß Art. 72 Abs. 1 hiefür als Nebengeschäft dieselbe Gebühr wie für die notarielle Beurkundung zu. Da vielfach die Betheiligten ihren letzten Willen nicht von den Zeugen hören lassen wollen, selbst aber ihn auch nicht entwerfen können oder wollen, darf der Notar unbedenklich, wie schon bisher, so auch nach neuem Rechte, zunächst das Testament oder den Erbvertrag als Neben- oder Privatgeschäft aufsetzen und dieses Schriftstück dann offen oder verschlossen sich in Gegenwart der Zeugen übergeben lassen und, weil immer eine doppelte Thätigkeit in Frage steht, für den Testamentsaufsatz die Gebühr des gegenwärtigen Artikels im Nebengeschäfte und für die Uebernahme die Uebernahmsgebühr des Art. 55 verrechnen.

Anm. 2. Während bei Eheverträgen das ganze beiderseitige Vermögen, ohne Rücksicht darauf, ob sich der Vertrag auf das ganze Vermögen erstreckt oder nicht, aber unter Abzug der Schulden der Gebührenbewerthung zu Grunde zu legen ist, kommt bei Testamenten und Erbverträgen nur das Vermögen, worüber verfügt ist, jedoch ohne Abzug der Schulden in Betracht. Wird also z. B. in einem Testamente über ein Anwesen verfügt, so kommt dessen ganzer Werth ohne Rücksicht auf die darauf ruhenden Schulden für die Gebühr des Notars in Betracht.

Anm. 3. Ein Erbverzichtsvertrag steht auch in Frage, wenn nur die einseitige Erklärung des Verzichtenden oder die Annahmeerklärung des Erblassers beurkundet wird; vergl. B.G.B. §§ 2346, 2348, 128, 152.

Anm. 4. Wegen Befragung der Betheiligten über den Werth vergl. Art. 25 Note 2.

Artikel 28.

Für die Beurkundung von Vereinbarungen zwischen dem Vater eines unehelichen Kindes und diesem über den Unterhalt für die Zukunft oder über eine an Stelle des Unterhalts zu gewährende Abfindung sowie für die Beurkundung einer Vereinbarung zwischen dem Vater eines unehelichen Kindes und der Mutter über die der Mutter aus der Beiwohnung und der Entbindung entstandenen Ansprüche wird die Zeitgebühr erhoben.

Artikel 29.

Für die Beurkundung von Leibrenten- und Versicherungsverträgen wird die Hälfte der vollen Werthgebühr erhoben.

Als Werthgegenstand gilt bei Versicherungsverträgen die versicherte Summe, bei Leibrenten der Kaufpreis und in Ermangelung eines solchen der zehnfache Betrag der Rente.

Anm. Während für die Staatsgebühr bei Leibrenten gemäß Art. 187 Geb.G. und § 9 C.P.O. der $12^1/_2$- und beziehungsweise 25fache Jahresbetrag den Werthgegenstand bildet, ist für die Notariatsgebühr als Ausnahme von der Regel des Art. 10 gegenwärtiger Verordnung nur der 10fache Betrag der Rente in Ermangelung eines bestimmten Kapitalbetrages maßgebend.

Artikel 30.

Für die Beurkundung von Schenkungen und Schenkungsversprechen, dann von Stiftungsgeschäften wird die Hälfte der vollen Werthgebühr erhoben.

Für die Beurkundung der Errichtung von Familienfideikommissen kommt dem Notar die volle Werthgebühr zu.

Anm. Vergl. wegen Schenkungen und Schenkungsversprechen B.G.B. § 518, wegen Stiftungsgeschäften B.G.B. § 81, wegen Errichtung von Familienfideikommissen Art. 59 E.G. z. B.G.B. und Edikt über die Familienfideikommisse vom 26. Mai 1818 (VII. Verf.Beil.).

Artikel 31.

Vergleiche unterliegen als Verträge bei ihrer notariellen Beurkundung der Gebührenbewerthung nach Maßgabe ihres Inhalts.

Anm. Enthält der Vergleich ein Rechtsgeschäft des Art. 22, so kommt die volle Werthgebühr, wenn er ein Rechtsgeschäft der Art. 24, 27 (Erbverzicht), 29, 30 zum Gegenstand hat, die daselbst normierte Gebühr zum Ansatze.

Artikel 32.

Für die Beurkundung von Vollmachten, Einwilligungs- und Genehmigungserklärungen wird eine Gebühr von 1 Mark erhoben, wenn die Vornahme des Geschäfts nicht mehr als eine Stunde in Anspruch nimmt, andernfalls gelangt die Zeitgebühr zur Erhebung.

Anm. Ob die Einwilligungs- und Genehmigungserklärung auf ein bereits beurkundetes Rechtsgeschäft sich bezieht oder allgemein im Voraus abgegeben wird, z. B. Genehmigung des einen Ehegatten zu Rechtsgeschäften des anderen über das eingebrachte oder Gesammtgut, ist für die Gebühr gleichgiltig. Nur, wenn die Vornahme des Geschäftes mehr als eine Stunde in Anspruch nimmt, gelangt die Zeitgebühr (Art. 13, 14, 15, 17) zur Erhebung. Beansprucht die Beurkundung mit Besprechung genau 1 Stunde, beträgt die Gebühr 1 Mark; darüber bis zu 2 Stunden 4 Mark.

Artikel 33.

Für die Beurkundung von einseitigen Erklärungen, die zur Mittheilung an Dritte bestimmt sind, wie Anzeigen und Androhungen, Aufforderungen, Anfechtungen, Zurückweisungen, Kündigungen, Widerrufs- und Rücktrittserklärungen wird die Zeitgebühr erhoben.

Für die Uebergabe der Erklärung an den Gerichtsvollzieher zum Zwecke der Zustellung nach § 132 des B.G.B. hat der Notar keine Gebühr zu beanspruchen.

Anm. Die hier genannten Urkunden werden in der Regel den Betheiligten in Urschrift auszuhändigen sein, welche deren Zustellung selbst zu veranlassen haben oder aber den Notar um die Vermittelung der Zustellungen ersuchen können; vergl. Gesch.O. §§ 175, 201.

Artikel 34.

Für die Beurkundung von Empfangsbekenntnissen (Quittungen), ferner für die Beurkundung von Stundungen, Schulderlassen oder Verzichten wird, wenn die Gegenstandssumme mehr als 200 Mark beträgt, die Zeitgebühr, anderenfalls eine Gebühr von 1 Mark erhoben. Das Gleiche gilt für die Beurkundung von Erklärungen in Hypothekensachen in den Landestheilen r. d. Rh.

Anm. Ein Erbverzicht fällt nicht unter gegenwärtigen Artikel, sondern unter Art. 27 Abs. 1, auch wenn nur die einseitige Erklärung des einen Vertragstheils beurkundet wird, vergl. oben Art. 27 Anm. 3.

Artikel 35.

Für die Beurkundung von Erklärungen, welche dem Vormundschaftsgerichte, dem Nachlaßgericht oder einer anderen Behörde gegenüber abzugeben sind, wird, soweit nicht besondere Vorschriften bestehen, die Zeitgebühr erhoben.

Anm. Hieher gehören z. B. Einreichung des Verzeichnisses über das Kinder- oder Mündelvermögen oder über den Nachlaß, B.G.B. §§ 1640, 1667, 1669, 1692,

1802, Erklärung über Ausschlagung einer Erbschaft, Anfechtung der Annahme oder Ausschlagung einer Erbschaft, B.G.B. §§ 1944, 1945, 1955, soferne diese Erklärungen zu notarieller Urkunde erfolgen; für Beglaubigung solcher Erklärungen vergl. Art. 45.

Artikel 36.

Für die Beurkundung der Aussagen von Zeugen und Sachverständigen und für die Beurkundung von Schätzungen wird die Zeitgebühr erhoben, ebenso für die Beurkundung von Erklärungen, die unter Eid oder unter Versicherung an Eidesstatt abgegeben werden.

Anm. Vergl. Not.Ges. Art. 3, Gesch.O. §§ 262—266, B.G.B. § 2356 Abs. 2.

Artikel 37.

Für die Beurkundung von thatsächlichen Vorgängen wie Besitzergreifung, Uebergabe oder Vorzeigung von Gegenständen, Anbieten der Erfüllung einer Verbindlichkeit oder der Annahme einer Leistung, Geldvorzählung u. dgl., ferner für die Beurkundung von Zuständen, z. B. Vorhandensein und Beschaffenheit einer Sache, Leben und Gesundheitszustand einer Person wird die Zeitgebühr erhoben, soweit nicht in besonderen Vorschriften für einzelne Fälle anders bestimmt ist.

Anm. Die Bestimmung dieses Artikels findet bei solchen Beurkundungen Anwendung, die in Protokollform erfolgen, während für die einfachen Bestätigungen und Zeugnisse die besondere Vorschrift des Art. 44 Platz greift.

Artikel 38.

Für die Aufnahme von Vermögensverzeichnissen und Inventaren wird die Zeitgebühr erhoben.

Beträgt jedoch bei Vermögensverzeichnissen der Werth des ausgewiesenen Vermögens unter Abzug der Schulden mehr als 50,000 Mark und die Zahl der aufgezählten Vermögens- und Schuldposten mehr als hundert, so hat der Notar die Hälfte der vollen Werthgebühr nach dem reinen Werthe des ausgewiesenen Vermögens zu beanspruchen.

Anm. 1. Wird das Vermögensverzeichniß oder Inventar bezüglich des Unterschiedes (siehe Geb.G. Art. 126 Anm.) außerhalb der Amtsräume des Notars aufgenommen, so kommt neben der Zeitgebühr für die Aufnahme noch die Vergütung für Zeitversäumniß (Ganggebühr) nach Art. 83 oder das Tagegeld mit Reiseentschädigung nach Art. 84 ff. zum Ansatze; vergl. Art. 83 Anm. 3.

Vergl. auch Nachlaßordnung vom 31. Dezbr. 1899 §§ 19, 20, 67.

Anm. 2. Die erhöhte Gebühr des Abs. 2 kommt nur bei Vermögensverzeichnissen (B.G.B. §§ 1035, 1372, 1528, 1550, 1640, 1667, 1686, 1692, 1760, 1802, 1897, 1915, 2121, 2215, 2314), nicht auch beim Nachlaßinventar (B.G.B. §§ 1993, 1406 Ziff. 1, 1453 Abs. 2, 2063) zum Ansatze, weil die Gebühren in Nachlaßsachen möglichst erleichtert werden wollen und der Notar in Nachlaßsachen außerdem häufig durch weitere Thätigkeit, z. B. Beurkundung der Erbtheilung oder amtlichen Auseinandersetzung, entschädigt wird.

Artikel 39.

Für die Vornahme von Siegelungen und Entsiegelungen wird die Zeitgebühr erhoben.

Anm. Siehe hiezu Not.Ges. Art. 2 Ziff. 2 und Nachlaßordnung vom 31. Dezbr. 1899 §§ 6—17.

Artikel 40.

Für die Beurkundung des Herganges bei Verloosungen und bei Ausloosungen von Werthpapieren wird die volle Gebühr nach dem Gesammtwerthe der verloosten oder ausgeloosten Gegenstände, jedoch nicht mehr als 300 Mark erhoben.

Anm. 1. Unter Verloosungen fallen die Ziehungen der Kirchenbaulotterien, der Kunstvereine u. A., unter Ausloosung von Werthpapieren die Ziehungen von Schuldverschreibungen, der Gemeinden, Banken, Gesellschaften.

Anm. 2. An Stelle der hier vorgesehenen Werthgebühr kann nach Art. 16 auch die Zeitgebühr angerechnet werden.

Anm. 3. Wird die Verloosung, wie in der Regel der Fall, außerhalb der Amtsräume des Notares vorgenommen, hat derselbe nach Art. 83 für die auf den Hin- und Rückweg verwendete Zeitversäumniß die Zeitgebühr (2 Mark für die Stunde) besonders zu beanspruchen. Setzt der Notar statt der Werthgebühr nach Art. 16 die Zeitgebühr für die Beurkundung der Verloosung an, so ist nach Art. 83 Abs. 2 die Zeit für den Hin- und Rückweg der Zeit der Vornahme des Geschäftes hinzuzurechnen.

Anm. 4. Die Staatsgebühr für Verloosungen und Ziehungen beträgt 20 Mark; Geb.G. Art. 170 Ziff. 1.

Artikel 41.

Für die Aufnahme des Protokolls über die Sitzungen der Generalversammlungen oder der Aufsichtsräthe von Aktiengesellschaften oder Kommanditgesellschaften auf Aktien, sowie für die Aufnahme des Protokolls über die Sitzungen der Mitgliederversammlungen sonstiger Gesellschaften und Vereinigungen oder ihrer Organe, wird die volle Werthgebühr, jedoch nicht mehr als 300 Mark erhoben.

Sofern nicht ein bestimmter Werthgegenstand erhellt, wird als Werthgegenstandssumme der Betrag von 20000 Mark angenommen.

Anm. 1. Ist der Gegenstand der Beschlußfassung die Abänderung des Gesellschaftsvertrages, so bildet bei Erhöhung oder Ermäßigung des Gesellschaftsvermögens der Betrag dieser Erhöhung oder Ermäßigung den Werthgegenstand; siehe auch Art. 22 Anm. 1.

Anm. 2. Bei einem Protokoll über die Generalversammlung einer Aktien- oder sonstigen Gesellschaft, in welcher die Jahresbilanz und deren Verwendung festgestellt wird, bildet der Reingewinn, über dessen Verwendung Beschluß gefaßt wird, den Werthgegenstand. Bei einer Unterbilanz ist nicht der Verlustvortrag Werthgegenstand, ein solcher vielmehr nicht gegeben, daher die Gebühr nach Abs. 2 anzusetzen.

Anm. 3. Die Staatsgebühr beträgt nach Geb.G. Art. 170 Ziff. 1 und 2 für Generalversammlungsbeschlüsse von Aktiengesellschaften und Kommanditgesellschaften auf Aktien vorbehaltlich der Bestimmungen des Art. 150 Geb.G. 20 Mark, für Beschlüsse von Vereinen und Gesellschaften mit beschränkter Haftung vorbehaltlich der Bestimmungen des Art. 145 oder 146 Geb.G. 10 Mark, für Beschlüsse der Aufsichtsräthe, soferne sie Ausloosung von Werthpapieren betreffen, welche häufig nicht durch die Generalversammlung, sondern durch den Aufsichtsrath vorgenommen werden, nach Art. 170 Ziff. 1 gleichfalls 10 Mark, andernfalls aber, soferne sie nur Wahlen oder andere vom Gesetze nicht besonders vorgesehene Gegenstände betreffen, nach Art. 171 Geb.G. nur 1 Mark.

Artikel 42.

Für die Aufnahme eines Wechselprotestes, einschließlich der Eintragung des Protestes in das Protestregister, kommt dem Notar eine Gebühr von 5 Mark zu.

Anm. 1. Vergl. Gesch.O. §§ 48, 49, 174, 272.

Anm. 2. Wird der Wechselprotest, was in der Regel der Fall, außerhalb der Amtsräume des Notars aufgenommen, kann der Notar neben der festen Gebühr für die Protestaufnahme nach Art. 83 Abs. 1 noch die Ganggebühr für die auf den Hin- und Rückweg verwendete Zeit (2 Mark für jede Stunde) in Ansatz bringen, Auslagen für Trambahn oder Fuhrwerk aber nur im Falle des Art. 84; vergl. Art. 83 Anm. 3.

Artikel 43.

Für die zum Zwecke der Feststellung des Datums einer Privaturkunde (Art. 33 des Ausf.-Ges. zur C.P.O.) ertheilte Bescheinigung über die Vorlage einer Urkunde wird eine Gebühr von 1 Mark erhoben.

Die Gebühr umfaßt auch die Vergütung für die Eintragung in das vorgeschriebene Buch.

Anm. Vergl. hiezu A.B. vom 8. Sept. 1879 (G.V.Bl. 1879 S. 1161) und Gesch.O. § 271.

Artikel 44.

Für Zeugnisse über Gegenstände der amtlichen Wirksamkeit des Notars, z. B. über das Vorhandensein einer Notariatsurkunde, ferner für Lebensbescheinigungen und ähnliche einfache Zeugnisse, die nicht in Protokollform niedergelegt werden und nicht mehr als eine Seite zu zwanzig Zeilen mit durchschnittlich zwölf Silben in Anspruch nehmen, wird eine Gebühr von 1 Mark erhoben.

Für umfangreiche Zeugnisse und Bescheinigungen und für solche, die in Protokollform gebracht sind, wird die Zeitgebühr erhoben.

Anm. Vergl. Not.Ges. Art. 33.

Dritter Abschnitt.

Beglaubigung von Unterschriften und Handzeichen.

Artikel 45.

Für die Beglaubigung einer Unterschrift oder eines Handzeichens erhält der Notar die Gebühr von 1 Mark.

Sind gleichzeitig die Unterschriften oder Handzeichen mehrerer Personen unter einer und derselben Urkunde zu beglaubigen, so ist für die zweite und jede weitere Person 50 Pfennig anzusetzen.

Für die Beglaubigung von Unterschriften und Handzeichen unter Schriftstücken, welche Rechtsgeschäfte der im Artikel 22, 24 bezeichneten Art enthalten, erhält der Notar vier Zehntel der Gebühr, welche ihm für die Beurkundung dieser Rechtsgeschäfte zustünde, mindestens aber die in Absatz 1 und 2 bezeichnete Gebühr.

Anm. Die Bestimmung des Abs. 3 hängt mit der Vorschrift in Art. 35 Not.Ges. zusammen, wonach der Notar vor der Beglaubigung einer Unterschrift oder eines Handzeichens von dem Inhalte des Schriftstücks Kenntnis nehmen soll und auf das Verfahren bei der Beglaubigung außer den Vorschriften des § 183 G.F.G. die Vorschriften der Art. 28, 30 Not.Ges. und des § 476 Abs. 3 G.F.G. entsprechende Anwendung finden. Da nach diesen Bestimmungen dem Notare außer der Einsichtnahme des Schriftstückes nicht nur die Prüfung der Geschäftsfähigkeit der Betheiligten, sondern auch die Prüfung der materiellen Giltigkeit des im Schriftstücke enthaltenen Geschäftes oder der abgegebenen Erklärung und entsprechende Belehrung der Betheiligten hierüber, außerdem auch noch bei allen auf das Hypotheken- und Grundbuch sich beziehenden Erklärungen die vorherige Einsichtnahme des Hypotheken- und Grundbuches zur Pflicht gemacht ist, hat der Notar für die Beglaubigung von Unterschriften und Handzeichen bei den hauptsächlichsten in Frage kommenden Rechtsgeschäften die verhältnißmäßige Werthgebühr des Abs. 3 zu beanspruchen.

Vergl. des Verfassers Komm. z. Not.Ges. Art. 35 Anm. 1.

Artikel 46.

Beglaubigt der Notar Unterschrift oder Handzeichen von Betheiligten unter einer von ihm selbst entworfenen Urkunde, so kann er neben der Gebühr für den Entwurf eine Gebühr für die Beglaubigung nicht beanspruchen.

Anm. Nach Art. 72 Abs. 1 steht dem Notar für das Entwerfen von Privaturkunden dieselbe Gebühr zu, welche er für die notarielle Beurkundung zu erhalten hätte; in diesem Falle hat der Notar neben der Gebühr für das Nebengeschäft für die Beglaubigung der Unterschrift oder des Handzeichens nicht noch die besondere Gebühr für die Beglaubigung zu beanspruchen.

Vierter Abschnitt.

Vermittelung der Auseinandersetzung. Zwangsversteigerung.

Artikel 47.

Für die Vermittelung der Auseinandersetzung in Ansehung eines Nachlasses in dem Verfahren nach § 86 bis 98 des Gesetzes über die Angelegenheiten der freiwilligen Gerichtsbarkeit werden fünf Zehntheile, im Falle der Betheiligung eines minderjährigen Erben zwei Zehntheile der Sätze des § 8 des Reichsgerichtskostengesetzes erhoben. Die Gebühr kann um zwei Zehntheile erhöht werden, wenn die Thätigkeit des Notars eine besonders weitläufige und schwierige war.

Die Berechnung der Gebühr erfolgt aus dem Werthe des Nachlasses nach Abzug der Schulden.

Die Gebühr umfaßt die Vergütung für die Anfertigung des Auseinandersetzungsplans, für die Beurkundung und die Bestätigung der Auseinandersetzung und für alle vorausgegangenen Verhandlungen und Verfügungen.

Die Erhebung der Zeitgebühr an Stelle der Gebühr des Abs. 1 ist ausgeschlossen.

Anm. 1. Vergl. Gesch.O. §§ 254—261.

Anm. 2. Die Gebühr des Art. 47 umfaßt die Vergütung des Notars für dessen ganze Thätigkeit, soweit sie die amtliche Vermittelung der Nachlaßauseinandersetzung betrifft, auch bei Beurkundung eines Erbtheilungsvertrages unter den Erben bezüglich eines Grundbesitzes, in welchem Falle dem Notare nicht die Vertragsgebühr des Art. 22 zusteht. Siehe hiezu § 11 Abs. 3 Instruktion und Bktm. der K. Staatsministerien der Justiz und der Finanzen vom 2. Januar 1900 Nr. 29804.

Zur amtlichen Vermittelung der Auseinandersetzung gehört aber nur die Auseinandersetzung unter den Erben selbst, d. i. der Auseinandersetzungsplan, die Vereinbarungen der Erben über die Art der Theilung, Loosziehung oder sonstige vorbereitende Maßregeln und die Beurkundung und Bestätigung der Auseinandersetzung, nicht dagegen die Befriedigung der Gläubiger oder die Flüssigmachung und Vertheilung des Nachlasses unter den Gläubigern.

Wenn ferner die Erben einen zum Rücklasse gehörenden Grundbesitz an einen Dritten verkaufen oder im Wege der öffentlichen Versteigerung veräußern, gehört diese Beurkundung nicht zur amtlichen Vermittelung der Auseinandersetzung, sondern unterliegt nach Art. 50 der Vertragsgebühr des Art. 22; Gesch.O. § 260.

Auch die Verkündung eines Testamentes oder Erbvertrages fällt nicht in den Rahmen der amtlichen Vermittelung, sondern muß derselben stets vorausgehen, wie in der Regel auch nicht die Inventarserrichtung, zu welcher bei der amtlichen Vermittelung der Auseinandersetzung kaum ein Anlaß gegeben ist.

Anm. 3. Bei Ueberschuldung des Nachlasses hat der Notar nach Art. 20 die Zeitgebühr zu beanspruchen, weil letztere nach Abs. 4 nur ausgeschlossen ist, wenn und soferne eine Gebühr nach Abs. 1 erhoben werden kann.

Anm. 4. Die Hinterlegungsgebühr der Art. 97 ff. wird durch die Gebühr des Art. 47 nicht absorbiert, sondern es hat der Notar solche, wenn er im Verlaufe des Verfahrens Gelder u. s. f. übernimmt, unabhängig von der Vermittelungsgebühr zu beanspruchen. Bezüglich der Schreibgebühren vergl. Art. 70, bezüglich Auslagen Art. 75 ff.

Artikel 48.

Auf die Vermittelung der Auseinandersetzung in Ansehung des Gesammtguts einer ehelichen Gütergemeinschaft oder einer fortgesetzten Gütergemeinschaft im Verfahren nach § 99 des Gesetzes über die Angelegenheiten der freiwilligen Gerichtsbarkeit finden die Vorschriften über die Gebühren für die Vermittelung der Auseinandersetzung in Ansehung eines Nachlasses entsprechende Anwendung. Wird die Auseinandersetzung mit der Theilung des Nachlasses eines Ehegatten verbunden, so wird der Werth des Gesammtguts nur zu dem Bruchtheil in Ansatz gebracht, welcher den Antheil des überlebenden Ehegatten bildet.

Anm. 1. Vergl. B.G.B. §§ 1474—1481, 1497—1506, 1546, 1549, dann § 193 Ges. freiw. Ger. und Art. 104 A.G. z. B.G.B.

Anm. 2. In dem Falle des Satzes 2 hat der Notar gemäß Art. 18 Abs. 1, weil zwei von einander unabhängige, der Werthgebühr unterliegende Rechtsgeschäfte in Frage stehen, für jedes derselben die besondere Gebühr zu beanspruchen und zwar die Vertragsgebühr für die Erbtheilung oder Nachlaßauseinandersetzung aus dem Werthe des reinen Nachlasses und die Auseinandersetzungsgebühr aus dem Antheile des überlebenden Ehegatten am Gesammtgute.

Artikel 49.

Wird der Antrag auf Vermittelung der Auseinandersetzung in den Fällen der Artikel 47, 48 vor der Erledigung des Verfahrens zurückgezogen, so kommt dem Notar für seine Thätigkeit im Verfahren die Zeitgebühr bis zum Betrage der Hälfte der für die Durchführung der Vermittelung anzusetzenden Gebühren, wenn aber der Antrag erst nach der Anfertigung des Vertheilungsplans zurückgezogen wird, bis zum Betrage von drei Viertel jener Gebühren zu.

Anm. 1. Diese Bestimmung wird besonders in den Fällen Platz greifen, wenn, ohne daß eine Theilung unter den Erben stattfindet, das Verfahren durch Vertrag mit einem Dritten beendet wird, z. B. die Erben verkaufen das zum Nachlasse gehörende Anwesen an einen Dritten.

Anm. 2. Wenn sämmtliche Betheiligten in dem gemäß § 88 Ges. freiw. Ger. anberaumten ersten Verhandlungstermine erscheinen und über die Art der Theilung sich einigen, so kann der Antrag auf Vermittelung der Auseinandersetzung, weil zu einer solchen kein Anlaß mehr gegeben, zurückgezogen und die Erbtheilung im Wege des Vertrages erledigt werden. In diesem Falle hat der Notar für seine vorbereitende Thätigkeit bei einem Rücklaß von

12000 Mark Aktiven und
10000 Mark Passiven

sohin einen Rücklaß von 2000 Mark bei Betheiligung eines minderjährigen Erben das Zeithonorar bis zum Betrage von 4 Mark 40 Pfennig zu beanspruchen und außerdem die Vertragsgebühr nach Art. 22 Abs. 1.

Artikel 50.

Beurkundet der Notar außerhalb des Verfahrens nach § 86 ff., § 99 des Gesetzes über die Angelegenheiten der freiwilligen Gerichtsbarkeit ein Uebereinkommen der Betheiligten über die Auseinandersetzung in Ansehung eines Nachlasses oder in Ansehung des Gesammtguts einer ehelichen Gütergemeinschaft oder einer fortgesetzten Gütergemeinschaft, so richten sich die Gebühren nach Artikel 22 dieser Verordnung.

Anm. 1. Vergl .Geb.O. §§ 254—256 und des Verfassers Komm. z. Not.Ges. Art. 1 Anm. 11, wonach die freiwillige Auseinandersetzung durch Vertrag die Regel und nur, wenn die Betheiligten hierüber sich nicht einigen, die amtliche Vermittelung der Auseinandersetzung die Ausnahme bildet.

Anm. 2. Vergl. vorigen Art. 49 Anm. 2.

Artikel 51.

Die Gebühr des Notars für die Führung des Testamentsvollstreckeramts bemißt sich nach den Vorschriften des § 2221 des Bürgerlichen Gesetzbuchs.

Anm. Das Amt des Testamentsvollstreckers ist nicht Amtsgeschäft des Notariates, sondern persönliches Privatamt des Notars, Gesch.O. § 256 Abs. 2. Nach § 2221 B.G.B. kann der Testamentsvollstrecker für die Führung seines Amtes, sofern nicht der Erblasser ein Anderes bestimmt hat, eine angemessene Vergütung verlangen.

Artikel 52.

Wird dem Notar auf Grund des Artikel 25 des Ausführungsgesetzes zu der Grundbuchordnung und zu dem Gesetz über die Zangsversteigerung und die Zwangsverwaltung die Ausführung einer Versteigerung übertragen, so erhält er für die gesammte Thätigkeit im Verfahren bis zum Versteigerungstermine mit Einschluß der Beurkundung von Anträgen, Erklärungen und Vereinbarungen der Betheiligten eine Gebühr von 15 Mark.

Für die Versteigerung selbst einschließlich der Beurkundung derselben und der Ertheilung des Zuschlags erhält der Notar die im Artikel 23 bestimmte Gebühr.

Die Gebühr des Absatz 1 fällt an mit der Bestimmung des Versteigerungstermins. Wird das Verfahren vor der Bestimmung des Versteigerungstermins eingestellt oder aufgehoben, so entfällt die Gebühr.

Anm. 1. Vergl. Art. 107 dieser Verordnung, dann § 1 E.G. z. Zw.V.Ges. und Art 53 A.G. z. G.B.O.

Hienach sind die Bestimmungen des Gesetzes über die Zwangsversteigerung und die Zwangsverwaltung nur bezüglich der Vollstreckung in Schiffe schon mit 1. Januar 1900 in Kraft getreten, weil das Schiffsregister bereits angelegt ist, während sie im Uebrigen für jeden Grundbuchbezirk erst mit dem Zeitpunkte in Kraft treten, in welchem das Grundbuch als angelegt anzusehen ist.

Bis zu diesem Zeitpunkte gelten daher für die Zwangsversteigerung von Grundstücken noch die Bestimmungen der A.V. vom 29. Juni 1886, die Gebühren der Notare betr., Ziff. 1 (G.V.Bl. S. 311, J.M.Bl. S. 183)

Die Gebühr des Notars für seine gesammte Thätigkeit bis zur Versteigerung ist übrigens wie bisher so auch künftig die gleiche mit 15 Mark; nur die bisherige Gebühr zu 6 Mark für den Fall einer wiederholten Versteigerung und einer Wiederversteigerung ist im folgenden Art. 53 künftig, d. i. nach Anlegung des Grundbuches, auf 5 Mark reduziert; siehe hiezu Art. 53 Anm.

Anm. 2. Da die Amtsthätigkeit des Notares bei der Versteigerung weit schwieriger und umständlicher ist wie bei einer vertragsmäßigen Veräußerung und diese in der Regel sehr bedeutende Mehrarbeit durch die Gebühr des Vorverfahrens in keiner Weise ausgeglichen wird, ist die Gebühr des Notars für die Versteigerung selbst auf die anderthalbfache Werthgebühr festgesetzt. Diese gegenüber der Gebühr des bisherigen Rechtes erhöhte Gebühr hat der Notar bei allen Zwangsversteigerungen schon vom 1. Januar 1900 ab zu beanspruchen, nicht erst nach Anlegung des Grundbuches, weil der Vorbehalt des Art. 107 sich nur auf die Gebühr des Zwangsversteigerungsverfahrens bezieht und die Bestimmung des Art. 23 allgemein am 1. Januar 1900 in Kraft getreten ist.

Anm. 3. Wenn nach Anberaumung des Versteigerungstermines das Verfahren auf Antrag des Beschlagnahmegläubigers wegen Stundung eingestellt oder sistirt und dann später weiter betrieben und neuerlicher Versteigerungstermin anberaumt wird, hat der Notar, da das erste Verfahren durch die Einstellung beendet ist, für die Anberaumung des neuen Versteigerungstermines und das weitere Verfahren von Neuem die Gebühr zu 15 Mark zu beanspruchen.

Artikel 53.

Wird unter Versagung des Zuschlags ein neuer Versteigerungstermin bestimmt, so erhält der Notar für das Verfahren bis zu dem neuen Versteigerungstermin eine Gebühr von 5 Mark.

Anm. Wegen Inkrafttretens dieser Bestimmung siehe vorigen Art. 52 Anm. 1 und Art. 107. Von dem Zeitpunkte an, in welchem das Grundbuch als angelegt anzusehen ist, treten an Stelle der Bestimmungen über wiederholte Versteigerung (Art. 70 und 85 Subh.O.) und Wiederversteigerung (Art. 87 Subh.O.) gemäß § 1 E.G. z. Zw.V.Ges. die Bestimmungen der §§ 83— 86 Zw.V.Ges. über Versagung des Zuschlages.

Fünfter Abschnitt.

Verwahrung von Privaturkunden und von Testamenten. Eröffnung von Testamenten.

Artikel 54.

Für die Verwahrung einer Urkunde, die nicht ein Testament oder einen Erbvertrag enthält, und für die Rückgabe einer solchen zur Verwahrung übernommenen Urkunde an den Betheiligten wird je eine Gebühr von 2 Mark erhoben.

Die Gebühr für die Uebernahme umfaßt die Vergütung für die Beurkundung der Uebernahme, die Ertheilung des Hinterlegungsscheins und die Verwahrung, die Gebühr für die Rückgabe die Vergütung für das Aufsuchen, die Rückgabe und die über die Rückgabe aufgenommene Urkunde.

Für die vorübergehende Verwahrung von Urkunden, die dem Notar zum Zwecke der Vorbereitung eines Amtsgeschäfts übergeben sind, wird keine Gebühr erhoben.

Anm. 1. Vergl. Art. 1 Abs. 1 N.G. und § 273 Gesch.O.

Anm. 2. Die Erhebung der Zeitgebühr an Stelle dieser festen Gebühr ist nicht zulässig, wenn die Gesammtthätigkeit des Notares auch mehr wie eine Stunde beansprucht; Art. 16 Anm. 1.

Anm. 3. Ueber die Rückgabe braucht kein Protokoll aufgenommen zu werden, dieselbe kann vielmehr lediglich auf dem Uebergabsprotokoll vermerkt werden, § 273 Abs. 2 Gesch.O. Dieser Vermerk hat neben der Konstatirung der Rückgabe die unterschriftliche Empfangsbestätigung des Betheiligten, sowie Datum, Unterschrift und Siegel des Notares zu enthalten; Art. 25 N.G., § 153 Gesch.O.

Artikel 55.

Für die Uebernahme eines Testaments in amtliche Verwahrung — einschließlich der zugehörigen Beurkundung — wird eine Gebühr von 3,50 Mark erhoben.

Die gleiche Gebühr gelangt für die Rückgabe eines in amtliche Verwahrung genommenen Testaments zur Erhebung.

Die amtliche Verwahrung von Testamenten und Erbverträgen, die von dem Notar beurkundet sind, erfolgt gebührenfrei.

Für die Ertheilung des Hinterlegungsscheins über die in amtliche Verwahrung genommenen Testamente und Erbverträge hat der Notar in jedem Falle eine Gebühr von 1 Mark zu beanspruchen.

Anm. 1. Unter der in Abs. 1 angeführten Beurkundung ist die Beurkundung der Uebernahme, nicht die Beurkundung des Testamentes zu verstehen, weil hier nur die Gebühr für die Uebernahme einer den letzten Willen enthaltenden Schrift in amtliche Verwahrung geregelt ist, während die Gebühr für Beurkundung des dem Notare vom Erblasser mündlich erklärten letzten Willens in Art. 27 bestimmt ist; vergl. hierüber Art. 27 Anm. 1.

Die Gebühr zu 3 Mark 50 Pfennig kommt gleichmäßig zur Anrechnung sowohl bei Errichtung eines öffentlichen Testamentes durch Uebergabe einer Schrift (B.G.B. § 2238) wie bei Uebergabe eines eigenhändigen Testamentes in amtliche Verwahrung (B.G.B. § 2248).

Anm. 2. Bezüglich Rückgabe eines in amtliche Verwahrung genommenen Testamentes vergl. B.G.B. § 2256 und des Verfassers Komm. z. Not.Ges. S. 15—17.

Anm. 3. Wegen Ertheilung eines Hinterlegungsscheines vergl. B.G.B. §§ 2246 Abs. 2, 2248, 2277 Abs. 2.

Artikel 56.

Für die nach § 2259 des Bürgerlichen Gesetzbuchs vorzunehmende Ablieferung eines in seiner amtlichen Verwahrung befindlichen Testaments an das Nachlaßgericht erhält der Notar eine Gebühr von 1 Mark.

Die gleiche Gebühr erhält der Notar für die Uebersendung eines bei ihm errichteten oder verwahrten Testaments an eine andere Verwahrungsbehörde zum Zwecke der Uebernahme in die amtliche Verwahrung.

Anm. 1. Zu Abs. 1 vergl. Gesch.O. § 245, wonach der Notar, wenn die Zuständigkeit eines außerbayerischen deutschen Nachlaßgerichtes begründet ist, das in seinem amtlichen Verwahre befindliche Testament nicht zu eröffnen, sondern gemäß § 2259 Abs. 2 B.G.B. in Urschrift an das Nachlaßgericht abzuliefern hat. Für diese Ablieferung erhält der Notar die hier vorgesehene Gebühr von 1 Mark. Ist dagegen die Zuständigkeit eines bayerischen Nachlaßgerichtes begründet, kommt die Bestimmung des Abs. 1 nicht zur Anwendung, weil dann der Notar gemäß Art. 1 Abs. 2 Not.Ges. mit §§ 246—250 Geb.O. das Testament zu eröffnen hat und für die Abgabe der Akten mit dem von ihm eröffneten Testamente an das Nachlaßgericht dem Notare nach Art. 58 Abs. 4 keine Gebühr zusteht.

Anm. 2. Zu Abs. 2 vergl. G.O. § 236 Abs. 2—4 und des Verfassers Komm. z. Not.Ges. S. 19.

Artikel 57.

Für die nach Maßgabe des bisherigen Rechts vorzunehmende persönliche Uebergabe eines bei ihm verschlossen hinterlegten Testaments oder Erbvertrags an das Nachlaßgericht erhält der Notar die Zeitgebühr.

Anm. Dieser Artikel enthält eine Uebergangsbestimmung für die Fälle, daß der Erblasser vor dem 1. Januar 1900 verstorben ist und daher nach Art. 213 E.G. z. B.G.B. die Vorschriften des bisherigen Rechtes maßgebend sind. In einem solchen Falle ist zur Eröffnung und Verkündung eines im amtlichen Verwahre eines Notares befindlichen Testamentes oder Erbvertrages nicht der Notar, sondern das Nachlaßgericht zuständig, an welches der Notar das Testament oder den Erbvertrag abzugeben hat; Gesch.O. § 244.

Artikel 58.

Für die Eröffnung eines Testaments oder Erbvertrags erhält der Notar eine Gebühr von 3,50 Mark.

Die Gebühr umfaßt die Vergütung für die Vorbereitung und Anberaumung des Termins, die Ladungen, die Eröffnungsverhandlung und das darüber aufgenommene Protokoll.

Für die Bekanntgabe des Inhaltes eines Testaments oder Erbvertrags an einen Betheiligten, welcher bei der Eröffnung nicht zugegen gewesen ist, werden die im Artikel 44 vorgesehenen Gebühren erhoben.

Für die Abgabe der Akten an das Nachlaßgericht nach Erledigung der Eröffnung steht dem Notar keine Gebühr zu. Für die Zurückbehaltung der Testamentsabschrift erhält er nur die Schreibgebühr.

Anm. 1. Vergl. Gesch.O. §§ 246—253 und wegen Zuständigkeit der Notare zur Eröffnung M.Bktm. vom 10. Febr. 1900, die Eröffnung der Testamente und Erbverträge betr., J.M.Bl. 500.

Anm. 2. Die Gebühr des Abs. 1 umfaßt auch als weitere amtliche Thätigkeit des Notares die ihm nach Art. 31 Erbsch.St.G. und § 8 der Bktm. des K. Staatsm. d. Finanzen vom 27. Dezbr. 1899, den Vollzug des Erbschaftssteuergesetzes betr. (F.M.Bl. 1899 S. 341, J.M.Bl. 1900, S. 467) obliegende Mittheilung an das Rentamt.

Anm. 3. Die in Abs. 3 bestimmte Gebühr für die Bekanntgabe des Inhaltes eines Testamentes oder Erbvertrages an einen bei der Eröffnung nicht anwesenden Betheiligten beträgt nach Art. 44, wenn sie nicht mehr wie eine Seite zu zwanzig Zeilen beansprucht, 1 Mark, während bei umfangreicherer Mittheilung das Zeithonorar angerechnet werden kann.

Wenn der Notar, was vollständig zulässig ist, den Betheiligten an Stelle einer Mittheilung des sie betreffenden Inhaltes des Testamentes oder Erbvertrages Abschrift oder Auszug des letzten Willens mittheilt, kann er für diese Mittheilung neben der Schreibgebühr für die Abschrift oder den Auszug nur die Gebühr von 1 Mark, nicht die Zeitgebühr verrechnen.

Anm. 4. Schreibgebühren können weder für die Ladungen an die Betheiligten, noch für die in § 247 Abs. 2 Gesch.O. vorgeschriebene Mittheilung des Termines an das Nachlaßgericht, die Mittheilungen des Testamentsinhaltes an die Betheiligten oder die Mittheilung ans Rentamt angesetzt werden, weil die Gebühr des Abs. 1 auch diese amtliche Thätigkeit des Notares umfaßt und außer den Fällen des Art. 70 Schreibgebühren nicht zugelassen sind; vergl. auch Art. 66 Anm. 1. Vergl. auch Art. 3 Abs. 2 Satz 2.

Sechster Abschnitt.

Zustellung, Behändigung, Vorlegung von Urkunden.

Artikel 59.

Soweit der Notar nach den dafür bestehenden Vorschriften Zustellungen von Amtswegen vorzunehmen hat, stehen ihm dafür keine Gebühren zu.

Anm. Die Fälle, in welchen der Notar die erforderlichen Zustellungen von Amtswegen zu bewirken hat, sind

a) bei dem Zwangsversteigerungsverfahren,

b) bei der Vermittelung der Auseinandersetzung in Ansehung eines Nachlasses oder des Gesammtgutes einer ehelichen oder fortgesetzten Gütergemeinschaft,

c) bei dem amtlichen Verfahren über die Eröffnung von Testamenten und Erbverträgen; siehe das Nähere § 203 Gesch.O. und M.Bktm. vom 16. Dezbr. 1899 (J.M.Bl. 475) und über Portopflicht M.Bktm. vom 16. März 1900, die Portopflicht der Zustellungen von Amtswegen betr., J.M.Bl. 591.

Artikel 60.

Für die Uebersendung und Aushändigung der an die Betheiligten zu verabfolgenden Urkunden (Urschriften, Ausfertigungen und Abschriften) erhält der Notar keine Gebühr.

Die Auslagen sind ihm zu vergüten.

Anm. Bezüglich der Auslagen vergl. Art. 75 ff. Die Uebermittelung kann nach § 204 Gesch.O. persönlich an die Betheiligten oder durch die Gehilfen des Notars, durch sonstige verlässige Personen oder durch die Post erfolgen; immer dürfen aber nur die wirklichen baaren Auslagen für Postporti, nicht etwa Zustellgebühren für den die Uebermittelung besorgenden Gehilfen erhoben werden; siehe auch Art. 78 Anm. 1.

Artikel 61.

Für die Vornahme und Beurkundung von Zustellungen und mündlichen Eröffnungen, die der Notar persönlich auf Ersuchen Betheiligter an Dritte macht, wird die Zeitgebühr erhoben.

Anm. Vergl. §§ 201, 202 Gesch.O.

Artikel 62.

Legt der Notar auf Ersuchen der Betheiligten eine von ihm beurkundete oder beglaubigte Erklärung einer anderen Behörde vor, so hat er für die Vorlegung eine Gebühr von 1 Mark zu beanspruchen. Die Gebühr entfällt, wenn der Notar die Urkunde schon von Amtswegen vorzulegen hat.

Anm. Bezüglich der von Amtswegen vorzulegenden Urkunden vergl. für die Uebergangszeit, d. i. bis zur Anlegung des Grundbuches, Art. 12 Not.Ges. vom 10. Novbr. 1861 und §§ 279, 290 Abs. 3 Geb.O. Die in gegenwärtigem Artikel zugelassene Vorlagegebühr von 1 Mark hat hienach der Notar nur zu beanspruchen bei Vorlage einer von ihm beurkundeten oder beglaubigten Erklärung, die der Betheiligte einer anderen Behörde, z. B. dem Nachlaßgerichte, der Vormundschaftsbehörde oder dem Grundbuchamte, gegenüber abzugeben hat, oder einer Anmeldung zum Registergerichte, wie auch bei Vorlage von Hypothek, und sonstigen Erklärungen, die der Betheiligte nach Art. 11 Abs. 3 Not.Ges. vom 10. Novbr. 1861 beim Notare abgibt und durch diesen dem Hypothekenamte oder Gerichte vorlegen läßt; vergl. auch § 176 Geb.O.

Siebenter Abschnitt.

Gestattung der Einsicht, Ertheilung und Beglaubigung von Abschriften und Ausfertigungen. Vollstreckungsklausel. Schreibgebühren.

Artikel 63.

Für die Gestattung der Einsicht einer in der Urkundensammlung des Notariats verwahrten Urkunde erhält der Notar eine Gebühr von 0,50 Mark.

Kann bei dem Ersuchen um Gestattung der Einsicht der Jahrgang der Errichtung der Urkunde nicht angegeben werden, so erhöht sich die Gebühr des Notars auf 1,50 Mark.

Ersucht bei oder unmittelbar nach der Einsichtnahme der Einsichtnehmende um die Ertheilung einer Abschrift oder einer Ausfertigung der eingesehenen Urkunde, so ist die Gebühr für die Einsichtnahme auf die für die Abschrift oder die Ausfertigung zu ertheilende Gebühr anzurechnen.

Anm. 1. Vergl. Art. 22 Not.Ges., §§ 189—200 Gesch.O.

Anm. 2. Die Anrechnung der Gebühr für die Einsichtgestattung auf die Gebühr für die Abschrift (Art. 66) erfolgt in der Weise, daß neben der letzteren Gebühr die erstere noch insoweit erhoben werden darf, als sie durch die Gebühr für die Abschrift nicht erreicht ist.

Die Gebühr des Abs. 1 zu 50 Pfennig ist durch die Gebühr für die Abschrift, welche nach Art. 66 Abs. 1 mindestens 1 Mark beträgt, immer absorbiert, die des Abs. 2 zu 1 Mark 50 Pfennig dann, wenn die Abschrift mehr wie sechs Seiten hat. Hat z. B. der Notar eine Urkunde behufs Gestattung der Einsichtnahme aufzusuchen, von welcher der Jahrgang nicht angegeben werden kann, und dann nach Einsichtnahme Abschrift hievon zu ertheilen, welche nicht mehr wie sechs Seiten hat, so beträgt die Gebühr zusammen 1 Mark 50 Pfennig.

Artikel 64.

Wird vom Erblasser die Einsicht eines verschlossen in der Verwahrung des Notariats befindlichen Testaments oder Erbvertrags begehrt, so steht dem Notar für die gesammte Verhandlung (Aufsuchung Eröffnung, Vorlegung zur Einsicht, neuerlicher Verschluß und Protokoll) die Zeitgebühr zu.

Anm. 1. Bezüglich des Verfahrens vergl. § 241 Gesch.O., bezüglich der zur Einsicht Berechtigten Art. 22 Not.Ges. § 199 Gesch.O.

Anm. 2. Handelt es sich um die Einsicht eines in der Verwahrung des Notariates befindlichen offenen Testamentes oder Erbvertrages, also eines nach bisherigem Rechte mündlich erklärten letzten Willens oder eines nach § 2248 B.G.B. offen in die amtliche Verwahrung übergebenen eigenhändigen Testamentes oder eines mit einer anderen Urkunde verbundenen wegen Verzichtes der Betheiligten auf amtlichen Verschluß offen errichteten Erbvertrages, so kommt die Gebühr des vorigen Art. 63 zur Erhebung.

Artikel 65.

Für die Gestattung der Einsicht in die Verlassenschaftsakten des älteren Rechts der Landestheile r. d. Rh., für die Gestattung der Einsicht in die Akten über die Vermittelung der Auseinandersetzung in Ansehung eines Nachlasses oder des Gesammtgutes einer ehelichen oder fortgesetzten Gütergemeinschaft, in die Testaments-Eröffnungs- und Zwangsversteigerungsakten, endlich in das Wechselprotestregister und das Buch für die Eintragungen zur Feststellung des Datums von Privaturkunden kann eine Gebühr nicht beansprucht werden.

Anm. Vergl. Art. 22 Not.Ges., §§ 189—200 Gesch.O.

Artikel 66.

Für die Ertheilung einer Abschrift erhält der Notar eine Gebühr von 1 Mark, wenn die Abschrift nicht mehr als vier Seiten hat, andernfalls für jede weitere Seite 0,20 Mark mehr. (Schreibgebühr.)

Auf die Seite sind mindestens zwanzig Zeilen von durchschnittlich zwölf Silben zu rechnen. Angefangene Seiten werden für voll berechnet.

Für den Beglaubigungsvermerk kann keine besondere Gebühr in Ansatz gebracht werden.

Anm. 1. Die hier bestimmte Schreibgebühr kann nur für Abschriften von Urkunden und Schriftstücken angesetzt werden und zwar sowohl für einfache wie beglaubigte Abschriften, nicht auch für die Reinschriften von Ladungen, Mittheilungen, Briefen und sonstige Korrespondenz.

Eigene Schreibgebühren, soferne nicht die in Art. 66—68 behandelten Abschriften und Ausfertigungen von Urkunden und Schriftstücken in Frage kommen, läßt gegenwärtige Gebührenordnung nur in den Fällen des Art. 70 zu. Die Reinschriften der Ladungen und Mittheilungen bei der amtlichen Eröffnung von Testamenten und Erbverträgen werden durch die Gebühren des Art. 58 gedeckt (siehe Art. 58 Anm. 4).

Die übrige Korrespondenz ist, soweit sie eine zur Erledigung eines vom Notar zu beurkundenden Geschäftes erforderliche Thätigkeit bildet, nach Art. 7 gebührenfrei oder, wenn sie nicht zur Erledigung oder Abwickelung des Geschäftes erforderlich ist, nach Art. 20 mit der Zeitgebühr für das Schreiben selbst, aber ohne weitere Schreibgebühr für dessen Reinschrift, zu bewerthen.

Anm. 2. Bezüglich des Beglaubigungsvermerkes bei beglaubigten Abschriften und Auszügen siehe Art. 34 Not.Ges. und §§ 216—222 Gesch.O.

Artikel 67.

Für die Ertheilung einer beglaubigten Abschrift von einer Urkunde, die dem Notar zum Zwecke der Beglaubigung der Abschrift vorgelegt worden ist, wird die gleiche Gebühr erhoben, wie für die Ertheilung einer Abschrift einer Urkunde aus der Urkundensammlung des Notars.

Wird außer der Hauptschrift auch die Abschrift dem Notar vorgelegt und nur um die Beglaubigung der Uebereinstimmung ersucht, so steht doch dem Notar die gleiche Gebühr zu, wie wenn die Abschrift von ihm angefertigt worden wäre.

Die Vorschriften in Absatz 1 und 2 finden entsprechende Anwendung auf die Auszüge.

Anm. Während der vorige Art. 66 Urkunden oder Schriftstücke (Aktenbestandtheile), die in der Urkundensammlung oder dem Archive des Notares sich befinden, behandelt, handelt gegenwärtiger Art. 67 von privaten oder amtlichen Urkunden und Schriftstücken, die dem Notare zum Zwecke der Fertigung einer beglaubigten Abschrift oder der Beglaubigung der Uebereinstimmung der vorgelegten Abschrift mit der Hauptschrift vorgelegt werden. Ersteren Falles erhält der Notar die Gebühr des Art. 66 als Schreibgebühr, letzteren Falles als Beglaubigungsgebühr, da in beiden Fällen für den Beglaubigungsvermerk keine besondere Gebühr in Ansatz gebracht werden kann.

Artikel 68.

Für die Ertheilung einer Ausfertigung steht dem Notar die gleiche Gebühr zu wie für die Ertheilung einer Abschrift.

Für die Ertheilung der Vollstreckungsklausel erhält der Notar nur dann eine besondere Gebühr, wenn die Prüfung des Eintrittes einer Thatsache oder einer Rechtsnachfolge nothwendig war. (Civilprozeßordnung §§ 726 bis 729.) Die Gebühr beträgt 1 Mark.

Anm. Bezüglich des Unterschiedes von Abschriften und Ausfertigungen vergl. Art. 39 Not.Ges., §§ 179, 200 Gesch.O. und des Verfassers Komm. z. Not.Ges. Art 39 Anm. 1 B.

Artikel 69.

Für die Herstellung der Urschrift der Urkunden erhält der Notar keine Schreibgebühr.

Anm. Vergl. hiezu für den Ansatz der Zeitgebühr Art. 13, wonach für die Berechnung derselben die für die Herstellung der Urschrift der Urkunde verwendete Zeit in Anschlag kommt.

Artikel 70.

Bei der Vermittelung der Auseinandersetzung in Ansehung eines Nachlasses oder des Gesammtguts einer ehelichen oder fortgesetzten Gütergemeinschaft und im Zwangsversteigerungsverfahren bemessen sich die Schreibgebühren des Notars nach § 80 des Reichsgerichtskostengesetzes.

Anm. 1. Nach § 80 R.G.K.G. beträgt die Schreibgebühr 10 Pfennig für jede angefangene Seite. Diese Schreibgebühr erhält der Notar:

a) bei der Vermittelung der Auseinandersetzung eines Nachlasses oder Gesammtgutes für die Reinschrift des Theilungsplanes, der Auseinandersetzung und des Bestätigungsbeschlusses, wie für die den Betheiligten zuzustellenden Ausfertigungen hievon, dann für die Ladungen der Betheiligten zu den Terminen und alle sonstige Korrespondenzen und Mittheilungen;

b) im Zwangsversteigerungsverfahren für die Reinschrift und Abschriften der Versteigerungsbekanntmachung und des Auszuges hieraus, für die Zustellungen an die Betheiligten und alle sonstigen Schreiben, nicht dagegen für die Versteigerungsurkunde selbst, bezüglich deren Urschrift die Bestimmung des Art. 69 und bezüglich allenfallsiger vor der Abgabe an das Vollstreckungsgericht zu ertheilender Abschriften die Bestimmungen des Art. 66 maßgebend sind, während Ausfertigungen hievon mit Rücksicht auf Art. 39 Abs. 2 Not.Ges. und § 227 Abs. 3 Gesch.O. vom Notar nicht ertheilt werden können.

Anm. 2. Vergl. auch Art. 58 Anm. 4 und Art. 66 Anm. 1.

Achter Abschnitt.

Nebengeschäfte.

Artikel 71.

Für die Ertheilung eines mündlichen oder schriftlichen Rathes steht dem Notar keine Gebühr zu.

Die Gebühr für die Ertheilung eines von einem Betheiligten verlangten ausführlichen schriftlichen Gutachtens richtet sich nach der Vereinbarung mit dem

Betheiligten, mangels eines solchen nach billigem Ermessen. Für Gutachten über Gegenstände, die nicht zur Zuständigkeit der Notare gehören, haben die Notare nach dieser Verordnung keine Gebühren zu beanspruchen.

Anm. 1. Wie weit der Notar zur Ertheilung eines erbetenen Rathes verpflichtet ist oder einen solchen ablehnen darf, wird von dem einzelnen Fall abhängen; im Allgemeinen wird eine Verpflichtung nur in den zur Zuständigkeit der Notariate gehörigen Angelegenheiten bestehen.

Wird der Notar in anderen Angelegenheiten, z. B. der streitigen oder Strafrechtspflege, in Steuer- oder Verwaltungsangelegenheiten um Rath angegangen, von dessen Befolgung oder Nichtbefolgung vielleicht ganz erhebliche Folgen abhängen, wird er nur mit großer Vorsicht und Zurückhaltung dem Ansuchen entsprechen dürfen und jedenfalls die Betheiligten auf seine Unzuständigkeit aufmerksam machen; immer wird der Notar im Auge haben müssen, ob die Ertheilung des erbetenen Rathes mit seinem Amte vereinbar ist.

Anm. 2. Gegenwärtiger Artikel unterscheidet dreierlei Nebengeschäfte:

a) die Ertheilung eines mündlichen oder schriftlichen Rathes, für die dem Notar eine Gebühr nicht zusteht. Ist zur Ertheilung des erbetenen Rathes die Einsicht und vielleicht das Studium von Akten oder Schriftstücken oder die Einsicht des Hypotheken- und Grundbuches erforderlich, so fällt diese Thätigkeit nicht unter die Ertheilung eines Rathes, sondern kann hiefür der Notar nach Art. 20 die Zeitgebühr beanspruchen;

b) die Ertheilung eines ausführlichen schriftlichen Gutachtens über Gegenstände, die zur Zuständigkeit der Notare gehören, z. B. Gutachten über Vermögensauseinandersetzungen, Theilungen, Gesellschafts-, Gründungs- und sonstige Privatunternehmungen. Hier richtet sich die Gebühr des Notares nach der Vereinbarung mit den Betheiligten, eventuell nach billigem Ermessen.

c) Die Ertheilung eines solchen Gutachtens über Gegenstände, die nicht zur Zuständigkeit der Notare gehören.

Während in den Fällen ad a u. b der Notar den Rath oder das Gutachten in *seiner amtlichen Eigenschaft als Notar ertheilt*, handelt er *letzteren Falles nur als Privatperson.*

Hier gilt vor Allem das, was oben in Note 1 gesagt ist, und wird der Notar noch mehr darauf bedacht sein müssen, nicht in die Interessensphäre anderer Berufskreise einzugreifen, wenn er für sein vielleicht viel Mühe und Zeit beanspruchendes Gutachten eine entsprechende Vergütung in Anrechnung bringt. Hier wird sich noch mehr, wie bei einem kostenlosen Rathe die größte Zurückhaltung und häufig die Ablehnung empfehlen, um auch den Schein einer Konkurrenz mit anderen berufenen Organen zu vermeiden.

Artikel 72.

Für das Entwerfen von Privaturkunden steht dem Notar dieselbe Gebühr zu, welche er für die notarielle Beurkundung zu erhalten hätte.

Errichtet der Notar späterhin auf Grund des Entwurfes eine öffentliche Urkunde, so hat er für diese Beurkundung nur die Zeitgebühr zu beanspruchen, wenn diese geringer ist als die sonst anzusetzende Gebühr.

Anm. 1. Hierunter fällt die Anfertigung von Testamenten und Erbverträgen, die vom Erblasser gemäß §§ 2238, 2276 Abs. 1 B.G.B. übergeben werden, dann das Entwerfen von Verträgen, die dem notariellen Beurkundungszwange nicht unterliegen, insbesondere für die Zeit nach Anlegung des Grundbuches das Entwerfen aller Erklärungen und Anträge für das Grundbuchamt, der Forderungsabtretungen u. A.

Vergl. hiezu auch Art. 27 Anm. 1 und Art. 46.

Anm. 2. Der Abs. 2 handelt von den Fällen, in denen der vom Notar angefertigte Entwurf der Privaturkunde die vorbereitende Thätigkeit für die spätere öffentliche Urkunde bildet. Wenn z. B. zunächst zwischen den Betheiligten ein vom Notar entworfener Privatvertrag über den Verkauf eines Anwesens abgeschlossen ist, weil vielleicht noch der Eintritt oder Nichteintritt eines bestimmten Ereignisses abgewartet werden will und später der Vertrag zu öffentlicher Urkunde beurkundet wird, hat der Notar, wenn er für den Entwurf des Privatvertrages die Vertragsgebühr in Ansatz gebracht hat, für die Beurkundung des öffentlichen Vertrages nur noch die Zeitgebühr unter der Einschränkung des Abs. 2 zu beanspruchen. Würde aber in diesem Falle der notarielle Kaufvertrag von dem vorausgegangenen Privatvertrag abweichende Bestimmungen enthalten, wäre ein neuer Vertrag in Frage, für den der Notar neuerdings die Vertragsgebühr zu beanspruchen hat.

Die Uebergabe eines vom Notar entworfenen, den letzten Willen des Erblassers enthaltenden Schriftstückes fällt jedoch nicht unter Abs. 2, weil hier nicht die Errichtung einer öffentlichen Urkunde auf Grund des Entwurfes in Frage kommt; vergl. hiezu Art. 27 Anm. 1.

Artikel 73.

Für die Bearbeitung von Liquidationen und Berechnungen hat der Notar die Zeitgebühr zu beanspruchen.

Artikel 74.

Für die Abfassung öffentlicher Bekanntmachungen wird eine Gebühr von 1 Mark erhoben. Umfaßt jedoch die öffentliche Bekanntmachung mehr als eine Seite von zwanzig Zeilen mit durchschnittlich zwölf Silben, so wird für jede weitere ganz oder theilweise in Anspruch genommene Seite gleichfalls 1 Mark vergütet.

Anm. Daß hierunter nicht auch die Versteigerungsbekanntmachungen im Subhastationsverfahren fallen, ergibt sich aus dem Wortlaut des Art. 52.

Auch im Verfahren über Vermittelung der Auseinandersetzung eines Nachlasses oder eines Gesammtgutes kann nach dem Wortlaute der Art. 47 Abs. 3 und Art. 48 für allenfallsige öffentliche Bekanntmachungen zum Zwecke der Anmeldung von Erb- oder sonstigen Ansprüchen nicht die in gegenwärtigem Artikel vorgesehene besondere Gebühr in Anrechnung kommen.

Die hier vorgesehene Gebühr für die Abfassung öffentlicher Bekanntmachungen kommt bei Ausschreibungen freiwilliger Versteigerungen oder Veräußerungen, bei Aufforderungen an Betheiligte zur Anmeldung ihrer Rechte und Ansprüche außerhalb des amtlichen Vermittelungsverfahrens zum Ansatz.

Neunter Abschnitt.

Auslagen.

Artikel 75.

An baaren Auslagen werden erhoben:

1. Die Post- und Telegraphengebühren;
2. die durch Einrückung einer Bekanntmachung in öffentliche Blätter entstehenden Kosten;
3. die an Zeugen, Sachverständige, Auskunftspersonen, Dolmetscher, Ausrufer und sonstige nothwendige Hilfspersonen zu zahlenden Beträge;

4. die an andere Behörden oder Beamte, insbesondere an den zugezogenen zweiten Notar oder an Rechtsanwälte für deren Thätigkeit zu zahlenden Beträge;
5. die zur Entrichtung der dem Staate und den Gemeinden anfallenden Gebühren gemachten Vorschüsse.

Anm. 1. Zu Ziffer 1: Wegen der Postgebühren vergl. M.Bktm. vom 16. Dez. 1899, die Ausführung der Zustellungen von Amtswegen betr., J.M.Bl. 475, und M.Bktm. vom 16. März 1900, die Portopflicht der Zustellungen von Amtswegen betr., J.M.Bl. 591. Nach letzterer M.Bktm. sind sowohl im Zwangsversteigerungsverfahren wie in den Nachlaß- und Theilungssachen die Zustellungen von Amtswegen, welche in den Formen der Civilprozeßordnung durch die Post geschehen, auch dann im inneren Verkehre Bayerns portofrei, wenn die Zustellung von einem Notare ausgeht. Es sind also insbesondere die bei Verkündung von Testamenten und Erbverträgen von Amtswegen zuzustellenden Ladungen der Betheiligten und Mittheilungen an die Erben (vergl. § 16 Abs. 2 Ges. freiw. Ger., § 46 Abs. 1 der M.Bktm. vom 16. Dez. 1899, J.M.Bl. 475 Nr. 1, der M.Bktm. vom 16. März 1900, J.M.Bl. 591 und § 203 Geb.O.) im inneren Verkehre Bayerns portofrei.

Für die im Verkehre außerhalb Bayerns zu besorgenden Zustellungen von Amtswegen werden dagegen wie bisher Portis in Ansatz gebracht, welche jedoch der Partei nicht in Rechnung gestellt werden dürfen. Diese Portis sind vom Notare als Auslagen des Staates beim Rentamt zu liquidiren und ihm von letzterem zu vergüten.

Alle anderen Bekanntmachungen dagegen, welche in den Angelegenheiten der freiwilligen Gerichtsbarkeit durch die Post, jedoch nicht in den Formen der Civilprozeßordnung, sondern durch gewöhnlichen oder eingeschriebenen Brief, durch Postkarte u. s. w. (§ 49 M.Bktm. vom 16. Dez. 1899) geschehen, sind portopflichtig. Hierunter fallen z. B. die Mittheilungen an die Vermächtnißnehmer und Nacherben, an die Empfänger von Auslagen, an die Behörden, welche die Vollziehung einer Auflage verlangen können, und an den Testamentsvollstrecker (§ 250 Gesch.O.), weil diese Mittheilungen, mit welchen für die Betheiligten nicht der Lauf einer Frist beginnt, nicht in den Formen der Civilprozeßordnung, d. i. im Wege der Zustellung durch die Post oder durch Aufgabe zur Post, sondern brieflich zu geschehen hat. In Armensachen endlich (vergl. Art. 53 Not.Ges.) sind nach Nr. 4 und 5 der alleg. M.Bktm. vom 16. März 1900 alle in den Angelegenheiten der freiwilligen Gerichtsbarkeit von öffentlichen Behörden ausgehenden Postsendungen, sowohl die Zustellungen von Amtswegen, wie die sonst portopflichtigen Korrespondenzen, im internen Verkehre Bayerns portofrei zu behandeln, während bei Sendungen außerhalb Bayerns die Portis in gleicher Weise wie oben dem Notare vom Staate zu vergüten sind.

Anm. 2. Zu Ziffer 3: Hieher gehören die Auslagen für die Gehilfen des Notares bei auswärtigen Amtsgeschäften für Reisekosten, Zehrung, Uebernachten. Vergl. auch Art. 88 Anm. 2 und Art. 96 Anm.

Anm. 3. Zu Ziffer 4: Hieher gehören die Auslagen für Hypothekenbuchsauszüge, Katasterauszüge, Besitz- und Belastungszeugnisse, Messungsoperate, Brandversicherungsauszüge, Pläne, Zustellungen und Anheftungen der Gerichtsvollzieher, Urkundenabschriften anderer Notariate und Gebühren derselben für Mittheilungen, Zeugnisse, Ergänzungs- und Hypothekurkunden, Gebühren der Rechtsanwälte für Mittheilungen und Abschriften u. A.

Anm. 4. Zu Ziffer 5: siehe Art. 50 Not.Ges.

Anm. 5. Alle baaren Auslagen sind nach § 54 Abs. 1 Geb.O. im Notariats-Register unter Spalte X bei ihrem Anfalle vorzutragen.

Artikel 76.

Für das zu den Urkunden, Ausfertigungen und sonstigen Schriftstücken verwendete Papier kann eine besondere Gebühr nicht in Anspruch genommen werden.

Die Kosten einer besonderen Ausstattung der Urkunde, insbesondere die Kosten, welche durch Verwendung von Pergamentpapier oder Pergament entstehen, können jedoch in Ansatz gebracht werden. Ebenso die Auslagen für die zum Schutze der Ausfertigungen wichtigerer Urkunden gebräuchlichen Decken (Mäntel).

Artikel 77.

Für die Verpackung von Schriftstücken, die an Betheiligte zu senden sind, sowie für die Adresse können Auslagen nicht berechnet werden.

Artikel 78.

Für die Bestellung von Schriftstücken an die Betheiligten dürfen in der Regel höhere Auslagen als die gewöhnlichen Postgebühren nicht angesetzt werden. Posteinschreibe- oder Versicherungs-Gebühren können nur angesetzt werden, wenn die Einschreibung oder Versicherung von den Betheiligten verlangt oder nach den Umständen erforderlich war. Höhere Botenlöhne können nur angesetzt werden, wenn besondere, vom Notar nicht zu vertretende Umstände — wie Dringlichkeit der Sache, Nothwendigkeit erhöhter Sicherheitsmaßregeln wegen außergewöhnlicher Wichtigkeit u. dgl. — die Besorgung durch einen besonderen Lohnboten erfordern.

Für die persönliche Besorgung der Bestellung einer Urkunde durch den Notar kann, sofern es sich nicht um einen förmlichen Zustellungsakt handelt, nichts verrechnet werden.

Anm. Erfolgt die Bestellung der Urschriften, Ausfertigungen oder Abschriften von Urkunden gemäß § 204 Gesch.O. durch die Gehilfen des Notares, so darf hiefür in der Regel nur die gewöhnliche Postgebühr, nicht allgemein eine Zustellgebühr von 20 Pfennig, wie bisher vielfach üblich gewesen, angesetzt werden, vergl. auch Art. 60 Anm.

Artikel 79.

Wird ein Notar als zweiter Notar zu einer Beurkundung herangezogen, so hat er für seine Mitwirkung die Zeitgebühr und daneben gegebenen Falles die Reisekosten zu beanspruchen.

Artikel 80.

Für jeden bei einer notariellen Beurkundung zugezogenen Zeugen kann die demselben gezahlte Gebühr bis zum Betrage von 0,50 Mark für jede angefangene Stunde in Rechnung gestellt werden.

Das Gleiche gilt für die zugezogenen Vertrauenspersonen und Auskunftspersonen.

Den Betheiligten bleibt es unbenommen, sich mit Zeugen, Vertrauenspersonen und Auskunftspersonen über die Vergütung selbst zu vereinbaren.

Anm. Wenn die Betheiligten nach Abs. 3 sich über eine höhere Vergütung der Zeugen, Vertrauenspersonen oder Auskunftspersonen vereinbaren und der Notar diese Vergütung auslegt, kann er selbstverständlich auch diese höhere Auslage der Betheiligten in Rechnung stellen.

Artikel 81.

Für Dolmetscher und Sachverständige kann die denselben unter Einhaltung der in den §§ 3 bis 11 der Gebührenordnung für Zeugen und Sachverständige enthaltenen Grundsätze gezahlte Entschädigung verrechnet werden.

Den Betheiligten bleibt anderweitige Vereinbarung über die Vergütung vorbehalten.

Anm. Vergl. Gebührenordnung für Zeugen und Sachverständige in der Fassung vom 20. Mai 1898 (R.G.Bl. 689):

„**§ 3.** Der Sachverständige erhält für seine Leistungen eine Vergütung nach Maßgabe der erforderlichen Zeitversäumniß im Betrage bis zu zwei Mark auf jede angefangene Stunde".

„Die Vergütung ist unter Berücksichtigung der Erwerbsverhältnisse des Sachverständigen zu bemessen und für jeden Tag auf nicht mehr als zehn Stunden zu gewähren."

„Außerdem sind dem Sachverständigen die auf die Vorbereitung des Gutachtens verwendeten Kosten, sowie die für eine Untersuchung verbrauchten Stoffe und Werkzeuge zu vergüten."

„**§ 4.** Bei schwierigen Untersuchungen und Sachprüfungen ist dem Sachverständigen auf Verlangen für die aufgetragene Leistung eine Vergütung nach dem üblichen Preise derselben und für die außerdem stattfindende Theilnahme an Terminen die im § 3 bestimmte Vergütung zu gewähren."

„**§ 5.** Als versäumt gilt für den Zeugen oder Sachverständigen auch die Zeit, während welcher er seine gewöhnliche Beschäftigung nicht wieder aufnehmen kann."

„**§ 6.** Mußte der Zeuge oder Sachverständige außerhalb seines Aufenthaltsortes einen Weg bis zur Entfernung von mehr als zwei Kilometer zurücklegen, so ist ihm außer den nach §§ 2 bis 5 zu bestimmenden Beträgen eine Entschädigung für die Reise und für den durch die Abwesenheit von dem Aufenthaltsorte verursachten Aufwand nach Maßgabe der folgenden Bestimmungen zu gewähren."

„**§ 7.** Soweit nach den persönlichen Verhältnissen des Zeugen oder Sachverständigen oder nach äußeren Umständen die Benutzung von Transportmitteln für angemessen zu erachten ist, sind als Reiseentschädigung die nach billigem Ermessen in dem einzelnen Fälle erforderlichen Kosten zu gewähren. In anderen Fällen beträgt die Reiseentschädigung für jedes angefangene Kilometer des Hinweges und des Rückweges fünf Pfennig."

„**§ 8.** Die Entschädigung für den durch Abwesenheit von dem Aufenthaltsorte verursachten Aufwand ist nach den persönlichen Verhältnissen des Zeugen oder Sachverständigen zu bemessen, soll jedoch den Betrag von fünf Mark für jeden Tag, an welchem der Zeuge oder Sachverständige abwesend gewesen ist und von drei Mark für jedes außerhalb genommene Nachtquartier nicht überschreiten."

„**§ 9.** Mußte der Zeuge oder Sachverständige innerhalb seines Aufenthaltsortes einen Weg bis zu einer Entfernung von mehr als zwei Kilometer zurücklegen, so ist ihm für den ganzen zurückgelegten Weg eine Reiseentschädigung nach den Vorschriften des § 7 zu gewähren."

„**§ 10.** Konnte der Zeuge oder Sachverständige den erforderlichen Weg ohne Benutzung von Transportmitteln nicht zurücklegen, so sind die nach billigem Ermessen erforderlichen Kosten auch außer den in den §§ 6, 9 bestimmten Fällen zu gewähren."

„**§ 11.** Abgaben für die erforderliche Benutzung eines Weges sind in jedem Falle zu erstatten."

Artikel 82.

Ergibt sich bei Versteigerungen das Bedürfniß, einen Ausrufer beizuziehen und wird dieser nicht von den Betheiligten selbst gestellt, so kann für den beigezogenen Ausrufer die ortsübliche Gebühr in Ansatz gebracht werden.

Zehnter Abschnitt.

Entfernungsgebühren, Reisekosten.

Artikel 83.

Nimmt der Notar ein Amtsgeschäft an einem Orte vor, der außerhalb der Amtsräume, jedoch weniger als drei Kilometer von seinem Amtssitz entfernt liegt, so hat er für die daraus entstehende Zeitversäumniß Vergütung zu beanspruchen.

Unterliegt das auswärts vorgenommene Geschäft ohnehin der Zeitgebühr, so ist die Zeit für den Hin- und Rückweg der Zeit der Vornahme des Geschäfts hinzuzurechnen. Andernfalls kommt dem Notar für die auf Hin- und Rückweg verwendete Gesammtzeit die Zeitgebühr besonders zu. Hat der Notar auf seinem Gange mehrere Geschäfte erledigt, so sind die Ganggebühren entsprechend zu vertheilen.

Anm. 1. Unter Ort ist hier wie auch im folgenden Art. 84 nicht der Amtssitz des Notariates, die Ortschaft, an welchem sich solcher befindet, sondern die Stelle, an welcher das Amtsgeschäft vorgenommen wird, zu verstehen. Der Notar hat also bei allen Amtsgeschäften, die an einem Orte außerhalb seiner Amtsräume vorgenommen werden, mag dieser Ort am Amtssitze des Notariates sich befinden oder von demselben entfernt sein, Vergütung zu beanspruchen, und zwar, wenn das Amtsgeschäft an einem am Amtssitze des Natariates befindlichen oder an einem von letzterem weniger wie drei Kilometer entfernten Orte vorgenommen wird, Zeitgebühr für die entstehende Zeitversäumniß nach näherer Bestimmung der Art. 83 Abs. 2 u. Art. 15, wenn aber der Ort, wo das Geschäft vorgenommen wird, drei Kilometer oder mehr vom Amtssitze entfernt ist, Tagegelder und Reisekosten-Entschädigung nach Art. 84.

Anm. 2. Benutzt der Notar bei einem Amtsgeschäfte außerhalb der Amtsräume aber am Amtssitze selbst ein Fuhrwerk (Trambahn, Droschke), darf er die Auslage hierauf neben der Zeitgebühr nicht in Ansatz bringen, weil Ersatz der Reisekosten erst in den Fällen des Art. 84 beansprucht werden kann.

Anm. 3. Die Vergütung für Zeitversäumniß (Zeitgebühr) steht dem Notar in allen Fällen, auch bei Geschäften zu, die vermöge ihrer Natur auswärts vorgenommen werden sollen oder müssen, wie z. B. Aufnahme eines Inventars, eines Wechselprotestes, Siegelungen und Entsiegelungen u. A.

Artikel 84.

Bei der Vornahme von Dienstgeschäften an Orten, die außerhalb des Amtssitzes gelegen und von diesem nicht weniger als drei Kilometer entfernt sind, hat der Notar neben den Notariatsgebühren Entschädigung durch Tagegelder und Ersatz der Reisekosten zu beanspruchen.

Anm. 1. Vergl. vorigen Art. 83 Anm. 1.

Anm. 2. Für die Berechnung der Entfernung ist die amtliche Berechnung maßgebend, welche bei den Postanstalten zu erhalten ist.

Artikel 85.

Die Tagegelder können auf so lange beansprucht werden als das vorzunehmende Geschäft — die Reisezeit mit eingerechnet — auswärts dauert.

Erfolgt die Hin- und Rückreise an demselben Tage und erstreckt sich die nothwendige Abwesenheit zur Geschäftsvornahme auf nicht länger als sechs Stunden, so kann nur die Hälfte des Tagegeldes beansprucht werden.

Anm. Die Berechnung, ob das Tagegeld ganz oder nur zur Hälfte beansprucht werden kann, richtet sich nicht mehr danach, ob die Abwesenheit des Notars über die Mittagszeit dauert, sondern nur danach, ob der Notar nur sechs Stunden oder mehr abwesend ist. Ist der Notar von 9 Uhr Vormittags bis 2 Uhr Nachmittags abwesend, kann er nur die Hälfte des Tagegeldes beanspruchen, bei einer Abwesenheit von früh $^1/_2$6 Uhr bis Mittag 12 Uhr das ganze Tagegeld. Eine Erhöhung des halben oder ganzen Tagegeldes, wie bisher bei einer Abwesenheit von mehr als 7 oder 14 Stunden, kennt die neue Gebührenordnung nicht. Hat der Notar über Nacht auswärts zu bleiben, weil er vielleicht bis Abends mit den Amtsgeschäften nicht oder erst so spät fertig wird, daß er nicht mehr heimkehren kann, was wohl nur selten der Fall sein wird, erhält er für das Uebernachten keine eigene Gebühr, auch nicht Ersatz der hierauf erwachsenen Auslagen, sondern nur für jeden Tag das halbe oder ganze Tagegeld, je nachdem er an jedem der beiden Tage nur sechs Stunden oder darüber abwesend ist. Dasselbe ist der Fall, wenn die Rückreise zwar sofort nach Beendigung des Geschäftes, die Heimkehr aber erst nach Mitternacht, also nicht mehr an demselben Tage erfolgt. Wird z. B. der Notar zu einer Testamentserrichtung Nachts nach auswärts gerufen und dauert seine Abwesenheit von Nachts 9—2 Uhr, so hat er für den Tag des Abganges, welcher um Mitternacht endet, und den Tag der Heimkehr je ein halbes Tagesgeld, zusammen 11 Mark zu beanspruchen und zwar unabhängig von der erhöhten Gebühr für das Amtsgeschäft nach Art. 8. Würde die Heimkehr erst andern Tages früh nach 6 Uhr erfolgen, so hätte der Notar für den ersten Tag die Hälfte des Tagegeldes und für den zweiten Tag, weil er an letzterem Tage mehr wie sechs Stunden abwesend ist, das ganze Tagegeld, zusammen 16 Mark 50 Pfennig zu beanspruchen.

Artikel 86.

Das Tagegeld beträgt für den ganzen Tag 11 Mark.

Artikel 87.

Als Reisekosten dürfen, vorbehaltlich der Bestimmungen der Artikel 90, 91, nur die wirklich entrichteten Auslagen in Aufrechnung gebracht werden.

Anm. Neben den in den vorigen Art. 85 u. 86 behandelten Tagegeldern hat der Notar nach Art. 84 in den dort vorgesehenen Fällen Ersatz der Reisekosten d. i. der wirklich entrichteten Auslagen zu beanspruchen. Würde der Notar in einem Falle des Art. 84 keines der zulässigen Beförderungsmittel (Eisenbahn, Dampfschiff oder Fuhrwerk, siehe Art. 88—90) benutzen, sondern den Weg zu Fuß zurücklegen, dürfte er nur das Wegegeld zu 20 Pfennig für jeden vollen Kilometer nach Art. 91 in Anrechnung bringen.

Artikel 88.

Bei allen Dienstreisen, welche ohne Nachtheil für den Reisezweck durch Benützung von Eisenbahnen oder Dampfschiffen zurückgelegt werden können, haben die Notare nur auf Vergütung der Kosten dieser Beförderungsgelegenheit Anspruch. Auf Eisenbahnen gebührt ihnen ein Platz in der zweiten, auf Dampfschiffen in der ersten Klasse.

Anm. 1. Für die Frage, ob der Notar zu einer Dienstreise Eisenbahn, Dampfschiff oder Fuhrwerk zu benützen verpflichtet ist, ist der Reisezweck entscheidend. Wenn es für die Vornahme des Amtsgeschäftes gleichgiltig ist, ob solches früher oder später vorgenommen wird, ob die Reise also größere oder geringere Zeit beansprucht, ist Eisenbahn oder Dampfschiff als das billigere Beförderungsmittel zu wählen. In dringenden Fällen dagegen, z. B. bei Errichtung eines Testaments, ist das rascheste Beförderungsmittel zu wählen. Wenn der Notar mit Fuhrwerk rascher zum Krankenbett gelangen kann, als wie mit dem nächsten Eisenbahnzug, kann und muß er Fuhrwerk benutzen, ebenso kann er es aber auch, wenn er zwar zur Hinreise die Eisenbahn benutzen könnte, aber nicht mehr zur Rückreise, da er nicht verpflichtet ist, zwecks der Rückreise mit der Eisenbahn über Nacht zu bleiben, wenn er mit Fuhrwerk nach Erledigung des Geschäftes wieder heimreisen kann. Neben der in erster Linie maßgebenden Rücksicht auf die Nothwendigkeit der möglichst beschleunigten Vornahme des Amtsgeschäftes hat der Notar aber auch im Interesse der Bevölkerung darauf bedacht zu sein, so kurz als möglich von seinem Amtssitze abwesend zu sein. Wenn daher bei Benutzung der Eisenbahn oder des Dampfschiffes der Notar verhältnißmäßig länger vom Amtssitze abwesend sein müßte, als wie bei Benutzung eines Fuhrwerkes, wird er wie bisher so auch künftig Fuhrwerk benutzen dürfen, da eine längere wie unbedingt nothwendige Abwesenheit des Notares von seinem Amtssitze ein Nachtheil seines Reisezweckes wäre. Es wird hier das vernünftige Ermessen unter Berücksichtigung der Verhältnisse zu entscheiden haben, weshalb die Grenzen nicht so genau gezogen sind wie bisher in Art. 24 Abs. 6 der Not.Geb.O. vom 30. Nov. 1875.

Anm. 2. Wenn der Notar auf Eisenbahnen statt der zweiten Klasse die dritte Klasse oder auf Dampfschiffen statt der ersten die zweite Klasse benutzt, darf er gemäß Art. 87 nur die wirklich entrichteten Auslagen verrechnen. Nimmt der Notar Gehilfen mit, darf er auch für diese die wirklich ausgelegten Reisekosten in gleicher Höhe wie für sich selbst aufwenden und verrechnen und außerdem gemäß Art. 75 Ziff. 3 die an diese Hilfspersonen für deren Zehrung und sonstige Auslagen zu zahlenden Beträge.

Artikel 89.

Soweit die Benützung der Eisenbahnen oder Dampfschiffe nicht möglich oder nicht thunlich erscheint, kann der Notar sich in gleicher Weise, wie die Richter des Amtsgerichts, eines Gefährtes bedienen. Er soll sich, wenn möglich, den Akkorden anschließen, die nach § 12 der Verordnung vom 11. Februar 1875, die Aufrechnung der Tagegelder und Reisekosten bei auswärtigen Dienstgeschäften der Beamten und Bediensteten des Civilstaatsdienstes betr., abgeschlossen werden.

Anm. Vergl. A.V. vom 11. Febr. 1875 (Ges.Bl. S. 105) § 12:

„Für diejenigen Fälle, in welcher eine Benutzung der Eisenbahnen oder Dampfboote nicht möglich oder thunlich erscheint, sind in allen Amts- und Gerichtsbezirken durch die einschlägigen Amts- oder Gerichtsvorstände Akkorde über die Stellung anständiger Gefährte zu sämmtlichen Dienstreisen der in § 6 litera c und d aufgeführten Kommissäre des betreffenden Bezirkes abzuschließen, welche der Genehmigung der vorgesetzten Regierung, Kammer der Finanzen, unterliegen. Wo eine solche auf Grund der obwaltenden Verhältnisse nach langsamer Prüfung auszusprechende Genehmigung vorliegt, tritt die Akkordsumme an die Stelle der Reisevergütung.

Sollte ein entsprechender Gefährte-Akkord nicht abgeschlossen werden können, so haben sich die Kommissäre eines anständigen Lohnkutscher-Gefährtes oder in Ermangelung eines solchen einer zweispännigen Extrapost zu bedienen.

Die in § 6 litera e und f aufgeführten Beamten und Bediensteten haben sich, wenn sie selbstständig ohne Begleitung eines Kommissärs auswärtige Geschäfte vorzunehmen haben, der Postomnibus zu bedienen und dürfen daher nur ausnahmsweise, wenn diese Fahrgelegenheit nicht benutzt werden kann, die Kosten für ein besonderes Gefährte aufrechnen.“

Artikel 90.

Ein Notar, der mit eigenem Wagen und eigenen Pferden versehen ist, darf, wenn er sich dieses Gefährtes zu Dienstreisen bedient, die Kosten in Aufrechnung bringen, welche nach den Vorschriften der vorhergehenden Artikel erwachsen wären, wenn er sich eines gemietheten Beförderungsmittels bedient hätte.

Anm. Die Aufrechnung des Fuhrwerkes darf nur erfolgen, wenn nach Art. 84 die Reisekosten in Ansatz gebracht werden können, nicht dagegen in den Fällen des Art. 83. Benutzt in einem solchen Falle der Notar sein eigenes Fuhrwerk statt der Eisenbahn oder des Dampfschiffes, darf er in den Fällen des Art. 88 nur die Kosten in Aufrechnung bringen, welche bei Benutzung der Eisenbahn oder des Dampfschiffes erwachsen wären.

Artikel 91.

Legt ein Notar bei einer Dienstreise den Weg zu Fuß oder unter Benützung des Fahrrads zurück, so hat er Anspruch auf eine Reisekostenvergütung von 0,20 Mark für jeden vollen Kilometer des Hin- und Rückwegs. Bruchtheile von Kilometern kommen nicht in Anschlag.

Würden die Kosten bei Benützung von Eisenbahn, Dampfschiff, Gefährt geringer sein, so kann die Reisekostenvergütung nur in dem geringeren Betrage beansprucht werden.

Anm. Auch die hier zugelassene Reisekostenvergütung (Wegegeld) kommt nur in den Fällen des Art. 84, nicht auch in den Fällen des Art. 83, zum Ansatz.

Artikel 92.

Nimmt der Notar bei einer und derselben Dienstreise mehrere Geschäfte mit verschiedenen Betheiligten vor, so hat er die Reisegebühren nur einmal zu beanspruchen.

Anm. Unter Reisegebühren fallen sowohl das Tagegeld wie die Auslagen für Reisekosten. Wegen der verhältnißmäßigen Vertheilung dieser sämmtlichen Reisegebühren auf die mehreren Geschäfte, siehe folgenden Art. 93.

Artikel 93.

Haben mehrere Personen, die bei verschiedenen Geschäften betheiligt sind, eine und dieselbe Dienstreise veranlaßt, so sind die Reisegebühren unter sie nach Verhältniß der ihnen zur Last fallenden Notariatsgebühren zu vertheilen.

Das Gleiche gilt, wenn auf der Reise erst andere Geschäfte hinzukommen.

Anm. Vergl. § 22 Gesch.O., wonach alle auswärtigen Amtsgeschäfte mit thunlichster Beschleunigung durchzuführen und mehrere auswärtige Geschäfte auch außerhalb der Amtstage, soweit möglich, bei einer Reise zu verbinden sind.

Auch bei ständigen Amtstagen, die der Notar nach Art. 19 Abs. 2 Not.Ges. mit § 21 Gesch.O. nur mit Erlaubniß des Staatsministeriums der Justiz abhalten darf, hat derselbe Tagegeld und Ersatz der Reisekosten zu beanspruchen und auf die einzelnen Amtsgeschäfte verhältnißmäßig zu vertheilen.

Artikel 94.

Für die Beförderung des nothwendigen Reisegepäcks werden dem Notar die thatsächlich erwachsenen Auslagen vergütet.

Artikel 95.

Die Richter und Gerichtsschreiber der Amtsgerichte erhalten für auswärtige Geschäfte, die sie als Notariatsverweser vornehmen, Tagegelder und Reisekosten ausschließlich nach denjenigen Normen vergütet, welche für die Vornahme auswärtiger Geschäfte im Richteramt oder Gerichtsschreiberamte gelten.

Anm. Siehe hieher A.V. vom 11. Febr. 1875, die Aufrechnung der Tagegelder und Reisekosten bei auswärtigen Dienstgeschäften der Beamten sind Bediensteten des Civilstaatsdienstes betr., Ges.Bl. 1875 S. 105.

Artikel 96.

Dienstreisen zum Zwecke der nach Artikel 30 des Notariatsgesetzes vorgeschriebenen Einsicht des Grundbuchs oder des Hypothekenbuchs sind nur dann zulässig, wenn die Betheiligten schriftlich erklärt haben, daß sie die persönliche Einsichtnahme durch den Notar der Erholung und Einsichtnahme eines Auszugs vorziehen und bereit sind, die erwachsenden Reisekosten zu tragen. Die Höhe der erwachsenden Reisekosten ist den Betheiligten vorher bekannt zu geben.

Anm. Bedient sich der Notar zur Einsicht eines auswärtigen Hypotheken- oder Grundbuches eines Gehilfen, soweit solcher zur Einsicht nach § 93 Gesch.O. berechtigt ist, was auch nur unter den in gegenwärtigem Artikel vorgesehenen Beschränkungen zulässig ist, darf der Notar gemäß Art. 75 Ziff. 3 die wirklichen Auslagen für deren Reisekosten und Zehrung, nicht aber Tagegeld den Betheiligten in Anrechnung bringen, da der Notar nur für sich selbst, nicht für seine Gehilfen Tagegelder zu beanspruchen hat. Vergl. Art. 75 Anm. 2 und Art. 88 Anm. 2.

Elfter Abschnitt.

Hinterlegungsgebühren.

Artikel 97.

Für die Uebernahme, Verwahrung und Ablieferung von Geldern, Werthpapieren und Kostbarkeiten nach Artikel 4 des Notariatsgesetzes erhalten die Notare Hinterlegungsgebühren nach Maßgabe der folgenden Bestimmungen.

Anm. Vergl. hiezu Art. 4 Not.Ges.:

> „Der Notar ist verpflichtet, Gelder, Werthpapiere und Kostbarkeiten, die ihm aus Anlaß eines Amtsgeschäftes von den Betheiligten übergeben werden, zur Aufbewahrung für die Betheiligten oder zur Ablieferung an Dritte oder an eine Behörde zu übernehmen. Die Bestimmungen über das Verfahren bei der Uebernahme, Aufbewahrung und Ablieferung, insbesondere über die Führung von Verwahrungsbüchern, werden durch Ministerialvorschrift getroffen."

und § 276 Gesch.O:

> „Das Verfahren der Notare bei der ihnen nach Art. 4 des Notariatsgesetzes obliegenden Uebernahme von Geldern, Werthpapieren und Kostbarkeiten zur Verwahrung und Ablieferung regelt sich bis zur Erlassung der Hinterlegungsordnung für die Notariate nach den bisherigen Vorschriften."

Bis zur Entlassung der in § 276 Gesch.O. vorgesehenen Hinterlegungsordnung sind daher noch die Vorschriften der Art. 36, 37 Not.Ges. vom 10. Nov. 1861 und wegen der Buchführung die M.Bktm. vom 5. Juni 1897 Nr. 2996 maßgebend.

Artikel 98.

Die Gebühr enthält die Vergütung für die gesammte Thätigkeit des Notars. Für die Korrespondenz über die Uebernahme, die Bescheinigung über den Empfang, die Verzeichnung und Verrechnung, die verzinsliche oder unverzinsliche Hinterlegung bei öffentlichen Banken und die Wiedereinziehung der Werthe von diesen, für die wegen der Ablieferung gepflogenen schriftlichen oder mündlichen Verhandlungen mit den Betheiligten, mit Behörden oder Dritten, endlich für die Verhandlung bei der Ablieferung selbst darf keine besondere Gebühr in Ansatz gebracht werden. Die thatsächlich erwachsenen Postportoauslagen — einschließlich der allenfallsigen Versicherungskosten — dürfen aufgerechnet werden.

Anm. Die Hinterlegungsgebühr umfaßt die Vergütung für die gesammte Thätigkeit des Notares, welche auf Uebernahme, Verwahrung und Ablieferung einschlüssig der hierauf erwachsenden Korrespondenz veranlaßt wird. Wenn ein Hypothekkapital vom Schuldner beim Notar seines Wohnsitzes, ohne daß bei diesem eine andere hiemit zusammenhängende Angelegenheit anhängig ist, hinterlegt wird mit dem Antrage, das Geld dem auswärts wohnenden Gläubiger zuzusenden, sobald dieser Löschungsbewilligung erklärt haben wird, so ist diese Vermittelung der Löschung, wenn die Löschungsbewilligung auch nicht von dem Notar, bei dem das Geld erlegt wird, sondern vom auswärtigen Notar oder der sonst zuständigen Behörde beurkundet wird, eine amtliche Thätigkeit des Notares und das Geld ihm aus Anlaß eines Amtsgeschäftes, nemlich die Vermittelung der Hypotheklöschung zu erwirken, übergeben. Für das Schreiben an den Gläubiger oder den auswärtigen Notar, die Löschungsbewilligung zu erklären oder aufzunehmen und ihm zuzusenden, darf daher keine besondere Gebühr angesetzt werden, da die Vergütung hiefür unter die Hinterlegungsgebühr fällt.

Artikel 99.

Die Gebühr wird nach dem Werthe des hinterlegten Betrags oder Gegenstandes berechnet.

Als Gegenstandssumme gilt auch für die Gebühr des Notars die zum Zwecke der Bemessung der staatlichen Hinterlegungsgebühr ermittelte Summe.

Anm. Wegen Berechnung des Werthes vergl. M.Bktm. vom 12. Jan. 1900, die Erhebung von Hinterlegungsgebühren betr., J.M.Bl. 301. Nach Ziff. VII dieser Ministerialvorschrift ist für die Berechnung der Hinterlegungsgebühr bei Werthpapieren nicht der Nennwerth, sondern der wirkliche Werth (Kurswerth) maßgebend. Bei Hinterlegung von Werthpapieren ist daher deren Kurswerth, wenn er nicht bereits feststeht, an der Hand eines amtlichen Kursblattes oder durch einen Bankier festzustellen.

Artikel 100.

Die Gebühr beträgt in der Regel:

für den Betrag bis zu 2000 Mark $^1/_4$ vom Hundert,

darüber hinaus für den Mehrbetrag $^1/_8$ vom Hundert.

Anm. 1. Ein Unterschied der Gebühr bei Baargeld und Werthpapieren ist nicht mehr gemacht.

Anm. 2. Die Gebühr fällt sofort bei der Hinterlegung an. Werden in der gleichen Sache zu verschiedenen Zeiten Gelder, Werthpapiere oder Kostbarkeiten beim Notar erlegt, so ist die Gebühr nicht aus der Gesammtsumme bei Erledigung der Sache, sondern aus dem jedesmaligen Betrage sofort bei der Hinterlegung in Rechnung zu stellen. Werden Baarbeträge und Werthpapiere oder Kostbarkeiten gleichzeitig erlegt, berechnet sich die Gebühr nicht einzeln aus jeder Gattung, sondern aus dem Gesammtwerthe der gleichzeitig erlegten Werthe.

Anm. 3. Die Ausnahmen von der regelmäßigen Gebühr des gegenwärtigen Art. sind in den folgenden Art. 101 und 103 vorgesehen.

Artikel 101.

Die Gebühr beträgt, wenn dem Notar die Einnahme, Aufbewahrung und Ablieferung der Strichgelder aus einer Versteigerung obliegt,

a) bei Versteigerung von unbeweglichen Gegenständen:
für den Betrag bis zu 2000 Mark 1 vom Hundert,
darüber hinaus für den Mehrbetrag $^1/_2$ vom Hundert;

b) bei Versteigerung von beweglichen Gegenständen:
für den Betrag bis zu 2000 Mark 2 vom Hundert,
darüber hinaus für den Mehrbetrag 1 vom Hundert.

Anm. Die Gebühr dieses Artikels hat der Notar gleichmäßig bei freiwilligen und Zwangsversteigerungen zu beanspruchen.

Artikel 102.

Auch bei der Berechnung der Gebühr in den Fällen der Artikel 100, 101, werden Pfennigbeträge, die nicht durch zehn theilbar sind, auf zehn aufgerundet.

Artikel 103.

Für die Uebernahme, Aufbewahrung und Ablieferung von Werthen unter 20 Mark werden Gebühren nicht erhoben.

Anm. Werden Werthe verschiedener Gattung (Gelder, Werthpapiere und Kostbarkeiten) gleichzeitig erlegt und betragen einzelne derselben unter 20 Mark, alle zusammen aber 20 Mark oder darüber, so kommt die Gebühr aus dem Gesammtwerth zum Ansatz, vergl. oben Art. 100 Anm. 2. Wird z. B. gelegentlich einer Siegelung ein Baarbeträg von 18 Mark, ein Loos im Kurswerth von 14 Mark und eine Uhr im Werth von 10 Mark zu Amtshanden genommen, so fällt eine Gebühr aus 42 Mark mit 20 Pfennig an.

Artikel 104.

Soweit bestimmt ist, daß die Notare bei der Berechnung und Erhebung der aus Anlaß ihrer Amtsgeschäfte dem Staate und den Gemeinden anfallenden Gebühren mitzuwirken haben, haben die Notare von den Betheiligten für die Einnahme, Aufbewahrung und Ablieferung dieser Gebühren Hinterlegungsgebühren nicht zu beanspruchen.

Anm. Wegen der Perceptionsgebühren der Notare für Vereinnahmung und Ablieferung der Staatsgebühren und örtlichen Besitzveränderungsgebühren siehe § 11 A.V. vom 23. Dez. 1899, die Ausführung des Reichsgerichtskostengesetzes und des Gesetzes über das Gebührenwesen betr., F.M.Bl. 291, J.M.Bl. 1900 S. 335 und M.Bktm. vom 2. Jan. 1900 Nr. 29804, die Tantiemen der Notare betr.

Zwölfter Abschnitt.

Schlußbestimmungen.

Artikel 105.

Aufgehoben sind:

1. die Notariatsgebührenordnung für die Pfalz vom 9. April 1822;
2. die Verordnung vom 11. Juli 1823 über die Notariatsgebühren in der Pfalz;
3. die Verordnung vom 29. Januar 1854, die Gebühren der Notare in der Pfalz betreffend;
4. die Notariatsgebührenordnung für die Landestheile rechts des Rheins vom 30. November 1875;
5. die Verordnung vom 12. Dezember 1875, die Gebühren der Notare und Notariatszeugen in der Pfalz betreffend;
6. die Verordnung vom 21. Dezember 1877, die Gebühren der Notare in der Pfalz betreffend;
7. die Verordnung vom 15. September 1879, die Gebühren der Notare betreffend;
8. die Verordnung vom 13. Mai 1880, die Gebühren der Notare in der Pfalz betreffend;
9. die Verordnung vom 29. Juni 1886, die Gebühren der Notare betreffend.

Anm. Siehe hiezu die Uebergangsvorschrift des Art. 107 bezüglich der Zwangsversteigerungen.

Artikel 106.

Die im Regierungsbezirke der Pfalz üblichen Gebühren für die Anfertigung der Bordereaux und für die Uebersendung der Bordereaux an die Hypothekenämter bleiben bis zu dem Zeitpunkt, in welchem das Grundbuch als angelegt anzusehen ist, aufrecht erhalten.

Ebenso können im Regierungsbezirke der Pfalz die für die Anfertigung von Heblisten bei Versteigerungen üblichen Gebühren weiter bezogen werden.

Artikel 107.

Die Vorschriften dieser Verordnung über die Gebühren bei der Zwangsversteigerung treten, soweit sie die Schiffe betreffen, am 1. Januar 1900, im übrigen für jeden Grundbuchbezirk mit dem Zeitpunkt in Kraft, in welchem das Grundbuch als angelegt anzusehen ist. Bis zu diesem Zeitpunkte haben bei Zwangsversteigerungen hinsichtlich der Gebühren noch die seitherigen Bestimmungen Anwendung zu finden. Das Gleiche gilt für das Verfahren, welches gemäß § 15 des Einführungsgesetzes zu dem Gesetz über die Zwangsversteigerung und die Zwangsverwaltung noch nach den Landesgesetzen zu erledigen ist, sowie für die Zwangsversteigerung eines gemeinschaftlichen Grundstücks zum Zwecke der Aufhebung der Gemeinschaft nach den Art. 41, 113 des Gesetzes, Uebergangsvorschriften zum Bürgerlichen Gesetzbuche betreffend.

Die Erlassung besonderer Vorschriften über die Gebühren der Notare bei der Beurkundung und Beglaubigung von Verträgen und Erklärungen, für welche das Grundbuchrecht maßgebend ist, bleibt für später vorbehalten.

Anm. Vergl. hiezu Art. 297 Geb.G., §§ 1, 15 E.G. z. Zw. V.G. und Art. 41, 113 Ueb.G.

Die Gebühr für die Versteigerung selbst fällt nicht unter den Vorbehalt des gegenwärtigen Artikels, sondern ist nach Art. 52 Abs. 2 mit Art. 23 bei allen nach dem 1. Januar 1900 stattfindenden Zwangsversteigerungen die anderthalbfache Werthgebühr. Vergl. hiezu Art. 52 Anm. 2.

Artikel 108.

Ist ein Notar in den Landestheilen r. d. Rh. nach dem Inkrafttreten dieser Verordnung noch auf Grund des bisherigen Landesrechts als Verlassenschaftskommissär thätig, so gebührt ihm für Korrespondenzen und Berichte, welche ihm als Verlassenschaftskommissär obliegen, dann für die von ihm in dieser Eigenschaft auszustellenden Zeugnisse wie bisher eine Vergütung von 1 bis 4 Mark.

Artikel 109.

Gegenwärtige Verordnung tritt mit dem 1. Januar 1900 in Kraft.

Artikel 110.

Das Staatsministerium der Justiz ist beauftragt, nach Ablauf von drei Jahren über die Wirkungen dieser Verordnung und darüber zu berichten, ob nach den gemachten Erfahrungen eine Aenderung dieser Verordnung angezeigt erscheint. Bis zu dieser Zeit ist das Staatsministerium der Justiz ermächtigt, im Fall des Bedürfnisses einzelne Aenderungen und Ergänzungen vorzunehmen.

München, den 28. Dezember 1899.

Luitpold,
Prinz von Bayern,
des Königreichs Bayern Verweser.

Dr. **Frhr. v. Leonrod.**

Auf Allerhöchsten Befehl:
Der General-Sekretär:
Ministerialrath
v. Thelemann.

Bekanntmachung.

Königliches Staatsministerium der Justiz
und
Königliches Staatsministerium der Finanzen.

J.M.Bl. S. 461. F.M.Bl. S. 89.

Im § 8 Abs. 2 der Instruktion zum Vollzuge des Reichsgerichtskostengesetzes und des Gesetzes über das Gebührenwesen ist für den Fall der Führung von Notariaten auf Rechnung des Staates (§§ 112, 113 des Notariatsgesetzes) bestimmt, daß die Notariatsverweser neben dem Staatsgebührenregister Formular A, welches die nach dem Gebührengesetze anfallenden Staatsgebühren, dann die örtlichen Besitzveränderungsabgaben enthält, für die nach der Notariatsgebührenordnung anfallenden und zur Staatskasse zu erhebenden Gebühren das in der Geschäftsordnung für die Notariate vorgeschriebene Notariatsgebühren-Register zu führen und monatlich dem Rentamte zur Abrechnung vorzulegen haben.

Zur Erleichterung der Geschäftsbehandlung ist diesem Notariatsgebühren-Register für den Fall der Führung der Notariatsgeschäfte auf Rechnung des Staates auf der Vorderseite eine Gebrauchsanweisung und auf der Rückseite ein Abrechnungsformular beigefügt worden.

Das so ergänzte besondere Gebührenregister-Formular (Formular IXa) wird hiemit unter dem Beifügen bekannt gegeben, daß die darin enthaltenen Vorschriften gleich den Vorschriften der Instruktion zum Vollzuge des Reichsgerichtskostengesetzes und des Gebührengesetzes und denen der Geschäftsordnung für die Notariate bei der Geschäftsbehandlung zu beachten sind.

München, den 19. Januar 1900.

Dr. **Frhr. v. Riedel.** Dr. **Frhr. v. Leonrod.**

Die Führung von Notariaten auf Rechnung des Staates hier die Berechnung der Notariatsgebühren betr.

Einschaltungen und Nachträge.

Zu Art. 148. Anm. 2. Vergl. hieher Art. 31 Ueberg.G., wonach für einen Ehevertrag, durch den an die Stelle des nach dem Gesetz vom 9. Juni 1899, Uebergangsvorschriften zum B.G.B. betr., eintretenden Güterstand eine andere nach den Vorschriften des B.G.B. zulässige Regelung des Güterstandes gesetzt oder der nach diesem Gesetze eintretende Güterstand in einzelnen Beziehungen geändert wird, sowie für die Eintragung des Ehevertrages in das Güterrechtsregister Gebühren nicht erhoben werden, wenn der Vertrag vor dem Ablauf eines Jahres nach der Aenderung des Güterstandes geschlossen wird.

Diese Bestimmung bezieht sich nur auf Eheverträge von Ehegatten, deren Ehe am 1. Januar 1900 bereits bestanden hat, da für Brautleute oder Ehegatten, welche erst unter der Herrschaft des B.G.B. sich verehelicht haben oder verehelichen, vor dem Inkrafttreten des B.G.B. kein gesetzlicher oder vertragsmäßiger Güterstand bestanden hat, ein solcher durch ihre Eheschließung daher nicht geändert, sondern erst begründet wird. Ein Ehevertrag ist mithin nach gegenwärtiger Bestimmung nur gebührenfrei, wenn er von Ehegatten, welche sich vor dem 1. Januar 1900 geehelicht haben, nach dem 1. Juli 1899, mit welchem Tage das Ueberg.G. vom 9. Juni 1899 in Kraft getreten ist, und spätestens am 31. Dezember 1900, d. i. vor Ablauf der mit 1. Januar 1900 auf Grund der Art. 19—31, 62—104 Ueberg.G. eingetretenen Güterrechtsverhältnisse abgeschlossen wird, soferne er eine Aenderung dieser gesetzlichen Güterrechtsverhältnisse oder anderweitige Regelung derselben zum Gegenstand hat. Vergl. Begründung des Ges., die durch die Einf. des B.G.B. veranlaßten Uebergangsvorschriften betr., Beil. X zu d. Verhdlg. d. Just.Gesetzg.Aussch. d. K. d. Abg. 1899, Beil. Bd. XX Abth. I S. 604, 641 v. Verh. d. Just.Gesetzg.Aussch. d. K. d. Abg. 1899 Beil. Bd. XX Abth. II S. 857, Becher, Materialien, VII S. 285, 357, 422.

Die Gebührenfreiheit für die Eintragung des Ehevertrages in das Güterrechtsregister ist nicht an die Frist von einem Jahre gebunden; es geschieht vielmehr die Eintragung gebührenfrei auch nach dem Ablauf des Jahres, wenn nur der Vertrag rechtzeitig geschlossen ist, und kann die Eintragung in das Güterrechtsregister, welche nur auf Antrag erfolgt, noch nach Jahren nachgeholt werden, solange die Ehe besteht, (Becher, Materalien, VII S. 423).

Anm. 3. Wird mit einem nach Art. 31 Ueberg.G. (siehe vorige Anm. 2) gebührenfreien Ehevertrag ein Erbvertrag verbunden, unterliegt letzterer der Gebühr zu 3 Mark nach Art. 163, da ein mit einem Ehevertrag verbundener Erbvertrag nicht gebührenfrei ist, sondern für ihn nach Art. 163 Abs. 2 nur keine besondere Gebühr zu entrichten ist; vergl. Art. 163 Anm.

Zu Art. 150. Anm. 3. Enthält die Gründungsurkunde neben den Statuten wie gewöhnlich noch weitere Beschlüsse der ersten Generalversammlung, z. B. über Wahl des Aufsichtsrathes und des Vorstandes, so unterliegen diese Beschlüsse der gesonderten Gebühr des Art. 170 Ziff. 1 mit 20 Mark; vergl. Art. 170 Anm. 1.

Zu Art. 163. Anm. 4. Ist der mit einem Erbvertrag in derselben Urkunde verbundene Ehevertrag nach Art. 31 Ueberg.G. gebührenfrei, so unterliegt der

Erbvertrag der selbstständigen Gebühr zu 3 Mark, da ein mit einem Ehevertrag verbundener Erbvertrag nicht gebührenfrei ist, sondern für ihn keine besondere Gebühr zu entrichten ist; vergl. Art. 148 Anm. 2 und 3.

Zu Art. 164. Anm. 2. Die Gebührenbegünstigung des Abs. 2 trifft in allen Fällen zu, wenn gelegentlich der Aufhebung eines früheren Testamentes oder Ehevertrages gleichzeitig ein neues Testament oder ein neuer Erbvertrag errichtet wird, gleichgiltig, ob diese Errichtung des neuen Testamentes oder Erbvertrages durch Uebergabe einer Schrift oder durch mündliche Erklärung vor dem Notar und den Zeugen (B.G.B. § 2238 Abs. 1) erfolgt und ob ein Testament in öffentlicher Form durch Uebergabe einer Schrift errichtet oder ein eigenhändiges (holographisches) Testament gemäß § 2248 B.G.B. in amtliche Verwahrung übergeben wird.

Dagegen ist die Gleichzeitigkeit der Aufhebung des früheren Testamentes oder Erbvertrages mit Errichtung der neuen letztwilligen Verfügung nur gegeben, wenn Beides in einer und derselben Urkunde erfolgt. Würden dagegen hierüber zwei Urkunden, wenn auch am gleichen Tage und unmittelbar aufeinander folgend, aufgenommen, so müßte die erste Urkunde über Widerruf oder Zurücknahme des Testamentes oder Aufhebung des Erbvertrages mit der Gebühr zu 1 Mark nach Abs. 1 bewerthet werden.

Zu Art. 170. Anm. 1. Zu Ziffer 1: Die Beschlüsse der ersten mit dem Gesellschaftsvertrage verbundenen Generalversammlung, z. B. über Wahl des Aufsichtsrathes und des Vorstandes, unterliegen einer gesonderten Gebühr von 20 Mark neben der Gebühr des Art. 150, da letztere Gebühr nur für den Gesellschaftsvertrag (Statuten) zur Erhebung kommt; vergl. Art. 150 Anm. 3.

Die bisherigen Anm. 1 und 2 erhalten die Ordnungsnummern 2 und 3.

Zu Art. 171. Anm. Zusatz zu Abs. 1. Es sind daher auch die Beglaubigungen von Unterschriften und Handzeichen nach wie vor mit 1 Mark, nicht nach Art. 193 Abs. 3 mit 50 Pfennig, zu bewerthen; vergl. Art. 173 Anm. 3.

Zu Art. 173. Der Absatz 2 in Anm. 2 ist zu streichen und statt dessen neu einzuschalten folgende:

Anm. 3. Zu den sonstigen Beglaubigungen des Abs. 3 gehören die Beglaubigungen von Buchs- und Registerauszügen und Abschriften, nicht dagegen die Beglaubigungen von Unterschriften und Handzeichen, da über diese Beglaubigung eine förmliche Notariatsurkunde, wenn auch nicht in Protokollform, aufzunehmen ist; vergl. Art. 35 Not.Ges., §§ 205—215, 156, 27 Ziff. 2 Gesch.O. Die Gebühr für die Beglaubigung einer Unterschrift oder eines Handzeichens beträgt vielmehr nach Art. 171 wie bisher 1 Mark; siehe Art. 171 Anm.

Unter die Zeugnisse 2c. (wie bisher).

Zu Art. 190. Anm. 1. Der bisherige Absatz 1 ist zu streichen und statt dessen einzuschalten: Anspruch auf persönliche Gebührenbefreiung haben die Reichs- und Staatskasse (der Fiskus) und die Civilliste des Königs (Art. 3 Nr. 2), sowie in ihren eigenen Angelegenheiten streitiger und nichtstreitiger Natur die K. Bank und deren Filialen gemäß § 27 der A.B. vom 13. Dez. 1878, die Formation und den Wirkungskreis der k. bayer. Bank betr., G.B.Bl. 489; vergl. in letzterer Beziehung auch Art. 191 Anm.

Zu Art. 191. Der letzte Satz der Anmerkung: „Im Uebrigen . . .“ ist zu streichen und statt desselben einzuschalten:

Hiedurch ist die bisher kontroverse Frage, ob eine Kreditkautionsurkunde für ein von der K. Bank gegebenes Darlehen ausschließlich die Sicherung der der Bank erwachsenden Ansprüche bezweckt, bejahend entschieden.

Alphabetisches Register.

(Die Zahlen bedeuten die Seiten.)

A.

F.

G.

H.

J.

K.

L.

R.

S.

T.

II. Theil.

Tabellen

der

Staats- und Notariatsgebühren.

Gegenstands-Summa	Staatsgebühren 1 Prozent		Staatsgebühren 1 1/2 Prozent		Staatsgebühren 2 Prozent		Besitzveränderungsabgabe		Staatsgebühren 1 pro mille		Staatsgebühren 2 pro mille		Staatsgebühren 2 1/2 pro mille		Staatsgebühren 3 pro mille		Staatsgebühren 5 pro mille	
M	M	₰	M	₰	M	₰	M	₰	M	₰	M	₰	M	₰	M	₰	M	₰
1	—	10	—	10	—	10	—	10	—	10	—	10	—	10	—	10	—	10
2	—	10	—	10	—	10	—	10	—	10	—	10	—	10	—	10	—	10
3	—	10	—	10	—	10	—	10	—	10	—	10	—	10	—	10	—	10
4	—	10	—	10	—	10	—	10	—	10	—	10	—	10	—	10	—	10
5	—	10	—	10	—	10	—	10	—	10	—	10	—	10	—	10	—	10
6	—	10	—	10	—	20	—	10	—	10	—	10	—	10	—	10	—	10
7	—	10	—	20	—	20	—	10	—	10	—	10	—	10	—	10	—	10
8	—	10	—	20	—	20	—	10	—	10	—	10	—	10	—	10	—	10
9	—	10	—	20	—	20	—	10	—	10	—	10	—	10	—	10	—	10
10	—	10	—	20	—	20	—	10	—	10	—	10	—	10	—	10	—	10
11	—	20	—	20	—	30	—	10	—	10	—	10	—	10	—	10	—	10
12	—	20	—	20	—	30	—	10	—	10	—	10	—	10	—	10	—	10
13	—	20	—	20	—	30	—	10	—	10	—	10	—	10	—	10	—	10
14	—	20	—	30	—	30	—	10	—	10	—	10	—	10	—	10	—	10
15	—	20	—	30	—	30	—	10	—	10	—	10	—	10	—	10	—	10
16	—	20	—	30	—	40	—	10	—	10	—	10	—	10	—	10	—	10
17	—	20	—	30	—	40	—	10	—	10	—	10	—	10	—	10	—	10
18	—	20	—	30	—	40	—	10	—	10	—	10	—	10	—	10	—	10
19	—	20	—	30	—	40	—	10	—	10	—	10	—	10	—	10	—	10
20	—	20	—	30	—	40	—	10	—	10	—	10	—	10	—	10	—	10
21	—	30	—	40	—	50	—	10	—	10	—	10	—	10	—	10	—	20
22	—	30	—	40	—	50	—	10	—	10	—	10	—	10	—	10	—	20
23	—	30	—	40	—	50	—	10	—	10	—	10	—	10	—	10	—	20
24	—	30	—	40	—	50	—	10	—	10	—	10	—	10	—	10	—	20
25	—	30	—	40	—	50	—	10	—	10	—	10	—	10	—	10	—	20
26	—	30	—	40	—	60	—	10	—	10	—	10	—	10	—	10	—	20
27	—	30	—	50	—	60	—	10	—	10	—	10	—	10	—	10	—	20
28	—	30	—	50	—	60	—	10	—	10	—	10	—	10	—	10	—	20
29	—	30	—	50	—	60	—	10	—	10	—	10	—	10	—	10	—	20
30	—	30	—	50	—	60	—	10	—	10	—	10	—	10	—	10	—	20
31	—	40	—	50	—	70	—	10	—	10	—	10	—	10	—	10	—	20
32	—	40	—	50	—	70	—	10	—	10	—	10	—	10	—	10	—	20
33	—	40	—	50	—	70	—	10	—	10	—	10	—	10	—	10	—	20
34	—	40	—	60	—	70	—	10	—	10	—	10	—	10	—	20	—	20
35	—	40	—	60	—	70	—	10	—	10	—	10	—	10	—	20	—	20
36	—	40	—	60	—	80	—	10	—	10	—	10	—	10	—	20	—	20
37	—	40	—	60	—	80	—	10	—	10	—	10	—	10	—	20	—	20
38	—	40	—	60	—	80	—	10	—	10	—	10	—	10	—	20	—	20
39	—	40	—	60	—	80	—	10	—	10	—	10	—	10	—	20	—	20
40	—	40	—	60	—	80	—	10	—	10	—	10	—	10	—	20	—	20

Gegen-standS-Summa	Werthgebühr Volle		Werthgebühr 1/2		Werthgebühr 1/2 bis 2200 M darüber 2/3		Werthgebühr 1 1/2		4/10 aus der vollen Werthgebühr		4/10 aus 2/3 Werthgebühr		Hinterlegungsgebühr						Auseinandersetzungsgebühr 5/10		Auseinandersetzungsgebühr 2/10	
	Art. 22. 40. 41. 50		Art. 25. 27. 29. 30. 38 Abs. 2		Art. 24		Art. 23		Art. 45 Abs. 3				Art. 100		Art. 101 a		Art. 101 b		der Sätze des § 8 des Reichsgerichts-Kosten-Gesetzes			
M	M	₰	M	₰	M	₰	M	₰	M	₰	M	₰	M	₰	M	₰	M	₰	M	₰	M	₰
1	1	—	—	50	—	50	1	50	1	—	1	—	—	—	—	—	—	—	—	50	—	20
2	1	—	—	50	—	50	1	50	1	—	1	—	—	—	—	—	—	—	—	50	—	20
3	1	—	—	50	—	50	1	50	1	—	1	—	—	—	—	—	—	—	—	50	—	20
4	1	—	—	50	—	50	1	50	1	—	1	—	—	—	—	—	—	—	—	50	—	20
5	1	—	—	50	—	50	1	50	1	—	1	—	—	—	—	—	—	—	—	50	—	20
6	1	—	—	50	—	50	1	50	1	—	1	—	—	—	—	—	—	—	—	50	—	20
7	1	—	—	50	—	50	1	50	1	—	1	—	—	—	—	—	—	—	—	50	—	20
8	1	—	—	50	—	50	1	50	1	—	1	—	—	—	—	—	—	—	—	50	—	20
9	1	—	—	50	—	50	1	50	1	—	1	—	—	—	—	—	—	—	—	50	—	20
10	1	—	—	50	—	50	1	50	1	—	1	—	—	—	—	—	—	—	—	50	—	20
11	1	—	—	50	—	50	1	50	1	—	1	—	—	—	—	—	—	—	—	50	—	20
12	1	—	—	50	—	50	1	50	1	—	1	—	—	—	—	—	—	—	—	50	—	20
13	1	—	—	50	—	50	1	50	1	—	1	—	—	—	—	—	—	—	—	50	—	20
14	1	—	—	50	—	50	1	50	1	—	1	—	—	—	—	—	—	—	—	50	—	20
15	1	—	—	50	—	50	1	50	1	—	1	—	—	—	—	—	—	—	—	50	—	20
16	1	—	—	50	—	50	1	50	1	—	1	—	—	—	—	—	—	—	—	50	—	20
17	1	—	—	50	—	50	1	50	1	—	1	—	—	—	—	—	—	—	—	50	—	20
18	1	—	—	50	—	50	1	50	1	—	1	—	—	—	—	—	—	—	—	50	—	20
19	1	—	—	50	—	50	1	50	1	—	1	—	—	—	—	—	—	—	—	50	—	20
20	1	—	—	50	—	50	1	50	1	—	1	—	—	—	—	—	—	—	—	50	—	20
21	1	—	—	50	—	50	1	50	1	—	1	—	—	10	—	30	—	50	1	20	—	50
22	1	—	—	50	—	50	1	50	1	—	1	—	—	10	—	30	—	50	1	20	—	50
23	1	—	—	50	—	50	1	50	1	—	1	—	—	10	—	30	—	50	1	20	—	50
24	1	—	—	50	—	50	1	50	1	—	1	—	—	10	—	30	—	50	1	20	—	50
25	1	—	—	50	—	50	1	50	1	—	1	—	—	10	—	30	—	50	1	20	—	50
26	1	—	—	50	—	50	1	50	1	—	1	—	—	10	—	30	—	60	1	20	—	50
27	1	—	—	50	—	50	1	50	1	—	1	—	—	10	—	30	—	60	1	20	—	50
28	1	—	—	50	—	50	1	50	1	—	1	—	—	10	—	30	—	60	1	20	—	50
29	1	—	—	50	—	50	1	50	1	—	1	—	—	10	—	30	—	60	1	20	—	50
30	1	—	—	50	—	50	1	50	1	—	1	—	—	10	—	30	—	60	1	20	—	50
31	1	—	—	50	—	50	1	50	1	—	1	—	—	10	—	40	—	70	1	20	—	50
32	1	—	—	50	—	50	1	50	1	—	1	—	—	10	—	40	—	70	1	20	—	50
33	1	—	—	50	—	50	1	50	1	—	1	—	—	10	—	40	—	70	1	20	—	50
34	1	—	—	50	—	50	1	50	1	—	1	—	—	10	—	40	—	70	1	20	—	50
35	1	—	—	50	—	50	1	50	1	—	1	—	—	10	—	40	—	70	1	20	—	50
36	1	—	—	50	—	50	1	50	1	—	1	—	—	10	—	40	—	80	1	20	—	50
37	1	—	—	50	—	50	1	50	1	—	1	—	—	10	—	40	—	80	1	20	—	50
38	1	—	—	50	—	50	1	50	1	—	1	—	—	10	—	40	—	80	1	20	—	50
39	1	—	—	50	—	50	1	50	1	—	1	—	—	10	—	40	—	80	1	20	—	50
40	1	—	—	50	—	50	1	50	1	—	1	—	—	10	—	40	—	80	1	20	—	50

Gegenstands-Summa	Staatsgebühren 1 Prozent		Staatsgebühren 1½ Prozent		Staatsgebühren 2 Prozent		Besitzveränderungsabgabe		Staatsgebühren 1 pro mille		Staatsgebühren 2 pro mille		Staatsgebühren 2½ pro mille		Staatsgebühren 3 pro mille		Staatsgebühren 5 pro mille	
ℳ	ℳ	₰	ℳ	₰	ℳ	₰	ℳ	₰	ℳ	₰	ℳ	₰	ℳ	₰	ℳ	₰	ℳ	₰
41	—	50	—	70	—	90	—	20	—	10	—	10	—	20	—	20	—	30
42	—	50	—	70	—	90	—	20	—	10	—	10	—	20	—	20	—	30
43	—	50	—	70	—	90	—	20	—	10	—	10	—	20	—	20	—	30
44	—	50	—	70	—	90	—	20	—	10	—	10	—	20	—	20	—	30
45	—	50	—	70	—	90	—	20	—	10	—	10	—	20	—	20	—	30
46	—	50	—	70	1	—	—	20	—	10	—	10	—	20	—	20	—	30
47	—	50	—	80	1	—	—	20	—	10	—	10	—	20	—	20	—	30
48	—	50	—	80	1	—	—	20	—	10	—	10	—	20	—	20	—	30
49	—	50	—	80	1	—	—	20	—	10	—	10	—	20	—	20	—	30
50	—	50	—	80	1	—	—	20	—	10	—	10	—	20	—	20	—	30
51	—	60	—	80	1	10	—	20	—	10	—	20	—	20	—	20	—	30
52	—	60	—	80	1	10	—	20	—	10	—	20	—	20	—	20	—	30
53	—	60	—	80	1	10	—	20	—	10	—	20	—	20	—	20	—	30
54	—	60	—	90	1	10	—	20	—	10	—	20	—	20	—	20	—	30
55	—	60	—	90	1	10	—	20	—	10	—	20	—	20	—	20	—	30
56	—	60	—	90	1	20	—	20	—	10	—	20	—	20	—	20	—	30
57	—	60	—	90	1	20	—	20	—	10	—	20	—	20	—	20	—	30
58	—	60	—	90	1	20	—	20	—	10	—	20	—	20	—	20	—	30
59	—	60	—	90	1	20	—	20	—	10	—	20	—	20	—	20	—	30
60	—	60	—	90	1	20	—	20	—	10	—	20	—	20	—	20	—	30
61	—	70	1	—	1	30	—	20	—	10	—	20	—	20	—	20	—	40
62	—	70	1	—	1	30	—	20	—	10	—	20	—	20	—	20	—	40
63	—	70	1	—	1	30	—	20	—	10	—	20	—	20	—	20	—	40
64	—	70	1	—	1	30	—	20	—	10	—	20	—	20	—	20	—	40
65	—	70	1	—	1	30	—	20	—	10	—	20	—	20	—	20	—	40
66	—	70	1	—	1	40	—	20	—	10	—	20	—	20	—	20	—	40
67	—	70	1	10	1	40	—	20	—	10	—	20	—	20	—	30	—	40
68	—	70	1	10	1	40	—	20	—	10	—	20	—	20	—	30	—	40
69	—	70	1	10	1	40	—	20	—	10	—	20	—	20	—	30	—	40
70	—	70	1	10	1	40	—	20	—	10	—	20	—	20	—	30	—	40
71	—	80	1	10	1	50	—	20	—	10	—	20	—	20	—	30	—	40
72	—	80	1	10	1	50	—	20	—	10	—	20	—	20	—	30	—	40
73	—	80	1	10	1	50	—	20	—	10	—	20	—	20	—	30	—	40
74	—	80	1	20	1	50	—	20	—	10	—	20	—	20	—	30	—	40
75	—	80	1	20	1	50	—	20	—	10	—	20	—	20	—	30	—	40
76	—	80	1	20	1	60	—	20	—	10	—	20	—	20	—	30	—	40
77	—	80	1	20	1	60	—	20	—	10	—	20	—	20	—	30	—	40
78	—	80	1	20	1	60	—	20	—	10	—	20	—	20	—	30	—	40
79	—	80	1	20	1	60	—	20	—	10	—	20	—	20	—	30	—	40
80	—	80	1	20	1	60	—	20	—	10	—	20	—	20	—	30	—	40

Gegen-stands-Summa	Werthgebühr Volle		½		½ bis 2200 M, darüber ⅔		1½		$^{4}/_{10}$ aus der vollen Werth-gebühr		$^{4}/_{10}$ aus ⅔ Werth-gebühr		Hinterlegungs-gebühr						Auseinander-setzungsgebühr $^{5}/_{10}$		$^{2}/_{10}$	
	Art. 22. 40. 41. 50		Art. 25. 27. 29. 30. 38 Abs. 2		Art. 24		Art. 23		Art. 45 Abs. 3				Art. 100		Art. 101 a		Art. 101 b		der Sätze des § 8 des Reichsgerichts-Kosten-Gesetzes			
M	M	₰	M	₰	M	₰	M	₰	M	₰	M	₰	M	₰	M	₰	M	₰	M	₰	M	₰
41	1	—	—	50	—	50	1	50	1	—	1	—	—	20	—	50	—	90	1	20	—	50
42	1	—	—	50	—	50	1	50	1	—	1	—	—	20	—	50	—	90	1	20	—	50
43	1	—	—	50	—	50	1	50	1	—	1	—	—	20	—	50	—	90	1	20	—	50
44	1	—	—	50	—	50	1	50	1	—	1	—	—	20	—	50	—	90	1	20	—	50
45	1	—	—	50	—	50	1	50	1	—	1	—	—	20	—	50	—	90	1	20	—	50
46	1	—	—	50	—	50	1	50	1	—	1	—	—	20	—	50	1	—	1	20	—	50
47	1	—	—	50	—	50	1	50	1	—	1	—	—	20	—	50	1	—	1	20	—	50
48	1	—	—	50	—	50	1	50	1	—	1	—	—	20	—	50	1	—	1	20	—	50
49	1	—	—	50	—	50	1	50	1	—	1	—	—	20	—	50	1	—	1	20	—	50
50	1	—	—	50	—	50	1	50	1	—	1	—	—	20	—	50	1	—	1	20	—	50
51	1	—	—	50	—	50	1	50	1	—	1	—	—	20	—	60	1	10	1	20	—	50
52	1	—	—	50	—	50	1	50	1	—	1	—	—	20	—	60	1	10	1	20	—	50
53	1	—	—	50	—	50	1	50	1	—	1	—	—	20	—	60	1	10	1	20	—	50
54	1	—	—	50	—	50	1	50	1	—	1	—	—	20	—	60	1	10	1	20	—	50
55	1	—	—	50	—	50	1	50	1	—	1	—	—	20	—	60	1	10	1	20	—	50
56	1	—	—	50	—	50	1	50	1	—	1	—	—	20	—	60	1	20	1	20	—	50
57	1	—	—	50	—	50	1	50	1	—	1	—	—	20	—	60	1	20	1	20	—	50
58	1	—	—	50	—	50	1	50	1	—	1	—	—	20	—	60	1	20	1	20	—	50
59	1	—	—	50	—	50	1	50	1	—	1	—	—	20	—	60	1	20	1	20	—	50
60	1	—	—	50	—	50	1	50	1	—	1	—	—	20	—	60	1	20	1	20	—	50
61	1	—	—	50	—	50	1	50	1	—	1	—	—	20	—	70	1	30	2	30	1	—
62	1	—	—	50	—	50	1	50	1	—	1	—	—	20	—	70	1	30	2	30	1	—
63	1	—	—	50	—	50	1	50	1	—	1	—	—	20	—	70	1	30	2	30	1	—
64	1	—	—	50	—	50	1	50	1	—	1	—	—	20	—	70	1	30	2	30	1	—
65	1	—	—	50	—	50	1	50	1	—	1	—	—	20	—	70	1	30	2	30	1	—
66	1	—	—	50	—	50	1	50	1	—	1	—	—	20	—	70	1	40	2	30	1	—
67	1	—	—	50	—	50	1	50	1	—	1	—	—	20	—	70	1	40	2	30	1	—
68	1	—	—	50	—	50	1	50	1	—	1	—	—	20	—	70	1	40	2	30	1	—
69	1	—	—	50	—	50	1	50	1	—	1	—	—	20	—	70	1	40	2	30	1	—
70	1	—	—	50	—	50	1	50	1	—	1	—	—	20	—	70	1	40	2	30	1	—
71	1	—	—	50	—	50	1	50	1	—	1	—	—	20	—	80	1	50	2	30	1	—
72	1	—	—	50	—	50	1	50	1	—	1	—	—	20	—	80	1	50	2	30	1	—
73	1	—	—	50	—	50	1	50	1	—	1	—	—	20	—	80	1	50	2	30	1	—
74	1	—	—	50	—	50	1	50	1	—	1	—	—	20	—	80	1	50	2	30	1	—
75	1	—	—	50	—	50	1	50	1	—	1	—	—	20	—	80	1	50	2	30	1	—
76	1	—	—	50	—	50	1	50	1	—	1	—	—	20	—	80	1	60	2	30	1	—
77	1	—	—	50	—	50	1	50	1	—	1	—	—	20	—	80	1	60	2	30	1	—
78	1	—	—	50	—	50	1	50	1	—	1	—	—	20	—	80	1	60	2	30	1	—
79	1	—	—	50	—	50	1	50	1	—	1	—	—	20	—	80	1	60	2	30	1	—
80	1	—	—	50	—	50	1	50	1	—	1	—	—	20	—	80	1	60	2	30	1	—

Gegenstands-Summa	Staatsgebühren						Besitzveränderungsabgabe		Staatsgebühren									
	1		1 1/2		2				1		2		2 1/2		3		5	
	Prozent								pro mille									
M	M	Pf	M	Pf	M	Pf	M	Pf	M	Pf	M	Pf	M	Pf	M	Pf	M	Pf
81	—	90	1	30	1	70	—	30	—	10	—	20	—	30	—	30	—	50
82	—	90	1	30	1	70	—	30	—	10	—	20	—	30	—	30	—	50
83	—	90	1	30	1	70	—	30	—	10	—	20	—	30	—	30	—	50
84	—	90	1	30	1	70	—	30	—	10	—	20	—	30	—	30	—	50
85	—	90	1	30	1	70	—	30	—	10	—	20	—	30	—	30	—	50
86	—	90	1	30	1	80	—	30	—	10	—	20	—	30	—	30	—	50
87	—	90	1	40	1	80	—	30	—	10	—	20	—	30	—	30	—	50
88	—	90	1	40	1	80	—	30	—	10	—	20	—	30	—	30	—	50
89	—	90	1	40	1	80	—	30	—	10	—	20	—	30	—	30	—	50
90	—	90	1	40	1	80	—	30	—	10	—	20	—	30	—	30	—	50
91	1	—	1	40	1	90	—	30	—	10	—	20	—	30	—	30	—	50
92	1	—	1	40	1	90	—	30	—	10	—	20	—	30	—	30	—	50
93	1	—	1	40	1	90	—	30	—	10	—	20	—	30	—	30	—	50
94	1	—	1	50	1	90	—	30	—	10	—	20	—	30	—	30	—	50
95	1	—	1	50	1	90	—	30	—	10	—	20	—	30	—	30	—	50
96	1	—	1	50	2	—	—	30	—	10	—	20	—	30	—	30	—	50
97	1	—	1	50	2	—	—	30	—	10	—	20	—	30	—	30	—	50
98	1	—	1	50	2	—	—	30	—	10	—	20	—	30	—	30	—	50
99	1	—	1	50	2	—	—	30	—	10	—	20	—	30	—	30	—	50
100	1	—	1	50	2	—	—	30	—	10	—	20	—	30	—	30	—	50
101	1	10	1	60	2	10	—	30	—	20	—	30	—	30	—	40	—	60
102	1	10	1	60	2	10	—	30	—	20	—	30	—	30	—	40	—	60
103	1	10	1	60	2	10	—	30	—	20	—	30	—	30	—	40	—	60
104	1	10	1	60	2	10	—	30	—	20	—	30	—	30	—	40	—	60
105	1	10	1	60	2	10	—	30	—	20	—	30	—	30	—	40	—	60
106	1	10	1	60	2	20	—	30	—	20	—	30	—	30	—	40	—	60
107	1	10	1	70	2	20	—	30	—	20	—	30	—	30	—	40	—	60
108	1	10	1	70	2	20	—	30	—	20	—	30	—	30	—	40	—	60
109	1	10	1	70	2	20	—	30	—	20	—	30	—	30	—	40	—	60
110	1	10	1	70	2	20	—	30	—	20	—	30	—	30	—	40	—	60
111	1	20	1	70	2	30	—	30	—	20	—	30	—	30	—	40	—	60
112	1	20	1	70	2	30	—	30	—	20	—	30	—	30	—	40	—	60
113	1	20	1	70	2	30	—	30	—	20	—	30	—	30	—	40	—	60
114	1	20	1	80	2	30	—	30	—	20	—	30	—	30	—	40	—	60
115	1	20	1	80	2	30	—	30	—	20	—	30	—	30	—	40	—	60
116	1	20	1	80	2	40	—	30	—	20	—	30	—	30	—	40	—	60
117	1	20	1	80	2	40	—	30	—	20	—	30	—	30	—	40	—	60
118	1	20	1	80	2	40	—	30	—	20	—	30	—	30	—	40	—	60
119	1	20	1	80	2	40	—	30	—	20	—	30	—	30	—	40	—	60
120	1	20	1	80	2	40	—	30	—	20	—	30	—	30	—	40	—	60

GegenstandsSumma	Werthgebühr								4/10 aus der vollen Werthgebühr		4/10 aus 2/3 Werthgebühr		Hinterlegungsgebühr						Auseinandersetzungsgebühr			
	Volle		1/2		1/2 bis 2200 M.		1 1/2												5/10		2/10	
	Art. 22. 40. 41. 50		Art. 25. 27. 29. 30 38 Abs. 2		darüber 2/3 Art. 24		Art. 23		Art. 45 Abs. 3				Art. 100		Art. 101 a		Art. 101 b		der Sätze des § 8 des Reichsgerichts-Kosten-Gesetzes			
M	M	₰	M	₰	M	₰	M	₰	M	₰	M	₰	M	₰	M	₰	M	₰	M	₰	M	₰
81	1	—	—	50	—	50	1	50	1	—	1	—	—	30	—	90	1	70	2	30	1	—
82	1	—	—	50	—	50	1	50	1	—	1	—	—	30	—	90	1	70	2	30	1	—
83	1	—	—	50	—	50	1	50	1	—	1	—	—	30	—	90	1	70	2	30	1	—
84	1	—	—	50	—	50	1	50	1	—	1	—	—	30	—	90	1	70	2	30	1	—
85	1	—	—	50	—	50	1	50	1	—	1	—	—	30	—	90	1	70	2	30	1	—
86	1	—	—	50	—	50	1	50	1	—	1	—	—	30	—	90	1	80	2	30	1	—
87	1	—	—	50	—	50	1	50	1	—	1	—	—	30	—	90	1	80	2	30	1	—
88	1	—	—	50	—	50	1	50	1	—	1	—	—	30	—	90	1	80	2	30	1	—
89	1	—	—	50	—	50	1	50	1	—	1	—	—	30	—	90	1	80	2	30	1	—
90	1	—	—	50	—	50	1	50	1	—	1	—	—	30	—	90	1	80	2	30	1	—
91	1	—	—	50	—	50	1	50	1	—	1	—	—	30	1	—	1	90	2	30	1	—
92	1	—	—	50	—	50	1	50	1	—	1	—	—	30	1	—	1	90	2	30	1	—
93	1	—	—	50	—	50	1	50	1	—	1	—	—	30	1	—	1	90	2	30	1	—
94	1	—	—	50	—	50	1	50	1	—	1	—	—	30	1	—	1	90	2	30	1	—
95	1	—	—	50	—	50	1	50	1	—	1	—	—	30	1	—	1	90	2	30	1	—
96	1	—	—	50	—	50	1	50	1	—	1	—	—	30	1	—	2	—	2	30	1	—
97	1	—	—	50	—	50	1	50	1	—	1	—	—	30	1	—	2	—	2	30	1	—
98	1	—	—	50	—	50	1	50	1	—	1	—	—	30	1	—	2	—	2	30	1	—
99	1	—	—	50	—	50	1	50	1	—	1	—	—	30	1	—	2	—	2	30	1	—
100	1	—	—	50	—	50	1	50	1	—	1	—	—	30	1	—	2	—	2	30	1	—
101	1	80	—	90	—	90	2	70	1	—	1	—	—	30	1	10	2	10	2	30	1	—
102	1	80	—	90	—	90	2	70	1	—	1	—	—	30	1	10	2	10	2	30	1	—
103	1	80	—	90	—	90	2	70	1	—	1	—	—	30	1	10	2	10	2	30	1	—
104	1	80	—	90	—	90	2	70	1	—	1	—	—	30	1	10	2	10	2	30	1	—
105	1	80	—	90	—	90	2	70	1	—	1	—	—	30	1	10	2	10	2	30	1	—
106	1	80	—	90	—	90	2	70	1	—	1	—	—	30	1	10	2	20	2	30	1	—
107	1	80	—	90	—	90	2	70	1	—	1	—	—	30	1	10	2	20	2	30	1	—
108	1	80	—	90	—	90	2	70	1	—	1	—	—	30	1	10	2	20	2	30	1	—
109	1	80	—	90	—	90	2	70	1	—	1	—	—	30	1	10	2	20	2	30	1	—
110	1	80	—	90	—	90	2	70	1	—	1	—	—	30	1	10	2	20	2	30	1	—
111	1	80	—	90	—	90	2	70	1	—	1	—	—	30	1	20	2	30	2	30	1	—
112	1	80	—	90	—	90	2	70	1	—	1	—	—	30	1	20	2	30	2	30	1	—
113	1	80	—	90	—	90	2	70	1	—	1	—	—	30	1	20	2	30	2	30	1	—
114	1	80	—	90	—	90	2	70	1	—	1	—	—	30	1	20	2	30	2	30	1	—
115	1	80	—	90	—	90	2	70	1	—	1	—	—	30	1	20	2	30	2	30	1	—
116	1	80	—	90	—	90	2	70	1	—	1	—	—	30	1	20	2	40	2	30	1	—
117	1	80	—	90	—	90	2	70	1	—	1	—	—	30	1	20	2	40	2	30	1	—
118	1	80	—	90	—	90	2	70	1	—	1	—	—	30	1	20	2	40	2	30	1	—
119	1	80	—	90	—	90	2	70	1	—	1	—	—	30	1	20	2	40	2	30	1	—
120	1	80	—	90	—	90	2	70	1	—	1	—	—	30	1	20	2	40	2	30	1	—

Gegenstands-Summa	Staatsgebühren						Besitzveränderungsabgabe		Staatsgebühren									
	1		1 1/2		2				1		2		2 1/2		3		5	
	Prozent								pro mille									
ℳ	ℳ	₰	ℳ	₰	ℳ	₰	ℳ	₰	ℳ	₰	ℳ	₰	ℳ	₰	ℳ	₰	ℳ	₰
121	1	30	1	90	2	50	—	40	—	20	—	30	—	40	—	40	—	70
122	1	30	1	90	2	50	—	40	—	20	—	30	—	40	—	40	—	70
123	1	30	1	90	2	50	—	40	—	20	—	30	—	40	—	40	—	70
124	1	30	1	90	2	50	—	40	—	20	—	30	—	40	—	40	—	70
125	1	30	1	90	2	50	—	40	—	20	—	30	—	40	—	40	—	70
126	1	30	1	90	2	60	—	40	—	20	—	30	—	40	—	40	—	70
127	1	30	2	—	2	60	—	40	—	20	—	30	—	40	—	40	—	70
128	1	30	2	—	2	60	—	40	—	20	—	30	—	40	—	40	—	70
129	1	30	2	—	2	60	—	40	—	20	—	30	—	40	—	40	—	70
130	1	30	2	—	2	60	—	40	—	20	—	30	—	40	—	40	—	70
131	1	40	2	—	2	70	—	40	—	20	—	30	—	40	—	40	—	70
132	1	40	2	—	2	70	—	40	—	20	—	30	—	40	—	40	—	70
133	1	40	2	—	2	70	—	40	—	20	—	30	—	40	—	40	—	70
134	1	40	2	10	2	70	—	40	—	20	—	30	—	40	—	50	—	70
135	1	40	2	10	2	70	—	40	—	20	—	30	—	40	—	50	—	70
136	1	40	2	10	2	80	—	40	—	20	—	30	—	40	—	50	—	70
137	1	40	2	10	2	80	—	40	—	20	—	30	—	40	—	50	—	70
138	1	40	2	10	2	80	—	40	—	20	—	30	—	40	—	50	—	70
139	1	40	2	10	2	80	—	40	—	20	—	30	—	40	—	50	—	70
140	1	40	2	10	2	80	—	40	—	20	—	30	—	40	—	50	—	70
141	1	50	2	20	2	90	—	40	—	20	—	30	—	40	—	50	—	80
142	1	50	2	20	2	90	—	40	—	20	—	30	—	40	—	50	—	80
143	1	50	2	20	2	90	—	40	—	20	—	30	—	40	—	50	—	80
144	1	50	2	20	2	90	—	40	—	20	—	30	—	40	—	50	—	80
145	1	50	2	20	2	90	—	40	—	20	—	30	—	40	—	50	—	80
146	1	50	2	20	3	—	—	40	—	20	—	30	—	40	—	50	—	80
147	1	50	2	30	3	—	—	40	—	20	—	30	—	40	—	50	—	80
148	1	50	3	30	3	—	—	40	—	20	—	30	—	40	—	50	—	80
149	1	50	2	30	3	—	—	40	—	20	—	30	—	40	—	50	—	80
150	1	50	3	30	3	—	—	40	—	20	—	30	—	40	—	50	—	80
151	1	60	2	30	3	10	—	40	—	20	—	40	—	40	—	50	—	80
152	1	60	2	30	3	10	—	40	—	20	—	40	—	40	—	50	—	80
153	1	60	2	30	3	10	—	40	—	20	—	40	—	40	—	50	—	80
154	1	60	2	40	3	10	—	40	—	20	—	40	—	40	—	50	—	80
155	1	60	2	40	3	10	—	40	—	20	—	40	—	40	—	50	—	80
156	1	60	2	40	3	20	—	40	—	20	—	40	—	40	—	50	—	80
157	1	60	2	40	3	20	—	40	—	20	—	40	—	40	—	50	—	80
158	1	60	2	40	3	20	—	40	—	20	—	40	—	40	—	50	—	80
159	1	60	2	40	3	20	—	40	—	20	—	40	—	40	—	50	—	80
160	1	60	2	40	3	20	—	40	—	20	—	40	—	40	—	50	—	80

Gegen-standssumma	Werthgebühr								4/10 aus der vollen Werthgebühr		4/10 aus 2/3 Werthgebühr		Hinterlegungsgebühr						Auseinandersetzungsgebühr			
	Volle		1/2		1/2 bis 2200 ℳ, darüber 2/3		1 1/2												5/10		2/10	
	Art. 22. 40. 41. 50		Art. 25. 27. 29. 30. 38 Abs. 2		Art. 24		Art. 23		Art. 45 Abs. 3				Art. 100		Art. 101 a		Art. 101 b		der Sätze des § 8 des Reichsgerichts-Kosten-Gesetzes			
ℳ	ℳ	₰	ℳ	₰	ℳ	₰	ℳ	₰	ℳ	₰	ℳ	₰	ℳ	₰	ℳ	₰	ℳ	₰	ℳ	₰	ℳ	₰
121	1	80	—	90	—	90	2	70	1	—	1	—	—	40	1	30	2	50	3	80	1	50
122	1	80	—	90	—	90	2	70	1	—	1	—	—	40	1	30	2	50	3	80	1	50
123	1	80	—	90	—	90	2	70	1	—	1	—	—	40	1	30	2	50	3	80	1	50
124	1	80	—	90	—	90	2	70	1	—	1	—	—	40	1	30	2	50	3	80	1	50
125	1	80	—	90	—	90	2	70	1	—	1	—	—	40	1	30	2	50	3	80	1	50
126	1	80	—	90	—	90	2	70	1	—	1	—	—	40	1	30	2	60	3	80	1	50
127	1	80	—	90	—	90	2	70	1	—	1	—	—	40	1	30	2	60	3	80	1	50
128	1	80	—	90	—	90	2	70	1	—	1	—	—	40	1	30	2	60	3	80	1	50
129	1	80	—	90	—	90	2	70	1	—	1	—	—	40	1	30	2	60	3	80	1	50
130	1	80	—	90	—	90	2	70	1	—	1	—	—	40	1	30	2	60	3	80	1	50
131	1	80	—	90	—	90	2	70	1	—	1	—	—	40	1	40	2	70	3	80	1	50
132	1	80	—	90	—	90	2	70	1	—	1	—	—	40	1	40	2	70	3	80	1	50
133	1	80	—	90	—	90	2	70	1	—	1	—	—	40	1	40	2	70	3	80	1	50
134	1	80	—	90	—	90	2	70	1	—	1	—	—	40	1	40	2	70	3	80	1	50
135	1	80	—	90	—	90	2	70	1	—	1	—	—	40	1	40	2	70	3	80	1	50
136	1	80	—	90	—	90	2	70	1	—	1	—	—	40	1	40	2	80	3	80	1	50
137	1	80	—	90	—	90	2	70	1	—	1	—	—	40	1	40	2	80	3	80	1	50
138	1	80	—	90	—	90	2	70	1	—	1	—	—	40	1	40	2	80	3	80	1	50
139	1	80	—	90	—	90	2	70	1	—	1	—	—	40	1	40	2	80	3	80	1	50
140	1	80	—	90	—	90	2	70	1	—	1	—	—	40	1	40	2	80	3	80	1	50
141	1	80	—	90	—	90	2	70	1	—	1	—	—	40	1	50	2	90	3	80	1	50
142	1	80	—	90	—	90	2	70	1	—	1	—	—	40	1	50	2	90	3	80	1	50
143	1	80	—	90	—	90	2	70	1	—	1	—	—	40	1	50	2	90	3	80	1	50
144	1	80	—	90	—	90	2	70	1	—	1	—	—	40	1	50	2	90	3	80	1	50
145	1	80	—	90	—	90	2	70	1	—	1	—	—	40	1	50	2	90	3	80	1	50
146	1	80	—	90	—	90	2	70	1	—	1	—	—	40	1	50	3	—	3	80	1	50
147	1	80	—	90	—	90	2	70	1	—	1	—	—	40	1	50	3	—	3	80	1	50
148	1	80	—	90	—	90	2	70	1	—	1	—	—	40	1	50	3	—	3	80	1	50
149	1	80	—	90	—	90	2	70	1	—	1	—	—	40	1	50	3	—	3	80	1	50
150	1	80	—	90	—	90	2	70	1	—	1	—	—	40	1	50	3	—	3	80	1	50
151	1	80	—	90	—	90	2	70	1	—	1	—	—	40	1	60	3	10	3	80	1	50
152	1	80	—	90	—	90	2	70	1	—	1	—	—	40	1	60	3	10	3	80	1	50
153	1	80	—	90	—	90	2	70	1	—	1	—	—	40	1	60	3	10	3	80	1	50
154	1	80	—	90	—	90	2	70	1	—	1	—	—	40	1	60	3	10	3	80	1	50
155	1	80	—	90	—	90	2	70	1	—	1	—	—	40	1	60	3	10	3	80	1	50
156	1	80	—	90	—	90	2	70	1	—	1	—	—	40	1	60	3	20	3	80	1	50
157	1	80	—	90	—	90	2	70	1	—	1	—	—	40	1	60	3	20	3	80	1	50
158	1	80	—	90	—	90	2	70	1	—	1	—	—	40	1	60	3	20	3	80	1	50
159	1	80	—	90	—	90	2	70	1	—	1	—	—	40	1	60	3	20	3	80	1	50
160	1	80	—	90	—	90	2	70	1	—	1	—	—	40	1	60	3	20	3	80	1	50

Gegenstands-Summa	Staatsgebühren						Besitzveränderungsabgabe		Staatsgebühren									
	1		1½		2				1		2		2½		3		5	
	Prozent								pro mille									
ℳ	ℳ	₰	ℳ	₰	ℳ	₰	ℳ	₰	ℳ	₰	ℳ	₰	ℳ	₰	ℳ	₰	ℳ	₰
161	1	70	2	50	3	30	—	50	—	20	—	40	—	50	—	50	—	90
162	1	70	2	50	3	30	—	50	—	20	—	40	—	50	—	50	—	90
163	1	70	2	50	3	30	—	50	—	20	—	40	—	50	—	50	—	90
164	1	70	2	50	3	30	—	50	—	20	—	40	—	50	—	50	—	90
165	1	70	2	50	3	30	—	50	—	20	—	40	—	50	—	50	—	90
166	1	70	2	50	3	40	—	50	—	20	—	40	—	50	—	50	—	90
167	1	70	2	60	3	40	—	50	—	20	—	40	—	50	—	60	—	90
168	1	70	2	60	3	40	—	50	—	20	—	40	—	50	—	60	—	90
169	1	70	2	60	3	40	—	50	—	20	—	40	—	50	—	60	—	90
170	1	70	2	60	3	40	—	50	—	20	—	40	—	50	—	60	—	90
171	1	80	2	60	3	50	—	50	—	20	—	40	—	50	—	60	—	90
172	1	80	2	60	3	50	—	50	—	20	—	40	—	50	—	60	—	90
173	1	80	2	60	3	50	—	50	—	20	—	40	—	50	—	60	—	90
174	1	80	2	60	3	50	—	50	—	20	—	40	—	50	—	60	—	90
175	1	80	2	70	3	50	—	50	—	20	—	40	—	50	—	60	—	90
176	1	80	2	70	3	60	—	50	—	20	—	40	—	50	—	60	—	90
177	1	80	2	70	3	60	—	50	—	20	—	40	—	50	—	60	—	90
178	1	80	2	70	3	60	—	50	—	20	—	40	—	50	—	60	—	90
179	1	80	2	70	3	60	—	50	—	20	—	40	—	50	—	60	—	90
180	1	80	2	70	3	60	—	50	—	20	—	40	—	50	—	60	—	90
181	1	90	2	80	3	70	—	50	—	20	—	40	—	50	—	60	1	—
182	1	90	2	80	3	70	—	50	—	20	—	40	—	50	—	60	1	—
183	1	90	2	80	3	70	—	50	—	20	—	40	—	50	—	60	1	—
184	1	90	2	80	3	70	—	50	—	20	—	40	—	50	—	60	1	—
185	1	90	2	80	3	70	—	50	—	20	—	40	—	50	—	60	1	—
186	1	90	2	80	3	80	—	50	—	20	—	40	—	50	—	60	1	—
187	1	90	2	90	3	80	—	50	—	20	—	40	—	50	—	60	1	—
188	1	90	2	90	3	80	—	50	—	20	—	40	—	50	—	60	1	—
189	1	90	2	90	3	80	—	50	—	20	—	40	—	50	—	60	1	—
190	1	90	2	90	3	80	—	50	—	20	—	40	—	50	—	60	1	—
191	2	—	2	90	3	90	—	50	—	20	—	40	—	50	—	60	1	—
192	2	—	2	90	3	90	—	50	—	20	—	40	—	50	—	60	1	—
193	2	—	2	90	3	90	—	50	—	20	—	40	—	50	—	60	1	—
194	2	—	3	—	3	90	—	50	—	20	—	40	—	50	—	60	1	—
195	2	—	3	—	3	90	—	50	—	20	—	40	—	50	—	60	1	—
196	2	—	3	—	4	—	—	50	—	20	—	40	—	50	—	60	1	—
197	2	—	3	—	4	—	—	50	—	20	—	40	—	50	—	60	1	—
198	2	—	3	—	4	—	—	50	—	20	—	40	—	50	—	60	1	—
199	2	—	3	—	4	—	—	50	—	20	—	40	—	50	—	60	1	—
200	2	—	3	—	4	—	—	50	—	20	—	40	—	50	—	60	1	—

Gegenstands-Summa	Werthgebühr: Volle (Art. 22. 40. 41. 50)		Werthgebühr: 1/2 (Art. 25. 27. 29. 30. 38 Abs. 2)		Werthgebühr: 1/2 bis 2200 M, darüber 2/3 (Art. 24)		Werthgebühr: 1 1/2 (Art. 23)		4/10 aus der vollen Werthgebühr (Art. 45 Abs. 3)		4/10 aus 2/3 Werthgebühr (Art. 45 Abs. 3)		Hinterlegungsgebühr: Art. 100		Hinterlegungsgebühr: Art. 101 a		Hinterlegungsgebühr: Art. 101 b		Auseinandersetzungsgebühr: 5/10 der Sätze des § 8 des Reichsgerichts-Kosten-Gesetzes		Auseinandersetzungsgebühr: 2/10 der Sätze des § 8 des Reichsgerichts-Kosten-Gesetzes	
M	M	Pf	M	Pf	M	Pf	M	Pf	M	Pf	M	Pf	M	Pf	M	Pf	M	Pf	M	Pf	M	Pf
161	1	80	—	90	—	90	2	70	1	—	1	—	—	50	1	70	3	30	3	80	1	50
162	1	80	—	90	—	90	2	70	1	—	1	—	—	50	1	70	3	30	3	80	1	50
163	1	80	—	90	—	90	2	70	1	—	1	—	—	50	1	70	3	30	3	80	1	50
164	1	80	—	90	—	90	2	70	1	—	1	—	—	50	1	70	3	30	3	80	1	50
165	1	80	—	90	—	90	2	70	1	—	1	—	—	50	1	70	3	30	3	80	1	50
166	1	80	—	90	—	90	2	70	1	—	1	—	—	50	1	70	3	40	3	80	1	50
167	1	80	—	90	—	90	2	70	1	—	1	—	—	50	1	70	3	40	3	80	1	50
168	1	80	—	90	—	90	2	70	1	—	1	—	—	50	1	70	3	40	3	80	1	50
169	1	80	—	90	—	90	2	70	1	—	1	—	—	50	1	70	3	40	3	80	1	50
170	1	80	—	90	—	90	2	70	1	—	1	—	—	50	1	70	3	40	3	80	1	50
171	1	80	—	90	—	90	2	70	1	—	1	—	—	50	1	80	3	50	3	80	1	50
172	1	80	—	90	—	90	2	70	1	—	1	—	—	50	1	80	3	50	3	80	1	50
173	1	80	—	90	—	90	2	70	1	—	1	—	—	50	1	80	3	50	3	80	1	50
174	1	80	—	90	—	90	2	70	1	—	1	—	—	50	1	80	3	50	3	80	1	50
175	1	80	—	90	—	90	2	70	1	—	1	—	—	50	1	80	3	50	3	80	1	50
176	1	80	—	90	—	90	2	70	1	—	1	—	—	50	1	80	3	60	3	80	1	50
177	1	80	—	90	—	90	2	70	1	—	1	—	—	50	1	80	3	60	3	80	1	50
178	1	80	—	90	—	90	2	70	1	—	1	—	—	50	1	80	3	60	3	80	1	50
179	1	80	—	90	—	90	2	70	1	—	1	—	—	50	1	80	3	60	3	80	1	50
180	1	80	—	90	—	90	2	70	1	—	1	—	—	50	1	80	3	60	3	80	1	50
181	1	80	—	90	—	90	2	70	1	—	1	—	—	50	1	90	3	70	3	80	1	50
182	1	80	—	90	—	90	2	70	1	—	1	—	—	50	1	90	3	70	3	80	1	50
183	1	80	—	90	—	90	2	70	1	—	1	—	—	50	1	90	3	70	3	80	1	50
184	1	80	—	90	—	90	2	70	1	—	1	—	—	50	1	90	3	70	3	80	1	50
185	1	80	—	90	—	90	2	70	1	—	1	—	—	50	1	90	3	70	3	80	1	50
186	1	80	—	90	—	90	2	70	1	—	1	—	—	50	1	90	3	80	3	80	1	50
187	1	80	—	90	—	90	2	70	1	—	1	—	—	50	1	90	3	80	3	80	1	50
188	1	80	—	90	—	90	2	70	1	—	1	—	—	50	1	90	3	80	3	80	1	50
189	1	80	—	90	—	90	2	70	1	—	1	—	—	50	1	90	3	80	3	80	1	50
190	1	80	—	90	—	90	2	70	1	—	1	—	—	50	1	90	3	80	3	80	1	50
191	1	80	—	90	—	90	2	70	1	—	1	—	—	50	2	—	3	90	3	80	1	50
192	1	80	—	90	—	90	2	70	1	—	1	—	—	50	2	—	3	90	3	80	1	50
193	1	80	—	90	—	90	2	70	1	—	1	—	—	50	2	—	3	90	3	80	1	50
194	1	80	—	90	—	90	2	70	1	—	1	—	—	50	2	—	3	90	3	80	1	50
195	1	80	—	90	—	90	2	70	1	—	1	—	—	50	2	—	3	90	3	80	1	50
196	1	80	—	90	—	90	2	70	1	—	1	—	—	50	2	—	4	—	3	80	1	50
197	1	80	—	90	—	90	2	70	1	—	1	—	—	50	2	—	4	—	3	80	1	50
198	1	80	—	90	—	90	2	70	1	—	1	—	—	50	2	—	4	—	3	80	1	50
199	1	80	—	90	—	90	2	70	1	—	1	—	—	50	2	—	4	—	3	80	1	50
200	1	80	—	90	—	90	2	70	1	—	1	—	—	50	2	—	4	—	3	80	1	50

Gegen-stands-Summa	Staatsgebühren						Besitz-verände-rungs-abgabe		Staatsgebühren									
	1		1 1/2		2				1		2		2 1/2		3		5	
	Prozent								pro mille									
ℳ	ℳ	₰	ℳ	₰	ℳ	₰	ℳ	₰	ℳ	₰	ℳ	₰	ℳ	₰	ℳ	₰	ℳ	₰
201	2	10	3	10	4	10	—	60	—	30	—	50	—	60	—	70	1	10
202	2	10	3	10	4	10	—	60	—	30	—	50	—	60	—	70	1	10
203	2	10	3	10	4	10	—	60	—	30	—	50	—	60	—	70	1	10
204	2	10	3	10	4	10	—	60	—	30	—	50	—	60	—	70	1	10
205	2	10	3	10	4	10	—	60	—	30	—	50	—	60	—	70	1	10
206	2	10	3	10	4	20	—	60	—	30	—	50	—	60	—	70	1	10
207	2	10	3	20	4	20	—	60	—	30	—	50	—	60	—	70	1	10
208	2	10	3	20	4	20	—	60	—	30	—	50	—	60	—	70	1	10
209	2	10	3	20	4	20	—	60	—	30	—	50	—	60	—	70	1	10
210	2	10	3	20	4	20	—	60	—	30	—	50	—	60	—	70	1	10
211	2	20	3	20	4	30	—	60	—	30	—	50	—	60	—	70	1	10
212	2	20	3	20	4	30	—	60	—	30	—	50	—	60	—	70	1	10
213	2	20	3	20	4	30	—	60	—	30	—	50	—	60	—	70	1	10
214	2	20	3	30	4	30	—	60	—	30	—	50	—	60	—	70	1	10
215	2	20	3	30	4	30	—	60	—	30	—	50	—	60	—	70	1	10
216	2	20	3	30	4	40	—	60	—	30	—	50	—	60	—	70	1	10
217	2	20	3	30	4	40	—	60	—	30	—	50	—	60	—	70	1	10
218	2	20	3	30	4	40	—	60	—	30	—	50	—	60	—	70	1	10
219	2	20	3	30	4	40	—	60	—	30	—	50	—	60	—	70	1	10
220	2	20	3	30	4	40	—	60	—	30	—	50	—	60	—	70	1	10
221	2	30	3	40	4	50	—	60	—	30	—	50	—	60	—	70	1	20
222	2	30	3	40	4	50	—	60	—	30	—	50	—	60	—	70	1	20
223	2	30	3	40	4	50	—	60	—	30	—	50	—	60	—	70	1	20
224	2	30	3	40	4	50	—	60	—	30	—	50	—	60	—	70	1	20
225	2	30	3	40	4	50	—	60	—	30	—	50	—	60	—	70	1	20
226	2	30	3	40	4	60	—	60	—	30	—	50	—	60	—	70	1	20
227	2	30	3	50	4	60	—	60	—	30	—	50	—	60	—	70	1	20
228	2	30	3	50	4	60	—	60	—	30	—	50	—	60	—	70	1	20
229	2	30	3	50	4	60	—	60	—	30	—	50	—	60	—	70	1	20
230	2	30	3	50	4	60	—	60	—	30	—	50	—	60	—	70	1	20
231	2	40	3	50	4	70	—	60	—	30	—	50	—	60	—	70	1	20
232	2	40	3	50	4	70	—	60	—	30	—	50	—	60	—	70	1	20
233	2	40	3	50	4	70	—	60	—	30	—	50	—	60	—	70	1	20
234	2	40	3	60	4	70	—	60	—	30	—	50	—	60	—	80	1	20
235	2	40	3	60	4	70	—	60	—	30	—	50	—	60	—	80	1	20
236	2	40	3	60	4	80	—	60	—	30	—	50	—	60	—	80	1	20
237	2	40	3	60	4	80	—	60	—	30	—	50	—	60	—	80	1	20
238	2	40	3	60	4	80	—	60	—	30	—	50	—	60	—	80	1	20
239	2	40	3	60	4	80	—	60	—	30	—	50	—	60	—	80	1	20
240	2	40	3	60	4	80	—	60	—	30	—	50	—	60	—	80	1	20

Gegenstands-Summa	Werthgebühr: Volle (Art. 22. 40. 41. 50)		Werthgebühr: 1/2 (Art. 25. 27. 29. 30. 38 Abs. 2)		Werthgebühr: 1/2 bis 2200 M, darüber 2/3 (Art. 24)		Werthgebühr: 1 1/2 (Art. 23)		4/10 aus der vollen Werthgebühr (Art. 45 Abs. 3)		4/10 aus 2/3 Werthgebühr (Art. 45 Abs. 3)		Hinterlegungsgebühr: Art. 100		Hinterlegungsgebühr: Art. 101 a		Hinterlegungsgebühr: Art. 101 b		Auseinandersetzungsgebühr: 5/10 (der Sätze des § 8 des Reichsgerichts-Kosten-Gesetzes)		Auseinandersetzungsgebühr: 2/10 (der Sätze des § 8 des Reichsgerichts-Kosten-Gesetzes)	
M	M	₰	M	₰	M	₰	M	₰	M	₰	M	₰	M	₰	M	₰	M	₰	M	₰	M	₰
201	2	70	1	40	1	40	4	10	1	10	1	—	—	60	2	10	4	10	5	50	2	20
202	2	70	1	40	1	40	4	10	1	10	1	—	—	60	2	10	4	10	5	50	2	20
203	2	70	1	40	1	40	4	10	1	10	1	—	—	60	2	10	4	10	5	50	2	20
204	2	70	1	40	1	40	4	10	1	10	1	—	—	60	2	10	4	10	5	50	2	20
205	2	70	1	40	1	40	4	10	1	10	1	—	—	60	2	10	4	10	5	50	2	20
206	2	70	1	40	1	40	4	10	1	10	1	—	—	60	2	10	4	20	5	50	2	20
207	2	70	1	40	1	40	4	10	1	10	1	—	—	60	2	10	4	20	5	50	2	20
208	2	70	1	40	1	40	4	10	1	10	1	—	—	60	2	10	4	20	5	50	2	20
209	2	70	1	40	1	40	4	10	1	10	1	—	—	60	2	10	4	20	5	50	2	20
210	2	70	1	40	1	40	4	10	1	10	1	—	—	60	2	10	4	20	5	50	2	20
211	2	70	1	40	1	40	4	10	1	10	1	—	—	60	2	20	4	30	5	50	2	20
212	2	70	1	40	1	40	4	10	1	10	1	—	—	60	2	20	4	30	5	50	2	20
213	2	70	1	40	1	40	4	10	1	10	1	—	—	60	2	20	4	30	5	50	2	20
214	2	70	1	40	1	40	4	10	1	10	1	—	—	60	2	20	4	30	5	50	2	20
215	2	70	1	40	1	40	4	10	1	10	1	—	—	60	2	20	4	30	5	50	2	20
216	2	70	1	40	1	40	4	10	1	10	1	—	—	60	2	20	4	40	5	50	2	20
217	2	70	1	40	1	40	4	10	1	10	1	—	—	60	2	20	4	40	5	50	2	20
218	2	70	1	40	1	40	4	10	1	10	1	—	—	60	2	20	4	40	5	50	2	20
219	2	70	1	40	1	40	4	10	1	10	1	—	—	60	2	20	4	40	5	50	2	20
220	2	70	1	40	1	40	4	10	1	10	1	—	—	60	2	20	4	40	5	50	2	20
221	2	70	1	40	1	40	4	10	1	10	1	—	—	60	2	30	4	50	5	50	2	20
222	2	70	1	40	1	40	4	10	1	10	1	—	—	60	2	30	4	50	5	50	2	20
223	2	70	1	40	1	40	4	10	1	10	1	—	—	60	2	30	4	50	5	50	2	20
224	2	70	1	40	1	40	4	10	1	10	1	—	—	60	2	30	4	50	5	50	2	20
225	2	70	1	40	1	40	4	10	1	10	1	—	—	60	2	30	4	50	5	50	2	20
226	2	70	1	40	1	40	4	10	1	10	1	—	—	60	2	30	4	60	5	50	2	20
227	2	70	1	40	1	40	4	10	1	10	1	—	—	60	2	30	4	60	5	50	2	20
228	2	70	1	40	1	40	4	10	1	10	1	—	—	60	2	30	4	60	5	50	2	20
229	2	70	1	40	1	40	4	10	1	10	1	—	—	60	2	30	4	60	5	50	2	20
230	2	70	1	40	1	40	4	10	1	10	1	—	—	60	2	30	4	60	5	50	2	20
231	2	70	1	40	1	40	4	10	1	10	1	—	—	60	2	40	4	70	5	50	2	20
232	2	70	1	40	1	40	4	10	1	10	1	—	—	60	2	40	4	70	5	50	2	20
233	2	70	1	40	1	40	4	10	1	10	1	—	—	60	2	40	4	70	5	50	2	20
234	2	70	1	40	1	40	4	10	1	10	1	—	—	60	2	40	4	70	5	50	2	20
235	2	70	1	40	1	40	4	10	1	10	1	—	—	60	2	40	4	70	5	50	2	20
236	2	70	1	40	1	40	4	10	1	10	1	—	—	60	2	40	4	80	5	50	2	20
237	2	70	1	40	1	40	4	10	1	10	1	—	—	60	2	40	4	80	5	50	2	20
238	2	70	1	40	1	40	4	10	1	10	1	—	—	60	2	40	4	80	5	50	2	20
239	2	70	1	40	1	40	4	10	1	10	1	—	—	60	2	40	4	80	5	50	2	20
240	2	70	1	40	1	40	4	10	1	10	1	—	—	60	2	40	4	80	5	50	2	20

Gegen-stands-Summa	Staatsgebühren 1 Prozent		1½ Prozent		2 Prozent		Besitz-veränderungs-abgabe		Staatsgebühren 1 pro mille		2 pro mille		2½ pro mille		3 pro mille		5 pro mille	
M	M	Pf	M	Pf	M	Pf	M	Pf	M	Pf	M	Pf	M	Pf	M	Pf	M	Pf
241	2	50	3	70	4	90	—	70	—	30	—	50	—	70	—	80	1	30
242	2	50	3	70	4	90	—	70	—	30	—	50	—	70	—	80	1	30
243	2	50	3	70	4	90	—	70	—	30	—	50	—	70	—	80	1	30
244	2	50	3	70	4	90	—	70	—	30	—	50	—	70	—	80	1	30
245	2	50	3	70	4	90	—	70	—	30	—	50	—	70	—	80	1	30
246	2	50	3	70	5	—	—	70	—	30	—	50	—	70	—	80	1	30
247	2	50	3	80	5	—	—	70	—	30	—	50	—	70	—	80	1	30
248	2	50	3	80	5	—	—	70	—	30	—	50	—	70	—	80	1	30
249	2	50	3	80	5	—	—	70	—	30	—	50	—	70	—	80	1	30
250	2	50	3	80	5	—	—	70	—	30	—	50	—	70	—	80	1	30
251	2	60	3	80	5	10	—	70	—	30	—	60	—	70	—	80	1	30
252	2	60	3	80	5	10	—	70	—	30	—	60	—	70	—	80	1	30
253	2	60	3	80	5	10	—	70	—	30	—	60	—	70	—	80	1	30
254	2	60	3	90	5	10	—	70	—	30	—	60	—	70	—	80	1	30
255	2	60	3	90	5	10	—	70	—	30	—	60	—	70	—	80	1	30
256	2	60	3	90	5	20	—	70	—	30	—	60	—	70	—	80	1	30
257	2	60	3	90	5	20	—	70	—	30	—	60	—	70	—	80	1	30
258	2	60	3	90	5	20	—	70	—	30	—	60	—	70	—	80	1	30
259	2	60	3	90	5	20	—	70	—	30	—	60	—	70	—	80	1	30
260	2	60	3	90	5	20	—	70	—	30	—	60	—	70	—	80	1	30
261	2	70	4	—	5	30	—	70	—	30	—	60	—	70	—	80	1	40
262	2	70	4	—	5	30	—	70	—	30	—	60	—	70	—	80	1	40
263	2	70	4	—	5	30	—	70	—	30	—	60	—	70	—	80	1	40
264	2	70	4	—	5	30	—	70	—	30	—	60	—	70	—	80	1	40
265	2	70	4	—	5	30	—	70	—	30	—	60	—	70	—	80	1	40
266	2	70	4	—	5	40	—	70	—	30	—	60	—	70	—	80	1	40
267	2	70	4	10	5	40	—	70	—	30	—	60	—	70	—	90	1	40
268	2	70	4	10	5	40	—	70	—	30	—	60	—	70	—	90	1	40
269	2	70	4	10	5	40	—	70	—	30	—	60	—	70	—	90	1	40
270	2	70	4	10	5	40	—	70	—	30	—	60	—	70	—	90	1	40
271	2	80	4	10	5	50	—	70	—	30	—	60	—	70	—	90	1	40
272	2	80	4	10	5	50	—	70	—	30	—	60	—	70	—	90	1	40
273	2	80	4	10	5	50	—	70	—	30	—	60	—	70	—	90	1	40
274	2	80	4	20	5	50	—	70	—	30	—	60	—	70	—	90	1	40
275	2	80	4	20	5	50	—	70	—	30	—	60	—	70	—	90	1	40
276	2	80	4	20	5	60	—	70	—	30	—	60	—	70	—	90	1	40
277	2	80	4	20	5	60	—	70	—	30	—	60	—	70	—	90	1	40
278	2	80	4	20	5	60	—	70	—	30	—	60	—	70	—	90	1	40
279	2	80	4	20	5	60	—	70	—	30	—	60	—	70	—	90	1	40
280	2	80	4	20	5	60	—	70	—	30	—	60	—	70	—	90	1	40

Gegenstands-Summa	Werthgebühr: Volle (Art. 22. 40. 41. 50)		Werthgebühr: 1/2 (Art. 25. 27. 29. 30. 38 Abs. 2)		Werthgebühr: 1/2 bis 2200 M, darüber 2/3 (Art. 24)		Werthgebühr: 1 1/2 (Art. 23)		4/10 aus der vollen Werthgebühr (Art. 45 Abs. 3)		4/10 aus 2/3 Werthgebühr (Art. 45 Abs. 3)		Hinterlegungsgebühr: Art. 100		Hinterlegungsgebühr: Art. 101 a		Hinterlegungsgebühr: Art. 101 b		Auseinandersetzungsgebühr: 5/10 (der Sätze des § 8 des Reichsgerichts-Kosten-Gesetzes)		Auseinandersetzungsgebühr: 2/10 (der Sätze des § 8 des Reichsgerichts-Kosten-Gesetzes)	
M	M	Pf	M	Pf	M	Pf	M	Pf	M	Pf	M	Pf	M	Pf	M	Pf	M	Pf	M	Pf	M	Pf
241	2	70	1	40	1	40	4	10	1	10	1	—	—	70	2	50	4	90	5	50	2	20
242	2	70	1	40	1	40	4	10	1	10	1	—	—	70	2	50	4	90	5	50	2	20
243	2	70	1	40	1	40	4	10	1	10	1	—	—	70	2	50	4	90	5	50	2	20
244	2	70	1	40	1	40	4	10	1	10	1	—	—	70	2	50	4	90	5	50	2	20
245	2	70	1	40	1	40	4	10	1	10	1	—	—	70	2	50	4	90	5	50	2	20
246	2	70	1	40	1	40	4	10	1	10	1	—	—	70	2	50	5	—	5	50	2	20
247	2	70	1	40	1	40	4	10	1	10	1	—	—	70	2	50	5	—	5	50	2	20
248	2	70	1	40	1	40	4	10	1	10	1	—	—	70	2	50	5	—	5	50	2	20
249	2	70	1	40	1	40	4	10	1	10	1	—	—	70	2	50	5	—	5	50	2	20
250	2	70	1	40	1	40	4	10	1	10	1	—	—	70	2	50	5	—	5	50	2	20
251	2	70	1	40	1	40	4	10	1	10	1	—	—	70	2	60	5	10	5	50	2	20
252	2	70	1	40	1	40	4	10	1	10	1	—	—	70	2	60	5	10	5	50	2	20
253	2	70	1	40	1	40	4	10	1	10	1	—	—	70	2	60	5	10	5	50	2	20
254	2	70	1	40	1	40	4	10	1	10	1	—	—	70	2	60	5	10	5	50	2	20
255	2	70	1	40	1	40	4	10	1	10	1	—	—	70	2	60	5	10	5	50	2	20
256	2	70	1	40	1	40	4	10	1	10	1	—	—	70	2	60	5	20	5	50	2	20
257	2	70	1	40	1	40	4	10	1	10	1	—	—	70	2	60	5	20	5	50	2	20
258	2	70	1	40	1	40	4	10	1	10	1	—	—	70	2	60	5	20	5	50	2	20
259	2	70	1	40	1	40	4	10	1	10	1	—	—	70	2	60	5	20	5	50	2	20
260	2	70	1	40	1	40	4	10	1	10	1	—	—	70	2	60	5	20	5	50	2	20
261	2	70	1	40	1	40	4	10	1	10	1	—	—	70	2	70	5	30	5	50	2	20
262	2	70	1	40	1	40	4	10	1	10	1	—	—	70	2	70	5	30	5	50	2	20
263	2	70	1	40	1	40	4	10	1	10	1	—	—	70	2	70	5	30	5	50	2	20
264	2	70	1	40	1	40	4	10	1	10	1	—	—	70	2	70	5	30	5	50	2	20
265	2	70	1	40	1	40	4	10	1	10	1	—	—	70	2	70	5	30	5	50	2	20
266	2	70	1	40	1	40	4	10	1	10	1	—	—	70	2	70	5	40	5	50	2	20
267	2	70	1	40	1	40	4	10	1	10	1	—	—	70	2	70	5	40	5	50	2	20
268	2	70	1	40	1	40	4	10	1	10	1	—	—	70	2	70	5	40	5	50	2	20
269	2	70	1	40	1	40	4	10	1	10	1	—	—	70	2	70	5	40	5	50	2	20
270	2	70	1	40	1	40	4	10	1	10	1	—	—	70	2	70	5	40	5	50	2	20
271	2	70	1	40	1	40	4	10	1	10	1	—	—	70	2	80	5	50	5	50	2	20
272	2	70	1	40	1	40	4	10	1	10	1	—	—	70	2	80	5	50	5	50	2	20
273	2	70	1	40	1	40	4	10	1	10	1	—	—	70	2	80	5	50	5	50	2	20
274	2	70	1	40	1	40	4	10	1	10	1	—	—	70	2	80	5	50	5	50	2	20
275	2	70	1	40	1	40	4	10	1	10	1	—	—	70	2	80	5	50	5	50	2	20
276	2	70	1	40	1	40	4	10	1	10	1	—	—	70	2	80	5	60	5	50	2	20
277	2	70	1	40	1	40	4	10	1	10	1	—	—	70	2	80	5	60	5	50	2	20
278	2	70	1	40	1	40	4	10	1	10	1	—	—	70	2	80	5	60	5	50	2	20
279	2	70	1	40	1	40	4	10	1	10	1	—	—	70	2	80	5	60	5	50	2	20
280	2	70	1	40	1	40	4	10	1	10	1	—	—	70	2	80	5	60	5	50	2	20

Gegenstands-Summa	Staatsgebühren						Besitzveränderungsabgabe		Staatsgebühren									
	1		1 1/2		2				1		2		2 1/2		3		5	
	Prozent								pro mille									
M	M	Pf	M	Pf	M	Pf	M	Pf	M	Pf	M	Pf	M	Pf	M	Pf	M	Pf
281	2	90	4	30	5	70	—	80	—	30	—	60	—	80	—	90	1	50
282	2	90	4	30	5	70	—	80	—	30	—	60	—	80	—	90	1	50
283	2	90	4	30	5	70	—	80	—	30	—	60	—	80	—	90	1	50
284	2	90	4	30	5	70	—	80	—	30	—	60	—	80	—	90	1	50
285	2	90	4	30	5	70	—	80	—	30	—	60	—	80	—	90	1	50
286	2	90	4	30	5	80	—	80	—	30	—	60	—	80	—	90	1	50
287	2	90	4	40	5	80	—	80	—	30	—	60	—	80	—	90	1	50
288	2	90	4	40	5	80	—	80	—	30	—	60	—	80	—	90	1	50
289	2	90	4	40	5	80	—	80	—	30	—	60	—	80	—	90	1	50
290	2	90	4	40	5	80	—	80	—	30	—	60	—	80	—	90	1	50
291	3	—	4	40	5	90	—	80	—	30	—	60	—	80	—	90	1	50
292	3	—	4	40	5	90	—	80	—	30	—	60	—	80	—	90	1	50
293	3	—	4	40	5	90	—	80	—	30	—	60	—	80	—	90	1	50
294	3	—	4	50	5	90	—	80	—	30	—	60	—	80	—	90	1	50
295	3	—	4	50	5	90	—	80	—	30	—	60	—	80	—	90	1	50
296	3	—	4	50	6	—	—	80	—	30	—	60	—	80	—	90	1	50
297	3	—	4	50	6	—	—	80	—	30	—	60	—	80	—	90	1	50
298	3	—	4	50	6	—	—	80	—	30	—	60	—	80	—	90	1	50
299	3	—	4	50	6	—	—	80	—	30	—	60	—	80	—	90	1	50
300	3	—	4	50	6	—	—	80	—	30	—	60	—	80	—	90	1	50
301	3	10	4	60	6	10	—	80	—	40	—	70	—	80	1	—	1	60
302	3	10	4	60	6	10	—	80	—	40	—	70	—	80	1	—	1	60
303	3	10	4	60	6	10	—	80	—	40	—	70	—	80	1	—	1	60
304	3	10	4	60	6	10	—	80	—	40	—	70	—	80	1	—	1	60
305	3	10	4	60	6	10	—	80	—	40	—	70	—	80	1	—	1	60
306	3	10	4	60	6	20	—	80	—	40	—	70	—	80	1	—	1	60
307	3	10	4	70	6	20	—	80	—	40	—	70	—	80	1	—	1	60
308	3	10	4	70	6	20	—	80	—	40	—	70	—	80	1	—	1	60
309	3	10	4	70	6	20	—	80	—	40	—	70	—	80	1	—	1	60
310	3	10	4	70	6	20	—	80	—	40	—	70	—	80	1	—	1	60
311	3	20	4	70	6	30	—	80	—	40	—	70	—	80	1	—	1	60
312	3	20	4	70	6	30	—	80	—	40	—	70	—	80	1	—	1	60
313	3	20	4	70	6	30	—	80	—	40	—	70	—	80	1	—	1	60
314	3	20	4	80	6	30	—	80	—	40	—	70	—	80	1	—	1	60
315	3	20	4	80	6	30	—	80	—	40	—	70	—	80	1	—	1	60
316	3	20	4	80	6	40	—	80	—	40	—	70	—	80	1	—	1	60
317	3	20	4	80	6	40	—	80	—	40	—	70	—	80	1	—	1	60
318	3	20	4	80	3	40	—	80	—	40	—	70	—	80	1	—	1	60
319	3	20	4	80	6	40	—	80	—	40	—	70	—	80	1	—	1	60
320	3	20	4	80	6	40	—	80	—	40	—	70	—	80	1	—	1	60

Gegenstands-Summa	Werthgebühr								4/10 aus der vollen Werthgebühr		4/10 aus 2/3 Werthgebühr		Hinterlegungsgebühr						Auseinandersetzungsgebühr			
	Volle		1/2		1/2 bis 2200 M		1 1/2												5/10		2/10	
	Art. 22. 40. 41. 50		Art. 25. 27. 29. 30. 38 Abs. 2		darüber 2/3 Art. 24		Art. 23		Art. 45 Abs. 3				Art. 100		Art. 101 a		Art. 101 b		der Sätze des § 8 des Reichsgerichts-Kosten-Gesetzes			
M	M	Pf	M	Pf	M	Pf	M	Pf	M	Pf	M	Pf	M	Pf	M	Pf	M	Pf	M	Pf	M	Pf
281	2	70	1	40	1	40	4	10	1	10	1	—	—	80	2	90	5	70	5	50	2	20
282	2	70	1	40	1	40	4	10	1	10	1	—	—	80	2	90	5	70	5	50	2	20
283	2	70	1	40	1	40	4	10	1	10	1	—	—	80	2	90	5	70	5	50	2	20
284	2	70	1	40	1	40	4	10	1	10	1	—	—	80	2	90	5	70	5	50	2	20
285	2	70	1	40	1	40	4	10	1	10	1	—	—	80	2	90	5	70	5	50	2	20
286	2	70	1	40	1	40	4	10	1	10	1	—	—	80	2	90	5	80	5	50	2	20
287	2	70	1	40	1	40	4	10	1	10	1	—	—	80	2	90	5	80	5	50	2	20
288	2	70	1	40	1	40	4	10	1	10	1	—	—	80	2	90	5	80	5	50	2	20
289	2	70	1	40	1	40	4	10	1	10	1	—	—	80	2	90	5	80	5	50	2	20
290	2	70	1	40	1	40	4	10	1	10	1	—	—	80	2	90	5	80	5	50	2	20
291	2	70	1	40	1	40	4	10	1	10	1	—	—	80	3	—	5	90	5	50	2	20
292	2	70	1	40	1	40	4	10	1	10	1	—	—	80	3	—	5	90	5	50	2	20
293	2	70	1	40	1	40	4	10	1	10	1	—	—	80	3	—	5	90	5	50	2	20
294	2	70	1	40	1	40	4	10	1	10	1	—	—	80	3	—	5	90	5	50	2	20
295	2	70	1	40	1	40	4	10	1	10	1	—	—	80	3	—	5	90	5	50	2	20
296	2	70	1	40	1	40	4	10	1	10	1	—	—	80	3	—	6	—	5	50	2	20
297	2	70	1	40	1	40	4	10	1	10	1	—	—	80	3	—	6	—	5	50	2	20
298	2	70	1	40	1	40	4	10	1	10	1	—	—	80	3	—	6	—	5	50	2	20
299	2	70	1	40	1	40	4	10	1	10	1	—	—	80	3	—	6	—	5	50	2	20
300	2	70	1	40	1	40	4	10	1	10	1	—	—	80	3	—	6	—	5	50	2	20
301	3	60	1	80	1	80	5	40	1	50	1	—	—	80	3	10	6	10	7	50	3	—
302	3	60	1	80	1	80	5	40	1	50	1	—	—	80	3	10	6	10	7	50	3	—
303	3	60	1	80	1	80	5	40	1	50	1	—	—	80	3	10	6	10	7	50	3	—
304	3	60	1	80	1	80	5	40	1	50	1	—	—	80	3	10	6	10	7	50	3	—
305	3	60	1	80	1	80	5	40	1	50	1	—	—	80	3	10	6	10	7	50	3	—
306	3	60	1	80	1	80	5	40	1	50	1	—	—	80	3	10	6	20	7	50	3	—
307	3	60	1	80	1	80	5	40	1	50	1	—	—	80	3	10	6	20	7	50	3	—
308	3	60	1	80	1	80	5	40	1	50	1	—	—	80	3	10	6	20	7	50	3	—
309	3	60	1	80	1	80	5	40	1	50	1	—	—	80	3	10	6	20	7	50	3	—
310	3	60	1	80	1	80	5	40	1	50	1	—	—	80	3	10	6	20	7	50	3	—
311	3	60	1	80	1	80	5	40	1	50	1	—	—	80	3	20	6	30	7	50	3	—
312	3	60	1	80	1	80	5	40	1	50	1	—	—	80	3	20	6	30	7	50	3	—
313	3	60	1	80	1	80	5	40	1	50	1	—	—	80	3	20	6	30	7	50	3	—
314	3	60	1	80	1	80	5	40	1	50	1	—	—	80	3	20	6	30	7	50	3	—
315	3	60	1	80	1	80	5	40	1	50	1	—	—	80	3	20	6	30	7	50	3	—
316	3	60	1	80	1	80	5	40	1	50	1	—	—	80	3	20	6	40	7	50	3	—
317	3	60	1	80	1	80	5	40	1	50	1	—	—	80	3	20	6	40	7	50	3	—
318	3	60	1	80	1	80	5	40	1	50	1	—	—	80	3	20	6	40	7	50	3	—
319	3	60	1	80	1	80	5	40	1	50	1	—	—	80	3	20	6	40	7	50	3	—
320	3	60	1	80	1	80	5	40	1	50	1	—	—	80	3	20	6	40	7	50	3	—

Gegen-stands-Summa	Staatsgebühren Prozent 1		1½		2		Besitz-verände-rungs-abgabe		Staatsgebühren pro mille 1		2		2½		3		5	
M	M	Pf	M	Pf	M	Pf	M	Pf	M	Pf	M	Pf	M	Pf	M	Pf	M	Pf
321	3	30	4	90	6	50	—	90	—	40	—	70	—	90	1	—	1	70
322	3	30	4	90	6	50	—	90	—	40	—	70	—	90	1	—	1	70
323	3	30	4	90	6	50	—	90	—	40	—	70	—	90	1	—	1	70
324	3	30	4	90	6	50	—	90	—	40	—	70	—	90	1	—	1	70
325	3	30	4	90	6	50	—	90	—	40	—	70	—	90	1	—	1	70
326	3	30	4	90	6	60	—	90	—	40	—	70	—	90	1	—	1	70
327	3	30	5	—	6	60	—	90	—	40	—	70	—	90	1	—	1	70
328	3	30	5	—	6	60	—	90	—	40	—	70	—	90	1	—	1	70
329	3	30	5	—	6	60	—	90	—	40	—	70	—	90	1	—	1	70
330	3	30	5	—	6	60	—	90	—	40	—	70	—	90	1	—	1	70
331	3	40	5	—	6	70	—	90	—	40	—	70	—	90	1	—	1	70
332	3	40	5	—	6	70	—	90	—	40	—	70	—	90	1	—	1	70
333	3	40	5	—	6	70	—	90	—	40	—	70	—	90	1	—	1	70
334	3	40	5	10	6	70	—	90	—	40	—	70	—	90	1	10	1	70
335	3	40	5	10	6	70	—	90	—	40	—	70	—	90	1	10	1	70
336	3	40	5	10	6	80	—	90	—	40	—	70	—	90	1	10	1	70
337	3	40	5	10	6	80	—	90	—	40	—	70	—	90	1	10	1	70
338	3	40	5	10	6	80	—	90	—	40	—	70	—	90	1	10	1	70
339	3	40	5	10	6	80	—	90	—	40	—	70	—	90	1	10	1	70
340	3	40	5	10	6	80	—	90	—	40	—	70	—	90	1	10	1	70
341	3	50	5	20	6	90	—	90	—	40	—	70	—	90	1	10	1	80
342	3	50	5	20	6	90	—	90	—	40	—	70	—	90	1	10	1	80
343	3	50	5	20	6	90	—	90	—	40	—	70	—	90	1	10	1	80
344	3	50	5	20	6	90	—	90	—	40	—	70	—	90	1	10	1	80
345	3	50	5	20	6	90	—	90	—	40	—	70	—	90	1	10	1	80
346	3	50	5	20	7	—	—	90	—	40	—	70	—	90	1	10	1	80
347	3	50	5	30	7	—	—	90	—	40	—	70	—	90	1	10	1	80
348	3	50	5	30	7	—	—	90	—	40	—	70	—	90	1	10	1	80
349	3	50	5	30	7	—	—	90	—	40	—	70	—	90	1	10	1	80
350	3	50	5	30	7	—	—	90	—	40	—	70	—	90	1	10	1	80
351	3	60	5	30	7	10	—	90	—	40	—	80	—	90	1	10	1	80
352	3	60	5	30	7	10	—	90	—	40	—	80	—	90	1	10	1	80
353	3	60	5	30	7	10	—	90	—	40	—	80	—	90	1	10	1	80
354	3	60	5	40	7	10	—	90	—	40	—	80	—	90	1	10	1	80
355	3	60	5	40	7	10	—	90	—	40	—	80	—	90	1	10	1	80
356	3	60	5	40	7	20	—	90	—	40	—	80	—	90	1	10	1	80
357	3	60	5	40	7	20	—	90	—	40	—	80	—	90	1	10	1	80
358	3	60	5	40	7	20	—	90	—	40	—	80	—	90	1	10	1	80
359	3	60	5	40	7	20	—	90	—	40	—	80	—	90	1	10	1	80
360	3	60	5	40	7	20	—	90	—	40	—	80	—	90	1	10	1	80

Gegenstands-Summa	Werthgebühr: Volle (Art. 22. 40. 41. 50)		Werthgebühr: 1/2 (Art. 25. 27. 29. 30. 38 Abs. 2)		Werthgebühr: 1/2 bis 2200 M, darüber 2/3 (Art. 24)		Werthgebühr: 1 1/2 (Art. 23)		4/10 aus der vollen Werthgebühr (Art. 45 Abs. 3)		4/10 aus 2/3 Werthgebühr (Art. 45 Abs. 3)		Hinterlegungsgebühr: Art. 100		Hinterlegungsgebühr: Art. 101 a		Hinterlegungsgebühr: Art. 101 b		Auseinandersetzungsgebühr: 5/10 (der Sätze des § 8 des Reichsgerichts-Kosten-Gesetzes)		Auseinandersetzungsgebühr: 2/10 (der Sätze des § 8 des Reichsgerichts-Kosten-Gesetzes)	
M	M	₰	M	₰	M	₰	M	₰	M	₰	M	₰	M	₰	M	₰	M	₰	M	₰	M	₰
321	3	60	1	80	1	80	5	40	1	50	1	—	—	90	3	30	6	50	7	50	3	—
322	3	60	1	80	1	80	5	40	1	50	1	—	—	90	3	30	6	50	7	50	3	—
323	3	60	1	80	1	80	5	40	1	50	1	—	—	90	3	30	6	50	7	50	3	—
324	3	60	1	80	1	80	5	40	1	50	1	—	—	90	3	30	6	50	7	50	3	—
325	3	60	1	80	1	80	5	40	1	50	1	—	—	90	3	30	6	50	7	50	3	—
326	3	60	1	80	1	80	5	40	1	50	1	—	—	90	3	30	6	60	7	50	3	—
327	3	60	1	80	1	80	5	40	1	50	1	—	—	90	3	30	6	60	7	50	3	—
328	3	60	1	80	1	80	5	40	1	50	1	—	—	90	3	30	6	60	7	50	3	—
329	3	60	1	80	1	80	5	40	1	50	1	—	—	90	3	30	6	60	7	50	3	—
330	3	60	1	80	1	80	5	40	1	50	1	—	—	90	3	30	6	60	7	50	3	—
331	3	60	1	80	1	80	5	40	1	50	1	—	—	90	3	40	6	70	7	50	3	—
332	3	60	1	80	1	80	5	40	1	50	1	—	—	90	3	40	6	70	7	50	3	—
333	3	60	1	80	1	80	5	40	1	50	1	—	—	90	3	40	6	70	7	50	3	—
334	3	60	1	80	1	80	5	40	1	50	1	—	—	90	3	40	6	70	7	50	3	—
335	3	60	1	80	1	80	5	40	1	50	1	—	—	90	3	40	6	70	7	50	3	—
336	3	60	1	80	1	80	5	40	1	50	1	—	—	90	3	40	6	80	7	50	3	—
337	3	60	1	80	1	80	5	40	1	50	1	—	—	90	3	40	6	80	7	50	3	—
338	3	60	1	80	1	80	5	40	1	50	1	—	—	90	3	40	6	80	7	50	3	—
339	3	60	1	80	1	80	5	40	1	50	1	—	—	90	3	40	6	80	7	50	3	—
340	3	60	1	80	1	80	5	40	1	50	1	—	—	90	3	40	6	80	7	50	3	—
341	3	60	1	80	1	80	5	40	1	50	1	—	—	90	3	50	6	90	7	50	3	—
342	3	60	1	80	1	80	5	40	1	50	1	—	—	90	3	50	6	90	7	50	3	—
343	3	60	1	80	1	80	5	40	1	50	1	—	—	90	3	50	6	90	7	50	3	—
344	3	60	1	80	1	80	5	40	1	50	1	—	—	90	3	50	6	90	7	50	3	—
345	3	60	1	80	1	80	5	40	1	50	1	—	—	90	3	50	6	90	7	50	3	—
346	3	60	1	80	1	80	5	40	1	50	1	—	—	90	3	50	7	—	7	50	3	—
347	3	60	1	80	1	80	5	40	1	50	1	—	—	90	3	50	7	—	7	50	3	—
348	3	60	1	80	1	80	5	40	1	50	1	—	—	90	3	50	7	—	7	50	3	—
349	3	60	1	80	1	80	5	40	1	50	1	—	—	90	3	50	7	—	7	50	3	—
350	3	60	1	80	1	80	5	40	1	50	1	—	—	90	3	50	7	—	7	50	3	—
351	3	60	1	80	1	80	5	40	1	50	1	—	—	90	3	60	7	10	7	50	3	—
352	3	60	1	80	1	80	5	40	1	50	1	—	—	90	3	60	7	10	7	50	3	—
353	3	60	1	80	1	80	5	40	1	50	1	—	—	90	3	60	7	10	7	50	3	—
354	3	60	1	80	1	80	5	40	1	50	1	—	—	90	3	60	7	10	7	50	3	—
355	3	60	1	80	1	80	5	40	1	50	1	—	—	90	3	60	7	10	7	50	3	—
356	3	60	1	80	1	80	5	40	1	50	1	—	—	90	3	60	7	20	7	50	3	—
357	3	60	1	80	1	80	5	40	1	50	1	—	—	90	3	60	7	20	7	50	3	—
358	3	60	1	80	1	80	5	40	1	50	1	—	—	90	3	60	7	20	7	50	3	—
359	3	60	1	80	1	80	5	40	1	50	1	—	—	90	3	60	7	20	7	50	3	—
360	3	60	1	80	1	80	5	40	1	50	1	—	—	90	3	60	7	20	7	50	3	—

Gegen-stands-Summa	Staatsgebühren						Besitz-verände-rungs-abgabe		Staatsgebühren									
	1		1 1/2		2				1		2		2 1/2		3		5	
	Prozent								pro mille									
ℳ	ℳ	₰	ℳ	₰	ℳ	₰	ℳ	₰	ℳ	₰	ℳ	₰	ℳ	₰	ℳ	₰	ℳ	₰
361	3	70	5	50	7	30	1	—	—	40	—	80	1	—	1	10	1	90
362	3	70	5	50	7	30	1	—	—	40	—	80	1	—	1	10	1	90
363	3	70	5	50	7	30	1	—	—	40	—	80	1	—	1	10	1	90
364	3	70	5	50	7	30	1	—	—	40	—	80	1	—	1	10	1	90
365	3	70	5	50	7	30	1	—	—	40	—	80	1	—	1	10	1	90
366	3	70	5	50	7	40	1	—	—	40	—	80	1	—	1	10	1	90
367	3	70	5	60	7	40	1	—	—	40	—	80	1	—	1	20	1	90
368	3	70	5	60	7	40	1	—	—	40	—	80	1	—	1	20	1	90
369	3	70	5	60	7	40	1	—	—	40	—	80	1	—	1	20	1	90
370	3	70	5	60	7	40	1	—	—	40	—	80	1	—	1	20	1	90
371	3	80	5	60	7	50	1	—	—	40	—	80	1	—	1	20	1	90
372	3	80	5	60	7	50	1	—	—	40	—	80	1	—	1	20	1	90
373	3	80	5	60	7	50	1	—	—	40	—	80	1	—	1	20	1	90
374	3	80	5	70	7	50	1	—	—	40	—	80	1	—	1	20	1	90
375	3	80	5	70	7	50	1	—	—	40	—	80	1	—	1	20	1	90
376	3	80	5	70	7	60	1	—	—	40	—	80	1	—	1	20	1	90
377	3	80	5	70	7	60	1	—	—	40	—	80	1	—	1	20	1	90
378	3	80	5	70	7	60	1	—	—	40	—	80	1	—	1	20	1	90
379	3	80	5	70	7	60	1	—	—	40	—	80	1	—	1	20	1	90
380	3	80	5	70	7	60	1	—	—	40	—	80	1	—	1	20	1	90
381	3	90	5	80	7	70	1	—	—	40	—	80	1	—	1	20	2	—
382	3	90	5	80	7	70	1	—	—	40	—	80	1	—	1	20	2	—
383	3	90	5	80	7	70	1	—	—	40	—	80	1	—	1	20	2	—
384	3	90	5	80	7	70	1	—	—	40	—	80	1	—	1	20	2	—
385	3	90	5	80	7	70	1	—	—	40	—	80	1	—	1	20	2	—
386	3	90	5	80	7	80	1	—	—	40	—	80	1	—	1	20	2	—
387	3	90	5	90	7	80	1	—	—	40	—	80	1	—	1	20	2	—
388	3	90	5	90	7	80	1	—	—	40	—	80	1	—	1	20	2	—
389	3	90	5	90	7	80	1	—	—	40	—	80	1	—	1	20	2	—
390	3	90	5	90	7	80	1	—	—	40	—	80	1	—	1	20	2	—
391	4	—	5	90	7	90	1	—	—	40	—	80	1	—	1	20	2	—
392	4	—	5	90	7	90	1	—	—	40	—	80	1	—	1	20	2	—
393	4	—	5	90	7	90	1	—	—	40	—	80	1	—	1	20	2	—
394	4	—	6	—	7	90	1	—	—	40	—	80	1	—	1	20	2	—
395	4	—	6	—	7	90	1	—	—	40	—	80	1	—	1	20	2	—
396	4	—	6	—	8	—	1	—	—	40	—	80	1	—	1	20	2	—
397	4	—	6	—	8	—	1	—	—	40	—	80	1	—	1	20	2	—
398	4	—	6	—	8	—	1	—	—	40	—	80	1	—	1	20	2	—
399	4	—	6	—	8	—	1	—	—	40	—	80	1	—	1	20	2	—
400	4	—	6	—	8	—	1	—	—	40	—	80	1	—	1	20	2	—

Gegen- stands- Summa	Werthgebühr								4/10 aus der vollen Werth- gebühr		4/10 aus 2/3 Werth- gebühr		Hinterlegungs- gebühr						Auseinander- setzungsgebühr			
	Volle		1/2		1/2 bis 2200 ℳ		1 1/2												5/10		2/10	
	Art. 22. 40. 41. 50		Art. 25. 27. 29. 30. 38 Abs. 2		darüber 2/3 Art. 24		Art. 23		Art. 45 Abs. 3				Art. 100		Art. 101 a		Art. 101 b		der Sätze des § 8 des Reichsgerichts-Kosten-Gesetzes			
ℳ	ℳ	₰	ℳ	₰	ℳ	₰	ℳ	₰	ℳ	₰	ℳ	₰	ℳ	₰	ℳ	₰	ℳ	₰	ℳ	₰	ℳ	₰
361	3	60	1	80	1	80	5	40	1	50	1	—	1	—	3	70	7	30	7	50	3	—
362	3	60	1	80	1	80	5	40	1	50	1	—	1	—	3	70	7	30	7	50	3	—
363	3	60	1	80	1	80	5	40	1	50	1	—	1	—	3	70	7	30	7	50	3	—
364	3	60	1	80	1	80	5	40	1	50	1	—	1	—	3	70	7	30	7	50	3	—
365	3	60	1	80	1	80	5	40	1	50	1	—	1	—	3	70	7	30	7	50	3	—
366	3	60	1	80	1	80	5	40	1	50	1	—	1	—	3	70	7	40	7	50	3	—
367	3	60	1	80	1	80	5	40	1	50	1	—	1	—	3	70	7	40	7	50	3	—
368	3	60	1	80	1	80	5	40	1	50	1	—	1	—	3	70	7	40	7	50	3	—
369	3	60	1	80	1	80	5	40	1	50	1	—	1	—	3	70	7	40	7	50	3	—
370	3	60	1	80	1	80	5	40	1	50	1	—	1	—	3	70	7	40	7	50	3	—
371	3	60	1	80	1	80	5	40	1	50	1	—	1	—	3	80	7	50	7	50	3	—
372	3	60	1	80	1	80	5	40	1	50	1	—	1	—	3	80	7	50	7	50	3	—
373	3	60	1	80	1	80	5	40	1	50	1	—	1	—	3	80	7	50	7	50	3	—
374	3	60	1	80	1	80	5	40	1	50	1	—	1	—	3	80	7	50	7	50	3	—
375	3	60	1	80	1	80	5	40	1	50	1	—	1	—	3	80	7	50	7	50	3	—
376	3	60	1	80	1	80	5	40	1	50	1	—	1	—	3	80	7	60	7	50	3	—
377	3	60	1	80	1	80	5	40	1	50	1	—	1	—	3	80	7	60	7	50	3	—
378	3	60	1	80	1	80	5	40	1	50	1	—	1	—	3	80	7	60	7	50	3	—
379	3	60	1	80	1	80	5	40	1	50	1	—	1	—	3	80	7	60	7	50	3	—
380	3	60	1	80	1	80	5	40	1	50	1	—	1	—	3	80	7	60	7	50	3	—
381	3	60	1	80	1	80	5	40	1	50	1	—	1	—	3	90	7	70	7	50	3	—
382	3	60	1	80	1	80	5	40	1	50	1	—	1	—	3	90	7	70	7	50	3	—
383	3	60	1	80	1	80	5	40	1	50	1	—	1	—	3	90	7	70	7	50	3	—
384	3	60	1	80	1	80	5	40	1	50	1	—	1	—	3	90	7	70	7	50	3	—
385	3	60	1	80	1	80	5	40	1	50	1	—	1	—	3	90	7	70	7	50	3	—
386	3	60	1	80	1	80	5	40	1	50	1	—	1	—	3	90	7	80	7	50	3	—
387	3	60	1	80	1	80	5	40	1	50	1	—	1	—	3	90	7	80	7	50	3	—
388	3	60	1	80	1	80	5	40	1	50	1	—	1	—	3	90	7	80	7	50	3	—
389	3	60	1	80	1	80	5	40	1	50	1	—	1	—	3	90	7	80	7	50	3	—
390	3	60	1	80	1	80	5	40	1	50	1	—	1	—	3	90	7	80	7	50	3	—
391	3	60	1	80	1	80	5	40	1	50	1	—	1	—	4	—	7	90	7	50	3	—
392	3	60	1	80	1	80	5	40	1	50	1	—	1	—	4	—	7	90	7	50	3	—
393	3	60	1	80	1	80	5	40	1	50	1	—	1	—	4	—	7	90	7	50	3	—
394	3	60	1	80	1	80	5	40	1	50	1	—	1	—	4	—	7	90	7	50	3	—
395	3	60	1	80	1	80	5	40	1	50	1	—	1	—	4	—	7	90	7	50	3	—
396	3	60	1	80	1	80	5	40	1	50	1	—	1	—	4	—	8	—	7	50	3	—
397	3	60	1	80	1	80	5	40	1	50	1	—	1	—	4	—	8	—	7	50	3	—
398	3	60	1	80	1	80	5	40	1	50	1	—	1	—	4	—	8	—	7	50	3	—
399	3	60	1	80	1	80	5	40	1	50	1	—	1	—	4	—	8	—	7	50	3	—
400	3	60	1	80	1	80	5	40	1	50	1	—	1	—	4	—	8	—	7	50	3	—

Gegenstands-Summa	Staatsgebühren 1 Prozent		Staatsgebühren 1½ Prozent		Staatsgebühren 2 Prozent		Besitzveränderungsabgabe		Staatsgebühren 1 pro mille		Staatsgebühren 2 pro mille		Staatsgebühren 2½ pro mille		Staatsgebühren 3 pro mille		Staatsgebühren 5 pro mille	
ℳ	ℳ	₰	ℳ	₰	ℳ	₰	ℳ	₰	ℳ	₰	ℳ	₰	ℳ	₰	ℳ	₰	ℳ	₰
401	4	10	6	10	8	10	1	10	—	50	—	90	1	10	1	30	2	10
402	4	10	6	10	8	10	1	10	—	50	—	90	1	10	1	30	2	10
403	4	10	6	10	8	10	1	10	—	50	—	90	1	10	1	30	2	10
404	4	10	6	10	8	10	1	10	—	50	—	90	1	10	1	30	2	10
405	4	10	6	10	8	10	1	10	—	50	—	90	1	10	1	30	2	10
406	4	10	6	10	8	20	1	10	—	50	—	90	1	10	1	30	2	10
407	4	10	6	20	8	20	1	10	—	50	—	90	1	10	1	30	2	10
408	4	10	6	20	8	20	1	10	—	50	—	90	1	10	1	30	2	10
409	4	10	6	20	8	20	1	10	—	50	—	90	1	10	1	30	2	10
410	4	10	6	20	8	20	1	10	—	50	—	90	1	10	1	30	2	10
411	4	20	6	20	8	30	1	10	—	50	—	90	1	10	1	30	2	10
412	4	20	6	20	8	30	1	10	—	50	—	90	1	10	1	30	2	10
413	4	20	6	20	8	30	1	10	—	50	—	90	1	10	1	30	2	10
414	4	20	6	30	8	30	1	10	—	50	—	90	1	10	1	30	2	10
415	4	20	6	30	8	30	1	10	—	50	—	90	1	10	1	30	2	10
416	4	20	6	30	8	40	1	10	—	50	—	90	1	10	1	30	2	10
417	4	20	6	30	8	40	1	10	—	50	—	90	1	10	1	30	2	10
418	4	20	6	30	8	40	1	10	—	50	—	90	1	10	1	30	2	10
419	4	20	6	30	8	40	1	10	—	50	—	90	1	10	1	30	2	10
420	4	20	6	30	8	40	1	10	—	50	—	90	1	10	1	30	2	10
421	4	30	6	40	8	50	1	10	—	50	—	90	1	10	1	30	2	20
422	4	30	6	40	8	50	1	10	—	50	—	90	1	10	1	30	2	20
423	4	30	6	40	8	50	1	10	—	50	—	90	1	10	1	30	2	20
424	4	30	6	40	8	50	1	10	—	50	—	90	1	10	1	30	2	20
425	4	30	6	40	8	50	1	10	—	50	—	90	1	10	1	30	2	20
426	4	30	6	40	8	60	1	10	—	50	—	90	1	10	1	30	2	20
427	4	30	6	50	8	60	1	10	—	50	—	90	1	10	1	30	2	20
428	4	30	6	50	8	60	1	10	—	50	—	90	1	10	1	30	2	20
429	4	30	6	50	8	60	1	10	—	50	—	90	1	10	1	30	2	20
430	4	30	6	50	8	60	1	10	—	50	—	90	1	10	1	30	2	20
431	4	40	6	50	8	70	1	10	—	50	—	90	1	10	1	30	2	20
432	4	40	6	50	8	70	1	10	—	50	—	90	1	10	1	30	2	20
433	4	40	6	50	8	70	1	10	—	50	—	90	1	10	1	30	2	20
434	4	40	6	60	8	70	1	10	—	50	—	90	1	10	1	40	2	20
435	4	40	6	60	8	70	1	10	—	50	—	90	1	10	1	40	2	20
436	4	40	6	60	8	80	1	10	—	50	—	90	1	10	1	40	2	20
437	4	40	6	60	8	80	1	10	—	50	—	90	1	10	1	40	2	20
438	4	40	6	60	8	80	1	10	—	50	—	90	1	10	1	40	2	20
439	4	40	6	60	8	80	1	10	—	50	—	90	1	10	1	40	2	20
440	4	40	6	60	8	80	1	10	—	50	—	90	1	10	1	40	2	20

Gegen-stands-Summa	Werthgebühr: Volle (Art. 22. 40. 41. 50)		Werthgebühr: 1/2 (Art. 25. 27. 29. 30. 38 Abs. 2)		Werthgebühr: 1/2 bis 2200 ℳ, darüber 2/3 (Art. 24)		Werthgebühr: 1 1/2 (Art. 23)		4/10 aus der vollen Werthgebühr (Art. 45 Abs. 3)		4/10 aus 2/3 Werthgebühr (Art. 45 Abs. 3)		Hinterlegungsgebühr: Art. 100		Hinterlegungsgebühr: Art. 101 a		Hinterlegungsgebühr: Art. 101 b		Auseinandersetzungsgebühr: 5/10 (der Sätze des § 8 des Reichsgerichts-Kosten-Gesetzes)		Auseinandersetzungsgebühr: 2/10 (der Sätze des § 8 des Reichsgerichts-Kosten-Gesetzes)	
ℳ	ℳ	₰	ℳ	₰	ℳ	₰	ℳ	₰	ℳ	₰	ℳ	₰	ℳ	₰	ℳ	₰	ℳ	₰	ℳ	₰	ℳ	₰
401	4	50	2	30	2	30	6	80	1	80	1	—	1	10	4	10	8	10	7	50	3	—
402	4	50	2	30	2	30	6	80	1	80	1	—	1	10	4	10	8	10	7	50	3	—
403	4	50	2	30	2	30	6	80	1	80	1	—	1	10	4	10	8	10	7	50	3	—
404	4	50	2	30	2	30	6	80	1	80	1	—	1	10	4	10	8	10	7	50	3	—
405	4	50	2	30	2	30	6	80	1	80	1	—	1	10	4	10	8	10	7	50	3	—
406	4	50	2	30	2	30	6	80	1	80	1	—	1	10	4	10	8	20	7	50	3	—
407	4	50	2	30	2	30	6	80	1	80	1	—	1	10	4	10	8	20	7	50	3	—
408	4	50	2	30	2	30	6	80	1	80	1	—	1	10	4	10	8	20	7	50	3	—
409	4	50	2	30	2	30	6	80	1	80	1	—	1	10	4	10	8	20	7	50	3	—
410	4	50	2	30	2	30	6	80	1	80	1	—	1	10	4	10	8	20	7	50	3	—
411	4	50	2	30	2	30	6	80	1	80	1	—	1	10	4	20	8	30	7	50	3	—
412	4	50	2	30	2	30	6	80	1	80	1	—	1	10	4	20	8	30	7	50	3	—
413	4	50	2	30	2	30	6	80	1	80	1	—	1	10	4	20	8	30	7	50	3	—
414	4	50	2	30	2	30	6	80	1	80	1	—	1	10	4	20	8	30	7	50	3	—
415	4	50	2	30	2	30	6	80	1	80	1	—	1	10	4	20	8	30	7	50	3	—
416	4	50	2	30	2	30	6	80	1	80	1	—	1	10	4	20	8	40	7	50	3	—
417	4	50	2	30	2	30	6	80	1	80	1	—	1	10	4	20	8	40	7	50	3	—
418	4	50	2	30	2	30	6	80	1	80	1	—	1	10	4	20	8	40	7	50	3	—
419	4	50	2	30	2	30	6	80	1	80	1	—	1	10	4	20	8	40	7	50	3	—
420	4	50	2	30	2	30	6	80	1	80	1	—	1	10	4	20	8	40	7	50	3	—
421	4	50	2	30	2	30	6	80	1	80	1	—	1	10	4	30	8	50	7	50	3	—
422	4	50	2	30	2	30	6	80	1	80	1	—	1	10	4	30	8	50	7	50	3	—
423	4	50	2	30	2	30	6	80	1	80	1	—	1	10	4	30	8	50	7	50	3	—
424	4	50	2	30	2	30	6	80	1	80	1	—	1	10	4	30	8	50	7	50	3	—
425	4	50	2	30	2	30	6	80	1	80	1	—	1	10	4	30	8	50	7	50	3	—
426	4	50	2	30	2	30	6	80	1	80	1	—	1	10	4	30	8	60	7	50	3	—
427	4	50	2	30	2	30	6	80	1	80	1	—	1	10	4	30	8	60	7	50	3	—
428	4	50	2	30	2	30	6	80	1	80	1	—	1	10	4	30	8	60	7	50	3	—
429	4	50	2	30	2	30	6	80	1	80	1	—	1	10	4	30	8	60	7	50	3	—
430	4	50	2	30	2	30	6	80	1	80	1	—	1	10	4	30	8	60	7	50	3	—
431	4	50	2	30	2	30	6	80	1	80	1	—	1	10	4	40	8	70	7	50	3	—
432	4	50	2	30	2	30	6	80	1	80	1	—	1	10	4	40	8	70	7	50	3	—
433	4	50	2	30	2	30	6	80	1	80	1	—	1	10	4	40	8	70	7	50	3	—
434	4	50	2	30	2	30	6	80	1	80	1	—	1	10	4	40	8	70	7	50	3	—
435	4	50	2	30	2	30	6	80	1	80	1	—	1	10	4	40	8	70	7	50	3	—
436	4	50	2	30	2	30	6	80	1	80	1	—	1	10	4	40	8	80	7	50	3	—
437	4	50	2	30	2	30	6	80	1	80	1	—	1	10	4	40	8	80	7	50	3	—
438	4	50	2	30	2	30	6	80	1	80	1	—	1	10	4	40	8	80	7	50	3	—
439	4	50	2	30	2	30	6	80	1	80	1	—	1	10	4	40	8	80	7	50	3	—
440	4	50	2	30	2	30	6	80	1	80	1	—	1	10	4	40	8	80	7	50	3	—

Gegen-stands-Summa	Staatsgebühren Prozent						Besitz-verände-rungs-abgabe		Staatsgebühren pro mille									
	1		1 1/2		2				1		2		2 1/2		3		5	
M	M	Pf	M	Pf	M	Pf	M	Pf	M	Pf	M	Pf	M	Pf	M	Pf	M	Pf
441	4	50	6	70	8	90	1	20	—	50	—	90	1	20	1	40	2	30
442	4	50	6	70	8	90	1	20	—	50	—	90	1	20	1	40	2	30
443	4	50	6	70	8	90	1	20	—	50	—	90	1	20	1	40	2	30
444	4	50	6	70	8	90	1	20	—	50	—	90	1	20	1	40	2	30
445	4	50	6	70	8	90	1	20	—	50	—	90	1	20	1	40	2	30
446	4	50	6	70	9	—	1	20	—	50	—	90	1	20	1	40	2	30
447	4	50	6	80	9	—	1	20	—	50	—	90	1	20	1	40	2	30
448	4	50	6	80	9	—	1	20	—	50	—	90	1	20	1	40	2	30
449	4	50	6	80	9	—	1	20	—	50	—	90	1	20	1	40	2	30
450	4	50	6	80	9	—	1	20	—	50	—	90	1	20	1	40	2	30
451	4	60	6	80	9	10	1	20	—	50	1	—	1	20	1	40	2	30
452	4	60	6	80	9	10	1	20	—	50	1	—	1	20	1	40	2	30
453	4	60	6	80	9	10	1	20	—	50	1	—	1	20	1	40	2	30
454	4	60	6	90	9	10	1	20	—	50	1	—	1	20	1	40	2	30
455	4	60	6	90	9	10	1	20	—	50	1	—	1	20	1	40	2	30
456	4	60	6	90	9	20	1	20	—	50	1	—	1	20	1	40	2	30
457	4	60	6	90	9	20	1	20	—	50	1	—	1	20	1	40	2	30
458	4	60	6	90	9	20	1	20	—	50	1	—	1	20	1	40	2	30
459	4	60	6	90	9	20	1	20	—	50	1	—	1	20	1	40	2	30
460	4	60	6	90	9	20	1	20	—	50	1	—	1	20	1	40	2	30
461	4	70	7	—	9	30	1	20	—	50	1	—	1	20	1	40	2	40
462	4	70	7	—	9	30	1	20	—	50	1	—	1	20	1	40	2	40
463	4	70	7	—	9	30	1	20	—	50	1	—	1	20	1	40	2	40
464	4	70	7	—	9	30	1	20	—	50	1	—	1	20	1	40	2	40
465	4	70	7	—	9	30	1	20	—	50	1	—	1	20	1	40	2	40
466	4	70	7	—	9	40	1	20	—	50	1	—	1	20	1	40	2	40
467	4	70	7	10	9	40	1	20	—	50	1	—	1	20	1	50	2	40
468	4	70	7	10	9	40	1	20	—	50	1	—	1	20	1	50	2	40
469	4	70	7	10	9	40	1	20	—	50	1	—	1	20	1	50	2	40
470	4	70	7	10	9	40	1	20	—	50	1	—	1	20	1	50	2	40
471	4	80	7	10	9	50	1	20	—	50	1	—	1	20	1	50	2	40
472	4	80	7	10	9	50	1	20	—	50	1	—	1	20	1	50	2	40
473	4	80	7	10	9	50	1	20	—	50	1	—	1	20	1	50	2	40
474	4	80	7	20	9	50	1	20	—	50	1	—	1	20	1	50	2	40
475	4	80	7	20	9	50	1	20	—	50	1	—	1	20	1	50	2	40
476	4	80	7	20	9	60	1	20	—	50	1	—	1	20	1	50	2	40
477	4	80	7	20	9	60	1	20	—	50	1	—	1	20	1	50	2	40
478	4	80	7	20	9	60	1	20	—	50	1	—	1	20	1	50	2	40
479	4	80	7	20	9	60	1	20	—	50	1	—	1	20	1	50	2	40
480	4	80	7	20	9	60	1	20	—	50	1	—	1	20	1	50	2	40

Gegen-stands-Summe	Werthgebühr: Volle (Art. 22. 40. 41. 50)		Werthgebühr: 1/2 (Art. 25. 27. 29. 30. 38 Abs. 2)		Werthgebühr: 1/2 bis 2200 M., darüber 2/3 (Art. 24)		Werthgebühr: 1 1/2 (Art. 23)		4/10 aus der vollen Werthgebühr (Art. 45 Abs. 3)		4/10 aus 2/3 Werthgebühr (Art. 45 Abs. 3)		Hinterlegungsgebühr: Art. 100		Hinterlegungsgebühr: Art. 101 a		Hinterlegungsgebühr: Art. 101 b		Auseinandersetzungsgebühr: 5/10 (der Sätze des § 8 des Reichsgerichts-Kosten-Gesetzes)		Auseinandersetzungsgebühr: 2/10 (der Sätze des § 8 des Reichsgerichts-Kosten-Gesetzes)	
M	M	₰	M	₰	M	₰	M	₰	M	₰	M	₰	M	₰	M	₰	M	₰	M	₰	M	₰
441	4	50	2	30	2	30	6	80	1	80	1	—	1	20	4	50	8	90	7	50	3	—
442	4	50	2	30	2	30	6	80	1	80	1	—	1	20	4	50	8	90	7	50	3	—
443	4	50	2	30	2	30	6	80	1	80	1	—	1	20	4	50	8	90	7	50	3	—
444	4	50	2	30	2	30	6	80	1	80	1	—	1	20	4	50	8	90	7	50	3	—
445	4	50	2	30	2	30	6	80	1	80	1	—	1	20	4	50	8	90	7	50	3	—
446	4	50	2	30	2	30	6	80	1	80	1	—	1	20	4	50	9	—	7	50	3	—
447	4	50	2	30	2	30	6	80	1	80	1	—	1	20	4	50	9	—	7	50	3	—
448	4	50	2	30	2	30	6	80	1	80	1	—	1	20	4	50	9	—	7	50	3	—
449	4	50	2	30	2	30	6	80	1	80	1	—	1	20	4	50	9	—	7	50	3	—
450	4	50	2	30	2	30	6	80	1	80	1	—	1	20	4	50	9	—	7	50	3	—
451	4	50	2	30	2	30	6	80	1	80	1	—	1	20	4	60	9	10	10	—	4	—
452	4	50	2	30	2	30	6	80	1	80	1	—	1	20	4	60	9	10	10	—	4	—
453	4	50	2	30	2	30	6	80	1	80	1	—	1	20	4	60	9	10	10	—	4	—
454	4	50	2	30	2	30	6	80	1	80	1	—	1	20	4	60	9	10	10	—	4	—
455	4	50	2	30	2	30	6	80	1	80	1	—	1	20	4	60	9	10	10	—	4	—
456	4	50	2	30	2	30	6	80	1	80	1	—	1	20	4	60	9	20	10	—	4	—
457	4	50	2	30	2	30	6	80	1	80	1	—	1	20	4	60	9	20	10	—	4	—
458	4	50	2	30	2	30	6	80	1	80	1	—	1	20	4	60	9	20	10	—	4	—
459	4	50	2	30	2	30	6	80	1	80	1	—	1	20	4	60	9	20	10	—	4	—
460	4	50	2	30	2	30	6	80	1	80	1	—	1	20	4	60	9	20	10	—	4	—
461	4	50	2	30	2	30	6	80	1	80	1	—	1	20	4	70	9	30	10	—	4	—
462	4	50	2	30	2	30	6	80	1	80	1	—	1	20	4	70	9	30	10	—	4	—
463	4	50	2	30	2	30	6	80	1	80	1	—	1	20	4	70	9	30	10	—	4	—
464	4	50	2	30	2	30	6	80	1	80	1	—	1	20	3	70	9	30	10	—	4	—
465	4	50	2	30	2	30	6	80	1	80	1	—	1	20	4	70	9	30	10	—	4	—
466	4	50	2	30	2	30	6	80	1	80	1	—	1	20	4	70	9	40	10	—	4	—
467	4	50	2	30	2	30	6	80	1	80	1	—	1	20	4	70	9	40	10	—	4	—
468	4	50	2	30	2	30	6	80	1	80	1	—	1	20	4	70	9	40	10	—	4	—
469	4	50	2	30	2	30	6	80	1	80	1	—	1	20	4	70	9	40	10	—	4	—
470	4	50	2	30	2	30	6	80	1	80	1	—	1	20	4	70	9	40	10	—	4	—
471	4	50	2	30	2	30	6	80	1	80	1	—	1	20	4	80	9	50	10	—	4	—
472	4	50	2	30	2	30	6	80	1	80	1	—	1	20	4	80	9	50	10	—	4	—
473	4	50	2	30	2	30	6	80	1	80	1	—	1	20	4	80	9	50	10	—	4	—
474	4	50	2	30	2	30	6	80	1	80	1	—	1	20	4	80	9	50	10	—	4	—
475	4	50	2	30	2	30	6	80	1	80	1	—	1	20	4	80	9	50	10	—	4	—
476	4	50	2	30	2	30	6	80	1	80	1	—	1	20	4	80	9	60	10	—	4	—
477	4	50	2	30	2	30	6	80	1	80	1	—	1	20	4	80	9	60	10	—	4	—
478	4	50	2	30	2	30	6	80	1	80	1	—	1	20	4	80	9	60	10	—	4	—
479	4	50	2	30	2	30	6	80	1	80	1	—	1	20	4	80	9	60	10	—	4	—
480	4	50	2	30	2	30	6	80	1	80	1	—	1	20	4	80	9	60	10	—	4	—

Gegen-stands-Summa	Staatsgebühren 1 Prozent		Staatsgebühren 1½ Prozent		Staatsgebühren 2 Prozent		Besitz-veränderungs-abgabe		Staatsgebühren 1 pro mille		Staatsgebühren 2 pro mille		Staatsgebühren 2½ pro mille		Staatsgebühren 3 pro mille		Staatsgebühren 5 pro mille	
M.	M	₰	M	₰	M	₰	M	₰	M	₰	M	₰	M	₰	M	₰	M	₰
481	4	90	7	30	9	70	1	30	—	50	1	—	1	30	1	50	2	50
482	4	90	7	30	9	70	1	30	—	50	1	—	1	30	1	50	2	50
483	4	90	7	30	9	70	1	30	—	50	1	—	1	30	1	50	2	50
484	4	90	7	30	9	70	1	30	—	50	1	—	1	30	1	50	2	50
485	4	90	7	30	9	70	1	30	—	50	1	—	1	30	1	50	2	50
486	4	90	7	30	9	80	1	30	—	50	1	—	1	30	1	50	2	50
487	4	90	7	40	9	80	1	30	—	50	1	—	1	30	1	50	2	50
488	4	90	7	40	9	80	1	30	—	50	1	—	1	30	1	50	2	50
489	4	90	7	40	9	80	1	30	—	50	1	—	1	30	1	50	2	50
490	4	90	7	40	9	80	1	30	—	50	1	—	1	30	1	50	2	50
491	5	—	7	40	9	90	1	30	—	50	1	—	1	30	1	50	2	50
492	5	—	7	40	9	90	1	30	—	50	1	—	1	30	1	50	2	50
493	5	—	7	40	9	90	1	30	—	50	1	—	1	30	1	50	2	50
494	5	—	7	50	9	90	1	30	—	50	1	—	1	30	1	50	2	50
495	5	—	7	50	9	90	1	30	—	50	1	—	1	30	1	50	2	50
496	5	—	7	50	10	—	1	30	—	50	1	—	1	30	1	50	2	50
497	5	—	7	50	10	—	1	30	—	50	1	—	1	30	1	50	2	50
498	5	—	7	50	10	—	1	30	—	50	1	—	1	30	1	50	2	50
499	5	—	7	50	10	—	1	30	—	50	1	—	1	30	1	50	2	50
500	5	—	7	50	10	—	1	30	—	50	1	—	1	30	1	50	2	50
501	5	10	7	60	10	10	1	30	—	60	1	10	1	30	1	60	2	60
502	5	10	7	60	10	10	1	30	—	60	1	10	1	30	1	60	2	60
503	5	10	7	60	10	10	1	30	—	60	1	10	1	30	1	60	2	60
504	5	10	7	60	10	10	1	30	—	60	1	10	1	30	1	60	2	60
505	5	10	7	60	10	10	1	30	—	60	1	10	1	30	1	60	2	60
506	5	10	7	60	10	20	1	30	—	60	1	10	1	30	1	60	2	60
507	5	10	7	70	10	20	1	30	—	60	1	10	1	30	1	60	2	60
508	5	10	7	70	10	20	1	30	—	60	1	10	1	30	1	60	2	60
509	5	10	7	70	10	20	1	30	—	60	1	10	1	30	1	60	2	60
510	5	10	7	70	10	20	1	30	—	60	1	10	1	30	1	60	2	60
511	5	20	7	70	10	30	1	30	—	60	1	10	1	30	1	60	2	60
512	5	20	7	70	10	30	1	30	—	60	1	10	1	30	1	60	2	60
513	5	20	7	70	10	30	1	30	—	60	1	10	1	30	1	60	2	60
514	5	20	7	80	10	30	1	30	—	60	1	10	1	30	1	60	2	60
515	5	20	7	80	10	30	1	30	—	60	1	10	1	30	1	60	2	60
516	5	20	7	80	10	40	1	30	—	60	1	10	1	30	1	60	2	60
517	5	20	7	80	10	40	1	30	—	60	1	10	1	30	1	60	2	60
518	5	20	7	80	10	40	1	30	—	60	1	10	1	30	1	60	2	60
519	5	20	7	80	10	40	1	30	—	60	1	10	1	30	1	60	2	60
520	5	20	7	80	10	40	1	30	—	60	1	10	1	30	1	60	2	60

Gegen-stands-Summa	Werthgebühr: Volle (Art. 22. 40. 41. 50)		Werthgebühr: 1/2 (Art. 25. 27. 29. 30. 38 Abs. 2)		Werthgebühr: 1/2 bis 2200 M. darüber 2/3 (Art. 24)		Werthgebühr: 1 1/2 (Art. 23)		4/10 aus der vollen Werthgebühr (Art. 45 Abs. 3)		4/10 aus 2/3 Werthgebühr (Art. 45 Abs. 3)		Hinterlegungsgebühr: Art. 100		Hinterlegungsgebühr: Art. 101 a		Hinterlegungsgebühr: Art. 101 b		Auseinandersetzungsgebühr: 5/10 (der Sätze des § 8 des Reichsgerichts-Kosten-Gesetzes)		Auseinandersetzungsgebühr: 2/10 (der Sätze des § 8 des Reichsgerichts-Kosten-Gesetzes)	
M	M	Pf	M	Pf	M	Pf	M	Pf	M	Pf	M	Pf	M	Pf	M	Pf	M	Pf	M	Pf	M	Pf
481	4	50	2	30	2	30	6	80	1	80	1	—	1	30	4	90	9	70	10	—	4	—
482	4	50	2	30	2	30	6	80	1	80	1	—	1	30	4	90	9	70	10	—	4	—
483	4	50	2	30	2	30	6	80	1	80	1	—	1	30	4	90	9	70	10	—	4	—
484	4	50	2	30	2	30	6	80	1	80	1	—	1	30	4	90	9	70	10	—	4	—
485	4	50	2	30	2	30	6	80	1	80	1	—	1	30	4	90	9	70	10	—	4	—
486	4	50	2	30	2	30	6	80	1	80	1	—	1	30	4	90	9	80	10	—	4	—
487	4	50	2	30	2	30	6	80	1	80	1	—	1	30	4	90	9	80	10	—	4	—
488	4	50	2	30	2	30	6	80	1	80	1	—	1	30	4	90	9	80	10	—	4	—
489	4	50	2	30	2	30	6	80	1	80	1	—	1	30	4	90	9	80	10	—	4	—
490	4	50	2	30	2	30	6	80	1	80	1	—	1	30	4	90	9	80	10	—	4	—
491	4	50	2	30	2	30	6	80	1	80	1	—	1	30	5	—	9	90	10	—	4	—
492	4	50	2	30	2	30	6	80	1	80	1	—	1	30	5	—	9	90	10	—	4	—
493	4	50	2	30	2	30	6	80	1	80	1	—	1	30	5	—	9	90	10	—	4	—
494	4	50	2	30	2	30	6	80	1	80	1	—	1	30	5	—	9	90	10	—	4	—
495	4	50	2	30	2	30	6	80	1	80	1	—	1	30	5	—	9	90	10	—	4	—
496	4	50	2	30	2	30	6	80	1	80	1	—	1	30	5	—	10	—	10	—	4	—
497	4	50	2	30	2	30	6	80	1	80	1	—	1	30	5	—	10	—	10	—	4	—
498	4	50	2	30	2	30	6	80	1	80	1	—	1	30	5	—	10	—	10	—	4	—
499	4	50	2	30	2	30	6	80	1	80	1	—	1	30	5	—	10	—	10	—	4	—
500	4	50	2	30	2	30	6	80	1	80	1	—	1	30	5	—	10	—	10	—	4	—
501	5	40	2	70	2	70	8	10	2	20	1	10	1	30	5	10	10	10	10	—	4	—
502	5	40	2	70	2	70	8	10	2	20	1	10	1	30	5	10	10	10	10	—	4	—
503	5	40	2	70	2	70	8	10	2	20	1	10	1	30	5	10	10	10	10	—	4	—
504	5	40	2	70	2	70	8	10	2	20	1	10	1	30	5	10	10	10	10	—	4	—
505	5	40	2	70	2	70	8	10	2	20	1	10	1	30	5	10	10	10	10	—	4	—
506	5	40	2	70	2	70	8	10	2	20	1	10	1	30	5	10	10	20	10	—	4	—
507	5	40	2	70	2	70	8	10	2	20	1	10	1	30	5	10	10	20	10	—	4	—
508	5	40	2	70	2	70	8	10	2	20	1	10	1	30	5	10	10	20	10	—	4	—
509	5	40	2	70	2	70	8	10	2	20	1	10	1	30	5	10	10	20	10	—	4	—
510	5	40	2	70	2	70	8	10	2	20	1	10	1	30	5	10	10	20	10	—	4	—
511	5	40	2	70	2	70	8	10	2	20	1	10	1	30	5	20	10	30	10	—	4	—
512	5	40	2	70	2	70	8	10	2	20	1	10	1	30	5	20	10	30	10	—	4	—
513	5	40	2	70	2	70	8	10	2	20	1	10	1	30	5	20	10	30	10	—	4	—
514	5	40	2	70	2	70	8	10	2	20	1	10	1	30	5	20	10	30	10	—	4	—
515	5	40	2	70	2	70	8	10	2	20	1	10	1	30	5	20	10	30	10	—	4	—
516	5	40	2	70	2	70	8	10	2	20	1	10	1	30	5	20	10	40	10	—	4	—
517	5	40	2	70	2	70	8	10	2	20	1	10	1	30	5	20	10	40	10	—	4	—
518	5	40	2	70	2	70	8	10	2	20	1	10	1	30	5	20	10	40	10	—	4	—
519	5	40	2	70	2	70	8	10	2	20	1	10	1	30	5	20	10	40	10	—	4	—
520	5	40	2	70	2	70	8	10	2	20	1	10	1	30	5	20	10	40	10	—	4	—

Gegen-standsSumma	Staatsgebühren						Besitz-veränderungs-abgabe		Staatsgebühren									
	1		1½		2				1		2		2½		3		5	
	Prozent								pro mille									
M	M	₰	M	₰	M	₰	M	₰	M	₰	M	₰	M	₰	M	₰	M	₰
521	5	30	7	90	10	50	1	40	—	60	1	10	1	40	1	60	2	70
522	5	30	7	90	10	50	1	40	—	60	1	10	1	40	1	60	2	70
523	5	30	7	90	10	50	1	40	—	60	1	10	1	40	1	60	2	70
524	5	30	7	90	10	50	1	40	—	60	1	10	1	40	1	60	2	70
525	5	30	7	90	10	50	1	40	—	60	1	10	1	40	1	60	2	70
526	5	30	7	90	10	60	1	40	—	60	1	10	1	40	1	60	2	70
527	5	30	8	—	10	60	1	40	—	60	1	10	1	40	1	60	2	70
528	5	30	8	—	10	60	1	40	—	60	1	10	1	40	1	60	2	70
529	5	30	8	—	10	60	1	40	—	60	1	10	1	40	1	60	2	70
530	5	30	8	—	10	60	1	40	—	60	1	10	1	40	1	60	2	70
531	5	40	8	—	10	70	1	40	—	60	1	10	1	40	1	60	2	70
532	5	40	8	—	10	70	1	40	—	60	1	10	1	40	1	60	2	70
533	5	40	8	—	10	70	1	40	—	60	1	10	1	40	1	60	2	70
534	5	40	8	10	10	70	1	40	—	60	1	10	1	40	1	70	2	70
535	5	40	8	10	10	70	1	40	—	60	1	10	1	40	1	70	2	70
536	5	40	8	10	10	80	1	40	—	60	1	10	1	40	1	70	2	70
537	5	40	8	10	10	80	1	40	—	60	1	10	1	40	1	70	2	70
538	5	40	8	10	10	80	1	40	—	60	1	10	1	40	1	70	2	70
539	5	40	8	10	10	80	1	40	—	60	1	10	1	40	1	70	2	70
540	5	40	8	10	10	80	1	40	—	60	1	10	1	40	1	70	2	70
541	5	50	8	20	10	90	1	40	—	60	1	10	1	40	1	70	2	80
542	5	50	8	20	10	90	1	40	—	60	1	10	1	40	1	70	2	80
543	5	50	8	20	10	90	1	40	—	60	1	10	1	40	1	70	2	80
544	5	50	8	20	10	90	1	40	—	60	1	10	1	40	1	70	2	80
545	5	50	8	20	10	90	1	40	—	60	1	10	1	40	1	70	2	80
546	5	50	8	20	11	—	1	40	—	60	1	10	1	40	1	70	2	80
547	5	50	8	30	11	—	1	40	—	60	1	10	1	40	1	70	2	80
548	5	50	8	30	11	—	1	40	—	60	1	10	1	40	1	70	2	80
549	5	50	8	30	11	—	1	40	—	60	1	10	1	40	1	70	2	80
550	5	50	8	30	11	—	1	40	—	60	1	10	1	40	1	70	2	80
551	5	60	8	30	11	10	1	40	—	60	1	20	1	40	1	70	2	80
552	5	60	8	30	11	10	1	40	—	60	1	20	1	40	1	70	2	80
553	5	60	8	30	11	10	1	40	—	60	1	20	1	40	1	70	2	80
554	5	60	8	40	11	10	1	40	—	60	1	20	1	40	1	70	2	80
555	5	60	8	40	11	10	1	40	—	60	1	20	1	40	1	70	2	80
556	5	60	8	40	11	20	1	40	—	60	1	20	1	40	1	70	2	80
557	5	60	8	40	11	20	1	40	—	60	1	20	1	40	1	70	2	80
558	5	60	8	40	11	20	1	40	—	60	1	20	1	40	1	70	2	80
559	5	60	8	40	11	20	1	40	—	60	1	20	1	40	1	70	2	80
560	5	60	8	40	11	20	1	40	—	60	1	20	1	40	1	70	2	80

Gegenstands-Summa	Werthgebühr: Volle (Art. 22. 40. 41. 50)		Werthgebühr: 1/2 (Art. 25. 27. 29. 30. 38 Abs. 2)		Werthgebühr: 1/2 bis 2200 M, darüber 2/3 (Art. 24)		Werthgebühr: 1 1/2 (Art. 23)		4/10 aus der vollen Werthgebühr (Art. 45 Abs. 3)		4/10 aus 2/3 Werthgebühr (Art. 45 Abs. 3)		Hinterlegungsgebühr Art. 100		Hinterlegungsgebühr Art. 101 a		Hinterlegungsgebühr Art. 101 b		Auseinandersetzungsgebühr 5/10 (der Sätze des § 8 des Reichsgerichts-Kosten-Gesetzes)		Auseinandersetzungsgebühr 2/10 (der Sätze des § 8 des Reichsgerichts-Kosten-Gesetzes)	
M	M	₰	M	₰	M	₰	M	₰	M	₰	M	₰	M	₰	M	₰	M	₰	M	₰	M	₰
521	5	40	2	70	2	70	8	10	2	20	1	10	1	40	5	30	10	50	10	—	4	—
522	5	40	2	70	2	70	8	10	2	20	1	10	1	40	5	30	10	50	10	—	4	—
523	5	40	2	70	2	70	8	10	2	20	1	10	1	40	5	30	10	50	10	—	4	—
524	5	40	2	70	2	70	8	10	2	20	1	10	1	40	5	30	10	50	10	—	4	—
525	5	40	2	70	2	70	8	10	2	20	1	10	1	40	5	30	10	50	10	—	4	—
526	5	40	2	70	2	70	8	10	2	20	1	10	1	40	5	30	10	60	10	—	4	—
527	5	40	2	70	2	70	8	10	2	20	1	10	1	40	5	30	10	60	10	—	4	—
528	5	40	2	70	2	70	8	10	2	20	1	10	1	40	5	30	10	60	10	—	4	—
529	5	40	2	70	2	70	8	10	2	20	1	10	1	40	5	30	10	60	10	—	4	—
530	5	40	2	70	2	70	8	10	2	20	1	10	1	40	5	30	10	60	10	—	4	—
531	5	40	2	70	2	70	8	10	2	20	1	10	1	40	5	40	10	70	10	—	4	—
532	5	40	2	70	2	70	8	10	2	20	1	10	1	40	5	40	10	70	10	—	4	—
533	5	40	2	70	2	70	8	10	2	20	1	10	1	40	5	40	10	70	10	—	4	—
534	5	40	2	70	2	70	8	10	2	20	1	10	1	40	5	40	10	70	10	—	4	—
535	5	40	2	70	2	70	8	10	2	20	1	10	1	40	5	40	10	70	10	—	4	—
536	5	40	2	70	2	70	8	10	2	20	1	10	1	40	5	40	10	80	10	—	4	—
537	5	40	2	70	2	70	8	10	2	20	1	10	1	40	5	40	10	80	10	—	4	—
538	5	40	2	70	2	70	8	10	2	20	1	10	1	40	5	40	10	80	10	—	4	—
539	5	40	2	70	2	70	8	10	2	20	1	10	1	40	5	40	10	80	10	—	4	—
540	5	40	2	70	2	70	8	10	2	20	1	10	1	40	5	40	10	80	10	—	4	—
541	5	40	2	70	2	70	8	10	2	20	1	10	1	40	5	50	10	90	10	—	4	—
542	5	40	2	70	2	70	8	10	2	20	1	10	1	40	5	50	10	90	10	—	4	—
543	5	40	2	70	2	70	8	10	2	20	1	10	1	40	5	50	10	90	10	—	4	—
544	5	40	2	70	2	70	8	10	2	20	1	10	1	40	5	50	10	90	10	—	4	—
545	5	40	2	70	2	70	8	10	2	20	1	10	1	40	5	50	10	90	10	—	4	—
546	5	40	2	70	2	70	8	10	2	20	1	10	1	40	5	50	11	—	10	—	4	—
547	5	40	2	70	2	70	8	10	2	20	1	10	1	40	5	50	11	—	10	—	4	—
548	5	40	2	70	2	70	8	10	2	20	1	10	1	40	5	50	11	—	10	—	4	—
549	5	40	2	70	2	70	8	10	2	20	1	10	1	40	5	50	11	—	10	—	4	—
550	5	40	2	70	2	70	8	10	2	20	1	10	1	40	5	50	11	—	10	—	4	—
551	5	40	2	70	2	70	8	10	2	20	1	10	1	40	5	60	11	10	10	—	4	—
552	5	40	2	70	2	70	8	10	2	20	1	10	1	40	5	60	11	10	10	—	4	—
553	5	40	2	70	2	70	8	10	2	20	1	10	1	40	5	60	11	10	10	—	4	—
554	5	40	2	70	2	70	8	10	2	20	1	10	1	40	5	60	11	10	10	—	4	—
555	5	40	2	70	2	70	8	10	2	20	1	10	1	40	5	60	11	10	10	—	4	—
556	5	40	2	70	2	70	8	10	2	20	1	10	1	40	5	60	11	20	10	—	4	—
557	5	40	2	70	2	70	8	10	2	20	1	10	1	40	5	60	11	20	10	—	4	—
558	5	40	2	70	2	70	8	10	2	20	1	10	1	40	5	60	11	20	10	—	4	—
559	5	40	2	70	2	70	8	10	2	20	1	10	1	40	5	60	11	20	10	—	4	—
560	5	40	2	70	2	70	8	10	2	20	1	10	1	40	5	60	11	20	10	—	4	—

Gegen-stands-Summa	Staatsgebühren						Besitz-verände-rungs-abgabe		Staatsgebühren									
	1		1½		2				1		2		2½		3		5	
	Prozent								pro mille									
ℳ	ℳ	₰	ℳ	₰	ℳ	₰	ℳ	₰	ℳ	₰	ℳ	₰	ℳ	₰	ℳ	₰	ℳ	₰
561	5	70	8	50	11	30	1	50	—	60	1	20	1	50	1	70	2	90
562	5	70	8	50	11	30	1	50	—	60	1	20	1	50	1	70	2	90
563	5	70	8	50	11	30	1	50	—	60	1	20	1	50	1	70	2	90
564	5	70	8	50	11	30	1	50	—	60	1	20	1	50	1	70	2	90
565	5	70	8	50	11	30	1	50	—	60	1	20	1	50	1	70	2	90
566	5	70	8	50	11	40	1	50	—	60	1	20	1	50	1	70	2	90
567	5	70	8	60	11	40	1	50	—	60	1	20	1	50	1	80	2	90
568	5	70	8	60	11	40	1	50	—	60	1	20	1	50	1	80	2	90
569	5	70	8	60	11	40	1	50	—	60	1	20	1	50	1	80	2	90
570	5	70	8	60	11	40	1	50	—	60	1	20	1	50	1	80	2	90
571	5	80	8	60	11	50	1	50	—	60	1	20	1	50	1	80	2	90
572	5	80	8	60	11	50	1	50	—	60	1	20	1	50	1	80	2	90
573	5	80	8	60	11	50	1	50	—	60	1	20	1	50	1	80	2	90
574	5	80	8	70	11	50	1	50	—	60	1	20	1	50	1	80	2	90
575	5	80	8	70	11	50	1	50	—	60	1	20	1	50	1	80	2	90
576	5	80	8	70	11	60	1	50	—	60	1	20	1	50	1	80	2	90
577	5	80	8	70	11	60	1	50	—	60	1	20	1	50	1	80	2	90
578	5	80	8	70	11	60	1	50	—	60	1	20	1	50	1	80	2	90
579	5	80	8	70	11	60	1	50	—	60	1	20	1	50	1	80	2	90
580	5	80	8	70	11	60	1	50	—	60	1	20	1	50	1	80	2	90
581	5	90	8	80	11	70	1	50	—	60	1	20	1	50	1	80	3	—
582	5	90	8	80	11	70	1	50	—	60	1	20	1	50	1	80	3	—
583	5	90	8	80	11	70	1	50	—	60	1	20	1	50	1	80	3	—
584	5	90	8	80	11	70	1	50	—	60	1	20	1	50	1	80	3	—
585	5	90	8	80	11	70	1	50	—	60	1	20	1	50	1	80	3	—
586	5	90	8	80	11	80	1	50	—	60	1	20	1	50	1	80	3	—
587	5	90	8	90	11	80	1	50	—	60	1	20	1	50	1	80	3	—
588	5	90	8	90	11	80	1	50	—	60	1	20	1	50	1	80	3	—
589	5	90	8	90	11	80	1	50	—	60	1	20	1	50	1	80	3	—
590	5	90	8	90	11	80	1	50	—	60	1	20	1	50	1	80	3	—
591	6	—	8	90	11	90	1	50	—	60	1	20	1	50	1	80	3	—
592	6	—	8	90	11	90	1	50	—	60	1	20	1	50	1	80	3	—
593	6	—	8	90	11	90	1	50	—	60	1	20	1	50	1	80	3	—
594	6	—	9	—	11	90	1	50	—	60	1	20	1	50	1	80	3	—
595	6	—	9	—	11	90	1	50	—	60	1	20	1	50	1	80	3	—
596	6	—	9	—	12	—	1	50	—	60	1	20	1	50	1	80	3	—
597	6	—	9	—	12	—	1	50	—	60	1	20	1	50	1	80	3	—
598	6	—	9	—	12	—	1	50	—	60	1	20	1	50	1	80	3	—
599	6	—	9	—	12	—	1	50	—	60	1	20	1	50	1	80	3	—
600	6	—	9	—	12	—	1	50	—	60	1	20	1	50	1	80	3	—

Gegenstands-Summa	Werthgebühr: Volle		Werthgebühr: 1/2		Werthgebühr: 1/2 bis 2200 M, darüber 2/3		Werthgebühr: 1 1/2		4/10 aus der vollen Werthgebühr		4/10 aus 2/3 Werthgebühr		Hinterlegungsgebühr						Auseinandersetzungsgebühr: 5/10		Auseinandersetzungsgebühr: 2/10	
	Art. 22. 40. 41. 50		Art. 25. 27. 29. 30. 38 Abs. 2		Art. 24		Art. 23		Art. 45 Abs. 3				Art. 100		Art. 101 a		Art. 101 b		der Sätze des § 8 des Reichsgerichts-Kosten-Gesetzes			
M	M	₰	M	₰	M	₰	M	₰	M	₰	M	₰	M	₰	M	₰	M	₰	M	₰	M	₰
561	5	40	2	70	2	70	8	10	2	20	1	10	1	50	5	70	11	30	10	—	4	—
562	5	40	2	70	2	70	8	10	2	20	1	10	1	50	5	70	11	30	10	—	4	—
563	5	40	2	70	2	70	8	10	2	20	1	10	1	50	5	70	11	30	10	—	4	—
564	5	40	2	70	2	70	8	10	2	20	1	10	1	50	5	70	11	30	10	—	4	—
565	5	40	2	70	2	70	8	10	2	20	1	10	1	50	5	70	11	30	10	—	4	—
566	5	40	2	70	2	70	8	10	2	20	1	10	1	50	5	70	11	40	10	—	4	—
567	5	40	2	70	2	70	8	10	2	20	1	10	1	50	5	70	11	40	10	—	4	—
568	5	40	2	70	2	70	8	10	2	20	1	10	1	50	5	70	11	40	10	—	4	—
569	5	40	2	70	2	70	8	10	2	20	1	10	1	50	5	70	11	40	10	—	4	—
570	5	40	2	70	2	70	8	10	2	20	1	10	1	50	5	70	11	40	10	—	4	—
571	5	40	2	70	2	70	8	10	2	20	1	10	1	50	5	80	11	50	10	—	4	—
572	5	40	2	70	2	70	8	10	2	20	1	10	1	50	5	80	11	50	10	—	4	—
573	5	40	2	70	2	70	8	10	2	20	1	10	1	50	5	80	11	50	10	—	4	—
574	5	40	2	70	2	70	8	10	2	20	1	10	1	50	5	80	11	50	10	—	4	—
575	5	40	2	70	2	70	8	10	2	20	1	10	1	50	5	80	11	50	10	—	4	—
576	5	40	2	70	2	70	8	10	2	20	1	10	1	50	5	80	11	60	10	—	4	—
577	5	40	2	70	2	70	8	10	2	20	1	10	1	50	5	80	11	60	10	—	4	—
578	5	40	2	70	2	70	8	10	2	20	1	10	1	50	5	80	11	60	10	—	4	—
579	5	40	2	70	2	70	8	10	2	20	1	10	1	50	5	80	11	60	10	—	4	—
580	5	40	2	70	2	70	8	10	2	20	1	10	1	50	5	80	11	60	10	—	4	—
581	5	40	2	70	2	70	8	10	2	20	1	10	1	50	5	90	11	70	10	—	4	—
582	5	40	2	70	2	70	8	10	2	20	1	10	1	50	5	90	11	70	10	—	4	—
583	5	40	2	70	2	70	8	10	2	20	1	10	1	50	5	90	11	70	10	—	4	—
584	5	40	2	70	2	70	8	10	2	20	1	10	1	50	5	90	11	70	10	—	4	—
585	5	40	2	70	2	70	8	10	2	20	1	10	1	50	5	90	11	70	10	—	4	—
586	5	40	2	70	2	70	8	10	2	20	1	10	1	50	5	90	11	80	10	—	4	—
587	5	40	2	70	2	70	8	10	2	20	1	10	1	50	5	90	11	80	10	—	4	—
588	5	40	2	70	2	70	8	10	2	20	1	10	1	50	5	90	11	80	10	—	4	—
589	5	40	2	70	2	70	8	10	2	20	1	10	1	50	5	90	11	80	10	—	4	—
590	5	40	2	70	2	70	8	10	2	20	1	10	1	50	5	90	11	80	10	—	4	—
591	5	40	2	70	2	70	8	10	2	20	1	10	1	50	6	—	11	90	10	—	4	—
592	5	40	2	70	2	70	8	10	2	20	1	10	1	50	6	—	11	90	10	—	4	—
593	5	40	2	70	2	70	8	10	2	20	1	10	1	50	6	—	11	90	10	—	4	—
594	5	40	2	70	2	70	8	10	2	20	1	10	1	50	6	—	11	90	10	—	4	—
595	5	40	2	70	2	70	8	10	2	20	1	10	1	50	6	—	11	90	10	—	4	—
596	5	40	2	70	2	70	8	10	2	20	1	10	1	50	6	—	12	—	10	—	4	—
597	5	40	2	70	2	70	8	10	2	20	1	10	1	50	6	—	12	—	10	—	4	—
598	5	40	2	70	2	70	8	10	2	20	1	10	1	50	6	—	12	—	10	—	4	—
599	5	40	2	70	2	70	8	10	2	20	1	10	1	50	6	—	12	—	10	—	4	—
600	5	40	2	70	2	70	8	10	2	20	1	10	1	50	6	—	12	—	10	—	4	—

Gegen-standes-Summa	Staatsgebühren 1 Prozent		Staatsgebühren 1½ Prozent		Staatsgebühren 2 Prozent		Besitz-veränderungs-abgabe		Staatsgebühren 1 pro mille		Staatsgebühren 2 pro mille		Staatsgebühren 2½ pro mille		Staatsgebühren 3 pro mille		Staatsgebühren 5 pro mille	
ℳ	ℳ	₰	ℳ	₰	ℳ	₰	ℳ	₰	ℳ	₰	ℳ	₰	ℳ	₰	ℳ	₰	ℳ	₰
601	6	10	9	10	12	10	1	60	—	70	1	30	1	60	1	90	3	10
602	6	10	9	10	12	10	1	60	—	70	1	30	1	60	1	90	3	10
603	6	10	9	10	12	10	1	60	—	70	1	30	1	60	1	90	3	10
604	6	10	9	10	12	10	1	60	—	70	1	30	1	60	1	90	3	10
605	6	10	9	10	12	10	1	60	—	70	1	30	1	60	1	90	3	10
606	6	10	9	10	12	20	1	60	—	70	1	30	1	60	1	90	3	10
607	6	10	9	20	12	20	1	60	—	70	1	30	1	60	1	90	3	10
608	6	10	9	20	12	20	1	60	—	70	1	30	1	60	1	90	3	10
609	6	10	9	20	12	20	1	60	—	70	1	30	1	60	1	90	3	10
610	6	10	9	20	12	20	1	60	—	70	1	30	1	60	1	90	3	10
611	6	20	9	20	12	30	1	60	—	70	1	30	1	60	1	90	3	10
612	6	20	9	20	12	30	1	60	—	70	1	30	1	60	1	90	3	10
613	6	20	9	20	12	30	1	60	—	70	1	30	1	60	1	90	3	10
614	6	20	9	30	12	30	1	60	—	70	1	30	1	60	1	90	3	10
615	6	20	9	30	12	30	1	60	—	70	1	30	1	60	1	90	3	10
616	6	20	9	30	12	40	1	60	—	70	1	30	1	60	1	90	3	10
617	6	20	9	30	12	40	1	60	—	70	1	30	1	60	1	90	3	10
618	6	20	9	30	12	40	1	60	—	70	1	30	1	60	1	90	3	10
619	6	20	9	30	12	40	1	60	—	70	1	30	1	60	1	90	3	10
620	6	20	9	30	12	40	1	60	—	70	1	30	1	60	1	90	3	10
621	6	30	9	40	12	50	1	60	—	70	1	30	1	60	1	90	3	20
622	6	30	9	40	12	50	1	60	—	70	1	30	1	60	1	90	3	20
623	6	30	9	40	12	50	1	60	—	70	1	30	1	60	1	90	3	20
624	6	30	9	40	12	50	1	60	—	70	1	30	1	60	1	90	3	20
625	6	30	9	40	12	50	1	60	—	70	1	30	1	60	1	90	3	20
626	6	30	9	40	12	60	1	60	—	70	1	30	1	60	1	90	3	20
627	6	30	9	50	12	60	1	60	—	70	1	30	1	60	1	90	3	20
628	6	30	9	50	12	60	1	60	—	70	1	30	1	60	1	90	3	20
629	6	30	9	50	12	60	1	60	—	70	1	30	1	60	1	90	3	20
630	6	30	9	50	12	60	1	60	—	70	1	30	1	60	1	90	3	20
631	6	40	9	50	12	70	1	60	—	70	1	30	1	60	1	90	3	20
632	6	40	9	50	12	70	1	60	—	70	1	30	1	60	1	90	3	20
633	6	40	9	50	12	70	1	60	—	70	1	30	1	60	1	90	3	20
634	6	40	9	60	12	70	1	60	—	70	1	30	1	60	2	—	3	20
635	6	40	9	60	12	70	1	60	—	70	1	30	1	60	2	—	3	20
636	6	40	9	60	12	80	1	60	—	70	1	30	1	60	2	—	3	20
637	6	40	9	60	12	80	1	60	—	70	1	30	1	60	2	—	3	20
638	6	40	9	60	12	80	1	60	—	70	1	30	1	60	2	—	3	20
639	6	40	9	60	12	80	1	60	—	70	1	30	1	60	2	—	3	20
640	6	40	9	60	12	80	1	60	—	70	1	30	1	60	2	—	3	20

Gegen-standS-Summa	Werthgebühr								4/10 aus der vollen Werth-gebühr		4/10 aus 2/3 Werth-gebühr		Hinterlegungs-gebühr						Auseinander-setzungsgebühr			
	Volle		1/2		1/2 bis 2200 M.		1 1/2												5/10		2/10	
	Art. 22. 40. 41. 50		Art. 25. 27. 29. 30. 38 Abs. 2		darüber 2/3 Art. 24		Art. 23		Art. 45 Abs. 3				Art. 100		Art. 101 a		Art. 101 b		der Sätze des § 8 des Reichsgerichts-Kosten-Gesetzes			
M	M	₰	M	₰	M	₰	M	₰	M	₰	M	₰	M	₰	M	₰	M	₰	M	₰	M	₰
601	6	30	3	20	3	20	9	50	2	60	1	30	1	60	6	10	12	10	10	—	4	—
602	6	30	3	20	3	20	9	50	2	60	1	30	1	60	6	10	12	10	10	—	4	—
603	6	30	3	20	3	20	9	50	2	60	1	30	1	60	6	10	12	10	10	—	4	—
604	6	30	3	20	3	20	9	50	2	60	1	30	1	60	6	10	12	10	10	—	4	—
605	6	30	3	20	3	20	9	50	2	60	1	30	1	60	6	10	12	10	10	—	4	—
606	6	30	3	20	3	20	9	50	2	60	1	30	1	60	6	10	12	20	10	—	4	—
607	6	30	3	20	3	20	9	50	2	60	1	30	1	60	6	10	12	20	10	—	4	—
608	6	30	3	20	3	20	9	50	2	60	1	30	1	60	6	10	12	20	10	—	4	—
609	6	30	3	20	3	20	9	50	2	60	1	30	1	60	6	10	12	20	10	—	4	—
610	6	30	3	20	3	20	9	50	2	60	1	30	1	60	6	10	12	20	10	—	4	—
611	6	30	3	20	3	20	9	50	2	60	1	30	1	60	6	20	12	30	10	—	4	—
612	6	30	3	20	3	20	9	50	2	60	1	30	1	60	6	20	12	30	10	—	4	—
613	6	30	3	20	3	20	9	50	2	60	1	30	1	60	6	20	12	30	10	—	4	—
614	6	30	3	20	3	20	9	50	2	60	1	30	1	60	6	20	12	30	10	—	4	—
615	6	30	3	20	3	20	9	50	2	60	1	30	1	60	6	20	12	30	10	—	4	—
616	6	30	3	20	3	20	9	50	2	60	1	30	1	60	6	20	12	40	10	—	4	—
617	6	30	3	20	3	20	9	50	2	60	1	30	1	60	6	20	12	40	10	—	4	—
618	6	30	3	20	3	20	9	50	2	60	1	30	1	60	6	20	12	40	10	—	4	—
619	6	30	3	20	3	20	9	50	2	60	1	30	1	60	6	20	12	40	10	—	4	—
620	6	30	3	20	3	20	9	50	2	60	1	30	1	60	6	20	12	40	10	—	4	—
621	6	30	3	20	3	20	9	50	2	60	1	30	1	60	6	30	12	50	10	—	4	—
622	6	30	3	20	3	20	9	50	2	60	1	30	1	60	6	30	12	50	10	—	4	—
623	6	30	3	20	3	20	9	50	2	60	1	30	1	60	6	30	12	50	10	—	4	—
624	6	30	3	20	3	20	9	50	2	60	1	30	1	60	6	30	12	50	10	—	4	—
625	6	30	3	20	3	20	9	50	2	60	1	30	1	60	6	30	12	50	10	—	4	—
626	6	30	3	20	3	20	9	50	2	60	1	30	1	60	6	30	12	60	10	—	4	—
627	6	30	3	20	3	20	9	50	2	60	1	30	1	60	6	30	12	60	10	—	4	—
628	6	30	3	20	3	20	9	50	2	60	1	30	1	60	6	30	12	60	10	—	4	—
629	6	30	3	20	3	20	9	50	2	60	1	30	1	60	6	30	12	60	10	—	4	—
630	6	30	3	20	3	20	9	50	2	60	1	30	1	60	6	30	12	60	10	—	4	—
631	6	30	3	20	3	20	9	50	2	60	1	30	1	60	6	40	12	70	10	—	4	—
632	6	30	3	20	3	20	9	50	2	60	1	30	1	60	6	40	12	70	10	—	4	—
633	6	30	3	20	3	20	9	50	2	60	1	30	1	60	6	40	12	70	10	—	4	—
634	6	30	3	20	3	20	9	50	2	60	1	30	1	60	6	40	12	70	10	—	4	—
635	6	30	3	20	3	20	9	50	2	60	1	30	1	60	6	40	12	70	10	—	4	—
636	6	30	3	20	3	20	9	50	2	60	1	30	1	60	6	40	12	80	10	—	4	—
637	6	30	3	20	3	20	9	50	2	60	1	30	1	60	6	40	12	80	10	—	4	—
638	6	30	3	20	3	20	9	50	2	60	1	30	1	60	6	40	12	80	10	—	4	—
639	6	30	3	20	3	20	9	50	2	60	1	30	1	60	6	40	12	80	10	—	4	—
640	6	30	3	20	3	20	9	50	2	60	1	30	1	60	6	40	12	80	10	—	4	—

Gegen-stands-Summa	Staatsgebühren 1 Prozent		Staatsgebühren 1½ Prozent		Staatsgebühren 2 Prozent		Besitz-veränderungs-abgabe		Staatsgebühren 1 pro mille		Staatsgebühren 2 pro mille		Staatsgebühren 2½ pro mille		Staatsgebühren 3 pro mille		Staatsgebühren 5 pro mille	
ℳ	ℳ	₰	ℳ	₰	ℳ	₰	ℳ	₰	ℳ	₰	ℳ	₰	ℳ	₰	ℳ	₰	ℳ	₰
641	6	50	9	70	12	90	1	70	—	70	1	30	1	70	2	—	3	30
642	6	50	9	70	12	90	1	70	—	70	1	30	1	70	2	—	3	30
643	6	50	9	70	12	90	1	70	—	70	1	30	1	70	2	—	3	30
644	6	50	9	70	12	90	1	70	—	70	1	30	1	70	2	—	3	30
645	6	50	9	70	12	90	1	70	—	70	1	30	1	70	2	—	3	30
646	6	50	9	70	13	—	1	70	—	70	1	30	1	70	2	—	3	30
647	6	50	9	80	13	—	1	70	—	70	1	30	1	70	2	—	3	30
648	6	50	9	80	13	—	1	70	—	70	1	30	1	70	2	—	3	30
649	6	50	9	80	13	—	1	70	—	70	1	30	1	70	2	—	3	30
650	6	50	9	80	13	—	1	70	—	70	1	30	1	70	2	—	3	30
651	6	60	9	80	13	10	1	70	—	70	1	40	1	70	2	—	3	30
652	6	60	9	80	13	10	1	70	—	70	1	40	1	70	2	—	3	30
653	6	60	9	80	13	10	1	70	—	70	1	40	1	70	2	—	3	30
654	6	60	9	90	13	10	1	70	—	70	1	40	1	70	2	—	3	30
655	6	60	9	90	13	10	1	70	—	70	1	40	1	70	2	—	3	30
656	6	60	9	90	13	20	1	70	—	70	1	40	1	70	2	—	3	30
657	6	60	9	90	13	20	1	70	—	70	1	40	1	70	2	—	3	30
658	6	60	9	90	13	20	1	70	—	70	1	40	1	70	2	—	3	30
659	6	60	9	90	13	20	1	70	—	70	1	40	1	70	2	—	3	30
660	6	60	9	90	13	20	1	70	—	70	1	40	1	70	2	—	3	30
661	6	70	10	—	13	30	1	70	—	70	1	40	1	70	2	—	3	40
662	6	70	10	—	13	30	1	70	—	70	1	40	1	70	2	—	3	40
663	6	70	10	—	13	30	1	70	—	70	1	40	1	70	2	—	3	40
664	6	70	10	—	13	30	1	70	—	70	1	40	1	70	2	—	3	40
665	6	70	10	—	13	30	1	70	—	70	1	40	1	70	2	—	3	40
666	6	70	10	—	13	40	1	70	—	70	1	40	1	70	2	—	3	40
667	6	70	10	10	13	40	1	70	—	70	1	40	1	70	2	10	3	40
668	6	70	10	10	13	40	1	70	—	70	1	40	1	70	2	10	3	40
669	6	70	10	10	13	40	1	70	—	70	1	40	1	70	2	10	3	40
670	6	70	10	10	13	40	1	70	—	70	1	40	1	70	2	10	3	40
671	6	80	10	10	13	50	1	70	—	70	1	40	1	70	2	10	3	40
672	6	80	10	10	13	50	1	70	—	70	1	40	1	70	2	10	3	40
673	6	80	10	10	13	50	1	70	—	70	1	40	1	70	2	10	3	40
674	6	80	10	20	13	50	1	70	—	70	1	40	1	70	2	10	3	40
675	6	80	10	20	13	50	1	70	—	70	1	40	1	70	2	10	3	40
676	6	80	10	20	13	60	1	70	—	70	1	40	1	70	2	10	3	40
677	6	80	10	20	13	60	1	70	—	70	1	40	1	70	2	10	3	40
678	6	80	10	20	13	60	1	70	—	70	1	40	1	70	2	10	3	40
679	6	80	10	20	13	60	1	70	—	70	1	40	1	70	2	10	3	40
680	6	80	10	20	13	60	1	70	—	70	1	40	1	70	2	10	3	40

Gegenstands-Summa	Werthgebühr								4/10 aus der vollen Werthgebühr		4/10 aus 2/3 Werthgebühr		Hinterlegungsgebühr						Auseinandersetzungsgebühr			
	Volle		1/2		1/2 bis 2200 M		1 1/2												5/10		2/10	
	Art. 22. 40. 41. 50		Art. 25. 27. 29. 30. 38 Abs. 2		darüber 2/3 Art. 24		Art. 23		Art. 45 Abs. 3				Art. 100		Art. 101 a		Art. 101 b		der Sätze des § 8 des Reichsgerichts-Kosten-Gesetzes			
M	M	Pf	M	Pf	M	Pf	M	Pf	M	Pf	M	Pf	M	Pf	M	Pf	M	Pf	M	Pf	M	Pf
641	6	30	3	20	3	20	9	50	2	60	1	30	1	70	6	50	12	90	10	—	4	—
642	6	30	3	20	3	20	9	50	2	60	1	30	1	70	6	50	12	90	10	—	4	—
643	6	30	3	20	3	20	9	50	2	60	1	30	1	70	6	50	12	90	10	—	4	—
644	6	30	3	20	3	20	9	50	2	60	1	30	1	70	6	50	12	90	10	—	4	—
645	6	30	3	20	3	20	9	50	2	60	1	30	1	70	6	50	12	90	10	—	4	—
646	6	30	3	20	3	20	9	50	2	60	1	30	1	70	6	50	13	—	10	—	4	—
647	6	30	3	20	3	20	9	50	2	60	1	30	1	70	6	50	13	—	10	—	4	—
648	6	30	3	20	3	20	9	50	2	60	1	30	1	70	6	50	13	—	10	—	4	—
649	6	30	3	20	3	20	9	50	2	60	1	30	1	70	6	50	13	—	10	—	4	—
650	6	30	3	20	3	20	9	50	2	60	1	30	1	70	6	50	13	—	10	—	4	—
651	6	30	3	20	3	20	9	50	2	60	1	30	1	70	6	60	13	10	13	—	5	20
652	6	30	3	20	3	20	9	50	2	60	1	30	1	70	6	60	13	10	13	—	5	20
653	6	30	3	20	3	20	9	50	2	60	1	30	1	70	6	60	13	10	13	—	5	20
654	6	30	3	20	3	20	9	50	2	60	1	30	1	70	6	60	13	10	13	—	5	20
655	6	30	3	20	3	20	9	50	2	60	1	30	1	70	6	60	13	10	13	—	5	20
656	6	30	3	20	3	20	9	50	2	60	1	30	1	70	6	60	13	20	13	—	5	20
657	6	30	3	20	3	20	9	50	2	60	1	30	1	70	6	60	13	20	13	—	5	20
658	6	30	3	20	3	20	9	50	2	60	1	30	1	70	6	60	13	20	13	—	5	20
659	6	30	3	20	3	20	9	50	2	60	1	30	1	70	6	60	13	20	13	—	5	20
660	6	30	3	20	3	20	9	50	2	60	1	30	1	70	6	60	13	20	13	—	5	20
661	6	30	3	20	3	20	9	50	2	60	1	30	1	70	6	70	13	30	13	—	5	20
662	6	30	3	20	3	20	9	50	2	60	1	30	1	70	6	70	13	30	13	—	5	20
663	6	30	3	20	3	20	9	50	2	60	1	30	1	70	6	70	13	30	13	—	5	20
664	6	30	3	20	3	20	9	50	2	60	1	30	1	70	6	70	13	30	13	—	5	20
665	6	30	3	20	3	20	9	50	2	60	1	30	1	70	6	70	13	30	13	—	5	20
666	6	30	3	20	3	20	9	50	2	60	1	30	1	70	6	70	13	40	13	—	5	20
667	6	30	3	20	3	20	9	50	2	60	1	30	1	70	6	70	13	40	13	—	5	20
668	6	30	3	20	3	20	9	50	2	60	1	30	1	70	6	70	13	40	13	—	5	20
669	6	30	3	20	3	20	9	50	2	60	1	30	1	70	6	70	13	40	13	—	5	20
670	6	30	3	20	3	20	9	50	2	60	1	30	1	70	6	70	13	40	13	—	5	20
671	6	30	3	20	3	20	9	50	2	60	1	30	1	70	6	80	13	50	13	—	5	20
672	6	30	3	20	3	20	9	50	2	60	1	30	1	70	6	80	13	50	13	—	5	20
673	6	30	3	20	3	20	9	50	2	60	1	30	1	70	6	80	13	50	13	—	5	20
674	6	30	3	20	3	20	9	50	2	60	1	30	1	70	6	80	13	50	13	—	5	20
675	6	30	3	20	3	20	9	50	2	60	1	30	1	70	6	80	13	50	13	—	5	20
676	6	30	3	20	3	20	9	50	2	60	1	30	1	70	6	80	13	60	13	—	5	20
677	6	30	3	20	3	20	9	50	2	60	1	30	1	70	6	80	13	60	13	—	5	20
678	6	30	3	20	3	20	9	50	2	60	1	30	1	70	6	80	13	60	13	—	5	20
679	6	30	3	20	3	20	9	50	2	60	1	30	1	70	6	80	13	60	13	—	5	20
680	6	30	3	20	3	20	9	50	2	60	1	30	1	70	6	80	13	60	13	—	5	20

Gegen-stands-Summa	Staatsgebühren 1 Prozent		1½ Prozent		2 Prozent		Besitz-veränderungs-abgabe		Staatsgebühren 1 pro mille		2 pro mille		2½ pro mille		3 pro mille		5 pro mille	
ℳ	ℳ	₰	ℳ	₰	ℳ	₰	ℳ	₰	ℳ	₰	ℳ	₰	ℳ	₰	ℳ	₰	ℳ	₰
681	6	90	10	30	13	70	1	80	—	70	1	40	1	80	2	10	3	50
682	6	90	10	30	13	70	1	80	—	70	1	40	1	80	2	10	3	50
683	6	90	10	30	13	70	1	80	—	70	1	40	1	80	2	10	3	50
684	6	90	10	30	13	70	1	80	—	70	1	40	1	80	2	10	3	50
685	6	90	10	30	13	70	1	80	—	70	1	40	1	80	2	10	3	50
686	6	90	10	30	13	80	1	80	—	70	1	40	1	80	2	10	3	50
687	6	90	10	40	13	80	1	80	—	70	1	40	1	80	2	10	3	50
688	6	90	10	40	13	80	1	80	—	70	1	40	1	80	2	10	3	50
689	6	90	10	40	13	80	1	80	—	70	1	40	1	80	2	10	3	50
690	6	90	10	40	13	80	1	80	—	70	1	40	1	80	2	10	3	50
691	7	—	10	40	13	90	1	80	—	70	1	40	1	80	2	10	3	50
692	7	—	10	40	13	90	1	80	—	70	1	40	1	80	2	10	3	50
693	7	—	10	40	13	90	1	80	—	70	1	40	1	80	2	10	3	50
694	7	—	10	50	13	90	1	80	—	70	1	40	1	80	2	10	3	50
695	7	—	10	50	13	90	1	80	—	70	1	40	1	80	2	10	3	50
696	7	—	10	50	14	—	1	80	—	70	1	40	1	80	2	10	3	50
697	7	—	10	50	14	—	1	80	—	70	1	40	1	80	2	10	3	50
698	7	—	10	50	14	—	1	80	—	70	1	40	1	80	2	10	3	50
699	7	—	10	50	14	—	1	80	—	70	1	40	1	80	2	10	3	50
700	7	—	10	50	14	—	1	80	—	70	1	40	1	80	2	10	3	50
701	7	10	10	60	14	10	1	80	—	80	1	50	1	80	2	20	3	60
702	7	10	10	60	14	10	1	80	—	80	1	50	1	80	2	20	3	60
703	7	10	10	60	14	10	1	80	—	80	1	50	1	80	2	20	3	60
704	7	10	10	60	14	10	1	80	—	80	1	50	1	80	2	20	3	60
705	7	10	10	60	14	10	1	80	—	80	1	50	1	80	2	20	3	60
706	7	10	10	60	14	20	1	80	—	80	1	50	1	80	2	20	3	60
707	7	10	10	70	14	20	1	80	—	80	1	50	1	80	2	20	3	60
708	7	10	10	70	14	20	1	80	—	80	1	50	1	80	2	20	3	60
709	7	10	10	70	14	20	1	80	—	80	1	50	1	80	2	20	3	60
710	7	10	10	70	14	20	1	80	—	80	1	50	1	80	2	20	3	60
711	7	20	10	70	14	30	1	80	—	80	1	50	1	80	2	20	3	60
712	7	20	10	70	14	30	1	80	—	80	1	50	1	80	2	20	3	60
713	7	20	10	70	14	30	1	80	—	80	1	50	1	80	2	20	3	60
714	7	20	10	80	14	30	1	80	—	80	1	50	1	80	2	20	3	60
715	7	20	10	80	14	30	1	80	—	80	1	50	1	80	2	20	3	60
716	7	20	10	80	14	40	1	80	—	80	1	50	1	80	2	20	3	60
717	7	20	10	80	14	40	1	80	—	80	1	50	1	80	2	20	3	60
718	7	20	10	80	14	40	1	80	—	80	1	50	1	80	2	20	3	60
719	7	20	10	80	14	40	1	80	—	80	1	50	1	80	2	20	3	60
720	7	20	10	80	14	40	1	80	—	80	1	50	1	80	2	20	3	60

Gegenstandssumma	Werthgebühr								4/10 aus der vollen Werthgebühr		4/10 aus 2/3 Werthgebühr		Hinterlegungsgebühr						Auseinandersetzungsgebühr			
	Volle		1/2		1/2 bis 2200 ℳ darüber 2/3		1 1/2												5/10		2/10	
	Art. 22. 40. 41. 50		Art. 25. 27. 29. 30. 38 Abs. 2		Art. 24		Art. 23		Art. 45 Abs. 3				Art. 100		Art. 101 a		Art. 101 b		der Sätze des § 8 des Reichsgerichts-Kosten-Gesetzes			
ℳ	ℳ	₰	ℳ	₰	ℳ	₰	ℳ	₰	ℳ	₰	ℳ	₰	ℳ	₰	ℳ	₰	ℳ	₰	ℳ	₰	ℳ	₰
681	6	30	3	20	3	20	9	50	2	60	1	30	1	80	6	90	13	70	13	—	5	20
682	6	30	3	20	3	20	9	50	2	60	1	30	1	80	6	90	13	70	13	—	5	20
683	6	30	3	20	3	20	9	50	2	60	1	30	1	80	6	90	13	70	13	—	5	20
684	6	30	3	20	3	20	9	50	2	60	1	30	1	80	6	90	13	70	13	—	5	20
685	6	30	3	20	3	20	9	50	2	60	1	30	1	80	6	90	13	70	13	—	5	20
686	6	30	3	20	3	20	9	50	2	60	1	30	1	80	6	90	13	80	13	—	5	20
687	6	30	3	20	3	20	9	50	2	60	1	30	1	80	6	90	13	80	13	—	5	20
688	6	30	3	20	3	20	9	50	2	60	1	30	1	80	6	90	13	80	13	—	5	20
689	6	30	3	20	3	20	9	50	2	60	1	30	1	80	6	90	13	80	13	—	5	20
690	6	30	3	20	3	20	9	50	2	60	1	30	1	80	6	90	13	80	13	—	5	20
691	6	30	3	20	3	20	9	50	2	60	1	30	1	80	7	—	13	90	13	—	5	20
692	6	30	3	20	3	20	9	50	2	60	1	30	1	80	7	—	13	90	13	—	5	20
693	6	30	3	20	3	20	9	50	2	60	1	30	1	80	7	—	13	90	13	—	5	20
694	6	30	3	20	3	20	9	50	2	60	1	30	1	80	7	—	13	90	13	—	5	20
695	6	30	3	20	3	20	9	50	2	60	1	30	1	80	7	—	13	90	13	—	5	20
696	6	30	3	20	3	20	9	50	2	60	1	30	1	80	7	—	14	—	13	—	5	20
697	6	30	3	20	3	20	9	50	2	60	1	30	1	80	7	—	14	—	13	—	5	20
698	6	30	3	20	3	20	9	50	2	60	1	30	1	80	7	—	14	—	13	—	5	20
699	6	30	3	20	3	20	9	50	2	60	1	30	1	80	7	—	14	—	13	—	5	20
700	6	30	3	20	3	20	9	50	2	60	1	30	1	80	7	—	14	—	13	—	5	20
701	6	30	3	20	3	20	9	50	2	60	1	30	1	80	7	10	14	10	13	—	5	20
702	6	30	3	20	3	20	9	50	2	60	1	30	1	80	7	10	14	10	13	—	5	20
703	6	30	3	20	3	20	9	50	2	60	1	30	1	80	7	10	14	10	13	—	5	20
704	6	30	3	20	3	20	9	50	2	60	1	30	1	80	7	10	14	10	13	—	5	20
705	6	30	3	20	3	20	9	50	2	60	1	30	1	80	7	10	14	10	13	—	5	20
706	6	30	3	20	3	20	9	50	2	60	1	30	1	80	7	10	14	20	13	—	5	20
707	6	30	3	20	3	20	9	50	2	60	1	30	1	80	7	10	14	20	13	—	5	20
708	6	30	3	20	3	20	9	50	2	60	1	30	1	80	7	10	14	20	13	—	5	20
709	6	30	3	20	3	20	9	50	2	60	1	30	1	80	7	10	14	20	13	—	5	20
710	6	30	3	20	3	20	9	50	2	60	1	30	1	80	7	10	14	20	13	—	5	20
711	6	30	3	20	3	20	9	50	2	60	1	30	1	80	7	20	14	30	13	—	5	20
712	6	30	3	20	3	20	9	50	2	60	1	30	1	80	7	20	14	30	13	—	5	20
713	6	30	3	20	3	20	9	50	2	60	1	30	1	80	7	20	14	30	13	—	5	20
714	6	30	3	20	3	20	9	50	2	60	1	30	1	80	7	20	14	30	13	—	5	20
715	6	30	3	20	3	20	9	50	2	60	1	30	1	80	7	20	14	30	13	—	5	20
716	6	30	3	20	3	20	9	50	2	60	1	30	1	80	7	20	14	40	13	—	5	20
717	6	30	3	20	3	20	9	50	2	60	1	30	1	80	7	20	14	40	13	—	5	20
718	6	30	3	20	3	20	9	50	2	60	1	30	1	80	7	20	14	40	13	—	5	20
719	6	30	3	20	3	20	9	50	2	60	1	30	1	80	7	20	14	40	13	—	5	20
720	6	30	3	20	3	20	9	50	2	60	1	30	1	80	7	20	14	40	13	—	5	20

Gegen-stands-Summa	Staatsgebühren 1 Prozent		Staatsgebühren 1½ Prozent		Staatsgebühren 2 Prozent		Besitz-veränderungs-abgabe		Staatsgebühren 1 pro mille		Staatsgebühren 2 pro mille		Staatsgebühren 2½ pro mille		Staatsgebühren 3 pro mille		Staatsgebühren 5 pro mille	
ℳ	ℳ	₰	ℳ	₰	ℳ	₰	ℳ	₰	ℳ	₰	ℳ	₰	ℳ	₰	ℳ	₰	ℳ	₰
721	7	30	10	90	14	50	1	90	—	80	1	50	1	90	2	20	3	70
722	7	30	10	90	14	50	1	90	—	80	1	50	1	90	2	20	3	70
723	7	30	10	90	14	50	1	90	—	80	1	50	1	90	2	20	3	70
724	7	30	10	90	14	50	1	90	—	80	1	50	1	90	2	20	3	70
725	7	30	10	90	14	50	1	90	—	80	1	50	1	90	2	20	3	70
726	7	30	10	90	14	60	1	90	—	80	1	50	1	90	2	20	3	70
727	7	30	11	—	14	60	1	90	—	80	1	50	1	90	2	20	3	70
728	7	30	11	—	14	60	1	90	—	80	1	50	1	90	2	20	3	70
729	7	30	11	—	14	60	1	90	—	80	1	50	1	90	2	20	3	70
730	7	30	11	—	14	60	1	90	—	80	1	50	1	90	2	20	3	70
731	7	40	11	—	14	70	1	90	—	80	1	50	1	90	2	20	3	70
732	7	40	11	—	14	70	1	90	—	80	1	50	1	90	2	20	3	70
733	7	40	11	—	14	70	1	90	—	80	1	50	1	90	2	20	3	70
734	7	40	11	10	14	70	1	90	—	80	1	50	1	90	2	30	3	70
735	7	40	11	10	14	70	1	90	—	80	1	50	1	90	2	30	3	70
736	7	40	11	10	14	80	1	90	—	80	1	50	1	90	2	30	3	70
737	7	40	11	10	14	80	1	90	—	80	1	50	1	90	2	30	3	70
738	7	40	11	10	14	80	1	90	—	80	1	50	1	90	2	30	3	70
739	7	40	11	10	14	80	1	90	—	80	1	50	1	90	2	30	3	70
740	7	40	11	10	14	80	1	90	—	80	1	50	1	90	2	30	3	70
741	7	50	11	20	14	90	1	90	—	80	1	50	1	90	2	30	3	80
742	7	50	11	20	14	90	1	90	—	80	1	50	1	90	2	30	3	80
743	7	50	11	20	14	90	1	90	—	80	1	50	1	90	2	30	3	80
744	7	50	11	20	14	90	1	90	—	80	1	50	1	90	2	30	3	80
745	7	50	11	20	14	90	1	90	—	80	1	50	1	90	2	30	3	80
746	7	50	11	20	15	—	1	90	—	80	1	50	1	90	2	30	3	80
747	7	50	11	30	15	—	1	90	—	80	1	50	1	90	2	30	3	80
748	7	50	11	30	15	—	1	90	—	80	1	50	1	90	2	30	3	80
749	7	50	11	30	15	—	1	90	—	80	1	50	1	90	2	30	3	80
750	7	50	11	30	15	—	1	90	—	80	1	50	1	90	2	30	3	80
751	7	60	11	30	15	10	1	90	—	80	1	60	1	90	2	30	3	80
752	7	60	11	30	15	10	1	90	—	80	1	60	1	90	2	30	3	80
753	7	60	11	30	15	10	1	90	—	80	1	60	1	90	2	30	3	80
754	7	60	11	40	15	10	1	90	—	80	1	60	1	90	2	30	3	80
755	7	60	11	40	15	10	1	90	—	80	1	60	1	90	2	30	3	80
756	7	60	11	40	15	20	1	90	—	80	1	60	1	90	2	30	3	80
757	7	60	11	40	15	20	1	90	—	80	1	60	1	90	2	30	3	80
758	7	60	11	40	15	20	1	90	—	80	1	60	1	90	2	30	3	80
759	7	60	11	40	15	20	1	90	—	80	1	60	1	90	2	30	3	80
760	7	60	11	40	15	20	1	90	—	80	1	60	1	90	2	30	3	80

Gegen-stands-Summa	Werthgebühr: Volle (Art. 22. 40. 41. 50)		Werthgebühr: 1/2 (Art. 25. 27. 29. 30 38 Abs. 2)		Werthgebühr: 1/2 bis 2200 M, darüber 2/3 (Art. 24)		Werthgebühr: 1 1/2 (Art. 23)		4/10 aus der vollen Werth-gebühr (Art. 45 Abs. 3)		4/10 aus 2/3 Werth-gebühr (Art. 45 Abs. 3)		Hinterlegungs-gebühr: Art. 100		Hinterlegungs-gebühr: Art. 101 a		Hinterlegungs-gebühr: Art. 101 b		Auseinander-setzungsgebühr: 5/10 (der Sätze des § 8 des Reichsgerichts-Kosten-Gesetzes)		Auseinander-setzungsgebühr: 2/10 (der Sätze des § 8 des Reichsgerichts-Kosten-Gesetzes)	
M	M	₰	M	₰	M	₰	M	₰	M	₰	M	₰	M	₰	M	₰	M	₰	M	₰	M	₰
721	6	30	3	20	3	20	9	50	2	60	1	30	1	90	7	30	14	50	13	—	5	20
722	6	30	3	20	3	20	9	50	2	60	1	30	1	90	7	30	14	50	13	—	5	20
723	6	30	3	20	3	20	9	50	2	60	1	30	1	90	7	30	14	50	13	—	5	20
724	6	30	3	20	3	20	9	50	2	60	1	30	1	90	7	30	14	50	13	—	5	20
725	6	30	3	20	3	20	9	50	2	60	1	30	1	90	7	30	14	50	13	—	5	20
726	6	30	3	20	3	20	9	50	2	60	1	30	1	90	7	30	14	60	13	—	5	20
727	6	30	3	20	3	20	9	50	2	60	1	30	1	90	7	30	14	60	13	—	5	20
728	6	30	3	20	3	20	9	50	2	60	1	30	1	90	7	30	14	60	13	—	5	20
729	6	30	3	20	3	20	9	50	2	60	1	30	1	90	7	30	14	60	13	—	5	20
730	6	30	3	20	3	20	9	50	2	60	1	30	1	90	7	30	14	60	13	—	5	20
731	6	30	3	20	3	20	9	50	2	60	1	30	1	90	7	40	14	70	13	—	5	20
732	6	30	3	20	3	20	9	50	2	60	1	30	1	90	7	40	14	70	13	—	5	20
733	6	30	3	20	3	20	9	50	2	60	1	30	1	90	7	40	14	70	13	—	5	20
734	6	30	3	20	3	20	9	50	2	60	1	30	1	90	7	40	14	70	13	—	5	20
735	6	30	3	20	3	20	9	50	2	60	1	30	1	90	7	40	14	70	13	—	5	20
736	6	30	3	20	3	20	9	50	2	60	1	30	1	90	7	40	14	80	13	—	5	20
737	6	30	3	20	3	20	9	50	2	60	1	30	1	90	7	40	14	80	13	—	5	20
738	6	30	3	20	3	20	9	50	2	60	1	30	1	90	7	40	14	80	13	—	5	20
739	6	30	3	20	3	20	9	50	2	60	1	30	1	90	7	40	14	80	13	—	5	20
740	6	30	3	20	3	20	9	50	2	60	1	30	1	90	7	40	14	80	13	—	5	20
741	6	30	3	20	3	20	9	50	2	60	1	30	1	90	7	50	14	90	13	—	5	20
742	6	30	3	20	3	20	9	50	2	60	1	30	1	90	7	50	14	90	13	—	5	20
743	6	30	3	20	3	20	9	50	2	60	1	30	1	90	7	50	14	90	13	—	5	20
744	6	30	3	20	3	20	9	50	2	60	1	30	1	90	7	50	14	90	13	—	5	20
745	6	30	3	20	3	20	9	50	2	60	1	30	1	90	7	50	14	90	13	—	5	20
746	6	30	3	20	3	20	9	50	2	60	1	30	1	90	7	50	15	—	13	—	5	20
747	6	30	3	20	3	20	9	50	2	60	1	30	1	90	7	50	15	—	13	—	5	20
748	6	30	3	20	3	20	9	50	2	60	1	30	1	90	7	50	15	—	13	—	5	20
749	6	30	3	20	3	20	9	50	2	60	1	30	1	90	7	50	15	—	13	—	5	20
750	6	30	3	20	3	20	9	50	2	60	1	30	1	90	7	50	15	—	13	—	5	20
751	6	30	3	20	3	20	9	50	2	60	1	30	1	90	7	60	15	10	13	—	5	20
752	6	30	3	20	3	20	9	50	2	60	1	30	1	90	7	60	15	10	13	—	5	20
753	6	30	3	20	3	20	9	50	2	60	1	30	1	90	7	60	15	10	13	—	5	20
754	6	30	3	20	3	20	9	50	2	60	1	30	1	90	7	60	15	10	13	—	5	20
755	6	30	3	20	3	20	9	50	2	60	1	30	1	90	7	60	15	10	13	—	5	20
756	6	30	3	20	3	20	9	50	2	60	1	30	1	90	7	60	15	20	13	—	5	20
757	6	30	3	20	3	20	9	50	2	60	1	30	1	90	7	60	15	20	13	—	5	20
758	6	30	3	20	3	20	9	50	2	60	1	30	1	90	7	60	15	20	13	—	5	20
759	6	30	3	20	3	20	9	50	2	60	1	30	1	90	7	60	15	20	13	—	5	20
760	6	30	3	20	3	20	9	50	2	60	1	30	1	90	7	60	15	20	13	—	5	20

Gegen-standss-Summa	Staatsgebühren						Besitz-verände-rungs-abgabe		Staatsgebühren									
	1		1 1/2		2				1		2		2 1/2		3		5	
	Prozent								pro mille									
M	M	₰	M	₰	M	₰	M	₰	M	₰	M	₰	M	₰	M	₰	M	₰
761	7	70	11	50	15	30	2	—	—	80	1	60	2	—	2	30	3	90
762	7	70	11	50	15	30	2	—	—	80	1	60	2	—	2	30	3	90
763	7	70	11	50	15	30	2	—	—	80	1	60	2	—	2	30	3	90
764	7	70	11	50	15	30	2	—	—	80	1	60	2	—	2	30	3	90
765	7	70	11	50	15	30	2	—	—	80	1	60	2	—	2	30	3	90
766	7	70	11	50	15	40	2	—	—	80	1	60	2	—	2	30	3	90
767	7	70	11	60	15	40	2	—	—	80	1	60	2	—	2	40	3	90
768	7	70	11	60	15	40	2	—	—	80	1	60	2	—	2	40	3	90
769	7	70	11	60	15	40	2	—	—	80	1	60	2	—	2	40	3	90
770	7	70	11	60	15	40	2	—	—	80	1	60	2	—	2	40	3	90
771	7	80	11	60	15	50	2	—	—	80	1	60	2	—	2	40	3	90
772	7	80	11	60	15	50	2	—	—	80	1	60	2	—	2	40	3	90
773	7	80	11	60	15	50	2	—	—	80	1	60	2	—	2	40	3	90
774	7	80	11	70	15	50	2	—	—	80	1	60	2	—	2	40	3	90
775	7	80	11	70	15	50	2	—	—	80	1	60	2	—	2	40	3	90
776	7	80	11	70	15	60	2	—	—	80	1	60	2	—	2	40	3	90
777	7	80	11	70	15	60	2	—	—	80	1	60	2	—	2	40	3	90
778	7	80	11	70	15	60	2	—	—	80	1	60	2	—	2	40	3	90
779	7	80	11	70	15	60	2	—	—	80	1	60	2	—	2	40	3	90
780	7	80	11	70	15	60	2	—	—	80	1	60	2	—	2	40	3	90
781	7	90	11	80	15	70	2	—	—	80	1	60	2	—	2	40	4	—
782	7	90	11	80	15	70	2	—	—	80	1	60	2	—	2	40	4	—
783	7	90	11	80	15	70	2	—	—	80	1	60	2	—	2	40	4	—
784	7	90	11	80	15	70	2	—	—	80	1	60	2	—	2	40	4	—
785	7	90	11	80	15	70	2	—	—	80	1	60	2	—	2	40	4	—
786	7	90	11	80	15	80	2	—	—	80	1	60	2	—	2	40	4	—
787	7	90	11	90	15	80	2	—	—	80	1	60	2	—	2	40	4	—
788	7	90	11	90	15	80	2	—	—	80	1	60	2	—	2	40	4	—
789	7	90	11	90	15	80	2	—	—	80	1	60	2	—	2	40	4	—
790	7	90	11	90	15	80	2	—	—	80	1	60	2	—	2	40	4	—
791	8	—	11	90	15	90	2	—	—	80	1	60	2	—	2	40	4	—
792	8	—	11	90	15	90	2	—	—	80	1	60	2	—	2	40	4	—
793	8	—	11	90	15	90	2	—	—	80	1	60	2	—	2	40	4	—
794	8	—	12	—	15	90	2	—	—	80	1	60	2	—	2	40	4	—
795	8	—	12	—	15	90	2	—	—	80	1	60	2	—	2	40	4	—
796	8	—	12	—	16	—	2	—	—	80	1	60	2	—	2	40	4	—
797	8	—	12	—	16	—	2	—	—	80	1	60	2	—	2	40	4	—
798	8	—	12	—	16	—	2	—	—	80	1	60	2	—	2	40	4	—
799	8	—	12	—	16	—	2	—	—	80	1	60	2	—	2	40	4	—
800	8	—	12	—	16	—	2	—	—	80	1	60	2	—	2	40	4	—

Gegenstands-Summa	Werthgebühr: Volle, Art. 22. 40. 41. 50		Werthgebühr: 1/2, Art. 25. 27. 29. 30. 38 Abs. 2		Werthgebühr: 1/2 bis 2200 M. darüber 2/3, Art. 24		Werthgebühr: 1 1/2, Art. 23		4/10 aus der vollen Werthgebühr, Art. 45 Abs. 3		4/10 aus 2/3 Werthgebühr, Art. 45 Abs. 3		Hinterlegungsgebühr: Art. 100		Hinterlegungsgebühr: Art. 101a		Hinterlegungsgebühr: Art. 101b		Auseinandersetzungsgebühr: 5/10 der Sätze des § 8 des Reichsgerichts-Kosten-Gesetzes		Auseinandersetzungsgebühr: 2/10 der Sätze des § 8 des Reichsgerichts-Kosten-Gesetzes	
M	M	₰	M	₰	M	₰	M	₰	M	₰	M	₰	M	₰	M	₰	M	₰	M	₰	M	₰
761	6	30	3	20	3	20	9	50	2	60	1	30	2	—	7	70	15	30	13	—	5	20
762	6	30	3	20	3	20	9	50	2	60	1	30	2	—	7	70	15	30	13	—	5	20
763	6	30	3	20	3	20	9	50	2	60	1	30	2	—	7	70	15	30	13	—	5	20
764	6	30	3	20	3	20	9	50	2	60	1	30	2	—	7	70	15	30	13	—	5	20
765	6	30	3	20	3	20	9	50	2	60	1	30	2	—	7	70	15	30	13	—	5	20
766	6	30	3	20	3	20	9	50	2	60	1	30	2	—	7	70	15	40	13	—	5	20
767	6	30	3	20	3	20	9	50	2	60	1	30	2	—	7	70	15	40	13	—	5	20
768	6	30	3	20	3	20	9	50	2	60	1	30	2	—	7	70	15	40	13	—	5	20
769	6	30	3	20	3	20	9	50	2	60	1	30	2	—	7	70	15	40	13	—	5	20
770	6	30	3	20	3	20	9	50	2	60	1	30	2	—	7	70	15	40	13	—	5	20
771	6	30	3	20	3	20	9	50	2	60	1	30	2	—	7	80	15	50	13	—	5	20
772	6	30	3	20	3	20	9	50	2	60	1	30	2	—	7	80	15	50	13	—	5	20
773	6	30	3	20	3	20	9	50	2	60	1	30	2	—	7	80	15	50	13	—	5	20
774	6	30	3	20	3	20	9	50	2	60	1	30	2	—	7	80	15	50	13	—	5	20
775	6	30	3	20	3	20	9	50	2	60	1	30	2	—	7	80	15	50	13	—	5	20
776	6	30	3	20	3	20	9	50	2	60	1	30	2	—	7	80	15	60	13	—	5	20
777	6	30	3	20	3	20	9	50	2	60	1	30	2	—	7	80	15	60	13	—	5	20
778	6	30	3	20	3	20	9	50	2	60	1	30	2	—	7	80	15	60	13	—	5	20
779	6	30	3	20	3	20	9	50	2	60	1	30	2	—	7	80	15	60	13	—	5	20
780	6	30	3	20	3	20	9	50	2	60	1	30	2	—	7	80	15	60	13	—	5	20
781	6	30	3	20	3	20	9	50	2	60	1	30	2	—	7	90	15	70	13	—	5	20
782	6	30	3	20	3	20	9	50	2	60	1	30	2	—	7	90	15	70	13	—	5	20
783	6	30	3	20	3	20	9	50	2	60	1	30	2	—	7	90	15	70	13	—	5	20
784	6	30	3	20	3	20	9	50	2	60	1	30	2	—	7	90	15	70	13	—	5	20
785	6	30	3	20	3	20	9	50	2	60	1	30	2	—	7	90	15	70	13	—	5	20
786	6	30	3	20	3	20	9	50	2	60	1	30	2	—	7	90	15	80	13	—	5	20
787	6	30	3	20	3	20	9	50	2	60	1	30	2	—	7	90	15	80	13	—	5	20
788	6	30	3	20	3	20	9	50	2	60	1	30	2	—	7	90	15	80	13	—	5	20
789	6	30	3	20	3	20	9	50	2	60	1	30	2	—	7	90	15	80	13	—	5	20
790	6	30	3	20	3	20	9	50	2	60	1	30	2	—	7	90	15	80	13	—	5	20
791	6	30	3	20	3	20	9	50	2	60	1	30	2	—	8	—	15	90	13	—	5	20
792	6	30	3	20	3	20	9	50	2	60	1	30	2	—	8	—	15	90	13	—	5	20
793	6	30	3	20	3	20	9	50	2	60	1	30	2	—	8	—	15	90	13	—	5	20
794	6	30	3	20	3	20	9	50	2	60	1	30	2	—	8	—	15	90	13	—	5	20
795	6	30	3	20	3	20	9	50	2	60	1	30	2	—	8	—	15	90	13	—	5	20
796	6	30	3	20	3	20	9	50	2	60	1	30	2	—	8	—	16	—	13	—	5	20
797	6	30	3	20	3	20	9	50	2	60	1	30	2	—	8	—	16	—	13	—	5	20
798	6	30	3	20	3	20	9	50	2	60	1	30	2	—	8	—	16	—	13	—	5	20
799	6	30	3	20	3	20	9	50	2	60	1	30	2	—	8	—	16	—	13	—	5	20
800	6	30	3	20	3	20	9	50	2	60	1	30	2	—	8	—	16	—	13	—	5	20

Gegen-stands-Summa	Staatsgebühren 1 Prozent		1½ Prozent		2 Prozent		Besitz-veränderungs-abgabe		Staatsgebühren 1 pro mille		2 pro mille		2½ pro mille		3 pro mille		5 pro mille	
ℳ	ℳ	₰	ℳ	₰	ℳ	₰	ℳ	₰	ℳ	₰	ℳ	₰	ℳ	₰	ℳ	₰	ℳ	₰
801	8	10	12	10	16	10	2	10	—	90	1	70	2	10	2	50	4	10
802	8	10	12	10	16	10	2	10	—	90	1	70	2	10	2	50	4	10
803	8	10	12	10	16	10	2	10	—	90	1	70	2	10	2	50	4	10
804	8	10	12	10	16	10	2	10	—	90	1	70	2	10	2	50	4	10
805	8	10	12	10	16	10	2	10	—	90	1	70	2	10	2	50	4	10
806	8	10	12	10	16	20	2	10	—	90	1	70	2	10	2	50	4	10
807	8	10	12	20	16	20	2	10	—	90	1	70	2	10	2	50	4	10
808	8	10	12	20	16	20	2	10	—	90	1	70	2	10	2	50	4	10
809	8	10	12	20	16	20	2	10	—	90	1	70	2	10	2	50	4	10
810	8	10	12	20	16	20	2	10	—	90	1	70	2	10	2	50	4	10
811	8	20	12	20	16	30	2	10	—	90	1	70	2	10	2	50	4	10
812	8	20	12	20	16	30	2	10	—	90	1	70	2	10	2	50	4	10
813	8	20	12	20	16	30	2	10	—	90	1	70	2	10	2	50	4	10
814	8	20	12	30	16	30	2	10	—	90	1	70	2	10	2	50	4	10
815	8	20	12	30	16	30	2	10	—	90	1	70	2	10	2	50	4	10
816	8	20	12	30	16	40	2	10	—	90	1	70	2	10	2	50	4	10
817	8	20	12	30	16	40	2	10	—	90	1	70	2	10	2	50	4	10
818	8	20	12	30	16	40	2	10	—	90	1	70	2	10	2	50	4	10
819	8	20	12	30	16	40	2	10	—	90	1	70	2	10	2	50	4	10
820	8	20	12	30	16	40	2	10	—	90	1	70	2	10	2	50	4	10
821	8	30	12	40	16	50	2	10	—	90	1	70	2	10	2	50	4	20
822	8	30	12	40	16	50	2	10	—	90	1	70	2	10	2	50	4	20
823	8	30	12	40	16	50	2	10	—	90	1	70	2	10	2	50	4	20
824	8	30	12	40	16	50	2	10	—	90	1	70	2	10	2	50	4	20
825	8	30	12	40	16	50	2	10	—	90	1	70	2	10	2	50	4	20
826	8	30	12	40	16	60	2	10	—	90	1	70	2	10	2	50	4	20
827	8	30	12	50	16	60	2	10	—	90	1	70	2	10	2	50	4	20
828	8	30	12	50	16	60	2	10	—	90	1	70	2	10	2	50	4	20
829	8	30	12	50	16	60	2	10	—	90	1	70	2	10	2	50	4	20
830	8	30	12	50	16	60	2	10	—	90	1	70	2	10	2	50	4	20
831	8	40	12	50	16	70	2	10	—	90	1	70	2	10	2	50	4	20
832	8	40	12	50	16	70	2	10	—	90	1	70	2	10	2	50	4	20
833	8	40	12	50	16	70	2	10	—	90	1	70	2	10	2	50	4	20
834	8	40	12	60	16	70	2	10	—	90	1	70	2	10	2	60	4	20
835	8	40	12	60	16	70	2	10	—	90	1	70	2	10	2	60	4	20
836	8	40	12	60	16	80	2	10	—	90	1	70	2	10	2	60	4	20
837	8	40	12	60	16	80	2	10	—	90	1	70	2	10	2	60	4	20
838	8	40	12	60	16	80	2	10	—	90	1	70	2	10	2	60	4	20
839	8	40	12	60	16	80	2	10	—	90	1	70	2	10	2	60	4	20
840	8	40	12	60	16	80	2	10	—	90	1	70	2	10	2	60	4	20

Gegen-standssumma	Werthgebühr: Volle (Art. 22. 40. 41. 50)		Werthgebühr: 1/2 (Art. 25. 27. 29. 30. 38 Abs. 2)		Werthgebühr: 1/2 bis 2200 M, darüber 2/3 (Art. 24)		Werthgebühr: 1 1/2 (Art. 23)		4/10 aus der vollen Werthgebühr (Art. 45 Abs. 3)		4/10 aus 2/3 Werthgebühr (Art. 45 Abs. 3)		Hinterlegungsgebühr: Art. 100		Hinterlegungsgebühr: Art. 101 a		Hinterlegungsgebühr: Art. 101 b		Auseinandersetzungsgebühr: 5/10 der Sätze des § 8 des Reichsgerichts-Kosten-Gesetzes		Auseinandersetzungsgebühr: 2/10 der Sätze des § 8 des Reichsgerichts-Kosten-Gesetzes	
M	M	Pf	M	Pf	M	Pf	M	Pf	M	Pf	M	Pf	M	Pf	M	Pf	M	Pf	M	Pf	M	Pf
801	6	30	3	20	3	20	9	50	2	60	1	30	2	10	8	10	16	10	13	—	5	20
802	6	30	3	20	3	20	9	50	2	60	1	30	2	10	8	10	16	10	13	—	5	20
803	6	30	3	20	3	20	9	50	2	60	1	30	2	10	8	10	16	10	13	—	5	20
804	6	30	3	20	3	20	9	50	2	60	1	30	2	10	8	10	16	10	13	—	5	20
805	6	30	3	20	3	20	9	50	2	60	1	30	2	10	8	10	16	10	13	—	5	20
806	6	30	3	20	3	20	9	50	2	60	1	30	2	10	8	10	16	20	13	—	5	20
807	6	30	3	20	3	20	9	50	2	60	1	30	2	10	8	10	16	20	13	—	5	20
808	6	30	3	20	3	20	9	50	2	60	1	30	2	10	8	10	16	20	13	—	5	20
809	6	30	3	20	3	20	9	50	2	60	1	30	2	10	8	10	16	20	13	—	5	20
810	6	30	3	20	3	20	9	50	2	60	1	30	2	10	8	10	16	20	13	—	5	20
811	6	30	3	20	3	20	9	50	2	60	1	30	2	10	8	20	16	30	13	—	5	20
812	6	30	3	20	3	20	9	50	2	60	1	30	2	10	8	20	16	30	13	—	5	20
813	6	30	3	20	3	20	9	50	2	60	1	30	2	10	8	20	16	30	13	—	5	20
814	6	30	3	20	3	20	9	50	2	60	1	30	2	10	8	20	16	30	13	—	5	20
815	6	30	3	20	3	20	9	50	2	60	1	30	2	10	8	20	16	30	13	—	5	20
816	6	30	3	20	3	20	9	50	2	60	1	30	2	10	8	20	16	40	13	—	5	20
817	6	30	3	20	3	20	9	50	2	60	1	30	2	10	8	20	16	40	13	—	5	20
818	6	30	3	20	3	20	9	50	2	60	1	30	2	10	8	20	16	40	13	—	5	20
819	6	30	3	20	3	20	9	50	2	60	1	30	2	10	8	20	16	40	13	—	5	20
820	6	30	3	20	3	20	9	50	2	60	1	30	2	10	8	20	16	40	13	—	5	20
821	6	30	3	20	3	20	9	50	2	60	1	30	2	10	8	30	16	50	13	—	5	20
822	6	30	3	20	3	20	9	50	2	60	1	30	2	10	8	30	16	50	13	—	5	20
823	6	30	3	20	3	20	9	50	2	60	1	30	2	10	8	30	16	50	13	—	5	20
824	6	30	3	20	3	20	9	50	2	60	1	30	2	10	8	30	16	50	13	—	5	20
825	6	30	3	20	3	20	9	50	2	60	1	30	2	10	8	30	16	50	13	—	5	20
826	6	30	3	20	3	20	9	50	2	60	1	30	2	10	8	30	16	60	13	—	5	20
827	6	30	3	20	3	20	9	50	2	60	1	30	2	10	8	30	16	60	13	—	5	20
828	6	30	3	20	3	20	9	50	2	60	1	30	2	10	8	30	16	60	13	—	5	20
829	6	30	3	20	3	20	9	50	2	60	1	30	2	10	8	30	16	60	13	—	5	20
830	6	30	3	20	3	20	9	50	2	60	1	30	2	10	8	30	16	60	13	—	5	20
831	6	30	3	20	3	20	9	50	2	60	1	30	2	10	8	40	16	70	13	—	5	20
832	6	30	3	20	3	20	9	50	2	60	1	30	2	10	8	40	16	70	13	—	5	20
833	6	30	3	20	3	20	9	50	2	60	1	30	2	10	8	40	16	70	13	—	5	20
834	6	30	3	20	3	20	9	50	2	60	1	30	2	10	8	40	16	70	13	—	5	20
835	6	30	3	20	3	20	9	50	2	60	1	30	2	10	8	40	16	70	13	—	5	20
836	6	30	3	20	3	20	9	50	2	60	1	30	2	10	8	40	16	80	13	—	5	20
837	6	30	3	20	3	20	9	50	2	60	1	30	2	10	8	40	16	80	13	—	5	20
838	6	30	3	20	3	20	9	50	2	60	1	30	2	10	8	40	16	80	13	—	5	20
839	6	30	3	20	3	20	9	50	2	60	1	30	2	10	8	40	16	80	13	—	5	20
840	6	30	3	20	3	20	9	50	2	60	1	30	2	10	8	40	16	80	13	—	5	20

Gegen-stands-Summa	Staatsgebühren 1 Prozent		1½ Prozent		2 Prozent		Besitz-verände-rungs-abgabe		Staatsgebühren 1 pro mille		2 pro mille		2½ pro mille		3 pro mille		5 pro mille	
M	M	Pf	M	Pf	M	Pf	M	Pf	M	Pf	M	Pf	M	Pf	M	Pf	M	Pf
841	8	50	12	70	16	90	2	20	—	90	1	70	2	20	2	60	4	30
842	8	50	12	70	16	90	2	20	—	90	1	70	2	20	2	60	4	30
843	8	50	12	70	16	90	2	20	—	90	1	70	2	20	2	60	4	30
844	8	50	12	70	16	90	2	20	—	90	1	70	2	20	2	60	4	30
845	8	50	12	70	16	90	2	20	—	90	1	70	2	20	2	60	4	30
846	8	50	12	70	17	—	2	20	—	90	1	70	2	20	2	60	4	30
847	8	50	12	80	17	—	2	20	—	90	1	70	2	20	2	60	4	30
848	8	50	12	80	17	—	2	20	—	90	1	70	2	20	2	60	4	30
849	8	50	12	80	17	—	2	20	—	90	1	70	2	20	2	60	4	30
850	8	50	12	80	17	—	2	20	—	90	1	70	2	20	2	60	4	30
851	8	60	12	80	17	10	2	20	—	90	1	80	2	20	2	60	4	30
852	8	60	12	80	17	10	2	20	—	90	1	80	2	20	2	60	4	30
853	8	60	12	80	17	10	2	20	—	90	1	80	2	20	2	60	4	30
854	8	60	12	90	17	10	2	20	—	90	1	80	2	20	2	60	4	30
855	8	60	12	90	17	10	2	20	—	90	1	80	2	20	2	60	4	30
856	8	60	12	90	17	20	2	20	—	90	1	80	2	20	2	60	4	30
857	8	60	12	90	17	20	2	20	—	90	1	80	2	20	2	60	4	30
858	8	60	12	90	17	20	2	20	—	90	1	80	2	20	2	60	4	30
859	8	60	12	90	17	20	2	20	—	90	1	80	2	20	2	60	4	30
860	8	60	12	90	17	20	2	20	—	90	1	80	2	20	2	60	4	30
861	8	70	13	—	17	30	2	20	—	90	1	80	2	20	2	60	4	40
862	8	70	13	—	17	30	2	20	—	90	1	80	2	20	2	60	4	40
863	8	70	13	—	17	30	2	20	—	90	1	80	2	20	2	60	4	40
864	8	70	13	—	17	30	2	20	—	90	1	80	2	20	2	60	4	40
865	8	70	13	—	17	30	2	20	—	90	1	80	2	20	2	60	4	40
866	8	70	13	—	17	40	2	20	—	90	1	80	2	20	2	60	4	40
867	8	70	13	10	17	40	2	20	—	90	1	80	2	20	2	70	4	40
868	8	70	13	10	17	40	2	20	—	90	1	80	2	20	2	70	4	40
869	8	70	13	10	17	40	2	20	—	90	1	80	2	20	2	70	4	40
870	8	70	13	10	17	40	2	20	—	90	1	80	2	20	2	70	4	40
871	8	80	13	10	17	50	2	20	—	90	1	80	2	20	2	70	4	40
872	8	80	13	10	17	50	2	20	—	90	1	80	2	20	2	70	4	40
873	8	80	13	10	17	50	2	20	—	90	1	80	2	20	2	70	4	40
874	8	80	13	20	17	50	2	20	—	90	1	80	2	20	2	70	4	40
875	8	80	13	20	17	50	2	20	—	90	1	80	2	20	2	70	4	40
876	8	80	13	20	17	60	2	20	—	90	1	80	2	20	2	70	4	40
877	8	80	13	20	17	60	2	20	—	90	1	80	2	20	2	70	4	40
878	8	80	13	20	17	60	2	20	—	90	1	80	2	20	2	70	4	40
879	8	80	13	20	17	60	2	20	—	90	1	80	2	20	2	70	4	40
880	8	80	13	20	17	60	2	20	—	90	1	80	2	20	2	70	4	40

Gegen-stands-Summa	Werthgebühr: Volle (Art. 22. 40. 41. 50)	Werthgebühr: 1/2 (Art. 25. 27. 29. 30. 38 Abs. 2)	Werthgebühr: 1/2 bis 2200 ℳ, darüber 2/3 (Art. 24)	Werthgebühr: 1 1/2 (Art. 23)	4/10 aus der vollen Werthgebühr (Art. 45 Abs. 3)	4/10 aus 2/3 Werthgebühr (Art. 45 Abs. 3)	Hinterlegungsgebühr: Art. 100	Hinterlegungsgebühr: Art. 101 a	Hinterlegungsgebühr: Art. 101 b	Auseinandersetzungsgebühr: 5/10 der Sätze des § 8 des Reichsgerichts-Kosten-Gesetzes	Auseinandersetzungsgebühr: 2/10 der Sätze des § 8 des Reichsgerichts-Kosten-Gesetzes
ℳ	ℳ ₰	ℳ ₰	ℳ ₰	ℳ ₰	ℳ ₰	ℳ ₰	ℳ ₰	ℳ ₰	ℳ ₰	ℳ ₰	ℳ ₰
841	6 30	3 20	3 20	9 50	2 60	1 30	2 20	8 50	16 90	13 —	5 20
842	6 30	3 20	3 20	9 50	2 60	1 30	2 20	8 50	16 90	13 —	5 20
843	6 30	3 20	3 20	9 50	2 60	1 30	2 20	8 50	16 90	13 —	5 20
844	6 30	3 20	3 20	9 50	2 60	1 30	2 20	8 50	16 90	13 —	5 20
845	6 30	3 20	3 20	9 50	2 60	1 30	2 20	8 50	16 90	13 —	5 20
846	6 30	3 20	3 20	9 50	2 60	1 30	2 20	8 50	17 —	13 —	5 20
847	6 30	3 20	3 20	9 50	2 60	1 30	2 20	8 50	17 —	13 —	5 20
848	6 30	3 20	3 20	9 50	2 60	1 30	2 20	8 50	17 —	13 —	5 20
849	6 30	3 20	3 20	9 50	2 60	1 30	2 20	8 50	17 —	13 —	5 20
850	6 30	3 20	3 20	9 50	2 60	1 30	2 20	8 50	17 —	13 —	5 20
851	6 30	3 20	3 20	9 50	2 60	1 30	2 20	8 60	17 10	13 —	5 20
852	6 30	3 20	3 20	9 50	2 60	1 30	2 20	8 60	17 10	13 —	5 20
853	6 30	3 20	3 20	9 50	2 60	1 30	2 20	8 60	17 10	13 —	5 20
854	6 30	3 20	3 20	9 50	2 60	1 30	2 20	8 60	17 10	13 —	5 20
855	6 30	3 20	3 20	9 50	2 60	1 30	2 20	8 60	17 10	13 —	5 20
856	6 30	3 20	3 20	9 50	2 60	1 30	2 20	8 60	17 20	13 —	5 20
857	6 30	3 20	3 20	9 50	2 60	1 30	2 20	8 60	17 20	13 —	5 20
858	6 30	3 20	3 20	9 50	2 60	1 30	2 20	8 60	17 20	13 —	5 20
859	6 30	3 20	3 20	9 50	2 60	1 30	2 20	8 60	17 20	13 —	5 20
860	6 30	3 20	3 20	9 50	2 60	1 30	2 20	8 60	17 20	13 —	5 20
861	6 30	3 20	3 20	9 50	2 60	1 30	2 20	8 70	17 30	13 —	5 20
862	6 30	3 20	3 20	9 50	2 60	1 30	2 20	8 70	17 30	13 —	5 20
863	6 30	3 20	3 20	9 50	2 60	1 30	2 20	8 70	17 30	13 —	5 20
864	6 30	3 20	3 20	9 50	2 60	1 30	2 20	8 70	17 30	13 —	5 20
865	6 30	3 20	3 20	9 50	2 60	1 30	2 20	8 70	17 30	13 —	5 20
866	6 30	3 20	3 20	9 50	2 60	1 30	2 20	8 70	17 40	13 —	5 20
867	6 30	3 20	3 20	9 50	2 60	1 30	2 20	8 70	17 40	13 —	5 20
868	6 30	3 20	3 20	9 50	2 60	1 30	2 20	8 70	17 40	13 —	5 20
869	6 30	3 20	3 20	9 50	2 60	1 30	2 20	8 70	17 40	13 —	5 20
870	6 30	3 20	3 20	9 50	2 60	1 30	2 20	8 70	17 40	13 —	5 20
871	6 30	3 20	3 20	9 50	2 60	1 30	2 20	8 80	17 50	13 —	5 20
872	6 30	3 20	3 20	9 50	2 60	1 30	2 20	8 80	17 50	13 —	5 20
873	6 30	3 20	3 20	9 50	2 60	1 30	2 20	8 80	17 50	13 —	5 20
874	6 30	3 20	3 20	9 50	2 60	1 30	2 20	8 80	17 50	13 —	5 20
875	6 30	3 20	3 20	9 50	2 60	1 30	2 20	8 80	17 50	13 —	5 20
876	6 30	3 20	3 20	9 50	2 60	1 30	2 20	8 80	17 60	13 —	5 20
877	6 30	3 20	3 20	9 50	2 60	1 30	2 20	8 80	17 60	13 —	5 20
878	6 30	3 20	3 20	9 50	2 60	1 30	2 20	8 80	17 60	13 —	5 20
879	6 30	3 20	3 20	9 50	2 60	1 30	2 20	8 80	17 60	13 —	5 20
880	6 30	3 20	3 20	9 50	2 60	1 30	2 20	8 80	17 60	13 —	5 20

Gegen-stands-Summa	Staatsgebühren						Besitz-verände-rungs-abgabe		Staatsgebühren									
	1		1½		2				1		2		2½		3		5	
	Prozent								pro mille									
ℳ	ℳ	₰	ℳ	₰	ℳ	₰	ℳ	₰	ℳ	₰	ℳ	₰	ℳ	₰	ℳ	₰	ℳ	₰
881	8	90	13	30	17	70	2	30	—	90	1	80	2	30	2	70	4	50
882	8	90	13	30	17	70	2	30	—	90	1	80	2	30	2	70	4	50
883	8	90	13	30	17	70	2	30	—	90	1	80	2	30	2	70	4	50
884	8	90	13	30	17	70	2	30	—	90	1	80	2	30	2	70	4	50
885	8	90	13	30	17	70	2	30	—	90	1	80	2	30	2	70	4	50
886	8	90	13	30	17	80	2	30	—	90	1	80	2	30	2	70	4	50
887	8	90	13	40	17	80	2	30	—	90	1	80	2	30	2	70	4	50
888	8	90	13	40	17	80	2	30	—	90	1	80	2	30	2	70	4	50
889	8	90	13	40	17	80	2	30	—	90	1	80	2	30	2	70	4	50
890	8	90	13	40	17	80	2	30	—	90	1	80	2	30	2	70	4	50
891	9	—	13	40	17	90	2	30	—	90	1	80	2	30	2	70	4	50
892	9	—	13	40	17	90	2	30	—	90	1	80	2	30	2	70	4	50
893	9	—	13	40	17	90	2	30	—	90	1	80	2	30	2	70	4	50
894	9	—	13	50	17	90	2	30	—	90	1	80	2	30	2	70	4	50
895	9	—	13	50	17	90	2	30	—	90	1	80	2	30	2	70	4	50
896	9	—	13	50	18	—	2	30	—	90	1	80	2	30	2	70	4	50
897	9	—	13	50	18	—	2	30	—	90	1	80	2	30	2	70	4	50
898	9	—	13	50	18	—	2	30	—	90	1	80	2	30	2	70	4	50
899	9	—	13	50	18	—	2	30	—	90	1	80	2	30	2	70	4	50
900	9	—	13	50	18	—	2	30	—	90	1	80	2	30	2	70	4	50
901	9	10	13	60	18	10	2	30	1	—	1	90	2	30	2	80	4	60
902	9	10	13	60	18	10	2	30	1	—	1	90	2	30	2	80	4	60
903	9	10	13	60	18	10	2	30	1	—	1	90	2	30	2	80	4	60
904	9	10	13	60	18	10	2	30	1	—	1	90	2	30	2	80	4	60
905	9	10	13	60	18	10	2	30	1	—	1	90	2	30	2	80	4	60
906	9	10	13	60	18	20	2	30	1	—	1	90	2	30	2	80	4	60
907	9	10	13	70	18	20	2	30	1	—	1	90	2	30	2	80	4	60
908	9	10	13	70	18	20	2	30	1	—	1	90	2	30	2	80	4	60
909	9	10	13	70	18	20	2	30	1	—	1	90	2	30	2	80	4	60
910	9	10	13	70	18	20	2	30	1	—	1	90	2	30	2	80	4	60
911	9	20	13	70	18	30	2	30	1	—	1	90	2	30	2	80	4	60
912	9	20	13	70	18	30	2	30	1	—	1	90	2	30	2	80	4	60
913	9	20	13	70	18	30	2	30	1	—	1	90	2	30	2	80	4	60
914	9	20	13	80	18	30	2	30	1	—	1	90	2	30	2	80	4	60
915	9	20	13	80	18	30	2	30	1	—	1	90	2	30	2	80	4	60
916	9	20	13	80	18	40	2	30	1	—	1	90	2	30	2	80	4	60
917	9	20	13	80	18	40	2	30	1	—	1	90	2	30	2	80	4	60
918	9	20	13	80	18	40	3	30	1	—	1	90	2	30	2	80	4	60
919	9	20	13	80	18	40	2	30	1	—	1	90	2	30	2	80	4	60
920	9	20	13	80	18	40	2	30	1	—	1	90	2	30	2	80	4	60

Gegenstands-Summa	Werthgebühr: Volle, Art. 22. 40. 41. 50		Werthgebühr: 1/2, Art. 25. 27. 29. 30. 38 Abs. 2		Werthgebühr: 1/2 bis 2200 M. darüber 2/3, Art. 24		Werthgebühr: 1 1/2, Art. 23		4/10 aus der vollen Werthgebühr, Art. 45 Abs. 3		4/10 aus 2/3 Werthgebühr, Art. 45 Abs. 3		Hinterlegungsgebühr: Art. 100		Hinterlegungsgebühr: Art. 101 a		Hinterlegungsgebühr: Art. 101 b		Auseinandersetzungsgebühr: 5/10 der Sätze des § 8 des Reichsgerichts-Kosten-Gesetzes		Auseinandersetzungsgebühr: 2/10 der Sätze des § 8 des Reichsgerichts-Kosten-Gesetzes	
M	M	Pf	M	Pf	M	Pf	M	Pf	M	Pf	M	Pf	M	Pf	M	Pf	M	Pf	M	Pf	M	Pf
881	6	30	3	20	3	20	9	50	2	60	1	30	2	30	8	90	17	70	13	—	5	20
882	6	30	3	20	3	20	9	50	2	60	1	30	2	30	8	90	17	70	13	—	5	20
883	6	30	3	20	3	20	9	50	2	60	1	30	2	30	8	90	17	70	13	—	5	20
884	6	30	3	20	3	20	9	50	2	60	1	30	2	30	8	90	17	70	13	—	5	20
885	6	30	3	20	3	20	9	50	2	60	1	30	2	30	8	90	17	70	13	—	5	20
886	6	30	3	20	3	20	9	50	2	60	1	30	2	30	8	90	17	80	13	—	5	20
887	6	30	3	20	3	20	9	50	2	60	1	30	2	30	8	90	17	80	13	—	5	20
888	6	30	3	20	3	20	9	50	2	60	1	30	2	30	8	90	17	80	13	—	5	20
889	6	30	3	20	3	20	9	50	2	60	1	30	2	30	8	90	17	80	13	—	5	20
890	6	30	3	20	3	20	9	50	2	60	1	30	2	30	8	90	17	80	13	—	5	20
891	6	30	3	20	3	20	9	50	2	60	1	30	2	30	9	—	17	90	13	—	5	20
892	6	30	3	20	3	20	9	50	2	60	1	30	2	30	9	—	17	90	13	—	5	20
893	6	30	3	20	3	20	9	50	2	60	1	30	2	30	9	—	17	90	13	—	5	20
894	6	30	3	20	3	20	9	50	2	60	1	30	2	30	9	—	17	90	13	—	5	20
895	6	30	3	20	3	20	9	50	2	60	1	30	2	30	9	—	17	90	13	—	5	20
896	6	30	3	20	3	20	9	50	2	60	1	30	2	30	9	—	18	—	13	—	5	20
897	6	30	3	20	3	20	9	50	2	60	1	30	2	30	9	—	18	—	13	—	5	20
898	6	30	3	20	3	20	9	50	2	60	1	30	2	30	9	—	18	—	13	—	5	20
899	6	30	3	20	3	20	9	50	2	60	1	30	2	30	9	—	18	—	13	—	5	20
900	6	30	3	20	3	20	9	50	2	60	1	30	2	30	9	—	18	—	13	—	5	20
901	7	20	3	60	3	60	10	80	2	90	1	50	2	30	9	10	18	10	16	—	6	40
902	7	20	3	60	3	60	10	80	2	90	1	50	2	30	9	10	18	10	16	—	6	40
903	7	20	3	60	3	60	10	80	2	90	1	50	2	30	9	10	18	10	16	—	6	40
904	7	20	3	60	3	60	10	80	2	90	1	50	2	30	9	10	18	10	16	—	6	40
905	7	20	3	60	3	60	10	80	2	90	1	50	2	30	9	10	18	10	16	—	6	40
906	7	20	3	60	3	60	10	80	2	90	1	50	2	30	9	10	18	20	16	—	6	40
907	7	20	3	60	3	60	10	80	2	90	1	50	2	30	9	10	18	20	16	—	6	40
908	7	20	3	60	3	60	10	80	2	90	1	50	2	30	9	10	18	20	16	—	6	40
909	7	20	3	60	3	60	10	80	2	90	1	50	2	30	9	10	18	20	16	—	6	40
910	7	20	3	60	3	60	10	80	2	90	1	50	2	30	9	10	18	20	16	—	6	40
911	7	20	3	60	3	60	10	80	2	90	1	50	2	30	9	20	18	30	16	—	6	40
912	7	20	3	60	3	60	10	80	2	90	1	50	2	30	9	20	18	30	16	—	6	40
913	7	20	3	60	3	60	10	80	2	90	1	50	2	30	9	20	18	30	16	—	6	40
914	7	20	3	60	3	60	10	80	2	90	1	50	2	30	9	20	18	30	16	—	6	40
915	7	20	3	60	3	60	10	80	2	90	1	50	2	30	9	20	18	30	16	—	6	40
916	7	20	3	60	3	60	10	80	2	90	1	50	2	30	9	20	18	40	16	—	6	40
917	7	20	3	60	3	60	10	80	2	90	1	50	2	30	9	20	18	40	16	—	6	40
918	7	20	3	60	3	60	10	80	2	90	1	50	2	30	9	20	18	40	16	—	6	40
919	7	20	3	60	3	60	10	80	2	90	1	50	2	30	9	20	18	40	16	—	6	40
920	7	20	3	60	3	60	10	80	2	90	1	50	2	30	9	20	18	40	16	—	6	40

Gegen-stands-Summa	Staatsgebühren 1 Prozent		Staatsgebühren 1½ Prozent		Staatsgebühren 2 Prozent		Besitz-veränderungs-abgabe		Staatsgebühren 1 pro mille		Staatsgebühren 2 pro mille		Staatsgebühren 2½ pro mille		Staatsgebühren 3 pro mille		Staatsgebühren 5 pro mille	
ℳ	ℳ	₰	ℳ	₰	ℳ	₰	ℳ	₰	ℳ	₰	ℳ	₰	ℳ	₰	ℳ	₰	ℳ	₰
921	9	30	13	90	18	50	2	40	1	—	1	90	2	40	2	80	4	70
922	9	30	13	90	18	50	2	40	1	—	1	90	2	40	2	80	4	70
923	9	30	13	90	18	50	2	40	1	—	1	90	2	40	2	80	4	70
924	9	30	13	90	18	50	2	40	1	—	1	90	2	40	2	80	4	70
925	9	30	13	90	18	50	2	40	1	—	1	90	2	40	2	80	4	70
926	9	30	13	90	18	60	2	40	1	—	1	90	2	40	2	80	4	70
927	9	30	14	—	18	60	2	40	1	—	1	90	2	40	2	80	4	70
928	9	30	14	—	18	60	2	40	1	—	1	90	2	40	2	80	4	70
929	9	30	14	—	18	60	2	40	1	—	1	90	2	40	2	80	4	70
930	9	30	14	—	18	60	2	40	1	—	1	90	2	40	2	80	4	70
931	9	40	14	—	18	70	2	40	1	—	1	90	2	40	2	80	4	70
932	9	40	14	—	18	70	2	40	1	—	1	90	2	40	2	80	4	70
933	9	40	14	—	18	70	2	40	1	—	1	90	2	40	2	80	4	70
934	9	40	14	10	18	70	2	40	1	—	1	90	2	40	2	90	4	70
935	9	40	14	10	18	70	2	40	1	—	1	90	2	40	2	90	4	70
936	9	40	14	10	18	80	2	40	1	—	1	90	2	40	2	90	4	70
937	9	40	14	10	18	80	2	40	1	—	1	90	2	40	2	90	4	70
938	9	40	14	10	18	80	2	40	1	—	1	90	2	40	2	90	4	70
939	9	40	14	10	18	80	2	40	1	—	1	90	2	40	2	90	4	70
940	9	40	14	10	18	80	2	40	1	—	1	90	2	40	2	90	4	70
941	9	50	14	20	18	90	2	40	1	—	1	90	2	40	2	90	4	80
942	9	50	14	20	18	90	2	40	1	—	1	90	2	40	2	90	4	80
943	9	50	14	20	18	90	2	40	1	—	1	90	2	40	2	90	4	80
944	9	50	14	20	18	90	2	40	1	—	1	90	2	40	2	90	4	80
945	9	50	14	20	18	90	2	40	1	—	1	90	2	40	2	90	4	80
946	9	50	14	20	19	—	2	40	1	—	1	90	2	40	2	90	4	80
947	9	50	14	30	19	—	2	40	1	—	1	90	2	40	2	90	4	80
948	9	50	14	30	19	—	2	40	1	—	1	90	2	40	2	90	4	80
949	9	50	14	30	19	—	2	40	1	—	1	90	2	40	2	90	4	80
950	9	50	14	30	19	—	2	40	1	—	1	90	2	40	2	90	4	80
951	9	60	14	30	19	10	2	40	1	—	2	—	2	40	2	90	4	80
952	9	60	14	30	19	10	2	40	1	—	2	—	2	40	2	90	4	80
953	9	60	14	30	19	10	2	40	1	—	2	—	2	40	2	90	4	80
954	9	60	14	40	19	10	2	40	1	—	2	—	2	40	2	90	4	80
955	9	60	14	40	19	10	2	40	1	—	2	—	2	40	2	90	4	80
956	9	60	14	40	19	20	2	40	1	—	2	—	2	40	2	90	4	80
957	9	60	14	40	19	20	2	40	1	—	2	—	2	40	2	90	4	80
958	9	60	14	40	19	20	2	40	1	—	2	—	2	40	2	90	4	80
959	9	60	14	40	19	20	2	40	1	—	2	—	2	40	2	90	4	80
960	9	60	14	40	19	20	2	40	1	—	2	—	2	40	2	90	4	80

Gegen-stands-Summa	Werthgebühr: Volle, Art. 22. 40. 41. 50		Werthgebühr: 1/2, Art. 25. 27. 29. 30. 38 Abs. 2		Werthgebühr: 1/2 bis 2200 M. darüber 2/3, Art. 24		Werthgebühr: 1 1/2, Art. 23		4/10 aus der vollen Werthgebühr, Art. 45 Abs. 3		4/10 aus 2/3 Werthgebühr, Art. 45 Abs. 3		Hinterlegungsgebühr: Art. 100		Hinterlegungsgebühr: Art. 101 a		Hinterlegungsgebühr: Art. 101 b		Auseinandersetzungsgebühr: 5/10 der Sätze des § 8 des Reichsgerichts-Kosten-Gesetzes		Auseinandersetzungsgebühr: 2/10 der Sätze des § 8 des Reichsgerichts-Kosten-Gesetzes	
M	M	₰	M	₰	M	₰	M	₰	M	₰	M	₰	M	₰	M	₰	M	₰	M	₰	M	₰
921	7	20	3	60	3	60	10	80	2	90	1	50	2	40	9	30	18	50	16	—	6	40
922	7	20	3	60	3	60	10	80	2	90	1	50	2	40	9	30	18	50	16	—	6	40
923	7	20	3	60	3	60	10	80	2	90	1	50	2	40	9	30	18	50	16	—	6	40
924	7	20	3	60	3	60	10	80	2	90	1	50	2	40	9	30	18	50	16	—	6	40
925	7	20	3	60	3	60	10	80	2	90	1	50	2	40	9	30	18	50	16	—	6	40
926	7	20	3	60	3	60	10	80	2	90	1	50	2	40	9	30	18	60	16	—	6	40
927	7	20	3	60	3	60	10	80	2	90	1	50	2	40	9	30	18	60	16	—	6	40
928	7	20	3	60	3	60	10	80	2	90	1	50	2	40	9	30	18	60	16	—	6	40
929	7	20	3	60	3	60	10	80	2	90	1	50	2	40	9	30	18	60	16	—	6	40
930	7	20	3	60	3	60	10	80	2	90	1	50	2	40	9	30	18	60	16	—	6	40
931	7	20	3	60	3	60	10	80	2	90	1	50	2	40	9	40	18	70	16	—	6	40
932	7	20	3	60	3	60	10	80	2	90	1	50	2	40	9	40	18	70	16	—	6	40
933	7	20	3	60	3	60	10	80	2	90	1	50	2	40	9	40	18	70	16	—	6	40
934	7	20	3	60	3	60	10	80	2	90	1	50	2	40	9	40	18	70	16	—	6	40
935	7	20	3	60	3	60	10	80	2	90	1	50	2	40	9	40	18	70	16	—	6	40
936	7	20	3	60	3	60	10	80	2	90	1	50	2	40	9	40	18	80	16	—	6	40
937	7	20	3	60	3	60	10	80	2	90	1	50	2	40	9	40	18	80	16	—	6	40
938	7	20	3	60	3	60	10	80	2	90	1	50	2	40	9	40	18	80	16	—	6	40
939	7	20	3	60	3	60	10	80	2	90	1	50	2	40	9	40	18	80	16	—	6	40
940	7	20	3	60	3	60	10	80	2	90	1	50	2	40	9	40	18	80	16	—	6	40
941	7	20	3	60	3	60	10	80	2	90	1	50	2	40	9	50	18	90	16	—	6	40
942	7	20	3	60	3	60	10	80	2	90	1	50	2	40	9	50	18	90	16	—	6	40
943	7	20	3	60	3	60	10	80	2	90	1	50	2	40	9	50	18	90	16	—	6	40
944	7	20	3	60	3	60	10	80	2	90	1	50	2	40	9	50	18	90	16	—	6	40
945	7	20	3	60	3	60	10	80	2	90	1	50	2	40	9	50	18	90	16	—	6	40
946	7	20	3	60	3	60	10	80	2	90	1	50	2	40	9	50	19	—	16	—	6	40
947	7	20	3	60	3	60	10	80	2	90	1	50	2	40	9	50	19	—	16	—	6	40
948	7	20	3	60	3	60	10	80	2	90	1	50	2	40	9	50	19	—	16	—	6	40
949	7	20	3	60	3	60	10	80	2	90	1	50	2	40	9	50	19	—	16	—	6	40
950	7	20	3	60	3	60	10	80	2	90	1	50	2	40	9	50	19	—	16	—	6	40
951	7	20	3	60	3	60	10	80	2	90	1	50	2	40	9	60	19	10	16	—	6	40
952	7	20	3	60	3	60	10	80	2	90	1	50	2	40	9	60	19	10	16	—	6	40
953	7	20	3	60	3	60	10	80	2	90	1	50	2	40	9	60	19	10	16	—	6	40
954	7	20	3	60	3	60	10	80	2	90	1	50	2	40	9	60	19	10	16	—	6	40
955	7	20	3	60	3	60	10	80	2	90	1	50	2	40	9	60	19	10	16	—	6	40
956	7	20	3	60	3	60	10	80	2	90	1	50	2	40	9	60	19	20	16	—	6	40
957	7	20	3	60	3	60	10	80	2	90	1	50	2	40	9	60	19	20	16	—	6	40
958	7	20	3	60	3	60	10	80	2	90	1	50	2	40	9	60	19	20	16	—	6	40
959	7	20	3	60	3	60	10	80	2	90	1	50	2	40	9	60	19	20	16	—	6	40
960	7	20	3	60	3	60	10	80	2	90	1	50	2	40	9	60	19	20	16	—	6	40

Gegen-stands-Summa	Staatsgebühren 1 Prozent		Staatsgebühren 1½ Prozent		Staatsgebühren 2 Prozent		Besitz-verände-rungs-abgabe		Staatsgebühren 1 pro mille		Staatsgebühren 2 pro mille		Staatsgebühren 2½ pro mille		Staatsgebühren 3 pro mille		Staatsgebühren 5 pro mille	
ℳ	ℳ	₰	ℳ	₰	ℳ	₰	ℳ	₰	ℳ	₰	ℳ	₰	ℳ	₰	ℳ	₰	ℳ	₰
961	9	70	14	50	19	30	2	50	1	—	2	—	2	50	2	90	4	90
962	9	70	14	50	19	30	2	50	1	—	2	—	2	50	2	90	4	90
963	9	70	14	50	19	30	2	50	1	—	2	—	2	50	2	90	4	90
964	9	70	14	50	19	30	2	50	1	—	2	—	2	50	2	90	4	90
965	9	70	14	50	19	30	2	50	1	—	2	—	2	50	2	90	4	90
966	9	70	14	50	19	40	2	50	1	—	2	—	2	50	2	90	4	90
967	9	70	14	60	19	40	2	50	1	—	2	—	2	50	3	—	4	90
968	9	70	14	60	19	40	2	50	1	—	2	—	2	50	3	—	4	90
969	9	70	14	60	19	40	2	50	1	—	2	—	2	50	3	—	4	90
970	9	70	14	60	19	40	2	50	1	—	2	—	2	50	3	—	4	90
971	9	80	14	60	19	50	2	50	1	—	2	—	2	50	3	—	4	90
972	9	80	14	60	19	50	2	50	1	—	2	—	2	50	3	—	4	90
973	9	80	14	60	19	50	2	50	1	—	2	—	2	50	3	—	4	90
974	9	80	14	70	19	50	2	50	1	—	2	—	2	50	3	—	4	90
975	9	80	14	70	19	50	2	50	1	—	2	—	2	50	3	—	4	90
976	9	80	14	70	19	60	2	50	1	—	2	—	2	50	3	—	4	90
977	9	80	14	70	19	60	2	50	1	—	2	—	2	50	3	—	4	90
978	9	80	14	70	19	60	2	50	1	—	2	—	2	50	3	—	4	90
979	9	80	14	70	19	60	2	50	1	—	2	—	2	50	3	—	4	90
980	9	80	14	70	19	60	2	50	1	—	2	—	2	50	3	—	4	90
981	9	90	14	80	19	70	2	50	1	—	2	—	2	50	3	—	5	—
982	9	90	14	80	19	70	2	50	1	—	2	—	2	50	3	—	5	—
983	9	90	14	80	19	70	2	50	1	—	2	—	2	50	3	—	5	—
984	9	90	14	80	19	70	2	50	1	—	2	—	2	50	3	—	5	—
985	9	90	14	80	19	70	2	50	1	—	2	—	2	50	3	—	5	—
986	9	90	14	80	19	80	2	50	1	—	2	—	2	50	3	—	5	—
987	9	90	14	90	19	80	2	50	1	—	2	—	2	50	3	—	5	—
988	9	90	14	90	19	80	2	50	1	—	2	—	2	50	3	—	5	—
989	9	90	14	90	19	80	2	50	1	—	2	—	2	50	3	—	5	—
990	9	90	14	90	19	80	2	50	1	—	2	—	2	50	3	—	5	—
991	10	—	14	90	19	90	2	50	1	—	2	—	2	50	3	—	5	—
992	10	—	14	90	19	90	2	50	1	—	2	—	2	50	3	—	5	—
993	10	—	14	90	19	90	2	50	1	—	2	—	2	50	3	—	5	—
994	10	—	15	—	19	90	2	50	1	—	2	—	2	50	3	—	5	—
995	10	—	15	—	19	90	2	50	1	—	2	—	2	50	3	—	5	—
996	10	—	15	—	20	—	2	50	1	—	2	—	2	50	3	—	5	—
997	10	—	15	—	20	—	2	50	1	—	2	—	2	50	3	—	5	—
998	10	—	15	—	20	—	2	50	1	—	2	—	2	50	3	—	5	—
999	10	—	15	—	20	—	2	50	1	—	2	—	2	50	3	—	5	—
1000	10	—	15	—	20	—	2	50	1	—	2	—	2	50	3	—	5	—

Gegen-stands-Summa	Werthgebühr								4/10 aus der vollen Werth-gebühr		4/10 aus 2/3 Werth-gebühr		Hinterlegungs-gebühr						Auseinander-setzungsgebühr			
	Volle		1/2		1/2 bis 2200 ℳ darüber 2/3		1 1/2												5/10		2/10	
	Art. 22. 40. 41. 50		Art. 25. 27. 29. 30 38 Abs. 2		Art. 24		Art. 23		Art. 45 Abs. 3				Art. 100		Art. 101 a		Art. 101 b		der Sätze des § 8 des Reichsgerichts-Kosten-Gesetzes			
ℳ	ℳ	₰	ℳ	₰	ℳ	₰	ℳ	₰	ℳ	₰	ℳ	₰	ℳ	₰	ℳ	₰	ℳ	₰	ℳ	₰	ℳ	₰
961	7	20	3	60	3	60	10	80	2	90	1	50	2	50	9	70	19	30	16	—	6	40
962	7	20	3	60	3	60	10	80	2	90	1	50	2	50	9	70	19	30	16	—	6	40
963	7	20	3	60	3	60	10	80	2	90	1	50	2	50	9	70	19	30	16	—	6	40
964	7	20	3	60	3	60	10	80	2	90	1	50	2	50	9	70	19	30	16	—	6	40
965	7	20	3	60	3	60	10	80	2	90	1	50	2	50	9	70	19	30	16	—	6	40
966	7	20	3	60	3	60	10	80	2	90	1	50	2	50	9	70	19	40	16	—	6	40
967	7	20	3	60	3	60	10	80	2	90	1	50	2	50	9	70	19	40	16	—	6	40
968	7	20	3	60	3	60	10	80	2	90	1	50	2	50	9	70	19	40	16	—	6	40
969	7	20	3	60	3	60	10	80	2	90	1	50	2	50	9	70	19	40	16	—	6	40
970	7	20	3	60	3	60	10	80	2	90	1	50	2	50	9	70	19	40	16	—	6	40
971	7	20	3	60	3	60	10	80	2	90	1	50	2	50	9	80	19	50	16	—	6	40
972	7	20	3	60	3	60	10	80	2	90	1	50	2	50	9	80	19	50	16	—	6	40
973	7	20	3	60	3	60	10	80	2	90	1	50	2	50	9	80	19	50	16	—	6	40
974	7	20	3	60	3	60	10	80	2	90	1	50	2	50	9	80	19	50	16	—	6	40
975	7	20	3	60	3	60	10	80	2	90	1	50	2	50	9	80	19	50	16	—	6	40
976	7	20	3	60	3	60	10	80	2	90	1	50	2	50	9	80	19	60	16	—	6	40
977	7	20	3	60	3	60	10	80	2	90	1	50	2	50	9	80	19	60	16	—	6	40
978	7	20	3	60	3	60	10	80	2	90	1	50	2	50	9	80	19	60	16	—	6	40
979	7	20	3	60	3	60	10	80	2	90	1	50	2	50	9	80	19	60	16	—	6	40
980	7	20	3	60	3	60	10	80	2	90	1	50	2	50	9	80	19	60	16	—	6	40
981	7	20	3	60	3	60	10	80	2	90	1	50	2	50	9	90	19	70	16	—	6	40
982	7	20	3	60	3	60	10	80	2	90	1	50	2	50	9	90	19	70	16	—	6	40
983	7	20	3	60	3	60	10	80	2	90	1	50	2	50	9	90	19	70	16	—	6	40
984	7	20	3	60	3	60	10	80	2	90	1	50	2	50	9	90	19	70	16	—	6	40
985	7	20	3	60	3	60	10	80	2	90	1	50	2	50	9	90	19	70	16	—	6	40
986	7	20	3	60	3	60	10	80	2	90	1	50	2	50	9	90	19	80	16	—	6	40
987	7	20	3	60	3	60	10	80	2	90	1	50	2	50	9	90	19	80	16	—	6	40
988	7	20	3	60	3	60	10	80	2	90	1	50	2	50	9	90	19	80	16	—	6	40
989	7	20	3	60	3	60	10	80	2	90	1	50	2	50	9	90	19	80	16	—	6	40
990	7	20	3	60	3	60	10	80	2	90	1	50	2	50	9	90	19	80	16	—	6	40
991	7	20	3	60	3	60	10	80	2	90	1	50	2	50	10	—	19	90	16	—	6	40
992	7	20	3	60	3	60	10	80	2	90	1	50	2	50	10	—	19	90	16	—	6	40
993	7	20	3	60	3	60	10	80	2	90	1	50	2	50	10	—	19	90	16	—	6	40
994	7	20	3	60	3	60	10	80	2	90	1	50	2	50	10	—	19	90	16	—	6	40
995	7	20	3	60	3	60	10	80	2	90	1	50	2	50	10	—	19	90	16	—	6	40
996	7	20	3	60	3	60	10	80	2	90	1	50	2	50	10	—	20	—	16	—	6	40
997	7	20	3	60	3	60	10	80	2	90	1	50	2	50	10	—	20	—	16	—	6	40
998	7	20	3	60	3	60	10	80	2	90	1	50	2	50	10	—	20	—	16	—	6	40
999	7	20	3	60	3	60	10	80	2	90	1	50	2	50	10	—	20	—	16	—	6	40
1000	7	20	3	60	3	60	10	80	2	90	1	50	2	50	10	—	20	—	16	—	6	40

Gegen-stands-Summa	Staatsgebühren 1 Prozent		Staatsgebühren 1 1/2 Prozent		Staatsgebühren 2 Prozent		Besitz-veränderungs-abgabe		Staatsgebühren 1 pro mille		Staatsgebühren 2 pro mille		Staatsgebühren 2 1/2 pro mille		Staatsgebühren 3 pro mille		Staatsgebühren 5 pro mille	
ℳ	ℳ	₰	ℳ	₰	ℳ	₰	ℳ	₰	ℳ	₰	ℳ	₰	ℳ	₰	ℳ	₰	ℳ	₰
1001	10	10	15	10	20	10	3	80	1	10	2	10	2	60	3	10	5	10
1002	10	10	15	10	20	10	3	80	1	10	2	10	2	60	3	10	5	10
1003	10	10	15	10	20	10	3	80	1	10	2	10	2	60	3	10	5	10
1004	10	10	15	10	20	10	3	80	1	10	2	10	2	60	3	10	5	10
1005	10	10	15	10	20	10	3	80	1	10	2	10	2	60	3	10	5	10
1006	10	10	15	10	20	20	3	80	1	10	2	10	2	60	3	10	5	10
1007	10	10	15	20	20	20	3	80	1	10	2	10	2	60	3	10	5	10
1008	10	10	15	20	20	20	3	80	1	10	2	10	2	60	3	10	5	10
1009	10	10	15	20	20	20	3	80	1	10	2	10	2	60	3	10	5	10
1010	10	10	15	20	20	20	3	80	1	10	2	10	2	60	3	10	5	10
1011	10	20	15	20	20	30	3	80	1	10	2	10	2	60	3	10	5	10
1012	10	20	15	20	20	30	3	80	1	10	2	10	2	60	3	10	5	10
1013	10	20	15	20	20	30	3	80	1	10	2	10	2	60	3	10	5	10
1014	10	20	15	30	20	30	3	90	1	10	2	10	2	60	3	10	5	10
1015	10	20	15	30	20	30	3	90	1	10	2	10	2	60	3	10	5	10
1016	10	20	15	30	20	40	3	90	1	10	2	10	2	60	3	10	5	10
1017	10	20	15	30	20	40	3	90	1	10	2	10	2	60	3	10	5	10
1018	10	20	15	30	20	40	3	90	1	10	2	10	2	60	3	10	5	10
1019	10	20	15	30	20	40	3	90	1	10	2	10	2	60	3	10	5	10
1020	10	20	15	30	20	40	3	90	1	10	2	10	2	60	3	10	5	10
1021	10	30	15	40	20	50	3	90	1	10	2	10	2	60	3	10	5	20
1022	10	30	15	40	20	50	3	90	1	10	2	10	2	60	3	10	5	20
1023	10	30	15	40	20	50	3	90	1	10	2	10	2	60	3	10	5	20
1024	10	30	15	40	20	50	3	90	1	10	2	10	2	60	3	10	5	20
1025	10	30	15	40	20	50	3	90	1	10	2	10	2	60	3	10	5	20
1026	10	30	15	40	20	60	3	90	1	10	2	10	2	60	3	10	5	20
1027	10	30	15	50	20	60	3	90	1	10	2	10	2	60	3	10	5	20
1028	10	30	15	50	20	60	3	90	1	10	2	10	2	60	3	10	5	20
1029	10	30	15	50	20	60	3	90	1	10	2	10	2	60	3	10	5	20
1030	10	30	15	50	20	60	3	90	1	10	2	10	2	60	3	10	5	20
1031	10	40	15	50	20	70	3	90	1	10	2	10	2	60	3	10	5	20
1032	10	40	15	50	20	70	3	90	1	10	2	10	2	60	3	10	5	20
1033	10	40	15	50	20	70	3	90	1	10	2	10	2	60	3	10	5	20
1034	10	40	15	60	20	70	3	90	1	10	2	10	2	60	3	20	5	20
1035	10	40	15	60	20	70	3	90	1	10	2	10	2	60	3	20	5	20
1036	10	40	15	60	20	80	3	90	1	10	2	10	2	60	3	20	5	20
1037	10	40	15	60	20	80	3	90	1	10	2	10	2	60	3	20	5	20
1038	10	40	15	60	20	80	3	90	1	10	2	10	2	60	3	20	5	20
1039	10	40	15	60	20	80	3	90	1	10	2	10	2	60	3	20	5	20
1040	10	40	15	60	20	80	3	90	1	10	2	10	2	60	3	20	5	20

GegenstandsSumma	Werthgebühr								4/10 aus der vollen Werthgebühr		4/10 aus 2/3 Werthgebühr		Hinterlegungsgebühr						Auseinandersetzungsgebühr			
	Volle		1/2		1/2 bis 2200 ℳ darüber 2/3		1 1/2												5/10		2/10	
	Art. 22. 40. 41. 50		Art. 25. 27. 29. 30. 38 Abs. 2		Art. 24		Art. 23		Art. 45 Abs. 3				Art. 100		Art. 101 a		Art. 101 b		der Sätze des § 8 des Reichsgerichts-Kosten-Gesetzes			
ℳ	ℳ	₰	ℳ	₰	ℳ	₰	ℳ	₰	ℳ	₰	ℳ	₰	ℳ	₰	ℳ	₰	ℳ	₰	ℳ	₰	ℳ	₰
1001	7	20	3	60	3	60	10	80	2	90	1	50	2	60	10	10	20	10	16	—	6	40
1002	7	20	3	60	3	60	10	80	2	90	1	50	2	60	10	10	20	10	16	—	6	40
1003	7	20	3	60	3	60	10	80	2	90	1	50	2	60	10	10	20	10	16	—	6	40
1004	7	20	3	60	3	60	10	80	2	90	1	50	2	60	10	10	20	10	16	—	6	40
1005	7	20	3	60	3	60	10	80	2	90	1	50	2	60	10	10	20	10	16	—	6	40
1006	7	20	3	60	3	60	10	80	2	90	1	50	2	60	10	10	20	20	16	—	6	40
1007	7	20	3	60	3	60	10	80	2	90	1	50	2	60	10	10	20	20	16	—	6	40
1008	7	20	3	60	3	60	10	80	2	90	1	50	2	60	10	10	20	20	16	—	6	40
1009	7	20	3	60	3	60	10	80	2	90	1	50	2	60	10	10	20	20	16	—	6	40
1010	7	20	3	60	3	60	10	80	2	90	1	50	2	60	10	10	20	20	16	—	6	40
1011	7	20	3	60	3	60	10	80	2	90	1	50	2	60	10	20	20	30	16	—	6	40
1012	7	20	3	60	3	60	10	80	2	90	1	50	2	60	10	20	20	30	16	—	6	40
1013	7	20	3	60	3	60	10	80	2	90	1	50	2	60	10	20	20	30	16	—	6	40
1014	7	20	3	60	3	60	10	80	2	90	1	50	2	60	10	20	20	30	16	—	6	40
1015	7	20	3	60	3	60	10	80	2	90	1	50	2	60	10	20	20	30	16	—	6	40
1016	7	20	3	60	3	60	10	80	2	90	1	50	2	60	10	20	20	40	16	—	6	40
1017	7	20	3	60	3	60	10	80	2	90	1	50	2	60	10	20	20	40	16	—	6	40
1018	7	20	3	60	3	60	10	80	2	90	1	50	2	60	10	20	20	40	16	—	6	40
1019	7	20	3	60	3	60	10	80	2	90	1	50	2	60	10	20	20	40	16	—	6	40
1020	7	20	3	60	3	60	10	80	2	90	1	50	2	60	10	20	20	40	16	—	6	40
1021	7	20	3	60	3	60	10	80	2	90	1	50	2	60	10	30	20	50	16	—	6	40
1022	7	20	3	60	3	60	10	80	2	90	1	50	2	60	10	30	20	50	16	—	6	40
1023	7	20	3	60	3	60	10	80	2	90	1	50	2	60	10	30	20	50	16	—	6	40
1024	7	20	3	60	3	60	10	80	2	90	1	50	2	60	10	30	20	50	16	—	6	40
1025	7	20	3	60	3	60	10	80	2	90	1	50	2	60	10	30	20	50	16	—	6	40
1026	7	20	3	60	3	60	10	80	2	90	1	50	2	60	10	30	20	60	16	—	6	40
1027	7	20	3	60	3	60	10	80	2	90	1	50	2	60	10	30	20	60	16	—	6	40
1028	7	20	3	60	3	60	10	80	2	90	1	50	2	60	10	30	20	60	16	—	6	40
1029	7	20	3	60	3	60	10	80	2	90	1	50	2	60	10	30	20	60	16	—	6	40
1030	7	20	3	60	3	60	10	80	2	90	1	50	2	60	10	30	20	60	16	—	6	40
1031	7	20	3	60	3	60	10	80	2	90	1	50	2	60	10	40	20	70	16	—	6	40
1032	7	20	3	60	3	60	10	80	2	90	1	50	2	60	10	40	20	70	16	—	6	40
1033	7	20	3	60	3	60	10	80	2	90	1	50	2	60	10	40	20	70	16	—	6	40
1034	7	20	3	60	3	60	10	80	2	90	1	50	2	60	10	40	20	70	16	—	6	40
1035	7	20	3	60	3	60	10	80	2	90	1	50	2	60	10	40	20	70	16	—	6	40
1036	7	20	3	60	3	60	10	80	2	90	1	50	2	60	10	40	20	80	16	—	6	40
1037	7	20	3	60	3	60	10	80	2	90	1	50	2	60	10	40	20	80	16	—	6	40
1038	7	20	3	60	3	60	10	80	2	90	1	50	2	60	10	40	20	80	16	—	6	40
1039	7	20	3	60	3	60	10	80	2	90	1	50	2	60	10	40	20	80	16	—	6	40
1040	7	20	3	60	3	60	10	80	2	90	1	50	2	60	10	40	20	80	16	—	6	40

Gegen-stands-Summa	Staatsgebühren Prozent						Besitz-veränderungs-abgabe		Staatsgebühren pro mille									
	1		1½		2				1		2		2½		3		5	
M	M	Pf	M	Pf	M	Pf	M	Pf	M	Pf	M	Pf	M	Pf	M	Pf	M	Pf
1041	10	50	15	70	20	90	4	—	1	10	2	10	2	70	3	20	5	30
1042	10	50	15	70	20	90	4	—	1	10	2	10	2	70	3	20	5	30
1043	10	50	15	70	20	90	4	—	1	10	2	10	2	70	3	20	5	30
1044	10	50	15	70	20	90	4	—	1	10	2	10	2	70	3	20	5	30
1045	10	50	15	70	20	90	4	—	1	10	2	10	2	70	3	20	5	30
1046	10	50	15	70	21	—	4	—	1	10	2	10	2	70	3	20	5	30
1047	10	50	15	80	21	—	4	—	1	10	2	10	2	70	3	20	5	30
1048	10	50	15	80	21	—	4	—	1	10	2	10	2	70	3	20	5	30
1049	10	50	15	80	21	—	4	—	1	10	2	10	2	70	3	20	5	30
1050	10	50	15	80	21	—	4	—	1	10	2	10	2	70	3	20	5	30
1051	10	60	15	80	21	10	4	—	1	10	2	20	2	70	3	20	5	30
1052	10	60	15	80	21	10	4	—	1	10	2	20	2	70	3	20	5	30
1053	10	60	15	80	21	10	4	—	1	10	2	20	2	70	3	20	5	30
1054	10	60	15	90	21	10	4	—	1	10	2	20	2	70	3	20	5	30
1055	10	60	15	90	21	10	4	—	1	10	2	20	2	70	3	20	5	30
1056	10	60	15	90	21	20	4	—	1	10	2	20	2	70	3	20	5	30
1057	10	60	15	90	21	20	4	—	1	10	2	20	2	70	3	20	5	30
1058	10	60	15	90	21	20	4	—	1	10	2	20	2	70	3	20	5	30
1059	10	60	15	90	21	20	4	—	1	10	2	20	2	70	3	20	5	30
1060	10	60	15	90	21	20	4	—	1	10	2	20	2	70	3	20	5	30
1061	10	70	16	—	21	30	4	—	1	10	2	20	2	70	3	20	5	40
1062	10	70	16	—	21	30	4	—	1	10	2	20	2	70	3	20	5	40
1063	10	70	16	—	21	30	4	—	1	10	2	20	2	70	3	20	5	40
1064	10	70	16	—	21	30	4	—	1	10	2	20	2	70	3	20	5	40
1065	10	70	16	—	21	30	4	—	1	10	2	20	2	70	3	20	5	40
1066	10	70	16	—	21	40	4	—	1	10	2	20	2	70	3	20	5	40
1067	10	70	16	10	21	40	4	10	1	10	2	20	2	70	3	30	5	40
1068	10	70	16	10	21	40	4	10	1	10	2	20	2	70	3	30	5	40
1069	10	70	16	10	21	40	4	10	1	10	2	20	2	70	3	30	5	40
1070	10	70	16	10	21	40	4	10	1	10	2	20	2	70	3	30	5	40
1071	10	80	16	10	21	50	4	10	1	10	2	20	2	70	3	30	5	40
1072	10	80	16	10	21	50	4	10	1	10	2	20	2	70	3	30	5	40
1073	10	80	16	10	21	50	4	10	1	10	2	20	2	70	3	30	5	40
1074	10	80	16	20	21	50	4	10	1	10	2	20	2	70	3	30	5	40
1075	10	80	16	20	21	50	4	10	1	10	2	20	2	70	3	30	5	40
1076	10	80	16	20	21	60	4	10	1	10	2	20	2	70	3	30	5	40
1077	10	80	16	20	21	60	4	10	1	10	2	20	2	70	3	30	5	40
1078	10	80	16	20	21	60	4	10	1	10	2	20	2	70	3	30	5	40
1079	10	80	16	20	21	60	4	10	1	10	2	20	2	70	3	30	5	40
1080	10	80	16	20	21	60	4	10	1	10	2	20	2	70	3	30	5	40

Gegenstands-Summa	Werthgebühr: Volle (Art. 22. 40. 41. 50)		Werthgebühr: 1/2 (Art. 25. 27. 29. 30. 38 Abs. 2)		Werthgebühr: 1/2 bis 2200 M. darüber 2/3 (Art. 24)		Werthgebühr: 1 1/2 (Art. 23)		4/10 aus der vollen Werthgebühr (Art. 45 Abs. 3)		4/10 aus 2/3 Werthgebühr (Art. 45 Abs. 3)		Hinterlegungsgebühr: Art. 100		Hinterlegungsgebühr: Art. 101 a		Hinterlegungsgebühr: Art. 101 b		Auseinandersetzungsgebühr: 5/10 der Sätze des § 8 des Reichsgerichts-Kosten-Gesetzes		Auseinandersetzungsgebühr: 2/10 der Sätze des § 8 des Reichsgerichts-Kosten-Gesetzes	
M	M	₰	M	₰	M	₰	M	₰	M	₰	M	₰	M	₰	M	₰	M	₰	M	₰	M	₰
1041	7	20	3	60	3	60	10	80	2	90	1	50	2	70	10	50	20	90	16	—	6	40
1042	7	20	3	60	3	60	10	80	2	90	1	50	2	70	10	50	20	90	16	—	6	40
1043	7	20	3	60	3	60	10	80	2	90	1	50	2	70	10	50	20	90	16	—	6	40
1044	7	20	3	60	3	60	10	80	2	90	1	50	2	70	10	50	20	90	16	—	6	40
1045	7	20	3	60	3	60	10	80	2	90	1	50	2	70	10	50	20	90	16	—	6	40
1046	7	20	3	60	3	60	10	80	2	90	1	50	2	70	10	50	21	—	16	—	6	40
1047	7	20	3	60	3	60	10	80	2	90	1	50	2	70	10	50	21	—	16	—	6	40
1048	7	20	3	60	3	60	10	80	2	90	1	50	2	70	10	50	21	—	16	—	6	40
1049	7	20	3	60	3	60	10	80	2	90	1	50	2	70	10	50	21	—	16	—	6	40
1050	7	20	3	60	3	60	10	80	2	90	1	50	2	70	10	50	21	—	16	—	6	40
1051	7	20	3	60	3	60	10	80	2	90	1	50	2	70	10	60	21	10	16	—	6	40
1052	7	20	3	60	3	60	10	80	2	90	1	50	2	70	10	60	21	10	16	—	6	40
1053	7	20	3	60	3	60	10	80	2	90	1	50	2	70	10	60	21	10	16	—	6	40
1054	7	20	3	60	3	60	10	80	2	90	1	50	2	70	10	60	21	10	16	—	6	40
1055	7	20	3	60	3	60	10	80	2	90	1	50	2	70	10	60	21	10	16	—	6	40
1056	7	20	3	60	3	60	10	80	2	90	1	50	2	70	10	60	21	20	16	—	6	40
1057	7	20	3	60	3	60	10	80	2	90	1	50	2	70	10	60	21	20	16	—	6	40
1058	7	20	3	60	3	60	10	80	2	90	1	50	2	70	10	60	21	20	16	—	6	40
1059	7	20	3	60	3	60	10	80	2	90	1	50	2	70	10	60	21	20	16	—	6	40
1060	7	20	3	60	3	60	10	80	2	90	1	50	2	70	10	60	21	20	16	—	6	40
1061	7	20	3	60	3	60	10	80	2	90	1	50	2	70	10	70	21	30	16	—	6	40
1062	7	20	3	60	3	60	10	80	2	90	1	50	2	70	10	70	21	30	16	—	6	40
1063	7	20	3	60	3	60	10	80	2	90	1	50	2	70	10	70	21	30	16	—	6	40
1064	7	20	3	60	3	60	10	80	2	90	1	50	2	70	10	70	21	30	16	—	6	40
1065	7	20	3	60	3	60	10	80	2	90	1	50	2	70	10	70	21	30	16	—	6	40
1066	7	20	3	60	3	60	10	80	2	90	1	50	2	70	10	70	21	40	16	—	6	40
1067	7	20	3	60	3	60	10	80	2	90	1	50	2	70	10	70	21	40	16	—	6	40
1068	7	20	3	60	3	60	10	80	2	90	1	50	2	70	10	70	21	40	16	—	6	40
1069	7	20	3	60	3	60	10	80	2	90	1	50	2	70	10	70	21	40	16	—	6	40
1070	7	20	3	60	3	60	10	80	2	90	1	50	2	70	10	70	21	40	16	—	6	40
1071	7	20	3	60	3	60	10	80	2	90	1	50	2	70	10	80	21	50	16	—	6	40
1072	7	20	3	60	3	60	10	80	2	90	1	50	2	70	10	80	21	50	16	—	6	40
1073	7	20	3	60	3	60	10	80	2	90	1	50	2	70	10	80	21	50	16	—	6	40
1074	7	20	3	60	3	60	10	80	2	90	1	50	2	70	10	80	21	50	16	—	6	40
1075	7	20	3	60	3	60	10	80	2	90	1	50	2	70	10	80	21	50	16	—	6	40
1076	7	20	3	60	3	60	10	80	2	90	1	50	2	70	10	80	21	60	16	—	6	40
1077	7	20	3	60	3	60	10	80	2	90	1	50	2	70	10	80	21	60	16	—	6	40
1078	7	20	3	60	3	60	10	80	2	90	1	50	2	70	10	80	21	60	16	—	6	40
1079	7	20	3	60	3	60	10	80	2	90	1	50	2	70	10	80	21	60	16	—	6	40
1080	7	20	3	60	3	60	10	80	2	90	1	50	2	70	10	80	21	60	16	—	6	40

Gegen-stands-Summa	Staatsgebühren						Besitz-verände-rungs-abgabe		Staatsgebühren									
	1		1 1/2		2				1		2		2 1/2		3		5	
	Prozent								pro mille									
ℳ	ℳ	₰	ℳ	₰	ℳ	₰	ℳ	₰	ℳ	₰	ℳ	₰	ℳ	₰	ℳ	₰	ℳ	₰
1081	10	90	16	30	21	70	4	10	1	10	2	20	2	80	3	30	5	50
1082	10	90	16	30	21	70	4	10	1	10	2	20	2	80	3	30	5	50
1083	10	90	16	30	21	70	4	10	1	10	2	20	2	80	3	30	5	50
1084	10	90	16	30	21	70	4	10	1	10	2	20	2	80	3	30	5	50
1085	10	90	16	30	21	70	4	10	1	10	2	20	2	80	3	30	5	50
1086	10	90	16	30	21	80	4	10	1	10	2	20	2	80	3	30	5	50
1087	10	90	16	40	21	80	4	10	1	10	2	20	2	80	3	30	5	50
1088	10	90	16	40	21	80	4	10	1	10	2	20	2	80	3	30	5	50
1089	10	90	16	40	21	80	4	10	1	10	2	20	2	80	3	30	5	50
1090	10	90	16	40	21	80	4	10	1	10	2	20	2	80	3	30	5	50
1091	11	—	16	40	21	90	4	10	1	10	2	20	2	80	3	30	5	50
1092	11	—	16	40	21	90	4	10	1	10	2	20	2	80	3	30	5	50
1093	11	—	16	40	21	90	4	10	1	10	2	20	2	80	3	30	5	50
1094	11	—	16	50	21	90	4	20	1	10	2	20	2	80	3	30	5	50
1095	11	—	16	50	21	90	4	20	1	10	2	20	2	80	3	30	5	50
1096	11	—	16	50	22	—	4	20	1	10	2	20	2	80	3	30	5	50
1097	11	—	16	50	22	—	4	20	1	10	2	20	2	80	3	30	5	50
1098	11	—	16	50	22	—	4	20	1	10	2	20	2	80	3	30	5	50
1099	11	—	16	50	22	—	4	20	1	10	2	20	2	80	3	30	5	50
1100	11	—	16	50	22	—	4	20	1	10	2	20	2	80	3	30	5	50
1101	11	10	16	60	22	10	4	20	1	20	2	30	2	80	3	40	5	60
1102	11	10	16	60	22	10	4	20	1	20	2	30	2	80	3	40	5	60
1103	11	10	16	60	22	10	4	20	1	20	2	30	2	80	3	40	5	60
1104	11	10	16	60	22	10	4	20	1	20	2	30	2	80	3	40	5	60
1105	11	10	16	60	22	10	4	20	1	20	2	30	2	80	3	40	5	60
1106	11	10	16	60	22	20	4	20	1	20	2	30	2	80	3	40	5	60
1107	11	10	16	70	22	20	4	20	1	20	2	30	2	80	3	40	5	60
1108	11	10	16	70	22	20	4	20	1	20	2	30	2	80	3	40	5	60
1109	11	10	16	70	22	20	4	20	1	20	2	30	2	80	3	40	5	60
1110	11	10	16	70	22	20	4	20	1	20	2	30	2	80	3	40	5	60
1111	11	20	16	70	22	30	4	20	1	20	2	30	2	80	3	40	5	60
1112	11	20	16	70	22	30	4	20	1	20	2	30	2	80	3	40	5	60
1113	11	20	16	70	22	30	4	20	1	20	2	30	2	80	3	40	5	60
1114	11	20	16	80	22	30	4	20	1	20	2	30	2	80	3	40	5	60
1115	11	20	16	80	22	30	4	20	1	20	2	30	2	80	3	40	5	60
1116	11	20	16	80	22	40	4	20	1	20	2	30	2	80	3	40	5	60
1117	11	20	16	80	22	40	4	20	1	20	2	30	2	80	3	40	5	60
1118	11	20	16	80	22	40	4	20	1	20	2	30	2	80	3	40	5	60
1119	11	20	16	80	22	40	4	20	1	20	2	30	2	80	3	40	5	60
1120	11	20	16	80	22	40	4	20	1	20	2	30	2	80	3	40	5	60

Gegen-stands-Summa	Werthgebühr: Volle (Art. 22. 40. 41. 50)		Werthgebühr: 1/2 (Art. 25. 27. 29. 30. 38 Abs. 2)		Werthgebühr: 1/2 bis 2200 M, darüber 2/3 (Art. 24)		Werthgebühr: 1 1/2 (Art. 23)		4/10 aus der vollen Werthgebühr (Art. 45 Abs. 3)		4/10 aus 2/3 Werthgebühr (Art. 45 Abs. 3)		Hinterlegungsgebühr: Art. 100		Hinterlegungsgebühr: Art. 101 a		Hinterlegungsgebühr: Art. 101 b		Auseinandersetzungsgebühr: 5/10 der Sätze des § 8 des Reichsgerichts-Kosten-Gesetzes		Auseinandersetzungsgebühr: 2/10 der Sätze des § 8 des Reichsgerichts-Kosten-Gesetzes	
M	M	₰	M	₰	M	₰	M	₰	M	₰	M	₰	M	₰	M	₰	M	₰	M	₰	M	₰
1081	7	20	3	60	3	60	10	80	2	90	1	50	2	80	10	90	21	70	16	—	6	40
1082	7	20	3	60	3	60	10	80	2	90	1	50	2	80	10	90	21	70	16	—	6	40
1083	7	20	3	60	3	60	10	80	2	90	1	50	2	80	10	90	21	70	16	—	6	40
1084	7	20	3	60	3	60	10	80	2	90	1	50	2	80	10	90	21	70	16	—	6	40
1085	7	20	3	60	3	60	10	80	2	90	1	50	2	80	10	90	21	70	16	—	6	40
1086	7	20	3	60	3	60	10	80	2	90	1	50	2	80	10	90	21	80	16	—	6	40
1087	7	20	3	60	3	60	10	80	2	90	1	50	2	80	10	90	21	80	16	—	6	40
1088	7	20	3	60	3	60	10	80	2	90	1	50	2	80	10	90	21	80	16	—	6	40
1089	7	20	3	60	3	60	10	80	2	90	1	50	2	80	10	90	21	80	16	—	6	40
1090	7	20	3	60	3	60	10	80	2	90	1	50	2	80	10	90	21	80	16	—	6	40
1091	7	20	3	60	3	60	10	80	2	90	1	50	2	80	11	—	21	90	16	—	6	40
1092	7	20	3	60	3	60	10	80	2	90	1	50	2	80	11	—	21	90	16	—	6	40
1093	7	20	3	60	3	60	10	80	2	90	1	50	2	80	11	—	21	90	16	—	6	40
1094	7	20	3	60	3	60	10	80	2	90	1	50	2	80	11	—	21	90	16	—	6	40
1095	7	20	3	60	3	60	10	80	2	90	1	50	2	80	11	—	21	90	16	—	6	40
1096	7	20	3	60	3	60	10	80	2	90	1	50	2	80	11	—	22	—	16	—	6	40
1097	7	20	3	60	3	60	10	80	2	90	1	50	2	80	11	—	22	—	16	—	6	40
1098	7	20	3	60	3	60	10	80	2	90	1	50	2	80	11	—	22	—	16	—	6	40
1099	7	20	3	60	3	60	10	80	2	90	1	50	2	80	11	—	22	—	16	—	6	40
1100	7	20	3	60	3	60	10	80	2	90	1	50	2	80	11	—	22	—	16	—	6	40
1101	7	20	3	60	3	60	10	80	2	90	1	50	2	80	11	10	22	10	16	—	6	40
1102	7	20	3	60	3	60	10	80	2	90	1	50	2	80	11	10	22	10	16	—	6	40
1103	7	20	3	60	3	60	10	80	2	90	1	50	2	80	11	10	22	10	16	—	6	40
1104	7	20	3	60	3	60	10	80	2	90	1	50	2	80	11	10	22	10	16	—	6	40
1105	7	20	3	60	3	60	10	80	2	90	1	50	2	80	11	10	22	10	16	—	6	40
1106	7	20	3	60	3	60	10	80	2	90	1	50	2	80	11	10	22	20	16	—	6	40
1107	7	20	3	60	3	60	10	80	2	90	1	50	2	80	11	10	22	20	16	—	6	40
1108	7	20	3	60	3	60	10	80	2	90	1	50	2	80	11	10	22	20	16	—	6	40
1109	7	20	3	60	3	60	10	80	2	90	1	50	2	80	11	10	22	20	16	—	6	40
1110	7	20	3	60	3	60	10	80	2	90	1	50	2	80	11	10	22	20	16	—	6	40
1111	7	20	3	60	3	60	10	80	2	90	1	50	2	80	11	20	22	30	16	—	6	40
1112	7	20	3	60	3	60	10	80	2	90	1	50	2	80	11	20	22	30	16	—	6	40
1113	7	20	3	60	3	60	10	80	2	90	1	50	2	80	11	20	22	30	16	—	6	40
1114	7	20	3	60	3	60	10	80	2	90	1	50	2	80	11	20	22	30	16	—	6	40
1115	7	20	3	60	3	60	10	80	2	90	1	50	2	80	11	20	22	30	16	—	6	40
1116	7	20	3	60	3	60	10	80	2	90	1	50	2	80	11	20	22	40	16	—	6	40
1117	7	20	3	60	3	60	10	80	2	90	1	50	2	80	11	20	22	40	16	—	6	40
1118	7	20	3	60	3	60	10	80	2	90	1	50	2	80	11	20	22	40	16	—	6	40
1119	7	20	3	60	3	60	10	80	2	90	1	50	2	80	11	20	22	40	16	—	6	40
1120	7	20	3	60	3	60	10	80	2	90	1	50	2	80	11	20	22	40	16	—	6	40

Gegenstands-Summa	Staatsgebühren 1 Prozent		Staatsgebühren 1 ½ Prozent		Staatsgebühren 2 Prozent		Besitzveränderungsabgabe		Staatsgebühren 1 pro mille		Staatsgebühren 2 pro mille		Staatsgebühren 2 ½ pro mille		Staatsgebühren 3 pro mille		Staatsgebühren 5 pro mille	
ℳ	ℳ	₰	ℳ	₰	ℳ	₰	ℳ	₰	ℳ	₰	ℳ	₰	ℳ	₰	ℳ	₰	ℳ	₰
1121	11	30	16	90	22	50	4	30	1	20	2	30	2	90	3	40	5	70
1122	11	30	16	90	22	50	4	30	1	20	2	30	2	90	3	40	5	70
1123	11	30	16	90	22	50	4	30	1	20	2	30	2	90	3	40	5	70
1124	11	30	16	90	22	50	4	30	1	20	2	30	2	90	3	40	5	70
1125	11	30	16	90	22	50	4	30	1	20	2	30	2	90	3	40	5	70
1126	11	30	16	90	22	60	4	30	1	20	2	30	2	90	3	40	5	70
1127	11	30	17	—	22	60	4	30	1	20	2	30	2	90	3	40	5	70
1128	11	30	17	—	22	60	4	30	1	20	2	30	2	90	3	40	5	70
1129	11	30	17	—	22	60	4	30	1	20	2	30	2	90	3	40	5	70
1130	11	30	17	—	22	60	4	30	1	20	2	30	2	90	3	40	5	70
1131	11	40	17	—	22	70	4	30	1	20	2	30	2	90	3	40	5	70
1132	11	40	17	—	22	70	4	30	1	20	2	30	2	90	3	40	5	70
1133	11	40	17	—	22	70	4	30	1	20	2	30	2	90	3	40	5	70
1134	11	40	17	10	22	70	4	30	1	20	2	30	2	90	3	50	5	70
1135	11	40	17	10	22	70	4	30	1	20	2	30	2	90	3	50	5	70
1136	11	40	17	10	22	80	4	30	1	20	2	30	2	90	3	50	5	70
1137	11	40	17	10	22	80	4	30	1	20	2	30	2	90	3	50	5	70
1138	11	40	17	10	22	80	4	30	1	20	2	30	2	90	3	50	5	70
1139	11	40	17	10	22	80	4	30	1	20	2	30	2	90	3	50	5	70
1140	11	40	17	10	22	80	4	30	1	20	2	30	2	90	3	50	5	70
1141	11	50	17	20	22	90	4	30	1	20	2	30	2	90	3	50	5	80
1142	11	50	17	20	22	90	4	30	1	20	2	30	2	90	3	50	5	80
1143	11	50	17	20	22	90	4	30	1	20	2	30	2	90	3	50	5	80
1144	11	50	17	20	22	90	4	30	1	20	2	30	2	90	3	50	5	80
1145	11	50	17	20	22	90	4	30	1	20	2	30	2	90	3	50	5	80
1146	11	50	17	20	23	—	4	30	1	20	2	30	2	90	3	50	5	80
1147	11	50	17	30	23	—	4	40	1	20	2	30	2	90	3	50	5	80
1148	11	50	17	30	23	—	4	40	1	20	2	30	2	90	3	50	5	80
1149	11	50	17	30	23	—	4	40	1	20	2	30	2	90	3	50	5	80
1150	11	50	17	30	23	—	4	40	1	20	2	30	2	90	3	50	5	80
1151	11	60	17	30	23	10	4	40	1	20	2	40	2	90	3	50	5	80
1152	11	60	17	30	23	10	4	40	1	20	2	40	2	90	3	50	5	80
1153	11	60	17	30	23	10	4	40	1	20	2	40	2	90	3	50	5	80
1154	11	60	17	40	23	10	4	40	1	20	2	40	2	90	3	50	5	80
1155	11	60	17	40	23	10	4	40	1	20	2	40	2	90	3	50	5	80
1156	11	60	17	40	23	20	4	40	1	20	2	40	2	90	3	50	5	80
1157	11	60	17	40	23	20	4	40	1	20	2	40	2	90	3	50	5	80
1158	11	60	17	40	23	20	4	40	1	20	2	40	2	90	3	50	5	80
1159	11	60	17	40	23	20	4	40	1	20	2	40	2	90	3	50	5	80
1160	11	60	17	40	23	20	4	40	1	20	2	40	2	90	3	50	5	80

Gegenstands-Summa	Werthgebühr: Volle (Art. 22. 40. 41. 50)		½ (Art. 25. 27. 29. 30. 38 Abs. 2)		½ bis 2200 M., darüber ⅔ (Art. 24)		1½ (Art. 23)		4/10 aus der vollen Werthgebühr (Art. 45 Abs. 3)		4/10 aus ⅔ Werthgebühr (Art. 45 Abs. 3)		Hinterlegungsgebühr Art. 100		Hinterlegungsgebühr Art. 101 a		Hinterlegungsgebühr Art. 101 b		Auseinandersetzungsgebühr 5/10 (der Sätze des § 8 des Reichsgerichts-Kosten-Gesetzes)		Auseinandersetzungsgebühr 2/10	
M	M	₰	M	₰	M	₰	M	₰	M	₰	M	₰	M	₰	M	₰	M	₰	M	₰	M	₰
1121	7	20	3	60	3	60	10	80	2	90	1	50	2	90	11	30	22	50	16	—	6	40
1122	7	20	3	60	3	60	10	80	2	90	1	50	2	90	11	30	22	50	16	—	6	40
1123	7	20	3	60	3	60	10	80	2	90	1	50	2	90	11	30	22	50	16	—	6	40
1124	7	20	3	60	3	60	10	80	2	90	1	50	2	90	11	30	22	50	16	—	6	40
1125	7	20	3	60	3	60	10	80	2	90	1	50	2	90	11	30	22	50	16	—	6	40
1126	7	20	3	60	3	60	10	80	2	90	1	50	2	90	11	30	22	60	16	—	6	40
1127	7	20	3	60	3	60	10	80	2	90	1	50	2	90	11	30	22	60	16	—	6	40
1128	7	20	3	60	3	60	10	80	2	90	1	50	2	90	11	30	22	60	16	—	6	40
1129	7	20	3	60	3	60	10	80	2	90	1	50	2	90	11	30	22	60	16	—	6	40
1130	7	20	3	60	3	60	10	80	2	90	1	50	2	90	11	30	22	60	16	—	6	40
1131	7	20	3	60	3	60	10	80	2	90	1	50	2	90	11	40	22	70	16	—	6	40
1132	7	20	3	60	3	60	10	80	2	90	1	50	2	90	11	40	22	70	16	—	6	40
1133	7	20	3	60	3	60	10	80	2	90	1	50	2	90	11	40	22	70	16	—	6	40
1134	7	20	3	60	3	60	10	80	2	90	1	50	2	90	11	40	22	70	16	—	6	40
1135	7	20	3	60	3	60	10	80	2	90	1	50	2	90	11	40	22	70	16	—	6	40
1136	7	20	3	60	3	60	10	80	2	90	1	50	2	90	11	40	22	80	16	—	6	40
1137	7	20	3	60	3	60	10	80	2	90	1	50	2	90	11	40	22	80	16	—	6	40
1138	7	20	3	60	3	60	10	80	2	90	1	50	2	90	11	40	22	80	16	—	6	40
1139	7	20	3	60	3	60	10	80	2	90	1	50	2	90	11	40	22	80	16	—	6	40
1140	7	20	3	60	3	60	10	80	2	90	1	50	2	90	11	40	22	80	16	—	6	40
1141	7	20	3	60	3	60	10	80	2	90	1	50	2	90	11	50	22	90	16	—	6	40
1142	7	20	3	60	3	60	10	80	2	90	1	50	2	90	11	50	22	90	16	—	6	40
1143	7	20	3	60	3	60	10	80	2	90	1	50	2	90	11	50	22	90	16	—	6	40
1144	7	20	3	60	3	60	10	80	2	90	1	50	2	90	11	50	22	90	16	—	6	40
1145	7	20	3	60	3	60	10	80	2	90	1	50	2	90	11	50	22	90	16	—	6	40
1146	7	20	3	60	3	60	10	80	2	90	1	50	2	90	11	50	23	—	16	—	6	40
1147	7	20	3	60	3	60	10	80	2	90	1	50	2	90	11	50	23	—	16	—	6	40
1148	7	20	3	60	3	60	10	80	2	90	1	50	2	90	11	50	23	—	16	—	6	40
1149	7	20	3	60	3	60	10	80	2	90	1	50	2	90	11	50	23	—	16	—	6	40
1150	7	20	3	60	3	60	10	80	2	90	1	50	2	90	11	50	23	—	16	—	6	40
1151	7	20	3	60	3	60	10	80	2	90	1	50	2	90	11	60	23	10	16	—	6	40
1152	7	20	3	60	3	60	10	80	2	90	1	50	2	90	11	60	23	10	16	—	6	40
1153	7	20	3	60	3	60	10	80	2	90	1	50	2	90	11	60	23	10	16	—	6	40
1154	7	20	3	60	3	60	10	80	2	90	1	50	2	90	11	60	23	10	16	—	6	40
1155	7	20	3	60	3	60	10	80	2	90	1	50	2	90	11	60	23	10	16	—	6	40
1156	7	20	3	60	3	60	10	80	2	90	1	50	2	90	11	60	23	20	16	—	6	40
1157	7	20	3	60	3	60	10	80	2	90	1	50	2	90	11	60	23	20	16	—	6	40
1158	7	20	3	60	3	60	10	80	2	90	1	50	2	90	11	60	23	20	16	—	6	40
1159	7	20	3	60	3	60	10	80	2	90	1	50	2	90	11	60	23	20	16	—	6	40
1160	7	20	3	60	3	60	10	80	2	90	1	50	2	90	11	60	23	20	16	—	6	40

Gegen-standss-Summa	Staatsgebühren 1 Prozent		Staatsgebühren 1½ Prozent		Staatsgebühren 2 Prozent		Besitz-veränderungs-abgabe		Staatsgebühren 1 pro mille		Staatsgebühren 2 pro mille		Staatsgebühren 2½ pro mille		Staatsgebühren 3 pro mille		Staatsgebühren 5 pro mille	
ℳ	ℳ	₰	ℳ	₰	ℳ	₰	ℳ	₰	ℳ	₰	ℳ	₰	ℳ	₰	ℳ	₰	ℳ	₰
1161	11	70	17	50	23	30	4	40	1	20	2	40	3	—	3	50	5	90
1162	11	70	17	50	23	30	4	40	1	20	2	40	3	—	3	50	5	90
1163	11	70	17	50	23	30	4	40	1	20	2	40	3	—	3	50	5	90
1164	11	70	17	50	23	30	4	40	1	20	2	40	3	—	3	50	5	90
1165	11	70	17	50	23	30	4	40	1	20	2	40	3	—	3	50	5	90
1166	11	70	17	50	23	40	4	40	1	20	2	40	3	—	3	50	5	90
1167	11	70	17	60	23	40	4	40	1	20	2	40	3	—	3	60	5	90
1168	11	70	17	60	23	40	4	40	1	20	2	40	3	—	3	60	5	90
1169	11	70	17	60	23	40	4	40	1	20	2	40	3	—	3	60	5	90
1170	11	70	17	60	23	40	4	40	1	20	2	40	3	—	3	60	5	90
1171	11	80	17	60	23	50	4	40	1	20	2	40	3	—	3	60	5	90
1172	11	80	17	60	23	50	4	40	1	20	2	40	3	—	3	60	5	90
1173	11	80	17	60	23	50	4	40	1	20	2	40	3	—	3	60	5	90
1174	11	80	17	70	23	50	4	50	1	20	2	40	3	—	3	60	5	90
1175	11	80	17	70	23	50	4	50	1	20	2	40	3	—	3	60	5	90
1176	11	80	17	70	23	60	4	50	1	20	2	40	3	—	3	60	5	90
1177	11	80	17	70	23	60	4	50	1	20	2	40	3	—	3	60	5	90
1178	11	80	17	70	23	60	4	50	1	20	2	40	3	—	3	60	5	90
1179	11	80	17	70	23	60	4	50	1	20	2	40	3	—	3	60	5	90
1180	11	80	17	70	23	60	4	50	1	20	2	40	3	—	3	60	5	90
1181	11	90	17	80	23	70	4	50	1	20	2	40	3	—	3	60	6	—
1182	11	90	17	80	23	70	4	50	1	20	2	40	3	—	3	60	6	—
1183	11	90	17	80	23	70	4	50	1	20	2	40	3	—	3	60	6	—
1184	11	90	17	80	23	70	4	50	1	20	2	40	3	—	3	60	6	—
1185	11	90	17	80	23	70	4	50	1	20	2	40	3	—	3	60	6	—
1186	11	90	17	80	23	80	4	50	1	20	2	40	3	—	3	60	6	—
1187	11	90	17	90	23	80	4	50	1	20	2	40	3	—	3	60	6	—
1188	11	90	17	90	23	80	4	50	1	20	2	40	3	—	3	60	6	—
1189	11	90	17	90	23	80	4	50	1	20	2	40	3	—	3	60	6	—
1190	11	90	17	90	23	80	4	50	1	20	2	40	3	—	3	60	6	—
1191	12	—	17	90	23	90	4	50	1	20	2	40	3	—	3	60	6	—
1192	12	—	17	90	23	90	4	50	1	20	2	40	3	—	3	60	6	—
1193	12	—	17	90	23	90	4	50	1	20	2	40	3	—	3	60	6	—
1194	12	—	18	—	23	90	4	50	1	20	2	40	3	—	3	60	6	—
1195	12	—	18	—	23	90	4	50	1	20	2	40	3	—	3	60	6	—
1196	12	—	18	—	24	—	4	50	1	20	2	40	3	—	3	60	6	—
1197	12	—	18	—	24	—	4	50	1	20	2	40	3	—	3	60	6	—
1198	12	—	18	—	24	—	4	50	1	20	2	40	3	—	3	60	6	—
1199	12	—	18	—	24	—	4	50	1	20	2	40	3	—	3	60	6	—
1200	12	—	18	—	24	—	4	50	1	20	2	40	3	—	3	60	6	—

Gegenstands-Summa	Werthgebühr: Volle (Art. 22. 40. 41. 50)		Werthgebühr: 1/2 (Art. 25. 27. 29. 30. 38 Abs. 2)		Werthgebühr: 1/2 bis 2200 ℳ darüber 2/3 (Art. 24)		Werthgebühr: 1 1/2 (Art. 23)		4/10 aus der vollen Werthgebühr (Art. 45 Abs. 3)		4/10 aus 2/3 Werthgebühr (Art. 45 Abs. 3)		Hinterlegungsgebühr: Art. 100		Hinterlegungsgebühr: Art. 101 a		Hinterlegungsgebühr: Art. 101 b		Auseinandersetzungsgebühr: 5/10 der Sätze des § 8 des Reichsgerichts-Kosten-Gesetzes		Auseinandersetzungsgebühr: 2/10 der Sätze des § 8 des Reichsgerichts-Kosten-Gesetzes	
ℳ	ℳ	₰	ℳ	₰	ℳ	₰	ℳ	₰	ℳ	₰	ℳ	₰	ℳ	₰	ℳ	₰	ℳ	₰	ℳ	₰
1161	7	20	3	60	3	60	10	80	2	90	1	50	3	—	11	70	23	30	16	—	6	40
1162	7	20	3	60	3	60	10	80	2	90	1	50	3	—	11	70	23	30	16	—	6	40
1163	7	20	3	60	3	60	10	80	2	90	1	50	3	—	11	70	23	30	16	—	6	40
1164	7	20	3	60	3	60	10	80	2	90	1	50	3	—	11	70	23	30	16	—	6	40
1165	7	20	3	60	3	60	10	80	2	90	1	50	3	—	11	70	23	30	16	—	6	40
1166	7	20	3	60	3	60	10	80	2	90	1	50	3	—	11	70	23	40	16	—	6	40
1167	7	20	3	60	3	60	10	80	2	90	1	50	3	—	11	70	23	40	16	—	6	40
1168	7	20	3	60	3	60	10	80	2	90	1	50	3	—	11	70	23	40	16	—	6	40
1169	7	20	3	60	3	60	10	80	2	90	1	50	3	—	11	70	23	40	16	—	6	40
1170	7	20	3	60	3	60	10	80	2	90	1	50	3	—	11	70	23	40	16	—	6	40
1171	7	20	3	60	3	60	10	80	2	90	1	50	3	—	11	80	23	50	16	—	6	40
1172	7	20	3	60	3	60	10	80	2	90	1	50	3	—	11	80	23	50	16	—	6	40
1173	7	20	3	60	3	60	10	80	2	90	1	50	3	—	11	80	23	50	16	—	6	40
1174	7	20	3	60	3	60	10	80	2	90	1	50	3	—	11	80	23	50	16	—	6	40
1175	7	20	3	60	3	60	10	80	2	90	1	50	3	—	11	80	23	50	16	—	6	40
1176	7	20	3	60	3	60	10	80	2	90	1	50	3	—	11	80	23	60	16	—	6	40
1177	7	20	3	60	3	60	10	80	2	90	1	50	3	—	11	80	23	60	16	—	6	40
1178	7	20	3	60	3	60	10	80	2	90	1	50	3	—	11	80	23	60	16	—	6	40
1179	7	20	3	60	3	60	10	80	2	90	1	50	3	—	11	80	23	60	16	—	6	40
1180	7	20	3	60	3	60	10	80	2	90	1	50	3	—	11	80	23	60	16	—	6	40
1181	7	20	3	60	3	60	10	80	2	90	1	50	3	—	11	90	23	70	16	—	6	40
1182	7	20	3	60	3	60	10	80	2	90	1	50	3	—	11	90	23	70	16	—	6	40
1183	7	20	3	60	3	60	10	80	2	90	1	50	3	—	11	90	23	70	16	—	6	40
1184	7	20	3	60	3	60	10	80	2	90	1	50	3	—	11	90	23	70	16	—	6	40
1185	7	20	3	60	3	60	10	80	2	90	1	50	3	—	11	90	23	70	16	—	6	40
1186	7	20	3	60	3	60	10	80	2	90	1	50	3	—	11	90	23	80	16	—	6	40
1187	7	20	3	60	3	60	10	80	2	90	1	50	3	—	11	90	23	80	16	—	6	40
1188	7	20	3	60	3	60	10	80	2	90	1	50	3	—	11	90	23	80	16	—	6	40
1189	7	20	3	60	3	60	10	80	2	90	1	50	3	—	11	90	23	80	16	—	6	40
1190	7	20	3	60	3	60	10	80	2	90	1	50	3	—	11	90	23	80	16	—	6	40
1191	7	20	3	60	3	60	10	80	2	90	1	50	3	—	12	—	23	90	16	—	6	40
1192	7	20	3	60	3	60	10	80	2	90	1	50	3	—	12	—	23	90	16	—	6	40
1193	7	20	3	60	3	60	10	80	2	90	1	50	3	—	12	—	23	90	16	—	6	40
1194	7	20	3	60	3	60	10	80	2	90	1	50	3	—	12	—	23	90	16	—	6	40
1195	7	20	3	60	3	60	10	80	2	90	1	50	3	—	12	—	23	90	16	—	6	40
1196	7	20	3	60	3	60	10	80	2	90	1	50	3	—	12	—	24	—	16	—	6	40
1197	7	20	3	60	3	60	10	80	2	90	1	50	3	—	12	—	24	—	16	—	6	40
1198	7	20	3	60	3	60	10	80	2	90	1	50	3	—	12	—	24	—	16	—	6	40
1199	7	20	3	60	3	60	10	80	2	90	1	50	3	—	12	—	24	—	16	—	6	40
1200	7	20	3	60	3	60	10	80	2	90	1	50	3	—	12	—	24	—	16	—	6	40

Gegen-standsSumma	Staatsgebühren						Besitz-veränderungs-abgabe		Staatsgebühren									
	1		1 1/2		2				1		2		2 1/2		3		5	
	Prozent								pro mille									
M	M	Pf	M	Pf	M	Pf	M	Pf	M	Pf	M	Pf	M	Pf	M	Pf	M	Pf
1201	12	10	18	10	24	10	4	60	1	30	2	50	3	10	3	70	6	10
1202	12	10	18	10	24	10	4	60	1	30	2	50	3	10	3	70	6	10
1203	12	10	18	10	24	10	4	60	1	30	2	50	3	10	3	70	6	10
1204	12	10	18	10	24	10	4	60	1	30	2	50	3	10	3	70	6	10
1205	12	10	18	10	24	10	4	60	1	30	2	50	3	10	3	70	6	10
1206	12	10	18	10	24	20	4	60	1	30	2	50	3	10	3	70	6	10
1207	12	10	18	20	24	20	4	60	1	30	2	50	3	10	3	70	6	10
1208	12	10	18	20	24	20	4	60	1	30	2	50	3	10	3	70	6	10
1209	12	10	18	20	24	20	4	60	1	30	2	50	3	10	3	70	6	10
1210	12	10	18	20	24	20	4	60	1	30	2	50	3	10	3	70	6	10
1211	12	20	18	20	24	30	4	60	1	30	2	50	3	10	3	70	6	10
1212	12	20	18	20	24	30	4	60	1	30	2	50	3	10	3	70	6	10
1213	12	20	18	20	24	30	4	60	1	30	2	50	3	10	3	70	6	10
1214	12	20	18	30	24	30	4	60	1	30	2	50	3	10	3	70	6	10
1215	12	20	18	30	24	30	4	60	1	30	2	50	3	10	3	70	6	10
1216	12	20	18	30	24	40	4	60	1	30	2	50	3	10	3	70	6	10
1217	12	20	18	30	24	40	4	60	1	30	2	50	3	10	3	70	6	10
1218	12	20	18	30	24	40	4	60	1	30	2	50	3	10	3	70	6	10
1219	12	20	18	30	24	40	4	60	1	30	2	50	3	10	3	70	6	10
1220	12	20	18	30	24	40	4	60	1	30	2	50	3	10	3	70	6	10
1221	12	30	18	40	24	50	4	60	1	30	2	50	3	10	3	70	6	20
1222	12	30	18	40	24	50	4	60	1	30	2	50	3	10	3	70	6	20
1223	12	30	18	40	24	50	4	60	1	30	2	50	3	10	3	70	6	20
1224	12	30	18	40	24	50	4	60	1	30	2	50	3	10	3	70	6	20
1225	12	30	18	40	24	50	4	60	1	30	2	50	3	10	3	70	6	20
1226	12	30	18	40	24	60	4	60	1	30	2	50	3	10	3	70	6	20
1227	12	30	18	50	24	60	4	70	1	30	2	50	3	10	3	70	6	20
1228	12	30	18	50	24	60	4	70	1	30	2	50	3	10	3	70	6	20
1229	12	30	18	50	24	60	4	70	1	30	2	50	3	10	3	70	6	20
1230	12	30	18	50	24	60	4	70	1	30	2	50	3	10	3	70	6	20
1231	12	40	18	50	24	70	4	70	1	30	2	50	3	10	3	70	6	20
1232	12	40	18	50	24	70	4	70	1	30	2	50	3	10	3	70	6	20
1233	12	40	18	50	24	70	4	70	1	30	2	50	3	10	3	70	6	20
1234	12	40	18	60	24	70	4	70	1	30	2	50	3	10	3	80	6	20
1235	12	40	18	60	24	70	4	70	1	30	2	50	3	10	3	80	6	20
1236	12	40	18	60	24	80	4	70	1	30	2	50	3	10	3	80	6	20
1237	12	40	18	60	24	80	4	70	1	30	2	50	3	10	3	80	6	20
1238	12	40	18	60	24	80	4	70	1	30	2	50	3	10	3	80	6	20
1239	12	40	18	60	24	80	4	70	1	30	2	50	3	10	3	80	6	20
1240	12	40	18	60	24	80	4	70	1	30	2	50	3	10	3	80	6	20

Gegen-standes-Summa	Werthgebühr								4/10 aus der vollen Werth-gebühr		4/10 aus 2/3 Werth-gebühr		Hinterlegungs-gebühr						Auseinander-setzungsgebühr			
	Volle		1/2		1/2 bis 2200 M		1 1/2												5/10		2/10	
	Art. 22. 40. 41. 50		Art. 25. 27. 29. 30. 38 Abs. 2		darüber 2/3 Art. 24		Art. 23		Art. 45 Abs. 3				Art. 100		Art. 101 a		Art. 101 b		der Sätze des § 8 des Reichsgerichts-Kosten-Gesetzes			
M	M	Pf	M	Pf	M	Pf	M	Pf	M	Pf	M	Pf	M	Pf	M	Pf	M	Pf	M	Pf	M	Pf
1201	8	10	4	10	4	10	12	20	3	30	1	70	3	10	12	10	24	10	19	—	7	60
1202	8	10	4	10	4	10	12	20	3	30	1	70	3	10	12	10	24	10	19	—	7	60
1203	8	10	4	10	4	10	12	20	3	30	1	70	3	10	12	10	24	10	19	—	7	60
1204	8	10	4	10	4	10	12	20	3	30	1	70	3	10	12	10	24	10	19	—	7	60
1205	8	10	4	10	4	10	12	20	3	30	1	70	3	10	12	10	24	10	19	—	7	60
1206	8	10	4	10	4	10	12	20	3	30	1	70	3	10	12	10	24	20	19	—	7	60
1207	8	10	4	10	4	10	12	20	3	30	1	70	3	10	12	10	24	20	19	—	7	60
1208	8	10	4	10	4	10	12	20	3	30	1	70	3	10	12	10	24	20	19	—	7	60
1209	8	10	4	10	4	10	12	20	3	30	1	70	3	10	12	10	24	20	19	—	7	60
1210	8	10	4	10	4	10	12	20	3	30	1	70	3	10	12	10	24	20	19	—	7	60
1211	8	10	4	10	4	10	12	20	3	30	1	70	3	10	12	20	24	30	19	—	7	60
1212	8	10	4	10	4	10	12	20	3	30	1	70	3	10	12	20	24	30	19	—	7	60
1213	8	10	4	10	4	10	12	20	3	30	1	70	3	10	12	20	24	30	19	—	7	60
1214	8	10	4	10	4	10	12	20	3	30	1	70	3	10	12	20	24	30	19	—	7	60
1215	8	10	4	10	4	10	12	20	3	30	1	70	3	10	12	20	24	30	19	—	7	60
1216	8	10	4	10	4	10	12	20	3	30	1	70	3	10	12	20	24	40	19	—	7	60
1217	8	10	4	10	4	10	12	20	3	30	1	70	3	10	12	20	24	40	19	—	7	60
1218	8	10	4	10	4	10	12	20	3	30	1	70	3	10	12	20	24	40	19	—	7	60
1219	8	10	4	10	4	10	12	20	3	30	1	70	3	10	12	20	24	40	19	—	7	60
1220	8	10	4	10	4	10	12	20	3	30	1	70	3	10	12	20	24	40	19	—	7	60
1221	8	10	4	10	4	10	12	20	3	30	1	70	3	10	12	30	24	50	19	—	7	60
1222	8	10	4	10	4	10	12	20	3	30	1	70	3	10	12	30	24	50	19	—	7	60
1223	8	10	4	10	4	10	12	20	3	30	1	70	3	10	12	30	24	50	19	—	7	60
1224	8	10	4	10	4	10	12	20	3	30	1	70	3	10	12	30	24	50	19	—	7	60
1225	8	10	4	10	4	10	12	20	3	30	1	70	3	10	12	30	24	50	19	—	7	60
1226	8	10	4	10	4	10	12	20	3	30	1	70	3	10	12	30	24	60	19	—	7	60
1227	8	10	4	10	4	10	12	20	3	30	1	70	3	10	12	30	24	60	19	—	7	60
1228	8	10	4	10	4	10	12	20	3	30	1	70	3	10	12	30	24	60	19	—	7	60
1229	8	10	4	10	4	10	12	20	3	30	1	70	3	10	12	30	24	60	19	—	7	60
1230	8	10	4	10	4	10	12	20	3	30	1	70	3	10	12	30	24	60	19	—	7	60
1231	8	10	4	10	4	10	12	20	3	30	1	70	3	10	12	40	24	70	19	—	7	60
1232	8	10	4	10	4	10	12	20	3	30	1	70	3	10	12	40	24	70	19	—	7	60
1233	8	10	4	10	4	10	12	20	3	30	1	70	3	10	12	40	24	70	19	—	7	60
1234	8	10	4	10	4	10	12	20	3	30	1	70	3	10	12	40	24	70	19	—	7	60
1235	8	10	4	10	4	10	12	20	3	30	1	70	3	10	12	40	24	70	19	—	7	60
1236	8	10	4	10	4	10	12	20	3	30	1	70	3	10	12	40	24	80	19	—	7	60
1237	8	10	4	10	4	10	12	20	3	30	1	70	3	10	12	40	24	80	19	—	7	60
1238	8	10	4	10	4	10	12	20	3	30	1	70	3	10	12	40	24	80	19	—	7	60
1239	8	10	4	10	4	10	12	20	3	30	1	70	3	10	12	40	24	80	19	—	7	60
1240	8	10	4	10	4	10	12	20	3	30	1	70	3	10	12	40	24	80	19	—	7	60

Gegenstands-Summa	Staatsgebühren 1 Prozent		Staatsgebühren 1½ Prozent		Staatsgebühren 2 Prozent		Besitzveränderungsabgabe		Staatsgebühren 1 pro mille		Staatsgebühren 2 pro mille		Staatsgebühren 2½ pro mille		Staatsgebühren 3 pro mille		Staatsgebühren 5 pro mille	
ℳ	ℳ	₰	ℳ	₰	ℳ	₰	ℳ	₰	ℳ	₰	ℳ	₰	ℳ	₰	ℳ	₰	ℳ	₰
1241	12	50	18	70	24	90	4	70	1	30	2	50	3	20	3	80	6	30
1242	12	50	18	70	24	90	4	70	1	30	2	50	3	20	3	80	6	30
1243	12	50	18	70	24	90	4	70	1	30	2	50	3	20	3	80	6	30
1244	12	50	18	70	24	90	4	70	1	30	2	50	3	20	3	80	6	30
1245	12	50	18	70	24	90	4	70	1	30	2	50	3	20	3	80	6	30
1246	12	50	18	70	25	—	4	70	1	30	2	50	3	20	3	80	6	30
1247	12	50	18	80	25	—	4	70	1	30	2	50	3	20	3	80	6	30
1248	12	50	18	80	25	—	4	70	1	30	2	50	3	20	3	80	6	30
1249	12	50	18	80	25	—	4	70	1	30	2	50	3	20	3	80	6	30
1250	12	50	18	80	25	—	4	70	1	30	2	50	3	20	3	80	6	30
1251	12	60	18	80	25	10	4	70	1	30	2	60	3	20	3	80	6	30
1252	12	60	18	80	25	10	4	70	1	30	2	60	3	20	3	80	6	30
1253	12	60	18	80	25	10	4	70	1	30	2	60	3	20	3	80	6	30
1254	12	60	18	90	25	10	4	80	1	30	2	60	3	20	3	80	6	30
1255	12	60	18	90	25	10	4	80	1	30	2	60	3	20	3	80	6	30
1256	12	60	18	90	25	20	4	80	1	30	2	60	3	20	3	80	6	30
1257	12	60	18	90	25	20	4	80	1	30	2	60	3	20	3	80	6	30
1258	12	60	18	90	25	20	4	80	1	30	2	60	3	20	3	80	6	30
1259	12	60	18	90	25	20	4	80	1	30	2	60	3	20	3	80	6	30
1260	12	60	18	90	25	20	4	80	1	30	2	60	3	20	3	80	6	30
1261	12	70	19	—	25	30	4	80	1	30	2	60	3	20	3	80	6	40
1262	12	70	19	—	25	30	4	80	1	30	2	60	3	20	3	80	6	40
1263	12	70	19	—	25	30	4	80	1	30	2	60	3	20	3	80	6	40
1264	12	70	19	—	25	30	4	80	1	30	2	60	3	20	3	80	6	40
1265	12	70	19	—	25	30	4	80	1	30	2	60	3	20	3	80	6	40
1266	12	70	19	—	25	40	4	80	1	30	2	60	3	20	3	80	6	40
1267	12	70	19	10	25	40	4	80	1	30	2	60	3	20	3	90	6	40
1268	12	70	19	10	25	40	4	80	1	30	2	60	3	20	3	90	6	40
1269	12	70	19	10	25	40	4	80	1	30	2	60	3	20	3	90	6	40
1270	12	70	19	10	25	40	4	80	1	30	2	60	3	20	3	90	6	40
1271	12	80	19	10	25	50	4	80	1	30	2	60	3	20	3	90	6	40
1272	12	80	19	10	25	50	4	80	1	30	2	60	3	20	3	90	6	40
1273	12	80	19	10	25	50	4	80	1	30	2	60	3	20	3	90	6	40
1274	12	80	19	20	25	50	4	80	1	30	2	60	3	20	3	90	6	40
1275	12	80	19	20	25	50	4	80	1	30	2	60	3	20	3	90	6	40
1276	12	80	19	20	25	60	4	80	1	30	2	60	3	20	3	90	6	40
1277	12	80	19	20	25	60	4	80	1	30	2	60	3	20	3	90	6	40
1278	12	80	19	20	25	60	4	80	1	30	2	60	3	20	3	90	6	40
1279	12	80	19	20	25	60	4	80	1	30	2	60	3	20	3	90	6	40
1280	12	80	19	20	25	60	4	80	1	30	2	60	3	20	3	90	6	40

Gegenstandssumma	Werthgebühr								4/10 aus der vollen Werthgebühr		4/10 aus 2/3 Werthgebühr		Hinterlegungsgebühr						Auseinandersetzungsgebühr			
	Volle		1/2		1/2 bis 2200 M, darüber 2/3		1 1/2												5/10		2/10	
	Art. 22. 40. 41. 50		Art. 25. 27. 29. 30 38 Abs. 2		Art. 24		Art. 23		Art. 45 Abs. 3				Art. 100		Art. 101 a		Art. 101 b		der Sätze des § 8 des Reichsgerichts-Kosten-Gesetzes			
M	M	₰	M	₰	M	₰	M	₰	M	₰	M	₰	M	₰	M	₰	M	₰	M	₰	M	₰
1241	8	10	4	10	4	10	12	20	3	30	1	70	3	20	12	50	24	90	19	—	7	60
1242	8	10	4	10	4	10	12	20	3	30	1	70	3	20	12	50	24	90	19	—	7	60
1243	8	10	4	10	4	10	12	20	3	30	1	70	3	20	12	50	24	90	19	—	7	60
1244	8	10	4	10	4	10	12	20	3	30	1	70	3	20	12	50	24	90	19	—	7	60
1245	8	10	4	10	4	10	12	20	3	30	1	70	3	20	12	50	24	90	19	—	7	60
1246	8	10	4	10	4	10	12	20	3	30	1	70	3	20	12	50	25	—	19	—	7	60
1247	8	10	4	10	4	10	12	20	3	30	1	70	3	20	12	50	25	—	19	—	7	60
1248	8	10	4	10	4	10	12	20	3	30	1	70	3	20	12	50	25	—	19	—	7	60
1249	8	10	4	10	4	10	12	20	3	30	1	70	3	20	12	50	25	—	19	—	7	60
1250	8	10	4	10	4	10	12	20	3	30	1	70	3	20	12	50	25	—	19	—	7	60
1251	8	10	4	10	4	10	12	20	3	30	1	70	3	20	12	60	25	10	19	—	7	60
1252	8	10	4	10	4	10	12	20	3	30	1	70	3	20	12	60	25	10	19	—	7	60
1253	8	10	4	10	4	10	12	20	3	30	1	70	3	20	12	60	25	10	19	—	7	60
1254	8	10	4	10	4	10	12	20	3	30	1	70	3	20	12	60	25	10	19	—	7	60
1255	8	10	4	10	4	10	12	20	3	30	1	70	3	20	12	60	25	10	19	—	7	60
1256	8	10	4	10	4	10	12	20	3	30	1	70	3	20	12	60	25	20	19	—	7	60
1257	8	10	4	10	4	10	12	20	3	30	1	70	3	20	12	60	25	20	19	—	7	60
1258	8	10	4	10	4	10	12	20	3	30	1	70	3	20	12	60	25	20	19	—	7	60
1259	8	10	4	10	4	10	12	20	3	30	1	70	3	20	12	60	25	20	19	—	7	60
1260	8	10	4	10	4	10	12	20	3	30	1	70	3	20	12	60	25	20	19	—	7	60
1261	8	10	4	10	4	10	12	20	3	30	1	70	3	20	12	70	25	30	19	—	7	60
1262	8	10	4	10	4	10	12	20	3	30	1	70	3	20	12	70	25	30	19	—	7	60
1263	8	10	4	10	4	10	12	20	3	30	1	70	3	20	12	70	25	30	19	—	7	60
1264	8	10	4	10	4	10	12	20	3	30	1	70	3	20	12	70	25	30	19	—	7	60
1265	8	10	4	10	4	10	12	20	3	30	1	70	3	20	12	70	25	30	19	—	7	60
1266	8	10	4	10	4	10	12	20	3	30	1	70	3	20	12	70	25	40	19	—	7	60
1267	8	10	4	10	4	10	12	20	3	30	1	70	3	20	12	70	25	40	19	—	7	60
1268	8	10	4	10	4	10	12	20	3	30	1	70	3	20	12	70	25	40	19	—	7	60
1269	8	10	4	10	4	10	12	20	3	30	1	70	3	20	12	70	25	40	19	—	7	60
1270	8	10	4	10	4	10	12	20	3	30	1	70	3	20	12	70	25	40	19	—	7	60
1271	8	10	4	10	4	10	12	20	3	30	1	70	3	20	12	80	25	50	19	—	7	60
1272	8	10	4	10	4	10	12	20	3	30	1	70	3	20	12	80	25	50	19	—	7	60
1273	8	10	4	10	4	10	12	20	3	30	1	70	3	20	12	80	25	50	19	—	7	60
1274	8	10	4	10	4	10	12	20	3	30	1	70	3	20	12	80	25	50	19	—	7	60
1275	8	10	4	10	4	10	12	20	3	30	1	70	3	20	12	80	25	50	19	—	7	60
1276	8	10	4	10	4	10	12	20	3	30	1	70	3	20	12	80	25	60	19	—	7	60
1277	8	10	4	10	4	10	12	20	3	30	1	70	3	20	12	80	25	60	19	—	7	60
1278	8	10	4	10	4	10	12	20	3	30	1	70	3	20	12	80	25	60	19	—	7	60
1279	8	10	4	10	4	10	12	20	3	30	1	70	3	20	12	80	25	60	19	—	7	60
1280	8	10	4	10	4	10	12	20	3	30	1	70	3	20	12	80	25	60	19	—	7	60

Gegen-stands-Summa	Staatsgebühren 1 Prozent		Staatsgebühren 1½ Prozent		Staatsgebühren 2 Prozent		Besitz-veränderungs-abgabe		Staatsgebühren 1 pro mille		Staatsgebühren 2 pro mille		Staatsgebühren 2½ pro mille		Staatsgebühren 3 pro mille		Staatsgebühren 5 pro mille	
ℳ	ℳ	₰	ℳ	₰	ℳ	₰	ℳ	₰	ℳ	₰	ℳ	₰	ℳ	₰	ℳ	₰	ℳ	₰
1281	12	90	19	30	25	70	4	90	1	30	2	60	3	30	3	90	6	50
1282	12	90	19	30	25	70	4	90	1	30	2	60	3	30	3	90	6	50
1283	12	90	19	30	25	70	4	90	1	30	2	60	3	30	3	90	6	50
1284	12	90	19	30	25	70	4	90	1	30	2	60	3	30	3	90	6	50
1285	12	90	19	30	25	70	4	90	1	30	2	60	3	30	3	90	6	50
1286	12	90	19	30	25	80	4	90	1	30	2	60	3	30	3	90	6	50
1287	12	90	19	40	25	80	4	90	1	30	2	60	3	30	3	90	6	50
1288	12	90	19	40	25	80	4	90	1	30	2	60	3	30	3	90	6	50
1289	12	90	19	40	25	80	4	90	1	30	2	60	3	30	3	90	6	50
1290	12	90	19	40	25	80	4	90	1	30	2	60	3	30	3	90	6	50
1291	13	—	19	40	25	90	4	90	1	30	2	60	3	30	3	90	6	50
1292	13	—	19	40	25	90	4	90	1	30	2	60	3	30	3	90	6	50
1293	13	—	19	40	25	90	4	90	1	30	2	60	3	30	3	90	6	50
1294	13	—	19	50	25	90	4	90	1	30	2	60	3	30	3	90	6	50
1295	13	—	19	50	25	90	4	90	1	30	2	60	3	30	3	90	6	50
1296	13	—	19	50	26	—	4	90	1	30	2	60	3	30	3	90	6	50
1297	13	—	19	50	26	—	4	90	1	30	2	60	3	30	3	90	6	50
1298	13	—	19	50	26	—	4	90	1	30	2	60	3	30	3	90	6	50
1299	13	—	19	50	26	—	4	90	1	30	2	60	3	30	3	90	6	50
1300	13	—	19	50	26	—	4	90	1	30	2	60	3	30	3	90	6	50
1301	13	10	19	60	26	10	4	90	1	40	2	70	3	30	4	—	6	60
1302	13	10	19	60	26	10	4	90	1	40	2	70	3	30	4	—	6	60
1303	13	10	19	60	26	10	4	90	1	40	2	70	3	30	4	—	6	60
1304	13	10	19	60	26	10	4	90	1	40	2	70	3	30	4	—	6	60
1305	13	10	19	60	26	10	4	90	1	40	2	70	3	30	4	—	6	60
1306	13	10	19	60	26	20	4	90	1	40	2	70	3	30	4	—	6	60
1307	13	10	19	70	26	20	5	—	1	40	2	70	3	30	4	—	6	60
1308	13	10	19	70	26	20	5	—	1	40	2	70	3	30	4	—	6	60
1309	13	10	19	70	26	20	5	—	1	40	2	70	3	30	4	—	6	60
1310	13	10	19	70	26	20	5	—	1	40	2	70	3	30	4	—	6	60
1311	13	20	19	70	26	30	5	—	1	40	2	70	3	30	4	—	6	60
1312	13	20	19	70	26	30	5	—	1	40	2	70	3	30	4	—	6	60
1313	13	20	19	70	26	30	5	—	1	40	2	70	3	30	4	—	6	60
1314	13	20	19	80	26	30	5	—	1	40	2	70	3	30	4	—	6	60
1315	13	20	19	80	26	30	5	—	1	40	2	70	3	30	4	—	6	60
1316	13	20	19	80	26	40	5	—	1	40	2	70	3	30	4	—	6	60
1317	13	20	19	80	26	40	5	—	1	40	2	70	3	30	4	—	6	60
1318	13	20	19	80	26	40	5	—	1	40	2	70	3	30	4	—	6	60
1319	13	20	19	80	26	40	5	—	1	40	2	70	3	30	4	—	6	60
1320	13	20	19	80	26	40	5	—	1	40	2	70	3	30	4	—	6	60

Gegen-stands-Summa	Werthgebühr: Volle (Art. 22. 40. 41. 50)		Werthgebühr: $^1/_2$ (Art. 25. 27. 29. 30. 38 Abs. 2)		Werthgebühr: $^1/_2$ bis 2200 M., darüber $^2/_3$ (Art. 24)		Werthgebühr: $1^1/_2$ (Art. 23)		$^4/_{10}$ aus der vollen Werthgebühr (Art. 45 Abs. 3)		$^4/_{10}$ aus $^2/_3$ Werthgebühr (Art. 45 Abs. 3)		Hinterlegungsgebühr: Art. 100		Hinterlegungsgebühr: Art. 101 a		Hinterlegungsgebühr: Art. 101 b		Auseinandersetzungsgebühr: $^5/_{10}$ der Sätze des § 8 des Reichsgerichts-Kosten-Gesetzes		Auseinandersetzungsgebühr: $^2/_{10}$ der Sätze des § 8 des Reichsgerichts-Kosten-Gesetzes	
M	M	Pf	M	Pf	M	Pf	M	Pf	M	Pf	M	Pf	M	Pf	M	Pf	M	Pf	M	Pf	M	Pf
1281	8	10	4	10	4	10	12	20	3	30	1	70	3	30	12	90	25	70	19	—	7	60
1282	8	10	4	10	4	10	12	20	3	30	1	70	3	30	12	90	25	70	19	—	7	60
1283	8	10	4	10	4	10	12	20	3	30	1	70	3	30	12	90	25	70	19	—	7	60
1284	8	10	4	10	4	10	12	20	3	30	1	70	3	30	12	90	25	70	19	—	7	60
1285	8	10	4	10	4	10	12	20	3	30	1	70	3	30	12	90	25	70	19	—	7	60
1286	8	10	4	10	4	10	12	20	3	30	1	70	3	30	12	90	25	80	19	—	7	60
1287	8	10	4	10	4	10	12	20	3	30	1	70	3	30	12	90	25	80	19	—	7	60
1288	8	10	4	10	4	10	12	20	3	30	1	70	3	30	12	90	25	80	19	—	7	60
1289	8	10	4	10	4	10	12	20	3	30	1	70	3	30	12	90	25	80	19	—	7	60
1290	8	10	4	10	4	10	12	20	3	30	1	70	3	30	12	90	25	80	19	—	7	60
1291	8	10	4	10	4	10	12	20	3	30	1	70	3	30	13	—	25	90	19	—	7	60
1292	8	10	4	10	4	10	12	20	3	30	1	70	3	30	13	—	25	90	19	—	7	60
1293	8	10	4	10	4	10	12	20	3	30	1	70	3	30	13	—	25	90	19	—	7	60
1294	8	10	4	10	4	10	12	20	3	30	1	70	3	30	13	—	25	90	19	—	7	60
1295	8	10	4	10	4	10	12	20	3	30	1	70	3	30	13	—	25	90	19	—	7	60
1296	8	10	4	10	4	10	12	20	3	30	1	70	3	30	13	—	26	—	19	—	7	60
1297	8	10	4	10	4	10	12	20	3	30	1	70	3	30	13	—	26	—	19	—	7	60
1298	8	10	4	10	4	10	12	20	3	30	1	70	3	30	13	—	26	—	19	—	7	60
1299	8	10	4	10	4	10	12	20	3	30	1	70	3	30	13	—	26	—	19	—	7	60
1300	8	10	4	10	4	10	12	20	3	30	1	70	3	30	13	—	26	—	19	—	7	60
1301	8	10	4	10	4	10	12	20	3	30	1	70	3	30	13	10	26	10	19	—	7	60
1302	8	10	4	10	4	10	12	20	3	30	1	70	3	30	13	10	26	10	19	—	7	60
1303	8	10	4	10	4	10	12	20	3	30	1	70	3	30	13	10	26	10	19	—	7	60
1304	8	10	4	10	4	10	12	20	3	30	1	70	3	30	13	10	26	10	19	—	7	60
1305	8	10	4	10	4	10	12	20	3	30	1	70	3	30	13	10	26	10	19	—	7	60
1306	8	10	4	10	4	10	12	20	3	30	1	70	3	30	13	10	26	20	19	—	7	60
1307	8	10	4	10	4	10	12	20	3	30	1	70	3	30	13	10	26	20	19	—	7	60
1308	8	10	4	10	4	10	12	20	3	30	1	70	3	30	13	10	26	20	19	—	7	60
1309	8	10	4	10	4	10	12	20	3	30	1	70	3	30	13	10	26	20	19	—	7	60
1310	8	10	4	10	4	10	12	20	3	30	1	70	3	30	13	10	26	20	19	—	7	60
1311	8	10	4	10	4	10	12	20	3	30	1	70	3	30	13	20	26	30	19	—	7	60
1312	8	10	4	10	4	10	12	20	3	30	1	70	3	30	13	20	26	30	19	—	7	60
1313	8	10	4	10	4	10	12	20	3	30	1	70	3	30	13	20	26	30	19	—	7	60
1314	8	10	4	10	4	10	12	20	3	30	1	70	3	30	13	20	26	30	19	—	7	60
1315	8	10	4	10	4	10	12	20	3	30	1	70	3	30	13	20	26	30	19	—	7	60
1316	8	10	4	10	4	10	12	20	3	30	1	70	3	30	13	20	26	40	19	—	7	60
1317	8	10	4	10	4	10	12	20	3	30	1	70	3	30	13	20	26	40	19	—	7	60
1318	8	10	4	10	4	10	12	20	3	30	1	70	3	30	13	20	26	40	19	—	7	60
1319	8	10	4	10	4	10	12	20	3	30	1	70	3	30	13	20	26	40	19	—	7	60
1320	8	10	4	10	4	10	12	20	3	30	1	70	3	30	13	20	26	40	19	—	7	60

Gegen-stands-Summa	Staatsgebühren 1 Prozent		Staatsgebühren 1½ Prozent		Staatsgebühren 2 Prozent		Besitz-veränderungs-abgabe		Staatsgebühren 1 pro mille		Staatsgebühren 2 pro mille		Staatsgebühren 2½ pro mille		Staatsgebühren 3 pro mille		Staatsgebühren 5 pro mille	
M	M	Pf	M	Pf	M	Pf	M	Pf	M	Pf	M	Pf	M	Pf	M	Pf	M	Pf
1321	13	30	19	90	26	50	5	—	1	40	2	70	3	40	4	—	6	70
1322	13	30	19	90	26	50	5	—	1	40	2	70	3	40	4	—	6	70
1323	13	30	19	90	26	50	5	—	1	40	2	70	3	40	4	—	6	70
1324	13	30	19	90	26	50	5	—	1	40	2	70	3	40	4	—	6	70
1325	13	30	19	90	26	50	5	—	1	40	2	70	3	40	4	—	6	70
1326	13	30	19	90	26	60	5	—	1	40	2	70	3	40	4	—	6	70
1327	13	30	20	—	26	60	5	—	1	40	2	70	3	40	4	—	6	70
1328	13	30	20	—	26	60	5	—	1	40	2	70	3	40	4	—	6	70
1329	13	30	20	—	26	60	5	—	1	40	2	70	3	40	4	—	6	70
1330	13	30	20	—	26	60	5	—	1	40	2	70	3	40	4	—	6	70
1331	13	40	20	—	26	70	5	—	1	40	2	70	3	40	4	—	6	70
1332	13	40	20	—	26	70	5	—	1	40	2	70	3	40	4	—	6	70
1333	13	40	20	—	26	70	5	—	1	40	2	70	3	40	4	—	6	70
1334	13	40	20	10	26	70	5	10	1	40	2	70	3	40	4	10	6	70
1335	13	40	20	10	26	70	5	10	1	40	2	70	3	40	4	10	6	70
1336	13	40	20	10	26	80	5	10	1	40	2	70	3	40	4	10	6	70
1337	13	40	20	10	26	80	5	10	1	40	2	70	3	40	4	10	6	70
1338	13	40	20	10	26	80	5	10	1	40	2	70	3	40	4	10	6	70
1339	13	40	20	10	26	80	5	10	1	40	2	70	3	40	4	10	6	70
1340	13	40	20	10	26	80	5	10	1	40	2	70	3	40	4	10	6	70
1341	13	50	20	20	26	90	5	10	1	40	2	70	3	40	4	10	6	80
1342	13	50	20	20	26	90	5	10	1	40	2	70	3	40	4	10	6	80
1343	13	50	20	20	26	90	5	10	1	40	2	70	3	40	4	10	6	80
1344	13	50	20	20	26	90	5	10	1	40	2	70	3	40	4	10	6	80
1345	13	50	20	20	26	90	5	10	1	40	2	70	3	40	4	10	6	80
1346	13	50	20	20	27	—	5	10	1	40	2	70	3	40	4	10	6	80
1347	13	50	20	30	27	—	5	10	1	40	2	70	3	40	4	10	6	80
1348	13	50	20	30	27	—	5	10	1	40	2	70	3	40	4	10	6	80
1349	13	50	20	30	27	—	5	10	1	40	2	70	3	40	4	10	6	80
1350	13	50	20	30	27	—	5	10	1	40	2	70	3	40	4	10	6	80
1351	13	60	20	30	27	10	5	10	1	40	2	80	3	40	4	10	6	80
1352	13	60	20	30	27	10	5	10	1	40	2	80	3	40	4	10	6	80
1353	13	60	20	30	27	10	5	10	1	40	2	80	3	40	4	10	6	80
1354	13	60	20	40	27	10	5	10	1	40	2	80	3	40	4	10	6	80
1355	13	60	20	40	27	10	5	10	1	40	2	80	3	40	4	10	6	80
1356	13	60	20	40	27	20	5	10	1	40	2	80	3	40	4	10	6	80
1357	13	60	20	40	27	20	5	10	1	40	2	80	3	40	4	10	6	80
1358	13	60	20	40	27	20	5	10	1	40	2	80	3	40	4	10	6	80
1359	13	60	20	40	27	20	5	10	1	40	2	80	3	40	4	10	6	80
1360	13	60	20	40	27	20	5	10	1	40	2	80	3	40	4	10	6	80

Gegen-standes-Summma	Werthgebühr								4/10 aus der vollen Werth-gebühr		4/10 aus 2/3 Werth-gebühr		Hinterlegungs-gebühr						Auseinander-setzungsgebühr			
	Volle		1/2		1/2 bis 2200 M.		1 1/2												5/10		2/10	
	Art. 22. 40. 41. 50		Art. 25. 27. 29. 30. 38 Abs. 2		darüber 2/3 Art. 24		Art. 23		Art. 45 Abs. 3				Art. 100		Art. 101 a		Art. 101 b		der Sätze des § 8 des Reichsgerichts-Kosten-Gesetzes			
M	M	Pf	M	Pf	M	Pf	M	Pf	M	Pf	M	Pf	M	Pf	M	Pf	M	Pf	M	Pf	M	Pf
1321	8	10	4	10	4	10	12	20	3	30	1	70	3	40	13	30	26	50	19	—	7	60
1322	8	10	4	10	4	10	12	20	3	30	1	70	3	40	13	30	26	50	19	—	7	60
1323	8	10	4	10	4	10	12	20	3	30	1	70	3	40	13	30	26	50	19	—	7	60
1324	8	10	4	10	4	10	12	20	3	30	1	70	3	40	13	30	26	50	19	—	7	60
1325	8	10	4	10	4	10	12	20	3	30	1	70	3	40	13	30	26	50	19	—	7	60
1326	8	10	4	10	4	10	12	20	3	30	1	70	3	40	13	30	26	60	19	—	7	60
1327	8	10	4	10	4	10	12	20	3	30	1	70	3	40	13	30	26	60	19	—	7	60
1328	8	10	4	10	4	10	12	20	3	30	1	70	3	40	13	30	26	60	19	—	7	60
1329	8	10	4	10	4	10	12	20	3	30	1	70	3	40	13	30	26	60	19	—	7	60
1330	8	10	4	10	4	10	12	20	3	30	1	70	3	40	13	30	26	60	19	—	7	60
1331	8	10	4	10	4	10	12	20	3	30	1	70	3	40	13	40	26	70	19	—	7	60
1332	8	10	4	10	4	10	12	20	3	30	1	70	3	40	13	40	26	70	19	—	7	60
1333	8	10	4	10	4	10	12	20	3	30	1	70	3	40	13	40	26	70	19	—	7	60
1334	8	10	4	10	4	10	12	20	3	30	1	70	3	40	13	40	26	70	19	—	7	60
1335	8	10	4	10	4	10	12	20	3	30	1	70	3	40	13	40	26	70	19	—	7	60
1336	8	10	4	10	4	10	12	20	3	30	1	70	3	40	13	40	26	80	19	—	7	60
1337	8	10	4	10	4	10	12	20	3	30	1	70	3	40	13	40	26	80	19	—	7	60
1338	8	10	4	10	4	10	12	20	3	30	1	70	3	40	13	40	26	80	19	—	7	60
1339	8	10	4	10	4	10	12	20	3	30	1	70	3	40	13	40	26	80	19	—	7	60
1340	8	10	4	10	4	10	12	20	3	30	1	70	3	40	13	40	26	80	19	—	7	60
1341	8	10	4	10	4	10	12	20	3	30	1	70	3	40	13	50	26	90	19	—	7	60
1342	8	10	4	10	4	10	12	20	3	30	1	70	3	40	13	50	26	90	19	—	7	60
1343	8	10	4	10	4	10	12	20	3	30	1	70	3	40	13	50	26	90	19	—	7	60
1344	8	10	4	10	4	10	12	20	3	30	1	70	3	40	13	50	26	90	19	—	7	60
1345	8	10	4	10	4	10	12	20	3	30	1	70	3	40	13	50	26	90	19	—	7	60
1346	8	10	4	10	4	10	12	20	3	30	1	70	3	40	13	50	27	—	19	—	7	60
1347	8	10	4	10	4	10	12	20	3	30	1	70	3	40	13	50	27	—	19	—	7	60
1348	8	10	4	10	4	10	12	20	3	30	1	70	3	40	13	50	27	—	19	—	7	60
1349	8	10	4	10	4	10	12	20	3	30	1	70	3	40	13	50	27	—	19	—	7	60
1350	8	10	4	10	4	10	12	20	3	30	1	70	3	40	13	50	27	—	19	—	7	60
1351	8	10	4	10	4	10	12	20	3	30	1	70	3	40	13	60	27	10	19	—	7	60
1352	8	10	4	10	4	10	12	20	3	30	1	70	3	40	13	60	27	10	19	—	7	60
1353	8	10	4	10	4	10	12	20	3	30	1	70	3	40	13	60	27	10	19	—	7	60
1354	8	10	4	10	4	10	12	20	3	30	1	70	3	40	13	60	27	10	19	—	7	60
1355	8	10	4	10	4	10	12	20	3	30	1	70	3	40	13	60	27	10	19	—	7	60
1356	8	10	4	10	4	10	12	20	3	30	1	70	3	40	13	60	27	20	19	—	7	60
1357	8	10	4	10	4	10	12	20	3	30	1	70	3	40	13	60	27	20	19	—	7	60
1358	8	10	4	10	4	10	12	20	3	30	1	70	3	40	13	60	27	20	19	—	7	60
1359	8	10	4	10	4	10	12	20	3	30	1	70	3	40	13	60	27	20	19	—	7	60
1360	8	10	4	10	4	10	12	20	3	30	1	70	3	40	13	60	27	20	19	—	7	60

Gegen-standsSumma	Staatsgebühren 1 Prozent		Staatsgebühren 1½ Prozent		Staatsgebühren 2 Prozent		Besitz-veränderungs-abgabe		Staatsgebühren 1 pro mille		Staatsgebühren 2 pro mille		Staatsgebühren 2½ pro mille		Staatsgebühren 3 pro mille		Staatsgebühren 5 pro mille	
ℳ	ℳ	₰	ℳ	₰	ℳ	₰	ℳ	₰	ℳ	₰	ℳ	₰	ℳ	₰	ℳ	₰	ℳ	₰
1361	13	70	20	50	27	30	5	20	1	40	2	80	3	50	4	10	6	90
1362	13	70	20	50	27	30	5	20	1	40	2	80	3	50	4	10	6	90
1363	13	70	20	50	27	30	5	20	1	40	2	80	3	50	4	10	6	90
1364	13	70	20	50	27	30	5	20	1	40	2	80	3	50	4	10	6	90
1365	13	70	20	50	27	30	5	20	1	40	2	80	3	50	4	10	6	90
1366	13	70	20	50	27	40	5	20	1	40	2	80	3	50	4	10	6	90
1367	13	70	20	60	27	40	5	20	1	40	2	80	3	50	4	20	6	90
1368	13	70	20	60	27	40	5	20	1	40	2	80	3	50	4	20	6	90
1369	13	70	20	60	27	40	5	20	1	40	2	80	3	50	4	20	6	90
1370	13	70	20	60	27	40	5	20	1	40	2	80	3	50	4	20	6	90
1371	13	80	20	60	27	50	5	20	1	40	2	80	3	50	4	20	6	90
1372	13	80	20	60	27	50	5	20	1	40	2	80	3	50	4	20	6	90
1373	13	80	20	60	27	50	5	20	1	40	2	80	3	50	4	20	6	90
1374	13	80	20	70	27	50	5	20	1	40	2	80	3	50	4	20	6	90
1375	13	80	20	70	27	50	5	20	1	40	2	80	3	50	4	20	6	90
1376	13	80	20	70	27	60	5	20	1	40	2	80	3	50	4	20	6	90
1377	13	80	20	70	27	60	5	20	1	40	2	80	3	50	4	20	6	90
1378	13	80	20	70	27	60	5	20	1	40	2	80	3	50	4	20	6	90
1379	13	80	20	70	27	60	5	20	1	40	2	80	3	50	4	20	6	90
1380	13	80	20	70	27	60	5	20	1	40	2	80	3	50	4	20	6	90
1381	13	90	20	80	27	70	5	20	1	40	2	80	3	50	4	20	7	—
1382	13	90	20	80	27	70	5	20	1	40	2	80	3	50	4	20	7	—
1383	13	90	20	80	27	70	5	20	1	40	2	80	3	50	4	20	7	—
1384	13	90	20	80	27	70	5	20	1	40	2	80	3	50	4	20	7	—
1385	13	90	20	80	27	70	5	20	1	40	2	80	3	50	4	20	7	—
1386	13	90	20	80	27	80	5	20	1	40	2	80	3	50	4	20	7	—
1387	13	90	20	90	27	80	5	30	1	40	2	80	3	50	4	20	7	—
1388	13	90	20	90	27	80	5	30	1	40	2	80	3	50	4	20	7	—
1389	13	90	20	90	27	80	5	30	1	40	2	80	3	50	4	20	7	—
1390	13	90	20	90	27	80	5	30	1	40	2	80	3	50	4	20	7	—
1391	14	—	20	90	27	90	5	30	1	40	2	80	3	50	4	20	7	—
1392	14	—	20	90	27	90	5	30	1	40	2	80	3	50	4	20	7	—
1393	14	—	20	90	27	90	5	30	1	40	2	80	3	50	4	20	7	—
1394	14	—	21	—	27	90	5	30	1	40	2	80	3	50	4	20	7	—
1395	14	—	21	—	27	90	5	30	1	40	2	80	3	50	4	20	7	—
1396	14	—	21	—	28	—	5	30	1	40	2	80	3	50	4	20	7	—
1397	14	—	21	—	28	—	5	30	1	40	2	80	3	50	4	20	7	—
1398	14	—	21	—	28	—	5	30	1	40	2	80	3	50	4	20	7	—
1399	14	—	21	—	28	—	5	30	1	40	2	80	3	50	4	20	7	—
1400	14	—	21	—	28	—	5	30	1	40	2	80	3	50	4	20	7	—

Gegenstands-Summa	Werthgebühr: Volle		Werthgebühr: 1/2		Werthgebühr: 1/2 bis 2200 ℳ, darüber 2/3		Werthgebühr: 1 1/2		4/10 aus der vollen Werthgebühr		4/10 aus 2/3 Werthgebühr		Hinterlegungsgebühr						Auseinandersetzungsgebühr: 5/10		Auseinandersetzungsgebühr: 2/10	
	Art. 22. 40. 41. 50		Art. 25. 27. 29. 30. 38 Abs. 2		Art. 24		Art. 23		Art. 45 Abs. 3				Art. 100		Art. 101 a		Art. 101 b		der Sätze des § 8 des Reichsgerichts-Kosten-Gesetzes			
ℳ	ℳ	₰	ℳ	₰	ℳ	₰	ℳ	₰	ℳ	₰	ℳ	₰	ℳ	₰	ℳ	₰	ℳ	₰	ℳ	₰	ℳ	₰
1361	8	10	4	10	4	10	12	20	3	30	1	70	3	50	13	70	27	30	19	—	7	60
1362	8	10	4	10	4	10	12	20	3	30	1	70	3	50	13	70	27	30	19	—	7	60
1363	8	10	4	10	4	10	12	20	3	30	1	70	3	50	13	70	27	30	19	—	7	60
1364	8	10	4	10	4	10	12	20	3	30	1	70	3	50	13	70	27	30	19	—	7	60
1365	8	10	4	10	4	10	12	20	3	30	1	70	3	50	13	70	27	30	19	—	7	60
1366	8	10	4	10	4	10	12	20	3	30	1	70	3	50	13	70	27	40	19	—	7	60
1367	8	10	4	10	4	10	12	20	3	30	1	70	3	50	13	70	27	40	19	—	7	60
1368	8	10	4	10	4	10	12	20	3	30	1	70	3	50	13	70	27	40	19	—	7	60
1369	8	10	4	10	4	10	12	20	3	30	1	70	3	50	13	70	27	40	19	—	7	60
1370	8	10	4	10	4	10	12	20	3	30	1	70	3	50	13	70	27	40	19	—	7	60
1371	8	10	4	10	4	10	12	20	3	30	1	70	3	50	13	80	27	50	19	—	7	60
1372	8	10	4	10	4	10	12	20	3	30	1	70	3	50	13	80	27	50	19	—	7	60
1373	8	10	4	10	4	10	12	20	3	30	1	70	3	50	13	80	27	50	19	—	7	60
1374	8	10	4	10	4	10	12	20	3	30	1	70	3	50	13	80	27	50	19	—	7	60
1375	8	10	4	10	4	10	12	20	3	30	1	70	3	50	13	80	27	50	19	—	7	60
1376	8	10	4	10	4	10	12	20	3	30	1	70	3	50	13	80	27	60	19	—	7	60
1377	8	10	4	10	4	10	12	20	3	30	1	70	3	50	13	80	27	60	19	—	7	60
1378	8	10	4	10	4	10	12	20	3	30	1	70	3	50	13	80	27	60	19	—	7	60
1379	8	10	4	10	4	10	12	20	3	30	1	70	3	50	13	80	27	60	19	—	7	60
1380	8	10	4	10	4	10	12	20	3	30	1	70	3	50	13	80	27	60	19	—	7	60
1381	8	10	4	10	4	10	12	20	3	30	1	70	3	50	13	90	27	70	19	—	7	60
1382	8	10	4	10	4	10	12	20	3	30	1	70	3	50	13	90	27	70	19	—	7	60
1383	8	10	4	10	4	10	12	20	3	30	1	70	3	50	13	90	27	70	19	—	7	60
1384	8	10	4	10	4	10	12	20	3	30	1	70	3	50	13	90	27	70	19	—	7	60
1385	8	10	4	10	4	10	12	20	3	30	1	70	3	50	13	90	27	70	19	—	7	60
1386	8	10	4	10	4	10	12	20	3	30	1	70	3	50	13	90	27	80	19	—	7	60
1387	8	10	4	10	4	10	12	20	3	30	1	70	3	50	13	90	27	80	19	—	7	60
1388	8	10	4	10	4	10	12	20	3	30	1	70	3	50	13	90	27	80	19	—	7	60
1389	8	10	4	10	4	10	12	20	3	30	1	70	3	50	13	90	27	80	19	—	7	60
1390	8	10	4	10	4	10	12	20	3	30	1	70	3	50	13	90	27	80	19	—	7	60
1391	8	10	4	10	4	10	12	20	3	30	1	70	3	50	14	—	27	90	19	—	7	60
1392	8	10	4	10	4	10	12	20	3	30	1	70	3	50	14	—	27	90	19	—	7	60
1393	8	10	4	10	4	10	12	20	3	30	1	70	3	50	14	—	27	90	19	—	7	60
1394	8	10	4	10	4	10	12	20	3	30	1	70	3	50	14	—	27	90	19	—	7	60
1395	8	10	4	10	4	10	12	20	3	30	1	70	3	50	14	—	27	90	19	—	7	60
1396	8	10	4	10	4	10	12	20	3	30	1	70	3	50	14	—	28	—	19	—	7	60
1397	8	10	4	10	4	10	12	20	3	30	1	70	3	50	14	—	28	—	19	—	7	60
1398	8	10	4	10	4	10	12	20	3	30	1	70	3	50	14	—	28	—	19	—	7	60
1399	8	10	4	10	4	10	12	20	3	30	1	70	3	50	14	—	28	—	19	—	7	60
1400	8	10	4	10	4	10	12	20	3	30	1	70	3	50	14	—	28	—	19	—	7	60

Gegen-stands-Summa	Staatsgebühren 1 Prozent		Staatsgebühren 1½ Prozent		Staatsgebühren 2 Prozent		Besitz-verände-rungs-abgabe		Staatsgebühren 1 pro mille		Staatsgebühren 2 pro mille		Staatsgebühren 2½ pro mille		Staatsgebühren 3 pro mille		Staatsgebühren 5 pro mille	
ℳ	ℳ	₰	ℳ	₰	ℳ	₰	ℳ	₰	ℳ	₰	ℳ	₰	ℳ	₰	ℳ	₰	ℳ	₰
1401	14	10	21	10	28	10	5	30	1	50	2	90	3	60	4	30	7	10
1402	14	10	21	10	28	10	5	30	1	50	2	90	3	60	4	30	7	10
1403	14	10	21	10	28	10	5	30	1	50	2	90	3	60	4	30	7	10
1404	14	10	21	10	28	10	5	30	1	50	2	90	3	60	4	30	7	10
1405	14	10	21	10	28	10	5	30	1	50	2	90	3	60	4	30	7	10
1406	14	10	21	10	28	20	5	30	1	50	2	90	3	60	4	30	7	10
1407	14	10	21	20	28	20	5	30	1	50	2	90	3	60	4	30	7	10
1408	14	10	21	20	28	20	5	30	1	50	2	90	3	60	4	30	7	10
1409	14	10	21	20	28	20	5	30	1	50	2	90	3	60	4	30	7	10
1410	14	10	21	20	28	20	5	30	1	50	2	90	3	60	4	30	7	10
1411	14	20	21	20	28	30	5	30	1	50	2	90	3	60	4	30	7	10
1412	14	20	21	20	28	30	5	30	1	50	2	90	3	60	4	30	7	10
1413	14	20	21	20	28	30	5	30	1	50	2	90	3	60	4	30	7	10
1414	14	20	21	30	28	30	5	40	1	50	2	90	3	60	4	30	7	10
1415	14	20	21	30	28	30	5	40	1	50	2	90	3	60	4	30	7	10
1416	14	20	21	30	28	40	5	40	1	50	2	90	3	60	4	30	7	10
1417	14	20	21	30	28	40	5	40	1	50	2	90	3	60	4	30	7	10
1418	14	20	21	30	28	40	5	40	1	50	2	90	3	60	4	30	7	10
1419	14	20	21	30	28	40	5	40	1	50	2	90	3	60	4	30	7	10
1420	14	20	21	30	28	40	5	40	1	50	2	90	3	60	4	30	7	10
1421	14	30	21	40	28	50	5	40	1	50	2	90	3	60	4	30	7	20
1422	14	30	21	40	28	50	5	40	1	50	2	90	3	60	4	30	7	20
1423	14	30	21	40	28	50	5	40	1	50	2	90	3	60	4	30	7	20
1424	14	30	21	40	28	50	5	40	1	50	2	90	3	60	4	30	7	20
1425	14	30	21	40	28	50	5	40	1	50	2	90	3	60	4	30	7	20
1426	14	30	21	40	28	60	5	40	1	50	2	90	3	60	4	30	7	20
1427	14	30	21	50	28	60	5	40	1	50	2	90	3	60	4	30	7	20
1428	14	30	21	50	28	60	5	40	1	50	2	90	3	60	4	30	7	20
1429	14	30	21	50	28	60	5	40	1	50	2	90	3	60	4	30	7	20
1430	14	30	21	50	28	60	5	40	1	50	2	90	3	60	4	30	7	20
1431	14	40	21	50	28	70	5	40	1	50	2	90	3	60	4	30	7	20
1432	14	40	21	50	28	70	5	40	1	50	2	90	3	60	4	30	7	20
1433	14	40	21	50	28	70	5	40	1	50	2	90	3	60	4	30	7	20
1434	14	40	21	60	28	70	5	40	1	50	2	90	3	60	4	40	7	20
1435	14	40	21	60	28	70	5	40	1	50	2	90	3	60	4	40	7	20
1436	14	40	21	60	28	80	5	40	1	50	2	90	3	60	4	40	7	20
1437	14	40	21	60	28	80	5	40	1	50	2	90	3	60	4	40	7	20
1438	14	40	21	60	28	80	5	40	1	50	2	90	3	60	4	40	7	20
1439	14	40	21	60	28	80	5	40	1	50	2	90	3	60	4	40	7	20
1440	14	40	21	60	28	80	5	40	1	50	2	90	3	60	4	40	7	20

Gegenstands-Summa	Werthgebühr: Volle		Werthgebühr: 1/2		Werthgebühr: 1/2 bis 2200 ℳ, darüber 2/3		Werthgebühr: 1 1/2		4/10 aus der vollen Werthgebühr		4/10 aus 2/3 Werthgebühr		Hinterlegungsgebühr						Auseinandersetzungsgebühr: 5/10		Auseinandersetzungsgebühr: 2/10	
	Art. 22. 40. 41. 50		Art. 25. 27. 29. 30. 38 Abs. 2		Art. 24		Art. 23		Art. 45 Abs. 3				Art. 100		Art. 101 a		Art. 101 b		der Sätze des § 8 des Reichsgerichts-Kosten-Gesetzes			
ℳ	ℳ	₰	ℳ	₰	ℳ	₰	ℳ	₰	ℳ	₰	ℳ	₰	ℳ	₰	ℳ	₰	ℳ	₰	ℳ	₰	ℳ	₰
1401	8	10	4	10	4	10	12	20	3	30	1	70	3	60	14	10	28	10	19	—	7	60
1402	8	10	4	10	4	10	12	20	3	30	1	70	3	60	14	10	28	10	19	—	7	60
1403	8	10	4	10	4	10	12	20	3	30	1	70	3	60	14	10	28	10	19	—	7	60
1404	8	10	4	10	4	10	12	20	3	30	1	70	3	60	14	10	28	10	19	—	7	60
1405	8	10	4	10	4	10	12	20	3	30	1	70	3	60	14	10	28	10	19	—	7	60
1406	8	10	4	10	4	10	12	20	3	30	1	70	3	60	14	10	28	20	19	—	7	60
1407	8	10	4	10	4	10	12	20	3	30	1	70	3	60	14	10	28	20	19	—	7	60
1408	8	10	4	10	4	10	12	20	3	30	1	70	3	60	14	10	28	20	19	—	7	60
1409	8	10	4	10	4	10	12	20	3	30	1	70	3	60	14	10	28	20	19	—	7	60
1410	8	10	4	10	4	10	12	20	3	30	1	70	3	60	14	10	28	20	19	—	7	60
1411	8	10	4	10	4	10	12	20	3	30	1	70	3	60	14	20	28	30	19	—	7	60
1412	8	10	4	10	4	10	12	20	3	30	1	70	3	60	14	20	28	30	19	—	7	60
1413	8	10	4	10	4	10	12	20	3	30	1	70	3	60	14	20	28	30	19	—	7	60
1414	8	10	4	10	4	10	12	20	3	30	1	70	3	60	14	20	28	30	19	—	7	60
1415	8	10	4	10	4	10	12	20	3	30	1	70	3	60	14	20	28	30	19	—	7	60
1416	8	10	4	10	4	10	12	20	3	30	1	70	3	60	14	20	28	40	19	—	7	60
1417	8	10	4	10	4	10	12	20	3	30	1	70	3	60	14	20	28	40	19	—	7	60
1418	8	10	4	10	4	10	12	20	3	30	1	70	3	60	14	20	28	40	19	—	7	60
1419	8	10	4	10	4	10	12	20	3	30	1	70	3	60	14	20	28	40	19	—	7	60
1420	8	10	4	10	4	10	12	20	3	30	1	70	3	60	14	20	28	40	19	—	7	60
1421	8	10	4	10	4	10	12	20	3	30	1	70	3	60	14	30	28	50	19	—	7	60
1422	8	10	4	10	4	10	12	20	3	30	1	70	3	60	14	30	28	50	19	—	7	60
1423	8	10	4	10	4	10	12	20	3	30	1	70	3	60	14	30	28	50	19	—	7	60
1424	8	10	4	10	4	10	12	20	3	30	1	70	3	60	14	30	28	50	19	—	7	60
1425	8	10	4	10	4	10	12	20	3	30	1	70	3	60	14	30	28	50	19	—	7	60
1426	8	10	4	10	4	10	12	20	3	30	1	70	3	60	14	30	28	60	19	—	7	60
1427	8	10	4	10	4	10	12	20	3	30	1	70	3	60	14	30	28	60	19	—	7	60
1428	8	10	4	10	4	10	12	20	3	30	1	70	3	60	14	30	28	60	19	—	7	60
1429	8	10	4	10	4	10	12	20	3	30	1	70	3	60	14	30	28	60	19	—	7	60
1430	8	10	4	10	4	10	12	20	3	30	1	70	3	60	14	30	28	60	19	—	7	60
1431	8	10	4	10	4	10	12	20	3	30	1	70	3	60	14	40	28	70	19	—	7	60
1432	8	10	4	10	4	10	12	20	3	30	1	70	3	60	14	40	28	70	19	—	7	60
1433	8	10	4	10	4	10	12	20	3	30	1	70	3	60	14	40	28	70	19	—	7	60
1434	8	10	4	10	4	10	12	20	3	30	1	70	3	60	14	40	28	70	19	—	7	60
1435	8	10	4	10	4	10	12	20	3	30	1	70	3	60	14	40	28	70	19	—	7	60
1436	8	10	4	10	4	10	12	20	3	30	1	70	3	60	14	40	28	80	19	—	7	60
1437	8	10	4	10	4	10	12	20	3	30	1	70	3	60	14	40	28	80	19	—	7	60
1438	8	10	4	10	4	10	12	20	3	30	1	70	3	60	14	40	28	80	19	—	7	60
1439	8	10	4	10	4	10	12	20	3	30	1	70	3	60	14	40	28	80	19	—	7	60
1440	8	10	4	10	4	10	12	20	3	30	1	70	3	60	14	40	28	80	19	—	7	60

Gegen-stands-Summa	Staatsgebühren 1 Prozent		1½		2		Besitz-veränderungs-abgabe		Staatsgebühren 1 pro mille		2		2½		3		5	
ℳ	ℳ	₰	ℳ	₰	ℳ	₰	ℳ	₰	ℳ	₰	ℳ	₰	ℳ	₰	ℳ	₰	ℳ	₰
1441	14	50	21	70	28	90	5	50	1	50	2	90	3	70	4	40	7	30
1442	14	50	21	70	28	90	5	50	1	50	2	90	3	70	4	40	7	30
1443	14	50	21	70	28	90	5	50	1	50	2	90	3	70	4	40	7	30
1444	14	50	21	70	28	90	5	50	1	50	2	90	3	70	4	40	7	30
1445	14	50	21	70	28	90	5	50	1	50	2	90	3	70	4	40	7	30
1446	14	50	21	70	29	—	5	50	1	50	2	90	3	70	4	40	7	30
1447	14	50	21	80	29	—	5	50	1	50	2	90	3	70	4	40	7	30
1448	14	50	21	80	29	—	5	50	1	50	2	90	3	70	4	40	7	30
1449	14	50	21	80	29	—	5	50	1	50	2	90	3	70	4	40	7	30
1450	14	50	21	80	29	—	5	50	1	50	2	90	3	70	4	40	7	30
1451	14	60	21	80	29	10	5	50	1	50	3	—	3	70	4	40	7	30
1452	14	60	21	80	29	10	5	50	1	50	3	—	3	70	4	40	7	30
1453	14	60	21	80	29	10	5	50	1	50	3	—	3	70	4	40	7	30
1454	14	60	21	90	29	10	5	50	1	50	3	—	3	70	4	40	7	30
1455	14	60	21	90	29	10	5	50	1	50	3	—	3	70	4	40	7	30
1456	14	60	21	90	29	20	5	50	1	50	3	—	3	70	4	40	7	30
1457	14	60	21	90	29	20	5	50	1	50	3	—	3	70	4	40	7	30
1458	14	60	21	90	29	20	5	50	1	50	3	—	3	70	4	40	7	30
1459	14	60	21	90	29	20	5	50	1	50	3	—	3	70	4	40	7	30
1460	14	60	21	90	29	20	5	50	1	50	3	—	3	70	4	40	7	30
1461	14	70	22	—	29	30	5	50	1	50	3	—	3	70	4	40	7	40
1462	14	70	22	—	29	30	5	50	1	50	3	—	3	70	4	40	7	40
1463	14	70	22	—	29	30	5	50	1	50	3	—	3	70	4	40	7	40
1464	14	70	22	—	29	30	5	50	1	50	3	—	3	70	4	40	7	40
1465	14	70	22	—	29	30	5	50	1	50	3	—	3	70	4	40	7	40
1466	14	70	22	—	29	40	5	50	1	50	3	—	3	70	4	40	7	40
1467	14	70	22	10	29	40	5	60	1	50	3	—	3	70	4	50	7	40
1468	14	70	22	10	29	40	5	60	1	50	3	—	3	70	4	50	7	40
1469	14	70	22	10	29	40	5	60	1	50	3	—	3	70	4	50	7	40
1470	14	70	22	10	29	40	5	60	1	50	3	—	3	70	4	50	7	40
1471	14	80	22	10	29	50	5	60	1	50	3	—	3	70	4	50	7	40
1472	14	80	22	10	29	50	5	60	1	50	3	—	3	70	4	50	7	40
1473	14	80	22	10	29	50	5	60	1	50	3	—	3	70	4	50	7	40
1474	14	80	22	20	29	50	5	60	1	50	3	—	3	70	4	50	7	40
1475	14	80	22	20	29	50	5	60	1	50	3	—	3	70	4	50	7	40
1476	14	80	22	20	29	60	5	60	1	50	3	—	3	70	4	50	7	40
1477	14	80	22	20	29	60	5	60	1	50	3	—	3	70	4	50	7	40
1478	14	80	22	20	29	60	5	60	1	50	3	—	3	70	4	50	7	40
1479	14	80	22	20	29	60	5	60	1	50	3	—	3	70	4	50	7	40
1480	14	80	22	20	29	60	5	60	1	50	3	—	3	70	4	50	7	40

Gegenstands-Summa	Werthgebühr								4/10 aus der vollen Werthgebühr		4/10 aus 2/3 Werthgebühr		Hinterlegungsgebühr						Auseinandersetzungsgebühr			
	Volle		1/2		1/2 bis 2200 ℳ		1 1/2												5/10		2/10	
	Art. 22. 40. 41. 50		Art. 25. 27. 29. 30. 38 Abs. 2		darüber 2/3 Art. 24		Art. 23		Art. 45 Abs. 3				Art. 100		Art. 101 a		Art. 101 b		der Sätze des § 8 des Reichsgerichts-Kosten-Gesetzes			
ℳ	ℳ	₰	ℳ	₰	ℳ	₰	ℳ	₰	ℳ	₰	ℳ	₰	ℳ	₰	ℳ	₰	ℳ	₰	ℳ	₰	ℳ	₰
1441	8	10	4	10	4	10	12	20	3	30	1	70	3	70	14	50	28	90	19	—	7	60
1442	8	10	4	10	4	10	12	20	3	30	1	70	3	70	14	50	28	90	19	—	7	60
1443	8	10	4	10	4	10	12	20	3	30	1	70	3	70	14	50	28	90	19	—	7	60
1444	8	10	4	10	4	10	12	20	3	30	1	70	3	70	14	50	28	90	19	—	7	60
1445	8	10	4	10	4	10	12	20	3	30	1	70	3	70	14	50	28	90	19	—	7	60
1446	8	10	4	10	4	10	12	20	3	30	1	70	3	70	14	50	29	—	19	—	7	60
1447	8	10	4	10	4	10	12	20	3	30	1	70	3	70	14	50	29	—	19	—	7	60
1448	8	10	4	10	4	10	12	20	3	30	1	70	3	70	14	50	29	—	19	—	7	60
1449	8	10	4	10	4	10	12	20	3	30	1	70	3	70	14	50	29	—	19	—	7	60
1450	8	10	4	10	4	10	12	20	3	30	1	70	3	70	14	50	29	—	19	—	7	60
1451	8	10	4	10	4	10	12	20	3	30	1	70	3	70	14	60	29	10	19	—	7	60
1452	8	10	4	10	4	10	12	20	3	30	1	70	3	70	14	60	29	10	19	—	7	60
1453	8	10	4	10	4	10	12	20	3	30	1	70	3	70	14	60	29	10	19	—	7	60
1454	8	10	4	10	4	10	12	20	3	30	1	70	3	70	14	60	29	10	19	—	7	60
1455	8	10	4	10	4	10	12	20	3	30	1	70	3	70	14	60	29	10	19	—	7	60
1456	8	10	4	10	4	10	12	20	3	30	1	70	3	70	14	60	29	20	19	—	7	60
1457	8	10	4	10	4	10	12	20	3	30	1	70	3	70	14	60	29	20	19	—	7	60
1458	8	10	4	10	4	10	12	20	3	30	1	70	3	70	14	60	29	20	19	—	7	60
1459	8	10	4	10	4	10	12	20	3	30	1	70	3	70	14	60	29	20	19	—	7	60
1460	8	10	4	10	4	10	12	20	3	30	1	70	3	70	14	60	29	20	19	—	7	60
1461	8	10	4	10	4	10	12	20	3	30	1	70	3	70	14	70	29	30	19	—	7	60
1462	8	10	4	10	4	10	12	20	3	30	1	70	3	70	14	70	29	30	19	—	7	60
1463	8	10	4	10	4	10	12	20	3	30	1	70	3	70	14	70	29	30	19	—	7	60
1464	8	10	4	10	4	10	12	20	3	30	1	70	3	70	14	70	29	30	19	—	7	60
1465	8	10	4	10	4	10	12	20	3	30	1	70	3	70	14	70	29	30	19	—	7	60
1466	8	10	4	10	4	10	12	20	3	30	1	70	3	70	14	70	29	40	19	—	7	60
1467	8	10	4	10	4	10	12	20	3	30	1	70	3	70	14	70	29	40	19	—	7	60
1468	8	10	4	10	4	10	12	20	3	30	1	70	3	70	14	70	29	40	19	—	7	60
1469	8	10	4	10	4	10	12	20	3	30	1	70	3	70	14	70	29	40	19	—	7	60
1470	8	10	4	10	4	10	12	20	3	30	1	70	3	70	14	70	29	40	19	—	7	60
1471	8	10	4	10	4	10	12	20	3	30	1	70	3	70	14	80	29	50	19	—	7	60
1472	8	10	4	10	4	10	12	20	3	30	1	70	3	70	14	80	29	50	19	—	7	60
1473	8	10	4	10	4	10	12	20	3	30	1	70	3	70	14	80	29	50	19	—	7	60
1474	8	10	4	10	4	10	12	20	3	30	1	70	3	70	14	80	29	50	19	—	7	60
1475	8	10	4	10	4	10	12	20	3	30	1	70	3	70	14	80	29	50	19	—	7	60
1476	8	10	4	10	4	10	12	20	3	30	1	70	3	70	14	80	29	60	19	—	7	60
1477	8	10	4	10	4	10	12	20	3	30	1	70	3	70	14	80	29	60	19	—	7	60
1478	8	10	4	10	4	10	12	20	3	30	1	70	3	70	14	80	29	60	19	—	7	60
1479	8	10	4	10	4	10	12	20	3	30	1	70	3	70	14	80	29	60	19	—	7	60
1480	8	10	4	10	4	10	12	20	3	30	1	70	3	70	14	80	29	60	19	—	7	60

Gegen-standes-Summa	Staatsgebühren 1 Prozent		1½ Prozent		2 Prozent		Besitz-veränderungs-abgabe		Staatsgebühren 1 pro mille		2 pro mille		2½ pro mille		3 pro mille		5 pro mille	
ℳ	ℳ	₰	ℳ	₰	ℳ	₰	ℳ	₰	ℳ	₰	ℳ	₰	ℳ	₰	ℳ	₰	ℳ	₰
1481	14	90	22	30	29	70	5	60	1	50	3	—	3	80	4	50	7	50
1482	14	90	22	30	29	70	5	60	1	50	3	—	3	80	4	50	7	50
1483	14	90	22	30	29	70	5	60	1	50	3	—	3	80	4	50	7	50
1484	14	90	22	30	29	70	5	60	1	50	3	—	3	80	4	50	7	50
1485	14	90	22	30	29	70	5	60	1	50	3	—	3	80	4	50	7	50
1486	14	90	22	30	29	80	5	60	1	50	3	—	3	80	4	50	7	50
1487	14	90	22	40	29	80	5	60	1	50	3	—	3	80	4	50	7	50
1488	14	90	22	40	29	80	5	60	1	50	3	—	3	80	4	50	7	50
1489	14	90	22	40	29	80	5	60	1	50	3	—	3	80	4	50	7	50
1490	14	90	22	40	29	80	5	60	1	50	3	—	3	80	4	50	7	50
1491	15	—	22	40	29	90	5	60	1	50	3	—	3	80	4	50	7	50
1492	15	—	22	40	29	90	5	60	1	50	3	—	3	80	4	50	7	50
1493	15	—	22	40	29	90	5	60	1	50	3	—	3	80	4	50	7	50
1494	15	—	22	50	29	90	5	70	1	50	3	—	3	80	4	50	7	50
1495	15	—	22	50	29	90	5	70	1	50	3	—	3	80	4	50	7	50
1496	15	—	22	50	30	—	5	70	1	50	3	—	3	80	4	50	7	50
1497	15	—	22	50	30	—	5	70	1	50	3	—	3	80	4	50	7	50
1498	15	—	22	50	30	—	5	70	1	50	3	—	3	80	4	50	7	50
1499	15	—	22	50	30	—	5	70	1	50	3	—	3	80	4	50	7	50
1500	15	—	22	50	30	—	5	70	1	50	3	—	3	80	4	50	7	50
1501	15	10	22	60	30	10	5	70	1	60	3	10	3	80	4	60	7	60
1502	15	10	22	60	30	10	5	70	1	60	3	10	3	80	4	60	7	60
1503	15	10	22	60	30	10	5	70	1	60	3	10	3	80	4	60	7	60
1504	15	10	22	60	30	10	5	70	1	60	3	10	3	80	4	60	7	60
1505	15	10	22	60	30	10	5	70	1	60	3	10	3	80	4	60	7	60
1506	15	10	22	60	30	20	5	70	1	60	3	10	3	80	4	60	7	60
1507	15	10	22	70	30	20	5	70	1	60	3	10	3	80	4	60	7	60
1508	15	10	22	70	30	20	5	70	1	60	3	10	3	80	4	60	7	60
1509	15	10	22	70	30	20	5	70	1	60	3	10	3	80	4	60	7	60
1510	15	10	22	70	30	20	5	70	1	60	3	10	3	80	4	60	7	60
1511	15	20	22	70	30	30	5	70	1	60	3	10	3	80	4	60	7	60
1512	15	20	22	70	30	30	5	70	1	60	3	10	3	80	4	60	7	60
1513	15	20	22	70	30	30	5	70	1	60	3	10	3	80	4	60	7	60
1514	15	20	22	80	30	30	5	70	1	60	3	10	3	80	4	60	7	60
1515	15	20	22	80	30	30	5	70	1	60	3	10	3	80	4	60	7	60
1516	15	20	22	80	30	40	5	70	1	60	3	10	3	80	4	60	7	60
1517	15	20	22	80	30	40	5	70	1	60	3	10	3	80	4	60	7	60
1518	15	20	22	80	30	40	5	70	1	60	3	10	3	80	4	60	7	60
1519	15	20	22	80	30	40	5	70	1	60	3	10	3	80	4	60	7	60
1520	15	20	22	80	30	40	5	70	1	60	3	10	3	80	4	60	7	60

Gegenstands-Summma	Werthgebühr: Volle (Art. 22. 40. 41. 50)		Werthgebühr: 1/2 (Art. 25. 27. 29. 30. 38 Abs. 2)		Werthgebühr: 1/2 bis 2200 ℳ, darüber 2/3 (Art. 24)		Werthgebühr: 1 1/2 (Art. 23)		4/10 aus der vollen Werthgebühr (Art. 45 Abs. 3)		4/10 aus 2/3 Werthgebühr (Art. 45 Abs. 3)		Hinterlegungsgebühr (Art. 100)		Hinterlegungsgebühr (Art. 101 a)		Hinterlegungsgebühr (Art. 101 b)		Auseinandersetzungsgebühr 5/10 (der Sätze des § 8 des Reichsgerichts-Kosten-Gesetzes)		Auseinandersetzungsgebühr 2/10 (der Sätze des § 8 des Reichsgerichts-Kosten-Gesetzes)	
ℳ	ℳ	₰	ℳ	₰	ℳ	₰	ℳ	₰	ℳ	₰	ℳ	₰	ℳ	₰	ℳ	₰	ℳ	₰	ℳ	₰	ℳ	₰
1481	8	10	4	10	4	10	12	20	3	30	1	70	3	80	14	90	29	70	19	—	7	60
1482	8	10	4	10	4	10	12	20	3	30	1	70	3	80	14	90	29	70	19	—	7	60
1483	8	10	4	10	4	10	12	20	3	30	1	70	3	80	14	90	29	70	19	—	7	60
1484	8	10	4	10	4	10	12	20	3	30	1	70	3	80	14	90	29	70	19	—	7	60
1485	8	10	4	10	4	10	12	20	3	30	1	70	3	80	14	90	29	70	19	—	7	60
1486	8	10	4	10	4	10	12	20	3	30	1	70	3	80	14	90	29	80	19	—	7	60
1487	8	10	4	10	4	10	12	20	3	30	1	70	3	80	14	90	29	80	19	—	7	60
1488	8	10	4	10	4	10	12	20	3	30	1	70	3	80	14	90	29	80	19	—	7	60
1489	8	10	4	10	4	10	12	20	3	30	1	70	3	80	14	90	29	80	19	—	7	60
1490	8	10	4	10	4	10	12	20	3	30	1	70	3	80	14	90	29	80	19	—	7	60
1491	8	10	4	10	4	10	12	20	3	30	1	70	3	80	15	—	29	90	19	—	7	60
1492	8	10	4	10	4	10	12	20	3	30	1	70	3	80	15	—	29	90	19	—	7	60
1493	8	10	4	10	4	10	12	20	3	30	1	70	3	80	15	—	29	90	19	—	7	60
1494	8	10	4	10	4	10	12	20	3	30	1	70	3	80	15	—	29	90	19	—	7	60
1495	8	10	4	10	4	10	12	20	3	30	1	70	3	80	15	—	29	90	19	—	7	60
1496	8	10	4	10	4	10	12	20	3	30	1	70	3	80	15	—	30	—	19	—	7	60
1497	8	10	4	10	4	10	12	20	3	30	1	70	3	80	15	—	30	—	19	—	7	60
1498	8	10	4	10	4	10	12	20	3	30	1	70	3	80	15	—	30	—	19	—	7	60
1499	8	10	4	10	4	10	12	20	3	30	1	70	3	80	15	—	30	—	19	—	7	60
1500	8	10	4	10	4	10	12	20	3	30	1	70	3	80	15	—	30	—	19	—	7	60
1501	9	—	4	50	4	50	13	50	3	60	1	80	3	80	15	10	30	10	19	—	7	60
1502	9	—	4	50	4	50	13	50	3	60	1	80	3	80	15	10	30	10	19	—	7	60
1503	9	—	4	50	4	50	13	50	3	60	1	80	3	80	15	10	30	10	19	—	7	60
1504	9	—	4	50	4	50	13	50	3	60	1	80	3	80	15	10	30	10	19	—	7	60
1505	9	—	4	50	4	50	13	50	3	60	1	80	3	80	15	10	30	10	19	—	7	60
1506	9	—	4	50	4	50	13	50	3	60	1	80	3	80	15	10	30	20	19	—	7	60
1507	9	—	4	50	4	50	13	50	3	60	1	80	3	80	15	10	30	20	19	—	7	60
1508	9	—	4	50	4	50	13	50	3	60	1	80	3	80	15	10	30	20	19	—	7	60
1509	9	—	4	50	4	50	13	50	3	60	1	80	3	80	15	10	30	20	19	—	7	60
1510	9	—	4	50	4	50	13	50	3	60	1	80	3	80	15	10	30	20	19	—	7	60
1511	9	—	4	50	4	50	13	50	3	60	1	80	3	80	15	20	30	30	19	—	7	60
1512	9	—	4	50	4	50	13	50	3	60	1	80	3	80	15	20	30	30	19	—	7	60
1513	9	—	4	50	4	50	13	50	3	60	1	80	3	80	15	20	30	30	19	—	7	60
1514	9	—	4	50	4	50	13	50	3	60	1	80	3	80	15	20	30	30	19	—	7	60
1515	9	—	4	50	4	50	13	50	3	60	1	80	3	80	15	20	30	30	19	—	7	60
1516	9	—	4	50	4	50	13	50	3	60	1	80	3	80	15	20	30	40	19	—	7	60
1517	9	—	4	50	4	50	13	50	3	60	1	80	3	80	15	20	30	40	19	—	7	60
1518	9	—	4	50	4	50	13	50	3	60	1	80	3	80	15	20	30	40	19	—	7	60
1519	9	—	4	50	4	50	13	50	3	60	1	80	3	80	15	20	30	40	19	—	7	60
1520	9	—	4	50	4	50	13	50	3	60	1	80	3	80	15	20	30	40	19	—	7	60

Gegen-stands-Summa	Staatsgebühren						Besitz-verände-rungs-abgabe		Staatsgebühren									
	1		1 1/2		2				1		2		2 1/2		3		5	
	Prozent								pro mille									
ℳ	ℳ	₰	ℳ	₰	ℳ	₰	ℳ	₰	ℳ	₰	ℳ	₰	ℳ	₰	ℳ	₰	ℳ	₰
1521	15	30	22	90	30	50	5	80	1	60	3	10	3	90	4	60	7	70
1522	15	30	22	90	30	50	5	80	1	60	3	10	3	90	4	60	7	70
1523	15	30	22	90	30	50	5	80	1	60	3	10	3	90	4	60	7	70
1524	15	30	22	90	30	50	5	80	1	60	3	10	3	90	4	60	7	70
1525	15	30	22	90	30	50	5	80	1	60	3	10	3	90	4	60	7	70
1526	15	30	22	90	30	60	5	80	1	60	3	10	3	90	4	60	7	70
1527	15	30	23	—	30	60	5	80	1	60	3	10	3	90	4	60	7	70
1528	15	30	23	—	30	60	5	80	1	60	3	10	3	90	4	60	7	70
1529	15	30	23	—	30	60	5	80	1	60	3	10	3	90	4	60	7	70
1530	15	30	23	—	30	60	5	80	1	60	3	10	3	90	4	60	7	70
1531	15	40	23	—	30	70	5	80	1	60	3	10	3	90	4	60	7	70
1532	15	40	23	—	30	70	5	80	1	60	3	10	3	90	4	60	7	70
1533	15	40	23	—	30	70	5	80	1	60	3	10	3	90	4	60	7	70
1534	15	40	23	10	30	70	5	80	1	60	3	10	3	90	4	70	7	70
1535	15	40	23	10	30	70	5	80	1	60	3	10	3	90	4	70	7	70
1536	15	40	23	10	30	80	5	80	1	60	3	10	3	90	4	70	7	70
1537	15	40	23	10	30	80	5	80	1	60	3	10	3	90	4	70	7	70
1538	15	40	23	10	30	80	5	80	1	60	3	10	3	90	4	70	7	70
1539	15	40	23	10	30	80	5	80	1	60	3	10	3	90	4	70	7	70
1540	15	40	23	10	30	80	5	80	1	60	3	10	3	90	4	70	7	70
1541	15	50	23	20	30	90	5	80	1	60	3	10	3	90	4	70	7	80
1542	15	50	23	20	30	90	5	80	1	60	3	10	3	90	4	70	7	80
1543	15	50	23	20	30	90	5	80	1	60	3	10	3	90	4	70	7	80
1544	15	50	23	20	30	90	5	80	1	60	3	10	3	90	4	70	7	80
1545	15	50	23	20	30	90	5	80	1	60	3	10	3	90	4	70	7	80
1546	15	50	23	20	31	—	5	80	1	60	3	10	3	90	4	70	7	80
1547	15	50	23	30	31	—	5	90	1	60	3	10	3	90	4	70	7	80
1548	15	50	23	30	31	—	5	90	1	60	3	10	3	90	4	70	7	80
1549	15	50	23	30	31	—	5	90	1	60	3	10	3	90	4	70	7	80
1550	15	50	23	30	31	—	5	90	1	60	3	10	3	90	4	70	7	80
1551	15	60	23	30	31	10	5	90	1	60	3	20	3	90	4	70	7	80
1552	15	60	23	30	31	10	5	90	1	60	3	20	3	90	4	70	7	80
1553	15	60	23	30	31	10	5	90	1	60	3	20	3	90	4	70	7	80
1554	15	60	23	40	31	10	5	90	1	60	3	20	3	90	4	70	7	80
1555	15	60	23	40	31	10	5	90	1	60	3	20	3	90	4	70	7	80
1556	15	60	23	40	31	20	5	90	1	60	3	20	3	90	4	70	7	80
1557	15	60	23	40	31	20	5	90	1	60	3	20	3	90	4	70	7	80
1558	15	60	23	40	31	20	5	90	1	60	3	20	3	90	4	70	7	80
1559	15	60	23	40	31	20	5	90	1	60	3	20	3	90	4	70	7	80
1560	15	60	23	40	31	20	5	90	1	60	3	20	3	90	4	70	7	80

Gegen-stands-Summa	Werthgebühr								4/10 aus der vollen Werthgebühr		4/10 aus 2/3 Werthgebühr		Hinterlegungsgebühr						Auseinandersetzungsgebühr			
	Volle		1/2		1/2 bis 2200 M, darüber 2/3		1 1/2												5/10		2/10	
	Art. 22. 40. 41. 50		Art. 25. 27. 29. 30. 38 Abs. 2		Art. 24		Art. 23		Art. 45 Abs. 3				Art. 100		Art. 101a		Art. 101b		der Sätze des § 8 des Reichsgerichts-Kosten-Gesetzes			
M	M	Pf	M	Pf	M	Pf	M	Pf	M	Pf	M	Pf	M	Pf	M	Pf	M	Pf	M	Pf	M	Pf
1521	9	—	4	50	4	50	13	50	3	60	1	80	3	90	15	30	30	50	19	—	7	60
1522	9	—	4	50	4	50	13	50	3	60	1	80	3	90	15	30	30	50	19	—	7	60
1523	9	—	4	50	4	50	13	50	3	60	1	80	3	90	15	30	30	50	19	—	7	60
1524	9	—	4	50	4	50	13	50	3	60	1	80	3	90	15	30	30	50	19	—	7	60
1525	9	—	4	50	4	50	13	50	3	60	1	80	3	90	15	30	30	50	19	—	7	60
1526	9	—	4	50	4	50	13	50	3	60	1	80	3	90	15	30	30	60	19	—	7	60
1527	9	—	4	50	4	50	13	50	3	60	1	80	3	90	15	30	30	60	19	—	7	60
1528	9	—	4	50	4	50	13	50	3	60	1	80	3	90	15	30	30	60	19	—	7	60
1529	9	—	4	50	4	50	13	50	3	60	1	80	3	90	15	30	30	60	19	—	7	60
1530	9	—	4	50	4	50	13	50	3	60	1	80	3	90	15	30	30	60	19	—	7	60
1531	9	—	4	50	4	50	13	50	3	60	1	80	3	90	15	40	30	70	19	—	7	60
1532	9	—	4	50	4	50	13	50	3	60	1	80	3	90	15	40	30	70	19	—	7	60
1533	9	—	4	50	4	50	13	50	3	60	1	80	3	90	15	40	30	70	19	—	7	60
1534	9	—	4	50	4	50	13	50	3	60	1	80	3	90	15	40	30	70	19	—	7	60
1535	9	—	4	50	4	50	13	50	3	60	1	80	3	90	15	40	30	70	19	—	7	60
1536	9	—	4	50	4	50	13	50	3	60	1	80	3	90	15	40	30	80	19	—	7	60
1537	9	—	4	50	4	50	13	50	3	60	1	80	3	90	15	40	30	80	19	—	7	60
1538	9	—	4	50	4	50	13	50	3	60	1	80	3	90	15	40	30	80	19	—	7	60
1539	9	—	4	50	4	50	13	50	3	60	1	80	3	90	15	40	30	80	19	—	7	60
1540	9	—	4	50	4	50	13	50	3	60	1	80	3	90	15	40	30	80	19	—	7	60
1541	9	—	4	50	4	50	13	50	3	60	1	80	3	90	15	50	30	90	19	—	7	60
1542	9	—	4	50	4	50	13	50	3	60	1	80	3	90	15	50	30	90	19	—	7	60
1543	9	—	4	50	4	50	13	50	3	60	1	80	3	90	15	50	30	90	19	—	7	60
1544	9	—	4	50	4	50	13	50	3	60	1	80	3	90	15	50	30	90	19	—	7	60
1545	9	—	4	50	4	50	13	50	3	60	1	80	3	90	15	50	30	90	19	—	7	60
1546	9	—	4	50	4	50	13	50	3	60	1	80	3	90	15	50	31	—	19	—	7	60
1547	9	—	4	50	4	50	13	50	3	60	1	80	3	90	15	50	31	—	19	—	7	60
1548	9	—	4	50	4	50	13	50	3	60	1	80	3	90	15	50	31	—	19	—	7	60
1549	9	—	4	50	4	50	13	50	3	60	1	80	3	90	15	50	31	—	19	—	7	60
1550	9	—	4	50	4	50	13	50	3	60	1	80	3	90	15	50	31	—	19	—	7	60
1551	9	—	4	50	4	50	13	50	3	60	1	80	3	90	15	60	31	10	19	—	7	60
1552	9	—	4	50	4	50	13	50	3	60	1	80	3	90	15	60	31	10	19	—	7	60
1553	9	—	4	50	4	50	13	50	3	60	1	80	3	90	15	60	31	10	19	—	7	60
1554	9	—	4	50	4	50	13	50	3	60	1	80	3	90	15	60	31	10	19	—	7	60
1555	9	—	4	50	4	50	13	50	3	60	1	80	3	90	15	60	31	10	19	—	7	60
1556	9	—	4	50	4	50	13	50	3	60	1	80	3	90	15	60	31	20	19	—	7	60
1557	9	—	4	50	4	50	13	50	3	60	1	80	3	90	15	60	31	20	19	—	7	60
1558	9	—	4	50	4	50	13	50	3	60	1	80	3	90	15	60	31	20	19	—	7	60
1559	9	—	4	50	4	50	13	50	3	60	1	80	3	90	15	60	31	20	19	—	7	60
1560	9	—	4	50	4	50	13	50	3	60	1	80	3	90	15	60	31	20	19	—	7	60

Gegen- stands- Summa	Staatsgebühren 1 Prozent		Staatsgebühren 1½ Prozent		Staatsgebühren 2 Prozent		Besitz- veränderungs- abgabe		Staatsgebühren 1 pro mille		Staatsgebühren 2 pro mille		Staatsgebühren 2½ pro mille		Staatsgebühren 3 pro mille		Staatsgebühren 5 pro mille	
ℳ	ℳ	₰	ℳ	₰	ℳ	₰	ℳ	₰	ℳ	₰	ℳ	₰	ℳ	₰	ℳ	₰	ℳ	₰
1561	15	70	23	50	31	30	5	90	1	60	3	20	4	—	4	70	7	90
1562	15	70	23	50	31	30	5	90	1	60	3	20	4	—	4	70	7	90
1563	15	70	23	50	31	30	5	90	1	60	3	20	4	—	4	70	7	90
1564	15	70	23	50	31	30	5	90	1	60	3	20	4	—	4	70	7	90
1565	15	70	23	50	31	30	5	90	1	60	3	20	4	—	4	70	7	90
1566	15	70	23	50	31	40	5	90	1	60	3	20	4	—	4	70	7	90
1567	15	70	23	60	31	40	5	90	1	60	3	20	4	—	4	80	7	90
1568	15	70	23	60	31	40	5	90	1	60	3	20	4	—	4	80	7	90
1569	15	70	23	60	31	40	5	90	1	60	3	20	4	—	4	80	7	90
1570	15	70	23	60	31	40	5	90	1	60	3	20	4	—	4	80	7	90
1571	15	80	23	60	31	50	5	90	1	60	3	20	4	—	4	80	7	90
1572	15	80	23	60	31	50	5	90	1	60	3	20	4	—	4	80	7	90
1573	15	80	23	60	31	50	5	90	1	60	3	20	4	—	4	80	7	90
1574	15	80	23	70	31	50	6	—	1	60	3	20	4	—	4	80	7	90
1575	15	80	23	70	31	50	6	—	1	60	3	20	4	—	4	80	7	90
1576	15	80	23	70	31	60	6	—	1	60	3	20	4	—	4	80	7	90
1577	15	80	23	70	31	60	6	—	1	60	3	20	4	—	4	80	7	90
1578	15	80	23	70	31	60	6	—	1	60	3	20	4	—	4	80	7	90
1579	15	80	23	70	31	60	6	—	1	60	3	20	4	—	4	80	7	90
1580	15	80	23	70	31	60	6	—	1	60	3	20	4	—	4	80	7	90
1581	15	90	23	80	31	70	6	—	1	60	3	20	4	—	4	80	8	—
1582	15	90	23	80	31	70	6	—	1	60	3	20	4	—	4	80	8	—
1583	15	90	23	80	31	70	6	—	1	60	3	20	4	—	4	80	8	—
1584	15	90	23	80	31	70	6	—	1	60	3	20	4	—	4	80	8	—
1585	15	90	23	80	31	70	6	—	1	60	3	20	4	—	4	80	8	—
1586	15	90	23	80	31	80	6	—	1	60	3	20	4	—	4	80	8	—
1587	15	90	23	90	31	80	6	—	1	60	3	20	4	—	4	80	8	—
1588	15	90	23	90	31	80	6	—	1	60	3	20	4	—	4	80	8	—
1589	15	90	23	90	31	80	6	—	1	60	3	20	4	—	4	80	8	—
1590	15	90	23	90	31	80	6	—	1	60	3	20	4	—	4	80	8	—
1591	16	—	23	90	31	90	6	—	1	60	3	20	4	—	4	80	8	—
1592	16	—	23	90	31	90	6	—	1	60	3	20	4	—	4	80	8	—
1593	16	—	23	90	31	90	6	—	1	60	3	20	4	—	4	80	8	—
1594	16	—	24	—	31	90	6	—	1	60	3	20	4	—	4	80	8	—
1595	16	—	24	—	31	90	6	—	1	60	3	20	4	—	4	80	8	—
1596	16	—	24	—	32	—	6	—	1	60	3	20	4	—	4	80	8	—
1597	16	—	24	—	32	—	6	—	1	60	3	20	4	—	4	80	8	—
1598	16	—	24	—	32	—	6	—	1	60	3	20	4	—	4	80	8	—
1599	16	—	24	—	32	—	6	—	1	60	3	20	4	—	4	80	8	—
1600	16	—	24	—	32	—	6	—	1	60	3	20	4	—	4	80	8	—

Gegen-stands-Summa	Werthgebühr								4/10 aus der vollen Werth-gebühr		4/10 aus 2/3 Werth-gebühr		Hinterlegungs-gebühr						Auseinander-setzungsgebühr			
	Volle		1/2		1/2 bis 2200 ℳ		1 1/2												5/10		2/10	
	Art. 22. 40. 41. 50		Art. 25. 27. 29. 30. 38 Abs. 2		darüber 2/3 Art. 24		Art. 23		Art. 45 Abs. 3				Art. 100		Art. 101 a		Art. 101 b		der Sätze des § 8 des Reichsgerichts-Kosten-Gesetzes			
ℳ	ℳ	₰	ℳ	₰	ℳ	₰	ℳ	₰	ℳ	₰	ℳ	₰	ℳ	₰	ℳ	₰	ℳ	₰	ℳ	₰	ℳ	₰
1561	9	—	4	50	4	50	13	50	3	60	1	80	4	—	15	70	31	30	19	—	7	60
1562	9	—	4	50	4	50	13	50	3	60	1	80	4	—	15	70	31	30	19	—	7	60
1563	9	—	4	50	4	50	13	50	3	60	1	80	4	—	15	70	31	30	19	—	7	60
1564	9	—	4	50	4	50	13	50	3	60	1	80	4	—	15	70	31	30	19	—	7	60
1565	9	—	4	50	4	50	13	50	3	60	1	80	4	—	15	70	31	30	19	—	7	60
1566	9	—	4	50	4	50	13	50	3	60	1	80	4	—	15	70	31	40	19	—	7	60
1567	9	—	4	50	4	50	13	50	3	60	1	80	4	—	15	70	31	40	19	—	7	60
1568	9	—	4	50	4	50	13	50	3	60	1	80	4	—	15	70	31	40	19	—	7	60
1569	9	—	4	50	4	50	13	50	3	60	1	80	4	—	15	70	31	40	19	—	7	60
1570	9	—	4	50	4	50	13	50	3	60	1	80	4	—	15	70	31	40	19	—	7	60
1571	9	—	4	50	4	50	13	50	3	60	1	80	4	—	15	80	31	50	19	—	7	60
1572	9	—	4	50	4	50	13	50	3	60	1	80	4	—	15	80	31	50	19	—	7	60
1573	9	—	4	50	4	50	13	50	3	60	1	80	4	—	15	80	31	50	19	—	7	60
1574	9	—	4	50	4	50	13	50	3	60	1	80	4	—	15	80	31	50	19	—	7	60
1575	9	—	4	50	4	50	13	50	3	60	1	80	4	—	15	80	31	50	19	—	7	60
1576	9	—	4	50	4	50	13	50	3	60	1	80	4	—	15	80	31	60	19	—	7	60
1577	9	—	4	50	4	50	13	50	3	60	1	80	4	—	15	80	31	60	19	—	7	60
1578	9	—	4	50	4	50	13	50	3	60	1	80	4	—	15	80	31	60	19	—	7	60
1579	9	—	4	50	4	50	13	50	3	60	1	80	4	—	15	80	31	60	19	—	7	60
1580	9	—	4	50	4	50	13	50	3	60	1	80	4	—	15	80	31	60	19	—	7	60
1581	9	—	4	50	4	50	13	50	3	60	1	80	4	—	15	90	31	70	19	—	7	60
1582	9	—	4	50	4	50	13	50	3	60	1	80	4	—	15	90	31	70	19	—	7	60
1583	9	—	4	50	4	50	13	50	3	60	1	80	4	—	15	90	31	70	19	—	7	60
1584	9	—	4	50	4	50	13	50	3	60	1	80	4	—	15	90	31	70	19	—	7	60
1585	9	—	4	50	4	50	13	50	3	60	1	80	4	—	15	90	31	70	19	—	7	60
1586	9	—	4	50	4	50	13	50	3	60	1	80	4	—	15	90	31	80	19	—	7	60
1587	9	—	4	50	4	50	13	50	3	60	1	80	4	—	15	90	31	80	19	—	7	60
1588	9	—	4	50	4	50	13	50	3	60	1	80	4	—	15	90	31	80	19	—	7	60
1589	9	—	4	50	4	50	13	50	3	60	1	80	4	—	15	90	31	80	19	—	7	60
1590	9	—	4	50	4	50	13	50	3	60	1	80	4	—	15	90	31	80	19	—	7	60
1591	9	—	4	50	4	50	13	50	3	60	1	80	4	—	16	—	31	90	19	—	7	60
1592	9	—	4	50	4	50	13	50	3	60	1	80	4	—	16	—	31	90	19	—	7	60
1593	9	—	4	50	4	50	13	50	3	60	1	80	4	—	16	—	31	90	19	—	7	60
1594	9	—	4	50	4	50	13	50	3	60	1	80	4	—	16	—	31	90	19	—	7	60
1595	9	—	4	50	4	50	13	50	3	60	1	80	4	—	16	—	31	90	19	—	7	60
1596	9	—	4	50	4	50	13	50	3	60	1	80	4	—	16	—	32	—	19	—	7	60
1597	9	—	4	50	4	50	13	50	3	60	1	80	4	—	16	—	32	—	19	—	7	60
1598	9	—	4	50	4	50	13	50	3	60	1	80	4	—	16	—	32	—	19	—	7	60
1599	9	—	4	50	4	50	13	50	3	60	1	80	4	—	16	—	32	—	19	—	7	60
1600	9	—	4	50	4	50	13	50	3	60	1	80	4	—	16	—	32	—	19	—	7	60

Gegen-standsSumma	Staatsgebühren 1 Prozent		Staatsgebühren 1½ Prozent		Staatsgebühren 2 Prozent		Besitzveränderungsabgabe		Staatsgebühren 1 pro mille		Staatsgebühren 2 pro mille		Staatsgebühren 2½ pro mille		Staatsgebühren 3 pro mille		Staatsgebühren 5 pro mille	
M	M	₰	M	₰	M	₰	M	₰	M	₰	M	₰	M	₰	M	₰	M	₰
1601	16	10	24	10	32	10	6	10	1	70	3	30	4	10	4	90	8	10
1602	16	10	24	10	32	10	6	10	1	70	3	30	4	10	4	90	8	10
1603	16	10	24	10	32	10	6	10	1	70	3	30	4	10	4	90	8	10
1604	16	10	24	10	32	10	6	10	1	70	3	30	4	10	4	90	8	10
1605	16	10	24	10	32	10	6	10	1	70	3	30	4	10	4	90	8	10
1606	16	10	24	10	32	20	6	10	1	70	3	30	4	10	4	90	8	10
1607	16	10	24	20	32	20	6	10	1	70	3	30	4	10	4	90	8	10
1608	16	10	24	20	32	20	6	10	1	70	3	30	4	10	4	90	8	10
1609	16	10	24	20	32	20	6	10	1	70	3	30	4	10	4	90	8	10
1610	16	10	24	20	32	20	6	10	1	70	3	30	4	10	4	90	8	10
1611	16	20	24	20	32	30	6	10	1	70	3	30	4	10	4	90	8	10
1612	16	20	24	20	32	30	6	10	1	70	3	30	4	10	4	90	8	10
1613	16	20	24	20	32	30	6	10	1	70	3	30	4	10	4	90	8	10
1614	16	20	24	30	32	30	6	10	1	70	3	30	4	10	4	90	8	10
1615	16	20	24	30	32	30	6	10	1	70	3	30	4	10	4	90	8	10
1616	16	20	24	30	32	40	6	10	1	70	3	30	4	10	4	90	8	10
1617	16	20	24	30	32	40	6	10	1	70	3	30	4	10	4	90	8	10
1618	16	20	24	30	32	40	6	10	1	70	3	30	4	10	4	90	8	10
1619	16	20	24	30	32	40	6	10	1	70	3	30	4	10	4	90	8	10
1620	16	20	24	30	32	40	6	10	1	70	3	30	4	10	4	90	8	10
1621	16	30	24	40	32	50	6	10	1	70	3	30	4	10	4	90	8	20
1622	16	30	24	40	32	50	6	10	1	70	3	30	4	10	4	90	8	20
1623	16	30	24	40	32	50	6	10	1	70	3	30	4	10	4	90	8	20
1624	16	30	24	40	32	50	6	10	1	70	3	30	4	10	4	90	8	20
1625	16	30	24	40	32	50	6	10	1	70	3	30	4	10	4	90	8	20
1626	16	30	24	40	32	60	6	10	1	70	3	30	4	10	4	90	8	20
1627	16	30	24	50	32	60	6	20	1	70	3	30	4	10	4	90	8	20
1628	16	30	24	50	32	60	6	20	1	70	3	30	4	10	4	90	8	20
1629	16	30	24	50	32	60	6	20	1	70	3	30	4	10	4	90	8	20
1630	16	30	24	50	32	60	6	20	1	70	3	30	4	10	4	90	8	20
1631	16	40	24	50	32	70	6	20	1	70	3	30	4	10	4	90	8	20
1632	16	40	24	50	32	70	6	20	1	70	3	30	4	10	4	90	8	20
1633	16	40	24	50	32	70	6	20	1	70	3	30	4	10	4	90	8	20
1634	16	40	24	60	32	70	6	20	1	70	3	30	4	10	5	—	8	20
1635	16	40	24	60	32	70	6	20	1	70	3	30	4	10	5	—	8	20
1636	16	40	24	60	32	80	6	20	1	70	3	30	4	10	5	—	8	20
1637	16	40	24	60	32	80	6	20	1	70	3	30	4	10	5	—	8	20
1638	16	40	24	60	32	80	6	20	1	70	3	30	4	10	5	—	8	20
1639	16	40	24	60	32	80	6	20	1	70	3	30	4	10	5	—	8	20
1640	16	40	24	60	32	80	6	20	1	70	3	30	4	10	5	—	8	20

Gegen-standsSumma	Werthgebühr								4/10 aus der vollen Werthgebühr		4/10 aus 2/3 Werthgebühr		Hinterlegungsgebühr						Auseinandersetzungsgebühr			
	Volle		1/2		1/2 bis 2200 ℳ		1 1/2												5/10		2/10	
	Art. 22. 40. 41. 50		Art. 25. 27. 29. 30. 38 Abs. 2		darüber 2/3 Art. 24		Art. 23		Art. 45 Abs. 3				Art. 100		Art. 101 a		Art. 101 b		der Sätze des § 8 des Reichsgerichts-Kosten-Gesetzes			
ℳ	ℳ	₰	ℳ	₰	ℳ	₰	ℳ	₰	ℳ	₰	ℳ	₰	ℳ	₰	ℳ	₰	ℳ	₰	ℳ	₰	ℳ	₰
1601	9	—	4	50	4	50	13	50	3	60	1	80	4	10	16	10	32	10	22	—	8	80
1602	9	—	4	50	4	50	13	50	3	60	1	80	4	10	16	10	32	10	22	—	8	80
1603	9	—	4	50	4	50	13	50	3	60	1	80	4	10	16	10	32	10	22	—	8	80
1604	9	—	4	50	4	50	13	50	3	60	1	80	4	10	16	10	32	10	22	—	8	80
1605	9	—	4	50	4	50	13	50	3	60	1	80	4	10	16	10	32	10	22	—	8	80
1606	9	—	4	50	4	50	13	50	3	60	1	80	4	10	16	10	32	20	22	—	8	80
1607	9	—	4	50	4	50	13	50	3	60	1	80	4	10	16	10	32	20	22	—	8	80
1608	9	—	4	50	4	50	13	50	3	60	1	80	4	10	16	10	32	20	22	—	8	80
1609	9	—	4	50	4	50	13	50	3	60	1	80	4	10	16	10	32	20	22	—	8	80
1610	9	—	4	50	4	50	13	50	3	60	1	80	4	10	16	10	32	20	22	—	8	80
1611	9	—	4	50	4	50	13	50	3	60	1	80	4	10	16	20	32	30	22	—	8	80
1612	9	—	4	50	4	50	13	50	3	60	1	80	4	10	16	20	32	30	22	—	8	80
1613	9	—	4	50	4	50	13	50	3	60	1	80	4	10	16	20	32	30	22	—	8	80
1614	9	—	4	50	4	50	13	50	3	60	1	80	4	10	16	20	32	30	22	—	8	80
1615	9	—	4	50	4	50	13	50	3	60	1	80	4	10	16	20	32	30	22	—	8	80
1616	9	—	4	50	4	50	13	50	3	60	1	80	4	10	16	20	32	40	22	—	8	80
1617	9	—	4	50	4	50	13	50	3	60	1	80	4	10	16	20	32	40	22	—	8	80
1618	9	—	4	50	4	50	13	50	3	60	1	80	4	10	16	20	32	40	22	—	8	80
1619	9	—	4	50	4	50	13	50	3	60	1	80	4	10	16	20	32	40	22	—	8	80
1620	9	—	4	50	4	50	13	50	3	60	1	80	4	10	16	20	32	40	22	—	8	80
1621	9	—	4	50	4	50	13	50	3	60	1	80	4	10	16	30	32	50	22	—	8	80
1622	9	—	4	50	4	50	13	50	3	60	1	80	4	10	16	30	32	50	22	—	8	80
1623	9	—	4	50	4	50	13	50	3	60	1	80	4	10	16	30	32	50	22	—	8	80
1624	9	—	4	50	4	50	13	50	3	60	1	80	4	10	16	30	32	50	22	—	8	80
1625	9	—	4	50	4	50	13	50	3	60	1	80	4	10	16	30	32	50	22	—	8	80
1626	9	—	4	50	4	50	13	50	3	60	1	80	4	10	16	30	32	60	22	—	8	80
1627	9	—	4	50	4	50	13	50	3	60	1	80	4	10	16	30	32	60	22	—	8	80
1628	9	—	4	50	4	50	13	50	3	60	1	80	4	10	16	30	32	60	22	—	8	80
1629	9	—	4	50	4	50	13	50	3	60	1	80	4	10	16	30	32	60	22	—	8	80
1630	9	—	4	50	4	50	13	50	3	60	1	80	4	10	16	30	32	60	22	—	8	80
1631	9	—	4	50	4	50	13	50	3	60	1	80	4	10	16	40	32	70	22	—	8	80
1632	9	—	4	50	4	50	13	50	3	60	1	80	4	10	16	40	32	70	22	—	8	80
1633	9	—	4	50	4	50	13	50	3	60	1	80	4	10	16	40	32	70	22	—	8	80
1634	9	—	4	50	4	50	13	50	3	60	1	80	4	10	16	40	32	70	22	—	8	80
1635	9	—	4	50	4	50	13	50	3	60	1	80	4	10	16	40	32	70	22	—	8	80
1636	9	—	4	50	4	50	13	50	3	60	1	80	4	10	16	40	32	80	22	—	8	80
1637	9	—	4	50	4	50	13	50	3	60	1	80	4	10	16	40	32	80	22	—	8	80
1638	9	—	4	50	4	50	13	50	3	60	1	80	4	10	16	40	32	80	22	—	8	80
1639	9	—	4	50	4	50	13	50	3	60	1	80	4	10	16	40	32	80	22	—	8	80
1640	9	—	4	50	4	50	13	50	3	60	1	80	4	10	16	40	32	80	22	—	8	80

Gegen-standsSumma	Staatsgebühren						Besitz-veränderungs-abgabe		Staatsgebühren									
	1		1 1/2		2				1		2		2 1/2		3		5	
	Prozent								pro mille									
M	*M*	₰	*M*	₰	*M*	₰	*M*	₰	*M*	₰	*M*	₰	*M*	₰	*M*	₰	*M*	₰
1641	16	50	24	70	32	90	6	20	1	70	3	30	4	20	5	—	8	30
1642	16	50	24	70	32	90	6	20	1	70	3	30	4	20	5	—	8	30
1643	16	50	24	70	32	90	6	20	1	70	3	30	4	20	5	—	8	30
1644	16	50	24	70	32	90	6	20	1	70	3	30	4	20	5	—	8	30
1645	16	50	24	70	32	90	6	20	1	70	3	30	4	20	5	—	8	30
1646	16	50	24	70	33	—	6	20	1	70	3	30	4	20	5	—	8	30
1647	16	50	24	80	33	—	6	20	1	70	3	30	4	20	5	—	8	30
1648	16	50	24	80	33	—	6	20	1	70	3	30	4	20	5	—	8	30
1649	16	50	24	80	33	—	6	20	1	70	3	30	4	20	5	—	8	30
1650	16	50	24	80	33	—	6	20	1	70	3	30	4	20	5	—	8	30
1651	16	60	24	80	33	10	6	20	1	70	3	40	4	20	5	—	8	30
1652	16	60	24	80	33	10	6	20	1	70	3	40	4	20	5	—	8	30
1653	16	60	24	80	33	10	6	20	1	70	3	40	4	20	5	—	8	30
1654	16	60	24	90	33	10	6	30	1	70	3	40	4	20	5	—	8	30
1655	16	60	24	90	33	10	6	30	1	70	3	40	4	20	5	—	8	30
1656	16	60	24	90	33	20	6	30	1	70	3	40	4	20	5	—	8	30
1657	16	60	24	90	33	20	6	30	1	70	3	40	4	20	5	—	8	30
1658	16	60	24	90	33	20	6	30	1	70	3	40	4	20	5	—	8	30
1659	16	60	24	90	33	20	6	30	1	70	3	40	4	20	5	—	8	30
1660	16	60	24	90	33	20	6	30	1	70	3	40	4	20	5	—	8	30
1661	16	70	25	—	33	30	6	30	1	70	3	40	4	20	5	—	8	40
1662	16	70	25	—	33	30	6	30	1	70	3	40	4	20	5	—	8	40
1663	16	70	25	—	33	30	6	30	1	70	3	40	4	20	5	—	8	40
1664	16	70	25	—	33	30	6	30	1	70	3	40	4	20	5	—	8	40
1665	16	70	25	—	33	30	6	30	1	70	3	40	4	20	5	—	8	40
1666	16	70	25	—	33	40	6	30	1	70	3	40	4	20	5	—	8	40
1667	16	70	25	10	33	40	6	30	1	70	3	40	4	20	5	10	8	40
1668	16	70	25	10	33	40	6	30	1	70	3	40	4	20	5	10	8	40
1669	16	70	25	10	33	40	6	30	1	70	3	40	4	20	5	10	8	40
1670	16	70	25	10	33	40	6	30	1	70	3	40	4	20	5	10	8	40
1671	16	80	25	10	33	50	6	30	1	70	3	40	4	20	5	10	8	40
1672	16	80	25	10	33	50	6	30	1	70	3	40	4	20	5	10	8	40
1673	16	80	25	10	33	50	6	30	1	70	3	40	4	20	5	10	8	40
1674	16	80	25	20	33	50	6	30	1	70	3	40	4	20	5	10	8	40
1675	16	80	25	20	33	50	6	30	1	70	3	40	4	20	5	10	8	40
1676	16	80	25	20	33	60	6	30	1	70	3	40	4	20	5	10	8	40
1677	16	80	25	20	33	60	6	30	1	70	3	40	4	20	5	10	8	40
1678	16	80	25	20	33	60	6	30	1	70	3	40	4	20	5	10	8	40
1679	16	80	25	20	33	60	6	30	1	70	3	40	4	20	5	10	8	40
1680	16	80	25	20	33	60	6	30	1	70	3	40	4	20	5	10	8	40

Gegenstands-Summa	Werthgebühr								4/10 aus der vollen Werthgebühr		4/10 aus 2/3 Werthgebühr		Hinterlegungsgebühr						Auseinandersetzungsgebühr			
	Volle		1/2		1/2 bis 2200 M		1 1/2												5/10		2/10	
	Art. 22. 40. 41. 50		Art. 25. 27. 29. 30. 38 Abs. 2		darüber 2/3 Art. 24		Art. 23		Art. 45 Abs. 3				Art. 100		Art. 101 a		Art. 101 b		der Sätze des § 8 des Reichsgerichts-Kosten-Gesetzes			
M	M	Pf	M	Pf	M	Pf	M	Pf	M	Pf	M	Pf	M	Pf	M	Pf	M	Pf	M	Pf	M	Pf
1641	9	—	4	50	4	50	13	50	3	60	1	80	4	20	16	50	32	90	22	—	8	80
1642	9	—	4	50	4	50	13	50	3	60	1	80	4	20	16	50	32	90	22	—	8	80
1643	9	—	4	50	4	50	13	50	3	60	1	80	4	20	16	50	32	90	22	—	8	80
1644	9	—	4	50	4	50	13	50	3	60	1	80	4	20	16	50	32	90	22	—	8	80
1645	9	—	4	50	4	50	13	50	3	60	1	80	4	20	16	50	32	90	22	—	8	80
1646	9	—	4	50	4	50	13	50	3	60	1	80	4	20	16	50	33	—	22	—	8	80
1647	9	—	4	50	4	50	13	50	3	60	1	80	4	20	16	50	33	—	22	—	8	80
1648	9	—	4	50	4	50	13	50	3	60	1	80	4	20	16	50	33	—	22	—	8	80
1649	9	—	4	50	4	50	13	50	3	60	1	80	4	20	16	50	33	—	22	—	8	80
1650	9	—	4	50	4	50	13	50	3	60	1	80	4	20	16	50	33	—	22	—	8	80
1651	9	—	4	50	4	50	13	50	3	60	1	80	4	20	16	60	33	10	22	—	8	80
1652	9	—	4	50	4	50	13	50	3	60	1	80	4	20	16	60	33	10	22	—	8	80
1653	9	—	4	50	4	50	13	50	3	60	1	80	4	20	16	60	33	10	22	—	8	80
1654	9	—	4	50	4	50	13	50	3	60	1	80	4	20	16	60	33	10	22	—	8	80
1655	9	—	4	50	4	50	13	50	3	60	1	80	4	20	16	60	33	10	22	—	8	80
1656	9	—	4	50	4	50	13	50	3	60	1	80	4	20	16	60	33	20	22	—	8	80
1657	9	—	4	50	4	50	13	50	3	60	1	80	4	20	16	60	33	20	22	—	8	80
1658	9	—	4	50	4	50	13	50	3	60	1	80	4	20	16	60	33	20	22	—	8	80
1659	9	—	4	50	4	50	13	50	3	60	1	80	4	20	16	60	33	20	22	—	8	80
1660	9	—	4	50	4	50	13	50	3	60	1	80	4	20	16	60	33	20	22	—	8	80
1661	9	—	4	50	4	50	13	50	3	60	1	80	4	20	16	70	33	30	22	—	8	80
1662	9	—	4	50	4	50	13	50	3	60	1	80	4	20	16	70	33	30	22	—	8	80
1663	9	—	4	50	4	50	13	50	3	60	1	80	4	20	16	70	33	30	22	—	8	80
1664	9	—	4	50	4	50	13	50	3	60	1	80	4	20	16	70	33	30	22	—	8	80
1665	9	—	4	50	4	50	13	50	3	60	1	80	4	20	16	70	33	30	22	—	8	80
1666	9	—	4	50	4	50	13	50	3	60	1	80	4	20	16	70	33	40	22	—	8	80
1667	9	—	4	50	4	50	13	50	3	60	1	80	4	20	16	70	33	40	22	—	8	80
1668	9	—	4	50	4	50	13	50	3	60	1	80	4	20	16	70	33	40	22	—	8	80
1669	9	—	4	50	4	50	13	50	3	60	1	80	4	20	16	70	33	40	22	—	8	80
1670	9	—	4	50	4	50	13	50	3	60	1	80	4	20	16	70	33	40	22	—	8	80
1671	9	—	4	50	4	50	13	50	3	60	1	80	4	20	16	80	33	50	22	—	8	80
1672	9	—	4	50	4	50	13	50	3	60	1	80	4	20	16	80	33	50	22	—	8	80
1673	9	—	4	50	4	50	13	50	3	60	1	80	4	20	16	80	33	50	22	—	8	80
1674	9	—	4	50	4	50	13	50	3	60	1	80	4	20	16	80	33	50	22	—	8	80
1675	9	—	4	50	4	50	13	50	3	60	1	80	4	20	16	80	33	50	22	—	8	80
1676	9	—	4	50	4	50	13	50	3	60	1	80	4	20	16	80	33	60	22	—	8	80
1677	9	—	4	50	4	50	13	50	3	60	1	80	4	20	16	80	33	60	22	—	8	80
1678	9	—	4	50	4	50	13	50	3	60	1	80	4	20	16	80	33	60	22	—	8	80
1679	9	—	4	50	4	50	13	50	3	60	1	80	4	20	16	80	33	60	22	—	8	80
1680	9	—	4	50	4	50	13	50	3	60	1	80	4	20	16	80	33	60	22	—	8	80

Gegen-stands-Summa	Staatsgebühren 1 Prozent		1½		2		Besitz-veränderungs-abgabe		Staatsgebühren 1 pro mille		2		2½		3		5	
ℳ	ℳ	₰	ℳ	₰	ℳ	₰	ℳ	₰	ℳ	₰	ℳ	₰	ℳ	₰	ℳ	₰	ℳ	₰
1681	16	90	25	30	33	70	6	40	1	70	3	40	4	30	5	10	8	50
1682	16	90	25	30	33	70	6	40	1	70	3	40	4	30	5	10	8	50
1683	16	90	25	30	33	70	6	40	1	70	3	40	4	30	5	10	8	50
1684	16	90	25	30	33	70	6	40	1	70	3	40	4	30	5	10	8	50
1685	16	90	25	30	33	70	6	40	1	70	3	40	4	30	5	10	8	50
1686	16	90	25	30	33	80	6	40	1	70	3	40	4	30	5	10	8	50
1687	16	90	25	40	33	80	6	40	1	70	3	40	4	30	5	10	8	50
1688	16	90	25	40	33	80	6	40	1	70	3	40	4	30	5	10	8	50
1689	16	90	25	40	33	80	6	40	1	70	3	40	4	30	5	10	8	50
1690	16	90	25	40	33	80	6	40	1	70	3	40	4	30	5	10	8	50
1691	17	—	25	40	33	90	6	40	1	70	3	40	4	30	5	10	8	50
1692	17	—	25	40	33	90	6	40	1	70	3	40	4	30	5	10	8	50
1693	17	—	25	40	33	90	6	40	1	70	3	40	4	30	5	10	8	50
1694	17	—	25	50	33	90	6	40	1	70	3	40	4	30	5	10	8	50
1695	17	—	25	50	33	90	6	40	1	70	3	40	4	30	5	10	8	50
1696	17	—	25	50	34	—	6	40	1	70	3	40	4	30	5	10	8	50
1697	17	—	25	50	34	—	6	40	1	70	3	40	4	30	5	10	8	50
1698	17	—	25	50	34	—	6	40	1	70	3	40	4	30	5	10	8	50
1699	17	—	25	50	34	—	6	40	1	70	3	40	4	30	5	10	8	50
1700	17	—	25	50	34	—	6	40	1	70	3	40	4	30	5	10	8	50
1701	17	10	25	60	34	10	6	40	1	80	3	50	4	30	5	20	8	60
1702	17	10	25	60	34	10	6	40	1	80	3	50	4	30	5	20	8	60
1703	17	10	25	60	34	10	6	40	1	80	3	50	4	30	5	20	8	60
1704	17	10	25	60	34	10	6	40	1	80	3	50	4	30	5	20	8	60
1705	17	10	25	60	34	10	6	40	1	80	3	50	4	30	5	20	8	60
1706	17	10	25	60	34	20	6	40	1	80	3	50	4	30	5	20	8	60
1707	17	10	25	70	34	20	6	50	1	80	3	50	4	30	5	20	8	60
1708	17	10	25	70	34	20	6	50	1	80	3	50	4	30	5	20	8	60
1709	17	10	25	70	34	20	6	50	1	80	3	50	4	30	5	20	8	60
1710	17	10	25	70	34	20	6	50	1	80	3	50	4	30	5	20	8	60
1711	17	20	25	70	34	30	6	50	1	80	3	50	4	30	5	20	8	60
1712	17	20	25	70	34	30	6	50	1	80	3	50	4	30	5	20	8	60
1713	17	20	25	70	34	30	6	50	1	80	3	50	4	30	5	20	8	60
1714	17	20	25	80	34	30	6	50	1	80	3	50	4	30	5	20	8	60
1715	17	20	25	80	34	30	6	50	1	80	3	50	4	30	5	20	8	60
1716	17	20	25	80	34	40	6	50	1	80	3	50	4	30	5	20	8	60
1717	17	20	25	80	34	40	6	50	1	80	3	50	4	30	5	20	8	60
1718	17	20	25	80	34	40	6	50	1	80	3	50	4	30	5	20	8	60
1719	17	20	25	80	34	40	6	50	1	80	3	50	4	30	5	20	8	60
1720	17	20	25	80	34	40	6	50	1	80	3	50	4	30	5	20	8	60

Gegenstands-Summa	Werthgebühr: Volle		Werthgebühr: 1/2		Werthgebühr: 1/2 bis 2200 ℳ., darüber 2/3		Werthgebühr: 1 1/2		4/10 aus der vollen Werthgebühr		4/10 aus 2/3 Werthgebühr		Hinterlegungsgebühr						Auseinandersetzungsgebühr: 5/10		Auseinandersetzungsgebühr: 2/10	
	Art. 22. 40. 41. 50		Art. 25. 27. 29. 30 38 Abs. 2		Art. 24		Art. 23		Art. 45 Abs. 3				Art. 100		Art. 101 a		Art. 101 b		der Sätze des § 8 des Reichsgerichts-Kosten-Gesetzes			
ℳ	ℳ	₰	ℳ	₰	ℳ	₰	ℳ	₰	ℳ	₰	ℳ	₰	ℳ	₰	ℳ	₰	ℳ	₰	ℳ	₰	ℳ	₰
1681	9	—	4	50	4	50	13	50	3	60	1	80	4	30	16	90	33	70	22	—	8	80
1682	9	—	4	50	4	50	13	50	3	60	1	80	4	30	16	90	33	70	22	—	8	80
1683	9	—	4	50	1	50	13	50	3	60	1	80	4	30	16	90	33	70	22	—	8	80
1684	9	—	4	50	4	50	13	50	3	60	1	80	4	30	16	90	33	70	22	—	8	80
1685	9	—	4	50	4	50	13	50	3	60	1	80	4	30	16	90	33	70	22	—	8	80
1686	9	—	4	50	4	50	13	50	3	60	1	80	4	30	16	90	33	80	22	—	8	80
1687	9	—	4	50	4	50	13	50	3	60	1	80	4	30	16	90	33	80	22	—	8	80
1688	9	—	4	50	4	50	13	50	3	60	1	80	4	30	16	90	33	80	22	—	8	80
1689	9	—	4	50	4	50	13	50	3	60	1	80	4	30	16	90	33	80	22	—	8	80
1690	9	—	4	50	1	50	13	50	3	60	1	80	4	30	16	90	33	80	22	—	8	80
1691	9	—	4	50	4	50	13	50	3	60	1	80	4	30	17	—	33	90	22	—	8	80
1692	9	—	4	50	4	50	13	50	3	60	1	80	4	30	17	—	33	90	22	—	8	80
1693	9	—	4	50	4	50	13	50	3	60	1	80	4	30	17	—	33	90	22	—	8	80
1694	9	—	4	50	4	50	13	50	3	60	1	80	4	30	17	—	33	90	22	—	8	80
1695	9	—	4	50	4	50	13	50	3	60	1	80	4	30	17	—	33	90	22	—	8	80
1696	9	—	4	50	4	50	13	50	3	60	1	80	4	30	17	—	34	—	22	—	8	80
1697	9	—	4	50	4	50	13	50	3	60	1	80	4	30	17	—	34	—	22	—	8	80
1698	9	—	4	50	4	50	13	50	3	60	1	80	4	30	17	—	34	—	22	—	8	80
1699	9	—	4	50	4	50	13	50	3	60	1	80	4	30	17	—	34	—	22	—	8	80
1700	9	—	4	50	4	50	13	50	3	60	1	80	4	30	17	—	34	—	22	—	8	80
1701	9	—	4	50	4	50	13	50	3	60	1	80	4	30	17	10	34	10	22	—	8	80
1702	9	—	4	50	4	50	13	50	3	60	1	80	4	30	17	10	34	10	22	—	8	80
1703	9	—	4	50	4	50	13	50	3	60	1	80	4	30	17	10	34	10	22	—	8	80
1704	9	—	4	50	4	50	13	50	3	60	1	80	4	30	17	10	34	10	22	—	8	80
1705	9	—	4	50	4	50	13	50	3	60	1	80	4	30	17	10	34	10	22	—	8	80
1706	9	—	4	50	4	50	13	50	3	60	1	80	4	30	17	10	34	20	22	—	8	80
1707	9	—	4	50	4	50	13	50	3	60	1	80	4	30	17	10	34	20	22	—	8	80
1708	9	—	4	50	4	50	13	50	3	60	1	80	4	30	17	10	34	20	22	—	8	80
1709	9	—	4	50	4	50	13	50	3	60	1	80	4	30	17	10	34	20	22	—	8	80
1710	9	—	4	50	4	50	13	50	3	60	1	80	4	30	17	10	34	20	22	—	8	80
1711	9	—	4	50	4	50	13	50	3	60	1	80	4	30	17	20	34	30	22	—	8	80
1712	9	—	4	50	4	50	13	50	3	60	1	80	4	30	17	20	34	30	22	—	8	80
1713	9	—	4	50	4	50	13	50	3	60	1	80	4	30	17	20	34	30	22	—	8	80
1714	9	—	4	50	4	50	13	50	3	60	1	80	4	30	17	20	34	30	22	—	8	80
1715	9	—	4	50	4	50	13	50	3	60	1	80	4	30	17	20	34	30	22	—	8	80
1716	9	—	4	50	4	50	13	50	3	60	1	80	4	30	17	20	34	40	22	—	8	80
1717	9	—	4	50	4	50	13	50	3	60	1	80	4	30	17	20	34	40	22	—	8	80
1718	9	—	4	50	4	50	13	50	3	60	1	80	4	30	17	20	34	40	22	—	8	80
1719	9	—	4	50	4	50	13	50	3	60	1	80	4	30	17	20	34	40	22	—	8	80
1720	9	—	4	50	4	50	13	50	3	60	1	80	4	30	17	20	34	40	22	—	8	80

Gegenstands-Summa	Staatsgebühren						Besitz-veränderungs-abgabe		Staatsgebühren									
	1		1 1/2		2				1		2		2 1/2		3		5	
	Prozent								pro mille									
ℳ	ℳ	₰	ℳ	₰	ℳ	₰	ℳ	₰	ℳ	₰	ℳ	₰	ℳ	₰	ℳ	₰	ℳ	₰
1721	17	30	25	90	34	50	6	50	1	80	3	50	4	40	5	20	8	70
1722	17	30	25	90	34	50	6	50	1	80	3	50	4	40	5	20	8	70
1723	17	30	25	90	34	50	6	50	1	80	3	50	4	40	5	20	8	70
1724	17	30	25	90	34	50	6	50	1	80	3	50	4	40	5	20	8	70
1725	17	30	25	90	34	50	6	50	1	80	3	50	4	40	5	20	8	70
1726	17	30	25	90	34	60	6	50	1	80	3	50	4	40	5	20	8	70
1727	17	30	26	—	34	60	6	50	1	80	3	50	4	40	5	20	8	70
1728	17	30	26	—	34	60	6	50	1	80	3	50	4	40	5	20	8	70
1729	17	30	26	—	34	60	6	50	1	80	3	50	4	40	5	20	8	70
1730	17	30	26	—	34	60	6	50	1	80	3	50	4	40	5	20	8	70
1731	17	40	26	—	34	70	6	50	1	80	3	50	4	40	5	20	8	70
1732	17	40	26	—	34	70	6	50	1	80	3	50	4	40	5	20	8	70
1733	17	40	26	—	34	70	6	50	1	80	3	50	4	40	5	20	8	70
1734	17	40	26	10	34	70	6	60	1	80	3	50	4	40	5	30	8	70
1735	17	40	26	10	34	70	6	60	1	80	3	50	4	40	5	30	8	70
1736	17	40	26	10	34	80	6	60	1	80	3	50	4	40	5	30	8	70
1737	17	40	26	10	34	80	6	60	1	80	3	50	4	40	5	30	8	70
1738	17	40	26	10	34	80	6	60	1	80	3	50	4	40	5	30	8	70
1739	17	40	26	10	34	80	6	60	1	80	3	50	4	40	5	30	8	70
1740	17	40	26	10	34	80	6	60	1	80	3	50	4	40	5	30	8	70
1741	17	50	26	20	34	90	6	60	1	80	3	50	4	40	5	30	8	80
1742	17	50	26	20	34	90	6	60	1	80	3	50	4	40	5	30	8	80
1743	17	50	26	20	34	90	6	60	1	80	3	50	4	40	5	30	8	80
1744	17	50	26	20	34	90	6	60	1	80	3	50	4	40	5	30	8	80
1745	17	50	26	20	34	90	6	60	1	80	3	50	4	40	5	30	8	80
1746	17	50	26	20	35	—	6	60	1	80	3	50	4	40	5	30	8	80
1747	17	50	26	30	35	—	6	60	1	80	3	50	4	40	5	30	8	80
1748	17	50	26	30	35	—	6	60	1	80	3	50	4	40	5	30	8	80
1749	17	50	26	30	35	—	6	60	1	80	3	50	4	40	5	30	8	80
1750	17	50	26	30	35	—	6	60	1	80	3	50	4	40	5	30	8	80
1751	17	60	26	30	35	10	6	60	1	80	3	60	4	40	5	30	8	80
1752	17	60	26	30	35	10	6	60	1	80	3	60	4	40	5	30	8	80
1753	17	60	26	30	35	10	6	60	1	80	3	60	4	40	5	30	8	80
1754	17	60	26	40	35	10	6	60	1	80	3	60	4	40	5	30	8	80
1755	17	60	26	40	35	10	6	60	1	80	3	60	4	40	5	30	8	80
1756	17	60	26	40	35	20	6	60	1	80	3	60	4	40	5	30	8	80
1757	17	60	26	40	35	20	6	60	1	80	3	60	4	40	5	30	8	80
1758	17	60	26	40	35	20	6	60	1	80	3	60	4	40	5	30	8	80
1759	17	60	26	40	35	20	6	60	1	80	3	60	4	40	5	30	8	80
1760	17	60	26	40	35	20	6	60	1	80	3	60	4	40	5	30	8	80

Gegen-standS-Summa	Werthgebühr: Volle (Art. 22. 40. 41. 50)		Werthgebühr: 1/2 (Art. 25. 27. 29. 30. 38 Abs. 2)		Werthgebühr: 1/2 bis 2200 M, darüber 2/3 (Art. 24)		Werthgebühr: 1 1/2 (Art. 23)		4/10 aus der vollen Werthgebühr (Art. 45 Abs. 3)		4/10 aus 2/3 Werthgebühr (Art. 45 Abs. 3)		Hinterlegungsgebühr: Art. 100		Hinterlegungsgebühr: Art. 101 a		Hinterlegungsgebühr: Art. 101 b		Auseinandersetzungsgebühr: 5/10 (der Sätze des § 8 des Reichsgerichts-Kosten-Gesetzes)		Auseinandersetzungsgebühr: 2/10 (der Sätze des § 8 des Reichsgerichts-Kosten-Gesetzes)	
M	M	Pf	M	Pf	M	Pf	M	Pf	M	Pf	M	Pf	M	Pf	M	Pf	M	Pf	M	Pf	M	Pf
1721	9	—	4	50	4	50	13	50	3	60	1	80	4	40	17	30	34	50	22	—	8	80
1722	9	—	4	50	4	50	13	50	3	60	1	80	4	40	17	30	34	50	22	—	8	80
1723	9	—	4	50	4	50	13	50	3	60	1	80	4	40	17	30	34	50	22	—	8	80
1724	9	—	4	50	4	50	13	50	3	60	1	80	4	40	17	30	34	50	22	—	8	80
1725	9	—	4	50	4	50	13	50	3	60	1	80	4	40	17	30	34	50	22	—	8	80
1726	9	—	4	50	4	50	13	50	3	60	1	80	4	40	17	30	34	60	22	—	8	80
1727	9	—	4	50	4	50	13	50	3	60	1	80	4	40	17	30	34	60	22	—	8	80
1728	9	—	4	50	4	50	13	50	3	60	1	80	4	40	17	30	34	60	22	—	8	80
1729	9	—	4	50	4	50	13	50	3	60	1	80	4	40	17	30	34	60	22	—	8	80
1730	9		4	50	4	50	13	50	3	60	1	80	4	40	17	30	34	60	22	—	8	80
1731	9	—	4	50	4	50	13	50	3	60	1	80	4	40	17	40	34	70	22	—	8	80
1732	9	—	4	50	4	50	13	50	3	60	1	80	4	40	17	40	34	70	22	—	8	80
1733	9	—	4	50	4	50	13	50	3	60	1	80	4	40	17	40	34	70	22	—	8	80
1734	9	—	4	50	4	50	13	50	3	60	1	80	4	40	17	40	34	70	22	—	8	80
1735	9	—	4	50	4	50	13	50	3	60	1	80	4	40	17	40	34	70	22	—	8	80
1736	9	—	4	50	4	50	13	50	3	60	1	80	4	40	17	40	34	80	22	—	8	80
1737	9	—	4	50	4	50	13	50	3	60	1	80	4	40	17	40	34	80	22	—	8	80
1738	9	—	4	50	4	50	13	50	3	60	1	80	4	40	17	40	34	80	22	—	8	80
1739	9	—	4	50	4	50	13	50	3	60	1	80	4	40	17	40	34	80	22	—	8	80
1740	9	—	4	50	4	50	13	50	3	60	1	80	4	40	17	40	34	80	22	—	8	80
1741	9	—	4	50	4	50	13	50	3	60	1	80	4	40	17	50	34	90	22	—	8	80
1742	9	—	4	50	4	50	13	50	3	60	1	80	4	40	17	50	34	90	22	—	8	80
1743	9	—	4	50	4	50	13	50	3	60	1	80	4	40	17	50	34	90	22	—	8	80
1744	9	—	4	50	4	50	13	50	3	60	1	80	4	40	17	50	34	90	22	—	8	80
1745	9	—	4	50	4	50	13	50	3	60	1	80	4	40	17	50	34	90	22	—	8	80
1746	9	—	4	50	4	50	13	50	3	60	1	80	4	40	17	50	35	—	22	—	8	80
1747	9	—	4	50	4	50	13	50	3	60	1	80	4	40	17	50	35	—	22	—	8	80
1748	9	—	4	50	4	50	13	50	3	60	1	80	4	40	17	50	35	—	22	—	8	80
1749	9	—	4	50	4	50	13	50	3	60	1	80	4	40	17	50	35	—	22	—	8	80
1750	9	—	4	50	4	50	13	50	3	60	1	80	4	40	17	50	35	—	22	—	8	80
1751	9	—	4	50	4	50	13	50	3	60	1	80	4	40	17	60	35	10	22	—	8	80
1752	9	—	4	50	4	50	13	50	3	60	1	80	4	40	17	60	35	10	22	—	8	80
1753	9	—	4	50	4	50	13	50	3	60	1	80	4	40	17	60	35	10	22	—	8	80
1754	9	—	4	50	4	50	13	50	3	60	1	80	4	40	17	60	35	10	22	—	8	80
1755	9	—	4	50	4	50	13	50	3	60	1	80	4	40	17	60	35	10	22	—	8	80
1756	9	—	4	50	4	50	13	50	3	60	1	80	4	40	17	60	35	20	22	—	8	80
1757	9	—	4	50	4	50	13	50	3	60	1	80	4	40	17	60	35	20	22	—	8	80
1758	9	—	4	50	4	50	13	50	3	60	1	80	4	40	17	60	35	20	22	—	8	80
1759	9	—	4	50	4	50	13	50	3	60	1	80	4	40	17	60	35	20	22	—	8	80
1760	9	—	4	50	4	50	13	50	3	60	1	80	4	40	17	60	35	20	22	—	8	80

Gegenstands-Summa	Staatsgebühren 1 Prozent		Staatsgebühren 1 ½ Prozent		Staatsgebühren 2 Prozent		Besitzveränderungsabgabe		Staatsgebühren 1 pro mille		Staatsgebühren 2 pro mille		Staatsgebühren 2 ½ pro mille		Staatsgebühren 3 pro mille		Staatsgebühren 5 pro mille	
M	M	Pf	M	Pf	M	Pf	M	Pf	M	Pf	M	Pf	M	Pf	M	Pf	M	Pf
1761	17	70	26	50	35	30	6	70	1	80	3	60	4	50	5	30	8	90
1762	17	70	26	50	35	30	6	70	1	80	3	60	4	50	5	30	8	90
1763	17	70	26	50	35	30	6	70	1	80	3	60	4	50	5	30	8	90
1764	17	70	26	50	35	30	6	70	1	80	3	60	4	50	5	30	8	90
1765	17	70	26	50	35	30	6	70	1	80	3	60	4	50	5	30	8	90
1766	17	70	26	50	35	40	6	70	1	80	3	60	4	50	5	30	8	90
1767	17	70	26	60	35	40	6	70	1	80	3	60	4	50	5	40	8	90
1768	17	70	26	60	35	40	6	70	1	80	3	60	4	50	5	40	8	90
1769	17	70	26	60	35	40	6	70	1	80	3	60	4	50	5	40	8	90
1770	17	70	26	60	35	40	6	70	1	80	3	60	4	50	5	40	8	90
1771	17	80	26	60	35	50	6	70	1	80	3	60	4	50	5	40	8	90
1772	17	80	26	60	35	50	6	70	1	80	3	60	4	50	5	40	8	90
1773	17	80	26	60	35	50	6	70	1	80	3	60	4	50	5	40	8	90
1774	17	80	26	70	35	50	6	70	1	80	3	60	4	50	5	40	8	90
1775	17	80	26	70	35	50	6	70	1	80	3	60	4	50	5	40	8	90
1776	17	80	26	70	35	60	6	70	1	80	3	60	4	50	5	40	8	90
1777	17	80	26	70	35	60	6	70	1	80	3	60	4	50	5	40	8	90
1778	17	80	26	70	35	60	6	70	1	80	3	60	4	50	5	40	8	90
1779	17	80	26	70	35	60	6	70	1	80	3	60	4	50	5	40	8	90
1780	17	80	26	70	35	60	6	70	1	80	3	60	4	50	5	40	8	90
1781	17	90	26	80	35	70	6	70	1	80	3	60	4	50	5	40	9	—
1782	17	90	26	80	35	70	6	70	1	80	3	60	4	50	5	40	9	—
1783	17	90	26	80	35	70	6	70	1	80	3	60	4	50	5	40	9	—
1784	17	90	26	80	35	70	6	70	1	80	3	60	4	50	5	40	9	—
1785	17	90	26	80	35	70	6	70	1	80	3	60	4	50	5	40	9	—
1786	17	90	26	80	35	80	6	70	1	80	3	60	4	50	5	40	9	—
1787	17	90	26	90	35	80	6	80	1	80	3	60	4	50	5	40	9	—
1788	17	90	26	90	35	80	6	80	1	80	3	60	4	50	5	40	9	—
1789	17	90	26	90	35	80	6	80	1	80	3	60	4	50	5	40	9	—
1790	17	90	26	90	35	80	6	80	1	80	3	60	4	50	5	40	9	—
1791	18	—	26	90	35	90	6	80	1	80	3	60	4	50	5	40	9	—
1792	18	—	26	90	35	90	6	80	1	80	3	60	4	50	5	40	9	—
1793	18	—	26	90	35	90	6	80	1	80	3	60	4	50	5	40	9	—
1794	18	—	27	—	35	90	6	80	1	80	3	60	4	50	5	40	9	—
1795	18	—	27	—	35	90	6	80	1	80	3	60	4	50	5	40	9	—
1796	18	—	27	—	36	—	6	80	1	80	3	60	4	50	5	40	9	—
1797	18	—	27	—	36	—	6	80	1	80	3	60	4	50	5	40	9	—
1798	18	—	27	—	36	—	6	80	1	80	3	60	4	50	5	40	9	—
1799	18	—	27	—	36	—	6	80	1	80	3	60	4	50	5	40	9	—
1800	18	—	27	—	36	—	6	80	1	80	3	60	4	50	5	40	9	—

Gegen-stands-Summa	Werthgebühr								4/10 aus der vollen Werth-gebühr		4/10 aus 2/3 Werth-gebühr		Hinterlegungs-gebühr						Auseinander-setzungsgebühr			
	Volle		1/2		1/2 bis 2200 ℳ		1 1/2												5/10		2/10	
	Art. 22. 40. 41. 50		Art. 25. 27. 29. 30. 38 Abs. 2		darüber 2/3 Art. 24		Art. 23		Art. 45 Abs. 3				Art. 100		Art. 101 a		Art. 101 b		der Sätze des § 8 des Reichsgerichts-Kosten-Gesetzes			
ℳ	ℳ	₰	ℳ	₰	ℳ	₰	ℳ	₰	ℳ	₰	ℳ	₰	ℳ	₰	ℳ	₰	ℳ	₰	ℳ	₰	ℳ	₰
1761	9	—	4	50	4	50	13	50	3	60	1	80	4	50	17	70	35	30	22	—	8	80
1762	9	—	4	50	4	50	13	50	3	60	1	80	4	50	17	70	35	30	22	—	8	80
1763	9	—	4	50	4	50	13	50	3	60	1	80	4	50	17	70	35	30	22	—	8	80
1764	9	—	4	50	4	50	13	50	3	60	1	80	4	50	17	70	35	30	22	—	8	80
1765	9	—	4	50	4	50	13	50	3	60	1	80	4	50	17	70	35	30	22	—	8	80
1766	9	—	4	50	4	50	13	50	3	60	1	80	4	50	17	70	35	40	22	—	8	80
1767	9	—	4	50	4	50	13	50	3	60	1	80	4	50	17	70	35	40	22	—	8	80
1768	9	—	4	50	4	50	13	50	3	60	1	80	4	50	17	70	35	40	22	—	8	80
1769	9	—	4	50	4	50	13	50	3	60	1	80	4	50	17	70	35	40	22	—	8	80
1770	9	—	4	50	4	50	13	50	3	60	1	80	4	50	17	70	35	40	22	—	8	80
1771	9	—	4	50	4	50	13	50	3	60	1	80	4	50	17	80	35	50	22	—	8	80
1772	9	—	4	50	4	50	13	50	3	60	1	80	4	50	17	80	35	50	22	—	8	80
1773	9	—	4	50	4	50	13	50	3	60	1	80	4	50	17	80	35	50	22	—	8	80
1774	9	—	4	50	4	50	13	50	3	60	1	80	4	50	17	80	35	50	22	—	8	80
1775	9	—	4	50	4	50	13	50	3	60	1	80	4	50	17	80	35	50	22	—	8	80
1776	9	—	4	50	4	50	13	50	3	60	1	80	4	50	17	80	35	60	22	—	8	80
1777	9	—	4	50	4	50	13	50	3	60	1	80	4	50	17	80	35	60	22	—	8	80
1778	9	—	4	50	4	50	13	50	3	60	1	80	4	50	17	80	35	60	22	—	8	80
1779	9	—	4	50	4	50	13	50	3	60	1	80	4	50	17	80	35	60	22	—	8	80
1780	9	—	4	50	4	50	13	50	3	60	1	80	4	50	17	80	35	60	22	—	8	80
1781	9	—	4	50	4	50	13	50	3	60	1	80	4	50	17	90	35	70	22	—	8	80
1782	9	—	4	50	4	50	13	50	3	60	1	80	4	50	17	90	35	70	22	—	8	80
1783	9	—	4	50	4	50	13	50	3	60	1	80	4	50	17	90	35	70	22	—	8	80
1784	9	—	4	50	4	50	13	50	3	60	1	80	4	50	17	90	35	70	22	—	8	80
1785	9	—	4	50	4	50	13	50	3	60	1	80	4	50	17	90	35	70	22	—	8	80
1786	9	—	4	50	4	50	13	50	3	60	1	80	4	50	17	90	35	80	22	—	8	80
1787	9	—	4	50	4	50	13	50	3	60	1	80	4	50	17	90	35	80	22	—	8	80
1788	9	—	4	50	4	50	13	50	3	60	1	80	4	50	17	90	35	80	22	—	8	80
1789	9	—	4	50	4	50	13	50	3	60	1	80	4	50	17	90	35	80	22	—	8	80
1790	9	—	4	50	4	50	13	50	3	60	1	80	4	50	17	90	35	80	22	—	8	80
1791	9	—	4	50	4	50	13	50	3	60	1	80	4	50	18	—	35	90	22	—	8	80
1792	9	—	4	50	4	50	13	50	3	60	1	80	4	50	18	—	35	90	22	—	8	80
1793	9	—	4	50	4	50	13	50	3	60	1	80	4	50	18	—	35	90	22	—	8	80
1794	9	—	4	50	4	50	13	50	3	60	1	80	4	50	18	—	35	90	22	—	8	80
1795	9	—	4	50	4	50	13	50	3	60	1	80	4	50	18	—	35	90	22	—	8	80
1796	9	—	4	50	4	50	13	50	3	60	1	80	4	50	18	—	36	—	22	—	8	80
1797	9	—	4	50	4	50	13	50	3	60	1	80	4	50	18	—	36	—	22	—	8	80
1798	9	—	4	50	4	50	13	50	3	60	1	80	4	50	18	—	36	—	22	—	8	80
1799	9	—	4	50	4	50	13	50	3	60	1	80	4	50	18	—	36	—	22	—	8	80
1800	9	—	4	50	4	50	13	50	3	60	1	80	4	50	18	—	36	—	22	—	8	80

Gegen-stands-Summa	Staatsgebühren						Besitz-veränderungs-abgabe		Staatsgebühren									
	1		1½		2				1		2		2½		3		5	
	Prozent								pro mille									
ℳ	ℳ	₰	ℳ	₰	ℳ	₰	ℳ	₰	ℳ	₰	ℳ	₰	ℳ	₰	ℳ	₰	ℳ	₰
1801	18	10	27	10	36	10	6	80	1	90	3	70	4	60	5	50	9	10
1802	18	10	27	10	36	10	6	80	1	90	3	70	4	60	5	50	9	10
1803	18	10	27	10	36	10	6	80	1	90	3	70	4	60	5	50	9	10
1804	18	10	27	10	36	10	6	80	1	90	3	70	4	60	5	50	9	10
1805	18	10	27	10	36	10	6	80	1	90	3	70	4	60	5	50	9	10
1806	18	10	27	10	36	20	6	80	1	90	3	70	4	60	5	50	9	10
1807	18	10	27	20	36	20	6	80	1	90	3	70	4	60	5	50	9	10
1808	18	10	27	20	36	20	6	80	1	90	3	70	4	60	5	50	9	10
1809	18	10	27	20	36	20	6	80	1	90	3	70	4	60	5	50	9	10
1810	18	10	27	20	36	20	6	80	1	90	3	70	4	60	5	50	9	10
1811	18	20	27	20	36	30	6	80	1	90	3	70	4	60	5	50	9	10
1812	18	20	27	20	36	30	6	80	1	90	3	70	4	60	5	50	9	10
1813	18	20	27	20	36	30	6	80	1	90	3	70	4	60	5	50	9	10
1814	18	20	27	30	36	30	6	90	1	90	3	70	4	60	5	50	9	10
1815	18	20	27	30	36	30	6	90	1	90	3	70	4	60	5	50	9	10
1816	18	20	27	30	36	40	6	90	1	90	3	70	4	60	5	50	9	10
1817	18	20	27	30	36	40	6	90	1	90	3	70	4	60	5	50	9	10
1818	18	20	27	30	36	40	6	90	1	90	3	70	4	60	5	50	9	10
1819	18	20	27	30	36	40	6	90	1	90	3	70	4	60	5	50	9	10
1820	18	20	27	30	36	40	6	90	1	90	3	70	4	60	5	50	9	10
1821	18	30	27	40	36	50	6	90	1	90	3	70	4	60	5	50	9	20
1822	18	30	27	40	36	50	6	90	1	90	3	70	4	60	5	50	9	20
1823	18	30	27	40	36	50	6	90	1	90	3	70	4	60	5	50	9	20
1824	18	30	27	40	36	50	6	90	1	90	3	70	4	60	5	50	9	20
1825	18	30	27	40	36	50	6	90	1	90	3	70	4	60	5	50	9	20
1826	18	30	27	40	36	60	6	90	1	90	3	70	4	60	5	50	9	20
1827	18	30	27	50	36	60	6	90	1	90	3	70	4	60	5	50	9	20
1828	18	30	27	50	36	60	6	90	1	90	3	70	4	60	5	50	9	20
1829	18	30	27	50	36	60	6	90	1	90	3	70	4	60	5	50	9	20
1830	18	30	27	50	36	60	6	90	1	90	3	70	4	60	5	50	9	20
1831	18	40	27	50	36	70	6	90	1	90	3	70	4	60	5	50	9	20
1832	18	40	27	50	36	70	6	90	1	90	3	70	4	60	5	50	9	20
1833	18	40	27	50	36	70	6	90	1	90	3	70	4	60	5	50	9	20
1834	18	40	27	60	36	70	6	90	1	90	3	70	4	60	5	60	9	20
1835	18	40	27	60	36	70	6	90	1	90	3	70	4	60	5	60	9	20
1836	18	40	27	60	36	80	6	90	1	90	3	70	4	60	5	60	9	20
1837	18	40	27	60	36	80	6	90	1	90	3	70	4	60	5	60	9	20
1838	18	40	27	60	36	80	6	90	1	90	3	70	4	60	5	60	9	20
1839	18	40	27	60	36	80	6	90	1	90	3	70	4	60	5	60	9	20
1840	18	40	27	60	36	80	6	90	1	90	3	70	4	60	5	60	9	20

Gegen-standes-Summa	Werthgebühr								4/10 aus der vollen Werthgebühr		4/10 aus 2/3 Werthgebühr		Hinterlegungsgebühr						Auseinandersetzungsgebühr			
	Volle		1/2		1/2 bis 2200 M		1 1/2												5/10		2/10	
	Art. 22. 40. 41. 50		Art. 25. 27. 29. 30. 38 Abs. 2		darüber 2/3 Art. 24		Art. 23		Art. 45 Abs. 3				Art. 100		Art. 101 a		Art. 101 b		der Sätze des § 8 des Reichsgerichts-Kosten-Gesetzes			
M	M	Pf	M	Pf	M	Pf	M	Pf	M	Pf	M	Pf	M	Pf	M	Pf	M	Pf	M	Pf	M	Pf
1801	10	50	5	30	5	30	15	80	4	20	2	20	4	60	18	10	36	10	22	—	8	80
1802	10	50	5	30	5	30	15	80	4	20	2	20	4	60	18	10	36	10	22	—	8	80
1803	10	50	5	30	5	30	15	80	4	20	2	20	4	60	18	10	36	10	22	—	8	80
1804	10	50	5	30	5	30	15	80	4	20	2	20	4	60	18	10	36	10	22	—	8	80
1805	10	50	5	30	5	30	15	80	4	20	2	20	4	60	18	10	36	10	22	—	8	80
1806	10	50	5	30	5	30	15	80	4	20	2	20	4	60	18	10	36	20	22	—	8	80
1807	10	50	5	30	5	30	15	80	4	20	2	20	4	60	18	10	36	20	22	—	8	80
1808	10	50	5	30	5	30	15	80	4	20	2	20	4	60	18	10	36	20	22	—	8	80
1809	10	50	5	30	5	30	15	80	4	20	2	20	4	60	18	10	36	20	22	—	8	80
1810	10	50	5	30	5	30	15	80	4	20	2	20	4	60	18	10	36	20	22	—	8	80
1811	10	50	5	30	5	30	15	80	4	20	2	20	4	60	18	20	36	30	22	—	8	80
1812	10	50	5	30	5	30	15	80	4	20	2	20	4	60	18	20	36	30	22	—	8	80
1813	10	50	5	30	5	30	15	80	4	20	2	20	4	60	18	20	36	30	22	—	8	80
1814	10	50	5	30	5	30	15	80	4	20	2	20	4	60	18	20	36	30	22	—	8	80
1815	10	50	5	30	5	30	15	80	4	20	2	20	4	60	18	20	36	30	22	—	8	80
1816	10	50	5	30	5	30	15	80	4	20	2	20	4	60	18	20	36	40	22	—	8	80
1817	10	50	5	30	5	30	15	80	4	20	2	20	4	60	18	20	36	40	22	—	8	80
1818	10	50	5	30	5	30	15	80	4	20	2	20	4	60	18	20	36	40	22	—	8	80
1819	10	50	5	30	5	30	15	80	4	20	2	20	4	60	18	20	36	40	22	—	8	80
1820	10	50	5	30	5	30	15	80	4	20	2	20	4	60	18	20	36	40	22	—	8	80
1821	10	50	5	30	5	30	15	80	4	20	2	20	4	60	18	30	36	50	22	—	8	80
1822	10	50	5	30	5	30	15	80	4	20	2	20	4	60	18	30	36	50	22	—	8	80
1823	10	50	5	30	5	30	15	80	4	20	2	20	4	60	18	30	36	50	22	—	8	80
1824	10	50	5	30	5	30	15	80	4	20	2	20	4	60	18	30	36	50	22	—	8	80
1825	10	50	5	30	5	30	15	80	4	20	2	20	4	60	18	30	36	50	22	—	8	80
1826	10	50	5	30	5	30	15	80	4	20	2	20	4	60	18	30	36	60	22	—	8	80
1827	10	50	5	30	5	30	15	80	4	20	2	20	4	60	18	30	36	60	22	—	8	80
1828	10	50	5	30	5	30	15	80	4	20	2	20	4	60	18	30	36	60	22	—	8	80
1829	10	50	5	30	5	30	15	80	4	20	2	20	4	60	18	30	36	60	22	—	8	80
1830	10	50	5	30	5	30	15	80	4	20	2	20	4	60	18	30	36	60	22	—	8	80
1831	10	50	5	30	5	30	15	80	4	20	2	20	4	60	18	40	36	70	22	—	8	80
1832	10	50	5	30	5	30	15	80	4	20	2	20	4	60	18	40	36	70	22	—	8	80
1833	10	50	5	30	5	30	15	80	4	20	2	20	4	60	18	40	36	70	22	—	8	80
1834	10	50	5	30	5	30	15	80	4	20	2	20	4	60	18	40	36	70	22	—	8	80
1835	10	50	5	30	5	30	15	80	4	20	2	20	4	60	18	40	36	70	22	—	8	80
1836	10	50	5	30	5	30	15	80	4	20	2	20	4	60	18	40	36	80	22	—	8	80
1837	10	50	5	30	5	30	15	80	4	20	2	20	4	60	18	40	36	80	22	—	8	80
1838	10	50	5	30	5	30	15	80	4	20	2	20	4	60	18	40	36	80	22	—	8	80
1839	10	50	5	30	5	30	15	80	4	20	2	20	4	60	18	40	36	80	22	—	8	80
1840	10	50	5	30	5	30	15	80	4	20	2	20	4	60	18	40	36	80	22	—	8	80

Gegenstands-Summa	Staatsgebühren 1 Prozent		Staatsgebühren 1½ Prozent		Staatsgebühren 2 Prozent		Besitzveränderungsabgabe		Staatsgebühren 1 pro mille		Staatsgebühren 2 pro mille		Staatsgebühren 2½ pro mille		Staatsgebühren 3 pro mille		Staatsgebühren 5 pro mille	
M	M	₰	M	₰	M	₰	M	₰	M	₰	M	₰	M	₰	M	₰	M	₰
1841	18	50	27	70	36	90	7	—	1	90	3	70	4	70	5	60	9	30
1842	18	50	27	70	36	90	7	—	1	90	3	70	4	70	5	60	9	30
1843	18	50	27	70	36	90	7	—	1	90	3	70	4	70	5	60	9	30
1844	18	50	27	70	36	90	7	—	1	90	3	70	4	70	5	60	9	30
1845	18	50	27	70	36	90	7	—	1	90	3	70	4	70	5	60	9	30
1846	18	50	27	70	37	—	7	—	1	90	3	70	4	70	5	60	9	30
1847	18	50	27	80	37	—	7	—	1	90	3	70	4	70	5	60	9	30
1848	18	50	27	80	37	—	7	—	1	90	3	70	4	70	5	60	9	30
1849	18	50	27	80	37	—	7	—	1	90	3	70	4	70	5	60	9	30
1850	18	50	27	80	37	—	7	—	1	90	3	70	4	70	5	60	9	30
1851	18	60	27	80	37	10	7	—	1	90	3	80	4	70	5	60	9	30
1852	18	60	27	80	37	10	7	—	1	90	3	80	4	70	5	60	9	30
1853	18	60	27	80	37	10	7	—	1	90	3	80	4	70	5	60	9	30
1854	18	60	27	90	37	10	7	—	1	90	3	80	4	70	5	60	9	30
1855	18	60	27	90	37	10	7	—	1	90	3	80	4	70	5	60	9	30
1856	18	60	27	90	37	20	7	—	1	90	3	80	4	70	5	60	9	30
1857	18	60	27	90	37	20	7	—	1	90	3	80	4	70	5	60	9	30
1858	18	60	27	90	37	20	7	—	1	90	3	80	4	70	5	60	9	30
1859	18	60	27	90	37	20	7	—	1	90	3	80	4	70	5	60	9	30
1860	18	60	27	90	37	20	7	—	1	90	3	80	4	70	5	60	9	30
1861	18	70	28	—	37	30	7	—	1	90	3	80	4	70	5	60	9	40
1862	18	70	28	—	37	30	7	—	1	90	3	80	4	70	5	60	9	40
1863	18	70	28	—	37	30	7	—	1	90	3	80	4	70	5	60	9	40
1864	18	70	28	—	37	30	7	—	1	90	3	80	4	70	5	60	9	40
1865	18	70	28	—	37	30	7	—	1	90	3	80	4	70	5	60	9	40
1866	18	70	28	—	37	40	7	—	1	90	3	80	4	70	5	60	9	40
1867	18	70	28	10	37	40	7	10	1	90	3	80	4	70	5	70	9	40
1868	18	70	28	10	37	40	7	10	1	90	3	80	4	70	5	70	9	40
1869	18	70	28	10	37	40	7	10	1	90	3	80	4	70	5	70	9	40
1870	18	70	28	10	37	40	7	10	1	90	3	80	4	70	5	70	9	40
1871	18	80	28	10	37	50	7	10	1	90	3	80	4	70	5	70	9	40
1872	18	80	28	10	37	50	7	10	1	90	3	80	4	70	5	70	9	40
1873	18	80	28	10	37	50	7	10	1	90	3	80	4	70	5	70	9	40
1874	18	80	28	20	37	50	7	10	1	90	3	80	4	70	5	70	9	40
1875	18	80	28	20	37	50	7	10	1	90	3	80	4	70	5	70	9	40
1876	18	80	28	20	37	60	7	10	1	90	3	80	4	70	5	70	9	40
1877	18	80	28	20	37	60	7	10	1	90	3	80	4	70	5	70	9	40
1878	18	80	28	20	37	60	7	10	1	90	3	80	4	70	5	70	9	40
1879	18	80	28	20	37	60	7	10	1	90	3	80	4	70	5	70	9	40
1880	18	80	28	20	37	60	7	10	1	90	3	80	4	70	5	70	9	40

Gegenstands-Summa	Werthgebühr: Volle		Werthgebühr: 1/2		Werthgebühr: 1/2 bis 2200 M. darüber 2/3		Werthgebühr: 1 1/2		4/10 aus der vollen Werthgebühr		4/10 aus 2/3 Werthgebühr		Hinterlegungsgebühr						Auseinandersetzungsgebühr: 5/10		Auseinandersetzungsgebühr: 2/10	
	Art. 22. 40. 41. 50		Art. 25. 27. 29. 30. 38 Abs. 2		Art. 24		Art. 23		Art. 45 Abs. 3				Art. 100		Art. 101 a		Art. 101 b		der Sätze des § 8 des Reichsgerichts-Kosten-Gesetzes			
M	M	Pf	M	Pf	M	Pf	M	Pf	M	Pf	M	Pf	M	Pf	M	Pf	M	Pf	M	Pf	M	Pf
1841	10	50	5	30	5	30	15	80	4	20	2	20	4	70	18	50	36	90	22	—	8	80
1842	10	50	5	30	5	30	15	80	4	20	2	20	4	70	18	50	36	90	22	—	8	80
1843	10	50	5	30	5	30	15	80	4	20	2	20	4	70	18	50	36	90	22	—	8	80
1844	10	50	5	30	5	30	15	80	4	20	2	20	4	70	18	50	36	90	22	—	8	80
1845	10	50	5	30	5	30	15	80	4	20	2	20	4	70	18	50	36	90	22	—	8	80
1846	10	50	5	30	5	30	15	80	4	20	2	20	4	70	18	50	37	—	22	—	8	80
1847	10	50	5	30	5	30	15	80	4	20	2	20	4	70	18	50	37	—	22	—	8	80
1848	10	50	5	30	5	30	15	80	4	20	2	20	4	70	18	50	37	—	22	—	8	80
1849	10	50	5	30	5	30	15	80	4	20	2	20	4	70	18	50	37	—	22	—	8	80
1850	10	50	5	30	5	30	15	80	4	20	2	20	4	70	18	50	37	—	22	—	8	80
1851	10	50	5	30	5	30	15	80	4	20	2	20	4	70	18	60	37	10	22	—	8	80
1852	10	50	5	30	5	30	15	80	4	20	2	20	4	70	18	60	37	10	22	—	8	80
1853	10	50	5	30	5	30	15	80	4	20	2	20	4	70	18	60	37	10	22	—	8	80
1854	10	50	5	30	5	30	15	80	4	20	2	20	4	70	18	60	37	10	22	—	8	80
1855	10	50	5	30	5	30	15	80	4	20	2	20	4	70	18	60	37	10	22	—	8	80
1856	10	50	5	30	5	30	15	80	4	20	2	20	4	70	18	60	37	20	22	—	8	80
1857	10	50	5	30	5	30	15	80	4	20	2	20	4	70	18	60	37	20	22	—	8	80
1858	10	50	5	30	5	30	15	80	4	20	2	20	4	70	18	60	37	20	22	—	8	80
1859	10	50	5	30	5	30	15	80	4	20	2	20	4	70	18	60	37	20	22	—	8	80
1860	10	50	5	30	5	30	15	80	4	20	2	20	4	70	18	60	37	20	22	—	8	80
1861	10	50	5	30	5	30	15	80	4	20	2	20	4	70	18	70	37	30	22	—	8	80
1862	10	50	5	30	5	30	15	80	4	20	2	20	4	70	18	70	37	30	22	—	8	80
1863	10	50	5	30	5	30	15	80	4	20	2	20	4	70	18	70	37	30	22	—	8	80
1864	10	50	5	30	5	30	15	80	4	20	2	20	4	70	18	70	37	30	22	—	8	80
1865	10	50	5	30	5	30	15	80	4	20	2	20	4	70	18	70	37	30	22	—	8	80
1866	10	50	5	30	5	30	15	80	4	20	2	20	4	70	18	70	37	40	22	—	8	80
1867	10	50	5	30	5	30	15	80	4	20	2	20	4	70	18	70	37	40	22	—	8	80
1868	10	50	5	30	5	30	15	80	4	20	2	20	4	70	18	70	37	40	22	—	8	80
1869	10	50	5	30	5	30	15	80	4	20	2	20	4	70	18	70	37	40	22	—	8	80
1870	10	50	5	30	5	30	15	80	4	20	2	20	4	70	18	70	37	40	22	—	8	80
1871	10	50	5	30	5	30	15	80	4	20	2	20	4	70	18	80	37	50	22	—	8	80
1872	10	50	5	30	5	30	15	80	4	20	2	20	4	70	18	80	37	50	22	—	8	80
1873	10	50	5	30	5	30	15	80	4	20	2	20	4	70	18	80	37	50	22	—	8	80
1874	10	50	5	30	5	30	15	80	4	20	2	20	4	70	18	80	37	50	22	—	8	80
1875	10	50	5	30	5	30	15	80	4	20	2	20	4	70	18	80	37	50	22	—	8	80
1876	10	50	5	30	5	30	15	80	4	20	2	20	4	70	18	80	37	60	22	—	8	80
1877	10	50	5	30	5	30	15	80	4	20	2	20	4	70	18	80	37	60	22	—	8	80
1878	10	50	5	30	5	30	15	80	4	20	2	20	4	70	18	80	37	60	22	—	8	80
1879	10	50	5	30	5	30	15	80	4	20	2	20	4	70	18	80	37	60	22	—	8	80
1880	10	50	5	30	5	30	15	80	4	20	2	20	4	70	18	80	37	60	22	—	8	80

Gegen-stands-Summa	Staatsgebühren 1 Prozent		Staatsgebühren 1½ Prozent		Staatsgebühren 2 Prozent		Besitz-verände-rungs-abgabe		Staatsgebühren 1 pro mille		Staatsgebühren 2 pro mille		Staatsgebühren 2½ pro mille		Staatsgebühren 3 pro mille		Staatsgebühren 5 pro mille	
ℳ	ℳ	₰	ℳ	₰	ℳ	₰	ℳ	₰	ℳ	₰	ℳ	₰	ℳ	₰	ℳ	₰	ℳ	₰
1881	18	90	28	30	37	70	7	10	1	90	3	80	4	80	5	70	9	50
1882	18	90	28	30	37	70	7	10	1	90	3	80	4	80	5	70	9	50
1883	18	90	28	30	37	70	7	10	1	90	3	80	4	80	5	70	9	50
1884	18	90	28	30	37	70	7	10	1	90	3	80	4	80	5	70	9	50
1885	18	90	28	30	37	70	7	10	1	90	3	80	4	80	5	70	9	50
1886	18	90	28	30	37	80	7	10	1	90	3	80	4	80	5	70	9	50
1887	18	90	28	40	37	80	7	10	1	90	3	80	4	80	5	70	9	50
1888	18	90	28	40	37	80	7	10	1	90	3	80	4	80	5	70	9	50
1889	18	90	28	40	37	80	7	10	1	90	3	80	4	80	5	70	9	50
1890	18	90	28	40	37	80	7	10	1	90	3	80	4	80	5	70	9	50
1891	19	—	28	40	37	90	7	10	1	90	3	80	4	80	5	70	9	50
1892	19	—	28	40	37	90	7	10	1	90	3	80	4	80	5	70	9	50
1893	19	—	28	40	37	90	7	10	1	90	3	80	4	80	5	70	9	50
1894	19	—	28	50	37	90	7	20	1	90	3	80	4	80	5	70	9	50
1895	19	—	28	50	37	90	7	20	1	90	3	80	4	80	5	70	9	50
1896	19	—	28	50	38	—	7	20	1	90	3	80	4	80	5	70	9	50
1897	19	—	28	50	38	—	7	20	1	90	3	80	4	80	5	70	9	50
1898	19	—	28	50	38	—	7	20	1	90	3	80	4	80	5	70	9	50
1899	19	—	28	50	38	—	7	20	1	90	3	80	4	80	5	70	9	50
1900	19	—	28	50	38	—	7	20	1	90	3	80	4	80	5	70	9	50
1901	19	10	28	60	38	10	7	20	2	—	3	90	4	80	5	80	9	60
1902	19	10	28	60	38	10	7	20	2	—	3	90	4	80	5	80	9	60
1903	19	10	28	60	38	10	7	20	2	—	3	90	4	80	5	80	9	60
1904	19	10	28	60	38	10	7	20	2	—	3	90	4	80	5	80	9	60
1905	19	10	28	60	38	10	7	20	2	—	3	90	4	80	5	80	9	60
1906	19	10	28	60	38	20	7	20	2	—	3	90	4	80	5	80	9	60
1907	19	10	28	70	38	20	7	20	2	—	3	90	4	80	5	80	9	60
1908	19	10	28	70	38	20	7	20	2	—	3	90	4	80	5	80	9	60
1909	19	10	28	70	38	20	7	20	2	—	3	90	4	80	5	80	9	60
1910	19	10	28	70	38	20	7	20	2	—	3	90	4	80	5	80	9	60
1911	19	20	28	70	38	30	7	20	2	—	3	90	4	80	5	80	9	60
1912	19	20	28	70	38	30	7	20	2	—	3	90	4	80	5	80	9	60
1913	19	20	28	70	38	30	7	20	2	—	3	90	4	80	5	80	9	60
1914	19	20	28	80	38	30	7	20	2	—	3	90	4	80	5	80	9	60
1915	19	20	28	80	38	30	7	20	2	—	3	90	4	80	5	80	9	60
1916	19	20	28	80	38	40	7	20	2	—	3	90	4	80	5	80	9	60
1917	19	20	28	80	38	40	7	20	2	—	3	90	4	80	5	80	9	60
1918	19	20	28	80	38	40	7	20	2	—	3	90	4	80	5	80	9	60
1919	19	20	28	80	38	40	7	20	2	—	3	90	4	80	5	80	9	60
1920	19	20	28	80	38	40	7	20	2	—	3	90	4	80	5	80	9	60

Gegenstands-Summa	Werthgebühr								4/10 aus der vollen Werthgebühr		4/10 aus 2/3 Werthgebühr		Hinterlegungsgebühr						Auseinandersetzungsgebühr			
	Volle		1/2		1/2 bis 2200 ℳ		1 1/2												5/10		2/10	
	Art. 22. 40. 41. 50		Art. 25. 27. 29. 30 38 Abs. 2		darüber 2/3 Art. 24		Art. 23		Art. 45 Abs. 3				Art. 100		Art. 101 a		Art. 101 b		der Sätze des § 8 des Reichsgerichts-Kosten-Gesetzes			
ℳ	ℳ	₰	ℳ	₰	ℳ	₰	ℳ	₰	ℳ	₰	ℳ	₰	ℳ	₰	ℳ	₰	ℳ	₰	ℳ	₰	ℳ	₰
1881	10	50	5	30	5	30	15	80	4	20	2	20	4	80	18	90	37	70	22	—	8	80
1882	10	50	5	30	5	30	15	80	4	20	2	20	4	80	18	90	37	70	22	—	8	80
1883	10	50	5	30	5	30	15	80	4	20	2	20	4	80	18	90	37	70	22	—	8	80
1884	10	50	5	30	5	30	15	80	4	20	2	20	4	80	18	90	37	70	22	—	8	80
1885	10	50	5	30	5	30	15	80	4	20	2	20	4	80	18	90	37	70	22	—	8	80
1886	10	50	5	30	5	30	15	80	4	20	2	20	4	80	18	90	37	80	22	—	8	80
1887	10	50	5	30	5	30	15	80	4	20	2	20	4	80	18	90	37	80	22	—	8	80
1888	10	50	5	30	5	30	15	80	4	20	2	20	4	80	18	90	37	80	22	—	8	80
1889	10	50	5	30	5	30	15	80	4	20	2	20	4	80	18	90	37	80	22	—	8	80
1890	10	50	5	30	5	30	15	80	4	20	2	20	4	80	18	90	37	80	22	—	8	80
1891	10	50	5	30	5	30	15	80	4	20	2	20	4	80	19	—	37	90	22	—	8	80
1892	10	50	5	30	5	30	15	80	4	20	2	20	4	80	19	—	37	90	22	—	8	80
1893	10	50	5	30	5	30	15	80	4	20	2	20	4	80	19	—	37	90	22	—	8	80
1894	10	50	5	30	5	30	15	80	4	20	2	20	4	80	19	—	37	90	22	—	8	80
1895	10	50	5	30	5	30	15	80	4	20	2	20	4	80	19	—	37	90	22	—	8	80
1896	10	50	5	30	5	30	15	80	4	20	2	20	4	80	19	—	38	—	22	—	8	80
1897	10	50	5	30	5	30	15	80	4	20	2	20	4	80	19	—	38	—	22	—	8	80
1898	10	50	5	30	5	30	15	80	4	20	2	20	4	80	19	—	38	—	22	—	8	80
1899	10	50	5	30	5	30	15	80	4	20	2	20	4	80	19	—	38	—	22	—	8	80
1900	10	50	5	30	5	30	15	80	4	20	2	20	4	80	19	—	38	—	22	—	8	80
1901	10	50	5	30	5	30	15	80	4	20	2	20	4	80	19	10	38	10	22	—	8	80
1902	10	50	5	30	5	30	15	80	4	20	2	20	4	80	19	10	38	10	22	—	8	80
1903	10	50	5	30	5	30	15	80	4	20	2	20	4	80	19	10	38	10	22	—	8	80
1904	10	50	5	30	5	30	15	80	4	20	2	20	4	80	19	10	38	10	22	—	8	80
1905	10	50	5	30	5	30	15	80	4	20	2	20	4	80	19	10	38	10	22	—	8	80
1906	10	50	5	30	5	30	15	80	4	20	2	20	4	80	19	10	38	20	22	—	8	80
1907	10	50	5	30	5	30	15	80	4	20	2	20	4	80	19	10	38	20	22	—	8	80
1908	10	50	5	30	5	30	15	80	4	20	2	20	4	80	19	10	38	20	22	—	8	80
1909	10	50	5	30	5	30	15	80	4	20	2	20	4	80	19	10	38	20	22	—	8	80
1910	10	50	5	30	5	30	15	80	4	20	2	20	4	80	19	10	38	20	22	—	8	80
1911	10	50	5	30	5	30	15	80	4	20	2	20	4	80	19	20	38	30	22	—	8	80
1912	10	50	5	30	5	30	15	80	4	20	2	20	4	80	19	20	38	30	22	—	8	80
1913	10	50	5	30	5	30	15	80	4	20	2	20	4	80	19	20	38	30	22	—	8	80
1914	10	50	5	30	5	30	15	80	4	20	2	20	4	80	19	20	38	30	22	—	8	80
1915	10	50	5	30	5	30	15	80	4	20	2	20	4	80	19	20	38	30	22	—	8	80
1916	10	50	5	30	5	30	15	80	4	20	2	20	4	80	19	20	38	40	22	—	8	80
1917	10	50	5	30	5	30	15	80	4	20	2	20	4	80	19	20	38	40	22	—	8	80
1918	10	50	5	30	5	30	15	80	4	20	2	20	4	80	19	20	38	40	22	—	8	80
1919	10	50	5	30	5	30	15	80	4	20	2	20	4	80	19	20	38	40	22	—	8	80
1920	10	50	5	30	5	30	15	80	4	20	2	20	4	80	19	20	38	40	22	—	8	80

Gegen-standes-Summa	Staatsgebühren 1 Prozent		Staatsgebühren 1½ Prozent		Staatsgebühren 2 Prozent		Besitz-veränderungs-abgabe		Staatsgebühren 1 pro mille		Staatsgebühren 2 pro mille		Staatsgebühren 2½ pro mille		Staatsgebühren 3 pro mille		Staatsgebühren 5 pro mille	
ℳ	ℳ	₰	ℳ	₰	ℳ	₰	ℳ	₰	ℳ	₰	ℳ	₰	ℳ	₰	ℳ	₰	ℳ	₰
1921	19	30	28	90	38	50	7	30	2	—	3	90	4	90	5	80	9	70
1922	19	30	28	90	38	50	7	30	2	—	3	90	4	90	5	80	9	70
1923	19	30	28	90	38	50	7	30	2	—	3	90	4	90	5	80	9	70
1924	19	30	28	90	38	50	7	30	2	—	3	90	4	90	5	80	9	70
1925	19	30	28	90	38	50	7	30	2	—	3	90	4	90	5	80	9	70
1926	19	30	28	90	38	60	7	30	2	—	3	90	4	90	5	80	9	70
1927	19	30	29	—	38	60	7	30	2	—	3	90	4	90	5	80	9	70
1928	19	30	29	—	38	60	7	30	2	—	3	90	4	90	5	80	9	70
1929	19	30	29	—	38	60	7	30	2	—	3	90	4	90	5	80	9	70
1930	19	30	29	—	38	60	7	30	2	—	3	90	4	90	5	80	9	70
1931	19	40	29	—	38	70	7	30	2	—	3	90	4	90	5	80	9	70
1932	19	40	29	—	38	70	7	30	2	—	3	90	4	90	5	80	9	70
1933	19	40	29	—	38	70	7	30	2	—	3	90	4	90	5	80	9	70
1934	19	40	29	10	38	70	7	30	2	—	3	90	4	90	5	90	9	70
1935	19	40	29	10	38	70	7	30	2	—	3	90	4	90	5	90	9	70
1936	19	40	29	10	38	80	7	30	2	—	3	90	4	90	5	90	9	70
1937	19	40	29	10	38	80	7	30	2	—	3	90	4	90	5	90	9	70
1938	19	40	29	10	38	80	7	30	2	—	3	90	4	90	5	90	9	70
1939	19	40	29	10	38	80	7	30	2	—	3	90	4	90	5	90	9	70
1940	19	40	29	10	38	80	7	30	2	—	3	90	4	90	5	90	9	70
1941	19	50	29	20	38	90	7	30	2	—	3	90	4	90	5	90	9	80
1942	19	50	29	20	38	90	7	30	2	—	3	90	4	90	5	90	9	80
1943	19	50	29	20	38	90	7	30	2	—	3	90	4	90	5	90	9	80
1944	19	50	29	20	38	90	7	30	2	—	3	90	4	90	5	90	9	80
1945	19	50	29	20	38	90	7	30	2	—	3	90	4	90	5	90	9	80
1946	19	50	29	20	39	—	7	30	2	—	3	90	4	90	5	90	9	80
1947	19	50	29	30	39	—	7	40	2	—	3	90	4	90	5	90	9	80
1948	19	50	29	30	39	—	7	40	2	—	3	90	4	90	5	90	9	80
1949	19	50	29	30	39	—	7	40	2	—	3	90	4	90	5	90	9	80
1950	19	50	29	30	39	—	7	40	2	—	3	90	4	90	5	90	9	80
1951	19	60	29	30	39	10	7	40	2	—	4	—	4	90	5	90	9	80
1952	19	60	29	30	39	10	7	40	2	—	4	—	4	90	5	90	9	80
1953	19	60	29	30	39	10	7	40	2	—	4	—	4	90	5	90	9	80
1954	19	60	29	40	39	10	7	40	2	—	4	—	4	90	5	90	9	80
1955	19	60	29	40	39	10	7	40	2	—	4	—	4	90	5	90	9	80
1956	19	60	29	40	39	20	7	40	2	—	4	—	4	90	5	90	9	80
1957	19	60	29	40	39	20	7	40	2	—	4	—	4	90	5	90	9	80
1958	19	60	29	40	39	20	7	40	2	—	4	—	4	90	5	90	9	80
1959	19	60	29	40	39	20	7	40	2	—	4	—	4	90	5	90	9	80
1960	19	60	29	40	39	20	7	40	2	—	4	—	4	90	5	90	9	80

Gegenstandssumma	Werthgebühr: Volle		Werthgebühr: 1/2		Werthgebühr: 1/2 bis 2200 ℳ, darüber 2/3		Werthgebühr: 1 1/2		4/10 aus der vollen Werthgebühr		4/10 aus 2/3 Werthgebühr		Hinterlegungsgebühr						Auseinandersetzungsgebühr: 5/10		Auseinandersetzungsgebühr: 2/10	
	Art. 22. 40. 41. 50		Art. 25. 27. 29. 30. 38 Abs. 2		Art. 24		Art. 23		Art. 45 Abs. 3				Art. 100		Art. 101 a		Art. 101 b		der Sätze des § 8 des Reichsgerichts-Kosten-Gesetzes			
ℳ	ℳ	₰	ℳ	₰	ℳ	₰	ℳ	₰	ℳ	₰	ℳ	₰	ℳ	₰	ℳ	₰	ℳ	₰	ℳ	₰	ℳ	₰
1921	10	50	5	30	5	30	15	80	4	20	2	20	4	90	19	30	38	50	22	—	8	80
1922	10	50	5	30	5	30	15	80	4	20	2	20	4	90	19	30	38	50	22	—	8	80
1923	10	50	5	30	5	30	15	80	4	20	2	20	4	90	19	30	38	50	22	—	8	80
1924	10	50	5	30	5	30	15	80	4	20	2	20	4	90	19	30	38	50	22	—	8	80
1925	10	50	5	30	5	30	15	80	4	20	2	20	4	90	19	30	38	50	22	—	8	80
1926	10	50	5	30	5	30	15	80	4	20	2	20	4	90	19	30	38	60	22	—	8	80
1927	10	50	5	30	5	30	15	80	4	20	2	20	4	90	19	30	38	60	22	—	8	80
1928	10	50	5	30	5	30	15	80	4	20	2	20	4	90	19	30	38	60	22	—	8	80
1929	10	50	5	30	5	30	15	80	4	20	2	20	4	90	19	30	38	60	22	—	8	80
1930	10	50	5	30	5	30	15	80	4	20	2	20	4	90	19	30	38	60	22	—	8	80
1931	10	50	5	30	5	30	15	80	4	20	2	20	4	90	19	40	38	70	22	—	8	80
1932	10	50	5	30	5	30	15	80	4	20	2	20	4	90	19	40	38	70	22	—	8	80
1933	10	50	5	30	5	30	15	80	4	20	2	20	4	90	19	40	38	70	22	—	8	80
1934	10	50	5	30	5	30	15	80	4	20	2	20	4	90	19	40	38	70	22	—	8	80
1935	10	50	5	30	5	30	15	80	4	20	2	20	4	90	19	40	38	70	22	—	8	80
1936	10	50	5	30	5	30	15	80	4	20	2	20	4	90	19	40	38	80	22	—	8	80
1937	10	50	5	30	5	30	15	80	4	20	2	20	4	90	19	40	38	80	22	—	8	80
1938	10	50	5	30	5	30	15	80	4	20	2	20	4	90	19	40	38	80	22	—	8	80
1939	10	50	5	30	5	30	15	80	4	20	2	20	4	90	19	40	38	80	22	—	8	80
1940	10	50	5	30	5	30	15	80	4	20	2	20	4	90	19	40	38	80	22	—	8	80
1941	10	50	5	30	5	30	15	80	4	20	2	20	4	90	19	50	38	90	22	—	8	80
1942	10	50	5	30	5	30	15	80	4	20	2	20	4	90	19	50	38	90	22	—	8	80
1943	10	50	5	30	5	30	15	80	4	20	2	20	4	90	19	50	38	90	22	—	8	80
1944	10	50	5	30	5	30	15	80	4	20	2	20	4	90	19	50	38	90	22	—	8	80
1945	10	50	5	30	5	30	15	80	4	20	2	20	4	90	19	50	38	90	22	—	8	80
1946	10	50	5	30	5	30	15	80	4	20	2	20	4	90	19	50	39	—	22	—	8	80
1947	10	50	5	30	5	30	15	80	4	20	2	20	4	90	19	50	39	—	22	—	8	80
1948	10	50	5	30	5	30	15	80	4	20	2	20	4	90	19	50	39	—	22	—	8	80
1949	10	50	5	30	5	30	15	80	4	20	2	20	4	90	19	50	39	—	22	—	8	80
1950	10	50	5	30	5	30	15	80	4	20	2	20	4	90	19	50	39	—	22	—	8	80
1951	10	50	5	30	5	30	15	80	4	20	2	20	4	90	19	60	39	10	22	—	8	80
1952	10	50	5	30	5	30	15	80	4	20	2	20	4	90	19	60	39	10	22	—	8	80
1953	10	50	5	30	5	30	15	80	4	20	2	20	4	90	19	60	39	10	22	—	8	80
1954	10	50	5	30	5	30	15	80	4	20	2	20	4	90	19	60	39	10	22	—	8	80
1955	10	50	5	30	5	30	15	80	4	20	2	20	4	90	19	60	39	10	22	—	8	80
1956	10	50	5	30	5	30	15	80	4	20	2	20	4	90	19	60	39	20	22	—	8	80
1957	10	50	5	30	5	30	15	80	4	20	2	20	4	90	19	60	39	20	22	—	8	80
1958	10	50	5	30	5	30	15	80	4	20	2	20	4	90	19	60	39	20	22	—	8	80
1959	10	50	5	30	5	30	15	80	4	20	2	20	4	90	19	60	39	20	22	—	8	80
1960	10	50	5	30	5	30	15	80	4	20	2	20	4	90	19	60	39	20	22	—	8	80

Gegenstands-Summa	Staatsgebühren 1 Prozent		1½ Prozent		2 Prozent		Besitzveränderungsabgabe		Staatsgebühren 1 pro mille		2 pro mille		2½ pro mille		3 pro mille		5 pro mille	
ℳ	ℳ	₰	ℳ	₰	ℳ	₰	ℳ	₰	ℳ	₰	ℳ	₰	ℳ	₰	ℳ	₰	ℳ	₰
1961	19	70	29	50	39	30	7	40	2	—	4	—	5	—	5	90	9	90
1962	19	70	29	50	39	30	7	40	2	—	4	—	5	—	5	90	9	90
1963	19	70	29	50	39	30	7	40	2	—	4	—	5	—	5	90	9	90
1964	19	70	29	50	39	30	7	40	2	—	4	—	5	—	5	90	9	90
1965	19	70	29	50	39	30	7	40	2	—	4	—	5	—	5	90	9	90
1966	19	70	29	50	39	40	7	40	2	—	4	—	5	—	5	90	9	90
1967	19	70	29	60	39	40	7	40	2	—	4	—	5	—	6	—	9	90
1968	19	70	29	60	39	40	7	40	2	—	4	—	5	—	6	—	9	90
1969	19	70	29	60	39	40	7	40	2	—	4	—	5	—	6	—	9	90
1970	19	70	29	60	39	40	7	40	2	—	4	—	5	—	6	—	9	90
1971	19	80	29	60	39	50	7	40	2	—	4	—	5	—	6	—	9	90
1972	19	80	29	60	39	50	7	40	2	—	4	—	5	—	6	—	9	90
1973	19	80	29	60	39	50	7	40	2	—	4	—	5	—	6	—	9	90
1974	19	80	29	70	39	50	7	50	2	—	4	—	5	—	6	—	9	90
1975	19	80	29	70	39	50	7	50	2	—	4	—	5	—	6	—	9	90
1976	19	80	29	70	39	60	7	50	2	—	4	—	5	—	6	—	9	90
1977	19	80	29	70	39	60	7	50	2	—	4	—	5	—	6	—	9	90
1978	19	80	29	70	39	60	7	50	2	—	4	—	5	—	6	—	9	90
1979	19	80	29	70	39	60	7	50	2	—	4	—	5	—	6	—	9	90
1980	19	80	29	70	39	60	7	50	2	—	4	—	5	—	6	—	9	90
1981	19	90	29	80	39	70	7	50	2	—	4	—	5	—	6	—	10	—
1982	19	90	29	80	39	70	7	50	2	—	4	—	5	—	6	—	10	—
1983	19	90	29	80	39	70	7	50	2	—	4	—	5	—	6	—	10	—
1984	19	90	29	80	39	70	7	50	2	—	4	—	5	—	6	—	10	—
1985	19	90	29	80	39	70	7	50	2	—	4	—	5	—	6	—	10	—
1986	19	90	29	80	39	80	7	50	2	—	4	—	5	—	6	—	10	—
1987	19	90	29	90	39	80	7	50	2	—	4	—	5	—	6	—	10	—
1988	19	90	29	90	39	80	7	50	2	—	4	—	5	—	6	—	10	—
1989	19	90	29	90	39	80	7	50	2	—	4	—	5	—	6	—	10	—
1990	19	90	29	90	39	80	7	50	2	—	4	—	5	—	6	—	10	—
1991	20	—	29	90	39	90	7	50	2	—	4	—	5	—	6	—	10	—
1992	20	—	29	90	39	90	7	50	2	—	4	—	5	—	6	—	10	—
1993	20	—	29	90	39	90	7	50	2	—	4	—	5	—	6	—	10	—
1994	20	—	30	—	39	90	7	50	2	—	4	—	5	—	6	—	10	—
1995	20	—	30	—	39	90	7	50	2	—	4	—	5	—	6	—	10	—
1996	20	—	30	—	40	—	7	50	2	—	4	—	5	—	6	—	10	—
1997	20	—	30	—	40	—	7	50	2	—	4	—	5	—	6	—	10	—
1998	20	—	30	—	40	—	7	50	2	—	4	—	5	—	6	—	10	—
1999	20	—	30	—	40	—	7	50	2	—	4	—	5	—	6	—	10	—
2000	20	—	30	—	40	—	7	50	2	—	4	—	5	—	6	—	10	—

Gegen-stands-Summa	Werthgebühr: Volle (Art. 22. 40. 41. 50)		Werthgebühr: 1/2 (Art. 25. 27. 29. 30. 38 Abs. 2)		Werthgebühr: 1/2 bis 2200 M, darüber 2/3 (Art. 24)		Werthgebühr: 1 1/2 (Art. 23)		4/10 aus der vollen Werthgebühr (Art. 45 Abs. 3)		4/10 aus 2/3 Werthgebühr (Art. 45 Abs. 3)		Hinterlegungsgebühr: Art. 100		Hinterlegungsgebühr: Art. 101 a		Hinterlegungsgebühr: Art. 101 b		Auseinandersetzungsgebühr: 5/10 der Sätze des § 8 des Reichsgerichts-Kosten-Gesetzes		Auseinandersetzungsgebühr: 2/10 der Sätze des § 8 des Reichsgerichts-Kosten-Gesetzes	
M	M	₰	M	₰	M	₰	M	₰	M	₰	M	₰	M	₰	M	₰	M	₰	M	₰	M	₰
1961	10	50	5	30	5	30	15	80	4	20	2	20	5	—	19	70	39	30	22	—	8	80
1962	10	50	5	30	5	30	15	80	4	20	2	20	5	—	19	70	39	30	22	—	8	80
1963	10	50	5	30	5	30	15	80	4	20	2	20	5	—	19	70	39	30	22	—	8	80
1964	10	50	5	30	5	30	15	80	4	20	2	20	5	—	19	70	39	30	22	—	8	80
1965	10	50	5	30	5	30	15	80	4	20	2	20	5	—	19	70	39	30	22	—	8	80
1966	10	50	5	30	5	30	15	80	4	20	2	20	5	—	19	70	39	40	22	—	8	80
1967	10	50	5	30	5	30	15	80	4	20	2	20	5	—	19	70	39	40	22	—	8	80
1968	10	50	5	30	5	30	15	80	4	20	2	20	5	—	19	70	39	40	22	—	8	80
1969	10	50	5	30	5	30	15	80	4	20	2	20	5	—	19	70	39	40	22	—	8	80
1970	10	50	5	30	5	30	15	80	4	20	2	20	5	—	19	70	39	40	22	—	8	80
1971	10	50	5	30	5	30	15	80	4	20	2	20	5	—	19	80	39	50	22	—	8	80
1972	10	50	5	30	5	30	15	80	4	20	2	20	5	—	19	80	39	50	22	—	8	80
1973	10	50	5	30	5	30	15	80	4	20	2	20	5	—	19	80	39	50	22	—	8	80
1974	10	50	5	30	5	30	15	80	4	20	2	20	5	—	19	80	39	50	22	—	8	80
1975	10	50	5	30	5	30	15	80	4	20	2	20	5	—	19	80	39	50	22	—	8	80
1976	10	50	5	30	5	30	15	80	4	20	2	20	5	—	19	80	39	60	22	—	8	80
1977	10	50	5	30	5	30	15	80	4	20	2	20	5	—	19	80	39	60	22	—	8	80
1978	10	50	5	30	5	30	15	80	4	20	2	20	5	—	19	80	39	60	22	—	8	80
1979	10	50	5	30	5	30	15	80	4	20	2	20	5	—	19	80	39	60	22	—	8	80
1980	10	50	5	30	5	30	15	80	4	20	2	20	5	—	19	80	39	60	22	—	8	80
1981	10	50	5	30	5	30	15	80	4	20	2	20	5	—	19	90	39	70	22	—	8	80
1982	10	50	5	30	5	30	15	80	4	20	2	20	5	—	19	90	39	70	22	—	8	80
1983	10	50	5	30	5	30	15	80	4	20	2	20	5	—	19	90	39	70	22	—	8	80
1984	10	50	5	30	5	30	15	80	4	20	2	20	5	—	19	90	39	70	22	—	8	80
1985	10	50	5	30	5	30	15	80	4	20	2	20	5	—	19	90	39	70	22	—	8	80
1986	10	50	5	30	5	30	15	80	4	20	2	20	5	—	19	90	39	80	22	—	8	80
1987	10	50	5	30	5	30	15	80	4	20	2	20	5	—	19	90	39	80	22	—	8	80
1988	10	50	5	30	5	30	15	80	4	20	2	20	5	—	19	90	39	80	22	—	8	80
1989	10	50	5	30	5	30	15	80	4	20	2	20	5	—	19	90	39	80	22	—	8	80
1990	10	50	5	30	5	30	15	80	4	20	2	20	5	—	19	90	39	80	22	—	8	80
1991	10	50	5	30	5	30	15	80	4	20	2	20	5	—	20	—	39	90	22	—	8	80
1992	10	50	5	30	5	30	15	80	4	20	2	20	5	—	20	—	39	90	22	—	8	80
1993	10	50	5	30	5	30	15	80	4	20	2	20	5	—	20	—	39	90	22	—	8	80
1994	10	50	5	30	5	30	15	80	4	20	2	20	5	—	20	—	39	90	22	—	8	80
1995	10	50	5	30	5	30	15	80	4	20	2	20	5	—	20	—	39	90	22	—	8	80
1996	10	50	5	30	5	30	15	80	4	20	2	20	5	—	20	—	40	—	22	—	8	80
1997	10	50	5	30	5	30	15	80	4	20	2	20	5	—	20	—	40	—	22	—	8	80
1998	10	50	5	30	5	30	15	80	4	20	2	20	5	—	20	—	40	—	22	—	8	80
1999	10	50	5	30	5	30	15	80	4	20	2	20	5	—	20	—	40	—	22	—	8	80
2000	10	50	5	30	5	30	15	80	4	20	2	20	5	—	20	—	40	—	22	—	8	80

Gegen-standes-Summa	Staatsgebühren 1 Prozent		1½ Prozent		2 Prozent		Besitz-veränderungs-abgabe		Staatsgebühren 1 pro mille		2 pro mille		2½ pro mille		3 pro mille		5 pro mille	
ℳ	ℳ	₰	ℳ	₰	ℳ	₰	ℳ	₰	ℳ	₰	ℳ	₰	ℳ	₰	ℳ	₰	ℳ	₰
2001	20	10	30	10	40	10	10	10	2	10	4	10	5	10	6	10	10	10
2002	20	10	30	10	40	10	10	10	2	10	4	10	5	10	6	10	10	10
2003	20	10	30	10	40	10	10	10	2	10	4	10	5	10	6	10	10	10
2004	20	10	30	10	40	10	10	10	2	10	4	10	5	10	6	10	10	10
2005	20	10	30	10	40	10	10	10	2	10	4	10	5	10	6	10	10	10
2006	20	10	30	10	40	20	10	10	2	10	4	10	5	10	6	10	10	10
2007	20	10	30	20	40	20	10	10	2	10	4	10	5	10	6	10	10	10
2008	20	10	30	20	40	20	10	10	2	10	4	10	5	10	6	10	10	10
2009	20	10	30	20	40	20	10	10	2	10	4	10	5	10	6	10	10	10
2010	20	10	30	20	40	20	10	10	2	10	4	10	5	10	6	10	10	10
2011	20	20	30	20	40	30	10	10	2	10	4	10	5	10	6	10	10	10
2012	20	20	30	20	40	30	10	10	2	10	4	10	5	10	6	10	10	10
2013	20	20	30	20	40	30	10	10	2	10	4	10	5	10	6	10	10	10
2014	20	20	30	30	40	30	10	10	2	10	4	10	5	10	6	10	10	10
2015	20	20	30	30	40	30	10	10	2	10	4	10	5	10	6	10	10	10
2016	20	20	30	30	40	40	10	10	2	10	4	10	5	10	6	10	10	10
2017	20	20	30	30	40	40	10	10	2	10	4	10	5	10	6	10	10	10
2018	20	20	30	30	40	40	10	10	2	10	4	10	5	10	6	10	10	10
2019	20	20	30	30	40	40	10	10	2	10	4	10	5	10	6	10	10	10
2020	20	20	30	30	40	40	10	10	2	10	4	10	5	10	6	10	10	10
2021	20	30	30	40	40	50	10	20	2	10	4	10	5	10	6	10	10	20
2022	20	30	30	40	40	50	10	20	2	10	4	10	5	10	6	10	10	20
2023	20	30	30	40	40	50	10	20	2	10	4	10	5	10	6	10	10	20
2024	20	30	30	40	40	50	10	20	2	10	4	10	5	10	6	10	10	20
2025	20	30	30	40	40	50	10	20	2	10	4	10	5	10	6	10	10	20
2026	20	30	30	40	40	60	10	20	2	10	4	10	5	10	6	10	10	20
2027	20	30	30	50	40	60	10	20	2	10	4	10	5	10	6	10	10	20
2028	20	30	30	50	40	60	10	20	2	10	4	10	5	10	6	10	10	20
2029	20	30	30	50	40	60	10	20	2	10	4	10	5	10	6	10	10	20
2030	20	30	30	50	40	60	10	20	2	10	4	10	5	10	6	10	10	20
2031	20	40	30	50	40	70	10	20	2	10	4	10	5	10	6	10	10	20
2032	20	40	30	50	40	70	10	20	2	10	4	10	5	10	6	10	10	20
2033	20	40	30	50	40	70	10	20	2	10	4	10	5	10	6	10	10	20
2034	20	40	30	60	40	70	10	20	2	10	4	10	5	10	6	20	10	20
2035	20	40	30	60	40	70	10	20	2	10	4	10	5	10	6	20	10	20
2036	20	40	30	60	40	80	10	20	2	10	4	10	5	10	6	20	10	20
2037	20	40	30	60	40	80	10	20	2	10	4	10	5	10	6	20	10	20
2038	20	40	30	60	40	80	10	20	2	10	4	10	5	10	6	20	10	20
2039	20	40	30	60	40	80	10	20	2	10	4	10	5	10	6	20	10	20
2040	20	40	30	60	40	80	10	20	2	10	4	10	5	10	6	20	10	20

Gegen-standsSumma	Werthgebühr								4/10 aus der vollen Werthgebühr		4/10 aus 2/3 Werthgebühr		Hinterlegungsgebühr						Auseinandersetzungsgebühr			
	Volle		1/2		1/2 bis 2200 M darüber 2/3		1 1/2												5/10		2/10	
	Art. 22. 40. 41. 50		Art. 25. 27. 29. 30. 38 Abs. 2		Art. 24		Art. 23		Art. 45 Abs. 3				Art. 100		Art. 101 a		Art. 101 b		der Sätze des § 8 des Reichsgerichts-Kosten-Gesetzes			
M	M	₰	M	₰	M	₰	M	₰	M	₰	M	₰	M	₰	M	₰	M	₰	M	₰	M	₰
2001	10	50	5	30	5	30	15	80	4	20	2	20	5	10	20	10	40	10	22	—	8	80
2002	10	50	5	30	5	30	15	80	4	20	2	20	5	10	20	10	40	10	22	—	8	80
2003	10	50	5	30	5	30	15	80	4	20	2	20	5	10	20	10	40	10	22	—	8	80
2004	10	50	5	30	5	30	15	80	4	20	2	20	5	10	20	10	40	10	22	—	8	80
2005	10	50	5	30	5	30	15	80	4	20	2	20	5	10	20	10	40	10	22	—	8	80
2006	10	50	5	30	5	30	15	80	4	20	2	20	5	10	20	10	40	10	22	—	8	80
2007	10	50	5	30	5	30	15	80	4	20	2	20	5	10	20	10	40	10	22	—	8	80
2008	10	50	5	30	5	30	15	80	4	20	2	20	5	10	20	10	40	10	22	—	8	80
2009	10	50	5	30	5	30	15	80	4	20	2	20	5	10	20	10	40	10	22	—	8	80
2010	10	50	5	30	5	30	15	80	4	20	2	20	5	10	20	10	40	10	22	—	8	80
2011	10	50	5	30	5	30	15	80	4	20	2	20	5	10	20	10	40	20	22	—	8	80
2012	10	50	5	30	5	30	15	80	4	20	2	20	5	10	20	10	40	20	22	—	8	80
2013	10	50	5	30	5	30	15	80	4	20	2	20	5	10	20	10	40	20	22	—	8	80
2014	10	50	5	30	5	30	15	80	4	20	2	20	5	10	20	10	40	20	22	—	8	80
2015	10	50	5	30	5	30	15	80	4	20	2	20	5	10	20	10	40	20	22	—	8	80
2016	10	50	5	30	5	30	15	80	4	20	2	20	5	10	20	10	40	20	22	—	8	80
2017	10	50	5	30	5	30	15	80	4	20	2	20	5	10	20	10	40	20	22	—	8	80
2018	10	50	5	30	5	30	15	80	4	20	2	20	5	10	20	10	40	20	22	—	8	80
2019	10	50	5	30	5	30	15	80	4	20	2	20	5	10	20	10	40	20	22	—	8	80
2020	10	50	5	30	5	30	15	80	4	20	2	20	5	10	20	10	40	20	22	—	8	80
2021	10	50	5	30	5	30	15	80	4	20	2	20	5	10	20	20	40	30	22	—	8	80
2022	10	50	5	30	5	30	15	80	4	20	2	20	5	10	20	20	40	30	22	—	8	80
2023	10	50	5	30	5	30	15	80	4	20	2	20	5	10	20	20	40	30	22	—	8	80
2024	10	50	5	30	5	30	15	80	4	20	2	20	5	10	20	20	40	30	22	—	8	80
2025	10	50	5	30	5	30	15	80	4	20	2	20	5	10	20	20	40	30	22	—	8	80
2026	10	50	5	30	5	30	15	80	4	20	2	20	5	10	20	20	40	30	22	—	8	80
2027	10	50	5	30	5	30	15	80	4	20	2	20	5	10	20	20	40	30	22	—	8	80
2028	10	50	5	30	5	30	15	80	4	20	2	20	5	10	20	20	40	30	22	—	8	80
2029	10	50	5	30	5	30	15	80	4	20	2	20	5	10	20	20	40	30	22	—	8	80
2030	10	50	5	30	5	30	15	80	4	20	2	20	5	10	20	20	40	30	22	—	8	80
2031	10	50	5	30	5	30	15	80	4	20	2	20	5	10	20	20	40	40	22	—	8	80
2032	10	50	5	30	5	30	15	80	4	20	2	20	5	10	20	20	40	40	22	—	8	80
2033	10	50	5	30	5	30	15	80	4	20	2	20	5	10	20	20	40	40	22	—	8	80
2034	10	50	5	30	5	30	15	80	4	20	2	20	5	10	20	20	40	40	22	—	8	80
2035	10	50	5	30	5	30	15	80	4	20	2	20	5	10	20	20	40	40	22	—	8	80
2036	10	50	5	30	5	30	15	80	4	20	2	20	5	10	20	20	40	40	22	—	8	80
2037	10	50	5	30	5	30	15	80	4	20	2	20	5	10	20	20	40	40	22	—	8	80
2038	10	50	5	30	5	30	15	80	4	20	2	20	5	10	20	20	40	40	22	—	8	80
2039	10	50	5	30	5	30	15	80	4	20	2	20	5	10	20	20	40	40	22	—	8	80
2040	10	50	5	30	5	30	15	80	4	20	2	20	5	10	20	20	40	40	22	—	8	80

Gegen-stands-Summa	Staatsgebühren 1 Prozent		Staatsgebühren 1½ Prozent		Staatsgebühren 2 Prozent		Besitz-veränderungs-abgabe		Staatsgebühren 1 pro mille		Staatsgebühren 2 pro mille		Staatsgebühren 2½ pro mille		Staatsgebühren 3 pro mille		Staatsgebühren 5 pro mille	
ℳ	ℳ	₰	ℳ	₰	ℳ	₰	ℳ	₰	ℳ	₰	ℳ	₰	ℳ	₰	ℳ	₰	ℳ	₰
2041	20	50	30	70	40	90	10	30	2	10	4	10	5	20	6	20	10	30
2042	20	50	30	70	40	90	10	30	2	10	4	10	5	20	6	20	10	30
2043	20	50	30	70	40	90	10	30	2	10	4	10	5	20	6	20	10	30
2044	20	50	30	70	40	90	10	30	2	10	4	10	5	20	6	20	10	30
2045	20	50	30	70	40	90	10	30	2	10	4	10	5	20	6	20	10	30
2046	20	50	30	70	41	—	10	30	2	10	4	10	5	20	6	20	10	30
2047	20	50	30	80	41	—	10	30	2	10	4	10	5	20	6	20	10	30
2048	20	50	30	80	41	—	10	30	2	10	4	10	5	20	6	20	10	30
2049	20	50	30	80	41	—	10	30	2	10	4	10	5	20	6	20	10	30
2050	20	50	30	80	41	—	10	30	2	10	4	10	5	20	6	20	10	30
2051	20	60	30	80	41	10	10	30	2	10	4	20	5	20	6	20	10	30
2052	20	60	30	80	41	10	10	30	2	10	4	20	5	20	6	20	10	30
2053	20	60	30	80	41	10	10	30	2	10	4	20	5	20	6	20	10	30
2054	20	60	30	90	41	10	10	30	2	10	4	20	5	20	6	20	10	30
2055	20	60	30	90	41	10	10	30	2	10	4	20	5	20	6	20	10	30
2056	20	60	30	90	41	20	10	30	2	10	4	20	5	20	6	20	10	30
2057	20	60	30	90	41	20	10	30	2	10	4	20	5	20	6	20	10	30
2058	20	60	30	90	41	20	10	30	2	10	4	20	5	20	6	20	10	30
2059	20	60	30	90	41	20	10	30	2	10	4	20	5	20	6	20	10	30
2060	20	60	30	90	41	20	10	30	2	10	4	20	5	20	6	20	10	30
2061	20	70	31	—	41	30	10	40	2	10	4	20	5	20	6	20	10	40
2062	20	70	31	—	41	30	10	40	2	10	4	20	5	20	6	20	10	40
2063	20	70	31	—	41	30	10	40	2	10	4	20	5	20	6	20	10	40
2064	20	70	31	—	41	30	10	40	2	10	4	20	5	20	6	20	10	40
2065	20	70	31	—	41	30	10	40	2	10	4	20	5	20	6	20	10	40
2066	20	70	31	—	41	40	10	40	2	10	4	20	5	20	6	20	10	40
2067	20	70	31	10	41	40	10	40	2	10	4	20	5	20	6	30	10	40
2068	20	70	31	10	41	40	10	40	2	10	4	20	5	20	6	30	10	40
2069	20	70	31	10	41	40	10	40	2	10	4	20	5	20	6	30	10	40
2070	20	70	31	10	41	40	10	40	2	10	4	20	5	20	6	30	10	40
2071	20	80	31	10	41	50	10	40	2	10	4	20	5	20	6	30	10	40
2072	20	80	31	10	41	50	10	40	2	10	4	20	5	20	6	30	10	40
2073	20	80	31	10	41	50	10	40	2	10	4	20	5	20	6	30	10	40
2074	20	80	31	20	41	50	10	40	2	10	4	20	5	20	6	30	10	40
2075	20	80	31	20	41	50	10	40	2	10	4	20	5	20	6	30	10	40
2076	20	80	31	20	41	60	10	40	2	10	4	20	5	20	6	30	10	40
2077	20	80	31	20	41	60	10	40	2	10	4	20	5	20	6	30	10	40
2078	20	80	31	20	41	60	10	40	2	10	4	20	5	20	6	30	10	40
2079	20	80	31	20	41	60	10	40	2	10	4	20	5	20	6	30	10	40
2080	20	80	31	20	41	60	10	40	2	10	4	20	5	20	6	30	10	40

Gegenstands-Summa	Werthgebühr								4/10 aus der vollen Werthgebühr		4/10 aus 2/3 Werthgebühr		Hinterlegungsgebühr						Auseinandersetzungsgebühr			
	Volle		1/2		1/2 bis 2200 ℳ, darüber 2/3		1 1/2												5/10		2/10	
	Art. 22. 40. 41. 50		Art. 25. 27. 29. 30. 38 Abs. 2		Art. 24		Art. 23		Art. 45 Abs. 3				Art. 100		Art. 101 a		Art. 101 b		der Sätze des § 8 des Reichsgerichts-Kosten-Gesetzes			
ℳ	ℳ	₰	ℳ	₰	ℳ	₰	ℳ	₰	ℳ	₰	ℳ	₰	ℳ	₰	ℳ	₰	ℳ	₰	ℳ	₰	ℳ	₰
2041	10	50	5	30	5	30	15	80	4	20	2	20	5	10	20	30	40	50	22	—	8	80
2042	10	50	5	30	5	30	15	80	4	20	2	20	5	10	20	30	40	50	22	—	8	80
2043	10	50	5	30	5	30	15	80	4	20	2	20	5	10	20	30	40	50	22	—	8	80
2044	10	50	5	30	5	30	15	80	4	20	2	20	5	10	20	30	40	50	22	—	8	80
2045	10	50	5	30	5	30	15	80	4	20	2	20	5	10	20	30	40	50	22	—	8	80
2046	10	50	5	30	5	30	15	80	4	20	2	20	5	10	20	30	40	50	22	—	8	80
2047	10	50	5	30	5	30	15	80	4	20	2	20	5	10	20	30	40	50	22	—	8	80
2048	10	50	5	30	5	30	15	80	4	20	2	20	5	10	20	30	40	50	22	—	8	80
2049	10	50	5	30	5	30	15	80	4	20	2	20	5	10	20	30	40	50	22	—	8	80
2050	10	50	5	30	5	30	15	80	4	20	2	20	5	10	20	30	40	50	22	—	8	80
2051	10	50	5	30	5	30	15	80	4	20	2	20	5	10	20	30	40	60	22	—	8	80
2052	10	50	5	30	5	30	15	80	4	20	2	20	5	10	20	30	40	60	22	—	8	80
2053	10	50	5	30	5	30	15	80	4	20	2	20	5	10	20	30	40	60	22	—	8	80
2054	10	50	5	30	5	30	15	80	4	20	2	20	5	10	20	30	40	60	22	—	8	80
2055	10	50	5	30	5	30	15	80	4	20	2	20	5	10	20	30	40	60	22	—	8	80
2056	10	50	5	30	5	30	15	80	4	20	2	20	5	10	20	30	40	60	22	—	8	80
2057	10	50	5	30	5	30	15	80	4	20	2	20	5	10	20	30	40	60	22	—	8	80
2058	10	50	5	30	5	30	15	80	4	20	2	20	5	10	20	30	40	60	22	—	8	80
2059	10	50	5	30	5	30	15	80	4	20	2	20	5	10	20	30	40	60	22	—	8	80
2060	10	50	5	30	5	30	15	80	4	20	2	20	5	10	20	30	40	60	22	—	8	80
2061	10	50	5	30	5	30	15	80	4	20	2	20	5	10	20	40	40	70	22	—	8	80
2062	10	50	5	30	5	30	15	80	4	20	2	20	5	10	20	40	40	70	22	—	8	80
2063	10	50	5	30	5	30	15	80	4	20	2	20	5	10	20	40	40	70	22	—	8	80
2064	10	50	5	30	5	30	15	80	4	20	2	20	5	10	20	40	40	70	22	—	8	80
2065	10	50	5	30	5	30	15	80	4	20	2	20	5	10	20	40	40	70	22	—	8	80
2066	10	50	5	30	5	30	15	80	4	20	2	20	5	10	20	40	40	70	22	—	8	80
2067	10	50	5	30	5	30	15	80	4	20	2	20	5	10	20	40	40	70	22	—	8	80
2068	10	50	5	30	5	30	15	80	4	20	2	20	5	10	20	40	40	70	22	—	8	80
2069	10	50	5	30	5	30	15	80	4	20	2	20	5	10	20	40	40	70	22	—	8	80
2070	10	50	5	30	5	30	15	80	4	20	2	20	5	10	20	40	40	70	22	—	8	80
2071	10	50	5	30	5	30	15	80	4	20	2	20	5	10	20	40	40	80	22	—	8	80
2072	10	50	5	30	5	30	15	80	4	20	2	20	5	10	20	40	40	80	22	—	8	80
2073	10	50	5	30	5	30	15	80	4	20	2	20	5	10	20	40	40	80	22	—	8	80
2074	10	50	5	30	5	30	15	80	4	20	2	20	5	10	20	40	40	80	22	—	8	80
2075	10	50	5	30	5	30	15	80	4	20	2	20	5	10	20	40	40	80	22	—	8	80
2076	10	50	5	30	5	30	15	80	4	20	2	20	5	10	20	40	40	80	22	—	8	80
2077	10	50	5	30	5	30	15	80	4	20	2	20	5	10	20	40	40	80	22	—	8	80
2078	10	50	5	30	5	30	15	80	4	20	2	20	5	10	20	40	40	80	22	—	8	80
2079	10	50	5	30	5	30	15	80	4	20	2	20	5	10	20	40	40	80	22	—	8	80
2080	10	50	5	30	5	30	15	80	4	20	2	20	5	10	20	40	40	80	22	—	8	80

Gegen-stands-Summa	Staatsgebühren 1 Prozent		Staatsgebühren 1½ Prozent		Staatsgebühren 2 Prozent		Besitz-veränderungs-abgabe		Staatsgebühren 1 pro mille		Staatsgebühren 2 pro mille		Staatsgebühren 2½ pro mille		Staatsgebühren 3 pro mille		Staatsgebühren 5 pro mille	
M.	M	Pf	M	Pf	M	Pf	M	Pf	M	Pf	M	Pf	M	Pf	M	Pf	M	Pf
2081	20	90	31	30	41	70	10	50	2	10	4	20	5	30	6	30	10	50
2082	20	90	31	30	41	70	10	50	2	10	4	20	5	30	6	30	10	50
2083	20	90	31	30	41	70	10	50	2	10	4	20	5	30	6	30	10	50
2084	20	90	31	30	41	70	10	50	2	10	4	20	5	30	6	30	10	50
2085	20	90	31	30	41	70	10	50	2	10	4	20	5	30	6	30	10	50
2086	20	90	31	30	41	80	10	50	2	10	4	20	5	30	6	30	10	50
2087	20	90	31	40	41	80	10	50	2	10	4	20	5	30	6	30	10	50
2088	20	90	31	40	41	80	10	50	2	10	4	20	5	30	6	30	10	50
2089	20	90	31	40	41	80	10	50	2	10	4	20	5	30	6	30	10	50
2090	20	90	31	40	41	80	10	50	2	10	4	20	5	30	6	30	10	50
2091	21	—	31	40	41	90	10	50	2	10	4	20	5	30	6	30	10	50
2092	21	—	31	40	41	90	10	50	2	10	4	20	5	30	6	30	10	50
2093	21	—	31	40	41	90	10	50	2	10	4	20	5	30	6	30	10	50
2094	21	—	31	50	41	90	10	50	2	10	4	20	5	30	6	30	10	50
2095	21	—	31	50	41	90	10	50	2	10	4	20	5	30	6	30	10	50
2096	21	—	31	50	42	—	10	50	2	10	4	20	5	30	6	30	10	50
2097	21	—	31	50	42	—	10	50	2	10	4	20	5	30	6	30	10	50
2098	21	—	31	50	42	—	10	50	2	10	4	20	5	30	6	30	10	50
2099	21	—	31	50	42	—	10	50	2	10	4	20	5	30	6	30	10	50
2100	21	—	31	50	42	—	10	50	2	10	4	20	5	30	6	30	10	50
2101	21	10	31	60	42	10	10	60	2	20	4	30	5	30	6	40	10	60
2102	21	10	31	60	42	10	10	60	2	20	4	30	5	30	6	40	10	60
2103	21	10	31	60	42	10	10	60	2	20	4	30	5	30	6	40	10	60
2104	21	10	31	60	42	10	10	60	2	20	4	30	5	30	6	40	10	60
2105	21	10	31	60	42	10	10	60	2	20	4	30	5	30	6	40	10	60
2106	21	10	31	60	42	20	10	60	2	20	4	30	5	30	6	40	10	60
2107	21	10	31	70	42	20	10	60	2	20	4	30	5	30	6	40	10	60
2108	21	10	31	70	42	20	10	60	2	20	4	30	5	30	6	40	10	60
2109	21	10	31	70	42	20	10	60	2	20	4	30	5	30	6	40	10	60
2110	21	10	31	70	42	20	10	60	2	20	4	30	5	30	6	40	10	60
2111	21	20	31	70	42	30	10	60	2	20	4	30	5	30	6	40	10	60
2112	21	20	31	70	42	30	10	60	2	20	4	30	5	30	6	40	10	60
2113	21	20	31	70	42	30	10	60	2	20	4	30	5	30	6	40	10	60
2114	21	20	31	80	42	30	10	60	2	20	4	30	5	30	6	40	10	60
2115	21	20	31	80	42	30	10	60	2	20	4	30	5	30	6	40	10	60
2116	21	20	31	80	42	40	10	60	2	20	4	30	5	30	6	40	10	60
2117	21	20	31	80	42	40	10	60	2	20	4	30	5	30	6	40	10	60
2118	21	20	31	80	42	40	10	60	2	20	4	30	5	30	6	40	10	60
2119	21	20	31	80	42	40	10	60	2	20	4	30	5	30	6	40	10	60
2120	21	20	31	80	42	40	10	60	2	20	4	30	5	30	6	40	10	60

Gegen-stands-Summa	Werthgebühr: Volle (Art. 22. 40. 41. 50)		Werthgebühr: 1/2 (Art. 25. 27. 29. 30. 38 Abs. 2)		Werthgebühr: 1/2 bis 2200 ℳ darüber 2/3 (Art. 24)		Werthgebühr: 1 1/2 (Art. 23)		4/10 aus der vollen Werthgebühr (Art. 45 Abs. 3)		4/10 aus 2/3 Werthgebühr (Art. 45 Abs. 3)		Hinterlegungsgebühr: Art. 100		Hinterlegungsgebühr: Art. 101 a		Hinterlegungsgebühr: Art. 101 b		Auseinandersetzungsgebühr: 5/10 der Sätze des § 8 des Reichsgerichts-Kosten-Gesetzes		Auseinandersetzungsgebühr: 2/10 der Sätze des § 8 des Reichsgerichts-Kosten-Gesetzes	
ℳ	ℳ	₰	ℳ	₰	ℳ	₰	ℳ	₰	ℳ	₰	ℳ	₰	ℳ	₰	ℳ	₰	ℳ	₰	ℳ	₰	ℳ	₰
2081	10	50	5	30	5	30	15	80	4	20	2	20	5	20	20	50	40	90	22	—	8	80
2082	10	50	5	30	5	30	15	80	4	20	2	20	5	20	20	50	40	90	22	—	8	80
2083	10	50	5	30	5	30	15	80	4	20	2	20	5	20	20	50	40	90	22	—	8	80
2084	10	50	5	30	5	30	15	80	4	20	2	20	5	20	20	50	40	90	22	—	8	80
2085	10	50	5	30	5	30	15	80	4	20	2	20	5	20	20	50	40	90	22	—	8	80
2086	10	50	5	30	5	30	15	80	4	20	2	20	5	20	20	50	40	90	22	—	8	80
2087	10	50	5	30	5	30	15	80	4	20	2	20	5	20	20	50	40	90	22	—	8	80
2088	10	50	5	30	5	30	15	80	4	20	2	20	5	20	20	50	40	90	22	—	8	80
2089	10	50	5	30	5	30	15	80	4	20	2	20	5	20	20	50	40	90	22	—	8	80
2090	10	50	5	30	5	30	15	80	4	20	2	20	5	20	20	50	40	90	22	—	8	80
2091	10	50	5	30	5	30	15	80	4	20	2	20	5	20	20	50	41	—	22	—	8	80
2092	10	50	5	30	5	30	15	80	4	20	2	20	5	20	20	50	41	—	22	—	8	80
2093	10	50	5	30	5	30	15	80	4	20	2	20	5	20	20	50	41	—	22	—	8	80
2094	10	50	5	30	5	30	15	80	4	20	2	20	5	20	20	50	41	—	22	—	8	80
2095	10	50	5	30	5	30	15	80	4	20	2	20	5	20	20	50	41	—	22	—	8	80
2096	10	50	5	30	5	30	15	80	4	20	2	20	5	20	20	50	41	—	22	—	8	80
2097	10	50	5	30	5	30	15	80	4	20	2	20	5	20	20	50	41	—	22	—	8	80
2098	10	50	5	30	5	30	15	80	4	20	2	20	5	20	20	50	41	—	22	—	8	80
2099	10	50	5	30	5	30	15	80	4	20	2	20	5	20	20	50	41	—	22	—	8	80
2100	10	50	5	30	5	30	15	80	4	20	2	20	5	20	20	50	41	—	22	—	8	80
2101	10	50	5	30	5	30	15	80	4	20	2	20	5	20	20	60	41	10	25	—	10	—
2102	10	50	5	30	5	30	15	80	4	20	2	20	5	20	20	60	41	10	25	—	10	—
2103	10	50	5	30	5	30	15	80	4	20	2	20	5	20	20	60	41	10	25	—	10	—
2104	10	50	5	30	5	30	15	80	4	20	2	20	5	20	20	60	41	10	25	—	10	—
2105	10	50	5	30	5	30	15	80	4	20	2	20	5	20	20	60	41	10	25	—	10	—
2106	10	50	5	30	5	30	15	80	4	20	2	20	5	20	20	60	41	10	25	—	10	—
2107	10	50	5	30	5	30	15	80	4	20	2	20	5	20	20	60	41	10	25	—	10	—
2108	10	50	5	30	5	30	15	80	4	20	2	20	5	20	20	60	41	10	25	—	10	—
2109	10	50	5	30	5	30	15	80	4	20	2	20	5	20	20	60	41	10	25	—	10	—
2110	10	50	5	30	5	30	15	80	4	20	2	20	5	20	20	60	41	10	25	—	10	—
2111	10	50	5	30	5	30	15	80	4	20	2	20	5	20	20	60	41	20	25	—	10	—
2112	10	50	5	30	5	30	15	80	4	20	2	20	5	20	20	60	41	20	25	—	10	—
2113	10	50	5	30	5	30	15	80	4	20	2	20	5	20	20	60	41	20	25	—	10	—
2114	10	50	5	30	5	30	15	80	4	20	2	20	5	20	20	60	41	20	25	—	10	—
2115	10	50	5	30	5	30	15	80	4	20	2	20	5	20	20	60	41	20	25	—	10	—
2116	10	50	5	30	5	30	15	80	4	20	2	20	5	20	20	60	41	20	25	—	10	—
2117	10	50	5	30	5	30	15	80	4	20	2	20	5	20	20	60	41	20	25	—	10	—
2118	10	50	5	30	5	30	15	80	4	20	2	20	5	20	20	60	41	20	25	—	10	—
2119	10	50	5	30	5	30	15	80	4	20	2	20	5	20	20	60	41	20	25	—	10	—
2120	10	50	5	30	5	30	15	80	4	20	2	20	5	20	20	60	41	20	25	—	10	—

Gegen-standS-Summa	Staatsgebühren						Besitz-verände-rungs-abgabe		Staatsgebühren									
	1		1 1/2		2				1		2		2 1/2		3		5	
	Prozent								pro mille									
ℳ	ℳ	₰	ℳ	₰	ℳ	₰	ℳ	₰	ℳ	₰	ℳ	₰	ℳ	₰	ℳ	₰	ℳ	₰
2121	21	30	31	90	42	50	10	70	2	20	4	30	5	40	6	40	10	70
2122	21	30	31	90	42	50	10	70	2	20	4	30	5	40	6	40	10	70
2123	21	30	31	90	42	50	10	70	2	20	4	30	5	40	6	40	10	70
2124	21	30	31	90	42	50	10	70	2	20	4	30	5	40	6	40	10	70
2125	21	30	31	90	42	50	10	70	2	20	4	30	5	40	6	40	10	70
2126	21	30	31	90	42	60	10	70	2	20	4	30	5	40	6	40	10	70
2127	21	30	32	—	42	60	10	70	2	20	4	30	5	40	6	40	10	70
2128	21	30	32	—	42	60	10	70	2	20	4	30	5	40	6	40	10	70
2129	21	30	32	—	42	60	10	70	2	20	4	30	5	40	6	40	10	70
2130	21	30	32	—	42	60	10	70	2	20	4	30	5	40	6	40	10	70
2131	21	40	32	—	42	70	10	70	2	20	4	30	5	40	6	40	10	70
2132	21	40	32	—	42	70	10	70	2	20	4	30	5	40	6	40	10	70
2133	21	40	32	—	42	70	10	70	2	20	4	30	5	40	6	40	10	70
2134	21	40	32	10	42	70	10	70	2	20	4	30	5	40	6	50	10	70
2135	21	40	32	10	42	70	10	70	2	20	4	30	5	40	6	50	10	70
2136	21	40	32	10	42	80	10	70	2	20	4	30	5	40	6	50	10	70
2137	21	40	32	10	42	80	10	70	2	20	4	30	5	40	6	50	10	70
2138	21	40	32	10	42	80	10	70	2	20	4	30	5	40	6	50	10	70
2139	21	40	32	10	42	80	10	70	2	20	4	30	5	40	6	50	10	70
2140	21	40	32	10	42	80	10	70	2	20	4	30	5	40	6	50	10	70
2141	21	50	32	20	42	90	10	80	2	20	4	30	5	40	6	50	10	80
2142	21	50	32	20	42	90	10	80	2	20	4	30	5	40	6	50	10	80
2143	21	50	32	20	42	90	10	80	2	20	4	30	5	40	6	50	10	80
2144	21	50	32	20	42	90	10	80	2	20	4	30	5	40	6	50	10	80
2145	21	50	32	20	42	90	10	80	2	20	4	30	5	40	6	50	10	80
2146	21	50	32	20	43	—	10	80	2	20	4	30	5	40	6	50	10	80
2147	21	50	32	30	43	—	10	80	2	20	4	30	5	40	6	50	10	80
2148	21	50	32	30	43	—	10	80	2	20	4	30	5	40	6	50	10	80
2149	21	50	32	30	43	—	10	80	2	20	4	30	5	40	6	50	10	80
2150	21	50	32	30	43	—	10	80	2	20	4	30	5	40	6	50	10	80
2151	21	60	32	30	43	10	10	80	2	20	4	40	5	40	6	50	10	80
2152	21	60	32	30	43	10	10	80	2	20	4	40	5	40	6	50	10	80
2153	21	60	32	30	43	10	10	80	2	20	4	40	5	40	6	50	10	80
2154	21	60	32	40	43	10	10	80	2	20	4	40	5	40	6	50	10	80
2155	21	60	32	40	43	10	10	80	2	20	4	40	5	40	6	50	10	80
2156	21	60	32	40	43	20	10	80	2	20	4	40	5	40	6	50	10	80
2157	21	60	32	40	43	20	10	80	2	20	4	40	5	40	6	50	10	80
2158	21	60	32	40	43	20	10	80	2	20	4	40	5	40	6	50	10	80
2159	21	60	32	40	43	20	10	80	2	20	4	40	5	40	6	50	10	80
2160	21	60	32	40	43	20	10	80	2	20	4	40	5	40	6	50	10	80

Gegenstands-Summa	Werthgebühr								4/10 aus der vollen Werthgebühr		4/10 aus 2/3 Werthgebühr		Hinterlegungsgebühr						Auseinandersetzungsgebühr			
	Volle		1/2		1/2 bis 2200 ℳ, darüber 2/3		1 1/2												5/10		2/10	
	Art. 22. 40. 41. 50		Art. 25. 27. 29. 30. 38 Abs. 2		Art. 24		Art. 23		Art. 45 Abs. 3				Art. 100		Art. 101a		Art. 101b		der Sätze des § 8 des Reichsgerichts-Kosten-Gesetzes			
ℳ	ℳ	₰	ℳ	₰	ℳ	₰	ℳ	₰	ℳ	₰	ℳ	₰	ℳ	₰	ℳ	₰	ℳ	₰	ℳ	₰	ℳ	₰
2121	10	50	5	30	5	30	15	80	4	20	2	20	5	20	20	70	41	30	25	—	10	—
2122	10	50	5	30	5	30	15	80	4	20	2	20	5	20	20	70	41	30	25	—	10	—
2123	10	50	5	30	5	30	15	80	4	20	2	20	5	20	20	70	41	30	25	—	10	—
2124	10	50	5	30	5	30	15	80	4	20	2	20	5	20	20	70	41	30	25	—	10	—
2125	10	50	5	30	5	30	15	80	4	20	2	20	5	20	20	70	41	30	25	—	10	—
2126	10	50	5	30	5	30	15	80	4	20	2	20	5	20	20	70	41	30	25	—	10	—
2127	10	50	5	30	5	30	15	80	4	20	2	20	5	20	20	70	41	30	25	—	10	—
2128	10	50	5	30	5	30	15	80	4	20	2	20	5	20	20	70	41	30	25	—	10	—
2129	10	50	5	30	5	30	15	80	4	20	2	20	5	20	20	70	41	30	25	—	10	—
2130	10	50	5	30	5	30	15	80	4	20	2	20	5	20	20	70	41	30	25	—	10	—
2131	10	50	5	30	5	30	15	80	4	20	2	20	5	20	20	70	41	40	25	—	10	—
2132	10	50	5	30	5	30	15	80	4	20	2	20	5	20	20	70	41	40	25	—	10	—
2133	10	50	5	30	5	30	15	80	4	20	2	20	5	20	20	70	41	40	25	—	10	—
2134	10	50	5	30	5	30	15	80	4	20	2	20	5	20	20	70	41	40	25	—	10	—
2135	10	50	5	30	5	30	15	80	4	20	2	20	5	20	20	70	41	40	25	—	10	—
2136	10	50	5	30	5	30	15	80	4	20	2	20	5	20	20	70	41	40	25	—	10	—
2137	10	50	5	30	5	30	15	80	4	20	2	20	5	20	20	70	41	40	25	—	10	—
2138	10	50	5	30	5	30	15	80	4	20	2	20	5	20	20	70	41	40	25	—	10	—
2139	10	50	5	30	5	30	15	80	4	20	2	20	5	20	20	70	41	40	25	—	10	—
2140	10	50	5	30	5	30	15	80	4	20	2	20	5	20	20	70	41	40	25	—	10	—
2141	10	50	5	30	5	30	15	80	4	20	2	20	5	20	20	80	41	50	25	—	10	—
2142	10	50	5	30	5	30	15	80	4	20	2	20	5	20	20	80	41	50	25	—	10	—
2143	10	50	5	30	5	30	15	80	4	20	2	20	5	20	20	80	41	50	25	—	10	—
2144	10	50	5	30	5	30	15	80	4	20	2	20	5	20	20	80	41	50	25	—	10	—
2145	10	50	5	30	5	30	15	80	4	20	2	20	5	20	20	80	41	50	25	—	10	—
2146	10	50	5	30	5	30	15	80	4	20	2	20	5	20	20	80	41	50	25	—	10	—
2147	10	50	5	30	5	30	15	80	4	20	2	20	5	20	20	80	41	50	25	—	10	—
2148	10	50	5	30	5	30	15	80	4	20	2	20	5	20	20	80	41	50	25	—	10	—
2149	10	50	5	30	5	30	15	80	4	20	2	20	5	20	20	80	41	50	25	—	10	—
2150	10	50	5	30	5	30	15	80	4	20	2	20	5	20	20	80	41	50	25	—	10	—
2151	10	50	5	30	5	30	15	80	4	20	2	20	5	20	20	80	41	60	25	—	10	—
2152	10	50	5	30	5	30	15	80	4	20	2	20	5	20	20	80	41	60	25	—	10	—
2153	10	50	5	30	5	30	15	80	4	20	2	20	5	20	20	80	41	60	25	—	10	—
2154	10	50	5	30	5	30	15	80	4	20	2	20	5	20	20	80	41	60	25	—	10	—
2155	10	50	5	30	5	30	15	80	4	20	2	20	5	20	20	80	41	60	25	—	10	—
2156	10	50	5	30	5	30	15	80	4	20	2	20	5	20	20	80	41	60	25	—	10	—
2157	10	50	5	30	5	30	15	80	4	20	2	20	5	20	20	80	41	60	25	—	10	—
2158	10	50	5	30	5	30	15	80	4	20	2	20	5	20	20	80	41	60	25	—	10	—
2159	10	50	5	30	5	30	15	80	4	20	2	20	5	20	20	80	41	60	25	—	10	—
2160	10	50	5	30	5	30	15	80	4	20	2	20	5	20	20	80	41	60	25	—	10	—

Gegen-stands-Summa	Staatsgebühren 1 Prozent		Staatsgebühren 1½ Prozent		Staatsgebühren 2 Prozent		Besitz-veränderungs-abgabe		Staatsgebühren 1 pro mille		Staatsgebühren 2 pro mille		Staatsgebühren 2½ pro mille		Staatsgebühren 3 pro mille		Staatsgebühren 5 pro mille	
ℳ	ℳ	₰	ℳ	₰	ℳ	₰	ℳ	₰	ℳ	₰	ℳ	₰	ℳ	₰	ℳ	₰	ℳ	₰
2161	21	70	32	50	43	30	10	90	2	20	4	40	5	50	6	50	10	90
2162	21	70	32	50	43	30	10	90	2	20	4	40	5	50	6	50	10	90
2163	21	70	32	50	43	30	10	90	2	20	4	40	5	50	6	50	10	90
2164	21	70	32	50	43	30	10	90	2	20	4	40	5	50	6	50	10	90
2165	21	70	32	50	43	30	10	90	2	20	4	40	5	50	6	50	10	90
2166	21	70	32	50	43	40	10	90	2	20	4	40	5	50	6	50	10	90
2167	21	70	32	60	43	40	10	90	2	20	4	40	5	50	6	60	10	90
2168	21	70	32	60	43	40	10	90	2	20	4	40	5	50	6	60	10	90
2169	21	70	32	60	43	40	10	90	2	20	4	40	5	50	6	60	10	90
2170	21	70	32	60	43	40	10	90	2	20	4	40	5	50	6	60	10	90
2171	21	80	32	60	43	50	10	90	2	20	4	40	5	50	6	60	10	90
2172	21	80	32	60	43	50	10	90	2	20	4	40	5	50	6	60	10	90
2173	21	80	32	60	43	50	10	90	2	20	4	40	5	50	6	60	10	90
2174	21	80	32	70	43	50	10	90	2	20	4	40	5	50	6	60	10	90
2175	21	80	32	70	43	50	10	90	2	20	4	40	5	50	6	60	10	90
2176	21	80	32	70	43	60	10	90	2	20	4	40	5	50	6	60	10	90
2177	21	80	32	70	43	60	10	90	2	20	4	40	5	50	6	60	10	90
2178	21	80	32	70	43	60	10	90	2	20	4	40	5	50	6	60	10	90
2179	21	80	32	70	43	60	10	90	2	20	4	40	5	50	6	60	10	90
2180	21	80	32	70	43	60	10	90	2	20	4	40	5	50	6	60	10	90
2181	21	90	32	80	43	70	11	—	2	20	4	40	5	50	6	60	11	—
2182	21	90	32	80	43	70	11	—	2	20	4	40	5	50	6	60	11	—
2183	21	90	32	80	43	70	11	—	2	20	4	40	5	50	6	60	11	—
2184	21	90	32	80	43	70	11	—	2	20	4	40	5	50	6	60	11	—
2185	21	90	32	80	43	70	11	—	2	20	4	40	5	50	6	60	11	—
2186	21	90	32	80	43	80	11	—	2	20	4	40	5	50	6	60	11	—
2187	21	90	32	90	43	80	11	—	2	20	4	40	5	50	6	60	11	—
2188	21	90	32	90	43	80	11	—	2	20	4	40	5	50	6	60	11	—
2189	21	90	32	90	43	80	11	—	2	20	4	40	5	50	6	60	11	—
2190	21	90	32	90	43	80	11	—	2	20	4	40	5	50	6	60	11	—
2191	22	—	32	90	43	90	11	—	2	20	4	40	5	50	6	60	11	—
2192	22	—	32	90	43	90	11	—	2	20	4	40	5	50	6	60	11	—
2193	22	—	32	90	43	90	11	—	2	20	4	40	5	50	6	60	11	—
2194	22	—	33	—	43	90	11	—	2	20	4	40	5	50	6	60	11	—
2195	22	—	33	—	43	90	11	—	2	20	4	40	5	50	6	60	11	—
2196	22	—	33	—	44	—	11	—	2	20	4	40	5	50	6	60	11	—
2197	22	—	33	—	44	—	11	—	2	20	4	40	5	50	6	60	11	—
2198	22	—	33	—	44	—	11	—	2	20	4	40	5	50	6	60	11	—
2199	22	—	33	—	44	—	11	—	2	20	4	40	5	50	6	60	11	—
2200	22	—	33	—	44	—	11	—	2	20	4	40	5	50	6	60	11	—

Gegenstands-Summa	Werthgebühr: Volle, Art. 22. 40. 41. 50		Werthgebühr: 1/2, Art. 25. 27. 29. 30. 38 Abs. 2		Werthgebühr: 1/2 bis 2200 M. darüber 2/3, Art. 24		Werthgebühr: 1 1/2, Art. 23		4/10 aus der vollen Werthgebühr, Art. 45 Abs. 3		4/10 aus 2/3 Werthgebühr, Art. 45 Abs. 3		Hinterlegungsgebühr: Art. 100		Hinterlegungsgebühr: Art. 101 a		Hinterlegungsgebühr: Art. 101 b		Auseinandersetzungsgebühr: 5/10 der Sätze des § 8 des Reichsgerichts-Kosten-Gesetzes		Auseinandersetzungsgebühr: 2/10 der Sätze des § 8 des Reichsgerichts-Kosten-Gesetzes	
M	M	₰	M	₰	M	₰	M	₰	M	₰	M	₰	M	₰	M	₰	M	₰	M	₰	M	₰
2161	10	50	5	30	5	30	15	80	4	20	2	20	5	30	20	90	41	70	25	—	10	—
2162	10	50	5	30	5	30	15	80	4	20	2	20	5	30	20	90	41	70	25	—	10	—
2163	10	50	5	30	5	30	15	80	4	20	2	20	5	30	20	90	41	70	25	—	10	—
2164	10	50	5	30	5	30	15	80	4	20	2	20	5	30	20	90	41	70	25	—	10	—
2165	10	50	5	30	5	30	15	80	4	20	2	20	5	30	20	90	41	70	25	—	10	—
2166	10	50	5	30	5	30	15	80	4	20	2	20	5	30	20	90	41	70	25	—	10	—
2167	10	50	5	30	5	30	15	80	4	20	2	20	5	30	20	90	41	70	25	—	10	—
2168	10	50	5	30	5	30	15	80	4	20	2	20	5	30	20	90	41	70	25	—	10	—
2169	10	50	5	30	5	30	15	80	4	20	2	20	5	30	20	90	41	70	25	—	10	—
2170	10	50	5	30	5	30	15	80	4	20	2	20	5	30	20	90	41	70	25	—	10	—
2171	10	50	5	30	5	30	15	80	4	20	2	20	5	30	20	90	41	80	25	—	10	—
2172	10	50	5	30	5	30	15	80	4	20	2	20	5	30	20	90	41	80	25	—	10	—
2173	10	50	5	30	5	30	15	80	4	20	2	20	5	30	20	90	41	80	25	—	10	—
2174	10	50	5	30	5	30	15	80	4	20	2	20	5	30	20	90	41	80	25	—	10	—
2175	10	50	5	30	5	30	15	80	4	20	2	20	5	30	20	90	41	80	25	—	10	—
2176	10	50	5	30	5	30	15	80	4	20	2	20	5	30	20	90	41	80	25	—	10	—
2177	10	50	5	30	5	30	15	80	4	20	2	20	5	30	20	90	41	80	25	—	10	—
2178	10	50	5	30	5	30	15	80	4	20	2	20	5	30	20	90	41	80	25	—	10	—
2179	10	50	5	30	5	30	15	80	4	20	2	20	5	30	20	90	41	80	25	—	10	—
2180	10	50	5	30	5	30	15	80	4	20	2	20	5	30	20	90	41	80	25	—	10	—
2181	10	50	5	30	5	30	15	80	4	20	2	20	5	30	21	—	41	90	25	—	10	—
2182	10	50	5	30	5	30	15	80	4	20	2	20	5	30	21	—	41	90	25	—	10	—
2183	10	50	5	30	5	30	15	80	4	20	2	20	5	30	21	—	41	90	25	—	10	—
2184	10	50	5	30	5	30	15	80	4	20	2	20	5	30	21	—	41	90	25	—	10	—
2185	10	50	5	30	5	30	15	80	4	20	2	20	5	30	21	—	41	90	25	—	10	—
2186	10	50	5	30	5	30	15	80	4	20	2	20	5	30	21	—	41	90	25	—	10	—
2187	10	50	5	30	5	30	15	80	4	20	2	20	5	30	21	—	41	90	25	—	10	—
2188	10	50	5	30	5	30	15	80	4	20	2	20	5	30	21	—	41	90	25	—	10	—
2189	10	50	5	30	5	30	15	80	4	20	2	20	5	30	21	—	41	90	25	—	10	—
2190	10	50	5	30	5	30	15	80	4	20	2	20	5	30	21	—	41	90	25	—	10	—
2191	10	50	5	30	5	30	15	80	4	20	2	20	5	30	21	—	42	—	25	—	10	—
2192	10	50	5	30	5	30	15	80	4	20	2	20	5	30	21	—	42	—	25	—	10	—
2193	10	50	5	30	5	30	15	80	4	20	2	20	5	30	21	—	42	—	25	—	10	—
2194	10	50	5	30	5	30	15	80	4	20	2	20	5	30	21	—	42	—	25	—	10	—
2195	10	50	5	30	5	30	15	80	4	20	2	20	5	30	21	—	42	—	25	—	10	—
2196	10	50	5	30	5	30	15	80	4	20	2	20	5	30	21	—	42	—	25	—	10	—
2197	10	50	5	30	5	30	15	80	4	20	2	20	5	30	21	—	42	—	25	—	10	—
2198	10	50	5	30	5	30	15	80	4	20	2	20	5	30	21	—	42	—	25	—	10	—
2199	10	50	5	30	5	30	15	80	4	20	2	20	5	30	21	—	42	—	25	—	10	—
2200	10	50	5	30	5	30	15	80	4	20	2	20	5	30	21	—	42	—	25	—	10	—

Gegen-stands-Summa	Staatsgebühren 1 Prozent		Staatsgebühren 1 1/2 Prozent		Staatsgebühren 2 Prozent		Besitz-verände-rungs-abgabe		Staatsgebühren 1 pro mille		Staatsgebühren 2 pro mille		Staatsgebühren 2 1/2 pro mille		Staatsgebühren 3 pro mille		Staatsgebühren 5 pro mille	
ℳ	ℳ	₰	ℳ	₰	ℳ	₰	ℳ	₰	ℳ	₰	ℳ	₰	ℳ	₰	ℳ	₰	ℳ	₰
2201	22	10	33	10	44	10	11	10	2	30	4	50	5	60	6	70	11	10
2202	22	10	33	10	44	10	11	10	2	30	4	50	5	60	6	70	11	10
2203	22	10	33	10	44	10	11	10	2	30	4	50	5	60	6	70	11	10
2204	22	10	33	10	44	10	11	10	2	30	4	50	5	60	6	70	11	10
2205	22	10	33	10	44	10	11	10	2	30	4	50	5	60	6	70	11	10
2206	22	10	33	10	44	20	11	10	2	30	4	50	5	60	6	70	11	10
2207	22	10	33	20	44	20	11	10	2	30	4	50	5	60	6	70	11	10
2208	22	10	33	20	44	20	11	10	2	30	4	50	5	60	6	70	11	10
2209	22	10	33	20	44	20	11	10	2	30	4	50	5	60	6	70	11	10
2210	22	10	33	20	44	20	11	10	2	30	4	50	5	60	6	70	11	10
2211	22	20	33	20	44	30	11	10	2	30	4	50	5	60	6	70	11	10
2212	22	20	33	20	44	30	11	10	2	30	4	50	5	60	6	70	11	10
2213	22	20	33	20	44	30	11	10	2	30	4	50	5	60	6	70	11	10
2214	22	20	33	30	44	30	11	10	2	30	4	50	5	60	6	70	11	10
2215	22	20	33	30	44	30	11	10	2	30	4	50	5	60	6	70	11	10
2216	22	20	33	30	44	40	11	10	2	30	4	50	5	60	6	70	11	10
2217	22	20	33	30	44	40	11	10	2	30	4	50	5	60	6	70	11	10
2218	22	20	33	30	44	40	11	10	2	30	4	50	5	60	6	70	11	10
2219	22	20	33	30	44	40	11	10	2	30	4	50	5	60	6	70	11	10
2220	22	20	33	30	44	40	11	10	2	30	4	50	5	60	6	70	11	10
2221	22	30	33	40	44	50	11	20	2	30	4	50	5	60	6	70	11	20
2222	22	30	33	40	44	50	11	20	2	30	4	50	5	60	6	70	11	20
2223	22	30	33	40	44	50	11	20	2	30	4	50	5	60	6	70	11	20
2224	22	30	33	40	44	50	11	20	2	30	4	50	5	60	6	70	11	20
2225	22	30	33	40	44	50	11	20	2	30	4	50	5	60	6	70	11	20
2226	22	30	33	40	44	60	11	20	2	30	4	50	5	60	6	70	11	20
2227	22	30	33	50	44	60	11	20	2	30	4	50	5	60	6	70	11	20
2228	22	30	33	50	44	60	11	20	2	30	4	50	5	60	6	70	11	20
2229	22	30	33	50	44	60	11	20	2	30	4	50	5	60	6	70	11	20
2230	22	30	33	50	44	60	11	20	2	30	4	50	5	60	6	70	11	20
2231	22	40	33	50	44	70	11	20	2	30	4	50	5	60	6	70	11	20
2232	22	40	33	50	44	70	11	20	2	30	4	50	5	60	6	70	11	20
2233	22	40	33	50	44	70	11	20	2	30	4	50	5	60	6	70	11	20
2234	22	40	33	60	44	70	11	20	2	30	4	50	5	60	6	80	11	20
2235	22	40	33	60	44	70	11	20	2	30	4	50	5	60	6	80	11	20
2236	22	40	33	60	44	80	11	20	2	30	4	50	5	60	6	80	11	20
2237	22	40	33	60	44	80	11	20	2	30	4	50	5	60	6	80	11	20
2238	22	40	33	60	44	80	11	20	2	30	4	50	5	60	6	80	11	20
2239	22	40	33	60	44	80	11	20	2	30	4	50	5	60	6	80	11	20
2240	22	40	33	60	44	80	11	20	2	30	4	50	5	60	6	80	11	20

Gegenstands-Summa	Werthgebühr: Volle (Art. 22. 40. 41. 50)		Werthgebühr: 1/2 (Art. 25. 27. 29. 30. 38 Abs. 2)		Werthgebühr: 1/2 bis 2200 ℳ, darüber 2/3 (Art. 24)		Werthgebühr: 1 1/2 (Art. 23)		4/10 aus der vollen Werthgebühr (Art. 45 Abs. 3)		4/10 aus 2/3 Werthgebühr (Art. 45 Abs. 3)		Hinterlegungsgebühr: Art. 100		Hinterlegungsgebühr: Art. 101 a		Hinterlegungsgebühr: Art. 101 b		Auseinandersetzungsgebühr 5/10 (der Sätze des § 8 des Reichsgerichts-Kosten-Gesetzes)		Auseinandersetzungsgebühr 2/10 (der Sätze des § 8 des Reichsgerichts-Kosten-Gesetzes)	
ℳ	ℳ	₰	ℳ	₰	ℳ	₰	ℳ	₰	ℳ	₰	ℳ	₰	ℳ	₰	ℳ	₰	ℳ	₰	ℳ	₰	ℳ	₰
2201	12	—	6	—	8	—	18	—	4	80	3	20	5	30	21	10	42	10	25	—	10	—
2202	12	—	6	—	8	—	18	—	4	80	3	20	5	30	21	10	42	10	25	—	10	—
2203	12	—	6	—	8	—	18	—	4	80	3	20	5	30	21	10	42	10	25	—	10	—
2204	12	—	6	—	8	—	18	—	4	80	3	20	5	30	21	10	42	10	25	—	10	—
2205	12	—	6	—	8	—	18	—	4	80	3	20	5	30	21	10	42	10	25	—	10	—
2206	12	—	6	—	8	—	18	—	4	80	3	20	5	30	21	10	42	10	25	—	10	—
2207	12	—	6	—	8	—	18	—	4	80	3	20	5	30	21	10	42	10	25	—	10	—
2208	12	—	6	—	8	—	18	—	4	80	3	20	5	30	21	10	42	10	25	—	10	—
2209	12	—	6	—	8	—	18	—	4	80	3	20	5	30	21	10	42	10	25	—	10	—
2210	12	—	6	—	8	—	18	—	4	80	3	20	5	30	21	10	42	10	25	—	10	—
2211	12	—	6	—	8	—	18	—	4	80	3	20	5	30	21	10	42	20	25	—	10	—
2212	12	—	6	—	8	—	18	—	4	80	3	20	5	30	21	10	42	20	25	—	10	—
2213	12	—	6	—	8	—	18	—	4	80	3	20	5	30	21	10	42	20	25	—	10	—
2214	12	—	6	—	8	—	18	—	4	80	3	20	5	30	21	10	42	20	25	—	10	—
2215	12	—	6	—	8	—	18	—	4	80	3	20	5	30	21	10	42	20	25	—	10	—
2216	12	—	6	—	8	—	18	—	4	80	3	20	5	30	21	10	42	20	25	—	10	—
2217	12	—	6	—	8	—	18	—	4	80	3	20	5	30	21	10	42	20	25	—	10	—
2218	12	—	6	—	8	—	18	—	4	80	3	20	5	30	21	10	42	20	25	—	10	—
2219	12	—	6	—	8	—	18	—	4	80	3	20	5	30	21	10	42	20	25	—	10	—
2220	12	—	6	—	8	—	18	—	4	80	3	20	5	30	21	10	42	20	25	—	10	—
2221	12	—	6	—	8	—	18	—	4	80	3	20	5	30	21	20	42	30	25	—	10	—
2222	12	—	6	—	8	—	18	—	4	80	3	20	5	30	21	20	42	30	25	—	10	—
2223	12	—	6	—	8	—	18	—	4	80	3	20	5	30	21	20	42	30	25	—	10	—
2224	12	—	6	—	8	—	18	—	4	80	3	20	5	30	21	20	42	30	25	—	10	—
2225	12	—	6	—	8	—	18	—	4	80	3	20	5	30	21	20	42	30	25	—	10	—
2226	12	—	6	—	8	—	18	—	4	80	3	20	5	30	21	20	42	30	25	—	10	—
2227	12	—	6	—	8	—	18	—	4	80	3	20	5	30	21	20	42	30	25	—	10	—
2228	12	—	6	—	8	—	18	—	4	80	3	20	5	30	21	20	42	30	25	—	10	—
2229	12	—	6	—	8	—	18	—	4	80	3	20	5	30	21	20	42	30	25	—	10	—
2230	12	—	6	—	8	—	18	—	4	80	3	20	5	30	21	20	42	30	25	—	10	—
2231	12	—	6	—	8	—	18	—	4	80	3	20	5	30	21	20	42	40	25	—	10	—
2232	12	—	6	—	8	—	18	—	4	80	3	20	5	30	21	20	42	40	25	—	10	—
2233	12	—	6	—	8	—	18	—	4	80	3	20	5	30	21	20	42	40	25	—	10	—
2234	12	—	6	—	8	—	18	—	4	80	3	20	5	30	21	20	42	40	25	—	10	—
2235	12	—	6	—	8	—	18	—	4	80	3	20	5	30	21	20	42	40	25	—	10	—
2236	12	—	6	—	8	—	18	—	4	80	3	20	5	30	21	20	42	40	25	—	10	—
2237	12	—	6	—	8	—	18	—	4	80	3	20	5	30	21	20	42	40	25	—	10	—
2238	12	—	6	—	8	—	18	—	4	80	3	20	5	30	21	20	42	40	25	—	10	—
2239	12	—	6	—	8	—	18	—	4	80	3	20	5	30	21	20	42	40	25	—	10	—
2240	12	—	6	—	8	—	18	—	4	80	3	20	5	30	21	20	42	40	25	—	10	—

Gegen-standss-Summa	Staatsgebühren 1 Prozent		Staatsgebühren 1 1/2 Prozent		Staatsgebühren 2 Prozent		Besitz-veränderungs-abgabe		Staatsgebühren 1 pro mille		Staatsgebühren 2 pro mille		Staatsgebühren 2 1/2 pro mille		Staatsgebühren 3 pro mille		Staatsgebühren 5 pro mille	
M	M	₰	M	₰	M	₰	M	₰	M	₰	M	₰	M	₰	M	₰	M	₰
2241	22	50	33	70	44	90	11	30	2	30	4	50	5	70	6	80	11	30
2242	22	50	33	70	44	90	11	30	2	30	4	50	5	70	6	80	11	30
2243	22	50	33	70	44	90	11	30	2	30	4	50	5	70	6	80	11	30
2244	22	50	33	70	44	90	11	30	2	30	4	50	5	70	6	80	11	30
2245	22	50	33	70	44	90	11	30	2	30	4	50	5	70	6	80	11	30
2246	22	50	33	70	45	—	11	30	2	30	4	50	5	70	6	80	11	30
2247	22	50	33	80	45	—	11	30	2	30	4	50	5	70	6	80	11	30
2248	22	50	33	80	45	—	11	30	2	30	4	50	5	70	6	80	11	30
2249	22	50	33	80	45	—	11	30	2	30	4	50	5	70	6	80	11	30
2250	22	50	33	80	45	—	11	30	2	30	4	50	5	70	6	80	11	30
2251	22	60	33	80	45	10	11	30	2	30	4	60	5	70	6	80	11	30
2252	22	60	33	80	45	10	11	30	2	30	4	60	5	70	6	80	11	30
2253	22	60	33	80	45	10	11	30	2	30	4	60	5	70	6	80	11	30
2254	22	60	33	90	45	10	11	30	2	30	4	60	5	70	6	80	11	30
2255	22	60	33	90	45	10	11	30	2	30	4	60	5	70	6	80	11	30
2256	22	60	33	90	45	20	11	30	2	30	4	60	5	70	6	80	11	30
2257	22	60	33	90	45	20	11	30	2	30	4	60	5	70	6	80	11	30
2258	22	60	33	90	45	20	11	30	2	30	4	60	5	70	6	80	11	30
2259	22	60	33	90	45	20	11	30	2	30	4	60	5	70	6	80	11	30
2260	22	60	33	90	45	20	11	30	2	30	4	60	5	70	6	80	11	30
2261	22	70	34	—	45	30	11	40	2	30	4	60	5	70	6	80	11	40
2262	22	70	34	—	45	30	11	40	2	30	4	60	5	70	6	80	11	40
2263	22	70	34	—	45	30	11	40	2	30	4	60	5	70	6	80	11	40
2264	22	70	34	—	45	30	11	40	2	30	4	60	5	70	6	80	11	40
2265	22	70	34	—	45	30	11	40	2	30	4	60	5	70	6	80	11	40
2266	22	70	34	—	45	40	11	40	2	30	4	60	5	70	6	80	11	40
2267	22	70	34	10	45	40	11	40	2	30	4	60	5	70	6	90	11	40
2268	22	70	34	10	45	40	11	40	2	30	4	60	5	70	6	90	11	40
2269	22	70	34	10	45	40	11	40	2	30	4	60	5	70	6	90	11	40
2270	22	70	34	10	45	40	11	40	2	30	4	60	5	70	6	90	11	40
2271	22	80	34	10	45	50	11	40	2	30	4	60	5	70	6	90	11	40
2272	22	80	34	10	45	50	11	40	2	30	4	60	5	70	6	90	11	40
2273	22	80	34	10	45	50	11	40	2	30	4	60	5	70	6	90	11	40
2274	22	80	34	20	45	50	11	40	2	30	4	60	5	70	6	90	11	40
2275	22	80	34	20	45	50	11	40	2	30	4	60	5	70	6	90	11	40
2276	22	80	34	20	45	60	11	40	2	30	4	60	5	70	6	90	11	40
2277	22	80	34	20	45	60	11	40	2	30	4	60	5	70	6	90	11	40
2278	22	80	34	20	45	60	11	40	2	30	4	60	5	70	6	90	11	40
2279	22	80	34	20	45	60	11	40	2	30	4	60	5	70	6	90	11	40
2280	22	80	34	20	45	60	11	40	2	30	4	60	5	70	6	90	11	40

Gegen-stands-Summa	Werthgebühr								4/10 aus der vollen Werth-gebühr		4/10 aus 2/3 Werth-gebühr		Hinterlegungs-gebühr						Auseinander-setzungsgebühr			
	Volle		1/2		1/2 bis 2200 M.		1 1/2												5/10		2/10	
	Art. 22. 40. 41. 50		Art. 25. 27. 29. 30. 38 Abs. 2		darüber 2/3 Art. 24		Art. 23		Art. 45 Abs. 3				Art. 100		Art. 101 a		Art. 101 b		der Sätze des § 8 des Reichsgerichts-Kosten-Gesetzes			
M	M	Pf	M	Pf	M	Pf	M	Pf	M	Pf	M	Pf	M	Pf	M	Pf	M	Pf	M	Pf	M	Pf
2241	12	—	6	—	8	—	18	—	4	80	3	20	5	40	21	30	42	50	25	—	10	—
2242	12	—	6	—	8	—	18	—	4	80	3	20	5	40	21	30	42	50	25	—	10	—
2243	12	—	6	—	8	—	18	—	4	80	3	20	5	40	21	30	42	50	25	—	10	—
2244	12	—	6	—	8	—	18	—	4	80	3	20	5	40	21	30	42	50	25	—	10	—
2245	12	—	6	—	8	—	18	—	4	80	3	20	5	40	21	30	42	50	25	—	10	—
2246	12	—	6	—	8	—	18	—	4	80	3	20	5	40	21	30	42	50	25	—	10	—
2247	12	—	6	—	8	—	18	—	4	80	3	20	5	40	21	30	42	50	25	—	10	—
2248	12	—	6	—	8	—	18	—	4	80	3	20	5	40	21	30	42	50	25	—	10	—
2249	12	—	6	—	8	—	18	—	4	80	3	20	5	40	21	30	42	50	25	—	10	—
2250	12	—	6	—	8	—	18	—	4	80	3	20	5	40	21	30	42	50	25	—	10	—
2251	12	—	6	—	8	—	18	—	4	80	3	20	5	40	21	30	42	60	25	—	10	—
2252	12	—	6	—	8	—	18	—	4	80	3	20	5	40	21	30	42	60	25	—	10	—
2253	12	—	6	—	8	—	18	—	4	80	3	20	5	40	21	30	42	60	25	—	10	—
2254	12	—	6	—	8	—	18	—	4	80	3	20	5	40	21	30	42	60	25	—	10	—
2255	12	—	6	—	8	—	18	—	4	80	3	20	5	40	21	30	42	60	25	—	10	—
2256	12	—	6	—	8	—	18	—	4	80	3	20	5	40	21	30	42	60	25	—	10	—
2257	12	—	6	—	8	—	18	—	4	80	3	20	5	40	21	30	42	60	25	—	10	—
2258	12	—	6	—	8	—	18	—	4	80	3	20	5	40	21	30	42	60	25	—	10	—
2259	12	—	6	—	8	—	18	—	4	80	3	20	5	40	21	30	42	60	25	—	10	—
2260	12	—	6	—	8	—	18	—	4	80	3	20	5	40	21	30	42	60	25	—	10	—
2261	12	—	6	—	8	—	18	—	4	80	3	20	5	40	21	40	42	70	25	—	10	—
2262	12	—	6	—	8	—	18	—	4	80	3	20	5	40	21	40	42	70	25	—	10	—
2263	12	—	6	—	8	—	18	—	4	80	3	20	5	40	21	40	42	70	25	—	10	—
2264	12	—	6	—	8	—	18	—	4	80	3	20	5	40	21	40	42	70	25	—	10	—
2265	12	—	6	—	8	—	18	—	4	80	3	20	5	40	21	40	42	70	25	—	10	—
2266	12	—	6	—	8	—	18	—	4	80	3	20	5	40	21	40	42	70	25	—	10	—
2267	12	—	6	—	8	—	18	—	4	80	3	20	5	40	21	40	42	70	25	—	10	—
2268	12	—	6	—	8	—	18	—	4	80	3	20	5	40	21	40	42	70	25	—	10	—
2269	12	—	6	—	8	—	18	—	4	80	3	20	5	40	21	40	42	70	25	—	10	—
2270	12	—	6	—	8	—	18	—	4	80	3	20	5	40	21	40	42	70	25	—	10	—
2271	12	—	6	—	8	—	18	—	4	80	3	20	5	40	21	40	42	80	25	—	10	—
2272	12	—	6	—	8	—	18	—	4	80	3	20	5	40	21	40	42	80	25	—	10	—
2273	12	—	6	—	8	—	18	—	4	80	3	20	5	40	21	40	42	80	25	—	10	—
2274	12	—	6	—	8	—	18	—	4	80	3	20	5	40	21	40	42	80	25	—	10	—
2275	12	—	6	—	8	—	18	—	4	80	3	20	5	40	21	40	42	80	25	—	10	—
2276	12	—	6	—	8	—	18	—	4	80	3	20	5	40	21	40	42	80	25	—	10	—
2277	12	—	6	—	8	—	18	—	4	80	3	20	5	40	21	40	42	80	25	—	10	—
2278	12	—	6	—	8	—	18	—	4	80	3	20	5	40	21	40	42	80	25	—	10	—
2279	12	—	6	—	8	—	18	—	4	80	3	20	5	40	21	40	42	80	25	—	10	—
2280	12	—	6	—	8	—	18	—	4	80	3	20	5	40	21	40	42	80	25	—	10	—

Gegen-stands-Summa	Staatsgebühren 1 Prozent		Staatsgebühren 1½ Prozent		Staatsgebühren 2 Prozent		Besitz-veränderungs-abgabe		Staatsgebühren 1 pro mille		Staatsgebühren 2 pro mille		Staatsgebühren 2½ pro mille		Staatsgebühren 3 pro mille		Staatsgebühren 5 pro mille	
M	M	₰	M	₰	M	₰	M	₰	M	₰	M	₰	M	₰	M	₰	M	₰
2281	22	90	34	30	45	70	11	50	2	30	4	60	5	80	6	90	11	50
2282	22	90	34	30	45	70	11	50	2	30	4	60	5	80	6	90	11	50
2283	22	90	34	30	45	70	11	50	2	30	4	60	5	80	6	90	11	50
2284	22	90	34	30	45	70	11	50	2	30	4	60	5	80	6	90	11	50
2285	22	90	34	30	45	70	11	50	2	30	4	60	5	80	6	90	11	50
2286	22	90	34	30	45	80	11	50	2	30	4	60	5	80	6	90	11	50
2287	22	90	34	40	45	80	11	50	2	30	4	60	5	80	6	90	11	50
2288	22	90	34	40	45	80	11	50	2	30	4	60	5	80	6	90	11	50
2289	22	90	34	40	45	80	11	50	2	30	4	60	5	80	6	90	11	50
2290	22	90	34	40	45	80	11	50	2	30	4	60	5	80	6	90	11	50
2291	23	—	34	40	45	90	11	50	2	30	4	60	5	80	6	90	11	50
2292	23	—	34	40	45	90	11	50	2	30	4	60	5	80	6	90	11	50
2293	23	—	34	40	45	90	11	50	2	30	4	60	5	80	6	90	11	50
2294	23	—	34	50	45	90	11	50	2	30	4	60	5	80	6	90	11	50
2295	23	—	34	50	45	90	11	50	2	30	4	60	5	80	6	90	11	50
2296	23	—	34	50	46	—	11	50	2	30	4	60	5	80	6	90	11	50
2297	23	—	34	50	46	—	11	50	2	30	4	60	5	80	6	90	11	50
2298	23	—	34	50	46	—	11	50	2	30	4	60	5	80	6	90	11	50
2299	23	—	34	50	46	—	11	50	2	30	4	60	5	80	6	90	11	50
2300	23	—	34	50	46	—	11	50	2	30	4	60	5	80	6	90	11	50
2301	23	10	34	60	46	10	11	60	2	40	4	70	5	80	7	—	11	60
2302	23	10	34	60	46	10	11	60	2	40	4	70	5	80	7	—	11	60
2303	23	10	34	60	46	10	11	60	2	40	4	70	5	80	7	—	11	60
2304	23	10	34	60	46	10	11	60	2	40	4	70	5	80	7	—	11	60
2305	23	10	34	60	46	10	11	60	2	40	4	70	5	80	7	—	11	60
2306	23	10	34	60	46	20	11	60	2	40	4	70	5	80	7	—	11	60
2307	23	10	34	70	46	20	11	60	2	40	4	70	5	80	7	—	11	60
2308	23	10	34	70	46	20	11	60	2	40	4	70	5	80	7	—	11	60
2309	23	10	34	70	46	20	11	60	2	40	4	70	5	80	7	—	11	60
2310	23	10	34	70	46	20	11	60	2	40	4	70	5	80	7	—	11	60
2311	23	20	34	70	46	30	11	60	2	40	4	70	5	80	7	—	11	60
2312	23	20	34	70	46	30	11	60	2	40	4	70	5	80	7	—	11	60
2313	23	20	34	70	46	30	11	60	2	40	4	70	5	80	7	—	11	60
2314	23	20	34	80	46	30	11	60	2	40	4	70	5	80	7	—	11	60
2315	23	20	34	80	46	30	11	60	2	40	4	70	5	80	7	—	11	60
2316	23	20	34	80	46	40	11	60	2	40	4	70	5	80	7	—	11	60
2317	23	20	34	80	46	40	11	60	2	40	4	70	5	80	7	—	11	60
2318	23	20	34	80	46	40	11	60	2	40	4	70	5	80	7	—	11	60
2319	23	20	34	80	46	40	11	60	2	40	4	70	5	80	7	—	11	60
2320	23	20	34	80	46	40	11	60	2	40	4	70	5	80	7	—	11	60

Gegenstands-Summa	Werthgebühr: Volle (Art. 22. 40. 41. 50)		Werthgebühr: 1/2 (Art. 25. 27. 29. 30. 38 Abs. 2)		Werthgebühr: 1/2 bis 2200 M, darüber 2/3 (Art. 24)		Werthgebühr: 1 1/2 (Art. 23)		4/10 aus der vollen Werthgebühr (Art. 45 Abs. 3)		4/10 aus 2/3 Werthgebühr (Art. 45 Abs. 3)		Hinterlegungsgebühr: Art. 100		Hinterlegungsgebühr: Art. 101 a		Hinterlegungsgebühr: Art. 101 b		Auseinandersetzungsgebühr 5/10 der Sätze des § 8 des Reichsgerichts-Kosten-Gesetzes		Auseinandersetzungsgebühr 2/10 der Sätze des § 8 des Reichsgerichts-Kosten-Gesetzes	
M	M	₰	M	₰	M	₰	M	₰	M	₰	M	₰	M	₰	M	₰	M	₰	M	₰	M	₰
2281	12	—	6	—	8	—	18	—	4	80	3	20	5	40	21	50	42	90	25	—	10	—
2282	12	—	6	—	8	—	18	—	4	80	3	20	5	40	21	50	42	90	25	—	10	—
2283	12	—	6	—	8	—	18	—	4	80	3	20	5	40	21	50	42	90	25	—	10	—
2284	12	—	6	—	8	—	18	—	4	80	3	20	5	40	21	50	42	90	25	—	10	—
2285	12	—	6	—	8	—	18	—	4	80	3	20	5	40	21	50	42	90	25	—	10	—
2286	12	—	6	—	8	—	18	—	4	80	3	20	5	40	21	50	42	90	25	—	10	—
2287	12	—	6	—	8	—	18	—	4	80	3	20	5	40	21	50	42	90	25	—	10	—
2288	12	—	6	—	8	—	18	—	4	80	3	20	5	40	21	50	42	90	25	—	10	—
2289	12	—	6	—	8	—	18	—	4	80	3	20	5	40	21	50	42	90	25	—	10	—
2290	12	—	6	—	8	—	18	—	4	80	3	20	5	40	21	50	42	90	25	—	10	—
2291	12	—	6	—	8	—	18	—	4	80	3	20	5	40	21	50	43	—	25	—	10	—
2292	12	—	6	—	8	—	18	—	4	80	3	20	5	40	21	50	43	—	25	—	10	—
2293	12	—	6	—	8	—	18	—	4	80	3	20	5	40	21	50	43	—	25	—	10	—
2294	12	—	6	—	8	—	18	—	4	80	3	20	5	40	21	50	43	—	25	—	10	—
2295	12	—	6	—	8	—	18	—	4	80	3	20	5	40	21	50	43	—	25	—	10	—
2296	12	—	6	—	8	—	18	—	4	80	3	20	5	40	21	50	43	—	25	—	10	—
2297	12	—	6	—	8	—	18	—	4	80	3	20	5	40	21	50	43	—	25	—	10	—
2298	12	—	6	—	8	—	18	—	4	80	3	20	5	40	21	50	43	—	25	—	10	—
2299	12	—	6	—	8	—	18	—	4	80	3	20	5	40	21	50	43	—	25	—	10	—
2300	12	—	6	—	8	—	18	—	4	80	3	20	5	40	21	50	43	—	25	—	10	—
2301	12	—	6	—	8	—	18	—	4	80	3	20	5	40	21	60	43	10	25	—	10	—
2302	12	—	6	—	8	—	18	—	4	80	3	20	5	40	21	60	43	10	25	—	10	—
2303	12	—	6	—	8	—	18	—	4	80	3	20	5	40	21	60	43	10	25	—	10	—
2304	12	—	6	—	8	—	18	—	4	80	3	20	5	40	21	60	43	10	25	—	10	—
2305	12	—	6	—	8	—	18	—	4	80	3	20	5	40	21	60	43	10	25	—	10	—
2306	12	—	6	—	8	—	18	—	4	80	3	20	5	40	21	60	43	10	25	—	10	—
2307	12	—	6	—	8	—	18	—	4	80	3	20	5	40	21	60	43	10	25	—	10	—
2308	12	—	6	—	8	—	18	—	4	80	3	20	5	40	21	60	43	10	25	—	10	—
2309	12	—	6	—	8	—	18	—	4	80	3	20	5	40	21	60	43	10	25	—	10	—
2310	12	—	6	—	8	—	18	—	4	80	3	20	5	40	21	60	43	10	25	—	10	—
2311	12	—	6	—	8	—	18	—	4	80	3	20	5	40	21	60	43	20	25	—	10	—
2312	12	—	6	—	8	—	18	—	4	80	3	20	5	40	21	60	43	20	25	—	10	—
2313	12	—	6	—	8	—	18	—	4	80	3	20	5	40	21	60	43	20	25	—	10	—
2314	12	—	6	—	8	—	18	—	4	80	3	20	5	40	21	60	43	20	25	—	10	—
2315	12	—	6	—	8	—	18	—	4	80	3	20	5	40	21	60	43	20	25	—	10	—
2316	12	—	6	—	8	—	18	—	4	80	3	20	5	40	21	60	43	20	25	—	10	—
2317	12	—	6	—	8	—	18	—	4	80	3	20	5	40	21	60	43	20	25	—	10	—
2318	12	—	6	—	8	—	18	—	4	80	3	20	5	40	21	60	43	20	25	—	10	—
2319	12	—	6	—	8	—	18	—	4	80	3	20	5	40	21	60	43	20	25	—	10	—
2320	12	—	6	—	8	—	18	—	4	80	3	20	5	40	21	60	43	20	25	—	10	—

Gegen-standS-Summa	Staatsgebühren 1 Prozent		Staatsgebühren 1½ Prozent		Staatsgebühren 2 Prozent		Besitz-veränderungs-abgabe		Staatsgebühren 1 pro mille		Staatsgebühren 2 pro mille		Staatsgebühren 2½ pro mille		Staatsgebühren 3 pro mille		Staatsgebühren 5 pro mille	
ℳ	ℳ	₰	ℳ	₰	ℳ	₰	ℳ	₰	ℳ	₰	ℳ	₰	ℳ	₰	ℳ	₰	ℳ	₰
2321	23	30	34	90	46	50	11	70	2	40	4	70	5	90	7	—	11	70
2322	23	30	34	90	46	50	11	70	2	40	4	70	5	90	7	—	11	70
2323	23	30	34	90	46	50	11	70	2	40	4	70	5	90	7	—	11	70
2324	23	30	34	90	46	50	11	70	2	40	4	70	5	90	7	—	11	70
2325	23	30	34	90	46	50	11	70	2	40	4	70	5	90	7	—	11	70
2326	23	30	34	90	46	60	11	70	2	40	4	70	5	90	7	—	11	70
2327	23	30	35	—	46	60	11	70	2	40	4	70	5	90	7	—	11	70
2328	23	30	35	—	46	60	11	70	2	40	4	70	5	90	7	—	11	70
2329	23	30	35	—	46	60	11	70	2	40	4	70	5	90	7	—	11	70
2330	23	30	35	—	46	60	11	70	2	40	4	70	5	90	7	—	11	70
2331	23	40	35	—	46	70	11	70	2	40	4	70	5	90	7	—	11	70
2332	23	40	35	—	46	70	11	70	2	40	4	70	5	90	7	—	11	70
2333	23	40	35	—	46	70	11	70	2	40	4	70	5	90	7	—	11	70
2334	23	40	35	10	46	70	11	70	2	40	4	70	5	90	7	10	11	70
2335	23	40	35	10	46	70	11	70	2	40	4	70	5	90	7	10	11	70
2336	23	40	35	10	46	80	11	70	2	40	4	70	5	90	7	10	11	70
2337	23	40	35	10	46	80	11	70	2	40	4	70	5	90	7	10	11	70
2338	23	40	35	10	46	80	11	70	2	40	4	70	5	90	7	10	11	70
2339	23	40	35	10	46	80	11	70	2	40	4	70	5	90	7	10	11	70
2340	23	40	35	10	46	80	11	70	2	40	4	70	5	90	7	10	11	70
2341	23	50	35	20	46	90	11	80	2	40	4	70	5	90	7	10	11	80
2342	23	50	35	20	46	90	11	80	2	40	4	70	5	90	7	10	11	80
2343	23	50	35	20	46	90	11	80	2	40	4	70	5	90	7	10	11	80
2344	23	50	35	20	46	90	11	80	2	40	4	70	5	90	7	10	11	80
2345	23	50	35	20	46	90	11	80	2	40	4	70	5	90	7	10	11	80
2346	23	50	35	20	47	—	11	80	2	40	4	70	5	90	7	10	11	80
2347	23	50	35	30	47	—	11	80	2	40	4	70	5	90	7	10	11	80
2348	23	50	35	30	47	—	11	80	2	40	4	70	5	90	7	10	11	80
2349	23	50	35	30	47	—	11	80	2	40	4	70	5	90	7	10	11	80
2350	23	50	35	30	47	—	11	80	2	40	4	70	5	90	7	10	11	80
2351	23	60	35	30	47	10	11	80	2	40	4	80	5	90	7	10	11	80
2352	23	60	35	30	47	10	11	80	2	40	4	80	5	90	7	10	11	80
2353	23	60	35	30	47	10	11	80	2	40	4	80	5	90	7	10	11	80
2354	23	60	35	40	47	10	11	80	2	40	4	80	5	90	7	10	11	80
2355	23	60	35	40	47	10	11	80	2	40	4	80	5	90	7	10	11	80
2356	23	60	35	40	47	20	11	80	2	40	4	80	5	90	7	10	11	80
2357	23	60	35	40	47	20	11	80	2	40	4	80	5	90	7	10	11	80
2358	23	60	35	40	47	20	11	80	2	40	4	80	5	90	7	10	11	80
2359	23	60	35	40	47	20	11	80	2	40	4	80	5	90	7	10	11	80
2360	23	60	35	40	47	20	11	80	2	40	4	80	5	90	7	10	11	80

Gegenstands-Summa	Werthgebühr: Volle (Art. 22. 40. 41. 50)		1/2 (Art. 25. 27. 29. 30. 38 Abs. 2)		1/2 bis 2200 M. darüber 2/3 (Art. 24)		1 1/2 (Art. 23)		4/10 aus der vollen Werthgebühr (Art. 45 Abs. 3)		4/10 aus 2/3 Werthgebühr (Art. 45 Abs. 3)		Hinterlegungsgebühr: Art. 100		Art. 101a		Art. 101b		Auseinandersetzungsgebühr (der Sätze des § 8 des Reichsgerichts-Kosten-Gesetzes): 5/10		2/10	
M	M	₰	M	₰	M	₰	M	₰	M	₰	M	₰	M	₰	M	₰	M	₰	M	₰	M	₰
2321	12	—	6	—	8	—	18	—	4	80	3	20	5	50	21	70	43	30	25	—	10	—
2322	12	—	6	—	8	—	18	—	4	80	3	20	5	50	21	70	43	30	25	—	10	—
2323	12	—	6	—	8	—	18	—	4	80	3	20	5	50	21	70	43	30	25	—	10	—
2324	12	—	6	—	8	—	18	—	4	80	3	20	5	50	21	70	43	30	25	—	10	—
2325	12	—	6	—	8	—	18	—	4	80	3	20	5	50	21	70	43	30	25	—	10	—
2326	12	—	6	—	8	—	18	—	4	80	3	20	5	50	21	70	43	30	25	—	10	—
2327	12	—	6	—	8	—	18	—	4	80	3	20	5	50	21	70	43	30	25	—	10	—
2328	12	—	6	—	8	—	18	—	4	80	3	20	5	50	21	70	43	30	25	—	10	—
2329	12	—	6	—	8	—	18	—	4	80	3	20	5	50	21	70	43	30	25	—	10	—
2330	12	—	6	—	8	—	18	—	4	80	3	20	5	50	21	70	43	30	25	—	10	—
2331	12	—	6	—	8	—	18	—	4	80	3	20	5	50	21	70	43	40	25	—	10	—
2332	12	—	6	—	8	—	18	—	4	80	3	20	5	50	21	70	43	40	25	—	10	—
2333	12	—	6	—	8	—	18	—	4	80	3	20	5	50	21	70	43	40	25	—	10	—
2334	12	—	6	—	8	—	18	—	4	80	3	20	5	50	21	70	43	40	25	—	10	—
2335	12	—	6	—	8	—	18	—	4	80	3	20	5	50	21	70	43	40	25	—	10	—
2336	12	—	6	—	8	—	18	—	4	80	3	20	5	50	21	70	43	40	25	—	10	—
2337	12	—	6	—	8	—	18	—	4	80	3	20	5	50	21	70	43	40	25	—	10	—
2338	12	—	6	—	8	—	18	—	4	80	3	20	5	50	21	70	43	40	25	—	10	—
2339	12	—	6	—	8	—	18	—	4	80	3	20	5	50	21	70	43	40	25	—	10	—
2340	12	—	6	—	8	—	18	—	4	80	3	20	5	50	21	70	43	40	25	—	10	—
2341	12	—	6	—	8	—	18	—	4	80	3	20	5	50	21	80	43	50	25	—	10	—
2342	12	—	6	—	8	—	18	—	4	80	3	20	5	50	21	80	43	50	25	—	10	—
2343	12	—	6	—	8	—	18	—	4	80	3	20	5	50	21	80	43	50	25	—	10	—
2344	12	—	6	—	8	—	18	—	4	80	3	20	5	50	21	80	43	50	25	—	10	—
2345	12	—	6	—	8	—	18	—	4	80	3	20	5	50	21	80	43	50	25	—	10	—
2346	12	—	6	—	8	—	18	—	4	80	3	20	5	50	21	80	43	50	25	—	10	—
2347	12	—	6	—	8	—	18	—	4	80	3	20	5	50	21	80	43	50	25	—	10	—
2348	12	—	6	—	8	—	18	—	4	80	3	20	5	50	21	80	43	50	25	—	10	—
2349	12	—	6	—	8	—	18	—	4	80	3	20	5	50	21	80	43	50	25	—	10	—
2350	12	—	6	—	8	—	18	—	4	80	3	20	5	50	21	80	43	50	25	—	10	—
2351	12	—	6	—	8	—	18	—	4	80	3	20	5	50	21	80	43	60	25	—	10	—
2352	12	—	6	—	8	—	18	—	4	80	3	20	5	50	21	80	43	60	25	—	10	—
2353	12	—	6	—	8	—	18	—	4	80	3	20	5	50	21	80	43	60	25	—	10	—
2354	12	—	6	—	8	—	18	—	4	80	3	20	5	50	21	80	43	60	25	—	10	—
2355	12	—	6	—	8	—	18	—	4	80	3	20	5	50	21	80	43	60	25	—	10	—
2356	12	—	6	—	8	—	18	—	4	80	3	20	5	50	21	80	43	60	25	—	10	—
2357	12	—	6	—	8	—	18	—	4	80	3	20	5	50	21	80	43	60	25	—	10	—
2358	12	—	6	—	8	—	18	—	4	80	3	20	5	50	21	80	43	60	25	—	10	—
2359	12	—	6	—	8	—	18	—	4	80	3	20	5	50	21	80	43	60	25	—	10	—
2360	12	—	6	—	8	—	18	—	4	80	3	20	5	50	21	80	43	60	25	—	10	—

Gegen-stands-Summa	Staatsgebühren						Besitz-verände-rungs-abgabe		Staatsgebühren									
	1		1½		2				1		2		2½		3		5	
	Prozent								pro mille									
ℳ	ℳ	₰	ℳ	₰	ℳ	₰	ℳ	₰	ℳ	₰	ℳ	₰	ℳ	₰	ℳ	₰	ℳ	₰
2361	23	70	35	50	47	30	11	90	2	40	4	80	6	—	7	10	11	90
2362	23	70	35	50	47	30	11	90	2	40	4	80	6	—	7	10	11	90
2363	23	70	35	50	47	30	11	90	2	40	4	80	6	—	7	10	11	90
2364	23	70	35	50	47	30	11	90	2	40	4	80	6	—	7	10	11	90
2365	23	70	35	50	47	30	11	90	2	40	4	80	6	—	7	10	11	90
2366	23	70	35	50	47	40	11	90	2	40	4	80	6	—	7	10	11	90
2367	23	70	35	60	47	40	11	90	2	40	4	80	6	—	7	20	11	90
2368	23	70	35	60	47	40	11	90	2	40	4	80	6	—	7	20	11	90
2369	23	70	35	60	47	40	11	90	2	40	4	80	6	—	7	20	11	90
2370	23	70	35	60	47	40	11	90	2	40	4	80	6	—	7	20	11	90
2371	23	80	35	60	47	50	11	90	2	40	4	80	6	—	7	20	11	90
2372	23	80	35	60	47	50	11	90	2	40	4	80	6	—	7	20	11	90
2373	23	80	35	60	47	50	11	90	2	40	4	80	6	—	7	20	11	90
2374	23	80	35	70	47	50	11	90	2	40	4	80	6	—	7	20	11	90
2375	23	80	35	70	47	50	11	90	2	40	4	80	6	—	7	20	11	90
2376	23	80	35	70	47	60	11	90	2	40	4	80	6	—	7	20	11	90
2377	23	80	35	70	47	60	11	90	2	40	4	80	6	—	7	20	11	90
2378	23	80	35	70	47	60	11	90	2	40	4	80	6	—	7	20	11	90
2379	23	80	35	70	47	60	11	90	2	40	4	80	6	—	7	20	11	90
2380	23	80	35	70	47	60	11	90	2	40	4	80	6	—	7	20	11	90
2381	23	90	35	80	47	70	12	—	2	40	4	80	6	—	7	20	12	—
2382	23	90	35	80	47	70	12	—	2	40	4	80	6	—	7	20	12	—
2383	23	90	35	80	47	70	12	—	2	40	4	80	6	—	7	20	12	—
2384	23	90	35	80	47	70	12	—	2	40	4	80	6	—	7	20	12	—
2385	23	90	35	80	47	70	12	—	2	40	4	80	6	—	7	20	12	—
2386	23	90	35	80	47	80	12	—	2	40	4	80	6	—	7	20	12	—
2387	23	90	35	90	47	80	12	—	2	40	4	80	6	—	7	20	12	—
2388	23	90	35	90	47	80	12	—	2	40	4	80	6	—	7	20	12	—
2389	23	90	35	90	47	80	12	—	2	40	4	80	6	—	7	20	12	—
2390	23	90	35	90	47	80	12	—	2	40	4	80	6	—	7	20	12	—
2391	24	—	35	90	47	90	12	—	2	40	4	80	6	—	7	20	12	—
2392	24	—	35	90	47	90	12	—	2	40	4	80	6	—	7	20	12	—
2393	24	—	35	90	47	90	12	—	2	40	4	80	6	—	7	20	12	—
2394	24	—	36	—	47	90	12	—	2	40	4	80	6	—	7	20	12	—
2395	24	—	36	—	47	90	12	—	2	40	4	80	6	—	7	20	12	—
2396	24	—	36	—	48	—	12	—	2	40	4	80	6	—	7	20	12	—
2397	24	—	36	—	48	—	12	—	2	40	4	80	6	—	7	20	12	—
2398	24	—	36	—	48	—	12	—	2	40	4	80	6	—	7	20	12	—
2399	24	—	36	—	48	—	12	—	2	40	4	80	6	—	7	20	12	—
2400	24	—	36	—	48	—	12	—	2	40	4	80	6	—	7	20	12	—

GegenstandsSumma	Werthgebühr: Volle, Art. 22. 40. 41. 50		Werthgebühr: $^1/_2$, Art. 25. 27. 29. 30. 38 Abs. 2		Werthgebühr: $^1/_2$ bis 2200 M, darüber $^2/_3$, Art. 24		Werthgebühr: $1^1/_2$, Art. 23		$^4/_{10}$ aus der vollen Werthgebühr, Art. 45 Abs. 3		$^4/_{10}$ aus $^2/_3$ Werthgebühr, Art. 45 Abs. 3		Hinterlegungsgebühr: Art. 100		Hinterlegungsgebühr: Art. 101 a		Hinterlegungsgebühr: Art. 101 b		Auseinandersetzungsgebühr: $^5/_{10}$ der Sätze des § 8 des Reichsgerichts-Kosten-Gesetzes		Auseinandersetzungsgebühr: $^2/_{10}$ der Sätze des § 8 des Reichsgerichts-Kosten-Gesetzes	
M	M	₰	M	₰	M	₰	M	₰	M	₰	M	₰	M	₰	M	₰	M	₰	M	₰	M	₰
2361	12	—	6	—	8	—	18	—	4	80	3	20	5	50	21	90	43	70	25	—	10	—
2362	12	—	6	—	8	—	18	—	4	80	3	20	5	50	21	90	43	70	25	—	10	—
2363	12	—	6	—	8	—	18	—	4	80	3	20	5	50	21	90	43	70	25	—	10	—
2364	12	—	6	—	8	—	18	—	4	80	3	20	5	50	21	90	43	70	25	—	10	—
2365	12	—	6	—	8	—	18	—	4	80	3	20	5	50	21	90	43	70	25	—	10	—
2366	12	—	6	—	8	—	18	—	4	80	3	20	5	50	21	90	43	70	25	—	10	—
2367	12	—	6	—	8	—	18	—	4	80	3	20	5	50	21	90	43	70	25	—	10	—
2368	12	—	6	—	8	—	18	—	4	80	3	20	5	50	21	90	43	70	25	—	10	—
2369	12	—	6	—	8	—	18	—	4	80	3	20	5	50	21	90	43	70	25	—	10	—
2370	12	—	6	—	8	—	18	—	4	80	3	20	5	50	21	90	43	70	25	—	10	—
2371	12	—	6	—	8	—	18	—	4	80	3	20	5	50	21	90	43	80	25	—	10	—
2372	12	—	6	—	8	—	18	—	4	80	3	20	5	50	21	90	43	80	25	—	10	—
2373	12	—	6	—	8	—	18	—	4	80	3	20	5	50	21	90	43	80	25	—	10	—
2374	12	—	6	—	8	—	18	—	4	80	3	20	5	50	21	90	43	80	25	—	10	—
2375	12	—	6	—	8	—	18	—	4	80	3	20	5	50	21	90	43	80	25	—	10	—
2376	12	—	6	—	8	—	18	—	4	80	3	20	5	50	21	90	43	80	25	—	10	—
2377	12	—	6	—	8	—	18	—	4	80	3	20	5	50	21	90	43	80	25	—	10	—
2378	12	—	6	—	8	—	18	—	4	80	3	20	5	50	21	90	43	80	25	—	10	—
2379	12	—	6	—	8	—	18	—	4	80	3	20	5	50	21	90	43	80	25	—	10	—
2380	12	—	6	—	8	—	18	—	4	80	3	20	5	50	21	90	43	80	25	—	10	—
2381	12	—	6	—	8	—	18	—	4	80	3	20	5	50	22	—	43	90	25	—	10	—
2382	12	—	6	—	8	—	18	—	4	80	3	20	5	50	22	—	43	90	25	—	10	—
2383	12	—	6	—	8	—	18	—	4	80	3	20	5	50	22	—	43	90	25	—	10	—
2384	12	—	6	—	8	—	18	—	4	80	3	20	5	50	22	—	43	90	25	—	10	—
2385	12	—	6	—	8	—	18	—	4	80	3	20	5	50	22	—	43	90	25	—	10	—
2386	12	—	6	—	8	—	18	—	4	80	3	20	5	50	22	—	43	90	25	—	10	—
2387	12	—	6	—	8	—	18	—	4	80	3	20	5	50	22	—	43	90	25	—	10	—
2388	12	—	6	—	8	—	18	—	4	80	3	20	5	50	22	—	43	90	25	—	10	—
2389	12	—	6	—	8	—	18	—	4	80	3	20	5	50	22	—	43	90	25	—	10	—
2390	12	—	6	—	8	—	18	—	4	80	3	20	5	50	22	—	43	90	25	—	10	—
2391	12	—	6	—	8	—	18	—	4	80	3	20	5	50	22	—	44	—	25	—	10	—
2392	12	—	6	—	8	—	18	—	4	80	3	20	5	50	22	—	44	—	25	—	10	—
2393	12	—	6	—	8	—	18	—	4	80	3	20	5	50	22	—	44	—	25	—	10	—
2394	12	—	6	—	8	—	18	—	4	80	3	20	5	50	22	—	44	—	25	—	10	—
2395	12	—	6	—	8	—	18	—	4	80	3	20	5	50	22	—	44	—	25	—	10	—
2396	12	—	6	—	8	—	18	—	4	80	3	20	5	50	22	—	44	—	25	—	10	—
2397	12	—	6	—	8	—	18	—	4	80	3	20	5	50	22	—	44	—	25	—	10	—
2398	12	—	6	—	8	—	18	—	4	80	3	20	5	50	22	—	44	—	25	—	10	—
2399	12	—	6	—	8	—	18	—	4	80	3	20	5	50	22	—	44	—	25	—	10	—
2400	12	—	6	—	8	—	18	—	4	80	3	20	5	50	22	—	44	—	25	—	10	—

Gegen-standsSumma	Staatsgebühren 1 Prozent		Staatsgebühren 1½ Prozent		Staatsgebühren 2 Prozent		Besitzveränderungsabgabe		Staatsgebühren 1 pro mille		Staatsgebühren 2 pro mille		Staatsgebühren 2½ pro mille		Staatsgebühren 3 pro mille		Staatsgebühren 5 pro mille	
ℳ	ℳ	₰	ℳ	₰	ℳ	₰	ℳ	₰	ℳ	₰	ℳ	₰	ℳ	₰	ℳ	₰	ℳ	₰
2401	24	10	36	10	48	10	12	10	2	50	4	90	6	10	7	30	12	10
2402	24	10	36	10	48	10	12	10	2	50	4	90	6	10	7	30	12	10
2403	24	10	36	10	48	10	12	10	2	50	4	90	6	10	7	30	12	10
2404	24	10	36	10	48	10	12	10	2	50	4	90	6	10	7	30	12	10
2405	24	10	36	10	48	10	12	10	2	50	4	90	6	10	7	30	12	10
2406	24	10	36	10	48	20	12	10	2	50	4	90	6	10	7	30	12	10
2407	24	10	36	20	48	20	12	10	2	50	4	90	6	10	7	30	12	10
2408	24	10	36	20	48	20	12	10	2	50	4	90	6	10	7	30	12	10
2409	24	10	36	20	48	20	12	10	2	50	4	90	6	10	7	30	12	10
2410	24	10	36	20	48	20	12	10	2	50	4	90	6	10	7	30	12	10
2411	24	20	36	20	48	30	12	10	2	50	4	90	6	10	7	30	12	10
2412	24	20	36	20	48	30	12	10	2	50	4	90	6	10	7	30	12	10
2413	24	20	36	20	48	30	12	10	2	50	4	90	6	10	7	30	12	10
2414	24	20	36	30	48	30	12	10	2	50	4	90	6	10	7	30	12	10
2415	24	20	36	30	48	30	12	10	2	50	4	90	6	10	7	30	12	10
2416	24	20	36	30	48	40	12	10	2	50	4	90	6	10	7	30	12	10
2417	24	20	36	30	48	40	12	10	2	50	4	90	6	10	7	30	12	10
2418	24	20	36	30	48	40	12	10	2	50	4	90	6	10	7	30	12	10
2419	24	20	36	30	48	40	12	10	2	50	4	90	6	10	7	30	12	10
2420	24	20	36	30	48	40	12	10	2	50	4	90	6	10	7	30	12	10
2421	24	30	36	40	48	50	12	20	2	50	4	90	6	10	7	30	12	20
2422	24	30	36	40	48	50	12	20	2	50	4	90	6	10	7	30	12	20
2423	24	30	36	40	48	50	12	20	2	50	4	90	6	10	7	30	12	20
2424	24	30	36	40	48	50	12	20	2	50	4	90	6	10	7	30	12	20
2425	24	30	36	40	48	50	12	20	2	50	4	90	6	10	7	30	12	20
2426	24	30	36	40	48	60	12	20	2	50	4	90	6	10	7	30	12	20
2427	24	30	36	50	48	60	12	20	2	50	4	90	6	10	7	30	12	20
2428	24	30	36	50	48	60	12	20	2	50	4	90	6	10	7	30	12	20
2429	24	30	36	50	48	60	12	20	2	50	4	90	6	10	7	30	12	20
2430	24	30	36	50	48	60	12	20	2	50	4	90	6	10	7	30	12	20
2431	24	40	36	50	48	70	12	20	2	50	4	90	6	10	7	30	12	20
2432	24	40	36	50	48	70	12	20	2	50	4	90	6	10	7	30	12	20
2433	24	40	36	50	48	70	12	20	2	50	4	90	6	10	7	30	12	20
2434	24	40	36	60	48	70	12	20	2	50	4	90	6	10	7	40	12	20
2435	24	40	36	60	48	70	12	20	2	50	4	90	6	10	7	40	12	20
2436	24	40	36	60	48	80	12	20	2	50	4	90	6	10	7	40	12	20
2437	24	40	36	60	48	80	12	20	2	50	4	90	6	10	7	40	12	20
2438	24	40	36	60	48	80	12	20	2	50	4	90	6	10	7	40	12	20
2439	24	40	36	60	48	80	12	20	2	50	4	90	6	10	7	40	12	20
2440	24	40	36	60	48	80	12	20	2	50	4	90	6	10	7	40	12	20

Gegen-standds-Summa	Werthgebühr: Volle (Art. 22. 40. 41. 50)		Werthgebühr: 1/2 (Art. 25. 27. 29. 30. 38 Abs. 2)		Werthgebühr: 1/2 bis 2200 ℳ darüber 2/3 (Art. 24)		Werthgebühr: 1 1/2 (Art. 23)		4/10 aus der vollen Werthgebühr (Art. 45 Abs. 3)		4/10 aus 2/3 Werthgebühr (Art. 45 Abs. 3)		Hinterlegungsgebühr: Art. 100		Hinterlegungsgebühr: Art. 101 a		Hinterlegungsgebühr: Art. 101 b		Auseinandersetzungsgebühr: 5/10 der Sätze des § 8 des Reichsgerichts-Kosten-Gesetzes		Auseinandersetzungsgebühr: 2/10 der Sätze des § 8 des Reichsgerichts-Kosten-Gesetzes	
ℳ	ℳ	₰	ℳ	₰	ℳ	₰	ℳ	₰	ℳ	₰	ℳ	₰	ℳ	₰	ℳ	₰	ℳ	₰	ℳ	₰	ℳ	₰
2401	12	—	6	—	8	—	18	—	4	80	3	20	5	60	22	10	44	10	25	—	10	—
2402	12	—	6	—	8	—	18	—	4	80	3	20	5	60	22	10	44	10	25	—	10	—
2403	12	—	6	—	8	—	18	—	4	80	3	20	5	60	22	10	44	10	25	—	10	—
2404	12	—	6	—	8	—	18	—	4	80	3	20	5	60	22	10	44	10	25	—	10	—
2405	12	—	6	—	8	—	18	—	4	80	3	20	5	60	22	10	44	10	25	—	10	—
2406	12	—	6	—	8	—	18	—	4	80	3	20	5	60	22	10	44	10	25	—	10	—
2407	12	—	6	—	8	—	18	—	4	80	3	20	5	60	22	10	44	10	25	—	10	—
2408	12	—	6	—	8	—	18	—	4	80	3	20	5	60	22	10	44	10	25	—	10	—
2409	12	—	6	—	8	—	18	—	4	80	3	20	5	60	22	10	44	10	25	—	10	—
2410	12	—	6	—	8	—	18	—	4	80	3	20	5	60	22	10	44	10	25	—	10	—
2411	12	—	6	—	8	—	18	—	4	80	3	20	5	60	22	10	44	20	25	—	10	—
2412	12	—	6	—	8	—	18	—	4	80	3	20	5	60	22	10	44	20	25	—	10	—
2413	12	—	6	—	8	—	18	—	4	80	3	20	5	60	22	10	44	20	25	—	10	—
2414	12	—	6	—	8	—	18	—	4	80	3	20	5	60	22	10	44	20	25	—	10	—
2415	12	—	6	—	8	—	18	—	4	80	3	20	5	60	22	10	44	20	25	—	10	—
2416	12	—	6	—	8	—	18	—	4	80	3	20	5	60	22	10	44	20	25	—	10	—
2417	12	—	6	—	8	—	18	—	4	80	3	20	5	60	22	10	44	20	25	—	10	—
2418	12	—	6	—	8	—	18	—	4	80	3	20	5	60	22	10	44	20	25	—	10	—
2419	12	—	6	—	8	—	18	—	4	80	3	20	5	60	22	10	44	20	25	—	10	—
2420	12	—	6	—	8	—	18	—	4	80	3	20	5	60	22	10	44	20	25	—	10	—
2421	12	—	6	—	8	—	18	—	4	80	3	20	5	60	22	20	44	30	25	—	10	—
2422	12	—	6	—	8	—	18	—	4	80	3	20	5	60	22	20	44	30	25	—	10	—
2423	12	—	6	—	8	—	18	—	4	80	3	20	5	60	22	20	44	30	25	—	10	—
2424	12	—	6	—	8	—	18	—	4	80	3	20	5	60	22	20	44	30	25	—	10	—
2425	12	—	6	—	8	—	18	—	4	80	3	20	5	60	22	20	44	30	25	—	10	—
2426	12	—	6	—	8	—	18	—	4	80	3	20	5	60	22	20	44	30	25	—	10	—
2427	12	—	6	—	8	—	18	—	4	80	3	20	5	60	22	20	44	30	25	—	10	—
2428	12	—	6	—	8	—	18	—	4	80	3	20	5	60	22	20	44	30	25	—	10	—
2429	12	—	6	—	8	—	18	—	4	80	3	20	5	60	22	20	44	30	25	—	10	—
2430	12	—	6	—	8	—	18	—	4	80	3	20	5	60	22	20	44	30	25	—	10	—
2431	12	—	6	—	8	—	18	—	4	80	3	20	5	60	22	20	44	40	25	—	10	—
2432	12	—	6	—	8	—	18	—	4	80	3	20	5	60	22	20	44	40	25	—	10	—
2433	12	—	6	—	8	—	18	—	4	80	3	20	5	60	22	20	44	40	25	—	10	—
2434	12	—	6	—	8	—	18	—	4	80	3	20	5	60	22	20	44	40	25	—	10	—
2435	12	—	6	—	8	—	18	—	4	80	3	20	5	60	22	20	44	40	25	—	10	—
2436	12	—	6	—	8	—	18	—	4	80	3	20	5	60	22	20	44	40	25	—	10	—
2437	12	—	6	—	8	—	18	—	4	80	3	20	5	60	22	20	44	40	25	—	10	—
2438	12	—	6	—	8	—	18	—	4	80	3	20	5	60	22	20	44	40	25	—	10	—
2439	12	—	6	—	8	—	18	—	4	80	3	20	5	60	22	20	44	40	25	—	10	—
2440	12	—	6	—	8	—	18	—	4	80	3	20	5	60	22	20	44	40	25	—	10	—

Gegenstands-Summa	Staatsgebühren						Besitz-veränderungs-abgabe		Staatsgebühren									
	1		1 1/2		2				1		2		2 1/2		3		5	
	Prozent								pro mille									
ℳ	ℳ	₰	ℳ	₰	ℳ	₰	ℳ	₰	ℳ	₰	ℳ	₰	ℳ	₰	ℳ	₰	ℳ	₰
2441	24	50	36	70	48	90	12	30	2	50	4	90	6	20	7	40	12	30
2442	24	50	36	70	48	90	12	30	2	50	4	90	6	20	7	40	12	30
2443	24	50	36	70	48	90	12	30	2	50	4	90	6	20	7	40	12	30
2444	24	50	36	70	48	90	12	30	2	50	4	90	6	20	7	40	12	30
2445	24	50	36	70	48	90	12	30	2	50	4	90	6	20	7	40	12	30
2446	24	50	36	70	49	—	12	30	2	50	4	90	6	20	7	40	12	30
2447	24	50	36	80	49	—	12	30	2	50	4	90	6	20	7	40	12	30
2448	24	50	36	80	49	—	12	30	2	50	4	90	6	20	7	40	12	30
2449	24	50	36	80	49	—	12	30	2	50	4	90	6	20	7	40	12	30
2450	24	50	36	80	49	—	12	30	2	50	4	90	6	20	7	40	12	30
2451	24	60	36	80	49	10	12	30	2	50	5	—	6	20	7	40	12	30
2452	24	60	36	80	49	10	12	30	2	50	5	—	6	20	7	40	12	30
2453	24	60	36	80	49	10	12	30	2	50	5	—	6	20	7	40	12	30
2454	24	60	36	90	49	10	12	30	2	50	5	—	6	20	7	40	12	30
2455	24	60	36	90	49	10	12	30	2	50	5	—	6	20	7	40	12	30
2456	24	60	36	90	49	20	12	30	2	50	5	—	6	20	7	40	12	30
2457	24	60	36	90	49	20	12	30	2	50	5	—	6	20	7	40	12	30
2458	24	60	36	90	49	20	12	30	2	50	5	—	6	20	7	40	12	30
2459	24	60	36	90	49	20	12	30	2	50	5	—	6	20	7	40	12	30
2460	24	60	36	90	49	20	12	30	2	50	5	—	6	20	7	40	12	30
2461	24	70	37	—	49	30	12	40	2	50	5	—	6	20	7	40	12	40
2462	24	70	37	—	49	30	12	40	2	50	5	—	6	20	7	40	12	40
2463	24	70	37	—	49	30	12	40	2	50	5	—	6	20	7	40	12	40
2464	24	70	37	—	49	30	12	40	2	50	5	—	6	20	7	40	12	40
2465	24	70	37	—	49	30	12	40	2	50	5	—	6	20	7	40	12	40
2466	24	70	37	—	49	40	12	40	2	50	5	—	6	20	7	40	12	40
2467	24	70	37	10	49	40	12	40	2	50	5	—	6	20	7	50	12	40
2468	24	70	37	10	49	40	12	40	2	50	5	—	6	20	7	50	12	40
2469	24	70	37	10	49	40	12	40	2	50	5	—	6	20	7	50	12	40
2470	24	70	37	10	49	40	12	40	2	50	5	—	6	20	7	50	12	40
2471	24	80	37	10	49	50	12	40	2	50	5	—	6	20	7	50	12	40
2472	24	80	37	10	49	50	12	40	2	50	5	—	6	20	7	50	12	40
2473	24	80	37	10	49	50	12	40	2	50	5	—	6	20	7	50	12	40
2474	24	80	37	20	49	50	12	40	2	50	5	—	6	20	7	50	12	40
2475	24	80	37	20	49	50	12	40	2	50	5	—	6	20	7	50	12	40
2476	24	80	37	20	49	60	12	40	2	50	5	—	6	20	7	50	12	40
2477	24	80	37	20	49	60	12	40	2	50	5	—	6	20	7	50	12	40
2478	24	80	37	20	49	60	12	40	2	50	5	—	6	20	7	50	12	40
2479	24	80	37	20	49	60	12	40	2	50	5	—	6	20	7	50	12	40
2480	24	80	37	20	49	60	12	40	2	50	5	—	6	20	7	50	12	40

Gegen- stands- Summa	Werthgebühr								4/10 aus der vollen Werth- gebühr		4/10 aus 2/3 Werth- gebühr		Hinterlegungs- gebühr						Auseinander- setzungsgebühr			
	Volle		1/2		1/2 bis 2200 M		1 1/2												5/10		2/10	
	Art. 22. 40. 41. 50		Art. 25. 27. 29. 30. 38 Abs. 2		darüber 2/3 Art. 24		Art. 23		Art. 45 Abs. 3				Art. 100		Art. 101 a		Art. 101 b		der Sätze des § 8 des Reichsgerichts-Kosten-Gesetzes			
M	M	₰	M	₰	M	₰	M	₰	M	₰	M	₰	M	₰	M	₰	M	₰	M	₰	M	₰
2441	12	—	6	—	8	—	18	—	4	80	3	20	5	60	22	30	44	50	25	—	10	—
2442	12	—	6	—	8	—	18	—	4	80	3	20	5	60	22	30	44	50	25	—	10	—
2443	12	—	6	—	8	—	18	—	4	80	3	20	5	60	22	30	44	50	25	—	10	—
2444	12	—	6	—	8	—	18	—	4	80	3	20	5	60	22	30	44	50	25	—	10	—
2445	12	—	6	—	8	—	18	—	4	80	3	20	5	60	22	30	44	50	25	—	10	—
2446	12	—	6	—	8	—	18	—	4	80	3	20	5	60	22	30	44	50	25	—	10	—
2447	12	—	6	—	8	—	18	—	4	80	3	20	5	60	22	30	44	50	25	—	10	—
2448	12	—	6	—	8	—	18	—	4	80	3	20	5	60	22	30	44	50	25	—	10	—
2449	12	—	6	—	8	—	18	—	4	80	3	20	5	60	22	30	44	50	25	—	10	—
2450	12	—	6	—	8	—	18	—	4	80	3	20	5	60	22	30	44	50	25	—	10	—
2451	12	—	6	—	8	—	18	—	4	80	3	20	5	60	22	30	44	60	25	—	10	—
2452	12	—	6	—	8	—	18	—	4	80	3	20	5	60	22	30	44	60	25	—	10	—
2453	12	—	6	—	8	—	18	—	4	80	3	20	5	60	22	30	44	60	25	—	10	—
2454	12	—	6	—	8	—	18	—	4	80	3	20	5	60	22	30	44	60	25	—	10	—
2455	12	—	6	—	8	—	18	—	4	80	3	20	5	60	22	30	44	60	25	—	10	—
2456	12	—	6	—	8	—	18	—	4	80	3	20	5	60	22	30	44	60	25	—	10	—
2457	12	—	6	—	8	—	18	—	4	80	3	20	5	60	22	30	44	60	25	—	10	—
2458	12	—	6	—	8	—	18	—	4	80	3	20	5	60	22	30	44	60	25	—	10	—
2459	12	—	6	—	8	—	18	—	4	80	3	20	5	60	22	30	44	60	25	—	10	—
2460	12	—	6	—	8	—	18	—	4	80	3	20	5	60	22	30	44	60	25	—	10	—
2461	12	—	6	—	8	—	18	—	4	80	3	20	5	60	22	40	44	70	25	—	10	—
2462	12	—	6	—	8	—	18	—	4	80	3	20	5	60	22	40	44	70	25	—	10	—
2463	12	—	6	—	8	—	18	—	4	80	3	20	5	60	22	40	44	70	25	—	10	—
2464	12	—	6	—	8	—	18	—	4	80	3	20	5	60	22	40	44	70	25	—	10	—
2465	12	—	6	—	8	—	18	—	4	80	3	20	5	60	22	40	44	70	25	—	10	—
2466	12	—	6	—	8	—	18	—	4	80	3	20	5	60	22	40	44	70	25	—	10	—
2467	12	—	6	—	8	—	18	—	4	80	3	20	5	60	22	40	44	70	25	—	10	—
2468	12	—	6	—	8	—	18	—	4	80	3	20	5	60	22	40	44	70	25	—	10	—
2469	12	—	6	—	8	—	18	—	4	80	3	20	5	60	22	40	44	70	25	—	10	—
2470	12	—	6	—	8	—	18	—	4	80	3	20	5	60	22	40	44	70	25	—	10	—
2471	12	—	6	—	8	—	18	—	4	80	3	20	5	60	22	40	44	80	25	—	10	—
2472	12	—	6	—	8	—	18	—	4	80	3	20	5	60	22	40	44	80	25	—	10	—
2473	12	—	6	—	8	—	18	—	4	80	3	20	5	60	22	40	44	80	25	—	10	—
2474	12	—	6	—	8	—	18	—	4	80	3	20	5	60	22	40	44	80	25	—	10	—
2475	12	—	6	—	8	—	18	—	4	80	3	20	5	60	22	40	44	80	25	—	10	—
2476	12	—	6	—	8	—	18	—	4	80	3	20	5	60	22	40	44	80	25	—	10	—
2477	12	—	6	—	8	—	18	—	4	80	3	20	5	60	22	40	44	80	25	—	10	—
2478	12	—	6	—	8	—	18	—	4	80	3	20	5	60	22	40	44	80	25	—	10	—
2479	12	—	6	—	8	—	18	—	4	80	3	20	5	60	22	40	44	80	25	—	10	—
2480	12	—	6	—	8	—	18	—	4	80	3	20	5	60	22	40	44	80	25	—	10	—

Gegen-stands-Summe	Staatsgebühren 1 Prozent		Staatsgebühren 1½ Prozent		Staatsgebühren 2 Prozent		Besitz-veränderungs-abgabe		Staatsgebühren 1 pro mille		Staatsgebühren 2 pro mille		Staatsgebühren 2½ pro mille		Staatsgebühren 3 pro mille		Staatsgebühren 5 pro mille	
M	M	Pf	M	Pf	M	Pf	M	Pf	M	Pf	M	Pf	M	Pf	M	Pf	M	Pf
2481	24	90	37	30	49	70	12	50	2	50	5	—	6	30	7	50	12	50
2482	24	90	37	30	49	70	12	50	2	50	5	—	6	30	7	50	12	50
2483	24	90	37	30	49	70	12	50	2	50	5	—	6	30	7	50	12	50
2484	24	90	37	30	49	70	12	50	2	50	5	—	6	30	7	50	12	50
2485	24	90	37	30	49	70	12	50	2	50	5	—	6	30	7	50	12	50
2486	24	90	37	30	49	80	12	50	2	50	5	—	6	30	7	50	12	50
2487	24	90	37	40	49	80	12	50	2	50	5	—	6	30	7	50	12	50
2488	24	90	37	40	49	80	12	50	2	50	5	—	6	30	7	50	12	50
2489	24	90	37	40	49	80	12	50	2	50	5	—	6	30	7	50	12	50
2490	24	90	37	40	49	80	12	50	2	50	5	—	6	30	7	50	12	50
2491	25	—	37	40	49	90	12	50	2	50	5	—	6	30	7	50	12	50
2492	25	—	37	40	49	90	12	50	2	50	5	—	6	30	7	50	12	50
2493	25	—	37	40	49	90	12	50	2	50	5	—	6	30	7	50	12	50
2494	25	—	37	50	49	90	12	50	2	50	5	—	6	30	7	50	12	50
2495	25	—	37	50	49	90	12	50	2	50	5	—	6	30	7	50	12	50
2496	25	—	37	50	50	—	12	50	2	50	5	—	6	30	7	50	12	50
2497	25	—	37	50	50	—	12	50	2	50	5	—	6	30	7	50	12	50
2498	25	—	37	50	50	—	12	50	2	50	5	—	6	30	7	50	12	50
2499	25	—	37	50	50	—	12	50	2	50	5	—	6	30	7	50	12	50
2500	25	—	37	50	50	—	12	50	2	50	5	—	6	30	7	50	12	50
2501	25	10	37	60	50	10	12	60	2	60	5	10	6	30	7	60	12	60
2502	25	10	37	60	50	10	12	60	2	60	5	10	6	30	7	60	12	60
2503	25	10	37	60	50	10	12	60	2	60	5	10	6	30	7	60	12	60
2504	25	10	37	60	50	10	12	60	2	60	5	10	6	30	7	60	12	60
2505	25	10	37	60	50	10	12	60	2	60	5	10	6	30	7	60	12	60
2506	25	10	37	60	50	20	12	60	2	60	5	10	6	30	7	60	12	60
2507	25	10	37	70	50	20	12	60	2	60	5	10	6	30	7	60	12	60
2508	25	10	37	70	50	20	12	60	2	60	5	10	6	30	7	60	12	60
2509	25	10	37	70	50	20	12	60	2	60	5	10	6	30	7	60	12	60
2510	25	10	37	70	50	20	12	60	2	60	5	10	6	30	7	60	12	60
2511	25	20	37	70	50	30	12	60	2	60	5	10	6	30	7	60	12	60
2512	25	20	37	70	50	30	12	60	2	60	5	10	6	30	7	60	12	60
2513	25	20	37	70	50	30	12	60	2	60	5	10	6	30	7	60	12	60
2514	25	20	37	80	50	30	12	60	2	60	5	10	6	30	7	60	12	60
2515	25	20	37	80	50	30	12	60	2	60	5	10	6	30	7	60	12	60
2516	25	20	37	80	50	40	12	60	2	60	5	10	6	30	7	60	12	60
2517	25	20	37	80	50	40	12	60	2	60	5	10	6	30	7	60	12	60
2518	25	20	37	80	50	40	12	60	2	60	5	10	6	30	7	60	12	60
2519	25	20	37	80	50	40	12	60	2	60	5	10	6	30	7	60	12	60
2520	25	20	37	80	50	40	12	60	2	60	5	10	6	30	7	60	12	60

Gegen-standss-Summa	Werthgebühr								4/10 aus der vollen Werthgebühr		4/10 aus 2/3 Werthgebühr		Hinterlegungsgebühr						Auseinandersetzungsgebühr			
	Volle		1/2		1/2 bis 2200 M.		1 1/2												5/10		2/10	
	Art. 22. 40. 41. 50		Art. 25. 27. 29. 30. 38 Abs. 2		darüber 2/3 Art. 24		Art. 23		Art. 45 Abs. 3				Art. 100		Art. 101 a		Art. 101 b		der Sätze des § 8 des Reichsgerichts-Kosten-Gesetzes			
M	M	₰	M	₰	M	₰	M	₰	M	₰	M	₰	M	₰	M	₰	M	₰	M	₰	M	₰
2481	12	—	6	—	8	—	18	—	4	80	3	20	5	70	22	50	44	90	25	—	10	—
2482	12	—	6	—	8	—	18	—	4	80	3	20	5	70	22	50	44	90	25	—	10	—
2483	12	—	6	—	8	—	18	—	4	80	3	20	5	70	22	50	44	90	25	—	10	—
2484	12	—	6	—	8	—	18	—	4	80	3	20	5	70	22	50	44	90	25	—	10	—
2485	12	—	6	—	8	—	18	—	4	80	3	20	5	70	22	50	44	90	25	—	10	—
2486	12	—	6	—	8	—	18	—	4	80	3	20	5	70	22	50	44	90	25	—	10	—
2487	12	—	6	—	8	—	18	—	4	80	3	20	5	70	22	50	44	90	25	—	10	—
2488	12	—	6	—	8	—	18	—	4	80	3	20	5	70	22	50	44	90	25	—	10	—
2489	12	—	6	—	8	—	18	—	4	80	3	20	5	70	22	50	44	90	25	—	10	—
2490	12	—	6	—	8	—	18	—	4	80	3	20	5	70	22	50	44	90	25	—	10	—
2491	12	—	6	—	8	—	18	—	4	80	3	20	5	70	22	50	45	—	25	—	10	—
2492	12	—	6	—	8	—	18	—	4	80	3	20	5	70	22	50	45	—	25	—	10	—
2493	12	—	6	—	8	—	18	—	4	80	3	20	5	70	22	50	45	—	25	—	10	—
2494	12	—	6	—	8	—	18	—	4	80	3	20	5	70	22	50	45	—	25	—	10	—
2495	12	—	6	—	8	—	18	—	4	80	3	20	5	70	22	50	45	—	25	—	10	—
2496	12	—	6	—	8	—	18	—	4	80	3	20	5	70	22	50	45	—	25	—	10	—
2497	12	—	6	—	8	—	18	—	4	80	3	20	5	70	22	50	45	—	25	—	10	—
2498	12	—	6	—	8	—	18	—	4	80	3	20	5	70	22	50	45	—	25	—	10	—
2499	12	—	6	—	8	—	18	—	4	80	3	20	5	70	22	50	45	—	25	—	10	—
2500	12	—	6	—	8	—	18	—	4	80	3	20	5	70	22	50	45	—	25	—	10	—
2501	12	—	6	—	8	—	18	—	4	80	3	20	5	70	22	60	45	10	25	—	10	—
2502	12	—	6	—	8	—	18	—	4	80	3	20	5	70	22	60	45	10	25	—	10	—
2503	12	—	6	—	8	—	18	—	4	80	3	20	5	70	22	60	45	10	25	—	10	—
2504	12	—	6	—	8	—	18	—	4	80	3	20	5	70	22	60	45	10	25	—	10	—
2505	12	—	6	—	8	—	18	—	4	80	3	20	5	70	22	60	45	10	25	—	10	—
2506	12	—	6	—	8	—	18	—	4	80	3	20	5	70	22	60	45	10	25	—	10	—
2507	12	—	6	—	8	—	18	—	4	80	3	20	5	70	22	60	45	10	25	—	10	—
2508	12	—	6	—	8	—	18	—	4	80	3	20	5	70	22	60	45	10	25	—	10	—
2509	12	—	6	—	8	—	18	—	4	80	3	20	5	70	22	60	45	10	25	—	10	—
2510	12	—	6	—	8	—	18	—	4	80	3	20	5	70	22	60	45	10	25	—	10	—
2511	12	—	6	—	8	—	18	—	4	80	3	20	5	70	22	60	45	20	25	—	10	—
2512	12	—	6	—	8	—	18	—	4	80	3	20	5	70	22	60	45	20	25	—	10	—
2513	12	—	6	—	8	—	18	—	4	80	3	20	5	70	22	60	45	20	25	—	10	—
2514	12	—	6	—	8	—	18	—	4	80	3	20	5	70	22	60	45	20	25	—	10	—
2515	12	—	6	—	8	—	18	—	4	80	3	20	5	70	22	60	45	20	25	—	10	—
2516	12	—	6	—	8	—	18	—	4	80	3	20	5	70	22	60	45	20	25	—	10	—
2517	12	—	6	—	8	—	18	—	4	80	3	20	5	70	22	60	45	20	25	—	10	—
2518	12	—	6	—	8	—	18	—	4	80	3	20	5	70	22	60	45	20	25	—	10	—
2519	12	—	6	—	8	—	18	—	4	80	3	20	5	70	22	60	45	20	25	—	10	—
2520	12	—	6	—	8	—	18	—	4	80	3	20	5	70	22	60	45	20	25	—	10	—

Gegen-standts-Summa	Staatsgebühren						Besitz-verände-rungs-abgabe		Staatsgebühren									
	1		1½		2				1		2		2½		3		5	
	Prozent								pro mille									
ℳ	ℳ	₰	ℳ	₰	ℳ	₰	ℳ	₰	ℳ	₰	ℳ	₰	ℳ	₰	ℳ	₰	ℳ	₰
2521	25	30	37	90	50	50	12	70	2	60	5	10	6	40	7	60	12	70
2522	25	30	37	90	50	50	12	70	2	60	5	10	6	40	7	60	12	70
2523	25	30	37	90	50	50	12	70	2	60	5	10	6	40	7	60	12	70
2524	25	30	37	90	50	50	12	70	2	60	5	10	6	40	7	60	12	70
2525	25	30	37	90	50	50	12	70	2	60	5	10	6	40	7	60	12	70
2526	25	30	37	90	50	60	12	70	2	60	5	10	6	40	7	60	12	70
2527	25	30	38	—	50	60	12	70	2	60	5	10	6	40	7	60	12	70
2528	25	30	38	—	50	60	12	70	2	60	5	10	6	40	7	60	12	70
2529	25	30	38	—	50	60	12	70	2	60	5	10	6	40	7	60	12	70
2530	25	30	38	—	50	60	12	70	2	60	5	10	6	40	7	60	12	70
2531	25	40	38	—	50	70	12	70	2	60	5	10	6	40	7	60	12	70
2532	25	40	38	—	50	70	12	70	2	60	5	10	6	40	7	60	12	70
2533	25	40	38	—	50	70	12	70	2	60	5	10	6	40	7	60	12	70
2534	25	40	38	10	50	70	12	70	2	60	5	10	6	40	7	70	12	70
2535	25	40	38	10	50	70	12	70	2	60	5	10	6	40	7	70	12	70
2536	25	40	38	10	50	80	12	70	2	60	5	10	6	40	7	70	12	70
2537	25	40	38	10	50	80	12	70	2	60	5	10	6	40	7	70	12	70
2538	25	40	38	10	50	80	12	70	2	60	5	10	6	40	7	70	12	70
2539	25	40	38	10	50	80	12	70	2	60	5	10	6	40	7	70	12	70
2540	25	40	38	10	50	80	12	70	2	60	5	10	6	40	7	70	12	70
2541	25	50	38	20	50	90	12	80	2	60	5	10	6	40	7	70	12	80
2542	25	50	38	20	50	90	12	80	2	60	5	10	6	40	7	70	12	80
2543	25	50	38	20	50	90	12	80	2	60	5	10	6	40	7	70	12	80
2544	25	50	38	20	50	90	12	80	2	60	5	10	6	40	7	70	12	80
2545	25	50	38	20	50	90	12	80	2	60	5	10	6	40	7	70	12	80
2546	25	50	38	20	51	—	12	80	2	60	5	10	6	40	7	70	12	80
2547	25	50	38	30	51	—	12	80	2	60	5	10	6	40	7	70	12	80
2548	25	50	38	30	51	—	12	80	2	60	5	10	6	40	7	70	12	80
2549	25	50	38	30	51	—	12	80	2	60	5	10	6	40	7	70	12	80
2550	25	50	38	30	51	—	12	80	2	60	5	10	6	40	7	70	12	80
2551	25	60	38	30	51	10	12	80	2	60	5	20	6	40	7	70	12	80
2552	25	60	38	30	51	10	12	80	2	60	5	20	6	40	7	70	12	80
2553	25	60	38	30	51	10	12	80	2	60	5	20	6	40	7	70	12	80
2554	25	60	38	40	51	10	12	80	2	60	5	20	6	40	7	70	12	80
2555	25	60	38	40	51	10	12	80	2	60	5	20	6	40	7	70	12	80
2556	25	60	38	40	51	20	12	80	2	60	5	20	6	40	7	70	12	80
2557	25	60	38	40	51	20	12	80	2	60	5	20	6	40	7	70	12	80
2558	25	60	38	40	51	20	12	80	2	60	5	20	6	40	7	70	12	80
2559	25	60	38	40	51	20	12	80	2	60	5	20	6	40	7	70	12	80
2560	25	60	38	40	51	20	12	80	2	60	5	20	6	40	7	70	12	80

Gegen-stands-Summa	Werthgebühr								4/10 aus der vollen Werth-gebühr		4/10 aus 2/3 Werth-gebühr		Hinterlegungs-gebühr						Auseinander-setzungsgebühr			
	Volle		1/2		1/2 bis 2200 M., darüber 2/3		1 1/2												5/10		2/10	
	Art. 22. 40. 41. 50		Art. 25. 27. 29. 30. 38 Abs. 2		Art. 24		Art. 23		Art. 45 Abs. 3				Art. 100		Art. 101 a		Art. 101 b		der Sätze des § 8 des Reichsgerichts-Kosten-Gesetzes			
M	M	Pf	M	Pf	M	Pf	M	Pf	M	Pf	M	Pf	M	Pf	M	Pf	M	Pf	M	Pf	M	Pf
2521	12	—	6	—	8	—	18	—	4	80	3	20	5	70	22	70	45	30	25	—	10	—
2522	12	—	6	—	8	—	18	—	4	80	3	20	5	70	22	70	45	30	25	—	10	—
2523	12	—	6	—	8	—	18	—	4	80	3	20	5	70	22	70	45	30	25	—	10	—
2524	12	—	6	—	8	—	18	—	4	80	3	20	5	70	22	70	45	30	25	—	10	—
2525	12	—	6	—	8	—	18	—	4	80	3	20	5	70	22	70	45	30	25	—	10	—
2526	12	—	6	—	8	—	18	—	4	80	3	20	5	70	22	70	45	30	25	—	10	—
2527	12	—	6	—	8	—	18	—	4	80	3	20	5	70	22	70	45	30	25	—	10	—
2528	12	—	6	—	8	—	18	—	4	80	3	20	5	70	22	70	45	30	25	—	10	—
2529	12	—	6	—	8	—	18	—	4	80	3	20	5	70	22	70	45	30	25	—	10	—
2530	12	—	6	—	8	—	18	—	4	80	3	20	5	70	22	70	45	30	25	—	10	—
2531	12	—	6	—	8	—	18	—	4	80	3	20	5	70	22	70	45	40	25	—	10	—
2532	12	—	6	—	8	—	18	—	4	80	3	20	5	70	22	70	45	40	25	—	10	—
2533	12	—	6	—	8	—	18	—	4	80	3	20	5	70	22	70	45	40	25	—	10	—
2534	12	—	6	—	8	—	18	—	4	80	3	20	5	70	22	70	45	40	25	—	10	—
2535	12	—	6	—	8	—	18	—	4	80	3	20	5	70	22	70	45	40	25	—	10	—
2536	12	—	6	—	8	—	18	—	4	80	3	20	5	70	22	70	45	40	25	—	10	—
2537	12	—	6	—	8	—	18	—	4	80	3	20	5	70	22	70	45	40	25	—	10	—
2538	12	—	6	—	8	—	18	—	4	80	3	20	5	70	22	70	45	40	25	—	10	—
2539	12	—	6	—	8		18	—	4	80	3	20	5	70	22	70	45	40	25	—	10	—
2540	12		6	—	8		18	—	4	80	3	20	5	70	22	70	45	40	25	—	10	—
2541	12	—	6	—	8	—	18	—	4	80	3	20	5	70	22	80	45	50	25	—	10	—
2542	12	—	6	—	8	—	18	—	4	80	3	20	5	70	22	80	45	50	25	—	10	—
2543	12	—	6	—	8	—	18	—	4	80	3	20	5	70	22	80	45	50	25	—	10	—
2544	12	—	6	—	8	—	18	—	4	80	3	20	5	70	22	80	45	50	25	—	10	—
2545	12	—	6	—	8	—	18	—	4	80	3	20	5	70	22	80	45	50	25	—	10	—
2546	12	—	6	—	8	—	18	—	4	80	3	20	5	70	22	80	45	50	25	—	10	—
2547	12	—	6	—	8	—	18	—	4	80	3	20	5	70	22	80	45	50	25	—	10	—
2548	12	—	6	—	8	—	18	—	4	80	3	20	5	70	22	80	45	50	25	—	10	—
2549	12	—	6	—	8	—	18	—	4	80	3	20	5	70	22	80	45	50	25	—	10	—
2550	12	—	6	—	8	—	18	—	4	80	3	20	5	70	22	80	45	50	25	—	10	—
2551	12	—	6	—	8	—	18	—	4	80	3	20	5	70	22	80	45	60	25	—	10	—
2552	12	—	6	—	8	—	18	—	4	80	3	20	5	70	22	80	45	60	25	—	10	—
2553	12	—	6	—	8	—	18	—	4	80	3	20	5	70	22	80	45	60	25	—	10	—
2554	12	—	6	—	8	—	18	—	4	80	3	20	5	70	22	80	45	60	25	—	10	—
2555	12	—	6	—	8	—	18	—	4	80	3	20	5	70	22	80	45	60	25	—	10	—
2556	12	—	6	—	8	—	18	—	4	80	3	20	5	70	22	80	45	60	25	—	10	—
2557	12	—	6	—	8	—	18	—	4	80	3	20	5	70	22	80	45	60	25	—	10	—
2558	12	—	6	—	8	—	18	—	4	80	3	20	5	70	22	80	45	60	25	—	10	—
2559	12	—	6	—	8	—	18	—	4	80	3	20	5	70	22	80	45	60	25	—	10	—
2560	12	—	6	—	8	—	18	—	4	80	3	20	5	70	22	80	45	60	25	—	10	—

Gegen-stands-Summa	Staatsgebühren 1 Prozent		Staatsgebühren 1½ Prozent		Staatsgebühren 2 Prozent		Besitz-veränderungs-abgabe		Staatsgebühren 1 pro mille		Staatsgebühren 2 pro mille		Staatsgebühren 2½ pro mille		Staatsgebühren 3 pro mille		Staatsgebühren 5 pro mille	
ℳ	ℳ	₰	ℳ	₰	ℳ	₰	ℳ	₰	ℳ	₰	ℳ	₰	ℳ	₰	ℳ	₰	ℳ	₰
2561	25	70	38	50	51	30	12	90	2	60	5	20	6	50	7	70	12	90
2562	25	70	38	50	51	30	12	90	2	60	5	20	6	50	7	70	12	90
2563	25	70	38	50	51	30	12	90	2	60	5	20	6	50	7	70	12	90
2564	25	70	38	50	51	30	12	90	2	60	5	20	6	50	7	70	12	90
2565	25	70	38	50	51	30	12	90	2	60	5	20	6	50	7	70	12	90
2566	25	70	38	50	51	40	12	90	2	60	5	20	6	50	7	70	12	90
2567	25	70	38	60	51	40	12	90	2	60	5	20	6	50	7	80	12	90
2568	25	70	38	60	51	40	12	90	2	60	5	20	6	50	7	80	12	90
2569	25	70	38	60	51	40	12	90	2	60	5	20	6	50	7	80	12	90
2570	25	70	38	60	51	40	12	90	2	60	5	20	6	50	7	80	12	90
2571	25	80	38	60	51	50	12	90	2	60	5	20	6	50	7	80	12	90
2572	25	80	38	60	51	50	12	90	2	60	5	20	6	50	7	80	12	90
2573	25	80	38	60	51	50	12	90	2	60	5	20	6	50	7	80	12	90
2574	25	80	38	70	51	50	12	90	2	60	5	20	6	50	7	80	12	90
2575	25	80	38	70	51	50	12	90	2	60	5	20	6	50	7	80	12	90
2576	25	80	38	70	51	60	12	90	2	60	5	20	6	50	7	80	12	90
2577	25	80	38	70	51	60	12	90	2	60	5	20	6	50	7	80	12	90
2578	25	80	38	70	51	60	12	90	2	60	5	20	6	50	7	80	12	90
2579	25	80	38	70	51	60	12	90	2	60	5	20	6	50	7	80	12	90
2580	25	80	38	70	51	60	12	90	2	60	5	20	6	50	7	80	12	90
2581	25	90	38	80	51	70	13	—	2	60	5	20	6	50	7	80	13	—
2582	25	90	38	80	51	70	13	—	2	60	5	20	6	50	7	80	13	—
2583	25	90	38	80	51	70	13	—	2	60	5	20	6	50	7	80	13	—
2584	25	90	38	80	51	70	13	—	2	60	5	20	6	50	7	80	13	—
2585	25	90	38	80	51	70	13	—	2	60	5	20	6	50	7	80	13	—
2586	25	90	38	80	51	80	13	—	2	60	5	20	6	50	7	80	13	—
2587	25	90	38	90	51	80	13	—	2	60	5	20	6	50	7	80	13	—
2588	25	90	38	90	51	80	13	—	2	60	5	20	6	50	7	80	13	—
2589	25	90	38	90	51	80	13	—	2	60	5	20	6	50	7	80	13	—
2590	25	90	38	90	51	80	13	—	2	60	5	20	6	50	7	80	13	—
2591	26	—	38	90	51	90	13	—	2	60	5	20	6	50	7	80	13	—
2592	26	—	38	90	51	90	13	—	2	60	5	20	6	50	7	80	13	—
2593	26	—	38	90	51	90	13	—	2	60	5	20	6	50	7	80	13	—
2594	26	—	39	—	51	90	13	—	2	60	5	20	6	50	7	80	13	—
2595	26	—	39	—	51	90	13	—	2	60	5	20	6	50	7	80	13	—
2596	26	—	39	—	52	—	13	—	2	60	5	20	6	50	7	80	13	—
2597	26	—	39	—	52	—	13	—	2	60	5	20	6	50	7	80	13	—
2598	26	—	39	—	52	—	13	—	2	60	5	20	6	50	7	80	13	—
2599	26	—	39	—	52	—	13	—	2	60	5	20	6	50	7	80	13	—
2600	26	—	39	—	52	—	13	—	2	60	5	20	6	50	7	80	13	—

Gegen-standts-Summa	Werthgebühr: Volle (Art. 22. 40. 41. 50)		1/2 (Art. 25. 27. 29. 30. 38 Abs. 2)		1/2 bis 2200 ℳ darüber 2/3 (Art. 24)		1 1/2 (Art. 23)		4/10 aus der vollen Werthgebühr (Art. 45 Abs. 3)		4/10 aus 2/3 Werthgebühr (Art. 45 Abs. 3)		Hinterlegungsgebühr: Art. 100		Art. 101 a		Art. 101 b		Auseinandersetzungsgebühr: 5/10 der Sätze des § 8 des Reichsgerichts-Kosten-Gesetzes		2/10 der Sätze des § 8 des Reichsgerichts-Kosten-Gesetzes	
ℳ	ℳ	₰	ℳ	₰	ℳ	₰	ℳ	₰	ℳ	₰	ℳ	₰	ℳ	₰	ℳ	₰	ℳ	₰	ℳ	₰	ℳ	₰
2561	12	—	6	—	8	—	18	—	4	80	3	20	5	80	22	90	45	70	25	—	10	—
2562	12	—	6	—	8	—	18	—	4	80	3	20	5	80	22	90	45	70	25	—	10	—
2563	12	—	6	—	8	—	18	—	4	80	3	20	5	80	22	90	45	70	25	—	10	—
2564	12	—	6	—	8	—	18	—	4	80	3	20	5	80	22	90	45	70	25	—	10	—
2565	12	—	6	—	8	—	18	—	4	80	3	20	5	80	22	90	45	70	25	—	10	—
2566	12	—	6	—	8	—	18	—	4	80	3	20	5	80	22	90	45	70	25	—	10	—
2567	12	—	6	—	8	—	18	—	4	80	3	20	5	80	22	90	45	70	25	—	10	—
2568	12	—	6	—	8	—	18	—	4	80	3	20	5	80	22	90	45	70	25	—	10	—
2569	12	—	6	—	8	—	18	—	4	80	3	20	5	80	22	90	45	70	25	—	10	—
2570	12	—	6	—	8	—	18	—	4	80	3	20	5	80	22	90	45	70	25	—	10	—
2571	12	—	6	—	8	—	18	—	4	80	3	20	5	80	22	90	45	80	25	—	10	—
2572	12	—	6	—	8	—	18	—	4	80	3	20	5	80	22	90	45	80	25	—	10	—
2573	12	—	6	—	8	—	18	—	4	80	3	20	5	80	22	90	45	80	25	—	10	—
2574	12	—	6	—	8	—	18	—	4	80	3	20	5	80	22	90	45	80	25	—	10	—
2575	12	—	6	—	8	—	18	—	4	80	3	20	5	80	22	90	45	80	25	—	10	—
2576	12	—	6	—	8	—	18	—	4	80	3	20	5	80	22	90	45	80	25	—	10	—
2577	12	—	6	—	8	—	18	—	4	80	3	20	5	80	22	90	45	80	25	—	10	—
2578	12	—	6	—	8	—	18	—	4	80	3	20	5	80	22	90	45	80	25	—	10	—
2579	12	—	6	—	8	—	18	—	4	80	3	20	5	80	22	90	45	80	25	—	10	—
2580	12	—	6	—	8	—	18	—	4	80	3	20	5	80	22	90	45	80	25	—	10	—
2581	12	—	6	—	8	—	18	—	4	80	3	20	5	80	23	—	45	90	25	—	10	—
2582	12	—	6	—	8	—	18	—	4	80	3	20	5	80	23	—	45	90	25	—	10	—
2583	12	—	6	—	8	—	18	—	4	80	3	20	5	80	23	—	45	90	25	—	10	—
2584	12	—	6	—	8	—	18	—	4	80	3	20	5	80	23	—	45	90	25	—	10	—
2585	12	—	6	—	8	—	18	—	4	80	3	20	5	80	23	—	45	90	25	—	10	—
2586	12	—	6	—	8	—	18	—	4	80	3	20	5	80	23	—	45	90	25	—	10	—
2587	12	—	6	—	8	—	18	—	4	80	3	20	5	80	23	—	45	90	25	—	10	—
2588	12	—	6	—	8	—	18	—	4	80	3	20	5	80	23	—	45	90	25	—	10	—
2589	12	—	6	—	8	—	18	—	4	80	3	20	5	80	23	—	45	90	25	—	10	—
2590	12	—	6	—	8	—	18	—	4	80	3	20	5	80	23	—	45	90	25	—	10	—
2591	12	—	6	—	8	—	18	—	4	80	3	20	5	80	23	—	46	—	25	—	10	—
2592	12	—	6	—	8	—	18	—	4	80	3	20	5	80	23	—	46	—	25	—	10	—
2593	12	—	6	—	8	—	18	—	4	80	3	20	5	80	23	—	46	—	25	—	10	—
2594	12	—	6	—	8	—	18	—	4	80	3	20	5	80	23	—	46	—	25	—	10	—
2595	12	—	6	—	8	—	18	—	4	80	3	20	5	80	23	—	46	—	25	—	10	—
2596	12	—	6	—	8	—	18	—	4	80	3	20	5	80	23	—	46	—	25	—	10	—
2597	12	—	6	—	8	—	18	—	4	80	3	20	5	80	23	—	46	—	25	—	10	—
2598	12	—	6	—	8	—	18	—	4	80	3	20	5	80	23	—	46	—	25	—	10	—
2599	12	—	6	—	8	—	18	—	4	80	3	20	5	80	23	—	46	—	25	—	10	—
2600	12	—	6	—	8	—	18	—	4	80	3	20	5	80	23	—	46	—	25	—	10	—

Gegenstands-Summe	Staatsgebühren 1 Prozent		Staatsgebühren 1½ Prozent		Staatsgebühren 2 Prozent		Besitzveränderungsabgabe		Staatsgebühren 1 pro mille		Staatsgebühren 2 pro mille		Staatsgebühren 2½ pro mille		Staatsgebühren 3 pro mille		Staatsgebühren 5 pro mille	
ℳ	ℳ	₰	ℳ	₰	ℳ	₰	ℳ	₰	ℳ	₰	ℳ	₰	ℳ	₰	ℳ	₰	ℳ	₰
2601	26	10	39	10	52	10	13	10	2	70	5	30	6	60	7	90	13	10
2602	26	10	39	10	52	10	13	10	2	70	5	30	6	60	7	90	13	10
2603	26	10	39	10	52	10	13	10	2	70	5	30	6	60	7	90	13	10
2604	26	10	39	10	52	10	13	10	2	70	5	30	6	60	7	90	13	10
2605	26	10	39	10	52	10	13	10	2	70	5	30	6	60	7	90	13	10
2606	26	10	39	10	52	20	13	10	2	70	5	30	6	60	7	90	13	10
2607	26	10	39	20	52	20	13	10	2	70	5	30	6	60	7	90	13	10
2608	26	10	39	20	52	20	13	10	2	70	5	30	6	60	7	90	13	10
2609	26	10	39	20	52	20	13	10	2	70	5	30	6	60	7	90	13	10
2610	26	10	39	20	52	20	13	10	2	70	5	30	6	60	7	90	13	10
2611	26	20	39	20	52	30	13	10	2	70	5	30	6	60	7	90	13	10
2612	26	20	39	20	52	30	13	10	2	70	5	30	6	60	7	90	13	10
2613	26	20	39	20	52	30	13	10	2	70	5	30	6	60	7	90	13	10
2614	26	20	39	30	52	30	13	10	2	70	5	30	6	60	7	90	13	10
2615	26	20	39	30	52	30	13	10	2	70	5	30	6	60	7	90	13	10
2616	26	20	39	30	52	40	13	10	2	70	5	30	6	60	7	90	13	10
2617	26	20	39	30	52	40	13	10	2	70	5	30	6	60	7	90	13	10
2618	26	20	39	30	52	40	13	10	2	70	5	30	6	60	7	90	13	10
2619	26	20	39	30	52	40	13	10	2	70	5	30	6	60	7	90	13	10
2620	26	20	39	30	52	40	13	10	2	70	5	30	6	60	7	90	13	10
2621	26	30	39	40	52	50	13	20	2	70	5	30	6	60	7	90	13	20
2622	26	30	39	40	52	50	13	20	2	70	5	30	6	60	7	90	13	20
2623	26	30	39	40	52	50	13	20	2	70	5	30	6	60	7	90	13	20
2624	26	30	39	40	52	50	13	20	2	70	5	30	6	60	7	90	13	20
2625	26	30	39	40	52	50	13	20	2	70	5	30	6	60	7	90	13	20
2626	26	30	39	40	52	60	13	20	2	70	5	30	6	60	7	90	13	20
2627	26	30	39	50	52	60	13	20	2	70	5	30	6	60	7	90	13	20
2628	26	30	39	50	52	60	13	20	2	70	5	30	6	60	7	90	13	20
2629	26	30	39	50	52	60	13	20	2	70	5	30	6	60	7	90	13	20
2630	26	30	39	50	52	60	13	20	2	70	5	30	6	60	7	90	13	20
2631	26	40	39	50	52	70	13	20	2	70	5	30	6	60	7	90	13	20
2632	26	40	39	50	52	70	13	20	2	70	5	30	6	60	7	90	13	20
2633	26	40	39	50	52	70	13	20	2	70	5	30	6	60	7	90	13	20
2634	26	40	39	60	52	70	13	20	2	70	5	30	6	60	8	—	13	20
2635	26	40	39	60	52	70	13	20	2	70	5	30	6	60	8	—	13	20
2636	26	40	39	60	52	80	13	20	2	70	5	30	6	60	8	—	13	20
2637	26	40	39	60	52	80	13	20	2	70	5	30	6	60	8	—	13	20
2638	26	40	39	60	52	80	13	20	2	70	5	30	6	60	8	—	13	20
2639	26	40	39	60	52	80	13	20	2	70	5	30	6	60	8	—	13	20
2640	26	40	39	60	52	80	13	20	2	70	5	30	6	60	8	—	13	20

Gegen-stands-Summa	Werthgebühr: Volle (Art. 22. 40. 41. 50)		Werthgebühr: 1/2 (Art. 25. 27. 29. 30. 38 Abs. 2)		Werthgebühr: 1/2 bis 2200 M., darüber 2/3 (Art. 24)		Werthgebühr: 1 1/2 (Art. 23)		4/10 aus der vollen Werthgebühr (Art. 45 Abs. 3)		4/10 aus 2/3 Werthgebühr (Art. 45 Abs. 3)		Hinterlegungsgebühr: Art. 100		Hinterlegungsgebühr: Art. 101a		Hinterlegungsgebühr: Art. 101b		Auseinandersetzungsgebühr 5/10 (der Sätze des § 8 des Reichsgerichts-Kosten-Gesetzes)		Auseinandersetzungsgebühr 2/10 (der Sätze des § 8 des Reichsgerichts-Kosten-Gesetzes)	
M	M	₰	M	₰	M	₰	M	₰	M	₰	M	₰	M	₰	M	₰	M	₰	M	₰	M	₰
2601	12	—	6	—	8	—	18	—	4	80	3	20	5	80	23	10	46	10	25	—	10	—
2602	12	—	6	—	8	—	18	—	4	80	3	20	5	80	23	10	46	10	25	—	10	—
2603	12	—	6	—	8	—	18	—	1	80	3	20	5	80	23	10	46	10	25	—	10	—
2604	12	—	6	—	8	—	18	—	4	80	3	20	5	80	23	10	46	10	25	—	10	—
2605	12	—	6	—	8	—	18	—	4	80	3	20	5	80	23	10	46	10	25	—	10	—
2606	12	—	6	—	8	—	18	—	4	80	3	20	5	80	23	10	46	10	25	—	10	—
2607	12	—	6	—	8	—	18	—	4	80	3	20	5	80	23	10	46	10	25	—	10	—
2608	12	—	6	—	8	—	18	—	4	80	3	20	5	80	23	10	46	10	25	—	10	—
2609	12	—	6	—	8	—	18	—	4	80	3	20	5	80	23	10	46	10	25	—	10	—
2610	12	—	6	—	8	—	18	—	4	80	3	20	5	80	23	10	46	10	25	—	10	—
2611	12	—	6	—	8	—	18	—	4	80	3	20	5	80	23	10	46	20	25	—	10	—
2612	12	—	6	—	8	—	18	—	4	80	3	20	5	80	23	10	46	20	25	—	10	—
2613	12	—	6	—	8	—	18	—	4	80	3	20	5	80	23	10	46	20	25	—	10	—
2614	12	—	6	—	8	—	18	—	4	80	3	20	5	80	23	10	46	20	25	—	10	—
2615	12	—	6	—	8	—	18	—	4	80	3	20	5	80	23	10	46	20	25	—	10	—
2616	12	—	6	—	8	—	18	—	4	80	3	20	5	80	23	10	46	20	25	—	10	—
2617	12	—	6	—	8	—	18	—	4	80	3	20	5	80	23	10	46	20	25	—	10	—
2618	12	—	6	—	8	—	18	—	4	80	3	20	5	80	23	10	46	20	25	—	10	—
2619	12	—	6	—	8	—	18	—	4	80	3	20	5	80	23	10	46	20	25	—	10	—
2620	12	—	6	—	8	—	18	—	4	80	3	20	5	80	23	10	46	20	25	—	10	—
2621	12	—	6	—	8	—	18	—	4	80	3	20	5	80	23	20	46	30	25	—	10	—
2622	12	—	6	—	8	—	18	—	4	80	3	20	5	80	23	20	46	30	25	—	10	—
2623	12	—	6	—	8	—	18	—	4	80	3	20	5	80	23	20	46	30	25	—	10	—
2624	12	—	6	—	8	—	18	—	4	80	3	20	5	80	23	20	46	30	25	—	10	—
2625	12	—	6	—	8	—	18	—	4	80	3	20	5	80	23	20	46	30	25	—	10	—
2626	12	—	6	—	8	—	18	—	4	80	3	20	5	80	23	20	46	30	25	—	10	—
2627	12	—	6	—	8	—	18	—	4	80	3	20	5	80	23	20	46	30	25	—	10	—
2628	12	—	6	—	8	—	18	—	4	80	3	20	5	80	23	20	46	30	25	—	10	—
2629	12	—	6	—	8	—	18	—	4	80	3	20	5	80	23	20	46	30	25	—	10	—
2630	12	—	6	—	8	—	18	—	4	80	3	20	5	80	23	20	46	30	25	—	10	—
2631	12	—	6	—	8	—	18	—	4	80	3	20	5	80	23	20	46	40	25	—	10	—
2632	12	—	6	—	8	—	18	—	4	80	3	20	5	80	23	20	46	40	25	—	10	—
2633	12	—	6	—	8	—	18	—	4	80	3	20	5	80	23	20	46	40	25	—	10	—
2634	12	—	6	—	8	—	18	—	4	80	3	20	5	80	23	20	46	40	25	—	10	—
2635	12	—	6	—	8	—	18	—	4	80	3	20	5	80	23	20	46	40	25	—	10	—
2636	12	—	6	—	8	—	18	—	4	80	3	20	5	80	23	20	46	40	25	—	10	—
2637	12	—	6	—	8	—	18	—	4	80	3	20	5	80	23	20	46	40	25	—	10	—
2638	12	—	6	—	8	—	18	—	4	80	3	20	5	80	23	20	46	40	25	—	10	—
2639	12	—	6	—	8	—	18	—	4	80	3	20	5	80	23	20	46	40	25	—	10	—
2640	12	—	6	—	8	—	18	—	4	80	3	20	5	80	23	20	46	40	25	—	10	—

Gegen-stands-Summa	Staatsgebühren						Besitz-veränderungs-abgabe		Staatsgebühren									
	1		1 1/2		2				1		2		2 1/2		3		5	
	Prozent								pro mille									
M	M	₰	M	₰	M	₰	M	₰	M	₰	M	₰	M	₰	M	₰	M	₰
2641	26	50	39	70	52	90	13	30	2	70	5	30	6	70	8	—	13	30
2642	26	50	39	70	52	90	13	30	2	70	5	30	6	70	8	—	13	30
2643	26	50	39	70	52	90	13	30	2	70	5	30	6	70	8	—	13	30
2644	26	50	39	70	52	90	13	30	2	70	5	30	6	70	8	—	13	30
2645	26	50	39	70	52	90	13	30	2	70	5	30	6	70	8	—	13	30
2646	26	50	39	70	53	—	13	30	2	70	5	30	6	70	8	—	13	30
2647	26	50	39	80	53	—	13	30	2	70	5	30	6	70	8	—	13	30
2648	26	50	39	80	53	—	13	30	2	70	5	30	6	70	8	—	13	30
2649	26	50	39	80	53	—	13	30	2	70	5	30	6	70	8	—	13	30
2650	26	50	39	80	53	—	13	30	2	70	5	30	6	70	8	—	13	30
2651	26	60	39	80	53	10	13	30	2	70	5	40	6	70	8	—	13	30
2652	26	60	39	80	53	10	13	30	2	70	5	40	6	70	8	—	13	30
2653	26	60	39	80	53	10	13	30	2	70	5	40	6	70	8	—	13	30
2654	26	60	39	90	53	10	13	30	2	70	5	40	6	70	8	—	13	30
2655	26	60	39	90	53	10	13	30	2	70	5	40	6	70	8	—	13	30
2656	26	60	39	90	53	20	13	30	2	70	5	40	6	70	8	—	13	30
2657	26	60	39	90	53	20	13	30	2	70	5	40	6	70	8	—	13	30
2658	26	60	39	90	53	20	13	30	2	70	5	40	6	70	8	—	13	30
2659	26	60	39	90	53	20	13	30	2	70	5	40	6	70	8	—	13	30
2660	26	60	39	90	53	20	13	30	2	70	5	40	6	70	8	—	13	30
2661	26	70	40	—	53	30	13	40	2	70	5	40	6	70	8	—	13	40
2662	26	70	40	—	53	30	13	40	2	70	5	40	6	70	8	—	13	40
2663	26	70	40	—	53	30	13	40	2	70	5	40	6	70	8	—	13	40
2664	26	70	40	—	53	30	13	40	2	70	5	40	6	70	8	—	13	40
2665	26	70	40	—	53	30	13	40	2	70	5	40	6	70	8	—	13	40
2666	26	70	40	—	53	40	13	40	2	70	5	40	6	70	8	—	13	40
2667	26	70	40	10	53	40	13	40	2	70	5	40	6	70	8	10	13	40
2668	26	70	40	10	53	40	13	40	2	70	5	40	6	70	8	10	13	40
2669	26	70	40	10	53	40	13	40	2	70	5	40	6	70	8	10	13	40
2670	26	70	40	10	53	40	13	40	2	70	5	40	6	70	8	10	13	40
2671	26	80	40	10	53	50	13	40	2	70	5	40	6	70	8	10	13	40
2672	26	80	40	10	53	50	13	40	2	70	5	40	6	70	8	10	13	40
2673	26	80	40	10	53	50	13	40	2	70	5	40	6	70	8	10	13	40
2674	26	80	40	20	53	50	13	40	2	70	5	40	6	70	8	10	13	40
2675	26	80	40	20	53	50	13	40	2	70	5	40	6	70	8	10	13	40
2676	26	80	40	20	53	60	13	40	2	70	5	40	6	70	8	10	13	40
2677	26	80	40	20	53	60	13	40	2	70	5	40	6	70	8	10	13	40
2678	26	80	40	20	53	60	13	40	2	70	5	40	6	70	8	10	13	40
2679	26	80	40	20	53	60	13	40	2	70	5	40	6	70	8	10	13	40
2680	26	80	40	20	53	60	13	40	2	70	5	40	6	70	8	10	13	40

Gegenstands-Summa	Werthgebühr: Volle (Art. 22. 40. 41. 50)		Werthgebühr: 1/2 (Art. 25. 27. 29. 30. 38 Abs. 2)		Werthgebühr: 1/2 bis 2200 M. darüber 2/3 (Art. 24)		Werthgebühr: 1 1/2 (Art. 23)		4/10 aus der vollen Werthgebühr (Art. 45 Abs. 3)		4/10 aus 2/3 Werthgebühr (Art. 45 Abs. 3)		Hinterlegungsgebühr: Art. 100		Hinterlegungsgebühr: Art. 101 a		Hinterlegungsgebühr: Art. 101 b		Auseinandersetzungsgebühr: 5/10 (der Sätze des § 8 des Reichsgerichts-Kosten-Gesetzes)		Auseinandersetzungsgebühr: 2/10 (der Sätze des § 8 des Reichsgerichts-Kosten-Gesetzes)	
M	M	Pf	M	Pf	M	Pf	M	Pf	M	Pf	M	Pf	M	Pf	M	Pf	M	Pf	M	Pf	M	Pf
2641	12	—	6	—	8	—	18	—	4	80	3	20	5	90	23	30	46	50	25	—	10	—
2642	12	—	6	—	8	—	18	—	4	80	3	20	5	90	23	30	46	50	25	—	10	—
2643	12	—	6	—	8	—	18	—	4	80	3	20	5	90	23	30	46	50	25	—	10	—
2644	12	—	6	—	8	—	18	—	4	80	3	20	5	90	23	30	46	50	25	—	10	—
2645	12	—	6	—	8	—	18	—	4	80	3	20	5	90	23	30	46	50	25	—	10	—
2646	12	—	6	—	8	—	18	—	4	80	3	20	5	90	23	30	46	50	25	—	10	—
2647	12	—	6	—	8	—	18	—	4	80	3	20	5	90	23	30	46	50	25	—	10	—
2648	12	—	6	—	8	—	18	—	4	80	3	20	5	90	23	30	46	50	25	—	10	—
2649	12	—	6	—	8	—	18	—	4	80	3	20	5	90	23	30	46	50	25	—	10	—
2650	12	—	6	—	8	—	18	—	4	80	3	20	5	90	23	30	46	50	25	—	10	—
2651	12	—	6	—	8	—	18	—	4	80	3	20	5	90	23	30	46	60	25	—	10	—
2652	12	—	6	—	8	—	18	—	4	80	3	20	5	90	23	30	46	60	25	—	10	—
2653	12	—	6	—	8	—	18	—	4	80	3	20	5	90	23	30	46	60	25	—	10	—
2654	12	—	6	—	8	—	18	—	4	80	3	20	5	90	23	30	46	60	25	—	10	—
2655	12	—	6	—	8	—	18	—	4	80	3	20	5	90	23	30	46	60	25	—	10	—
2656	12	—	6	—	8	—	18	—	4	80	3	20	5	90	23	30	46	60	25	—	10	—
2657	12	—	6	—	8	—	18	—	4	80	3	20	5	90	23	30	46	60	25	—	10	—
2658	12	—	6	—	8	—	18	—	4	80	3	20	5	90	23	30	46	60	25	—	10	—
2659	12	—	6	—	8	—	18	—	4	80	3	20	5	90	23	30	46	60	25	—	10	—
2660	12	—	6	—	8	—	18	—	4	80	3	20	5	90	23	30	46	60	25	—	10	—
2661	12	—	6	—	8	—	18	—	4	80	3	20	5	90	23	40	46	70	25	—	10	—
2662	12	—	6	—	8	—	18	—	4	80	3	20	5	90	23	40	46	70	25	—	10	—
2663	12	—	6	—	8	—	18	—	4	80	3	20	5	90	23	40	46	70	25	—	10	—
2664	12	—	6	—	8	—	18	—	4	80	3	20	5	90	23	40	46	70	25	—	10	—
2665	12	—	6	—	8	—	18	—	4	80	3	20	5	90	23	40	46	70	25	—	10	—
2666	12	—	6	—	8	—	18	—	4	80	3	20	5	90	23	40	46	70	25	—	10	—
2667	12	—	6	—	8	—	18	—	4	80	3	20	5	90	23	40	46	70	25	—	10	—
2668	12	—	6	—	8	—	18	—	4	80	3	20	5	90	23	40	46	70	25	—	10	—
2669	12	—	6	—	8	—	18	—	4	80	3	20	5	90	23	40	46	70	25	—	10	—
2670	12	—	6	—	8	—	18	—	4	80	3	20	5	90	23	40	46	70	25	—	10	—
2671	12	—	6	—	8	—	18	—	4	80	3	20	5	90	23	40	46	80	25	—	10	—
2672	12	—	6	—	8	—	18	—	4	80	3	20	5	90	23	40	46	80	25	—	10	—
2673	12	—	6	—	8	—	18	—	4	80	3	20	5	90	23	40	46	80	25	—	10	—
2674	12	—	6	—	8	—	18	—	4	80	3	20	5	90	23	40	46	80	25	—	10	—
2675	12	—	6	—	8	—	18	—	4	80	3	20	5	90	23	40	46	80	25	—	10	—
2676	12	—	6	—	8	—	18	—	4	80	3	20	5	90	23	40	46	80	25	—	10	—
2677	12	—	6	—	8	—	18	—	4	80	3	20	5	90	23	40	46	80	25	—	10	—
2678	12	—	6	—	8	—	18	—	4	80	3	20	5	90	23	40	46	80	25	—	10	—
2679	12	—	6	—	8	—	18	—	4	80	3	20	5	90	23	40	46	80	25	—	10	—
2680	12	—	6	—	8	—	18	—	4	80	3	20	5	90	23	40	46	80	25	—	10	—

Gegen-stands-Summa	Staatsgebühren 1 Prozent		1½		2		Besitz-veränderungs-abgabe		Staatsgebühren 1 pro mille		2		2½		3		5	
ℳ	ℳ	₰	ℳ	₰	ℳ	₰	ℳ	₰	ℳ	₰	ℳ	₰	ℳ	₰	ℳ	₰	ℳ	₰
2681	26	90	40	30	53	70	13	50	2	70	5	40	6	80	8	10	13	50
2682	26	90	40	30	53	70	13	50	2	70	5	40	6	80	8	10	13	50
2683	26	90	40	30	53	70	13	50	2	70	5	40	6	80	8	10	13	50
2684	26	90	40	30	53	70	13	50	2	70	5	40	6	80	8	10	13	50
2685	26	90	40	30	53	70	13	50	2	70	5	40	6	80	8	10	13	50
2686	26	90	40	30	53	80	13	50	2	70	5	40	6	80	8	10	13	50
2687	26	90	40	40	53	80	13	50	2	70	5	40	6	80	8	10	13	50
2688	26	90	40	40	53	80	13	50	2	70	5	40	6	80	8	10	13	50
2689	26	90	40	40	53	80	13	50	2	70	5	40	6	80	8	10	13	50
2690	26	90	40	40	53	80	13	50	2	70	5	40	6	80	8	10	13	50
2691	27	—	40	40	53	90	13	50	2	70	5	40	6	80	8	10	13	50
2692	27	—	40	40	53	90	13	50	2	70	5	40	6	80	8	10	13	50
2693	27	—	40	40	53	90	13	50	2	70	5	40	6	80	8	10	13	50
2694	27	—	40	50	53	90	13	50	2	70	5	40	6	80	8	10	13	50
2695	27	—	40	50	53	90	13	50	2	70	5	40	6	80	8	10	13	50
2696	27	—	40	50	54	—	13	50	2	70	5	40	6	80	8	10	13	50
2697	27	—	40	50	54	—	13	50	2	70	5	40	6	80	8	10	13	50
2698	27	—	40	50	54	—	13	50	2	70	5	40	6	80	8	10	13	50
2699	27	—	40	50	54	—	13	50	2	70	5	40	6	80	8	10	13	50
2700	27	—	40	50	54	—	13	50	2	70	5	40	6	80	8	10	13	50
2701	27	10	40	60	54	10	13	60	2	80	5	50	6	80	8	20	13	60
2702	27	10	40	60	54	10	13	60	2	80	5	50	6	80	8	20	13	60
2703	27	10	40	60	54	10	13	60	2	80	5	50	6	80	8	20	13	60
2704	27	10	40	60	54	10	13	60	2	80	5	50	6	80	8	20	1,3	60
2705	27	10	40	60	54	10	13	60	2	80	5	50	6	80	8	20	13	60
2706	27	10	40	60	54	20	13	60	2	80	5	50	6	80	8	20	13	60
2707	27	10	40	70	54	20	13	60	2	80	5	50	6	80	8	20	13	60
2708	27	10	40	70	54	20	13	60	2	80	5	50	6	80	8	20	13	60
2709	27	10	40	70	54	20	13	60	2	80	5	50	6	80	8	20	13	60
2710	27	10	40	70	54	20	13	60	2	80	5	50	6	80	8	20	13	60
2711	27	20	40	70	54	30	13	60	2	80	5	50	6	80	8	20	13	60
2712	27	20	40	70	54	30	13	60	2	80	5	50	6	80	8	20	13	60
2713	27	20	40	70	54	30	13	60	2	80	5	50	6	80	8	20	13	60
2714	27	20	40	80	54	30	13	60	2	80	5	50	6	80	8	20	13	60
2715	27	20	40	80	54	30	13	60	2	80	5	50	6	80	8	20	13	60
2716	27	20	40	80	54	40	13	60	2	80	5	50	6	80	8	20	13	60
2717	27	20	40	80	54	40	13	60	2	80	5	50	6	80	8	20	13	60
2718	27	20	40	80	54	40	13	60	2	80	5	50	6	80	8	20	13	60
2719	27	20	40	80	54	40	13	60	2	80	5	50	6	80	8	20	13	60
2720	27	20	40	80	54	40	13	60	2	80	5	50	6	80	8	20	13	60

Gegenstands-Summa	Werthgebühr: Volle (Art. 22. 40. 41. 50)		Werthgebühr: 1/2 (Art. 25. 27. 29. 30. 38 Abs. 2)		Werthgebühr: 1/2 bis 2200 M, darüber 2/3 (Art. 24)		Werthgebühr: 1 1/2 (Art. 23)		4/10 aus der vollen Werthgebühr (Art. 45 Abs. 3)		4/10 aus 2/3 Werthgebühr (Art. 45 Abs. 3)		Hinterlegungsgebühr: Art. 100		Hinterlegungsgebühr: Art. 101 a		Hinterlegungsgebühr: Art. 101 b		Auseinandersetzungsgebühr: 5/10 (der Sätze des § 8 des Reichsgerichts-Kosten-Gesetzes)		Auseinandersetzungsgebühr: 2/10 (der Sätze des § 8 des Reichsgerichts-Kosten-Gesetzes)	
M	M	₰	M	₰	M	₰	M	₰	M	₰	M	₰	M	₰	M	₰	M	₰	M	₰	M	₰
2681	12	—	6	—	8	—	18	—	4	80	3	20	5	90	23	50	46	90	25	—	10	—
2682	12	—	6	—	8	—	18	—	4	80	3	20	5	90	23	50	46	90	25	—	10	—
2683	12	—	6	—	8	—	18	—	4	80	3	20	5	90	23	50	46	90	25	—	10	—
2684	12	—	6	—	8	—	18	—	4	80	3	20	5	90	23	50	46	90	25	—	10	—
2685	12	—	6	—	8	—	18	—	4	80	3	20	5	90	23	50	46	90	25	—	10	—
2686	12	—	6	—	8	—	18	—	4	80	3	20	5	90	23	50	46	90	25	—	10	—
2687	12	—	6	—	8	—	18	—	4	80	3	20	5	90	23	50	46	90	25	—	10	—
2688	12	—	6	—	8	—	18	—	4	80	3	20	5	90	23	50	46	90	25	—	10	—
2689	12	—	6	—	8	—	18	—	4	80	3	20	5	90	23	50	46	90	25	—	10	—
2690	12	—	6	—	8	—	18	—	4	80	3	20	5	90	23	50	46	90	25	—	10	—
2691	12	—	6	—	8	—	18	—	4	80	3	20	5	90	23	50	47	—	25	—	10	—
2692	12	—	6	—	8	—	18	—	4	80	3	20	5	90	23	50	47	—	25	—	10	—
2693	12	—	6	—	8	—	18	—	4	80	3	20	5	90	23	50	47	—	25	—	10	—
2694	12	—	6	—	8	—	18	—	4	80	3	20	5	90	23	50	47	—	25	—	10	—
2695	12	—	6	—	8	—	18	—	4	80	3	20	5	90	23	50	47	—	25	—	10	—
2696	12	—	6	—	8	—	18	—	4	80	3	20	5	90	23	50	47	—	25	—	10	—
2697	12	—	6	—	8	—	18	—	4	80	3	20	5	90	23	50	47	—	25	—	10	—
2698	12	—	6	—	8	—	18	—	4	80	3	20	5	90	23	50	47	—	25	—	10	—
2699	12	—	6	—	8	—	18	—	4	80	3	20	5	90	23	50	47	—	25	—	10	—
2700	12	—	6	—	8	—	18	—	4	80	3	20	5	90	23	50	47	—	25	—	10	—
2701	13	50	6	80	9	—	20	30	5	40	3	60	5	90	23	60	47	10	28	—	11	20
2702	13	50	6	80	9	—	20	30	5	40	3	60	5	90	23	60	47	10	28	—	11	20
2703	13	50	6	80	9	—	20	30	5	40	3	60	5	90	23	60	47	10	28	—	11	20
2704	13	50	6	80	9	—	20	30	5	40	3	60	5	90	23	60	47	10	28	—	11	20
2705	13	50	6	80	9	—	20	30	5	40	3	60	5	90	23	60	47	10	28	—	11	20
2706	13	50	6	80	9	—	20	30	5	40	3	60	5	90	23	60	47	10	28	—	11	20
2707	13	50	6	80	9	—	20	30	5	40	3	60	5	90	23	60	47	10	28	—	11	20
2708	13	50	6	80	9	—	20	30	5	40	3	60	5	90	23	60	47	10	28	—	11	20
2709	13	50	6	80	9	—	20	30	5	40	3	60	5	90	23	60	47	10	28	—	11	20
2710	13	50	6	80	9	—	20	30	5	40	3	60	5	90	23	60	47	10	28	—	11	20
2711	13	50	6	80	9	—	20	30	5	40	3	60	5	90	23	60	47	20	28	—	11	20
2712	13	50	6	80	9	—	20	30	5	40	3	60	5	90	23	60	47	20	28	—	11	20
2713	13	50	6	80	9	—	20	30	5	40	3	60	5	90	23	60	47	20	28	—	11	20
2714	13	50	6	80	9	—	20	30	5	40	3	60	5	90	23	60	47	20	28	—	11	20
2715	13	50	6	80	9	—	20	30	5	40	3	60	5	90	23	60	47	20	28	—	11	20
2716	13	50	6	80	9	—	20	30	5	40	3	60	5	90	23	60	47	20	28	—	11	20
2717	13	50	6	80	9	—	20	30	5	40	3	60	5	90	23	60	47	20	28	—	11	20
2718	13	50	6	80	9	—	20	30	5	40	3	60	5	90	23	60	47	20	28	—	11	20
2719	13	50	6	80	9	—	20	30	5	40	3	60	5	90	23	60	47	20	28	—	11	20
2720	13	50	6	80	9	—	20	30	5	40	3	60	5	90	23	60	47	20	28	—	11	20

Gegen-stands-Summe	Staatsgebühren 1 Prozent		1½		2		Besitz-veränderungs-abgabe		Staatsgebühren 1 pro mille		2		2½		3		5	
M	M	Pf	M	Pf	M	Pf	M	Pf	M	Pf	M	Pf	M	Pf	M	Pf	M	Pf
2721	27	30	40	90	54	50	13	70	2	80	5	50	6	90	8	20	13	70
2722	27	30	40	90	54	50	13	70	2	80	5	50	6	90	8	20	13	70
2723	27	30	40	90	54	50	13	70	2	80	5	50	6	90	8	20	13	70
2724	27	30	40	90	54	50	13	70	2	80	5	50	6	90	8	20	13	70
2725	27	30	40	90	54	50	13	70	2	80	5	50	6	90	8	20	13	70
2726	27	30	40	90	54	60	13	70	2	80	5	50	6	90	8	20	13	70
2727	27	30	41	—	54	60	13	70	2	80	5	50	6	90	8	20	13	70
2728	27	30	41	—	54	60	13	70	2	80	5	50	6	90	8	20	13	70
2729	27	30	41	—	54	60	13	70	2	80	5	50	6	90	8	20	13	70
2730	27	30	41	—	54	60	13	70	2	80	5	50	6	90	8	20	13	70
2731	27	40	41	—	54	70	13	70	2	80	5	50	6	90	8	20	13	70
2732	27	40	41	—	54	70	13	70	2	80	5	50	6	90	8	20	13	70
2733	27	40	41	—	54	70	13	70	2	80	5	50	6	90	8	20	13	70
2734	27	40	41	10	54	70	13	70	2	80	5	50	6	90	8	30	13	70
2735	27	40	41	10	54	70	13	70	2	80	5	50	6	90	8	30	13	70
2736	27	40	41	10	54	80	13	70	2	80	5	50	6	90	8	30	13	70
2737	27	40	41	10	54	80	13	70	2	80	5	50	6	90	8	30	13	70
2738	27	40	41	10	54	80	13	70	2	80	5	50	6	90	8	30	13	70
2739	27	40	41	10	54	80	13	70	2	80	5	50	6	90	8	30	13	70
2740	27	40	41	10	54	80	13	70	2	80	5	50	6	90	8	30	13	70
2741	27	50	41	20	54	90	13	80	2	80	5	50	6	90	8	30	13	80
2742	27	50	41	20	54	90	13	80	2	80	5	50	6	90	8	30	13	80
2743	27	50	41	20	54	90	13	80	2	80	5	50	6	90	8	30	13	80
2744	27	50	41	20	54	90	13	80	2	80	5	50	6	90	8	30	13	80
2745	27	50	41	20	54	90	13	80	2	80	5	50	6	90	8	30	13	80
2746	27	50	41	20	55	—	13	80	2	80	5	50	6	90	8	30	13	80
2747	27	50	41	30	55	—	13	80	2	80	5	50	6	90	8	30	13	80
2748	27	50	41	30	55	—	13	80	2	80	5	50	6	90	8	30	13	80
2749	27	50	41	30	55	—	13	80	2	80	5	50	6	90	8	30	13	80
2750	27	50	41	30	55	—	13	80	2	80	5	50	6	90	8	30	13	80
2751	27	60	41	30	55	10	13	80	2	80	5	60	6	90	8	30	13	80
2752	27	60	41	30	55	10	13	80	2	80	5	60	6	90	8	30	13	80
2753	27	60	41	30	55	10	13	80	2	80	5	60	6	90	8	30	13	80
2754	27	60	41	40	55	10	13	80	2	80	5	60	6	90	8	30	13	80
2755	27	60	41	40	55	10	13	80	2	80	5	60	6	90	8	30	13	80
2756	27	60	41	40	55	20	13	80	2	80	5	60	6	90	8	30	13	80
2757	27	60	41	40	55	20	13	80	2	80	5	60	6	90	8	30	13	80
2758	27	60	41	40	55	20	13	80	2	80	5	60	6	90	8	30	13	80
2759	27	60	41	40	55	20	13	80	2	80	5	60	6	90	8	30	13	80
2760	27	60	41	40	55	20	13	80	2	80	5	60	6	90	8	30	13	80

Gegenstands-Summa	Werthgebühr								4/10 aus der vollen Werthgebühr		4/10 aus 2/3 Werthgebühr		Hinterlegungsgebühr						Auseinandersetzungsgebühr			
	Volle		1/2		1/2 bis 2200 ℳ darüber 2/3		1 1/2												5/10		2/10	
	Art. 22. 40. 41. 50		Art. 25. 27. 29. 30. 38 Abs. 2		Art. 24		Art. 23		Art. 45 Abs. 3				Art. 100		Art. 101 a		Art. 101 b		der Sätze des § 8 des Reichsgerichts-Kosten-Gesetzes			
ℳ	ℳ	₰	ℳ	₰	ℳ	₰	ℳ	₰	ℳ	₰	ℳ	₰	ℳ	₰	ℳ	₰	ℳ	₰	ℳ	₰	ℳ	₰
2721	13	50	6	80	9	—	20	30	5	40	3	60	6	—	23	70	47	30	28	—	11	20
2722	13	50	6	80	9	—	20	30	5	40	3	60	6	—	23	70	47	30	28	—	11	20
2723	13	50	6	80	9	—	20	30	5	40	3	60	6	—	23	70	47	30	28	—	11	20
2724	13	50	6	80	9	—	20	30	5	40	3	60	6	—	23	70	47	30	28	—	11	20
2725	13	50	6	80	9	—	20	30	5	40	3	60	6	—	23	70	47	30	28	—	11	20
2726	13	50	6	80	9	—	20	30	5	40	3	60	6	—	23	70	47	30	28	—	11	20
2727	13	50	6	80	9	—	20	30	5	40	3	60	6	—	23	70	47	30	28	—	11	20
2728	13	50	6	80	9	—	20	30	5	40	3	60	6	—	23	70	47	30	28	—	11	20
2729	13	50	6	80	9	—	20	30	5	40	3	60	6	—	23	70	47	30	28	—	11	20
2730	13	50	6	80	9	—	20	30	5	40	3	60	6	—	23	70	47	30	28	—	11	20
2731	13	50	6	80	9	—	20	30	5	40	3	60	6	—	23	70	47	40	28	—	11	20
2732	13	50	6	80	9	—	20	30	5	40	3	60	6	—	23	70	47	40	28	—	11	20
2733	13	50	6	80	9	—	20	30	5	40	3	60	6	—	23	70	47	40	28	—	11	20
2734	13	50	6	80	9	—	20	30	5	40	3	60	6	—	23	70	47	40	28	—	11	20
2735	13	50	6	80	9	—	20	30	5	40	3	60	6	—	23	70	47	40	28	—	11	20
2736	13	50	6	80	9	—	20	30	5	40	3	60	6	—	23	70	47	40	28	—	11	20
2737	13	50	6	80	9	—	20	30	5	40	3	60	6	—	23	70	47	40	28	—	11	20
2738	13	50	6	80	9	—	20	30	5	40	3	60	6	—	23	70	47	40	28	—	11	20
2739	13	50	6	80	9	—	20	30	5	40	3	60	6	—	23	70	47	40	28	—	11	20
2740	13	50	6	80	9	—	20	30	5	40	3	60	6	—	23	70	47	40	28	—	11	20
2741	13	50	6	80	9	—	20	30	5	40	3	60	6	—	23	80	47	50	28	—	11	20
2742	13	50	6	80	9	—	20	30	5	40	3	60	6	—	23	80	47	50	28	—	11	20
2743	13	50	6	80	9	—	20	30	5	40	3	60	6	—	23	80	47	50	28	—	11	20
2744	13	50	6	80	9	—	20	30	5	40	3	60	6	—	23	80	47	50	28	—	11	20
2745	13	50	6	80	9	—	20	30	5	40	3	60	6	—	23	80	47	50	28	—	11	20
2746	13	50	6	80	9	—	20	30	5	40	3	60	6	—	23	80	47	50	28	—	11	20
2747	13	50	6	80	9	—	20	30	5	40	3	60	6	—	23	80	47	50	28	—	11	20
2748	13	50	6	80	9	—	20	30	5	40	3	60	6	—	23	80	47	50	28	—	11	20
2749	13	50	6	80	9	—	20	30	5	40	3	60	6	—	23	80	47	50	28	—	11	20
2750	13	50	6	80	9	—	20	30	5	40	3	60	6	—	23	80	47	50	28	—	11	20
2751	13	50	6	80	9	—	20	30	5	40	3	60	6	—	23	80	47	60	28	—	11	20
2752	13	50	6	80	9	—	20	30	5	40	3	60	6	—	23	80	47	60	28	—	11	20
2753	13	50	6	80	9	—	20	30	5	40	3	60	6	—	23	80	47	60	28	—	11	20
2754	13	50	6	80	9	—	20	30	5	40	3	60	6	—	23	80	47	60	28	—	11	20
2755	13	50	6	80	9	—	20	30	5	40	3	60	6	—	23	80	47	60	28	—	11	20
2756	13	50	6	80	9	—	20	30	5	40	3	60	6	—	23	80	47	60	28	—	11	20
2757	13	50	6	80	9	—	20	30	5	40	3	60	6	—	23	80	47	60	28	—	11	20
2758	13	50	6	80	9	—	20	30	5	40	3	60	6	—	23	80	47	60	28	—	11	20
2759	13	50	6	80	9	—	20	30	5	40	3	60	6	—	23	80	47	60	28	—	11	20
2760	13	50	6	80	9	—	20	30	5	40	3	60	6	—	23	80	47	60	28	—	11	20

Gegen-stands-Summa	Staatsgebühren 1 Prozent		Staatsgebühren 1 1/2 Prozent		Staatsgebühren 2 Prozent		Besitz-veränderungs-abgabe		Staatsgebühren 1 pro mille		Staatsgebühren 2 pro mille		Staatsgebühren 2 1/2 pro mille		Staatsgebühren 3 pro mille		Staatsgebühren 5 pro mille	
M	M	Pf	M	Pf	M	Pf	M	Pf	M	Pf	M	Pf	M	Pf	M	Pf	M	Pf
2761	27	70	41	50	55	30	13	90	2	80	5	60	7	—	8	30	13	90
2762	27	70	41	50	55	30	13	90	2	80	5	60	7	—	8	30	13	90
2763	27	70	41	50	55	30	13	90	2	80	5	60	7	—	8	30	13	90
2764	27	70	41	50	55	30	13	90	2	80	5	60	7	—	8	30	13	90
2765	27	70	41	50	55	30	13	90	2	80	5	60	7	—	8	30	13	90
2766	27	70	41	50	55	40	13	90	2	80	5	60	7	—	8	30	13	90
2767	27	70	41	60	55	40	13	90	2	80	5	60	7	—	8	30	13	90
2768	27	70	41	60	55	40	13	90	2	80	5	60	7	—	8	30	13	90
2769	27	70	41	60	55	40	13	90	2	80	5	60	7	—	8	30	13	90
2770	27	70	41	60	55	40	13	90	2	80	5	60	7	—	8	30	13	90
2771	27	80	41	60	55	50	13	90	2	80	5	60	7	—	8	30	13	90
2772	27	80	41	60	55	50	13	90	2	80	5	60	7	—	8	30	13	90
2773	27	80	41	60	55	50	13	90	2	80	5	60	7	—	8	30	13	90
2774	27	80	41	70	55	50	13	90	2	80	5	60	7	—	8	30	13	90
2775	27	80	41	70	55	50	13	90	2	80	5	60	7	—	8	30	13	90
2776	27	80	41	70	55	60	13	90	2	80	5	60	7	—	8	40	13	90
2777	27	80	41	70	55	60	13	90	2	80	5	60	7	—	8	40	13	90
2778	27	80	41	70	55	60	13	90	2	80	5	60	7	—	8	40	13	90
2779	27	80	41	70	55	60	13	90	2	80	5	60	7	—	8	40	13	90
2780	27	80	41	70	55	60	13	90	2	80	5	60	7	—	8	40	13	90
2781	27	90	41	80	55	70	14	—	2	80	5	60	7	—	8	40	14	—
2782	27	90	41	80	55	70	14	—	2	80	5	60	7	—	8	40	14	—
2783	27	90	41	80	55	70	14	—	2	80	5	60	7	—	8	40	14	—
2784	27	90	41	80	55	70	14	—	2	80	5	60	7	—	8	40	14	—
2785	27	90	41	80	55	70	14	—	2	80	5	60	7	—	8	40	14	—
2786	27	90	41	80	55	80	14	—	2	80	5	60	7	—	8	40	14	—
2787	27	90	41	90	55	80	14	—	2	80	5	60	7	—	8	40	14	—
2788	27	90	41	90	55	80	14	—	2	80	5	60	7	—	8	40	14	—
2789	27	90	41	90	55	80	14	—	2	80	5	60	7	—	8	40	14	—
2790	27	90	41	90	55	80	14	—	2	80	5	60	7	—	8	40	14	—
2791	28	—	41	90	55	90	14	—	2	80	5	60	7	—	8	40	14	—
2792	28	—	41	90	55	90	14	—	2	80	5	60	7	—	8	40	14	—
2793	28	—	41	90	55	90	14	—	2	80	5	60	7	—	8	40	14	—
2794	28	—	42	—	55	90	14	—	2	80	5	60	7	—	8	40	14	—
2795	28	—	42	—	55	90	14	—	2	80	5	60	7	—	8	40	14	—
2796	28	—	42	—	56	—	14	—	2	80	5	60	7	—	8	40	14	—
2797	28	—	42	—	56	—	14	—	2	80	5	60	7	—	8	40	14	—
2798	28	—	42	—	56	—	14	—	2	80	5	60	7	—	8	40	14	—
2799	28	—	42	—	56	—	14	—	2	80	5	60	7	—	8	40	14	—
2800	28	—	42	—	56	—	14	—	2	80	5	60	7	—	8	40	14	—

Gegenstands-Summa	Werthgebühr: Volle (Art. 22. 40. 41. 50)		Werthgebühr: 1/2 (Art. 25. 27. 29. 30. 38 Abs. 2)		Werthgebühr: 1/2 bis 2200 M. darüber 2/3 (Art. 24)		Werthgebühr: 1 1/2 (Art. 23)		4/10 aus der vollen Werthgebühr (Art. 45 Abs. 3)		4/10 aus 2/3 Werthgebühr (Art. 45 Abs. 3)		Hinterlegungsgebühr (Art. 100)		Hinterlegungsgebühr (Art. 101 a)		Hinterlegungsgebühr (Art. 101 b)		Auseinandersetzungsgebühr 5/10 (der Sätze des § 8 des Reichsgerichts-Kosten-Gesetzes)		Auseinandersetzungsgebühr 2/10 (der Sätze des § 8 des Reichsgerichts-Kosten-Gesetzes)	
M	M	₰	M	₰	M	₰	M	₰	M	₰	M	₰	M	₰	M	₰	M	₰	M	₰	M	₰
2761	13	50	6	80	9	—	20	30	5	40	3	60	6	—	23	90	47	70	28	—	11	20
2762	13	50	6	80	9	—	20	30	5	40	3	60	6	—	23	90	47	70	28	—	11	20
2763	13	50	6	80	9	—	20	30	5	40	3	60	6	—	23	90	47	70	28	—	11	20
2764	13	50	6	80	9	—	20	30	5	40	3	60	6	—	23	90	47	70	28	—	11	20
2765	13	50	6	80	9	—	20	30	5	40	3	60	6	—	23	90	47	70	28	—	11	20
2767	13	50	6	80	9	—	20	30	5	40	3	60	6	—	23	90	47	70	28	—	11	20
2766	13	50	6	80	9	—	20	30	5	40	3	60	6	—	23	90	47	70	28	—	11	20
2768	13	50	6	80	9	—	20	30	5	40	3	60	6	—	23	90	47	70	28	—	11	20
2769	13	50	6	80	9	—	20	30	5	40	3	60	6	—	23	90	47	70	28	—	11	20
2770	13	50	6	80	9	—	20	30	5	40	3	60	6	—	23	90	47	70	28	—	11	20
2771	13	50	6	80	9	—	20	30	5	40	3	60	6	—	23	90	47	80	28	—	11	20
2772	13	50	6	80	9	—	20	30	5	40	3	60	6	—	23	90	47	80	28	—	11	20
2773	13	50	6	80	9	—	20	30	5	40	3	60	6	—	23	90	47	80	28	—	11	20
2774	13	50	6	80	9	—	20	30	5	40	3	60	6	—	23	90	47	80	28	—	11	20
2775	13	50	6	80	9	—	20	30	5	40	3	60	6	—	23	90	47	80	28	—	11	20
2776	13	50	6	80	9	—	20	30	5	40	3	60	6	—	23	90	47	80	28	—	11	20
2777	13	50	6	80	9	—	20	30	5	40	3	60	6	—	23	90	47	80	28	—	11	20
2778	13	50	6	80	9	—	20	30	5	40	3	60	6	—	23	90	47	80	28	—	11	20
2779	13	50	6	80	9	—	20	30	5	40	3	60	6	—	23	90	47	80	28	—	11	20
2780	13	50	6	80	9	—	20	30	5	40	3	60	6	—	23	90	47	80	28	—	11	20
2781	13	50	6	80	9	—	20	30	5	40	3	60	6	—	24	—	47	90	28	—	11	20
2782	13	50	6	80	9	—	20	30	5	40	3	60	6	—	24	—	47	90	28	—	11	20
2783	13	50	6	80	9	—	20	30	5	40	3	60	6	—	24	—	47	90	28	—	11	20
2784	13	50	6	80	9	—	20	30	5	40	3	60	6	—	24	—	47	90	28	—	11	20
2785	13	50	6	80	9	—	20	30	5	40	3	60	6	—	24	—	47	90	28	—	11	20
2786	13	50	6	80	9	—	20	30	5	40	3	60	6	—	24	—	47	90	28	—	11	20
2787	13	50	6	80	9	—	20	30	5	40	3	60	6	—	24	—	47	90	28	—	11	20
2788	13	50	6	80	9	—	20	30	5	40	3	60	6	—	24	—	47	90	28	—	11	20
2789	13	50	6	80	9	—	20	30	5	40	3	60	6	—	24	—	47	90	28	—	11	20
2790	13	50	6	80	9	—	20	30	5	40	3	60	6	—	24	—	47	90	28	—	11	20
2791	13	50	6	80	9	—	20	30	5	40	3	60	6	—	24	—	48	—	28	—	11	20
2792	13	50	6	80	9	—	20	30	5	40	3	60	6	—	24	—	48	—	28	—	11	20
2793	13	50	6	80	9	—	20	30	5	40	3	60	6	—	24	—	48	—	28	—	11	20
2794	13	50	6	80	9	—	20	30	5	40	3	60	6	—	24	—	48	—	28	—	11	20
2795	13	50	6	80	9	—	20	30	5	40	3	60	6	—	24	—	48	—	28	—	11	20
2796	13	50	6	80	9	—	20	30	5	40	3	60	6	—	24	—	48	—	28	—	11	20
2797	13	50	6	80	9	—	20	30	5	40	3	60	6	—	24	—	48	—	28	—	11	20
2798	13	50	6	80	9	—	20	30	5	40	3	60	6	—	24	—	48	—	28	—	11	20
2799	13	50	6	80	9	—	20	30	5	40	3	60	6	—	24	—	48	—	28	—	11	20
2800	13	50	6	80	9	—	20	30	5	40	3	60	6	—	24	—	48	—	28	—	11	20

Gegenstands-Summa	Staatsgebühren						Besitzveränderungsabgabe		Staatsgebühren									
	1		1 1/2		2				1		2		2 1/2		3		5	
	Prozent								pro mille									
ℳ	ℳ	₰	ℳ	₰	ℳ	₰	ℳ	₰	ℳ	₰	ℳ	₰	ℳ	₰	ℳ	₰	ℳ	₰
2801	28	10	42	10	56	10	14	10	2	90	5	70	7	10	8	40	14	10
2802	28	10	42	10	56	10	14	10	2	90	5	70	7	10	8	40	14	10
2803	28	10	42	10	56	10	14	10	2	90	5	70	7	10	8	40	14	10
2804	28	10	42	10	56	10	14	10	2	90	5	70	7	10	8	40	14	10
2805	28	10	42	10	56	10	14	10	2	90	5	70	7	10	8	50	14	10
2806	28	10	42	10	56	20	14	10	2	90	5	70	7	10	8	50	14	10
2807	28	10	42	20	56	20	14	10	2	90	5	70	7	10	8	50	14	10
2808	28	10	42	20	56	20	14	10	2	90	5	70	7	10	8	50	14	10
2809	28	10	42	20	56	20	14	10	2	90	5	70	7	10	8	50	14	10
2810	28	10	42	20	56	20	14	10	2	90	5	70	7	10	8	50	14	10
2811	28	20	42	20	56	30	14	10	2	90	5	70	7	10	8	50	14	10
2812	28	20	42	20	56	30	14	10	2	90	5	70	7	10	8	50	14	10
2813	28	20	42	20	56	30	14	10	2	90	5	70	7	10	8	50	14	10
2814	28	20	42	30	56	30	14	10	2	90	5	70	7	10	8	50	14	10
2815	28	20	42	30	56	30	14	10	2	90	5	70	7	10	8	50	14	10
2816	28	20	42	30	56	40	14	10	2	90	5	70	7	10	8	50	14	10
2817	28	20	42	30	56	40	14	10	2	90	5	70	7	10	8	50	14	10
2818	28	20	42	30	56	40	14	10	2	90	5	70	7	10	8	50	14	10
2819	28	20	42	30	56	40	14	10	2	90	5	70	7	10	8	50	14	10
2820	28	20	42	30	56	40	14	10	2	90	5	70	7	10	8	50	14	10
2821	28	30	42	40	56	50	14	20	2	90	5	70	7	10	8	50	14	20
2822	28	30	42	40	56	50	14	20	2	90	5	70	7	10	8	50	14	20
2823	28	30	42	40	56	50	14	20	2	90	5	70	7	10	8	50	14	20
2824	28	30	42	40	56	50	14	20	2	90	5	70	7	10	8	50	14	20
2825	28	30	42	40	56	50	14	20	2	90	5	70	7	10	8	50	14	20
2826	28	30	42	40	56	60	14	20	2	90	5	70	7	10	8	50	14	20
2827	28	30	42	50	56	60	14	20	2	90	5	70	7	10	8	50	14	20
2828	28	30	42	50	56	60	14	20	2	90	5	70	7	10	8	50	14	20
2829	28	30	42	50	56	60	14	20	2	90	5	70	7	10	8	50	14	20
2830	28	30	42	50	56	60	14	20	2	90	5	70	7	10	8	50	14	20
2831	28	40	42	50	56	70	14	20	2	90	5	70	7	10	8	50	14	20
2832	28	40	42	50	56	70	14	20	2	90	5	70	7	10	8	50	14	20
2833	28	40	42	50	56	70	14	20	2	90	5	70	7	10	8	50	14	20
2834	28	40	42	60	56	70	14	20	2	90	5	70	7	10	8	60	14	20
2835	28	40	42	60	56	70	14	20	2	90	5	70	7	10	8	60	14	20
2836	28	40	42	60	56	80	14	20	2	90	5	70	7	10	8	60	14	20
2837	28	40	42	60	56	80	14	20	2	90	5	70	7	10	8	60	14	20
2838	28	40	42	60	56	80	14	20	2	90	5	70	7	10	8	60	14	20
2839	28	40	42	60	56	80	14	20	2	90	5	70	7	10	8	60	14	20
2840	28	40	42	60	56	80	14	20	2	90	5	70	7	10	8	60	14	20

Gegenstandssumma	Werthgebühr: Volle (Art. 22. 40. 41. 50)		Werthgebühr: 1/2 (Art. 25. 27. 29. 30. 38 Abs. 2)		Werthgebühr: 1/2 bis 2200 M. darüber 2/3 (Art. 24)		Werthgebühr: 1 1/2 (Art. 23)		4/10 aus der vollen Werthgebühr (Art. 45 Abs. 3)		4/10 aus 2/3 Werthgebühr (Art. 45 Abs. 3)		Hinterlegungsgebühr (Art. 100)		Hinterlegungsgebühr (Art. 101a)		Hinterlegungsgebühr (Art. 101b)		Auseinandersetzungsgebühr 5/10 (der Sätze des § 8 des Reichsgerichts-Kosten-Gesetzes)		Auseinandersetzungsgebühr 2/10 (der Sätze des § 8 des Reichsgerichts-Kosten-Gesetzes)	
M	M	₰	M	₰	M	₰	M	₰	M	₰	M	₰	M	₰	M	₰	M	₰	M	₰	M	₰
2801	13	50	6	80	9	—	20	30	5	40	3	60	6	10	24	10	48	10	28	—	11	20
2802	13	50	6	80	9	—	20	30	5	40	3	60	6	10	24	10	48	10	28	—	11	20
2803	13	50	6	80	9	—	20	30	5	40	3	60	6	10	24	10	48	10	28	—	11	20
2804	13	50	6	80	9	—	20	30	5	40	3	60	6	10	24	10	48	10	28	—	11	20
2805	13	50	6	80	9	—	20	30	5	40	3	60	6	10	24	10	48	10	28	—	11	20
2806	13	50	6	80	9	—	20	30	5	40	3	60	6	10	24	10	48	10	28	—	11	20
2807	13	50	6	80	9	—	20	30	5	40	3	60	6	10	24	10	48	10	28	—	11	20
2808	13	50	6	80	9	—	20	30	5	40	3	60	6	10	24	10	48	10	28	—	11	20
2809	13	50	6	80	9	—	20	30	5	40	3	60	6	10	24	10	48	10	28	—	11	20
2810	13	50	6	80	9	—	20	30	5	40	3	60	6	10	24	10	48	10	28	—	11	20
2811	13	50	6	80	9	—	20	30	5	40	3	60	6	10	24	10	48	20	28	—	11	20
2812	13	50	6	80	9	—	20	30	5	40	3	60	6	10	24	10	48	20	28	—	11	20
2813	13	50	6	80	9	—	20	30	5	40	3	60	6	10	24	10	48	20	28	—	11	20
2814	13	50	6	80	9	—	20	30	5	40	3	60	6	10	24	10	48	20	28	—	11	20
2815	13	50	6	80	9	—	20	30	5	40	3	60	6	10	24	10	48	20	28	—	11	20
2816	13	50	6	80	9	—	20	30	5	40	3	60	6	10	24	10	48	20	28	—	11	20
2817	13	50	6	80	9	—	20	30	5	40	3	60	6	10	24	10	48	20	28	—	11	20
2818	13	50	6	80	9	—	20	30	5	40	3	60	6	10	24	10	48	20	28	—	11	20
2819	13	50	6	80	9	—	20	30	5	40	3	60	6	10	24	10	48	20	28	—	11	20
2820	13	50	6	80	9	—	20	30	5	40	3	60	6	10	24	10	48	20	28	—	11	20
2821	13	50	6	80	9	—	20	30	5	40	3	60	6	10	24	20	48	30	28	—	11	20
2822	13	50	6	80	9	—	20	30	5	40	3	60	6	10	24	20	48	30	28	—	11	20
2823	13	50	6	80	9	—	20	30	5	40	3	60	6	10	24	20	48	30	28	—	11	20
2824	13	50	6	80	9	—	20	30	5	40	3	60	6	10	24	20	48	30	28	—	11	20
2825	13	50	6	80	9	—	20	30	5	40	3	60	6	10	24	20	48	30	28	—	11	20
2826	13	50	6	80	9	—	20	30	5	40	3	60	6	10	24	20	48	30	28	—	11	20
2827	13	50	6	80	9	—	20	30	5	40	3	60	6	10	24	20	48	30	28	—	11	20
2828	13	50	6	80	9	—	20	30	5	40	3	60	6	10	24	20	48	30	28	—	11	20
2829	13	50	6	80	9	—	20	30	5	40	3	60	6	10	24	20	48	30	28	—	11	20
2830	13	50	6	80	9	—	20	30	5	40	3	60	6	10	24	20	48	30	28	—	11	20
2831	13	50	6	80	9	—	20	30	5	40	3	60	6	10	24	20	48	40	28	—	11	20
2832	13	50	6	80	9	—	20	30	5	40	3	60	6	10	24	20	48	40	28	—	11	20
2833	13	50	6	80	9	—	20	30	5	40	3	60	6	10	24	20	48	40	28	—	11	20
2834	13	50	6	80	9	—	20	30	5	40	3	60	6	10	24	20	48	40	28	—	11	20
2835	13	50	6	80	9	—	20	30	5	40	3	60	6	10	24	20	48	40	28	—	11	20
2836	13	50	6	80	9	—	20	30	5	40	3	60	6	10	24	20	48	40	28	—	11	20
2837	13	50	6	80	9	—	20	30	5	40	3	60	6	10	24	20	48	40	28	—	11	20
2838	13	50	6	80	9	—	20	30	5	40	3	60	6	10	24	20	48	40	28	—	11	20
2839	13	50	6	80	9	—	20	30	5	40	3	60	6	10	24	20	48	40	28	—	11	20
2840	13	50	6	80	9	—	20	30	5	40	3	60	6	10	24	20	48	40	28	—	11	20

Gegenstands-Summa	Staatsgebühren 1 Prozent		1½ Prozent		2 Prozent		Besitzveränderungsabgabe		Staatsgebühren 1 pro mille		2 pro mille		2½ pro mille		3 pro mille		5 pro mille	
M	M	₰	M	₰	M	₰	M	₰	M	₰	M	₰	M	₰	M	₰	M	₰
2841	28	50	42	70	56	90	14	30	2	90	5	70	7	20	8	60	14	30
2842	28	50	42	70	56	90	14	30	2	90	5	70	7	20	8	60	14	30
2843	28	50	42	70	56	90	14	30	2	90	5	70	7	20	8	60	14	30
2844	28	50	42	70	56	90	14	30	2	90	5	70	7	20	8	60	14	30
2845	28	50	42	70	56	90	14	30	2	90	5	70	7	20	8	60	14	30
2846	28	50	42	70	57	—	14	30	2	90	5	70	7	20	8	60	14	30
2847	28	50	42	80	57	—	14	30	2	90	5	70	7	20	8	60	14	30
2848	28	50	42	80	57	—	14	30	2	90	5	70	7	20	8	60	14	30
2849	28	50	42	80	57	—	14	30	2	90	5	70	7	20	8	60	14	30
2850	28	50	42	80	57	—	14	30	2	90	5	70	7	20	8	60	14	30
2851	28	60	42	80	57	10	14	30	2	90	5	80	7	20	8	60	14	30
2852	28	60	42	80	57	10	14	30	2	90	5	80	7	20	8	60	14	30
2853	28	60	42	80	57	10	14	30	2	90	5	80	7	20	8	60	14	30
2854	28	60	42	90	57	10	14	30	2	90	5	80	7	20	8	60	14	30
2855	28	60	42	90	57	10	14	30	2	90	5	80	7	20	8	60	14	30
2856	28	60	42	90	57	20	14	30	2	90	5	80	7	20	8	60	14	30
2857	28	60	42	90	57	20	14	30	2	90	5	80	7	20	8	60	14	30
2858	28	60	42	90	57	20	14	30	2	90	5	80	7	20	8	60	14	30
2859	28	60	42	90	57	20	14	30	2	90	5	80	7	20	8	60	14	30
2860	28	60	42	90	57	20	14	30	2	90	5	80	7	20	8	60	14	30
2861	28	70	43	—	57	30	14	40	2	90	5	80	7	20	8	60	14	40
2862	28	70	43	—	57	30	14	40	2	90	5	80	7	20	8	60	14	40
2863	28	70	43	—	57	30	14	40	2	90	5	80	7	20	8	60	14	40
2864	28	70	43	—	57	30	14	40	2	90	5	80	7	20	8	60	14	40
2865	28	70	43	—	57	30	14	40	2	90	5	80	7	20	8	60	14	40
2866	28	70	43	—	57	40	14	40	2	90	5	80	7	20	8	60	14	40
2867	28	70	43	10	57	40	14	40	2	90	5	80	7	20	8	70	14	40
2868	28	70	43	10	57	40	14	40	2	90	5	80	7	20	8	70	14	40
2869	28	70	43	10	57	40	14	40	2	90	5	80	7	20	8	70	14	40
2870	28	70	43	10	57	40	14	40	2	90	5	80	7	20	8	70	14	40
2871	28	80	43	10	57	50	14	40	2	90	5	80	7	20	8	70	14	40
2872	28	80	43	10	57	50	14	40	2	90	5	80	7	20	8	70	14	40
2873	28	80	43	10	57	50	14	40	2	90	5	80	7	20	8	70	14	40
2874	28	80	43	20	57	50	14	40	2	90	5	80	7	20	8	70	14	40
2875	28	80	43	20	57	50	14	40	2	90	5	80	7	20	8	70	14	40
2876	28	80	43	20	57	60	14	40	2	90	5	80	7	20	8	70	14	40
2877	28	80	43	20	57	60	14	40	2	90	5	80	7	20	8	70	14	40
2878	28	80	43	20	57	60	14	40	2	90	5	80	7	20	8	70	14	40
2879	28	80	43	20	57	60	14	40	2	90	5	80	7	20	8	70	14	40
2880	28	80	43	20	57	60	14	40	2	90	5	80	7	20	8	70	14	40

Gegen-standes-Summa	Werthgebühr								4/10 aus der vollen Werthgebühr		4/10 aus 2/3 Werthgebühr		Hinterlegungsgebühr						Auseinandersetzungsgebühr			
	Volle		1/2		1/2 bis 2200 M.		1 1/2												5/10		2/10	
	Art. 22. 40. 41. 50		Art. 25. 27. 29. 30. 38 Abs. 2		darüber 2/3 Art. 24		Art. 23		Art. 45 Abs. 3				Art. 100		Art. 101 a		Art. 101 b		der Sätze des § 8 des Reichsgerichts-Kosten-Gesetzes			
M	M	₰	M	₰	M	₰	M	₰	M	₰	M	₰	M	₰	M	₰	M	₰	M	₰	M	₰
2841	13	50	6	80	9	—	20	30	5	40	3	60	6	10	24	30	48	50	28	—	11	20
2842	13	50	6	80	9	—	20	30	5	40	3	60	6	10	24	30	48	50	28	—	11	20
2843	13	50	6	80	9	—	20	30	5	40	3	60	6	10	24	30	48	50	28	—	11	20
2844	13	50	6	80	9	—	20	30	5	40	3	60	6	10	24	30	48	50	28	—	11	20
2845	13	50	6	80	9	—	20	30	5	40	3	60	6	10	24	30	48	50	28	—	11	20
2846	13	50	6	80	9	—	20	30	5	40	3	60	6	10	24	30	48	50	28	—	11	20
2847	13	50	6	80	9	—	20	30	5	40	3	60	6	10	24	30	48	50	28	—	11	20
2848	13	50	6	80	9	—	20	30	5	40	3	60	6	10	24	30	48	50	28	—	11	20
2849	13	50	6	80	9	—	20	30	5	40	3	60	6	10	24	30	48	50	28	—	11	20
2850	13	50	6	80	9	—	20	30	5	40	3	60	6	10	24	30	48	50	28	—	11	20
2851	13	50	6	80	9	—	20	30	5	40	3	60	6	10	24	30	48	60	28	—	11	20
2852	13	50	6	80	9	—	20	30	5	40	3	60	6	10	24	30	48	60	28	—	11	20
2853	13	50	6	80	9	—	20	30	5	40	3	60	6	10	24	30	48	60	28	—	11	20
2854	13	50	6	80	9	—	20	30	5	40	3	60	6	10	24	30	48	60	28	—	11	20
2855	13	50	6	80	9	—	20	30	5	40	3	60	6	10	24	30	48	60	28	—	11	20
2856	13	50	6	80	9	—	20	30	5	40	3	60	6	10	24	30	48	60	28	—	11	20
2857	13	50	6	80	9	—	20	30	5	40	3	60	6	10	24	30	48	60	28	—	11	20
2858	13	50	6	80	9	—	20	30	5	40	3	60	6	10	24	30	48	60	28	—	11	20
2859	13	50	6	80	9	—	20	30	5	40	3	60	6	10	24	30	48	60	28	—	11	20
2860	13	50	6	80	9	—	20	30	5	40	3	60	6	10	24	30	48	60	28	—	11	20
2861	13	50	6	80	9	—	20	30	5	40	3	60	6	10	24	40	48	70	28	—	11	20
2862	13	50	6	80	9	—	20	30	5	40	3	60	6	10	24	40	48	70	28	—	11	20
2863	13	50	6	80	9	—	20	30	5	40	3	60	6	10	24	40	48	70	28	—	11	20
2864	13	50	6	80	9	—	20	30	5	40	3	60	6	10	24	40	48	70	28	—	11	20
2865	13	50	6	80	9	—	20	30	5	40	3	60	6	10	24	40	48	70	28	—	11	20
2866	13	50	6	80	9	—	20	30	5	40	3	60	6	10	24	40	48	70	28	—	11	20
2867	13	50	6	80	9	—	20	30	5	40	3	60	6	10	24	40	48	70	28	—	11	20
2868	13	50	6	80	9	—	20	30	5	40	3	60	6	10	24	40	48	70	28	—	11	20
2869	13	50	6	80	9	—	20	30	5	40	3	60	6	10	24	40	48	70	28	—	11	20
2870	13	50	6	80	9	—	20	30	5	40	3	60	6	10	24	40	48	70	28	—	11	20
2871	13	50	6	80	9	—	20	30	5	40	3	60	6	10	24	40	48	80	28	—	11	20
2872	13	50	6	80	9	—	20	30	5	40	3	60	6	10	24	40	48	80	28	—	11	20
2873	13	50	6	80	9	—	20	30	5	40	3	60	6	10	24	40	48	80	28	—	11	20
2874	13	50	6	80	9	—	20	30	5	40	3	60	6	10	24	40	48	80	28	—	11	20
2875	13	50	6	80	9	—	20	30	5	40	3	60	6	10	24	40	48	80	28	—	11	20
2876	13	50	6	80	9	—	20	30	5	40	3	60	6	10	24	40	48	80	28	—	11	20
2877	13	50	6	80	9	—	20	30	5	40	3	60	6	10	24	40	48	80	28	—	11	20
2878	13	50	6	80	9	—	20	30	5	40	3	60	6	10	24	40	48	80	28	—	11	20
2879	13	50	6	80	9	—	20	30	5	40	3	60	6	10	24	40	48	80	28	—	11	20
2880	13	50	6	80	9	—	20	30	5	40	3	60	6	10	24	40	48	80	28	—	11	20

Gegen-stands-Summa	Staatsgebühren						Besitz-verände-rungs-abgabe		Staatsgebühren									
	1		1½		2				1		2		2½		3		5	
	Prozent								pro mille									
M.	M	₰	M	₰	M	₰	M	₰	M	₰	M	₰	M	₰	M	₰	M	₰
2881	28	90	43	30	57	70	14	50	2	90	5	80	7	30	8	70	14	50
2882	28	90	43	30	57	70	14	50	2	90	5	80	7	30	8	70	14	50
2883	28	90	43	30	57	70	14	50	2	90	5	80	7	30	8	70	14	50
2884	28	90	43	30	57	70	14	50	2	90	5	80	7	30	8	70	14	50
2885	28	90	43	30	57	70	14	50	2	90	5	80	7	30	8	70	14	50
2886	28	90	43	30	57	80	14	50	2	90	5	80	7	30	8	70	14	50
2887	28	90	43	40	57	80	14	50	2	90	5	80	7	30	8	70	14	50
2888	28	90	43	40	57	80	14	50	2	90	5	80	7	30	8	70	14	50
2889	28	90	43	40	57	80	14	50	2	90	5	80	7	30	8	70	14	50
2890	28	90	43	40	57	80	14	50	2	90	5	80	7	30	8	70	14	50
2891	29	—	43	40	57	90	14	50	2	90	5	80	7	30	8	70	14	50
2892	29	—	43	40	57	90	14	50	2	90	5	80	7	30	8	70	14	50
2893	29	—	43	40	57	90	14	50	2	90	5	80	7	30	8	70	14	50
2894	29	—	43	50	57	90	14	50	2	90	5	80	7	30	8	70	14	50
2895	29	—	43	50	57	90	14	50	2	90	5	80	7	30	8	70	14	50
2896	29	—	43	50	58	—	14	50	2	90	5	80	7	30	8	70	14	50
2897	29	—	43	50	58	—	14	50	2	90	5	80	7	30	8	70	14	50
2898	29	—	43	50	58	—	14	50	2	90	5	80	7	30	8	70	14	50
2899	29	—	43	50	58	—	14	50	2	90	5	80	7	30	8	70	14	50
2900	29	—	43	50	58	—	14	50	2	90	5	80	7	30	8	70	14	50
2901	29	10	43	60	58	10	14	60	3	—	5	90	7	30	8	80	14	60
2902	29	10	43	60	58	10	14	60	3	—	5	90	7	30	8	80	14	60
2903	29	10	43	60	58	10	14	60	3	—	5	90	7	30	8	80	14	60
2904	29	10	43	60	58	10	14	60	3	—	5	90	7	30	8	80	14	60
2905	29	10	43	60	58	10	14	60	3	—	5	90	7	30	8	80	14	60
2906	29	10	43	60	58	20	14	60	3	—	5	90	7	30	8	80	14	60
2907	29	10	43	70	58	20	14	60	3	—	5	90	7	30	8	80	14	60
2908	29	10	43	70	58	20	14	60	3	—	5	90	7	30	8	80	14	60
2909	29	10	43	70	58	20	14	60	3	—	5	90	7	30	8	80	14	60
2910	29	10	43	70	58	20	14	60	3	—	5	90	7	30	8	80	14	60
2911	29	20	43	70	58	30	14	60	3	—	5	90	7	30	8	80	14	60
2912	29	20	43	70	58	30	14	60	3	—	5	90	7	30	8	80	14	60
2913	29	20	43	70	58	30	14	60	3	—	5	90	7	30	8	80	14	60
2914	29	20	43	80	58	30	14	60	3	—	5	90	7	30	8	80	14	60
2915	29	20	43	80	58	30	14	60	3	—	5	90	7	30	8	80	14	60
2916	29	20	43	80	58	40	14	60	3	—	5	90	7	30	8	80	14	60
2917	29	20	43	80	58	40	14	60	3	—	5	90	7	30	8	80	14	60
2918	29	20	43	80	58	40	14	60	3	—	5	90	7	30	8	80	14	60
2919	29	20	43	80	58	40	14	60	3	—	5	90	7	30	8	80	14	60
2920	29	20	43	80	58	40	14	60	3	—	5	90	7	30	8	80	14	60

Gegenstands-Summa	Werthgebühr								4/10 aus der vollen Werthgebühr		4/10 aus 2/3 Werthgebühr		Hinterlegungsgebühr						Auseinandersetzungsgebühr			
	Volle		1/2		1/2 bis 2200 ℳ darüber 2/3		1 1/2												5/10		2/10	
	Art. 22. 40. 41. 50		Art. 25. 27. 29. 30. 38 Abs. 2		Art. 24		Art. 23		Art. 45 Abs. 3				Art. 100		Art. 101 a		Art. 101 b		der Sätze des § 8 des Reichsgerichts-Kosten-Gesetzes			
ℳ	ℳ	₰	ℳ	₰	ℳ	₰	ℳ	₰	ℳ	₰	ℳ	₰	ℳ	₰	ℳ	₰	ℳ	₰	ℳ	₰	ℳ	₰
2881	13	50	6	80	9	—	20	30	5	40	3	60	6	20	24	50	48	90	28	—	11	20
2882	13	50	6	80	9	—	20	30	5	40	3	60	6	20	24	50	48	90	28	—	11	20
2883	13	50	6	80	9	—	20	30	5	40	3	60	6	20	24	50	48	90	28	—	11	20
2884	13	50	6	80	9	—	20	30	5	40	3	60	6	20	24	50	48	90	28	—	11	20
2885	13	50	6	80	9	—	20	30	5	40	3	60	6	20	24	50	48	90	28	—	11	20
2886	13	50	6	80	9	—	20	30	5	40	3	60	6	20	24	50	48	90	28	—	11	20
2887	13	50	6	80	9	—	20	30	5	40	3	60	6	20	24	50	48	90	28	—	11	20
2888	13	50	6	80	9	—	20	30	5	40	3	60	6	20	24	50	48	90	28	—	11	20
2889	13	50	6	80	9	—	20	30	5	40	3	60	6	20	24	50	48	90	28	—	11	20
2890	13	50	6	80	9	—	20	30	5	40	3	60	6	20	24	50	48	90	28	—	11	20
2891	13	50	6	80	9	—	20	30	5	40	3	60	6	20	24	50	49	—	28	—	11	20
2892	13	50	6	80	9	—	20	30	5	40	3	60	6	20	24	50	49	—	28	—	11	20
2893	13	50	6	80	9	—	20	30	5	40	3	60	6	20	24	50	49	—	28	—	11	20
2894	13	50	6	80	9	—	20	30	5	40	3	60	6	20	24	50	49	—	28	—	11	20
2895	13	50	6	80	9	—	20	30	5	40	3	60	6	20	24	50	49	—	28	—	11	20
2896	13	50	6	80	9	—	20	30	5	40	3	60	6	20	24	50	49	—	28	—	11	20
2897	13	50	6	80	9	—	20	30	5	40	3	60	6	20	24	50	49	—	28	—	11	20
2898	13	50	6	80	9	—	20	30	5	40	3	60	6	20	24	50	49	—	28	—	11	20
2899	13	50	6	80	9	—	20	30	5	40	3	60	6	20	24	50	49	—	28	—	11	20
2900	13	50	6	80	9	—	20	30	5	40	3	60	6	20	24	50	49	—	28	—	11	20
2901	13	50	6	80	9	—	20	30	5	40	3	60	6	20	24	60	49	10	28	—	11	20
2902	13	50	6	80	9	—	20	30	5	40	3	60	6	20	24	60	49	10	28	—	11	20
2903	13	50	6	80	9	—	20	30	5	40	3	60	6	20	24	60	49	10	28	—	11	20
2904	13	50	6	80	9	—	20	30	5	40	3	60	6	20	24	60	49	10	28	—	11	20
2905	13	50	6	80	9	—	20	30	5	40	3	60	6	20	24	60	49	10	28	—	11	20
2906	13	50	6	80	9	—	20	30	5	40	3	60	6	20	24	60	49	10	28	—	11	20
2907	13	50	6	80	9	—	20	30	5	40	3	60	6	20	24	60	49	10	28	—	11	20
2908	13	50	6	80	9	—	20	30	5	40	3	60	6	20	24	60	49	10	28	—	11	20
2909	13	50	6	80	9	—	20	30	5	40	3	60	6	20	24	60	49	10	28	—	11	20
2910	13	50	6	80	9	—	20	30	5	40	3	60	6	20	24	60	49	10	28	—	11	20
2911	13	50	6	80	9	—	20	30	5	40	3	60	6	20	24	60	49	20	28	—	11	20
2912	13	50	6	80	9	—	20	30	5	40	3	60	6	20	24	60	49	20	28	—	11	20
2913	13	50	6	80	9	—	20	30	5	40	3	60	6	20	24	60	49	20	28	—	11	20
2914	13	50	6	80	9	—	20	30	5	40	3	60	6	20	24	60	49	20	28	—	11	20
2915	13	50	6	80	9	—	20	30	5	40	3	60	6	20	24	60	49	20	28	—	11	20
2916	13	50	6	80	9	—	20	30	5	40	3	60	6	20	24	60	49	20	28	—	11	20
2917	13	50	6	80	9	—	20	30	5	40	3	60	6	20	24	60	49	20	28	—	11	20
2918	13	50	6	80	9	—	20	30	5	40	3	60	6	20	24	60	49	20	28	—	11	20
2919	13	50	6	80	9	—	20	30	5	40	3	60	6	20	24	60	49	20	28	—	11	20
2920	13	50	6	80	9	—	20	30	5	40	3	60	6	20	24	60	49	20	28	—	11	20

Gegen-standss-Summa	Staatsgebühren 1 Prozent		Staatsgebühren 1½ Prozent		Staatsgebühren 2 Prozent		Besitz-veränderungs-abgabe		Staatsgebühren 1 pro mille		Staatsgebühren 2 pro mille		Staatsgebühren 2½ pro mille		Staatsgebühren 3 pro mille		Staatsgebühren 5 pro mille	
ℳ	ℳ	₰	ℳ	₰	ℳ	₰	ℳ	₰	ℳ	₰	ℳ	₰	ℳ	₰	ℳ	₰	ℳ	₰
2921	29	30	43	90	58	50	14	70	3	—	5	90	7	40	8	80	14	70
2922	29	30	43	90	58	50	14	70	3	—	5	90	7	40	8	80	14	70
2923	29	30	43	90	58	50	14	70	3	—	5	90	7	40	8	80	14	70
2924	29	30	43	90	58	50	14	70	3	—	5	90	7	40	8	80	14	70
2925	29	30	43	90	58	50	14	70	3	—	5	90	7	40	8	80	14	70
2926	29	30	43	90	58	60	14	70	3	—	5	90	7	40	8	80	14	70
2927	29	30	44	—	58	60	14	70	3	—	5	90	7	40	8	80	14	70
2928	29	30	44	—	58	60	14	70	3	—	5	90	7	40	8	80	14	70
2929	29	30	44	—	58	60	14	70	3	—	5	90	7	40	8	80	14	70
2930	29	30	44	—	58	60	14	70	3	—	5	90	7	40	8	80	14	70
2931	29	40	44	—	58	70	14	70	3	—	5	90	7	40	8	80	14	70
2932	29	40	44	—	58	70	14	70	3	—	5	90	7	40	8	80	14	70
2933	29	40	44	—	58	70	14	70	3	—	5	90	7	40	8	80	14	70
2934	29	40	44	10	58	70	14	70	3	—	5	90	7	40	8	90	14	70
2935	29	40	44	10	58	70	14	70	3	—	5	90	7	40	8	90	14	70
2936	29	40	44	10	58	80	14	70	3	—	5	90	7	40	8	90	14	70
2937	29	40	44	10	58	80	14	70	3	—	5	90	7	40	8	90	14	70
2938	29	40	44	10	58	80	14	70	3	—	5	90	7	40	8	90	14	70
2939	29	40	44	10	58	80	14	70	3	—	5	90	7	40	8	90	14	70
2940	29	40	44	10	58	80	14	70	3	—	5	90	7	40	8	90	14	70
2941	29	50	44	20	58	90	14	80	3	—	5	90	7	40	8	90	14	80
2942	29	50	44	20	58	90	14	80	3	—	5	90	7	40	8	90	14	80
2943	29	50	44	20	58	90	14	80	3	—	5	90	7	40	8	90	14	80
2944	29	50	44	20	58	90	14	80	3	—	5	90	7	40	8	90	14	80
2945	29	50	44	20	58	90	14	80	3	—	5	90	7	40	8	90	14	80
2946	29	50	44	20	59	—	14	80	3	—	5	90	7	40	8	90	14	80
2947	29	50	44	30	59	—	14	80	3	—	5	90	7	40	8	90	14	80
2948	29	50	44	30	59	—	14	80	3	—	5	90	7	40	8	90	14	80
2949	29	50	44	30	59	—	14	80	3	—	5	90	7	40	8	90	14	80
2950	29	50	44	30	59	—	14	80	3	—	5	90	7	40	8	90	14	80
2951	29	60	44	30	59	10	14	80	3	—	6	—	7	40	8	90	14	80
2952	29	60	44	30	59	10	14	80	3	—	6	—	7	40	8	90	14	80
2953	29	60	44	30	59	10	14	80	3	—	6	—	7	40	8	90	14	80
2954	29	60	44	40	59	10	14	80	3	—	6	—	7	40	8	90	14	80
2955	29	60	44	40	59	10	14	80	3	—	6	—	7	40	8	90	14	80
2956	29	60	44	40	59	20	14	80	3	—	6	—	7	40	8	90	14	80
2957	29	60	44	40	59	20	14	80	3	—	6	—	7	40	8	90	14	80
2958	29	60	44	40	59	20	14	80	3	—	6	—	7	40	8	90	14	80
2959	29	60	44	40	59	20	14	80	3	—	6	—	7	40	8	90	14	80
2960	29	60	44	40	59	20	14	80	3	—	6	—	7	40	8	90	14	80

Gegenstands-Summa	Werthgebühr: Volle		Werthgebühr: 1/2		Werthgebühr: 1/2 bis 2200 M.		Werthgebühr: 1 1/2		4/10 aus der vollen Werthgebühr		4/10 aus 2/3 Werthgebühr		Hinterlegungsgebühr						Auseinandersetzungsgebühr: 5/10		Auseinandersetzungsgebühr: 2/10	
	Art. 22. 40. 41. 50		Art. 25. 27. 29. 30. 38 Abs. 2		darüber 2/3 Art. 24		Art. 23		Art. 45 Abs. 3				Art. 100		Art. 101 a		Art. 101 b		der Sätze des § 8 des Reichsgerichts-Kosten-Gesetzes					
M	M	₰	M	₰	M	₰	M	₰	M	₰	M	₰	M	₰	M	₰	M	₰	M	₰	M	₰		
2921	13	50	6	80	9	—	20	30	5	40	3	60	6	20	24	70	49	30	28	—	11	20		
2922	13	50	6	80	9	—	20	30	5	40	3	60	6	20	24	70	49	30	28	—	11	20		
2923	13	50	6	80	9	—	20	30	5	40	3	60	6	20	24	70	49	30	28	—	11	20		
2924	13	50	6	80	9	—	20	30	5	40	3	60	6	20	24	70	49	30	28	—	11	20		
2925	13	50	6	80	9	—	20	30	5	40	3	60	6	20	24	70	49	30	28	—	11	20		
2926	13	50	6	80	9	—	20	30	5	40	3	60	6	20	24	70	49	30	28	—	11	20		
2927	13	50	6	80	9	—	20	30	5	40	3	60	6	20	24	70	49	30	28	—	11	20		
2928	13	50	6	80	9	—	20	30	5	40	3	60	6	20	24	70	49	30	28	—	11	20		
2929	13	50	6	80	9	—	20	30	5	40	3	60	6	20	24	70	49	30	28	—	11	20		
2930	13	50	6	80	9	—	20	30	5	40	3	60	6	20	24	70	49	30	28	—	11	20		
2931	13	50	6	80	9	—	20	30	5	40	3	60	6	20	24	70	49	40	28	—	11	20		
2932	13	50	6	80	9	—	20	30	5	40	3	60	6	20	24	70	49	40	28	—	11	20		
2933	13	50	6	80	9	—	20	30	5	40	3	60	6	20	24	70	49	40	28	—	11	20		
2934	13	50	6	80	9	—	20	30	5	40	3	60	6	20	24	70	49	40	28	—	11	20		
2935	13	50	6	80	9	—	20	30	5	40	3	60	6	20	24	70	49	40	28	—	11	20		
2936	13	50	6	80	9	—	20	30	5	40	3	60	6	20	24	70	49	40	28	—	11	20		
2937	13	50	6	80	9	—	20	30	5	40	3	60	6	20	24	70	49	40	28	—	11	20		
2938	13	50	6	80	9	—	20	30	5	40	3	60	6	20	24	70	49	40	28	—	11	20		
2939	13	50	6	80	9	—	20	30	5	40	3	60	6	20	24	70	49	40	28	—	11	20		
2940	13	50	6	80	9	—	20	30	5	40	3	60	6	20	24	70	49	40	28	—	11	20		
2941	13	50	6	80	9	—	20	30	5	40	3	60	6	20	24	80	49	50	28	—	11	20		
2942	13	50	6	80	9	—	20	30	5	40	3	60	6	20	24	80	49	50	28	—	11	20		
2943	13	50	6	80	9	—	20	30	5	40	3	60	6	20	24	80	49	50	28	—	11	20		
2944	13	50	6	80	9	—	20	30	5	40	3	60	6	20	24	80	49	50	28	—	11	20		
2945	13	50	6	80	9	—	20	30	5	40	3	60	6	20	24	80	49	50	28	—	11	20		
2946	13	50	6	80	9	—	20	30	5	40	3	60	6	20	24	80	49	50	28	—	11	20		
2947	13	50	6	80	9	—	20	30	5	40	3	60	6	20	24	80	49	50	28	—	11	20		
2948	13	50	6	80	9	—	20	30	5	40	3	60	6	20	24	80	49	50	28	—	11	20		
2949	13	50	6	80	9	—	20	30	5	40	3	60	6	20	24	80	49	50	28	—	11	20		
2950	13	50	6	80	9	—	20	30	5	40	3	60	6	20	24	80	49	50	28	—	11	20		
2951	13	50	6	80	9	—	20	30	5	40	3	60	6	20	24	80	49	60	28	—	11	20		
2952	13	50	6	80	9	—	20	30	5	40	3	60	6	20	24	80	49	60	28	—	11	20		
2953	13	50	6	80	9	—	20	30	5	40	3	60	6	20	24	80	49	60	28	—	11	20		
2954	13	50	6	80	9	—	20	30	5	40	3	60	6	20	24	80	49	60	28	—	11	20		
2955	13	50	6	80	9	—	20	30	5	40	3	60	6	20	24	80	49	60	28	—	11	20		
2956	13	50	6	80	9	—	20	30	5	40	3	60	6	20	24	80	49	60	28	—	11	20		
2957	13	50	6	80	9	—	20	30	5	40	3	60	6	20	24	80	49	60	28	—	11	20		
2958	13	50	6	80	9	—	20	30	5	40	3	60	6	20	24	80	49	60	28	—	11	20		
2959	13	50	6	80	9	—	20	30	5	40	3	60	6	20	24	80	49	60	28	—	11	20		
2960	13	50	6	80	9	—	20	30	5	40	3	60	6	20	24	80	49	60	28	—	11	20		

Gegen-stands-Summa	Staatsgebühren 1 Prozent		Staatsgebühren 1½ Prozent		Staatsgebühren 2 Prozent		Besitz-veränderungs-abgabe		Staatsgebühren 1 pro mille		Staatsgebühren 2 pro mille		Staatsgebühren 2½ pro mille		Staatsgebühren 3 pro mille		Staatsgebühren 5 pro mille	
ℳ	ℳ	₰	ℳ	₰	ℳ	₰	ℳ	₰	ℳ	₰	ℳ	₰	ℳ	₰	ℳ	₰	ℳ	₰
2961	29	70	44	50	59	30	14	90	3	—	6	—	7	50	8	90	14	90
2962	29	70	44	50	59	30	14	90	3	—	6	—	7	50	8	90	14	90
2963	29	70	44	50	59	30	14	90	3	—	6	—	7	50	8	90	14	90
2964	29	70	44	50	59	30	14	90	3	—	6	—	7	50	8	90	14	90
2965	29	70	44	50	59	30	14	90	3	—	6	—	7	50	8	90	14	90
2966	29	70	44	50	59	40	14	90	3	—	6	—	7	50	8	90	14	90
2967	29	70	44	60	59	40	14	90	3	—	6	—	7	50	9	—	14	90
2968	29	70	44	60	59	40	14	90	3	—	6	—	7	50	9	—	14	90
2969	29	70	44	60	59	40	14	90	3	—	6	—	7	50	9	—	14	90
2970	29	70	44	60	59	40	14	90	3	—	6	—	7	50	9	—	14	90
2971	29	80	44	60	59	50	14	90	3	—	6	—	7	50	9	—	14	90
2972	29	80	44	60	59	50	14	90	3	—	6	—	7	50	9	—	14	90
2973	29	80	44	60	59	50	14	90	3	—	6	—	7	50	9	—	14	90
2974	29	80	44	70	59	50	14	90	3	—	6	—	7	50	9	—	14	90
2975	29	80	44	70	59	50	14	90	3	—	6	—	7	50	9	—	14	90
2976	29	80	44	70	59	60	14	90	3	—	6	—	7	50	9	—	14	90
2977	29	80	44	70	59	60	14	90	3	—	6	—	7	50	9	—	14	90
2978	29	80	44	70	59	60	14	90	3	—	6	—	7	50	9	—	14	90
2979	29	80	44	70	59	60	14	90	3	—	6	—	7	50	9	—	14	90
2980	29	80	44	70	59	60	14	90	3	—	6	—	7	50	9	—	14	90
2981	29	90	44	80	59	70	15	—	3	—	6	—	7	50	9	—	15	—
2982	29	90	44	80	59	70	15	—	3	—	6	—	7	50	9	—	15	—
2983	29	90	44	80	59	70	15	—	3	—	6	—	7	50	9	—	15	—
2984	29	90	44	80	59	70	15	—	3	—	6	—	7	50	9	—	15	—
2985	29	90	44	80	59	70	15	—	3	—	6	—	7	50	9	—	15	—
2986	29	90	44	80	59	80	15	—	3	—	6	—	7	50	9	—	15	—
2987	29	90	44	90	59	80	15	—	3	—	6	—	7	50	9	—	15	—
2988	29	90	44	90	59	80	15	—	3	—	6	—	7	50	9	—	15	—
2989	29	90	44	90	59	80	15	—	3	—	6	—	7	50	9	—	15	—
2990	29	90	44	90	59	80	15	—	3	—	6	—	7	50	9	—	15	—
2991	30	—	44	90	59	90	15	—	3	—	6	—	7	50	9	—	15	—
2992	30	—	44	90	59	90	15	—	3	—	6	—	7	50	9	—	15	—
2993	30	—	44	90	59	90	15	—	3	—	6	—	7	50	9	—	15	—
2994	30	—	45	—	59	90	15	—	3	—	6	—	7	50	9	—	15	—
2995	30	—	45	—	59	90	15	—	3	—	6	—	7	50	9	—	15	—
2996	30	—	45	—	60	—	15	—	3	—	6	—	7	50	9	—	15	—
2997	30	—	45	—	60	—	15	—	3	—	6	—	7	50	9	—	15	—
2998	30	—	45	—	60	—	15	—	3	—	6	—	7	50	9	—	15	—
2999	30	—	45	—	60	—	15	—	3	—	6	—	7	50	9	—	15	—
3000	30	—	45	—	60	—	15	—	3	—	6	—	7	50	9	—	15	—

Gegen-stands-Summa	Werthgebühr: Volle (Art. 22. 40. 41. 50)		Werthgebühr: 1/2 (Art. 25. 27. 29. 30. 38 Abs. 2)		Werthgebühr: 1/2 bis 2200 ℳ darüber 2/3 (Art. 24)		Werthgebühr: 1 1/2 (Art. 23)		4/10 aus der vollen Werthgebühr (Art. 45 Abs. 3)		4/10 aus 2/3 Werthgebühr (Art. 45 Abs. 3)		Hinterlegungsgebühr: Art. 100		Hinterlegungsgebühr: Art. 101 a		Hinterlegungsgebühr: Art. 101 b		Auseinandersetzungsgebühr: 5/10 (der Sätze des § 8 des Reichsgerichts-Kosten-Gesetzes)		Auseinandersetzungsgebühr: 2/10 (der Sätze des § 8 des Reichsgerichts-Kosten-Gesetzes)	
ℳ	ℳ	₰	ℳ	₰	ℳ	₰	ℳ	₰	ℳ	₰	ℳ	₰	ℳ	₰	ℳ	₰	ℳ	₰	ℳ	₰	ℳ	₰
2961	13	50	6	80	9	—	20	30	5	40	3	60	6	30	24	90	49	70	28	—	11	20
2962	13	50	6	80	9	—	20	30	5	40	3	60	6	30	24	90	49	70	28	—	11	20
2963	13	50	6	80	9	—	20	30	5	40	3	60	6	30	24	90	49	70	28	—	11	20
2964	13	50	6	80	9	—	20	30	5	40	3	60	6	30	24	90	49	70	28	—	11	20
2965	13	50	6	80	9	—	20	30	5	40	3	60	6	30	24	90	49	70	28	—	11	20
2966	13	50	6	80	9	—	20	30	5	40	3	60	6	30	24	90	49	70	28	—	11	20
2967	13	50	6	80	9	—	20	30	5	40	3	60	6	30	24	90	49	70	28	—	11	20
2968	13	50	6	80	9	—	20	30	5	40	3	60	6	30	24	90	49	70	28	—	11	20
2969	13	50	6	80	9	—	20	30	5	40	3	60	6	30	24	90	49	70	28	—	11	20
2970	13	50	6	80	9	—	20	30	5	40	3	60	6	30	24	90	49	70	28	—	11	20
2971	13	50	6	80	9	—	20	30	5	40	3	60	6	30	24	90	49	80	28	—	11	20
2972	13	50	6	80	9	—	20	30	5	40	3	60	6	30	24	90	49	80	28	—	11	20
2973	13	50	6	80	9	—	20	30	5	40	3	60	6	30	24	90	49	80	28	—	11	20
2974	13	50	6	80	9	—	20	30	5	40	3	60	6	30	24	90	49	80	28	—	11	20
2975	13	50	6	80	9	—	20	30	5	40	3	60	6	30	24	90	49	80	28	—	11	20
2976	13	50	6	80	9	—	20	30	5	40	3	60	6	30	24	90	49	80	28	—	11	20
2977	13	50	6	80	9	—	20	30	5	40	3	60	6	30	24	90	49	80	28	—	11	20
2978	13	50	6	80	9	—	20	30	5	40	3	60	6	30	24	90	49	80	28	—	11	20
2979	13	50	6	80	9	—	20	30	5	40	3	60	6	30	24	90	49	80	28	—	11	20
2980	13	50	6	80	9	—	20	30	5	40	3	60	6	30	24	90	49	80	28	—	11	20
2981	13	50	6	80	9	—	20	30	5	40	3	60	6	30	25	—	49	90	28	—	11	20
2982	13	50	6	80	9	—	20	30	5	40	3	60	6	30	25	—	49	90	28	—	11	20
2983	13	50	6	80	9	—	20	30	5	40	3	60	6	30	25	—	49	90	28	—	11	20
2984	13	50	6	80	9	—	20	30	5	40	3	60	6	30	25	—	49	90	28	—	11	20
2985	13	50	6	80	9	—	20	30	5	40	3	60	6	30	25	—	49	90	28	—	11	20
2986	13	50	6	80	9	—	20	30	5	40	3	60	6	30	25	—	49	90	28	—	11	20
2987	13	50	6	80	9	—	20	30	5	40	3	60	6	30	25	—	49	90	28	—	11	20
2988	13	50	6	80	9	—	20	30	5	40	3	60	6	30	25	—	49	90	28	—	11	20
2989	13	50	6	80	9	—	20	30	5	40	3	60	6	30	25	—	49	90	28	—	11	20
2990	13	50	6	80	9	—	20	30	5	40	3	60	6	30	25	—	49	90	28	—	11	20
2991	13	50	6	80	9	—	20	30	5	40	3	60	6	30	25	—	50	—	28	—	11	20
2992	13	50	6	80	9	—	20	30	5	40	3	60	6	30	25	—	50	—	28	—	11	20
2993	13	50	6	80	9	—	20	30	5	40	3	60	6	30	25	—	50	—	28	—	11	20
2994	13	50	6	80	9	—	20	30	5	40	3	60	6	30	25	—	50	—	28	—	11	20
2995	13	50	6	80	9	—	20	30	5	40	3	60	6	30	25	—	50	—	28	—	11	20
2996	13	50	6	80	9	—	20	30	5	40	3	60	6	30	25	—	50	—	28	—	11	20
2997	13	50	6	80	9	—	20	30	5	40	3	60	6	30	25	—	50	—	28	—	11	20
2998	13	50	6	80	9	—	20	30	5	40	3	60	6	30	25	—	50	—	28	—	11	20
2999	13	50	6	80	9	—	20	30	5	40	3	60	6	30	25	—	50	—	28	—	11	20
3000	13	50	6	80	9	—	20	30	5	40	3	60	6	30	25	—	50	—	28	—	11	20

Gegenstands-Summma	Staatsgebühren						Besitzveränderungsabgabe		Staatsgebühren									
	1		1 ½		2				1		2		2 ½		3		5	
	Prozent								pro mille									
ℳ	ℳ	₰	ℳ	₰	ℳ	₰	ℳ	₰	ℳ	₰	ℳ	₰	ℳ	₰	ℳ	₰	ℳ	₰
3001	30	10	45	10	60	10	15	10	3	10	6	10	7	60	9	10	15	10
3002	30	10	45	10	60	10	15	10	3	10	6	10	7	60	9	10	15	10
3003	30	10	45	10	60	10	15	10	3	10	6	10	7	60	9	10	15	10
3004	30	10	45	10	60	10	15	10	3	10	6	10	7	60	9	10	15	10
3005	30	10	45	10	60	10	15	10	3	10	6	10	7	60	9	10	15	10
3006	30	10	45	10	60	20	15	10	3	10	6	10	7	60	9	10	15	10
3007	30	10	45	20	60	20	15	10	3	10	6	10	7	60	9	10	15	10
3008	30	10	45	20	60	20	15	10	3	10	6	10	7	60	9	10	15	10
3009	30	10	45	20	60	20	15	10	3	10	6	10	7	60	9	10	15	10
3010	30	10	45	20	60	20	15	10	3	10	6	10	7	60	9	10	15	10
3011	30	20	45	20	60	30	15	10	3	10	6	10	7	60	9	10	15	10
3012	30	20	45	20	60	30	15	10	3	10	6	10	7	60	9	10	15	10
3013	30	20	45	20	60	30	15	10	3	10	6	10	7	60	9	10	15	10
3014	30	20	45	30	60	30	15	10	3	10	6	10	7	60	9	10	15	10
3015	30	20	45	30	60	30	15	10	3	10	6	10	7	60	9	10	15	10
3016	30	20	45	30	60	40	15	10	3	10	6	10	7	60	9	10	15	10
3017	30	20	45	30	60	40	15	10	3	10	6	10	7	60	9	10	15	10
3018	30	20	45	30	60	40	15	10	3	10	6	10	7	60	9	10	15	10
3019	30	20	45	30	60	40	15	10	3	10	6	10	7	60	9	10	15	10
3020	30	20	45	30	60	40	15	10	3	10	6	10	7	60	9	10	15	10
3021	30	30	45	40	60	50	15	20	3	10	6	10	7	60	9	10	15	20
3022	30	30	45	40	60	50	15	20	3	10	6	10	7	60	9	10	15	20
3023	30	30	45	40	60	50	15	20	3	10	6	10	7	60	9	10	15	20
3024	30	30	45	40	60	50	15	20	3	10	6	10	7	60	9	10	15	20
3025	30	30	45	40	60	50	15	20	3	10	6	10	7	60	9	10	15	20
3026	30	30	45	40	60	60	15	20	3	10	6	10	7	60	9	10	15	20
3027	30	30	45	50	60	60	15	20	3	10	6	10	7	60	9	10	15	20
3028	30	30	45	50	60	60	15	20	3	10	6	10	7	60	9	10	15	20
3029	30	30	45	50	60	60	15	20	3	10	6	10	7	60	9	10	15	20
3030	30	30	45	50	60	60	15	20	3	10	6	10	7	60	9	10	15	20
3031	30	40	45	50	60	70	15	20	3	10	6	10	7	60	9	10	15	20
3032	30	40	45	50	60	70	15	20	3	10	6	10	7	60	9	10	15	20
3033	30	40	45	50	60	70	15	20	3	10	6	10	7	60	9	10	15	20
3034	30	40	45	60	60	70	15	20	3	10	6	10	7	60	9	20	15	20
3035	30	40	45	60	60	70	15	20	3	10	6	10	7	60	9	20	15	20
3036	30	40	45	60	60	80	15	20	3	10	6	10	7	60	9	20	15	20
3037	30	40	45	60	60	80	15	20	3	10	6	10	7	60	9	20	15	20
3038	30	40	45	60	60	80	15	20	3	10	6	10	7	60	9	20	15	20
3039	30	40	45	60	60	80	15	20	3	10	6	10	7	60	9	20	15	20
3040	30	40	45	60	60	80	15	20	3	10	6	10	7	60	9	20	15	20

Gegenstands-Summma	Werthgebühr: Volle (Art. 22. 40. 41. 50)		Werthgebühr: $^1/_2$ (Art. 25. 27. 29. 30. 38 Abs. 2)		Werthgebühr: $^1/_2$ bis 2200 *M*, darüber $^2/_3$ (Art. 24)		Werthgebühr: $1^1/_2$ (Art. 23)		$^4/_{10}$ aus der vollen Werthgebühr (Art. 45 Abs. 3)		$^4/_{10}$ aus $^2/_3$ Werthgebühr (Art. 45 Abs. 3)		Hinterlegungsgebühr: Art. 100		Hinterlegungsgebühr: Art. 101 a		Hinterlegungsgebühr: Art. 101 b		Auseinandersetzungsgebühr: $^5/_{10}$ der Sätze des § 8 des Reichsgerichts-Kosten-Gesetzes		Auseinandersetzungsgebühr: $^2/_{10}$ der Sätze des § 8 des Reichsgerichts-Kosten-Gesetzes	
M	*M*	*₰*	*M*	*₰*	*M*	*₰*	*M*	*₰*	*M*	*₰*	*M*	*₰*	*M*	*₰*	*M*	*₰*	*M*	*₰*	*M*	*₰*	*M*	*₰*
3001	13	50	6	80	9	—	20	30	5	40	3	60	6	30	25	10	50	10	28	—	11	20
3002	13	50	6	80	9	—	20	30	5	40	3	60	6	30	25	10	50	10	28	—	11	20
3003	13	50	6	80	9	—	20	30	5	40	3	60	6	30	25	10	50	10	28	—	11	20
3004	13	50	6	80	9	—	20	30	5	40	3	60	6	30	25	10	50	10	28	—	11	20
3005	13	50	6	80	9	—	20	30	5	40	3	60	6	30	25	10	50	10	28	—	11	20
3006	13	50	6	80	9	—	20	30	5	40	3	60	6	30	25	10	50	10	28	—	11	20
3007	13	50	6	80	9	—	20	30	5	40	3	60	6	30	25	10	50	10	28	—	11	20
3008	13	50	6	80	9	—	20	30	5	40	3	60	6	30	25	10	50	10	28	—	11	20
3009	13	50	6	80	9	—	20	30	5	40	3	60	6	30	25	10	50	10	28	—	11	20
3010	13	50	6	80	9	—	20	30	5	40	3	60	6	30	25	10	50	10	28	—	11	20
3011	13	50	6	80	9	—	20	30	5	40	3	60	6	30	25	10	50	20	28	—	11	20
3012	13	50	6	80	9	—	20	30	5	40	3	60	6	30	25	10	50	20	28	—	11	20
3013	13	50	6	80	9	—	20	30	5	40	3	60	6	30	25	10	50	20	28	—	11	20
3014	13	50	6	80	9	—	20	30	5	40	3	60	6	30	25	10	50	20	28	—	11	20
3015	13	50	6	80	9	—	20	30	5	40	3	60	6	30	25	10	50	20	28	—	11	20
3016	13	50	6	80	9	—	20	30	5	40	3	60	6	30	25	10	50	20	28	—	11	20
3017	13	50	6	80	9	—	20	30	5	40	3	60	6	30	25	10	50	20	28	—	11	20
3018	13	50	6	80	9	—	20	30	5	40	3	60	6	30	25	10	50	20	28	—	11	20
3019	13	50	6	80	9	—	20	30	5	40	3	60	6	30	25	10	50	20	28	—	11	20
3020	13	50	6	80	9	—	20	30	5	40	3	60	6	30	25	10	50	20	28	—	11	20
3021	13	50	6	80	9	—	20	30	5	40	3	60	6	30	25	20	50	30	28	—	11	20
3022	13	50	6	80	9	—	20	30	5	40	3	60	6	30	25	20	50	30	28	—	11	20
3023	13	50	6	80	9	—	20	30	5	40	3	60	6	30	25	20	50	30	28	—	11	20
3024	13	50	6	80	9	—	20	30	5	40	3	60	6	30	25	20	50	30	28	—	11	20
3025	13	50	6	80	9	—	20	30	5	40	3	60	6	30	25	20	50	30	28	—	11	20
3026	13	50	6	80	9	—	20	30	5	40	3	60	6	30	25	20	50	30	28	—	11	20
3027	13	50	6	80	9	—	20	30	5	40	3	60	6	30	25	20	50	30	28	—	11	20
3028	13	50	6	80	9	—	20	30	5	40	3	60	6	30	25	20	50	30	28	—	11	20
3029	13	50	6	80	9	—	20	30	5	40	3	60	6	30	25	20	50	30	28	—	11	20
3030	13	50	6	80	9	—	20	30	5	40	3	60	6	30	25	20	50	30	28	—	11	20
3031	13	50	6	80	9	—	20	30	5	40	3	60	6	30	25	20	50	40	28	—	11	20
3032	13	50	6	80	9	—	20	30	5	40	3	60	6	30	25	20	50	40	28	—	11	20
3033	13	50	6	80	9	—	20	30	5	40	3	60	6	30	25	20	50	40	28	—	11	20
3034	13	50	6	80	9	—	20	30	5	40	3	60	6	30	25	20	50	40	28	—	11	20
3035	13	50	6	80	9	—	20	30	5	40	3	60	6	30	25	20	50	40	28	—	11	20
3036	13	50	6	80	9	—	20	30	5	40	3	60	6	30	25	20	50	40	28	—	11	20
3037	13	50	6	80	9	—	20	30	5	40	3	60	6	30	25	20	50	40	28	—	11	20
3038	13	50	6	80	9	—	20	30	5	40	3	60	6	30	25	20	50	40	28	—	11	20
3039	13	50	6	80	9	—	20	30	5	40	3	60	6	30	25	20	50	40	28	—	11	20
3040	13	50	6	80	9	—	20	30	5	40	3	60	6	30	25	20	50	40	28	—	11	20

Gegenstands-Summa	Staatsgebühren Prozent 1		Staatsgebühren Prozent 1 1/2		Staatsgebühren Prozent 2		Besitzveränderungsabgabe		Staatsgebühren pro mille 1		Staatsgebühren pro mille 2		Staatsgebühren pro mille 2 1/2		Staatsgebühren pro mille 3		Staatsgebühren pro mille 5	
M	M	Pf	M	Pf	M	Pf	M	Pf	M	Pf	M	Pf	M	Pf	M	Pf	M	Pf
3041	30	50	45	70	60	90	15	30	3	10	6	10	7	70	9	20	15	30
3042	30	50	45	70	60	90	15	30	3	10	6	10	7	70	9	20	15	30
3043	30	50	45	70	60	90	15	30	3	10	6	10	7	70	9	20	15	30
3044	30	50	45	70	60	90	15	30	3	10	6	10	7	70	9	20	15	30
3045	30	50	45	70	60	90	15	30	3	10	6	10	7	70	9	20	15	30
3046	30	50	45	70	61	—	15	30	3	10	6	10	7	70	9	20	15	30
3047	30	50	45	80	61	—	15	30	3	10	6	10	7	70	9	20	15	30
3048	30	50	45	80	61	—	15	30	3	10	6	10	7	70	9	20	15	30
3049	30	50	45	80	61	—	15	30	3	10	6	10	7	70	9	20	15	30
3050	30	50	45	80	61	—	15	30	3	10	6	10	7	70	9	20	15	30
3051	30	60	45	80	61	10	15	30	3	10	6	20	7	70	9	20	15	30
3052	30	60	45	80	61	10	15	30	3	10	6	20	7	70	9	20	15	30
3053	30	60	45	80	61	10	15	30	3	10	6	20	7	70	9	20	15	30
3054	30	60	45	90	61	10	15	30	3	10	6	20	7	70	9	20	15	30
3055	30	60	45	90	61	10	15	30	3	10	6	20	7	70	9	20	15	30
3056	30	60	45	90	61	20	15	30	3	10	6	20	7	70	9	20	15	30
3057	30	60	45	90	61	20	15	30	3	10	6	20	7	70	9	20	15	30
3058	30	60	45	90	61	20	15	30	3	10	6	20	7	70	9	20	15	30
3059	30	60	45	90	61	20	15	30	3	10	6	20	7	70	9	20	15	30
3060	30	60	45	90	61	20	15	30	3	10	6	20	7	70	9	20	15	30
3061	30	70	46	—	61	30	15	40	3	10	6	20	7	70	9	20	15	40
3062	30	70	46	—	61	30	15	40	3	10	6	20	7	70	9	20	15	40
3063	30	70	46	—	61	30	15	40	3	10	6	20	7	70	9	20	15	40
3064	30	70	46	—	61	30	15	40	3	10	6	20	7	70	9	20	15	40
3065	30	70	46	—	61	30	15	40	3	10	6	20	7	70	9	20	15	40
3066	30	70	46	—	61	40	15	40	3	10	6	20	7	70	9	20	15	40
3067	30	70	46	10	61	40	15	40	3	10	6	20	7	70	9	30	15	40
3068	30	70	46	10	61	40	15	40	3	10	6	20	7	70	9	30	15	40
3069	30	70	46	10	61	40	15	40	3	10	6	20	7	70	9	30	15	40
3070	30	70	46	10	61	40	15	40	3	10	6	20	7	70	9	30	15	40
3071	30	80	46	10	61	50	15	40	3	10	6	20	7	70	9	30	15	40
3072	30	80	46	10	61	50	15	40	3	10	6	20	7	70	9	30	15	40
3073	30	80	46	10	61	50	15	40	3	10	6	20	7	70	9	30	15	40
3074	30	80	46	20	61	50	15	40	3	10	6	20	7	70	9	30	15	40
3075	30	80	46	20	61	50	15	40	3	10	6	20	7	70	9	30	15	40
3076	30	80	46	20	61	60	15	40	3	10	6	20	7	70	9	30	15	40
3077	30	80	46	20	61	60	15	40	3	10	6	20	7	70	9	30	15	40
3078	30	80	46	20	61	60	15	40	3	10	6	20	7	70	9	30	15	40
3079	30	80	46	20	61	60	15	40	3	10	6	20	7	70	9	30	15	40
3080	30	80	46	20	61	60	15	40	3	10	6	20	7	70	9	30	15	40

Gegenstands-Summa	Werthgebühr: Volle		Werthgebühr: 1/2		Werthgebühr: 1/2 bis 2200 ℳ, darüber 2/3		Werthgebühr: 1 1/2		4/10 aus der vollen Werthgebühr		4/10 aus 2/3 Werthgebühr		Hinterlegungsgebühr						Auseinandersetzungsgebühr: 5/10		Auseinandersetzungsgebühr: 2/10	
	Art. 22. 40. 41. 50		Art. 25. 27. 29. 30. 38 Abs. 2		Art. 24		Art. 23		Art. 45 Abs. 3				Art. 100		Art. 101 a		Art. 101 b		der Sätze des § 8 des Reichsgerichts-Kosten-Gesetzes			
ℳ	ℳ	₰	ℳ	₰	ℳ	₰	ℳ	₰	ℳ	₰	ℳ	₰	ℳ	₰	ℳ	₰	ℳ	₰	ℳ	₰	ℳ	₰
3041	13	50	6	80	9	—	20	30	5	40	3	60	6	40	25	30	50	50	28	—	11	20
3042	13	50	6	80	9	—	20	30	5	40	3	60	6	40	25	30	50	50	28	—	11	20
3043	13	50	6	80	9	—	20	30	5	40	3	60	6	40	25	30	50	50	28	—	11	20
3044	13	50	6	80	9	—	20	30	5	40	3	60	6	40	25	30	50	50	28	—	11	20
3045	13	50	6	80	9	—	20	30	5	40	3	60	6	40	25	30	50	50	28	—	11	20
3046	13	50	6	80	9	—	20	30	5	40	3	60	6	40	25	30	50	50	28	—	11	20
3047	13	50	6	80	9	—	20	30	5	40	3	60	6	40	25	30	50	50	28	—	11	20
3048	13	50	6	80	9	—	20	30	5	40	3	60	6	40	25	30	50	50	28	—	11	20
3049	13	50	6	80	9	—	20	30	5	40	3	60	6	40	25	30	50	50	28	—	11	20
3050	13	50	6	80	9	—	20	30	5	40	3	60	6	40	25	30	50	50	28	—	11	20
3051	13	50	6	80	9	—	20	30	5	40	3	60	6	40	25	30	50	60	28	—	11	20
3052	13	50	6	80	9	—	20	30	5	40	3	60	6	40	25	30	50	60	28	—	11	20
3053	13	50	6	80	9	—	20	30	5	40	3	60	6	40	25	30	50	60	28	—	11	20
3054	13	59	6	80	9	—	20	30	5	40	3	60	6	40	25	30	50	60	28	—	11	20
3055	13	50	6	80	9	—	20	30	5	40	3	60	6	40	25	30	50	60	28	—	11	20
3056	13	50	6	80	9	—	20	30	5	40	3	60	6	40	25	30	50	60	28	—	11	20
3057	13	50	6	80	9	—	20	30	5	40	3	60	6	40	25	30	50	60	28	—	11	20
3058	13	50	6	80	9	—	20	30	5	40	3	60	6	40	25	30	50	60	28	—	11	20
3059	13	50	6	80	9	—	20	30	5	40	3	60	6	40	25	30	50	60	28	—	11	20
3060	13	50	6	80	9	—	20	30	5	40	3	60	6	40	25	30	50	60	28	—	11	20
3061	13	50	6	80	9	—	20	30	5	40	3	60	6	40	25	40	50	70	28	—	11	20
3062	13	50	6	80	9	—	20	30	5	40	3	60	6	40	25	40	50	70	28	—	11	20
3063	13	50	6	80	9	—	20	30	5	40	3	60	6	40	25	40	50	70	28	—	11	20
3064	13	50	6	80	9	—	20	30	5	40	3	60	6	40	25	40	50	70	28	—	11	20
3065	13	50	6	80	9	—	20	30	5	40	3	60	6	40	25	40	50	70	28	—	11	20
3066	13	50	6	80	9	—	20	30	5	40	3	60	6	40	25	40	50	70	28	—	11	20
3067	13	50	6	80	9	—	20	30	5	40	3	60	6	40	25	40	50	70	28	—	11	20
3068	13	50	6	80	9	—	20	30	5	40	3	60	6	40	25	40	50	70	28	—	11	20
3069	13	50	6	80	9	—	20	30	5	40	3	60	6	40	25	40	50	70	28	—	11	20
3070	13	50	6	80	9	—	20	30	5	40	3	60	6	40	25	40	50	70	28	—	11	20
3071	13	50	6	80	9	—	20	30	5	40	3	60	6	40	25	40	50	80	28	—	11	20
3072	13	50	6	80	9	—	20	30	5	40	3	60	6	40	25	40	50	80	28	—	11	20
3073	13	50	6	80	9	—	20	30	5	40	3	60	6	40	25	40	50	80	28	—	11	20
3074	13	50	6	80	9	—	20	30	5	40	3	60	6	40	25	40	50	80	28	—	11	20
3075	13	50	6	80	9	—	20	30	5	40	3	60	6	40	25	40	50	80	28	—	11	20
3076	13	50	6	80	9	—	20	30	5	40	3	60	6	40	25	40	50	80	28	—	11	20
3077	13	50	6	80	9	—	20	30	5	40	3	60	6	40	25	40	50	80	28	—	11	20
3078	13	50	6	80	9	—	20	30	5	40	3	60	6	40	25	40	50	80	28	—	11	20
3079	13	50	6	80	9	—	20	30	5	40	3	60	6	40	25	40	50	80	28	—	11	20
3080	13	50	6	80	9	—	20	30	5	40	3	60	6	40	25	40	50	80	28	—	11	20

Gegen-stands-Summa	Staatsgebühren 1 Prozent		1½		2		Besitz-verände-rungs-abgabe		Staatsgebühren 1 pro mille		2		2½		3		5	
M	M	₰	M	₰	M	₰	M	₰	M	₰	M	₰	M	₰	M	₰	M	₰
3081	30	90	46	30	61	70	15	50	3	10	6	20	7	80	9	30	15	50
3082	30	90	46	30	61	70	15	50	3	10	6	20	7	80	9	30	15	50
3083	30	90	46	30	61	70	15	50	3	10	6	20	7	80	9	30	15	50
3084	30	90	46	30	61	70	15	50	3	10	6	20	7	80	9	30	15	50
3085	30	90	46	30	61	70	15	50	3	10	6	20	7	80	9	30	15	50
3086	30	90	46	30	61	80	15	50	3	10	6	20	7	80	9	30	15	50
3087	30	90	46	40	61	80	15	50	3	10	6	20	7	80	9	30	15	50
3088	30	90	46	40	61	80	15	50	3	10	6	20	7	80	9	30	15	50
3089	30	90	46	40	61	80	15	50	3	10	6	20	7	80	9	30	15	50
3090	30	90	46	40	61	80	15	50	3	10	6	20	7	80	9	30	15	50
3091	31	—	46	40	61	90	15	50	3	10	6	20	7	80	9	30	15	50
3092	31	—	46	40	61	90	15	50	3	10	6	20	7	80	9	30	15	50
3093	31	—	46	40	61	90	15	50	3	10	6	20	7	80	9	30	15	50
3094	31	—	46	50	61	90	15	50	3	10	6	20	7	80	9	30	15	50
3095	31	—	46	50	61	90	15	50	3	10	6	20	7	80	9	30	15	50
3096	31	—	46	50	62	—	15	50	3	10	6	20	7	80	9	30	15	50
3097	31	—	46	50	62	—	15	50	3	10	6	20	7	80	9	30	15	50
3098	31	—	46	50	62	—	15	50	3	10	6	20	7	80	9	30	15	50
3099	31	—	46	50	62	—	15	50	3	10	6	20	7	80	9	30	15	50
3100	31	—	46	50	62	—	15	50	3	10	6	20	7	80	9	30	15	50
3101	31	10	46	60	62	10	15	60	3	20	6	30	7	80	9	40	15	60
3102	31	10	46	60	62	10	15	60	3	20	6	30	7	80	9	40	15	60
3103	31	10	46	60	62	10	15	60	3	20	6	30	7	80	9	40	15	60
3104	31	10	46	60	62	10	15	60	3	20	6	30	7	80	9	40	15	60
3105	31	10	46	60	62	10	15	60	3	20	6	30	7	80	9	40	15	60
3106	31	10	46	60	62	20	15	60	3	20	6	30	7	80	9	40	15	60
3107	31	10	46	70	62	20	15	60	3	20	6	30	7	80	9	40	15	60
3108	31	10	46	70	62	20	15	60	3	20	6	30	7	80	9	40	15	60
3109	31	10	46	70	62	20	15	60	3	20	6	30	7	80	9	40	15	60
3110	31	10	46	70	62	20	15	60	3	20	6	30	7	80	9	40	15	60
3111	31	20	46	70	62	30	15	60	3	20	6	30	7	80	9	40	15	60
3112	31	20	46	70	62	30	15	60	3	20	6	30	7	80	9	40	15	60
3113	31	20	46	70	62	30	15	60	3	20	6	30	7	80	9	40	15	60
3114	31	20	46	80	62	30	15	60	3	20	6	30	7	80	9	40	15	60
3115	31	20	46	80	62	30	15	60	3	20	6	30	7	80	9	40	15	60
3116	31	20	46	80	62	40	15	60	3	20	6	30	7	80	9	40	15	60
3117	31	20	46	80	62	40	15	60	3	20	6	30	7	80	9	40	15	60
3118	31	20	46	80	62	40	15	60	3	20	6	30	7	80	9	40	15	60
3119	31	20	46	80	62	40	15	60	3	20	6	30	7	80	9	40	15	60
3120	31	20	46	80	62	40	15	60	3	20	6	30	7	80	9	40	15	60

Gegenstands-Summa	Werthgebühr: Volle (Art. 22. 40. 41. 50)		Werthgebühr: 1/2 (Art. 25. 27. 29. 30. 38 Abs. 2)		Werthgebühr: 1/2 bis 2200 M darüber 2/3 (Art. 24)		Werthgebühr: 1 1/2 (Art. 23)		4/10 aus der vollen Werthgebühr (Art. 45 Abs. 3)		4/10 aus 2/3 Werthgebühr (Art. 45 Abs. 3)		Hinterlegungsgebühr: Art. 100		Hinterlegungsgebühr: Art. 101 a		Hinterlegungsgebühr: Art. 101 b		Auseinandersetzungsgebühr: 5/10 der Sätze des § 8 des Reichsgerichts-Kosten-Gesetzes		Auseinandersetzungsgebühr: 2/10 der Sätze des § 8 des Reichsgerichts-Kosten-Gesetzes	
M	M	Pf	M	Pf	M	Pf	M	Pf	M	Pf	M	Pf	M	Pf	M	Pf	M	Pf	M	Pf	M	Pf
3081	13	50	6	80	9	—	20	30	5	40	3	60	6	40	25	50	50	90	28	—	11	20
3082	13	50	6	80	9	—	20	30	5	40	3	60	6	40	25	50	50	90	28	—	11	20
3083	13	50	6	80	9	—	20	30	5	40	3	60	6	40	25	50	50	90	28	—	11	20
3084	13	50	6	80	9	—	20	30	5	40	3	60	6	40	25	50	50	90	28	—	11	20
3085	13	50	6	80	9	—	20	30	5	40	3	60	6	40	25	50	50	90	28	—	11	20
3086	13	50	6	80	9	—	20	30	5	40	3	60	6	40	25	50	50	90	28	—	11	20
3087	13	50	6	80	9	—	20	30	5	40	3	60	6	40	25	50	50	90	28	—	11	20
3088	13	50	6	80	9	—	20	30	5	40	3	60	6	40	25	50	50	90	28	—	11	20
3089	13	50	6	80	9	—	20	30	5	40	3	60	6	40	25	50	50	90	28	—	11	20
3090	13	50	6	80	9	—	20	30	5	40	3	60	6	40	25	50	50	90	28	—	11	20
3091	13	50	6	80	9	—	20	30	5	40	3	60	6	40	25	50	51	—	28	—	11	20
3092	13	50	6	80	9	—	20	30	5	40	3	60	6	40	25	50	51	—	28	—	11	20
3093	13	50	6	80	9	—	20	30	5	40	3	60	6	40	25	50	51	—	28	—	11	20
3094	13	50	6	80	9	—	20	30	5	40	3	60	6	40	25	50	51	—	28	—	11	20
3095	13	50	6	80	9	—	20	30	5	40	3	60	6	40	25	50	51	—	28	—	11	20
3096	13	50	6	80	9	—	20	30	5	40	3	60	6	40	25	50	51	—	28	—	11	20
3097	13	50	6	80	9	—	20	30	5	40	3	60	6	40	25	50	51	—	28	—	11	20
3098	13	50	6	80	9	—	20	30	5	40	3	60	6	40	25	50	51	—	28	—	11	20
3099	13	50	6	80	9	—	20	30	5	40	3	60	6	40	25	50	51	—	28	—	11	20
3100	13	50	6	80	9	—	20	30	5	40	3	60	6	40	25	50	51	—	28	—	11	20
3101	13	50	6	80	9	—	20	30	5	40	3	60	6	40	25	60	51	10	28	—	11	20
3102	13	50	6	80	9	—	20	30	5	40	3	60	6	40	25	60	51	10	28	—	11	20
3103	13	50	6	80	9	—	20	30	5	40	3	60	6	40	25	60	51	10	28	—	11	20
3104	13	50	6	80	9	—	20	30	5	40	3	60	6	40	25	60	51	10	28	—	11	20
3105	13	50	6	80	9	—	20	30	5	40	3	60	6	40	25	60	51	10	28	—	11	20
3106	13	50	6	80	9	—	20	30	5	40	3	60	6	40	25	60	51	10	28	—	11	20
3107	13	50	6	80	9	—	20	30	5	40	3	60	6	40	25	60	51	10	28	—	11	20
3108	13	50	6	80	9	—	20	30	5	40	3	60	6	40	25	60	51	10	28	—	11	20
3109	13	50	6	80	9	—	20	30	5	40	3	60	6	40	25	60	51	10	28	—	11	20
3110	13	50	6	80	9	—	20	30	5	40	3	60	6	40	25	60	51	10	28	—	11	20
3111	13	50	6	80	9	—	20	30	5	40	3	60	6	40	25	60	51	20	28	—	11	20
3112	13	50	6	80	9	—	20	30	5	40	3	60	6	40	25	60	51	20	28	—	11	20
3113	13	50	6	80	9	—	20	30	5	40	3	60	6	40	25	60	51	20	28	—	11	20
3114	13	50	6	80	9	—	20	30	5	40	3	60	6	40	25	60	51	20	28	—	11	20
3115	13	50	6	80	9	—	20	30	5	40	3	60	6	40	25	60	51	20	28	—	11	20
3116	13	50	6	80	9	—	20	30	5	40	3	60	6	40	25	60	51	20	28	—	11	20
3117	13	50	6	80	9	—	20	30	5	40	3	60	6	40	25	60	51	20	28	—	11	20
3118	13	50	6	80	9	—	20	30	5	40	3	60	6	40	25	60	51	20	28	—	11	20
3119	13	50	6	80	9	—	20	30	5	40	3	60	6	40	25	60	51	20	28	—	11	20
3120	13	50	6	80	9	—	20	30	5	40	3	60	6	40	25	60	51	20	28	—	11	20

Gegen-stands-Summa	Staatsgebühren 1 Prozent		Staatsgebühren 1½ Prozent		Staatsgebühren 2 Prozent		Besitz-veränderungs-abgabe		Staatsgebühren 1 pro mille		Staatsgebühren 2 pro mille		Staatsgebühren 2½ pro mille		Staatsgebühren 3 pro mille		Staatsgebühren 5 pro mille	
ℳ	ℳ	₰	ℳ	₰	ℳ	₰	ℳ	₰	ℳ	₰	ℳ	₰	ℳ	₰	ℳ	₰	ℳ	₰
3121	31	30	46	90	62	50	15	70	3	20	6	30	7	90	9	40	15	70
3122	31	30	46	90	62	50	15	70	3	20	6	30	7	90	9	40	15	70
3123	31	30	46	90	62	50	15	70	3	20	6	30	7	90	9	40	15	70
3124	31	30	46	90	62	50	15	70	3	20	6	30	7	90	9	40	15	70
3125	31	30	46	90	62	50	15	70	3	20	6	30	7	90	9	40	15	70
3126	31	30	46	90	62	60	15	70	3	20	6	30	7	90	9	40	15	70
3127	31	30	47	—	62	60	15	70	3	20	6	30	7	90	9	40	15	70
3128	31	30	47	—	62	60	15	70	3	20	6	30	7	90	9	40	15	70
3129	31	30	47	—	62	60	15	70	3	20	6	30	7	90	9	40	15	70
3130	31	30	47	—	62	60	15	70	3	20	6	30	7	90	9	40	15	70
3131	31	40	47	—	62	70	15	70	3	20	6	30	7	90	9	40	15	70
3132	31	40	47	—	62	70	15	70	3	20	6	30	7	90	9	40	15	70
3133	31	40	47	—	62	70	15	70	3	20	6	30	7	90	9	40	15	70
3134	31	40	47	10	62	70	15	70	3	20	6	30	7	90	9	50	15	70
3135	31	40	47	10	62	70	15	70	3	20	6	30	7	90	9	50	15	70
3136	31	40	47	10	62	80	15	70	3	20	6	30	7	90	9	50	15	70
3137	31	40	47	10	62	80	15	70	3	20	6	30	7	90	9	50	15	70
3138	31	40	47	10	62	80	15	70	3	20	6	30	7	90	9	50	15	70
3139	31	40	47	10	62	80	15	70	3	20	6	30	7	90	9	50	15	70
3140	31	40	47	10	62	80	15	70	3	20	6	30	7	90	9	50	15	70
3141	31	50	47	20	62	90	15	80	3	20	6	30	7	90	9	50	15	80
3142	31	50	47	20	62	90	15	80	3	20	6	30	7	90	9	50	15	80
3143	31	50	47	20	62	90	15	80	3	20	6	30	7	90	9	50	15	80
3144	31	50	47	20	62	90	15	80	3	20	6	30	7	90	9	50	15	80
3145	31	50	47	20	62	90	15	80	3	20	6	30	7	90	9	50	15	80
3146	31	50	47	20	63	—	15	80	3	20	6	30	7	90	9	50	15	80
3147	31	50	47	30	63	—	15	80	3	20	6	30	7	90	9	50	15	80
3148	31	50	47	30	63	—	15	80	3	20	6	30	7	90	9	50	15	80
3149	31	50	47	30	63	—	15	80	3	20	6	30	7	90	9	50	15	80
3150	31	50	47	30	63	—	15	80	3	20	6	30	7	90	9	50	15	80
3151	31	60	47	30	63	10	15	80	3	20	6	40	7	90	9	50	15	80
3152	31	60	47	30	63	10	15	80	3	20	6	40	7	90	9	50	15	80
3153	31	60	47	30	63	10	15	80	3	20	6	40	7	90	9	50	15	80
3154	31	60	47	40	63	10	15	80	3	20	6	40	7	90	9	50	15	80
3155	31	60	47	40	63	10	15	80	3	20	6	40	7	90	9	50	15	80
3156	31	60	47	40	63	20	15	80	3	20	6	40	7	90	9	50	15	80
3157	31	60	47	40	63	20	15	80	3	20	6	40	7	90	9	50	15	80
3158	31	60	47	40	63	20	15	80	3	20	6	40	7	90	9	50	15	80
3159	31	60	47	40	63	20	15	80	3	20	6	40	7	90	9	50	15	80
3160	31	60	47	40	63	20	15	80	3	20	6	40	7	90	9	50	15	80

Gegen-stands-Summa	Werthgebühr								4/10 aus der vollen Werth-gebühr		4/10 aus 2/3 Werth-gebühr		Hinterlegungs-gebühr						Auseinander-setzungsgebühr			
	Volle		1/2		1/2 bis 2200 ℳ darüber 2/3		1 1/2												5/10		2/10	
	Art. 22. 40. 41. 50		Art. 25. 27. 29. 30. 38 Abs. 2		Art. 24		Art. 23		Art. 45 Abs. 3				Art. 100		Art. 101 a		Art. 101 b		der Sätze des § 8 des Reichsgerichts-Kosten-Gesetzes			
ℳ	ℳ	₰	ℳ	₰	ℳ	₰	ℳ	₰	ℳ	₰	ℳ	₰	ℳ	₰	ℳ	₰	ℳ	₰	ℳ	₰	ℳ	₰
3121	13	50	6	80	9	—	20	30	5	40	3	60	6	50	25	70	51	30	28	—	11	20
3122	13	50	6	80	9	—	20	30	5	40	3	60	6	50	25	70	51	30	28	—	11	20
3123	13	50	6	80	9	—	20	30	5	40	3	60	6	50	25	70	51	30	28	—	11	20
3124	13	50	6	80	9	—	20	30	5	40	3	60	6	50	25	70	51	30	28	—	11	20
3125	13	50	6	80	9	—	20	30	5	40	3	60	6	50	25	70	51	30	28	—	11	20
3126	13	50	6	80	9	—	20	30	5	40	3	60	6	50	25	70	51	30	28	—	11	20
3127	13	50	6	80	9	—	20	30	5	40	3	60	6	50	25	70	51	30	28	—	11	20
3128	13	50	6	80	9	—	20	30	5	40	3	60	6	50	25	70	51	30	28	—	11	20
3129	13	50	6	80	9	—	20	30	5	40	3	60	6	50	25	70	51	30	28	—	11	20
3130	13	50	6	80	9	—	20	30	5	40	3	60	6	50	25	70	51	30	28	—	11	20
3131	13	50	6	80	9	—	20	30	5	40	3	60	6	50	25	70	51	40	28	—	11	20
3132	13	50	6	80	9	—	20	30	5	40	3	60	6	50	25	70	51	40	28	—	11	20
3133	13	50	6	80	9	—	20	30	5	40	3	60	6	50	25	70	51	40	28	—	11	20
3134	13	50	6	80	9	—	20	30	5	40	3	60	6	50	25	70	51	40	28	—	11	20
3135	13	50	6	80	9	—	20	30	5	40	3	60	6	50	25	70	51	40	28	—	11	20
3136	13	50	6	80	9	—	20	30	5	40	3	60	6	50	25	70	51	40	28	—	11	20
3137	13	50	6	80	9	—	20	30	5	40	3	60	6	50	25	70	51	40	28	—	11	20
3138	13	50	6	80	9	—	20	30	5	40	3	60	6	50	25	70	51	40	28	—	11	20
3139	13	50	6	80	9	—	20	30	5	40	3	60	6	50	25	70	51	40	28	—	11	20
3140	13	50	6	80	9	—	20	30	5	40	3	60	6	50	25	70	51	40	28	—	11	20
3141	13	50	6	80	9	—	20	30	5	40	3	60	6	50	25	80	51	50	28	—	11	20
3142	13	50	6	80	9	—	20	30	5	40	3	60	6	50	25	80	51	50	28	—	11	20
3143	13	50	6	80	9	—	20	30	5	40	3	60	6	50	25	80	51	50	28	—	11	20
3144	13	50	6	80	9	—	20	30	5	40	3	60	6	50	25	80	51	50	28	—	11	20
3145	13	50	6	80	9	—	20	30	5	40	3	60	6	50	25	80	51	50	28	—	11	20
3146	13	50	6	80	9	—	20	30	5	40	3	60	6	50	25	80	51	50	28	—	11	20
3147	13	50	6	80	9	—	20	30	5	40	3	60	6	50	25	80	51	50	28	—	11	20
3148	13	50	6	80	9	—	20	30	5	40	3	60	6	50	25	80	51	50	28	—	11	20
3149	13	50	6	80	9	—	20	30	5	40	3	60	6	50	25	80	51	50	28	—	11	20
3150	13	50	6	80	9	—	20	30	5	40	3	60	6	50	25	80	51	50	28	—	11	20
3151	13	50	6	80	9	—	20	30	5	40	3	60	6	50	25	80	51	60	28	—	11	20
3152	13	50	6	80	9	—	20	30	5	40	3	60	6	50	25	80	51	60	28	—	11	20
3153	13	50	6	80	9	—	20	30	5	40	3	60	6	50	25	80	51	60	28	—	11	20
3154	13	50	6	80	9	—	20	30	5	40	3	60	6	50	25	80	51	60	28	—	11	20
3155	13	50	6	80	9	—	20	30	5	40	3	60	6	50	25	80	51	60	28	—	11	20
3156	13	50	6	80	9	—	20	30	5	40	3	60	6	50	25	80	51	60	28	—	11	20
3157	13	50	6	80	9	—	20	30	5	40	3	60	6	50	25	80	51	60	28	—	11	20
3158	13	50	6	80	9	—	20	30	5	40	3	60	6	50	25	80	51	60	28	—	11	20
3159	13	50	6	80	9	—	20	30	5	40	3	60	6	50	25	80	51	60	28	—	11	20
3160	13	50	6	80	9	—	20	30	5	40	3	60	6	50	25	80	51	60	28	—	11	20

Gegen-stands-Summa	Staatsgebühren 1 Prozent		1½ Prozent		2 Prozent		Besitz-veränderungs-abgabe		Staatsgebühren 1 pro mille		2 pro mille		2½ pro mille		3 pro mille		5 pro mille	
ℳ	ℳ	₰	ℳ	₰	ℳ	₰	ℳ	₰	ℳ	₰	ℳ	₰	ℳ	₰	ℳ	₰	ℳ	₰
3161	31	70	47	50	63	30	15	90	3	20	6	40	8	—	9	50	15	90
3162	31	70	47	50	63	30	15	90	3	20	6	40	8	—	9	50	15	90
3163	31	70	47	50	63	30	15	90	3	20	6	40	8	—	9	50	15	90
3164	31	70	47	50	63	30	15	90	3	20	6	40	8	—	9	50	15	90
3165	31	70	47	50	63	30	15	90	3	20	6	40	8	—	9	50	15	90
3166	31	70	47	50	63	40	15	90	3	20	6	40	8	—	9	50	15	90
3167	31	70	47	60	63	40	15	90	3	20	6	40	8	—	9	60	15	90
3168	31	70	47	60	63	40	15	90	3	20	6	40	8	—	9	60	15	90
3169	31	70	47	60	63	40	15	90	3	20	6	40	8	—	9	60	15	90
3170	31	70	47	60	63	40	15	90	3	20	6	40	8	—	9	60	15	90
3171	31	80	47	60	63	50	15	90	3	20	6	40	8	—	9	60	15	90
3172	31	80	47	60	63	50	15	90	3	20	6	40	8	—	9	60	15	90
3173	31	80	47	60	63	50	15	90	3	20	6	40	8	—	9	60	15	90
3174	31	80	47	70	63	50	15	90	3	20	6	40	8	—	9	60	15	90
3175	31	80	47	70	63	50	15	90	3	20	6	40	8	—	9	60	15	90
3176	31	80	47	70	63	60	15	90	3	20	6	40	8	—	9	60	15	90
3177	31	80	47	70	63	60	15	90	3	20	6	40	8	—	9	60	15	90
3178	31	80	47	70	63	60	15	90	3	20	6	40	8	—	9	60	15	90
3179	31	80	47	70	63	60	15	90	3	20	6	40	8	—	9	60	15	90
3180	31	80	47	70	63	60	15	90	3	20	6	40	8	—	9	60	15	90
3181	31	90	47	80	63	70	16	—	3	20	6	40	8	—	9	60	16	—
3182	31	90	47	80	63	70	16	—	3	20	6	40	8	—	9	60	16	—
3183	31	90	47	80	63	70	16	—	3	20	6	40	8	—	9	60	16	—
3184	31	90	47	80	63	70	16	—	3	20	6	40	8	—	9	60	16	—
3185	31	90	47	80	63	70	16	—	3	20	6	40	8	—	9	60	16	—
3186	31	90	47	80	63	80	16	—	3	20	6	40	8	—	9	60	16	—
3187	31	90	47	90	63	80	16	—	3	20	6	40	8	—	9	60	16	—
3188	31	90	47	90	63	80	16	—	3	20	6	40	8	—	9	60	16	—
3189	31	90	47	90	63	80	16	—	3	20	6	40	8	—	9	60	16	—
3190	31	90	47	90	63	80	16	—	3	20	6	40	8	—	9	60	16	—
3191	32	—	47	90	63	90	16	—	3	20	6	40	8	—	9	60	16	—
3192	32	—	47	90	63	90	16	—	3	20	6	40	8	—	9	60	16	—
3193	32	—	47	90	63	90	16	—	3	20	6	40	8	—	9	60	16	—
3194	32	—	48	—	63	90	16	—	3	20	6	40	8	—	9	60	16	—
3195	32	—	48	—	63	90	16	—	3	20	6	40	8	—	9	60	16	—
3196	32	—	48	—	64	—	16	—	3	20	6	40	8	—	9	60	16	—
3197	32	—	48	—	64	—	16	—	3	20	6	40	8	—	9	60	16	—
3198	32	—	48	—	64	—	16	—	3	20	6	40	8	—	9	60	16	—
3199	32	—	48	—	64	—	16	—	3	20	6	40	8	—	9	60	16	—
3200	32	—	48	—	64	—	16	—	3	20	6	40	8	—	9	60	16	—

Gegen-stands-Summa	Werthgebühr								4/10 aus der vollen Werth-gebühr		4/10 aus 2/3 Werth-gebühr		Hinterlegungs-gebühr						Auseinander-setzungsgebühr			
	Volle		1/2		1/2 bis 2200 M. darüber 2/3		1 1/2												5/10		2/10	
	Art. 22. 40. 41. 50		Art. 25. 27. 29. 30. 38 Abs. 2		Art. 24		Art. 23		Art. 45 Abs. 3				Art. 100		Art. 101 a		Art. 101 b		der Sätze des § 8 des Reichsgerichts-Kosten-Gesetzes			
M	M	₰	M	₰	M	₰	M	₰	M	₰	M	₰	M	₰	M	₰	M	₰	M	₰	M	₰
3161	13	50	6	80	9	—	20	30	5	40	3	60	6	50	25	90	51	70	28	—	11	20
3162	13	50	6	80	9	—	20	30	5	40	3	60	6	50	25	90	51	70	28	—	11	20
3163	13	50	6	80	9	—	20	30	5	40	3	60	6	50	25	90	51	70	28	—	11	20
3164	13	50	6	80	9	—	20	30	5	40	3	60	6	50	25	90	51	70	28	—	11	20
3165	13	50	6	80	9	—	20	30	5	40	3	60	6	50	25	90	51	70	28	—	11	20
3166	13	50	6	80	9	—	20	30	5	40	3	60	6	50	25	90	51	70	28	—	11	20
3167	13	50	6	80	9	—	20	30	5	40	3	60	6	50	25	90	51	70	28	—	11	20
3168	13	50	6	80	9	—	20	30	5	40	3	60	6	50	25	90	51	70	28	—	11	20
3169	13	50	6	80	9	—	20	30	5	40	3	60	6	50	25	90	51	70	28	—	11	20
3170	13	50	6	80	9	—	20	30	5	40	3	60	6	50	25	90	51	70	28	—	11	20
3171	13	50	6	80	9	—	20	30	5	40	3	60	6	50	25	90	51	80	28	—	11	20
3172	13	50	6	80	9	—	20	30	5	40	3	60	6	50	25	90	51	80	28	—	11	20
3173	13	50	6	80	9	—	20	30	5	40	3	60	6	50	25	90	51	80	28	—	11	20
3174	13	50	6	80	9	—	20	30	5	40	3	60	6	50	25	90	51	80	28	—	11	20
3175	13	50	6	80	9	—	20	30	5	40	3	60	6	50	25	90	51	80	28	—	11	20
3176	13	50	6	80	9	—	20	30	5	40	3	60	6	50	25	90	51	80	28	—	11	20
3177	13	50	6	80	9	—	20	30	5	40	3	60	6	50	25	90	51	80	28	—	11	20
3178	13	50	6	80	9	—	20	30	5	40	3	60	6	50	25	90	51	80	28	—	11	20
3179	13	50	6	80	9	—	20	30	5	40	3	60	6	50	25	90	51	80	28	—	11	20
3180	13	50	6	80	9	—	20	30	5	40	3	60	6	50	25	90	51	80	28	—	11	20
3181	13	50	6	80	9	—	20	30	5	40	3	60	6	50	26	—	51	90	28	—	11	20
3182	13	50	6	80	9	—	20	30	5	40	3	60	6	50	26	—	51	90	28	—	11	20
3183	13	50	6	80	9	—	20	30	5	40	3	60	6	50	26	—	51	90	28	—	11	20
3184	13	50	6	80	9	—	20	30	5	40	3	60	6	50	26	—	51	90	28	—	11	20
3185	13	50	6	80	9	—	20	30	5	40	3	60	6	50	26	—	51	90	28	—	11	20
3186	13	50	6	80	9	—	20	30	5	40	3	60	6	50	26	—	51	90	28	—	11	20
3187	13	50	6	80	9	—	20	30	5	40	3	60	6	50	26	—	51	90	28	—	11	20
3188	13	50	6	80	9	—	20	30	5	40	3	60	6	50	26	—	51	90	28	—	11	20
3189	13	50	6	80	9	—	20	30	5	40	3	60	6	50	26	—	51	90	28	—	11	20
3190	13	50	6	80	9	—	20	30	5	40	3	60	6	50	26	—	51	90	28	—	11	20
3191	13	50	6	80	9	—	20	30	5	40	3	60	6	50	26	—	52	—	28	—	11	20
3192	13	50	6	80	9	—	20	30	5	40	3	60	6	50	26	—	52	—	28	—	11	20
3193	13	50	6	80	9	—	20	30	5	40	3	60	6	50	26	—	52	—	28	—	11	20
3194	13	50	6	80	9	—	20	30	5	40	3	60	6	50	26	—	52	—	28	—	11	20
3195	13	50	6	80	9	—	20	30	5	40	3	60	6	50	26	—	52	—	28	—	11	20
3196	13	50	6	80	9	—	20	30	5	40	3	60	6	50	26	—	52	—	28	—	11	20
3197	13	50	6	80	9	—	20	30	5	40	3	60	6	50	26	—	52	—	28	—	11	20
3198	13	50	6	80	9	—	20	30	5	40	3	60	6	50	26	—	52	—	28	—	11	20
3199	13	50	6	80	9	—	20	30	5	40	3	60	6	50	26	—	52	—	28	—	11	20
3200	13	50	6	80	9	—	20	30	5	40	3	60	6	50	26	—	52	—	28	—	11	20

Gegenstands-Summa	Staatsgebühren 1 Prozent		Staatsgebühren 1½ Prozent		Staatsgebühren 2 Prozent		Besitzveränderungsabgabe		Staatsgebühren 1 pro mille		Staatsgebühren 2 pro mille		Staatsgebühren 2½ pro mille		Staatsgebühren 3 pro mille		Staatsgebühren 5 pro mille	
ℳ	ℳ	₰	ℳ	₰	ℳ	₰	ℳ	₰	ℳ	₰	ℳ	₰	ℳ	₰	ℳ	₰	ℳ	₰
3201	32	10	48	10	64	10	16	10	3	30	6	50	8	10	9	70	16	10
3202	32	10	48	10	64	10	16	10	3	30	6	50	8	10	9	70	16	10
3203	32	10	48	10	64	10	16	10	3	30	6	50	8	10	9	70	16	10
3204	32	10	48	10	64	10	16	10	3	30	6	50	8	10	9	70	16	10
3205	32	10	48	10	64	10	16	10	3	30	6	50	8	10	9	70	16	10
3206	32	10	48	10	64	20	16	10	3	30	6	50	8	10	9	70	16	10
3207	32	10	48	20	64	20	16	10	3	30	6	50	8	10	9	70	16	10
3208	32	10	48	20	64	20	16	10	3	30	6	50	8	10	9	70	16	10
3209	32	10	48	20	64	20	16	10	3	30	6	50	8	10	9	70	16	10
3210	32	10	48	20	64	20	16	10	3	30	6	50	8	10	9	70	16	10
3211	32	20	48	20	64	30	16	10	3	30	6	50	8	10	9	70	16	10
3212	32	20	48	20	64	30	16	10	3	30	6	50	8	10	9	70	16	10
3213	32	20	48	20	64	30	16	10	3	30	6	50	8	10	9	70	16	10
3214	32	20	48	30	64	30	16	10	3	30	6	50	8	10	9	70	16	10
3215	32	20	48	30	64	30	16	10	3	30	6	50	8	10	9	70	16	10
3216	32	20	48	30	64	40	16	10	3	30	6	50	8	10	9	70	16	10
3217	32	20	48	30	64	40	16	10	3	30	6	50	8	10	9	70	16	10
3218	32	20	48	30	64	40	16	10	3	30	6	50	8	10	9	70	16	10
3219	32	20	48	30	64	40	16	10	3	30	6	50	8	10	9	70	16	10
3220	32	20	48	30	64	40	16	10	3	30	6	50	8	10	9	70	16	10
3221	32	30	48	40	64	50	16	20	3	30	6	50	8	10	9	70	16	20
3222	32	30	48	40	64	50	16	20	3	30	6	50	8	10	9	70	16	20
3223	32	30	48	40	64	50	16	20	3	30	6	50	8	10	9	70	16	20
3224	32	30	48	40	64	50	16	20	3	30	6	50	8	10	9	70	16	20
3225	32	30	48	40	64	50	16	20	3	30	6	50	8	10	9	70	16	20
3226	32	30	48	40	64	60	16	20	3	30	6	50	8	10	9	70	16	20
3227	32	30	48	50	64	60	16	20	3	30	6	50	8	10	9	70	16	20
3228	32	30	48	50	64	60	16	20	3	30	6	50	8	10	9	70	16	20
3229	32	30	48	50	64	60	16	20	3	30	6	50	8	10	9	70	16	20
3230	32	30	48	50	64	60	16	20	3	30	6	50	8	10	9	70	16	20
3231	32	40	48	50	64	70	16	20	3	30	6	50	8	10	9	70	16	20
3232	32	40	48	50	64	70	16	20	3	30	6	50	8	10	9	70	16	20
3233	32	40	48	50	64	70	16	20	3	30	6	50	8	10	9	70	16	20
3234	32	40	48	60	64	70	16	20	3	30	6	50	8	10	9	80	16	20
3235	32	40	48	60	64	70	16	20	3	30	6	50	8	10	9	80	16	20
3236	32	40	48	60	64	80	16	20	3	30	6	50	8	10	9	80	16	20
3237	32	40	48	60	64	80	16	20	3	30	6	50	8	10	9	80	16	20
3238	32	40	48	60	64	80	16	20	3	30	6	50	8	10	9	80	16	20
3239	32	40	48	60	64	80	16	20	3	30	6	50	8	10	9	80	16	20
3240	32	40	48	60	64	80	16	20	3	30	6	50	8	10	9	80	16	20

Gegenstands-Summa	Werthgebühr: Volle (Art. 22. 40. 41. 50)		Werthgebühr: 1/2 (Art. 25. 27. 29. 30. 38 Abs. 2)		Werthgebühr: 1/2 bis 2200 ℳ, darüber 2/3 (Art. 24)		Werthgebühr: 1 1/2 (Art. 23)		4/10 aus der vollen Werthgebühr (Art. 45 Abs. 3)		4/10 aus 2/3 Werthgebühr (Art. 45 Abs. 3)		Hinterlegungsgebühr: Art. 100		Hinterlegungsgebühr: Art. 101 a		Hinterlegungsgebühr: Art. 101 b		Auseinandersetzungsgebühr: 5/10 (der Sätze des § 8 des Reichsgerichts-Kosten-Gesetzes)		Auseinandersetzungsgebühr: 2/10 (der Sätze des § 8 des Reichsgerichts-Kosten-Gesetzes)	
ℳ	ℳ	₰	ℳ	₰	ℳ	₰	ℳ	₰	ℳ	₰	ℳ	₰	ℳ	₰	ℳ	₰	ℳ	₰	ℳ	₰	ℳ	₰
3201	13	50	6	80	9	—	20	30	5	40	3	60	6	60	26	10	52	10	28	—	11	20
3202	13	50	6	80	9	—	20	30	5	40	3	60	6	60	26	10	52	10	28	—	11	20
3203	13	50	6	80	9	—	20	30	5	40	3	60	6	60	26	10	52	10	28	—	11	20
3204	13	50	6	80	9	—	20	30	5	40	3	60	6	60	26	10	52	10	28	—	11	20
3205	13	50	6	80	9	—	20	30	5	40	3	60	6	60	26	10	52	10	28	—	11	20
3206	13	50	6	80	9	—	20	30	5	40	3	60	6	60	26	10	52	10	28	—	11	20
3207	13	50	6	80	9	—	20	30	5	40	3	60	6	60	26	10	52	10	28	—	11	20
3208	13	50	6	80	9	—	20	30	5	40	3	60	6	60	26	10	52	10	28	—	11	20
3209	13	50	6	80	9	—	20	30	5	40	3	60	6	60	26	10	52	10	28	—	11	20
3210	13	50	6	80	9	—	20	30	5	40	3	60	6	60	26	10	52	10	28	—	11	20
3211	13	50	6	80	9	—	20	30	5	40	3	60	6	60	26	10	52	20	28	—	11	20
3212	13	50	6	80	9	—	20	30	5	40	3	60	6	60	26	10	52	20	28	—	11	20
3213	13	50	6	80	9	—	20	30	5	40	3	60	6	60	26	10	52	20	28	—	11	20
3214	13	50	6	80	9	—	20	30	5	40	3	60	6	60	26	10	52	20	28	—	11	20
3215	13	50	6	80	9	—	20	30	5	40	3	60	6	60	26	10	52	20	28	—	11	20
3216	13	50	6	80	9	—	20	30	5	40	3	60	6	60	26	10	52	20	28	—	11	20
3217	13	50	6	80	9	—	20	30	5	40	3	60	6	60	26	10	52	20	28	—	11	20
3218	13	50	6	80	9	—	20	30	5	40	3	60	6	60	26	10	52	20	28	—	11	20
3219	13	50	6	80	9	—	20	30	5	40	3	60	6	60	26	10	52	20	28	—	11	20
3220	13	50	6	80	9	—	20	30	5	40	3	60	6	60	26	10	52	20	28	—	11	20
3221	13	50	6	80	9	—	20	30	5	40	3	60	6	60	26	20	52	30	28	—	11	20
3222	13	50	6	80	9	—	20	30	5	40	3	60	6	60	26	20	52	30	28	—	11	20
3223	13	50	6	80	9	—	20	30	5	40	3	60	6	60	26	20	52	30	28	—	11	20
3224	13	50	6	80	9	—	20	30	5	40	3	60	6	60	26	20	52	30	28	—	11	20
3225	13	50	6	80	9	—	20	30	5	40	3	60	6	60	26	20	52	30	28	—	11	20
3226	13	50	6	80	9	—	20	30	5	40	3	60	6	60	26	20	52	30	28	—	11	20
3227	13	50	6	80	9	—	20	30	5	40	3	60	6	60	26	20	52	30	28	—	11	20
3228	13	50	6	80	9	—	20	30	5	40	3	60	6	60	26	20	52	30	28	—	11	20
3229	13	50	6	80	9	—	20	30	5	40	3	60	6	60	26	20	52	30	28	—	11	20
3230	13	50	6	80	9	—	20	30	5	40	3	60	6	60	26	20	52	30	28	—	11	20
3231	13	50	6	80	9	—	20	30	5	40	3	60	6	60	26	20	52	40	28	—	11	20
3232	13	50	6	80	9	—	20	30	5	40	3	60	6	60	26	20	52	40	28	—	11	20
3233	13	50	6	80	9	—	20	30	5	40	3	60	6	60	26	20	52	40	28	—	11	20
3234	13	50	6	80	9	—	20	30	5	40	3	60	6	60	26	20	52	40	28	—	11	20
3235	13	50	6	80	9	—	20	30	5	40	3	60	6	60	26	20	52	40	28	—	11	20
3236	13	50	6	80	9	—	20	30	5	40	3	60	6	60	26	20	52	40	28	—	11	20
3237	13	50	6	80	9	—	20	30	5	40	3	60	6	60	26	20	52	40	28	—	11	20
3238	13	50	6	80	9	—	20	30	5	40	3	60	6	60	26	20	52	40	28	—	11	20
3239	13	50	6	80	9	—	20	30	5	40	3	60	6	60	26	20	52	40	28	—	11	20
3240	13	50	6	80	9	—	20	30	5	40	3	60	6	60	26	20	52	40	28	—	11	20

Gegen-standssumma	Staatsgebühren						Besitz-veränderungs-abgabe		Staatsgebühren									
	1		1 1/2		2				1		2		2 1/2		3		5	
	Prozent								pro mille									
M	M	Pf	M	Pf	M	Pf	M	Pf	M	Pf	M	Pf	M	Pf	M	Pf	M	Pf
3241	32	50	48	70	64	90	16	30	3	30	6	50	8	20	9	80	16	30
3242	32	50	48	70	64	90	16	30	3	30	6	50	8	20	9	80	16	30
3243	32	50	48	70	64	90	16	30	3	30	6	50	8	20	9	80	16	30
3244	32	50	48	70	64	90	16	30	3	30	6	50	8	20	9	80	16	30
3245	32	50	48	70	64	90	16	30	3	30	6	50	8	20	9	80	16	30
3246	32	50	48	70	65	—	16	30	3	30	6	50	8	20	9	80	16	30
3247	32	50	48	80	65	—	16	30	3	30	6	50	8	20	9	80	16	30
3248	32	50	48	80	65	—	16	30	3	30	6	50	8	20	9	80	16	30
3249	32	50	48	80	65	—	16	30	3	30	6	50	8	20	9	80	16	30
3250	32	50	48	80	65	—	16	30	3	30	6	50	8	20	9	80	16	30
3251	32	60	48	80	65	10	16	30	3	30	6	60	8	20	9	80	16	30
3252	32	60	48	80	65	10	16	30	3	30	6	60	8	20	9	80	16	30
3253	32	60	48	80	65	10	16	30	3	30	6	60	8	20	9	80	16	30
3254	32	60	48	90	65	10	16	30	3	30	6	60	8	20	9	80	16	30
3255	32	60	48	90	65	10	16	30	3	30	6	60	8	20	9	80	16	30
3256	32	60	48	90	65	20	16	30	3	30	6	60	8	20	9	80	16	30
3257	32	60	48	90	65	20	16	30	3	30	6	60	8	20	9	80	16	30
3258	32	60	48	90	65	20	16	30	3	30	6	60	8	20	9	80	16	30
3259	32	60	48	90	65	20	16	30	3	30	6	60	8	20	9	80	16	30
3260	32	60	48	90	65	20	16	30	3	30	6	60	8	20	9	80	16	30
3261	32	70	49	—	65	30	16	40	3	30	6	60	8	20	9	80	16	40
3262	32	70	49	—	65	30	16	40	3	30	6	60	8	20	9	80	16	40
3263	32	70	49	—	65	30	16	40	3	30	6	60	8	20	9	80	16	40
3264	32	70	49	—	65	30	16	40	3	30	6	60	8	20	9	80	16	40
3265	32	70	49	—	65	30	16	40	3	30	6	60	8	20	9	80	16	40
3266	32	70	49	—	65	40	16	40	3	30	6	60	8	20	9	80	16	40
3267	32	70	49	10	65	40	16	40	3	30	6	60	8	20	9	90	16	40
3268	32	70	49	10	65	40	16	40	3	30	6	60	8	20	9	90	16	40
3269	32	70	49	10	65	40	16	40	3	30	6	60	8	20	9	90	16	40
3270	32	70	49	10	65	40	16	40	3	30	6	60	8	20	9	90	16	40
3271	32	80	49	10	65	50	16	40	3	30	6	60	8	20	9	90	16	40
3272	32	80	49	10	65	50	16	40	3	30	6	60	8	20	9	90	16	40
3273	32	80	49	10	65	50	16	40	3	30	6	60	8	20	9	90	16	40
3274	32	80	49	20	65	50	16	40	3	30	6	60	8	20	9	90	16	40
3275	32	80	49	20	65	50	16	40	3	30	6	60	8	20	9	90	16	40
3276	32	80	49	20	65	60	16	40	3	30	6	60	8	20	9	90	16	40
3277	32	80	49	20	65	60	16	40	3	30	6	60	8	20	9	90	16	40
3278	32	80	49	20	65	60	16	40	3	30	6	60	8	20	9	90	16	40
3279	32	80	49	20	65	60	16	40	3	30	6	60	8	20	9	90	16	40
3280	32	80	49	20	65	60	16	40	3	30	6	60	8	20	9	90	16	40

Gegen-stands-Summa	Werthgebühr								4/10 aus der vollen Werth-gebühr		4/10 aus 2/3 Werth-gebühr		Hinterlegungs-gebühr						Auseinander-setzungsgebühr			
	Volle		1/2		1/2 bis 2200 *M*.		1 1/2												5/10		2/10	
	Art. 22. 40. 41. 50		Art. 25. 27. 29. 30. 38 Abs. 2		darüber 2/3 Art. 24		Art. 23		Art. 45 Abs. 3				Art. 100		Art. 101 a		Art. 101 b		der Sätze des § 8 des Reichsgerichts-Kosten-Gesetzes			
M	*M*	*₰*	*M*	*₰*	*M*	*₰*	*M*	*₰*	*M*	*₰*	*M*	*₰*	*M*	*₰*	*M*	*₰*	*M*	*₰*	*M*	*₰*	*M*	*₰*
3241	13	50	6	80	9	—	20	30	5	40	3	60	6	60	26	30	52	50	28	—	11	20
3242	13	50	6	80	9	—	20	30	5	40	3	60	6	60	26	30	52	50	28	—	11	20
3243	13	50	6	80	9	—	20	30	5	40	3	60	6	60	26	30	52	50	28	—	11	20
3244	13	50	6	80	9	—	20	30	5	40	3	60	6	60	26	30	52	50	28	—	11	20
3245	13	50	6	80	9	—	20	30	5	40	3	60	6	60	26	30	52	50	28	—	11	20
3246	13	50	6	80	9	—	20	30	5	40	3	60	6	60	26	30	52	50	28	—	11	20
3247	13	50	6	80	9	—	20	30	5	40	3	60	6	60	26	30	52	50	28	—	11	20
3248	13	50	6	80	9	—	20	30	5	40	3	60	6	60	26	30	52	50	28	—	11	20
3249	13	50	6	80	9	—	20	30	5	40	3	60	6	60	26	30	52	50	28	—	11	20
3250	13	50	6	80	9	—	20	30	5	40	3	60	6	60	26	30	52	50	28	—	11	20
3251	13	50	6	80	9	—	20	30	5	40	3	60	6	60	26	30	52	60	28	—	11	20
3252	13	50	6	80	9	—	20	30	5	40	3	60	6	60	26	30	52	60	28	—	11	20
3253	13	50	6	80	9	—	20	30	5	40	3	60	6	60	26	30	52	60	28	—	11	20
3254	13	50	6	80	9	—	20	30	5	40	3	60	6	60	26	30	52	60	28	—	11	20
3255	13	50	6	80	9	—	20	30	5	40	3	60	6	60	26	30	52	60	28	—	11	20
3256	13	50	6	80	9	—	20	30	5	40	3	60	6	60	26	30	52	60	28	—	11	20
3257	13	50	6	80	9	—	20	30	5	40	3	60	6	60	26	30	52	60	28	—	11	20
3258	13	50	6	80	9	—	20	30	5	40	3	60	6	60	26	30	52	60	28	—	11	20
3259	13	50	6	80	9	—	20	30	5	40	3	60	6	60	26	30	52	60	28	—	11	20
3260	13	50	6	80	9	—	20	30	5	40	3	60	6	60	26	30	52	60	28	—	11	20
3261	13	50	6	80	9	—	20	30	5	40	3	60	6	60	26	40	52	70	28	—	11	20
3262	13	50	6	80	9	—	20	30	5	40	3	60	6	60	26	40	52	70	28	—	11	20
3263	13	50	6	80	9	—	20	30	5	40	3	60	6	60	26	40	52	70	28	—	11	20
3264	13	50	6	80	9	—	20	30	5	40	3	60	6	60	26	40	52	70	28	—	11	20
3265	13	50	6	80	9	—	20	30	5	40	3	60	6	60	26	40	52	70	28	—	11	20
3266	13	50	6	80	9	—	20	30	5	40	3	60	6	60	26	40	52	70	28	—	11	20
3267	13	50	6	80	9	—	20	30	5	40	3	60	6	60	26	40	52	70	28	—	11	20
3268	13	50	6	80	9	—	20	30	5	40	3	60	6	60	26	40	52	70	28	—	11	20
3269	13	50	6	80	9	—	20	30	5	40	3	60	6	60	26	40	52	70	28	—	11	20
3270	13	50	6	80	9	—	20	30	5	40	3	60	6	60	26	40	52	70	28	—	11	20
3271	13	50	6	80	9	—	20	30	5	40	3	60	6	60	26	40	52	80	28	—	11	20
3272	13	50	6	80	9	—	20	30	5	40	3	60	6	60	26	40	52	80	28	—	11	20
3273	13	50	6	80	9	—	20	30	5	40	3	60	6	60	26	40	52	80	28	—	11	20
3274	13	50	6	80	9	—	20	30	5	40	3	60	6	60	26	40	52	80	28	—	11	20
3275	13	50	6	80	9	—	20	30	5	40	3	60	6	60	26	40	52	80	28	—	11	20
3276	13	50	6	80	9	—	20	30	5	40	3	60	6	60	26	40	52	80	28	—	11	20
3277	13	50	6	80	9	—	20	30	5	40	3	60	6	60	26	40	52	80	28	—	11	20
3278	13	50	6	80	9	—	20	30	5	40	3	60	6	60	26	40	52	80	28	—	11	20
3279	13	50	6	80	9	—	20	30	5	40	3	60	6	60	26	40	52	80	28	—	11	20
3280	13	50	6	80	9	—	20	30	5	40	3	60	6	60	26	40	52	80	28	—	11	20

Gegenstands-Summa	Staatsgebühren 1 Prozent		Staatsgebühren 1½ Prozent		Staatsgebühren 2 Prozent		Besitzveränderungsabgabe		Staatsgebühren 1 pro mille		Staatsgebühren 2 pro mille		Staatsgebühren 2½ pro mille		Staatsgebühren 3 pro mille		Staatsgebühren 5 pro mille	
M	M	₰	M	₰	M	₰	M	₰	M	₰	M	₰	M	₰	M	₰	M	₰
3281	32	90	49	30	65	70	16	50	3	30	6	60	8	30	9	90	16	50
3282	32	90	49	30	65	70	16	50	3	30	6	60	8	30	9	90	16	50
3283	32	90	49	30	65	70	16	50	3	30	6	60	8	30	9	90	16	50
3284	32	90	49	30	65	70	16	50	3	30	6	60	8	30	9	90	16	50
3285	32	90	49	30	65	70	16	50	3	30	6	60	8	30	9	90	16	50
3286	32	90	49	30	65	80	16	50	3	30	6	60	8	30	9	90	16	50
3287	32	90	49	40	65	80	16	50	3	30	6	60	8	30	9	90	16	50
3288	32	90	49	40	65	80	16	50	3	30	6	60	8	30	9	90	16	50
3289	32	90	49	40	65	80	16	50	3	30	6	60	8	30	9	90	16	50
3290	32	90	49	40	65	80	16	50	3	30	6	60	8	30	9	90	16	50
3291	33	—	49	40	65	90	16	50	3	30	6	60	8	30	9	90	16	50
3292	33	—	49	40	65	90	16	50	3	30	6	60	8	30	9	90	16	50
3293	33	—	49	40	65	90	16	50	3	30	6	60	8	30	9	90	16	50
3294	33	—	49	50	65	90	16	50	3	30	6	60	8	30	9	90	16	50
3295	33	—	49	50	65	90	16	50	3	30	6	60	8	30	9	90	16	50
3296	33	—	49	50	66	—	16	50	3	30	6	60	8	30	9	90	16	50
3297	33	—	49	50	66	—	16	50	3	30	6	60	8	30	9	90	16	50
3298	33	—	49	50	66	—	16	50	3	30	6	60	8	30	9	90	16	50
3299	33	—	49	50	66	—	16	50	3	30	6	60	8	30	9	90	16	50
3300	33	—	49	50	66	—	16	50	3	30	6	60	8	30	9	90	16	50
3301	33	10	49	60	66	10	16	60	3	40	6	70	8	30	10	—	16	60
3302	33	10	49	60	66	10	16	60	3	40	6	70	8	30	10	—	16	60
3303	33	10	49	60	66	10	16	60	3	40	6	70	8	30	10	—	16	60
3304	33	10	49	60	66	10	16	60	3	40	6	70	8	30	10	—	16	60
3305	33	10	49	60	66	10	16	60	3	40	6	70	8	30	10	—	16	60
3306	33	10	49	60	66	20	16	60	3	40	6	70	8	30	10	—	16	60
3307	33	10	49	70	66	20	16	60	3	40	6	70	8	30	10	—	16	60
3308	33	10	49	70	66	20	16	60	3	40	6	70	8	30	10	—	16	60
3309	33	10	49	70	66	20	16	60	3	40	6	70	8	30	10	—	16	60
3310	33	10	49	70	66	20	16	60	3	40	6	70	8	30	10	—	16	60
3311	33	20	49	70	66	30	16	60	3	40	6	70	8	30	10	—	16	60
3312	33	20	49	70	66	30	16	60	3	40	6	70	8	30	10	—	16	60
3313	33	20	49	70	66	30	16	60	3	40	6	70	8	30	10	—	16	60
3314	33	20	49	80	66	30	16	60	3	40	6	70	8	30	10	—	16	60
3315	33	20	49	80	66	30	16	60	3	40	6	70	8	30	10	—	16	60
3316	33	20	49	80	66	40	16	60	3	40	6	70	8	30	10	—	16	60
3317	33	20	49	80	66	40	16	60	3	40	6	70	8	30	10	—	16	60
3318	33	20	49	80	66	40	16	60	3	40	6	70	8	30	10	—	16	60
3319	33	20	49	80	66	40	16	60	3	40	6	70	8	30	10	—	16	60
3320	33	20	49	80	66	40	16	60	3	40	6	70	8	30	10	—	16	60

Gegen-stands-Summa	Werthgebühr: Volle		Werthgebühr: 1/2		Werthgebühr: 1/2 bis 2200 ℳ. darüber 2/3		Werthgebühr: 1 1/2		4/10 aus der vollen Werth-gebühr		4/10 aus 2/3 Werth-gebühr		Hinterlegungs-gebühr						Auseinander-setzungsgebühr: 5/10		Auseinander-setzungsgebühr: 2/10	
	Art. 22. 40. 41. 50		Art. 25. 27. 29. 30. 38 Abs. 2		Art. 24		Art. 23		Art. 45 Abs. 3				Art. 100		Art. 101 a		Art. 101 b		der Sätze des § 8 des Reichsgerichts-Kosten-Gesetzes			
ℳ	ℳ	₰	ℳ	₰	ℳ	₰	ℳ	₰	ℳ	₰	ℳ	₰	ℳ	₰	ℳ	₰	ℳ	₰	ℳ	₰	ℳ	₰
3281	13	50	6	80	9	—	20	30	5	40	3	60	6	70	26	50	52	90	28	—	11	20
3282	13	50	6	80	9	—	20	30	5	40	3	60	6	70	26	50	52	90	28	—	11	20
3283	13	50	6	80	9	—	20	30	5	40	3	60	6	70	26	50	52	90	28	—	11	20
3284	13	50	6	80	9	—	20	30	5	40	3	60	6	70	26	50	52	90	28	—	11	20
3285	13	50	6	80	9	—	20	30	5	40	3	60	6	70	26	50	52	90	28	—	11	20
3286	13	50	6	80	9	—	20	30	5	40	3	60	6	70	26	50	52	90	28	—	11	20
3287	13	50	6	80	9	—	20	30	5	40	3	60	6	70	26	50	52	90	28	—	11	20
3288	13	50	6	80	9	—	20	30	5	40	3	60	6	70	26	50	52	90	28	—	11	20
3289	13	50	6	80	9	—	20	30	5	40	3	60	6	70	26	50	52	90	28	—	11	20
3290	13	50	6	80	9	—	20	30	5	40	3	60	6	70	26	50	52	90	28	—	11	20
3291	13	50	6	80	9	—	20	30	5	40	3	60	6	70	26	50	53	—	28	—	11	20
3292	13	50	6	80	9	—	20	30	5	40	3	60	6	70	26	50	53	—	28	—	11	20
3293	13	50	6	80	9	—	20	30	5	40	3	60	6	70	26	50	53	—	28	—	11	20
3294	13	50	6	80	9	—	20	30	5	40	3	60	6	70	26	50	53	—	28	—	11	20
3295	13	50	6	80	9	—	20	30	5	40	3	60	6	70	26	50	53	—	28	—	11	20
3296	13	50	6	80	9	—	20	30	5	40	3	60	6	70	26	50	53	—	28	—	11	20
3297	13	50	6	80	9	—	20	30	5	40	3	60	6	70	26	50	53	—	28	—	11	20
3298	13	50	6	80	9	—	20	30	5	40	3	60	6	70	26	50	53	—	28	—	11	20
3299	13	50	6	80	9	—	20	30	5	40	3	60	6	70	26	50	53	—	28	—	11	20
3300	13	50	6	80	9	—	20	30	5	40	3	60	6	70	26	50	53	—	28	—	11	20
3301	15	—	7	50	10	—	22	50	6	—	4	—	6	70	26	60	53	10	28	—	11	20
3302	15	—	7	50	10	—	22	50	6	—	4	—	6	70	26	60	53	10	28	—	11	20
3303	15	—	7	50	10	—	22	50	6	—	4	—	6	70	26	60	53	10	28	—	11	20
3304	15	—	7	50	10	—	22	50	6	—	4	—	6	70	26	60	53	10	28	—	11	20
3305	15	—	7	50	10	—	22	50	6	—	4	—	6	70	26	60	53	10	28	—	11	20
3306	15	—	7	50	10	—	22	50	6	—	4	—	6	70	26	60	53	10	28	—	11	20
3307	15	—	7	50	10	—	22	50	6	—	4	—	6	70	26	60	53	10	28	—	11	20
3308	15	—	7	50	10	—	22	50	6	—	4	—	6	70	26	60	53	10	28	—	11	20
3309	15	—	7	50	10	—	22	50	6	—	4	—	6	70	26	60	53	10	28	—	11	20
3310	15	—	7	50	10	—	22	50	6	—	4	—	6	70	26	60	53	10	28	—	11	20
3311	15	—	7	50	10	—	22	50	6	—	4	—	6	70	26	60	53	20	28	—	11	20
3312	15	—	7	50	10	—	22	50	6	—	4	—	6	70	26	60	53	20	28	—	11	20
3313	15	—	7	50	10	—	22	50	6	—	4	—	6	70	26	60	53	20	28	—	11	20
3314	15	—	7	50	10	—	22	50	6	—	4	—	6	70	26	60	53	20	28	—	11	20
3315	15	—	7	50	10	—	22	50	6	—	4	—	6	70	26	60	53	20	28	—	11	20
3316	15	—	7	50	10	—	22	50	6	—	4	—	6	70	26	60	53	20	28	—	11	20
3317	15	—	7	50	10	—	22	50	6	—	4	—	6	70	26	60	53	20	28	—	11	20
3318	15	—	7	50	10	—	22	50	6	—	4	—	6	70	26	60	53	20	28	—	11	20
3319	15	—	7	50	10	—	22	50	6	—	4	—	6	70	26	60	53	20	28	—	11	20
3320	15	—	7	50	10	—	22	50	6	—	4	—	6	70	26	60	53	20	28	—	11	20

Gegenstands-Summa	Staatsgebühren 1 Prozent		Staatsgebühren 1½ Prozent		Staatsgebühren 2 Prozent		Besitzveränderungsabgabe		Staatsgebühren 1 pro mille		Staatsgebühren 2 pro mille		Staatsgebühren 2½ pro mille		Staatsgebühren 3 pro mille		Staatsgebühren 5 pro mille	
ℳ	ℳ	₰	ℳ	₰	ℳ	₰	ℳ	₰	ℳ	₰	ℳ	₰	ℳ	₰	ℳ	₰	ℳ	₰
3321	33	30	49	90	66	50	16	70	3	40	6	70	8	40	10	—	16	70
3322	33	30	49	90	66	50	16	70	3	40	6	70	8	40	10	—	16	70
3323	33	30	49	90	66	50	16	70	3	40	6	70	8	40	10	—	16	70
3324	33	30	49	90	66	50	16	70	3	40	6	70	8	40	10	—	16	70
3325	33	30	49	90	66	50	16	70	3	40	6	70	8	40	10	—	16	70
3326	33	30	49	90	66	60	16	70	3	40	6	70	8	40	10	—	16	70
3327	33	30	50	—	66	60	16	70	3	40	6	70	8	40	10	—	16	70
3328	33	30	50	—	66	60	16	70	3	40	6	70	8	40	10	—	16	70
3329	33	30	50	—	66	60	16	70	3	40	6	70	8	40	10	—	16	70
3330	33	30	50	—	66	60	16	70	3	40	6	70	8	40	10	—	16	70
3331	33	40	50	—	66	70	16	70	3	40	6	70	8	40	10	—	16	70
3332	33	40	50	—	66	70	16	70	3	40	6	70	8	40	10	—	16	70
3333	33	40	50	—	66	70	16	70	3	40	6	70	8	40	10	—	16	70
3334	33	40	50	10	66	70	16	70	3	40	6	70	8	40	10	10	16	70
3335	33	40	50	10	66	70	16	70	3	40	6	70	8	40	10	10	16	70
3336	33	40	50	10	66	80	16	70	3	40	6	70	8	40	10	10	16	70
3337	33	40	50	10	66	80	16	70	3	40	6	70	8	40	10	10	16	70
3338	33	40	50	10	66	80	16	70	3	40	6	70	8	40	10	10	16	70
3339	33	40	50	10	66	80	16	70	3	40	6	70	8	40	10	10	16	70
3340	33	40	50	10	66	80	16	70	3	40	6	70	8	40	10	10	16	70
3341	33	50	50	20	66	90	16	80	3	40	6	70	8	40	10	10	16	80
3342	33	50	50	20	66	90	16	80	3	40	6	70	8	40	10	10	16	80
3343	33	50	50	20	66	90	16	80	3	40	6	70	8	40	10	10	16	80
3344	33	50	50	20	66	90	16	80	3	40	6	70	8	40	10	10	16	80
3345	33	50	50	20	66	90	16	80	3	40	6	70	8	40	10	10	16	80
3346	33	50	50	20	67	—	16	80	3	40	6	70	8	40	10	10	16	80
3347	33	50	50	30	67	—	16	80	3	40	6	70	8	40	10	10	16	80
3348	33	50	50	30	67	—	16	80	3	40	6	70	8	40	10	10	16	80
3349	33	50	50	30	67	—	16	80	3	40	6	70	8	40	10	10	16	80
3350	33	50	50	30	67	—	16	80	3	40	6	70	8	40	10	10	16	80
3351	33	60	50	30	67	10	16	80	3	40	6	80	8	40	10	10	16	80
3352	33	60	50	30	67	10	16	80	3	40	6	80	8	40	10	10	16	80
3353	33	60	50	30	67	10	16	80	3	40	6	80	8	40	10	10	16	80
3354	33	60	50	40	67	10	16	80	3	40	6	80	8	40	10	10	16	80
3355	33	60	50	40	67	10	16	80	3	40	6	80	8	40	10	10	16	80
3356	33	60	50	40	67	20	16	80	3	40	6	80	8	40	10	10	16	80
3357	33	60	50	40	67	20	16	80	3	40	6	80	8	40	10	10	16	80
3358	33	60	50	40	67	20	16	80	3	40	6	80	8	40	10	10	16	80
3359	33	60	50	40	67	20	16	80	3	40	6	80	8	40	10	10	16	80
3360	33	60	50	40	67	20	16	80	3	40	6	80	8	40	10	10	16	80

Gegen-stands-Summa	Werthgebühr								4/10 aus der vollen Werth-gebühr		4/10 aus 2/3 Werth-gebühr		Hinterlegungs-gebühr						Auseinander-setzungsgebühr			
	Volle		1/2		1/2 bis 2200 ℳ, darüber 2/3		1 1/2												5/10		2/10	
	Art. 22. 40. 41. 50		Art. 25. 27. 29. 30 38 Abs. 2		Art. 24		Art. 23		Art. 45 Abs. 3				Art. 100		Art. 101 a		Art. 101 b		der Sätze des § 8 des Reichsgerichts-Kosten-Gesetzes			
ℳ	ℳ	₰	ℳ	₰	ℳ	₰	ℳ	₰	ℳ	₰	ℳ	₰	ℳ	₰	ℳ	₰	ℳ	₰	ℳ	₰	ℳ	₰
3321	15	—	7	50	10	—	22	50	6	—	4	—	6	70	26	70	53	30	28	—	11	20
3322	15	—	7	50	10	—	22	50	6	—	4	—	6	70	26	70	53	30	28	—	11	20
3323	15	—	7	50	10	—	22	50	6	—	4	—	6	70	26	70	53	30	28	—	11	20
3324	15	—	7	50	10	—	22	50	6	—	4	—	6	70	26	70	53	30	28	—	11	20
3325	15	—	7	50	10	—	22	50	6	—	4	—	6	70	26	70	53	30	28	—	11	20
3326	15	—	7	50	10	—	22	50	6	—	4	—	6	70	26	70	53	30	28	—	11	20
3327	15	—	7	50	10	—	22	50	6	—	4	—	6	70	26	70	53	30	28	—	11	20
3328	15	—	7	50	10	—	22	50	6	—	4	—	6	70	26	70	53	30	28	—	11	20
3329	15	—	7	50	10	—	22	50	6	—	4	—	6	70	26	70	53	30	28	—	11	20
3330	15	—	7	50	10	—	22	50	6	—	4	—	6	70	26	70	53	30	28	—	11	20
3331	15	—	7	50	10	—	22	50	6	—	4	—	6	70	26	70	53	40	28	—	11	20
3332	15	—	7	50	10	—	22	50	6	—	4	—	6	70	26	70	53	40	28	—	11	20
3333	15	—	7	50	10	—	22	50	6	—	4	—	6	70	26	70	53	40	28	—	11	20
3334	15	—	7	50	10	—	22	50	6	—	4	—	6	70	26	70	53	40	28	—	11	20
3335	15	—	7	50	10	—	22	50	6	—	4	—	6	70	26	70	53	40	28	—	11	20
3336	15	—	7	50	10	—	22	50	6	—	4	—	6	70	26	70	53	40	28	—	11	20
3337	15	—	7	50	10	—	22	50	6	—	4	—	6	70	26	70	53	40	28	—	11	20
3338	15	—	7	50	10	—	22	50	6	—	4	—	6	70	26	70	53	40	28	—	11	20
3339	15	—	7	50	10	—	22	50	6	—	4	—	6	70	26	70	53	40	28	—	11	20
3340	15	—	7	50	10	—	22	50	6	—	4	—	6	70	26	70	53	40	28	—	11	20
3341	15	—	7	50	10	—	22	50	6	—	4	—	6	70	26	80	53	50	28	—	11	20
3342	15	—	7	50	10	—	22	50	6	—	4	—	6	70	26	80	53	50	28	—	11	20
3343	15	—	7	50	10	—	22	50	6	—	4	—	6	70	26	80	53	50	28	—	11	20
3344	15	—	7	50	10	—	22	50	6	—	4	—	6	70	26	80	53	50	28	—	11	20
3345	15	—	7	50	10	—	22	50	6	—	4	—	6	70	26	80	53	50	28	—	11	20
3346	15	—	7	50	10	—	22	50	6	—	4	—	6	70	26	80	53	50	28	—	11	20
3347	15	—	7	50	10	—	22	50	6	—	4	—	6	70	26	80	53	50	28	—	11	20
3348	15	—	7	50	10	—	22	50	6	—	4	—	6	70	26	80	53	50	28	—	11	20
3349	15	—	7	50	10	—	22	50	6	—	4	—	6	70	26	80	53	50	28	—	11	20
3350	15	—	7	50	10	—	22	50	6	—	4	—	6	70	26	80	53	50	28	—	11	20
3351	15	—	7	50	10	—	22	50	6	—	4	—	6	70	26	80	53	60	28	—	11	20
3352	15	—	7	50	10	—	22	50	6	—	4	—	6	70	26	80	53	60	28	—	11	20
3353	15	—	7	50	10	—	22	50	6	—	4	—	6	70	26	80	53	60	28	—	11	20
3354	15	—	7	50	10	—	22	50	6	—	4	—	6	70	26	80	53	60	28	—	11	20
3355	15	—	7	50	10	—	22	50	6	—	4	—	6	70	26	80	53	60	28	—	11	20
3356	15	—	7	50	10	—	22	50	6	—	4	—	6	70	26	80	53	60	28	—	11	20
3357	15	—	7	50	10	—	22	50	6	—	4	—	6	70	26	80	53	60	28	—	11	20
3358	15	—	7	50	10	—	22	50	6	—	4	—	6	70	26	80	53	60	28	—	11	20
3359	15	—	7	50	10	—	22	50	6	—	4	—	6	70	26	80	53	60	28	—	11	20
3360	15	—	7	50	10	—	22	50	6	—	4	—	6	70	26	80	53	60	28	—	11	20

Gegenstands-Summa	Staatsgebühren						Besitzveränderungsabgabe		Staatsgebühren									
	1		1½		2				1		2		2½		3		5	
	Prozent								pro mille									
M	M	Pf	M	Pf	M	Pf	M	Pf	M	Pf	M	Pf	M	Pf	M	Pf	M	Pf
3361	33	70	50	50	67	30	16	90	3	40	6	80	8	50	10	10	16	90
3362	33	70	50	50	67	30	16	90	3	40	6	80	8	50	10	10	16	90
3363	33	70	50	50	67	30	16	90	3	40	6	80	8	50	10	10	16	90
3364	33	70	50	50	67	30	16	90	3	40	6	80	8	50	10	10	16	90
3365	33	70	50	50	67	30	16	90	3	40	6	80	8	50	10	10	16	90
3366	33	70	50	50	67	40	16	90	3	40	6	80	8	50	10	10	16	90
3367	33	70	50	60	67	40	16	90	3	40	6	80	8	50	10	20	16	90
3368	33	70	50	60	67	40	16	90	3	40	6	80	8	50	10	20	16	90
3369	33	70	50	60	67	40	16	90	3	40	6	80	8	50	10	20	16	90
3370	33	70	50	60	67	40	16	90	3	40	6	80	8	50	10	20	16	90
3371	33	80	50	60	67	50	16	90	3	40	6	80	8	50	10	20	16	90
3372	33	80	50	60	67	50	16	90	3	40	6	80	8	50	10	20	16	90
3373	33	80	50	60	67	50	16	90	3	40	6	80	8	50	10	20	16	90
3374	33	80	50	70	67	50	16	90	3	40	6	80	8	50	10	20	16	90
3375	33	80	50	70	67	50	16	90	3	40	6	80	8	50	10	20	16	90
3376	33	80	50	70	67	60	16	90	3	40	6	80	8	50	10	20	16	90
3377	33	80	50	70	67	60	16	90	3	40	6	80	8	50	10	20	16	90
3378	33	80	50	70	67	60	16	90	3	40	6	80	8	50	10	20	16	90
3379	33	80	50	70	67	60	16	90	3	40	6	80	8	50	10	20	16	90
3380	33	80	50	70	67	60	16	90	3	40	6	80	8	50	10	20	16	90
3381	33	90	50	80	67	70	17	—	3	40	6	80	8	50	10	20	17	—
3382	33	90	50	80	67	70	17	—	3	40	6	80	8	50	10	20	17	—
3383	33	90	50	80	67	70	17	—	3	40	6	80	8	50	10	20	17	—
3384	33	90	50	80	67	70	17	—	3	40	6	80	8	50	10	20	17	—
3385	33	90	50	80	67	70	17	—	3	40	6	80	8	50	10	20	17	—
3386	33	90	50	80	67	80	17	—	3	40	6	80	8	50	10	20	17	—
3387	33	90	50	90	67	80	17	—	3	40	6	80	8	50	10	20	17	—
3388	33	90	50	90	67	80	17	—	3	40	6	80	8	50	10	20	17	—
3389	33	90	50	90	67	80	17	—	3	40	6	80	8	50	10	20	17	—
3390	33	90	50	90	67	80	17	—	3	40	6	80	8	50	10	20	17	—
3391	34	—	50	90	67	90	17	—	3	40	6	80	8	50	10	20	17	—
3392	34	—	50	90	67	90	17	—	3	40	6	80	8	50	10	20	17	—
3393	34	—	50	90	67	90	17	—	3	40	6	80	8	50	10	20	17	—
3394	34	—	51	—	67	90	17	—	3	40	6	80	8	50	10	20	17	—
3395	34	—	51	—	67	90	17	—	3	40	6	80	8	50	10	20	17	—
3396	34	—	51	—	68	—	17	—	3	40	6	80	8	50	10	20	17	—
3397	34	—	51	—	68	—	17	—	3	40	6	80	8	50	10	20	17	—
3398	34	—	51	—	68	—	17	—	3	40	6	80	8	50	10	20	17	—
3399	34	—	51	—	68	—	17	—	3	40	6	80	8	50	10	20	17	—
3400	34	—	51	—	68	—	17	—	3	40	6	80	8	50	10	20	17	—

Gegen-stands-Summa	Werthgebühr: Volle		1/2		1/2 bis 2200 M.		1 1/2		4/10 aus der vollen Werth-gebühr		4/10 aus 2/3 Werth-gebühr		Hinterlegungs-gebühr						Auseinander-setzungsgebühr: 5/10		2/10	
	Art. 22. 40. 41. 50		Art. 25. 27. 29. 30. 38 Abs. 2		darüber 2/3 Art. 24		Art. 23		Art. 45 Abs. 3				Art. 100		Art. 101 a		Art. 101 b		der Sätze des § 8 des Reichsgerichts-Kosten-Gesetzes			
M	M	₰	M	₰	M	₰	M	₰	M	₰	M	₰	M	₰	M	₰	M	₰	M	₰	M	₰
3361	15	—	7	50	10	—	22	50	6	—	4	—	6	80	26	90	53	70	28	—	11	20
3362	15	—	7	50	10	—	22	50	6	—	4	—	6	80	26	90	53	70	28	—	11	20
3363	15	—	7	50	10	—	22	50	6	—	4	—	6	80	26	90	53	70	28	—	11	20
3364	15	—	7	50	10	—	22	50	6	—	4	—	6	80	26	90	53	70	28	—	11	20
3365	15	—	7	50	10	—	22	50	6	—	4	—	6	80	26	90	53	70	28	—	11	20
3366	15	—	7	50	10	—	22	50	6	—	4	—	6	80	26	90	53	70	28	—	11	20
3367	15	—	7	50	10	—	22	50	6	—	4	—	6	80	26	90	53	70	28	—	11	20
3368	15	—	7	50	10	—	22	50	6	—	4	—	6	80	26	90	53	70	28	—	11	20
3369	15	—	7	50	10	—	22	50	6	—	4	—	6	80	26	90	53	70	28	—	11	20
3370	15		7	50	10	—	22	50	6	—	4	—	6	80	26	90	53	70	28	—	11	20
3371	15	—	7	50	10	—	22	50	6	—	4	—	6	80	26	90	53	80	28	—	11	20
3372	15	—	7	50	10	—	22	50	6	—	4	—	6	80	26	90	53	80	28	—	11	20
3373	15	—	7	50	10	—	22	50	6	—	4	—	6	80	26	90	53	80	28	—	11	20
3374	15	—	7	50	10	—	22	50	6	—	4	—	6	80	26	90	53	80	28	—	11	20
3375	15	—	7	50	10	—	22	50	6	—	4	—	6	80	26	90	53	80	28	—	11	20
3376	15	—	7	50	10	—	22	50	6	—	4	—	6	80	26	90	53	80	28	—	11	20
3377	15	—	7	50	10	—	22	50	6	—	4	—	6	80	26	90	53	80	28	—	11	20
3378	15	—	7	50	10	—	22	50	6	—	4	—	6	80	26	90	53	80	28	—	11	20
3379	15	—	7	50	10	—	22	50	6	—	4	—	6	80	26	90	53	80	28	—	11	20
3380	15	—	7	50	10	—	22	50	6	—	4	—	6	80	26	90	53	80	28	—	11	20
3381	15	—	7	50	10	—	22	50	6	—	4	—	6	80	27	—	53	90	28	—	11	20
3382	15	—	7	50	10	—	22	50	6	—	4	—	6	80	27	—	53	90	28	—	11	20
3383	15	—	7	50	10	—	22	50	6	—	4	—	6	80	27	—	53	90	28	—	11	20
3384	15	—	7	50	10	—	22	50	6	—	4	—	6	80	27	—	53	90	28	—	11	20
3385	15	—	7	50	10	—	22	50	6	—	4	—	6	80	27	—	53	90	28	—	11	20
3386	15	—	7	50	10	—	22	50	6	—	4	—	6	80	27	—	53	90	28	—	11	20
3387	15	—	7	50	10	—	22	50	6	—	4	—	6	80	27	—	53	90	28	—	11	20
3388	15	—	7	50	10	—	22	50	6	—	4	—	6	80	27	—	53	90	28	—	11	20
3389	15	—	7	50	10	—	22	50	6	—	4	—	6	80	27	—	53	90	28	—	11	20
3390	15	—	7	50	10	—	22	50	6	—	4	—	6	80	27	—	53	90	28	—	11	20
3391	15	—	7	50	10	—	22	50	6	—	4	—	6	80	27	—	54	—	28	—	11	20
3392	15	—	7	50	10	—	22	50	6	—	4	—	6	80	27	—	54	—	28	—	11	20
3393	15	—	7	50	10	—	22	50	6	—	4	—	6	80	27	—	54	—	28	—	11	20
3394	15	—	7	50	10	—	22	50	6	—	4	—	6	80	27	—	54	—	28	—	11	20
3395	15	—	7	50	10	—	22	50	6	—	4	—	6	80	27	—	54	—	28	—	11	20
3396	15	—	7	50	10	—	22	50	6	—	4	—	6	80	27	—	54	—	28	—	11	20
3397	15	—	7	50	10	—	22	50	6	—	4	—	6	80	27	—	54	—	28	—	11	20
3398	15	—	7	50	10	—	22	50	6	—	4	—	6	80	27	—	54	—	28	—	11	20
3399	15	—	7	50	10	—	22	50	6	—	4	—	6	80	27	—	54	—	28	—	11	20
3400	15	—	7	50	10	—	22	50	6	—	4	—	6	80	27	—	54	—	28	—	11	20

Gegen-stands-Summa	Staatsgebühren 1 Prozent		Staatsgebühren 1 1/2 Prozent		Staatsgebühren 2 Prozent		Besitz-verände-rungs-abgabe		Staatsgebühren 1 pro mille		Staatsgebühren 2 pro mille		Staatsgebühren 2 1/2 pro mille		Staatsgebühren 3 pro mille		Staatsgebühren 5 pro mille	
ℳ	ℳ	₰	ℳ	₰	ℳ	₰	ℳ	₰	ℳ	₰	ℳ	₰	ℳ	₰	ℳ	₰	ℳ	₰
3401	34	10	51	10	68	10	17	10	3	50	6	90	8	60	10	30	17	10
3402	34	10	51	10	68	10	17	10	3	50	6	90	8	60	10	30	17	10
3403	34	10	51	10	68	10	17	10	3	50	6	90	8	60	10	30	17	10
3404	34	10	51	10	68	10	17	10	3	50	6	90	8	60	10	30	17	10
3405	34	10	51	10	68	10	17	10	3	50	6	90	8	60	10	30	17	10
3406	34	10	51	10	68	20	17	10	3	50	6	90	8	60	10	30	17	10
3407	34	10	51	20	68	20	17	10	3	50	6	90	8	60	10	30	17	10
3408	34	10	51	20	68	20	17	10	3	50	6	90	8	60	10	30	17	10
3409	34	10	51	20	68	20	17	10	3	50	6	90	8	60	10	30	17	10
3410	34	10	51	20	68	20	17	10	3	50	6	90	8	60	10	30	17	10
3411	34	20	51	20	68	30	17	10	3	50	6	90	8	60	10	30	17	10
3412	34	20	51	20	68	30	17	10	3	50	6	90	8	60	10	30	17	10
3413	34	20	51	20	68	30	17	10	3	50	6	90	8	60	10	30	17	10
3414	34	20	51	30	68	30	17	10	3	50	6	90	8	60	10	30	17	10
3415	34	20	51	30	68	30	17	10	3	50	6	90	8	60	10	30	17	10
3416	34	20	51	30	68	40	17	10	3	50	6	90	8	60	10	30	17	10
3417	34	20	51	30	68	40	17	10	3	50	6	90	8	60	10	30	17	10
3418	34	20	51	30	68	40	17	10	3	50	6	90	8	60	10	30	17	10
3419	34	20	51	30	68	40	17	10	3	50	6	90	8	60	10	30	17	10
3420	34	20	51	30	68	40	17	10	3	50	6	90	8	60	10	30	17	10
3421	34	30	51	40	68	50	17	20	3	50	6	90	8	60	10	30	17	20
3422	34	30	51	40	68	50	17	20	3	50	6	90	8	60	10	30	17	20
3423	34	30	51	40	68	50	17	20	3	50	6	90	8	60	10	30	17	20
3424	34	30	51	40	68	50	17	20	3	50	6	90	8	60	10	30	17	20
3425	34	30	51	40	68	50	17	20	3	50	6	90	8	60	10	30	17	20
3426	34	30	51	40	68	60	17	20	3	50	6	90	8	60	10	30	17	20
3427	34	30	51	50	68	60	17	20	3	50	6	90	8	60	10	30	17	20
3428	34	30	51	50	68	60	17	20	3	50	6	90	8	60	10	30	17	20
3429	34	30	51	50	68	60	17	20	3	50	6	90	8	60	10	30	17	20
3430	34	30	51	50	68	60	17	20	3	50	6	90	8	60	10	30	17	20
3431	34	40	51	50	68	70	17	20	3	50	6	90	8	60	10	30	17	20
3432	34	40	51	50	68	70	17	20	3	50	6	90	8	60	10	30	17	20
3433	34	40	51	50	68	70	17	20	3	50	6	90	8	60	10	30	17	20
3434	34	40	51	60	68	70	17	20	3	50	6	90	8	60	10	40	17	20
3435	34	40	51	60	68	70	17	20	3	50	6	90	8	60	10	40	17	20
3436	34	40	51	60	68	80	17	20	3	50	6	90	8	60	10	40	17	20
3437	34	40	51	60	68	80	17	20	3	50	6	90	8	60	10	40	17	20
3438	34	40	51	60	68	80	17	20	3	50	6	90	8	60	10	40	17	20
3439	34	40	51	60	68	80	17	20	3	50	6	90	8	60	10	40	17	20
3440	34	40	51	60	68	80	17	20	3	50	6	90	8	60	10	40	17	20

Gegen-stands-Summa	Werthgebühr								$^4/_{10}$ aus der vollen Werthgebühr		$^4/_{10}$ aus $^2/_3$ Werthgebühr		Hinterlegungsgebühr						Auseinandersetzungsgebühr			
	Volle		$^1/_2$		$^1/_2$ bis 2200 ℳ		$1^1/_2$												$^5/_{10}$		$^2/_{10}$	
	Art. 22. 40. 41. 50		Art. 25. 27. 29. 30. 38 Abs. 2		darüber $^2/_3$ Art. 24		Art. 23		Art. 45 Abs. 3				Art. 100		Art. 101a		Art. 101b		der Sätze des § 8 des Reichsgerichts-Kosten-Gesetzes			
ℳ	ℳ	₰	ℳ	₰	ℳ	₰	ℳ	₰	ℳ	₰	ℳ	₰	ℳ	₰	ℳ	₰	ℳ	₰	ℳ	₰	ℳ	₰
3401	15	—	7	50	10	—	22	50	6	—	4	—	6	80	27	10	54	10	31	—	12	40
3402	15	—	7	50	10	—	22	50	6	—	4	—	6	80	27	10	54	10	31	—	12	40
3403	15	—	7	50	10	—	22	50	6	—	4	—	6	80	27	10	54	10	31	—	12	40
3404	15	—	7	50	10	—	22	50	6	—	4	—	6	80	27	10	54	10	31	—	12	40
3405	15	—	7	50	10	—	22	50	6	—	4	—	6	80	27	10	54	10	31	—	12	40
3406	15	—	7	50	10	—	22	50	6	—	4	—	6	80	27	10	54	10	31	—	12	40
3407	15	—	7	50	10	—	22	50	6	—	4	—	6	80	27	10	54	10	31	—	12	40
3408	15	—	7	50	10	—	22	50	6	—	4	—	6	80	27	10	54	10	31	—	12	40
3409	15	—	7	50	10	—	22	50	6	—	4	—	6	80	27	10	54	10	31	—	12	40
3410	15	—	7	50	10	—	22	50	6	—	4	—	6	80	27	10	54	10	31	—	12	40
3411	15	—	7	50	10	—	22	50	6	—	4	—	6	80	27	10	54	20	31	—	12	40
3412	15	—	7	50	10	—	22	50	6	—	4	—	6	80	27	10	54	20	31	—	12	40
3413	15	—	7	50	10	—	22	50	6	—	4	—	6	80	27	10	54	20	31	—	12	40
3414	15	—	7	50	10	—	22	50	6	—	4	—	6	80	27	10	54	20	31	—	12	40
3415	15	—	7	50	10	—	22	50	6	—	4	—	6	80	27	10	54	20	31	—	12	40
3416	15	—	7	50	10	—	22	50	6	—	4	—	6	80	27	10	54	20	31	—	12	40
3417	15	—	7	50	10	—	22	50	6	—	4	—	6	80	27	10	54	20	31	—	12	40
3418	15	—	7	50	10	—	22	50	6	—	4	—	6	80	27	10	54	20	31	—	12	40
3419	15	—	7	50	10	—	22	50	6	—	4	—	6	80	27	10	54	20	31	—	12	40
3420	15	—	7	50	10	—	22	50	6	—	4	—	6	80	27	10	54	20	31	—	12	40
3421	15	—	7	50	10	—	22	50	6	—	4	—	6	80	27	20	54	30	31	—	12	40
3422	15	—	7	50	10	—	22	50	6	—	4	—	6	80	27	20	54	30	31	—	12	40
3423	15	—	7	50	10	—	22	50	6	—	4	—	6	80	27	20	54	30	31	—	12	40
3424	15	—	7	50	10	—	22	50	6	—	4	—	6	80	27	20	54	30	31	—	12	40
3425	15	—	7	50	10	—	22	50	6	—	4	—	6	80	27	20	54	30	31	—	12	40
3426	15	—	7	50	10	—	22	50	6	—	4	—	6	80	27	20	54	30	31	—	12	40
3427	15	—	7	50	10	—	22	50	6	—	4	—	6	80	27	20	54	30	31	—	12	40
3428	15	—	7	50	10	—	22	50	6	—	4	—	6	80	27	20	54	30	31	—	12	40
3429	15	—	7	50	10	—	22	50	6	—	4	—	6	80	27	20	54	30	31	—	12	40
3430	15	—	7	50	10	—	22	50	6	—	4	—	6	80	27	20	54	30	31	—	12	40
3431	15	—	7	50	10	—	22	50	6	—	4	—	6	80	27	20	54	40	31	—	12	40
3432	15	—	7	50	10	—	22	50	6	—	4	—	6	80	27	20	54	40	31	—	12	40
3433	15	—	7	50	10	—	22	50	6	—	4	—	6	80	27	20	54	40	31	—	12	40
3434	15	—	7	50	10	—	22	50	6	—	4	—	6	80	27	20	54	40	31	—	12	40
3435	15	—	7	50	10	—	22	50	6	—	4	—	6	80	27	20	54	40	31	—	12	40
3436	15	—	7	50	10	—	22	50	6	—	4	—	6	80	27	20	54	40	31	—	12	40
3437	15	—	7	50	10	—	22	50	6	—	4	—	6	80	27	20	54	40	31	—	12	40
3438	15	—	7	50	10	—	22	50	6	—	4	—	6	80	27	20	54	40	31	—	12	40
3439	15	—	7	50	10	—	22	50	6	—	4	—	6	80	27	20	54	40	31	—	12	40
3440	15	—	7	50	10	—	22	50	6	—	4	—	6	80	27	20	54	40	31	—	12	40

Gegen-stands-Summa	Staatsgebühren 1 Prozent		1½		2		Besitz-veränderungs-abgabe		Staatsgebühren 1 pro mille		2		2½		3		5	
ℳ	ℳ	₰	ℳ	₰	ℳ	₰	ℳ	₰	ℳ	₰	ℳ	₰	ℳ	₰	ℳ	₰	ℳ	₰
3441	34	50	51	70	68	90	17	30	3	50	6	90	8	70	10	40	17	30
3442	34	50	51	70	68	90	17	30	3	50	6	90	8	70	10	40	17	30
3443	34	50	51	70	68	90	17	30	3	50	6	90	8	70	10	40	17	30
3444	34	50	51	70	68	90	17	30	3	50	6	90	8	70	10	40	17	30
3445	34	50	51	70	68	90	17	30	3	50	6	90	8	70	10	40	17	30
3446	34	50	51	70	69	—	17	30	3	50	6	90	8	70	10	40	17	30
3447	34	50	51	80	69	—	17	30	3	50	6	90	8	70	10	40	17	30
3448	34	50	51	80	69	—	17	30	3	50	6	90	8	70	10	40	17	30
3449	34	50	51	80	69	—	17	30	3	50	6	90	8	70	10	40	17	30
3450	34	50	51	80	69	—	17	30	3	50	6	90	8	70	10	40	17	30
3451	34	60	51	80	69	10	17	30	3	50	7	—	8	70	10	40	17	30
3452	34	60	51	80	69	10	17	30	3	50	7	—	8	70	10	40	17	30
3453	34	60	51	80	69	10	17	30	3	50	7	—	8	70	10	40	17	30
3454	34	60	51	90	69	10	17	30	3	50	7	—	8	70	10	40	17	30
3455	34	60	51	90	69	10	17	30	3	50	7	—	8	70	10	40	17	30
3456	34	60	51	90	69	20	17	30	3	50	7	—	8	70	10	40	17	30
3457	34	60	51	90	69	20	17	30	3	50	7	—	8	70	10	40	17	30
3458	34	60	51	90	69	20	17	30	3	50	7	—	8	70	10	40	17	30
3459	34	60	51	90	69	20	17	30	3	50	7	—	8	70	10	40	17	30
3460	34	60	51	90	69	20	17	30	3	50	7	—	8	70	10	40	17	30
3461	34	70	52	—	69	30	17	40	3	50	7	—	8	70	10	40	17	40
3462	34	70	52	—	69	30	17	40	3	50	7	—	8	70	10	40	17	40
3463	34	70	52	—	69	30	17	40	3	50	7	—	8	70	10	40	17	40
3464	34	70	52	—	69	30	17	40	3	50	7	—	8	70	10	40	17	40
3465	34	70	52	—	69	30	17	40	3	50	7	—	8	70	10	40	17	40
3466	34	70	52	—	69	40	17	40	3	50	7	—	8	70	10	40	17	40
3467	34	70	52	10	69	40	17	40	3	50	7	—	8	70	10	50	17	40
3468	34	70	52	10	69	40	17	40	3	50	7	—	8	70	10	50	17	40
3469	34	70	52	10	69	40	17	40	3	50	7	—	8	70	10	50	17	40
3470	34	70	52	10	69	40	17	40	3	50	7	—	8	70	10	50	17	40
3471	34	80	52	10	69	50	17	40	3	50	7	—	8	70	10	50	17	40
3472	34	80	52	10	69	50	17	40	3	50	7	—	8	70	10	50	17	40
3473	34	80	52	10	69	50	17	40	3	50	7	—	8	70	10	50	17	40
3474	34	80	52	20	69	50	17	40	3	50	7	—	8	70	10	50	17	40
3475	34	80	52	20	69	50	17	40	3	50	7	—	8	70	10	50	17	40
3476	34	80	52	20	69	60	17	40	3	50	7	—	8	70	10	50	17	40
3477	34	80	52	20	69	60	17	40	3	50	7	—	8	70	10	50	17	40
3478	34	80	52	20	69	60	17	40	3	50	7	—	8	70	10	50	17	40
3479	34	80	52	20	69	60	17	40	3	50	7	—	8	70	10	50	17	40
3480	34	80	52	20	69	60	17	40	3	50	7	—	8	70	10	50	17	40

Gegenstands-Summa	Werthgebühr								4/10 aus der vollen Werthgebühr		4/10 aus 2/3 Werthgebühr		Hinterlegungsgebühr						Auseinandersetzungsgebühr			
	Volle		1/2		1/2 bis 2200 M		1 1/2												5/10		2/10	
	Art. 22. 40. 41. 50		Art. 25. 27. 29. 30. 38 Abs. 2		darüber 2/3 Art. 24		Art. 23		Art. 45 Abs. 3				Art. 100		Art. 101 a		Art. 101 b		der Sätze des § 8 des Reichsgerichts-Kosten-Gesetzes			
M	M	₰	M	₰	M	₰	M	₰	M	₰	M	₰	M	₰	M	₰	M	₰	M	₰	M	₰
3441	15	—	7	50	10	—	22	50	6	—	4	—	6	90	27	30	54	50	31	—	12	40
3442	15	—	7	50	10	—	22	50	6	—	4	—	6	90	27	30	54	50	31	—	12	40
3443	15	—	7	50	10	—	22	50	6	—	4	—	6	90	27	30	54	50	31	—	12	40
3444	15	—	7	50	10	—	22	50	6	—	4	—	6	90	27	30	54	50	31	—	12	40
3445	15	—	7	50	10	—	22	50	6	—	4	—	6	90	27	30	54	50	31	—	12	40
3446	15	—	7	50	10	—	22	50	6	—	4	—	6	90	27	30	54	50	31	—	12	40
3447	15	—	7	50	10	—	22	50	6	—	4	—	6	90	27	30	54	50	31	—	12	40
3448	15	—	7	50	10	—	22	50	6	—	4	—	6	90	27	30	54	50	31	—	12	40
3449	15	—	7	50	10	—	22	50	6	—	4	—	6	90	27	30	54	50	31	—	12	40
3450	15	—	7	50	10	—	22	50	6	—	4	—	6	90	27	30	54	50	31	—	12	40
3451	15	—	7	50	10	—	22	50	6	—	4	—	6	90	27	30	54	60	31	—	12	40
3452	15	—	7	50	10	—	22	50	6	—	4	—	6	90	27	30	54	60	31	—	12	40
3453	15	—	7	50	10	—	22	50	6	—	4	—	6	90	27	30	54	60	31	—	12	40
3454	15	—	7	50	10	—	22	50	6	—	4	—	6	90	27	30	54	60	31	—	12	40
3455	15	—	7	50	10	—	22	50	6	—	4	—	6	90	27	30	54	60	31	—	12	40
3456	15	—	7	50	10	—	22	50	6	—	4	—	6	90	27	30	54	60	31	—	12	40
3457	15	—	7	50	10	—	22	50	6	—	4	—	6	90	27	30	54	60	31	—	12	40
3458	15	—	7	50	10	—	22	50	6	—	4	—	6	90	27	30	54	60	31	—	12	40
3459	15	—	7	50	10	—	22	50	6	—	4	—	6	90	27	30	54	60	31	—	12	40
3460	15	—	7	50	10	—	22	50	6	—	4	—	6	90	27	30	54	60	31	—	12	40
3461	15	—	7	50	10	—	22	50	6	—	4	—	6	90	27	40	54	70	31	—	12	40
3462	15	—	7	50	10	—	22	50	6	—	4	—	6	90	27	40	54	70	31	—	12	40
3463	15	—	7	50	10	—	22	50	6	—	4	—	6	90	27	40	54	70	31	—	12	40
3464	15	—	7	50	10	—	22	50	6	—	4	—	6	90	27	40	54	70	31	—	12	40
3465	15	—	7	50	10	—	22	50	6	—	4	—	6	90	27	40	54	70	31	—	12	40
3466	15	—	7	50	10	—	22	50	6	—	4	—	6	90	27	40	54	70	31	—	12	40
3467	15	—	7	50	10	—	22	50	6	—	4	—	6	90	27	40	54	70	31	—	12	40
3468	15	—	7	50	10	—	22	50	6	—	4	—	6	90	27	40	54	70	31	—	12	40
3469	15	—	7	50	10	—	22	50	6	—	4	—	6	90	27	40	54	70	31	—	12	40
3470	15	—	7	50	10	—	22	50	6	—	4	—	6	90	27	40	54	70	31	—	12	40
3471	15	—	7	50	10	—	22	50	6	—	4	—	6	90	27	40	54	80	31	—	12	40
3472	15	—	7	50	10	—	22	50	6	—	4	—	6	90	27	40	54	80	31	—	12	40
3473	15	—	7	50	10	—	22	50	6	—	4	—	6	90	27	40	54	80	31	—	12	40
3474	15	—	7	50	10	—	22	50	6	—	4	—	6	90	27	40	54	80	31	—	12	40
3475	15	—	7	50	10	—	22	50	6	—	4	—	6	90	27	40	54	80	31	—	12	40
3476	15	—	7	50	10	—	22	50	6	—	4	—	6	90	27	40	54	80	31	—	12	40
3477	15	—	7	50	10	—	22	50	6	—	4	—	6	90	27	40	54	80	31	—	12	40
3478	15	—	7	50	10	—	22	50	6	—	4	—	6	90	27	40	54	80	31	—	12	40
3479	15	—	7	50	10	—	22	50	6	—	4	—	6	90	27	40	54	80	31	—	12	40
3480	15	—	7	50	10	—	22	50	6	—	4	—	6	90	27	40	54	80	31	—	12	40

Gegenstands-Summa	Staatsgebühren 1 Prozent		Staatsgebühren 1½ Prozent		Staatsgebühren 2 Prozent		Besitzveränderungsabgabe		Staatsgebühren 1 pro mille		Staatsgebühren 2 pro mille		Staatsgebühren 2½ pro mille		Staatsgebühren 3 pro mille		Staatsgebühren 5 pro mille	
ℳ	ℳ	₰	ℳ	₰	ℳ	₰	ℳ	₰	ℳ	₰	ℳ	₰	ℳ	₰	ℳ	₰	ℳ	₰
3481	34	90	52	30	69	70	17	50	3	50	7	—	8	80	10	50	17	50
3482	34	90	52	30	69	70	17	50	3	50	7	—	8	80	10	50	17	50
3483	34	90	52	30	69	70	17	50	3	50	7	—	8	80	10	50	17	50
3484	34	90	52	30	69	70	17	50	3	50	7	—	8	80	10	50	17	50
3485	34	90	52	30	69	70	17	50	3	50	7	—	8	80	10	50	17	50
3486	34	90	52	30	69	80	17	50	3	50	7	—	8	80	10	50	17	50
3487	34	90	52	40	69	80	17	50	3	50	7	—	8	80	10	50	17	50
3488	34	90	52	40	69	80	17	50	3	50	7	—	8	80	10	50	17	50
3489	34	90	52	40	69	80	17	50	3	50	7	—	8	80	10	50	17	50
3490	34	90	52	40	69	80	17	50	3	50	7	—	8	80	10	50	17	50
3491	35	—	52	40	69	90	17	50	3	50	7	—	8	80	10	50	17	50
3492	35	—	52	40	69	90	17	50	3	50	7	—	8	80	10	50	17	50
3493	35	—	52	40	69	90	17	50	3	50	7	—	8	80	10	50	17	50
3494	35	—	52	50	69	90	17	50	3	50	7	—	8	80	10	50	17	50
3495	35	—	52	50	69	90	17	50	3	50	7	—	8	80	10	50	17	50
3496	35	—	52	50	70	—	17	50	3	50	7	—	8	80	10	50	17	50
3497	35	—	52	50	70	—	17	50	3	50	7	—	8	80	10	50	17	50
3498	35	—	52	50	70	—	17	50	3	50	7	—	8	80	10	50	17	50
3499	35	—	52	50	70	—	17	50	3	50	7	—	8	80	10	50	17	50
3500	35	—	52	50	70	—	17	50	3	50	7	—	8	80	10	50	17	50
3501	35	10	52	60	70	10	17	60	3	60	7	10	8	80	10	60	17	60
3502	35	10	52	60	70	10	17	60	3	60	7	10	8	80	10	60	17	60
3503	35	10	52	60	70	10	17	60	3	60	7	10	8	80	10	60	17	60
3504	35	10	52	60	70	10	17	60	3	60	7	10	8	80	10	60	17	60
3505	35	10	52	60	70	10	17	60	3	60	7	10	8	80	10	60	17	60
3506	35	10	52	60	70	20	17	60	3	60	7	10	8	80	10	60	17	60
3507	35	10	52	70	70	20	17	60	3	60	7	10	8	80	10	60	17	60
3508	35	10	52	70	70	20	17	60	3	60	7	10	8	80	10	60	17	60
3509	35	10	52	70	70	20	17	60	3	60	7	10	8	80	10	60	17	60
3510	35	10	52	70	70	20	17	60	3	60	7	10	8	80	10	60	17	60
3511	35	20	52	70	70	30	17	60	3	60	7	10	8	80	10	60	17	60
3512	35	20	52	70	70	30	17	60	3	60	7	10	8	80	10	60	17	60
3513	35	20	52	70	70	30	17	60	3	60	7	10	8	80	10	60	17	60
3514	35	20	52	80	70	30	17	60	3	60	7	10	8	80	10	60	17	60
3515	35	20	52	80	70	30	17	60	3	60	7	10	8	80	10	60	17	60
3516	35	20	52	80	70	40	17	60	3	60	7	10	8	80	10	60	17	60
3517	35	20	52	80	70	40	17	60	3	60	7	10	8	80	10	60	17	60
3518	35	20	52	80	70	40	17	60	3	60	7	10	8	80	10	60	17	60
3519	35	20	52	80	70	40	17	60	3	60	7	10	8	80	10	60	17	60
3520	35	20	52	80	70	40	17	60	3	60	7	10	8	80	10	60	17	60

Gegen-stands-Summa	Werthgebühr: Volle, Art. 22. 40. 41. 50		Werthgebühr: 1/2, Art. 25. 27. 29. 30 38 Abs. 2		Werthgebühr: 1/2 bis 2200 M, darüber 2/3 Art. 24		Werthgebühr: 1 1/2, Art. 23		4/10 aus der vollen Werthgebühr, Art. 45 Abs. 3		4/10 aus 2/3 Werthgebühr, Art. 45 Abs. 3		Hinterlegungsgebühr: Art. 100		Hinterlegungsgebühr: Art. 101 a		Hinterlegungsgebühr: Art. 101 b		Auseinandersetzungsgebühr: 5/10 der Sätze des § 8 des Reichsgerichts-Kosten-Gesetzes		Auseinandersetzungsgebühr: 2/10 der Sätze des § 8 des Reichsgerichts-Kosten-Gesetzes	
M	M	Pf	M	Pf	M	Pf	M	Pf	M	Pf	M	Pf	M	Pf	M	Pf	M	Pf	M	Pf	M	Pf
3481	15	—	7	50	10	—	22	50	6	—	4	—	6	90	27	50	54	90	31	—	12	40
3482	15	—	7	50	10	—	22	50	6	—	4	—	6	90	27	50	54	90	31	—	12	40
3483	15	—	7	50	10	—	22	50	6	—	4	—	6	90	27	50	54	90	31	—	12	40
3484	15	—	7	50	10	—	22	50	6	—	4	—	6	90	27	50	54	90	31	—	12	40
3485	15	—	7	50	10	—	22	50	6	—	4	—	6	90	27	50	54	90	31	—	12	40
3486	15	—	7	50	10	—	22	50	6	—	4	—	6	90	27	50	54	90	31	—	12	40
3487	15	—	7	50	10	—	22	50	6	—	4	—	6	90	27	50	54	90	31	—	12	40
3488	15	—	7	50	10	—	22	50	6	—	4	—	6	90	27	50	54	90	31	—	12	40
3489	15	—	7	50	10	—	22	50	6	—	4	—	6	90	27	50	54	90	31	—	12	40
3490	15	—	7	50	10	—	22	50	6	—	4	—	6	90	27	50	54	90	31	—	12	40
3491	15	—	7	50	10	—	22	50	6	—	4	—	6	90	27	50	55	—	31	—	12	40
3492	15	—	7	50	10	—	22	50	6	—	4	—	6	90	27	50	55	—	31	—	12	40
3493	15	—	7	50	10	—	22	50	6	—	4	—	6	90	27	50	55	—	31	—	12	40
3494	15	—	7	50	10	—	22	50	6	—	4	—	6	90	27	50	55	—	31	—	12	40
3495	15	—	7	50	10	—	22	50	6	—	4	—	6	90	27	50	55	—	31	—	12	40
3496	15	—	7	50	10	—	22	50	6	—	4	—	6	90	27	50	55	—	31	—	12	40
3497	15	—	7	50	10	—	22	50	6	—	4	—	6	90	27	50	55	—	31	—	12	40
3498	15	—	7	50	10	—	22	50	6	—	4	—	6	90	27	50	55	—	31	—	12	40
3499	15	—	7	50	10	—	22	50	6	—	4	—	6	90	27	50	55	—	31	—	12	40
3500	15	—	7	50	10	—	22	50	6	—	4	—	6	90	27	50	55	—	31	—	12	40
3501	15	—	7	50	10	—	22	50	6	—	4	—	6	90	27	60	55	10	31	—	12	40
3502	15	—	7	50	10	—	22	50	6	—	4	—	6	90	27	60	55	10	31	—	12	40
3503	15	—	7	50	10	—	22	50	6	—	4	—	6	90	27	60	55	10	31	—	12	40
3504	15	—	7	50	10	—	22	50	6	—	4	—	6	90	27	60	55	10	31	—	12	40
3505	15	—	7	50	10	—	22	50	6	—	4	—	6	90	27	60	55	10	31	—	12	40
3506	15	—	7	50	10	—	22	50	6	—	4	—	6	90	27	60	55	10	31	—	12	40
3507	15	—	7	50	10	—	22	50	6	—	4	—	6	90	27	60	55	10	31	—	12	40
3508	15	—	7	50	10	—	22	50	6	—	4	—	6	90	27	60	55	10	31	—	12	40
3509	15	—	7	50	10	—	22	50	6	—	4	—	6	90	27	60	55	10	31	—	12	40
3510	15	—	7	50	10	—	22	50	6	—	4	—	6	90	27	60	55	10	31	—	12	40
3511	15	—	7	50	10	—	22	50	6	—	4	—	6	90	27	60	55	20	31	—	12	40
3512	15	—	7	50	10	—	22	50	6	—	4	—	6	90	27	60	55	20	31	—	12	40
3513	15	—	7	50	10	—	22	50	6	—	4	—	6	90	27	60	55	20	31	—	12	40
3514	15	—	7	50	10	—	22	50	6	—	4	—	6	90	27	60	55	20	31	—	12	40
3515	15	—	7	50	10	—	22	50	6	—	4	—	6	90	27	60	55	20	31	—	12	40
3516	15	—	7	50	10	—	22	50	6	—	4	—	6	90	27	60	55	20	31	—	12	40
3517	15	—	7	50	10	—	22	50	6	—	4	—	6	90	27	60	55	20	31	—	12	40
3518	15	—	7	50	10	—	22	50	6	—	4	—	6	90	27	60	55	20	31	—	12	40
3519	15	—	7	50	10	—	22	50	6	—	4	—	6	90	27	60	55	20	31	—	12	40
3520	15	—	7	50	10	—	22	50	6	—	4	—	6	90	27	60	55	20	31	—	12	40

Gegenstands-Summa	Staatsgebühren 1 Prozent		Staatsgebühren 1½ Prozent		Staatsgebühren 2 Prozent		Besitzveränderungsabgabe		Staatsgebühren 1 pro mille		Staatsgebühren 2 pro mille		Staatsgebühren 2½ pro mille		Staatsgebühren 3 pro mille		Staatsgebühren 5 pro mille	
ℳ	ℳ	₰	ℳ	₰	ℳ	₰	ℳ	₰	ℳ	₰	ℳ	₰	ℳ	₰	ℳ	₰	ℳ	₰
3521	35	30	52	90	70	50	17	70	3	60	7	10	8	90	10	60	17	70
3522	35	30	52	90	70	50	17	70	3	60	7	10	8	90	10	60	17	70
3523	35	30	52	90	70	50	17	70	3	60	7	10	8	90	10	60	17	70
3524	35	30	52	90	70	50	17	70	3	60	7	10	8	90	10	60	17	70
3525	35	30	52	90	70	50	17	70	3	60	7	10	8	90	10	60	17	70
3526	35	30	52	90	70	60	17	70	3	60	7	10	8	90	10	60	17	70
3527	35	30	53	—	70	60	17	70	3	60	7	10	8	90	10	60	17	70
3528	35	30	53	—	70	60	17	70	3	60	7	10	8	90	10	60	17	70
3529	35	30	53	—	70	60	17	70	3	60	7	10	8	90	10	60	17	70
3530	35	30	53	—	70	60	17	70	3	60	7	10	8	90	10	60	17	70
3531	35	40	53	—	70	70	17	70	3	60	7	10	8	90	10	60	17	70
3532	35	40	53	—	70	70	17	70	3	60	7	10	8	90	10	60	17	70
3533	35	40	53	—	70	70	17	70	3	60	7	10	8	90	10	60	17	70
3534	35	40	53	10	70	70	17	70	3	60	7	10	8	90	10	70	17	70
3535	35	40	53	10	70	70	17	70	3	60	7	10	8	90	10	70	17	70
3536	35	40	53	10	70	80	17	70	3	60	7	10	8	90	10	70	17	70
3537	35	40	53	10	70	80	17	70	3	60	7	10	8	90	10	70	17	70
3538	35	40	53	10	70	80	17	70	3	60	7	10	8	90	10	70	17	70
3539	35	40	53	10	70	80	17	70	3	60	7	10	8	90	10	70	17	70
3540	35	40	53	10	70	80	17	70	3	60	7	10	8	90	10	70	17	70
3541	35	50	53	20	70	90	17	80	3	60	7	10	8	90	10	70	17	80
3542	35	50	53	20	70	90	17	80	3	60	7	10	8	90	10	70	17	80
3543	35	50	53	20	70	90	17	80	3	60	7	10	8	90	10	70	17	80
3544	35	50	53	20	70	90	17	80	3	60	7	10	8	90	10	70	17	80
3545	35	50	53	20	70	90	17	80	3	60	7	10	8	90	10	70	17	80
3546	35	50	53	20	71	—	17	80	3	60	7	10	8	90	10	70	17	80
3547	35	50	53	30	71	—	17	80	3	60	7	10	8	90	10	70	17	80
3548	35	50	53	30	71	—	17	80	3	60	7	10	8	90	10	70	17	80
3549	35	50	53	30	71	—	17	80	3	60	7	10	8	90	10	70	17	80
3550	35	50	53	30	71	—	17	80	3	60	7	10	8	90	10	70	17	80
3551	35	60	53	30	71	10	17	80	3	60	7	20	8	90	10	70	17	80
3552	35	60	53	30	71	10	17	80	3	60	7	20	8	90	10	70	17	80
3553	35	60	53	30	71	10	17	80	3	60	7	20	8	90	10	70	17	80
3554	35	60	53	40	71	10	17	80	3	60	7	20	8	90	10	70	17	80
3555	35	60	53	40	71	10	17	80	3	60	7	20	8	90	10	70	17	80
3556	35	60	53	40	71	20	17	80	3	60	7	20	8	90	10	70	17	80
3557	35	60	53	40	71	20	17	80	3	60	7	20	8	90	10	70	17	80
3558	35	60	53	40	71	20	17	80	3	60	7	20	8	90	10	70	17	80
3559	35	60	53	40	71	20	17	80	3	60	7	20	8	90	10	70	17	80
3560	35	60	53	40	71	20	17	80	3	60	7	20	8	90	10	70	17	80

Gegen-stands-Summa	Werthgebühr								4/10 aus der vollen Werth-gebühr		4/10 aus 2/3 Werth-gebühr		Hinterlegungs-gebühr						Auseinander-setzungsgebühr			
	Volle		1/2		1/2 bis 2200 ℳ		1 1/2												5/10		2/10	
	Art. 22. 40. 41. 50		Art. 25. 27. 29. 30. 38 Abs. 2		darüber 2/3 Art. 24		Art. 23		Art. 45 Abs. 3				Art. 100		Art. 101 a		Art. 101 b		der Sätze des § 8 des Reichsgerichts-Kosten-Gesetzes			
ℳ	ℳ	₰	ℳ	₰	ℳ	₰	ℳ	₰	ℳ	₰	ℳ	₰	ℳ	₰	ℳ	₰	ℳ	₰	ℳ	₰	ℳ	₰
3521	15	—	7	50	10	—	22	50	6	—	4	—	7	—	27	70	55	30	31	—	12	40
3522	15	—	7	50	10	—	22	50	6	—	4	—	7	—	27	70	55	30	31	—	12	40
3523	15	—	7	50	10	—	22	50	6	—	4	—	7	—	27	70	55	30	31	—	12	40
3524	15	—	7	50	10	—	22	50	6	—	4	—	7	—	27	70	55	30	31	—	12	40
3525	15	—	7	50	10	—	22	50	6	—	4	—	7	—	27	70	55	30	31	—	12	40
3526	15	—	7	50	10	—	22	50	6	—	4	—	7	—	27	70	55	30	31	—	12	40
3527	15	—	7	50	10	—	22	50	6	—	4	—	7	—	27	70	55	30	31	—	12	40
3528	15	—	7	50	10	—	22	50	6	—	4	—	7	—	27	70	55	30	31	—	12	40
3529	15	—	7	50	10	—	22	50	6	—	4	—	7	—	27	70	55	30	31	—	12	40
3530	15	—	7	50	10	—	22	50	6	—	4	—	7	—	27	70	55	30	31	—	12	40
3531	15	—	7	50	10	—	22	50	6	—	4	—	7	—	27	70	55	40	31	—	12	40
3532	15	—	7	50	10	—	22	50	6	—	4	—	7	—	27	70	55	40	31	—	12	40
3533	15	—	7	50	10	—	22	50	6	—	4	—	7	—	27	70	55	40	31	—	12	40
3534	15	—	7	50	10	—	22	50	6	—	4	—	7	—	27	70	55	40	31	—	12	40
3535	15	—	7	50	10	—	22	50	6	—	4	—	7	—	27	70	55	40	31	—	12	40
3536	15	—	7	50	10	—	22	50	6	—	4	—	7	—	27	70	55	40	31	—	12	40
3537	15	—	7	50	10	—	22	50	6	—	4	—	7	—	27	70	55	40	31	—	12	40
3538	15	—	7	50	10	—	22	50	6	—	4	—	7	—	27	70	55	40	31	—	12	40
3539	15	—	7	50	10	—	22	50	6	—	4	—	7	—	27	70	55	40	31	—	12	40
3540	15	—	7	50	10	—	22	50	6	—	4	—	7	—	27	70	55	40	31	—	12	40
3541	15	—	7	50	10	—	22	50	6	—	4	—	7	—	27	80	55	50	31	—	12	40
3542	15	—	7	50	10	—	22	50	6	—	4	—	7	—	27	80	55	50	31	—	12	40
3543	15	—	7	50	10	—	22	50	6	—	4	—	7	—	27	80	55	50	31	—	12	40
3544	15	—	7	50	10	—	22	50	6	—	4	—	7	—	27	80	55	50	31	—	12	40
3545	15	—	7	50	10	—	22	50	6	—	4	—	7	—	27	80	55	50	31	—	12	40
3546	15	—	7	50	10	—	22	50	6	—	4	—	7	—	27	80	55	50	31	—	12	40
3547	15	—	7	50	10	—	22	50	6	—	4	—	7	—	27	80	55	50	31	—	12	40
3548	15	—	7	50	10	—	22	50	6	—	4	—	7	—	27	80	55	50	31	—	12	40
3549	15	—	7	50	10	—	22	50	6	—	4	—	7	—	27	80	55	50	31	—	12	40
3550	15	—	7	50	10	—	22	50	6	—	4	—	7	—	27	80	55	50	31	—	12	40
3551	15	—	7	50	10	—	22	50	6	—	4	—	7	—	27	80	55	60	31	—	12	40
3552	15	—	7	50	10	—	22	50	6	—	4	—	7	—	27	80	55	60	31	—	12	40
3553	15	—	7	50	10	—	22	50	6	—	4	—	7	—	27	80	55	60	31	—	12	40
3554	15	—	7	50	10	—	22	50	6	—	4	—	7	—	27	80	55	60	31	—	12	40
3555	15	—	7	50	10	—	22	50	6	—	4	—	7	—	27	80	55	60	31	—	12	40
3556	15	—	7	50	10	—	22	50	6	—	4	—	7	—	27	80	55	60	31	—	12	40
3557	15	—	7	50	10	—	22	50	6	—	4	—	7	—	27	80	55	60	31	—	12	40
3558	15	—	7	50	10	—	22	50	6	—	4	—	7	—	27	80	55	60	31	—	12	40
3559	15	—	7	50	10	—	22	50	6	—	4	—	7	—	27	80	55	60	31	—	12	40
3560	15	—	7	50	10	—	22	50	6	—	4	—	7	—	27	80	55	60	31	—	12	40

Gegen- stands- Summa	Staatsgebühren						Besitz- verände- rungs- abgabe		Staatsgebühren									
	1		1 1/2		2				1		2		2 1/2		3		5	
	Prozent								pro mille									
M	M	Pf	M	Pf	M	Pf	M	Pf	M	Pf	M	Pf	M	Pf	M	Pf	M	Pf
3561	35	70	53	50	71	30	17	90	3	60	7	20	9	—	10	70	17	90
3562	35	70	53	50	71	30	17	90	3	60	7	20	9	—	10	70	17	90
3563	35	70	53	50	71	30	17	90	3	60	7	20	9	—	10	70	17	90
3564	35	70	53	50	71	30	17	90	3	60	7	20	9	—	10	70	17	90
3565	35	70	53	50	71	30	17	90	3	60	7	20	9	—	10	70	17	90
3566	35	70	53	50	71	40	17	90	3	60	7	20	9	—	10	70	17	90
3567	35	70	53	60	71	40	17	90	3	60	7	20	9	—	10	80	17	90
3568	35	70	53	60	71	40	17	90	3	60	7	20	9	—	10	80	17	90
3569	35	70	53	60	71	40	17	90	3	60	7	20	9	—	10	80	17	90
3570	35	70	53	60	71	40	17	90	3	60	7	20	9	—	10	80	17	90
3571	35	80	53	60	71	50	17	90	3	60	7	20	9	—	10	80	17	90
3572	35	80	53	60	71	50	17	90	3	60	7	20	9	—	10	80	17	90
3573	35	80	53	60	71	50	17	90	3	60	7	20	9	—	10	80	17	90
3574	35	80	53	70	71	50	17	90	3	60	7	20	9	—	10	80	17	90
3575	35	80	53	70	71	50	17	90	3	60	7	20	9	—	10	80	17	90
3576	35	80	53	70	71	60	17	90	3	60	7	20	9	—	10	80	17	90
3577	35	80	53	70	71	60	17	90	3	60	7	20	9	—	10	80	17	90
3578	35	80	53	70	71	60	17	90	3	60	7	20	9	—	10	80	17	90
3579	35	80	53	70	71	60	17	90	3	60	7	20	9	—	10	80	17	90
3580	35	80	53	70	71	60	17	90	3	60	7	20	9	—	10	80	17	90
3581	35	90	53	80	71	70	18	—	3	60	7	20	9	—	10	80	18	—
3582	35	90	53	80	71	70	18	—	3	60	7	20	9	—	10	80	18	—
3583	35	90	53	80	71	70	18	—	3	60	7	20	9	—	10	80	18	—
3584	35	90	53	80	71	70	18	—	3	60	7	20	9	—	10	80	18	—
3585	35	90	53	80	71	70	18	—	3	60	7	20	9	—	10	80	18	—
3586	35	90	53	80	71	80	18	—	3	60	7	20	9	—	10	80	18	—
3587	35	90	53	90	71	80	18	—	3	60	7	20	9	—	10	80	18	—
3588	35	90	53	90	71	80	18	—	3	60	7	20	9	—	10	80	18	—
3589	35	90	53	90	71	80	18	—	3	60	7	20	9	—	10	80	18	—
3590	35	90	53	90	71	80	18	—	3	60	7	20	9	—	10	80	18	—
3591	36	—	53	90	71	90	18	—	3	60	7	20	9	—	10	80	18	—
3592	36	—	53	90	71	90	18	—	3	60	7	20	9	—	10	80	18	—
3593	36	—	53	90	71	90	18	—	3	60	7	20	9	—	10	80	18	—
3594	36	—	54	—	71	90	18	—	3	60	7	20	9	—	10	80	18	—
3595	36	—	54	—	71	90	18	—	3	60	7	20	9	—	10	80	18	—
3596	36	—	54	—	72	—	18	—	3	60	7	20	9	—	10	80	18	—
3597	36	—	54	—	72	—	18	—	3	60	7	20	9	—	10	80	18	—
3598	36	—	54	—	72	—	18	—	3	60	7	20	9	—	10	80	18	—
3599	36	—	54	—	72	—	18	—	3	60	7	20	9	—	10	80	18	—
3600	36	—	54	—	72	—	18	—	3	60	7	20	9	—	10	80	18	—

Gegenstandssumma	Werthgebühr: Volle (Art. 22. 40. 41. 50)		Werthgebühr: $^1/_2$ (Art. 25. 27. 29. 30. 38 Abs. 2)		Werthgebühr: $^1/_2$ bis 2200 M., darüber $^2/_3$ (Art. 24)		Werthgebühr: $1^1/_2$ (Art. 23)		$^4/_{10}$ aus der vollen Werthgebühr (Art. 45 Abs. 3)		$^4/_{10}$ aus $^2/_3$ Werthgebühr (Art. 45 Abs. 3)		Hinterlegungsgebühr Art. 100		Hinterlegungsgebühr Art. 101 a		Hinterlegungsgebühr Art. 101 b		Auseinandersetzungsgebühr $^5/_{10}$ der Sätze des § 8 des Reichsgerichts-Kosten-Gesetzes		Auseinandersetzungsgebühr $^2/_{10}$ der Sätze des § 8 des Reichsgerichts-Kosten-Gesetzes	
M	M	Pf	M	Pf	M	Pf	M	Pf	M	Pf	M	Pf	M	Pf	M	Pf	M	Pf	M	Pf	M	Pf
3561	15	—	7	50	10	—	22	50	6	—	4	—	7	—	27	90	55	70	31	—	12	40
3562	15	—	7	50	10	—	22	50	6	—	4	—	7	—	27	90	55	70	31	—	12	40
3563	15	—	7	50	10	—	22	50	6	—	4	—	7	—	27	90	55	70	31	—	12	40
3564	15	—	7	50	10	—	22	50	6	—	4	—	7	—	27	90	55	70	31	—	12	40
3565	15	—	7	50	10	—	22	50	6	—	4	—	7	—	27	90	55	70	31	—	12	40
3566	15	—	7	50	10	—	22	50	6	—	4	—	7	—	27	90	55	70	31	—	12	40
3567	15	—	7	50	10	—	22	50	6	—	4	—	7	—	27	90	55	70	31	—	12	40
3568	15	—	7	50	10	—	22	50	6	—	4	—	7	—	27	90	55	70	31	—	12	40
3569	15	—	7	50	10	—	22	50	6	—	4	—	7	—	27	90	55	70	31	—	12	40
3570	15	—	7	50	10	—	22	50	6	—	4	—	7	—	27	90	55	70	31	—	12	40
3571	15	—	7	50	10	—	22	50	6	—	4	—	7	—	27	90	55	80	31	—	12	40
3572	15	—	7	50	10	—	22	50	6	—	4	—	7	—	27	90	55	80	31	—	12	40
3573	15	—	7	50	10	—	22	50	6	—	4	—	7	—	27	90	55	80	31	—	12	40
3574	15	—	7	50	10	—	22	50	6	—	4	—	7	—	27	90	55	80	31	—	12	40
3575	15	—	7	50	10	—	22	50	6	—	4	—	7	—	27	90	55	80	31	—	12	40
3576	15	—	7	50	10	—	22	50	6	—	4	—	7	—	27	90	55	80	31	—	12	40
3577	15	—	7	50	10	—	22	50	6	—	4	—	7	—	27	90	55	80	31	—	12	40
3578	15	—	7	50	10	—	22	50	6	—	4	—	7	—	27	90	55	80	31	—	12	40
3579	15	—	7	50	10	—	22	50	6	—	4	—	7	—	27	90	55	80	31	—	12	40
3580	15	—	7	50	10	—	22	50	6	—	4	—	7	—	27	90	55	80	31	—	12	40
3581	15	—	7	50	10	—	22	50	6	—	4	—	7	—	28	—	55	90	31	—	12	40
3582	15	—	7	50	10	—	22	50	6	—	4	—	7	—	28	—	55	90	31	—	12	40
3583	15	—	7	50	10	—	22	50	6	—	4	—	7	—	28	—	55	90	31	—	12	40
3584	15	—	7	50	10	—	22	50	6	—	4	—	7	—	28	—	55	90	31	—	12	40
3585	15	—	7	50	10	—	22	50	6	—	4	—	7	—	28	—	55	90	31	—	12	40
3586	15	—	7	50	10	—	22	50	6	—	4	—	7	—	28	—	55	90	31	—	12	40
3587	15	—	7	50	10	—	22	50	6	—	4	—	7	—	28	—	55	90	31	—	12	40
3588	15	—	7	50	10	—	22	50	6	—	4	—	7	—	28	—	55	90	31	—	12	40
3589	15	—	7	50	10	—	22	50	6	—	4	—	7	—	28	—	55	90	31	—	12	40
3590	15	—	7	50	10	—	22	50	6	—	4	—	7	—	28	—	55	90	31	—	12	40
3591	15	—	7	50	10	—	22	50	6	—	4	—	7	—	28	—	56	—	31	—	12	40
3592	15	—	7	50	10	—	22	50	6	—	4	—	7	—	28	—	56	—	31	—	12	40
3593	15	—	7	50	10	—	22	50	6	—	4	—	7	—	28	—	56	—	31	—	12	40
3594	15	—	7	50	10	—	22	50	6	—	4	—	7	—	28	—	56	—	31	—	12	40
3595	15	—	7	50	10	—	22	50	6	—	4	—	7	—	28	—	56	—	31	—	12	40
3596	15	—	7	50	10	—	22	50	6	—	4	—	7	—	28	—	56	—	31	—	12	40
3597	15	—	7	50	10	—	22	50	6	—	4	—	7	—	28	—	56	—	31	—	12	40
3598	15	—	7	50	10	—	22	50	6	—	4	—	7	—	28	—	56	—	31	—	12	40
3599	15	—	7	50	10	—	22	50	6	—	4	—	7	—	28	—	56	—	31	—	12	40
3600	15	—	7	50	10	—	22	50	6	—	4	—	7	—	28	—	56	—	31	—	12	40

Gegen-stands-Summa	Staatsgebühren 1 Prozent		Staatsgebühren 1½ Prozent		Staatsgebühren 2 Prozent		Besitz-veränderungs-abgabe		Staatsgebühren 1 pro mille		Staatsgebühren 2 pro mille		Staatsgebühren 2½ pro mille		Staatsgebühren 3 pro mille		Staatsgebühren 5 pro mille	
M	M	Pf	M	Pf	M	Pf	M	Pf	M	Pf	M	Pf	M	Pf	M	Pf	M	Pf
3601	36	10	54	10	72	10	18	10	3	70	7	30	9	10	10	90	18	10
3602	36	10	54	10	72	10	18	10	3	70	7	30	9	10	10	90	18	10
3603	36	10	54	10	72	10	18	10	3	70	7	30	9	10	10	90	18	10
3604	36	10	54	10	72	10	18	10	3	70	7	30	9	10	10	90	18	10
3605	36	10	54	10	72	10	18	10	3	70	7	30	9	10	10	90	18	10
3606	36	10	54	10	72	20	18	10	3	70	7	30	9	10	10	90	18	10
3607	36	10	54	20	72	20	18	10	3	70	7	30	9	10	10	90	18	10
3608	36	10	54	20	72	20	18	10	3	70	7	30	9	10	10	90	18	10
3609	36	10	54	20	72	20	18	10	3	70	7	30	9	10	10	90	18	10
3610	36	10	54	20	72	20	18	10	3	70	7	30	9	10	10	90	18	10
3611	36	20	54	20	72	30	18	10	3	70	7	30	9	10	10	90	18	10
3612	36	20	54	20	72	30	18	10	3	70	7	30	9	10	10	90	18	10
3613	36	20	54	20	72	30	18	10	3	70	7	30	9	10	10	90	18	10
3614	36	20	54	30	72	30	18	10	3	70	7	30	9	10	10	90	18	10
3615	36	20	54	30	72	30	18	10	3	70	7	30	9	10	10	90	18	10
3616	36	20	54	30	72	40	18	10	3	70	7	30	9	10	10	90	18	10
3617	36	20	54	30	72	40	18	10	3	70	7	30	9	10	10	90	18	10
3618	36	20	54	30	72	40	18	10	3	70	7	30	9	10	10	90	18	10
3619	36	20	54	30	72	40	18	10	3	70	7	30	9	10	10	90	18	10
3620	36	20	54	30	72	40	18	10	3	70	7	30	9	10	10	90	18	10
3621	36	30	54	40	72	50	18	20	3	70	7	30	9	10	10	90	18	20
3622	36	30	54	40	72	50	18	20	3	70	7	30	9	10	10	90	18	20
3623	36	30	54	40	72	50	18	20	3	70	7	30	9	10	10	90	18	20
3624	36	30	54	40	72	50	18	20	3	70	7	30	9	10	10	90	18	20
3625	36	30	54	40	72	50	18	20	3	70	7	30	9	10	10	90	18	20
3626	36	30	54	40	72	60	18	20	3	70	7	30	9	10	10	90	18	20
3627	36	30	54	50	72	60	18	20	3	70	7	30	9	10	10	90	18	20
3628	36	30	54	50	72	60	18	20	3	70	7	30	9	10	10	90	18	20
3629	36	30	54	50	72	60	18	20	3	70	7	30	9	10	10	90	18	20
3630	36	30	54	50	72	60	18	20	3	70	7	30	9	10	10	90	18	20
3631	36	40	54	50	72	70	18	20	3	70	7	30	9	10	10	90	18	20
3632	36	40	54	50	72	70	18	20	3	70	7	30	9	10	10	90	18	20
3633	36	40	54	50	72	70	18	20	3	70	7	30	9	10	10	90	18	20
3634	36	40	54	60	72	70	18	20	3	70	7	30	9	10	11	—	18	20
3635	36	40	54	60	72	70	18	20	3	70	7	30	9	10	11	—	18	20
3636	36	40	54	60	72	80	18	20	3	70	7	30	9	10	11	—	18	20
3637	36	40	54	60	72	80	18	20	3	70	7	30	9	10	11	—	18	20
3638	36	40	54	60	72	80	18	20	3	70	7	30	9	10	11	—	18	20
3639	36	40	54	60	72	80	18	20	3	70	7	30	9	10	11	—	18	20
3640	36	40	54	60	72	80	18	20	3	70	7	30	9	10	11	—	18	20

Gegenstands-Summa	Werthgebühr: Volle		Werthgebühr: $^1/_2$		Werthgebühr: $^1/_2$ bis 2200 M.		Werthgebühr: $1^1/_2$		$^4/_{10}$ aus der vollen Werthgebühr		$^4/_{10}$ aus $^2/_3$ Werthgebühr		Hinterlegungsgebühr						Auseinandersetzungsgebühr: $^5/_{10}$		Auseinandersetzungsgebühr: $^2/_{10}$	
	Art. 22. 40. 41. 50		Art. 25. 27. 29. 30. 38 Abs. 2		darüber $^2/_3$ Art. 24		Art. 23		Art. 45 Abs. 3				Art. 100		Art. 101a		Art. 101b		der Sätze des § 8 des Reichsgerichts-Kosten-Gesetzes			
M	M	₰	M	₰	M	₰	M	₰	M	₰	M	₰	M	₰	M	₰	M	₰	M	₰	M	₰
3601	15	—	7	50	10	—	22	50	6	—	4	—	7	10	28	10	56	10	31	—	12	40
3602	15	—	7	50	10	—	22	50	6	—	4	—	7	10	28	10	56	10	31	—	12	40
3603	15	—	7	50	10	—	22	50	6	—	4	—	7	10	28	10	56	10	31	—	12	40
3604	15	—	7	50	10	—	22	50	6	—	4	—	7	10	28	10	56	10	31	—	12	40
3605	15	—	7	50	10	—	22	50	6	—	4	—	7	10	28	10	56	10	31	—	12	40
3606	15	—	7	50	10	—	22	50	6	—	4	—	7	10	28	10	56	10	31	—	12	40
3607	15	—	7	50	10	—	22	50	6	—	4	—	7	10	28	10	56	10	31	—	12	40
3608	15	—	7	50	10	—	22	50	6	—	4	—	7	10	28	10	56	10	31	—	12	40
3609	15	—	7	50	10	—	22	50	6	—	4	—	7	10	28	10	56	10	31	—	12	40
3610	15	—	7	50	10	—	22	50	6	—	4	—	7	10	28	10	56	10	31	—	12	40
3611	15	—	7	50	10	—	22	50	6	—	4	—	7	10	28	10	56	20	31	—	12	40
3612	15	—	7	50	10	—	22	50	6	—	4	—	7	10	28	10	56	20	31	—	12	40
3613	15	—	7	50	10	—	22	50	6	—	4	—	7	10	28	10	56	20	31	—	12	40
3614	15	—	7	50	10	—	22	50	6	—	4	—	7	10	28	10	56	20	31	—	12	40
3615	15	—	7	50	10	—	22	50	6	—	4	—	7	10	28	10	56	20	31	—	12	40
3616	15	—	7	50	10	—	22	50	6	—	4	—	7	10	28	10	56	20	31	—	12	40
3617	15	—	7	50	10	—	22	50	6	—	4	—	7	10	28	10	56	20	31	—	12	40
3618	15	—	7	50	10	—	22	50	6	—	4	—	7	10	28	10	56	20	31	—	12	40
3619	15	—	7	50	10	—	22	50	6	—	4	—	7	10	28	10	56	20	31	—	12	40
3620	15	—	7	50	10	—	22	50	6	—	4	—	7	10	28	10	56	20	31	—	12	40
3621	15	—	7	50	10	—	22	50	6	—	4	—	7	10	28	20	56	30	31	—	12	40
3622	15	—	7	50	10	—	22	50	6	—	4	—	7	10	28	20	56	30	31	—	12	40
3623	15	—	7	50	10	—	22	50	6	—	4	—	7	10	28	20	56	30	31	—	12	40
3624	15	—	7	50	10	—	22	50	6	—	4	—	7	10	28	20	56	30	31	—	12	40
3625	15	—	7	50	10	—	22	50	6	—	4	—	7	10	28	20	56	30	31	—	12	40
3626	15	—	7	50	10	—	22	50	6	—	4	—	7	10	28	20	56	30	31	—	12	40
3627	15	—	7	50	10	—	22	50	6	—	4	—	7	10	28	20	56	30	31	—	12	40
3628	15	—	7	50	10	—	22	50	6	—	4	—	7	10	28	20	56	30	31	—	12	40
3629	15	—	7	50	10	—	22	50	6	—	4	—	7	10	28	20	56	30	31	—	12	40
3630	15	—	7	50	10	—	22	50	6	—	4	—	7	10	28	20	56	30	31	—	12	40
3631	15	—	7	50	10	—	22	50	6	—	4	—	7	10	28	20	56	40	31	—	12	40
3632	15	—	7	50	10	—	22	50	6	—	4	—	7	10	28	20	56	40	31	—	12	40
3633	15	—	7	50	10	—	22	50	6	—	4	—	7	10	28	20	56	40	31	—	12	40
3634	15	—	7	50	10	—	22	50	6	—	4	—	7	10	28	20	56	40	31	—	12	40
3635	15	—	7	50	10	—	22	50	6	—	4	—	7	10	28	20	56	40	31	—	12	40
3636	15	—	7	50	10	—	22	50	6	—	4	—	7	10	28	20	56	40	31	—	12	40
3637	15	—	7	50	10	—	22	50	6	—	4	—	7	10	28	20	56	40	31	—	12	40
3638	15	—	7	50	10	—	22	50	6	—	4	—	7	10	28	20	56	40	31	—	12	40
3639	15	—	7	50	10	—	22	50	6	—	4	—	7	10	28	20	56	40	31	—	12	40
3640	15	—	7	50	10	—	22	50	6	—	4	—	7	10	28	20	56	40	31	—	12	40

Gegenstands-Summa	Staatsgebühren 1 Prozent		1½ Prozent		2 Prozent		Besitzveränderungsabgabe		Staatsgebühren 1 pro mille		2 pro mille		2½ pro mille		3 pro mille		5 pro mille	
M	M	Pf	M	Pf	M	Pf	M	Pf	M	Pf	M	Pf	M	Pf	M	Pf	M	Pf
3641	36	50	54	70	72	90	18	30	3	70	7	30	9	20	11	—	18	30
3642	36	50	54	70	72	90	18	30	3	70	7	30	9	20	11	—	18	30
3643	36	50	54	70	72	90	18	30	3	70	7	30	9	20	11	—	18	30
3644	36	50	54	70	72	90	18	30	3	70	7	30	9	20	11	—	18	30
3645	36	50	54	70	72	90	18	30	3	70	7	30	9	20	11	—	18	30
3646	36	50	54	70	73	—	18	30	3	70	7	30	9	20	11	—	18	30
3647	36	50	54	80	73	—	18	30	3	70	7	30	9	20	11	—	18	30
3648	36	50	54	80	73	—	18	30	3	70	7	30	9	20	11	—	18	30
3649	36	50	54	80	73	—	18	30	3	70	7	30	9	20	11	—	18	30
3650	36	50	54	80	73	—	18	30	3	70	7	30	9	20	11	—	18	30
3651	36	60	54	80	73	10	18	30	3	70	7	40	9	20	11	—	18	30
3652	36	60	54	80	73	10	18	30	3	70	7	40	9	20	11	—	18	30
3653	36	60	54	80	73	10	18	30	3	70	7	40	9	20	11	—	18	30
3654	36	60	54	90	73	10	18	30	3	70	7	40	9	20	11	—	18	30
3655	36	60	54	90	73	10	18	30	3	70	7	40	9	20	11	—	18	30
3656	36	60	54	90	73	20	18	30	3	70	7	40	9	20	11	—	18	30
3657	36	60	54	90	73	20	18	30	3	70	7	40	9	20	11	—	18	30
3658	36	60	54	90	73	20	18	30	3	70	7	40	9	20	11	—	18	30
3659	36	60	54	90	73	20	18	30	3	70	7	40	9	20	11	—	18	30
3660	36	60	54	90	73	20	18	30	3	70	7	40	9	20	11	—	18	30
3661	36	70	55	—	73	30	18	40	3	70	7	40	9	20	11	—	18	40
3662	36	70	55	—	73	30	18	40	3	70	7	40	9	20	11	—	18	40
3663	36	70	55	—	73	30	18	40	3	70	7	40	9	20	11	—	18	40
3664	36	70	55	—	73	30	18	40	3	70	7	40	9	20	11	—	18	40
3665	36	70	55	—	73	30	18	40	3	70	7	40	9	20	11	—	18	40
3666	36	70	55	—	73	40	18	40	3	70	7	40	9	20	11	—	18	40
3667	36	70	55	10	73	40	18	40	3	70	7	40	9	20	11	10	18	40
3668	36	70	55	10	73	40	18	40	3	70	7	40	9	20	11	10	18	40
3669	36	70	55	10	73	40	18	40	3	70	7	40	9	20	11	10	18	40
3670	36	70	55	10	73	40	18	40	3	70	7	40	9	20	11	10	18	40
3671	36	80	55	10	73	50	18	40	3	70	7	40	9	20	11	10	18	40
3672	36	80	55	10	73	50	18	40	3	70	7	40	9	20	11	10	18	40
3673	36	80	55	10	73	50	18	40	3	70	7	40	9	20	11	10	18	40
3674	36	80	55	20	73	50	18	40	3	70	7	40	9	20	11	10	18	40
3675	36	80	55	20	73	50	18	40	3	70	7	40	9	20	11	10	18	40
3676	36	80	55	20	73	60	18	40	3	70	7	40	9	20	11	10	18	40
3677	36	80	55	20	73	60	18	40	3	70	7	40	9	20	11	10	18	40
3678	36	80	55	20	73	60	18	40	3	70	7	40	9	20	11	10	18	40
3679	36	80	55	20	73	60	18	40	3	70	7	40	9	20	11	10	18	40
3680	36	80	55	20	73	60	18	40	3	70	7	40	9	20	11	10	18	40

Gegen-stands-Summa	Werthgebühr								4/10 aus der vollen Werth-gebühr		4/10 aus 2/3 Werth-gebühr		Hinterlegungs-gebühr						Auseinander-setzungsgebühr			
	Volle		1/2		1/2 bis 2200 ℳ darüber 2/3		1 1/2												5/10		2/10	
	Art. 22. 40. 41. 50		Art. 25. 27. 29. 30. 38 Abs. 2		Art. 24		Art. 23		Art. 45 Abs. 3				Art. 100		Art. 101 a		Art. 101 b		der Sätze des § 8 des Reichsgerichts-Kosten-Gesetzes			
ℳ	ℳ	₰	ℳ	₰	ℳ	₰	ℳ	₰	ℳ	₰	ℳ	₰	ℳ	₰	ℳ	₰	ℳ	₰	ℳ	₰	ℳ	₰
3641	15	—	7	50	10	—	22	50	6	—	4	—	7	10	28	30	56	50	31	—	12	40
3642	15	—	7	50	10	—	22	50	6	—	4	—	7	10	28	30	56	50	31	—	12	40
3643	15	—	7	50	10	—	22	50	6	—	4	—	7	10	28	30	56	50	31	—	12	40
3644	15	—	7	50	10	—	22	50	6	—	4	—	7	10	28	30	56	50	31	—	12	40
3645	15	—	7	50	10	—	22	50	6	—	4	—	7	10	28	30	56	50	31	—	12	40
3646	15	—	7	50	10	—	22	50	6	—	4	—	7	10	28	30	56	50	31	—	12	40
3647	15	—	7	50	10	—	22	50	6	—	4	—	7	10	28	30	56	50	31	—	12	40
3648	15	—	7	50	10	—	22	50	6	—	4	—	7	10	28	30	56	50	31	—	12	40
3649	15	—	7	50	10	—	22	50	6	—	4	—	7	10	28	30	56	50	31	—	12	40
3650	15	—	7	50	10	—	22	50	6	—	4	—	7	10	28	30	56	50	31	—	12	40
3651	15	—	7	50	10	—	22	50	6	—	4	—	7	10	28	30	56	60	31	—	12	40
3652	15	—	7	50	10	—	22	50	6	—	4	—	7	10	28	30	56	60	31	—	12	40
3653	15	—	7	50	10	—	22	50	6	—	4	—	7	10	28	30	56	60	31	—	12	40
3654	15	—	7	50	10	—	22	50	6	—	4	—	7	10	28	30	56	60	31	—	12	40
3655	15	—	7	50	10	—	22	50	6	—	4	—	7	10	28	30	56	60	31	—	12	40
3656	15	—	7	50	10	—	22	50	6	—	4	—	7	10	28	30	56	60	31	—	12	40
3657	15	—	7	50	10	—	22	50	6	—	4	—	7	10	28	30	56	60	31	—	12	40
3658	15	—	7	50	10	—	22	50	6	—	4	—	7	10	28	30	56	60	31	—	12	40
3659	15	—	7	50	10	—	22	50	6	—	4	—	7	10	28	30	56	60	31	—	12	40
3660	15	—	7	50	10	—	22	50	6	—	4	—	7	10	28	30	56	60	31	—	12	40
3661	15	—	7	50	10	—	22	50	6	—	4	—	7	10	28	40	56	70	31	—	12	40
3662	15	—	7	50	10	—	22	50	6	—	4	—	7	10	28	40	56	70	31	—	12	40
3663	15	—	7	50	10	—	22	50	6	—	4	—	7	10	28	40	56	70	31	—	12	40
3664	15	—	7	50	10	—	22	50	6	—	4	—	7	10	28	40	56	70	31	—	12	40
3665	15	—	7	50	10	—	22	50	6	—	4	—	7	10	28	40	56	70	31	—	12	40
3666	15	—	7	50	10	—	22	50	6	—	4	—	7	10	28	40	56	70	31	—	12	40
3667	15	—	7	50	10	—	22	50	6	—	4	—	7	10	28	40	56	70	31	—	12	40
3668	15	—	7	50	10	—	22	50	6	—	4	—	7	10	28	40	56	70	31	—	12	40
3669	15	—	7	50	10	—	22	50	6	—	4	—	7	10	28	40	56	70	31	—	12	40
3670	15	—	7	50	10	—	22	50	6	—	4	—	7	10	28	40	56	70	31	—	12	40
3671	15	—	7	50	10	—	22	50	6	—	4	—	7	10	28	40	56	80	31	—	12	40
3672	15	—	7	50	10	—	22	50	6	—	4	—	7	10	28	40	56	80	31	—	12	40
3673	15	—	7	50	10	—	22	50	6	—	4	—	7	10	28	40	56	80	31	—	12	40
3674	15	—	7	50	10	—	22	50	6	—	4	—	7	10	28	40	56	80	31	—	12	40
3675	15	—	7	50	10	—	22	50	6	—	4	—	7	10	28	40	56	80	31	—	12	40
3676	15	—	7	50	10	—	22	50	6	—	4	—	7	10	28	40	56	80	31	—	12	40
3677	15	—	7	50	10	—	22	50	6	—	4	—	7	10	28	40	56	80	31	—	12	40
3678	15	—	7	50	10	—	22	50	6	—	4	—	7	10	28	40	56	80	31	—	12	40
3679	15	—	7	50	10	—	22	50	6	—	4	—	7	10	28	40	56	80	31	—	12	40
3680	15	—	7	50	10	—	22	50	6	—	4	—	7	10	28	40	56	80	31	—	12	40

Gegenstands-Summa	Staatsgebühren						Besitzveränderungsabgabe		Staatsgebühren									
	1		1 1/2		2				1		2		2 1/2		3		5	
	Prozent								pro mille									
M.	M	₰	M	₰	M	₰	M	₰	M	₰	M	₰	M	₰	M	₰	M	₰
3681	36	90	55	30	73	70	18	50	3	70	7	40	9	30	11	10	18	50
3682	36	90	55	30	73	70	18	50	3	70	7	40	9	30	11	10	18	50
3683	36	90	55	30	73	70	18	50	3	70	7	40	9	30	11	10	18	50
3684	36	90	55	30	73	70	18	50	3	70	7	40	9	30	11	10	18	50
3685	36	90	55	30	73	70	18	50	3	70	7	40	9	30	11	10	18	50
3686	36	90	55	30	73	80	18	50	3	70	7	40	9	30	11	10	18	50
3687	36	90	55	40	73	80	18	50	3	70	7	40	9	30	11	10	18	50
3688	36	90	55	40	73	80	18	50	3	70	7	40	9	30	11	10	18	50
3689	36	90	55	40	73	80	18	50	3	70	7	40	9	30	11	10	18	50
3690	36	90	55	40	73	80	18	50	3	70	7	40	9	30	11	10	18	50
3691	37	—	55	40	73	90	18	50	3	70	7	40	9	30	11	10	18	50
3692	37	—	55	40	73	90	18	50	3	70	7	40	9	30	11	10	18	50
3693	37	—	55	40	73	90	18	50	3	70	7	40	9	30	11	10	18	50
3694	37	—	55	50	73	90	18	50	3	70	7	40	9	30	11	10	18	50
3695	37	—	55	50	73	90	18	50	3	70	7	40	9	30	11	10	18	50
3696	37	—	55	50	74	—	18	50	3	70	7	40	9	30	11	10	18	50
3697	37	—	55	50	74	—	18	50	3	70	7	40	9	30	11	10	18	50
3698	37	—	55	50	74	—	18	50	3	70	7	40	9	30	11	10	18	50
3699	37	—	55	50	74	—	18	50	3	70	7	40	9	30	11	10	18	50
3700	37	—	55	50	74	—	18	50	3	70	7	40	9	30	11	10	18	50
3701	37	10	55	60	74	10	18	60	3	80	7	50	9	30	11	20	18	60
3702	37	10	55	60	74	10	18	60	3	80	7	50	9	30	11	20	18	60
3703	37	10	55	60	74	10	18	60	3	80	7	50	9	30	11	20	18	60
3704	37	10	55	60	74	10	18	60	3	80	7	50	9	30	11	20	18	60
3705	37	10	55	60	74	10	18	60	3	80	7	50	9	30	11	20	18	60
3706	37	10	55	60	74	20	18	60	3	80	7	50	9	30	11	20	18	60
3707	37	10	55	70	74	20	18	60	3	80	7	50	9	30	11	20	18	60
3708	37	10	55	70	74	20	18	60	3	80	7	50	9	30	11	20	18	60
3709	37	10	55	70	74	20	18	60	3	80	7	50	9	30	11	20	18	60
3710	37	10	55	70	74	20	18	60	3	80	7	50	9	30	11	20	18	60
3711	37	20	55	70	74	30	18	60	3	80	7	50	9	30	11	20	18	60
3712	37	20	55	70	74	30	18	60	3	80	7	50	9	30	11	20	18	60
3713	37	20	55	70	74	30	18	60	3	80	7	50	9	30	11	20	18	60
3714	37	20	55	80	74	30	18	60	3	80	7	50	9	30	11	20	18	60
3715	37	20	55	80	74	30	18	60	3	80	7	50	9	30	11	20	18	60
3716	37	20	55	80	74	40	18	60	3	80	7	50	9	30	11	20	18	60
3717	37	20	55	80	74	40	18	60	3	80	7	50	9	30	11	20	18	60
3718	37	20	55	80	74	40	18	60	3	80	7	50	9	30	11	20	18	60
3719	37	20	55	80	74	40	18	60	3	80	7	50	9	30	11	20	18	60
3720	37	20	55	80	74	40	18	60	3	80	7	50	9	30	11	20	18	60

Gegen-stands-Summa	Werthgebühr: Volle (Art. 22. 40. 41. 50)		Werthgebühr: 1/2 (Art. 25. 27. 29. 30. 38 Abs. 2)		Werthgebühr: 1/2 bis 2200 M darüber 2/3 (Art. 24)		Werthgebühr: 1 1/2 (Art. 23)		4/10 aus der vollen Werthgebühr (Art. 45 Abs. 3)		4/10 aus 2/3 Werthgebühr (Art. 45 Abs. 3)		Hinterlegungsgebühr: Art. 100		Hinterlegungsgebühr: Art. 101 a		Hinterlegungsgebühr: Art. 101 b		Auseinandersetzungsgebühr: 5/10 (der Sätze des § 8 des Reichsgerichts-Kosten-Gesetzes)		Auseinandersetzungsgebühr: 2/10 (der Sätze des § 8 des Reichsgerichts-Kosten-Gesetzes)	
M	M	₰	M	₰	M	₰	M	₰	M	₰	M	₰	M	₰	M	₰	M	₰	M	₰	M	₰
3681	15	—	7	50	10	—	22	50	6	—	4	—	7	20	28	50	56	90	31	—	12	40
3682	15	—	7	50	10	—	22	50	6	—	4	—	7	20	28	50	56	90	31	—	12	40
3683	15	—	7	50	10	—	22	50	6	—	4	—	7	20	28	50	56	90	31	—	12	40
3684	15	—	7	50	10	—	22	50	6	—	4	—	7	20	28	50	56	90	31	—	12	40
3685	15	—	7	50	10	—	22	50	6	—	4	—	7	20	28	50	56	90	31	—	12	40
3686	15	—	7	50	10	—	22	50	6	—	4	—	7	20	28	50	56	90	31	—	12	40
3687	15	—	7	50	10	—	22	50	6	—	4	—	7	20	28	50	56	90	31	—	12	40
3688	15	—	7	50	10	—	22	50	6	—	4	—	7	20	28	50	56	90	31	—	12	40
3689	15	—	7	50	10	—	22	50	6	—	4	—	7	20	28	50	56	90	31	—	12	40
3690	15	—	7	50	10	—	22	50	6	—	4	—	7	20	28	50	56	90	31	—	12	40
3691	15	—	7	50	10	—	22	50	6	—	4	—	7	20	28	50	57	—	31	—	12	40
3692	15	—	7	50	10	—	22	50	6	—	4	—	7	20	28	50	57	—	31	—	12	40
3693	15	—	7	50	10	—	22	50	6	—	4	—	7	20	28	50	57	—	31	—	12	40
3694	15	—	7	50	10	—	22	50	6	—	4	—	7	20	28	50	57	—	31	—	12	40
3695	15	—	7	50	10	—	22	50	6	—	4	—	7	20	28	50	57	—	31	—	12	40
3696	15	—	7	50	10	—	22	50	6	—	4	—	7	20	28	50	57	—	31	—	12	40
3697	15	—	7	50	10	—	22	50	6	—	4	—	7	20	28	50	57	—	31	—	12	40
3698	15	—	7	50	10	—	22	50	6	—	4	—	7	20	28	50	57	—	31	—	12	40
3699	15	—	7	50	10	—	22	50	6	—	4	—	7	20	28	50	57	—	31	—	12	40
3700	15	—	7	50	10	—	22	50	6	—	4	—	7	20	28	50	57	—	31	—	12	40
3701	15	—	7	50	10	—	22	50	6	—	4	—	7	20	28	60	57	10	31	—	12	40
3702	15	—	7	50	10	—	22	50	6	—	4	—	7	20	28	60	57	10	31	—	12	40
3703	15	—	7	50	10	—	22	50	6	—	4	—	7	20	28	60	57	10	31	—	12	40
3704	15	—	7	50	10	—	22	50	6	—	4	—	7	20	28	60	57	10	31	—	12	40
3705	15	—	7	50	10	—	22	50	6	—	4	—	7	20	28	60	57	10	31	—	12	40
3706	15	—	7	50	10	—	22	50	6	—	4	—	7	20	28	60	57	10	31	—	12	40
3707	15	—	7	50	10	—	22	50	6	—	4	—	7	20	28	60	57	10	31	—	12	40
3708	15	—	7	50	10	—	22	50	6	—	4	—	7	20	28	60	57	10	31	—	12	40
3709	15	—	7	50	10	—	22	50	6	—	4	—	7	20	28	60	57	10	31	—	12	40
3710	15	—	7	50	10	—	22	50	6	—	4	—	7	20	28	60	57	10	31	—	12	40
3711	15	—	7	50	10	—	22	50	6	—	4	—	7	20	28	60	57	20	31	—	12	40
3712	15	—	7	50	10	—	22	50	6	—	4	—	7	20	28	60	57	20	31	—	12	40
3713	15	—	7	50	10	—	22	50	6	—	4	—	7	20	28	60	57	20	31	—	12	40
3714	15	—	7	50	10	—	22	50	6	—	4	—	7	20	28	60	57	20	31	—	12	40
3715	15	—	7	50	10	—	22	50	6	—	4	—	7	20	28	60	57	20	31	—	12	40
3716	15	—	7	50	10	—	22	50	6	—	4	—	7	20	28	60	57	20	31	—	12	40
3717	15	—	7	50	10	—	22	50	6	—	4	—	7	20	28	60	57	20	31	—	12	40
3718	15	—	7	50	10	—	22	50	6	—	4	—	7	20	28	60	57	20	31	—	12	40
3719	15	—	7	50	10	—	22	50	6	—	4	—	7	20	28	60	57	20	31	—	12	40
3720	15	—	7	50	10	—	22	50	6	—	4	—	7	20	28	60	57	20	31	—	12	40

Gegenstandssumma	Staatsgebühren 1 Prozent		Staatsgebühren 1½ Prozent		Staatsgebühren 2 Prozent		Besitzveränderungsabgabe		Staatsgebühren 1 pro mille		Staatsgebühren 2 pro mille		Staatsgebühren 2½ pro mille		Staatsgebühren 3 pro mille		Staatsgebühren 5 pro mille	
M	M	Pf	M	Pf	M	Pf	M	Pf	M	Pf	M	Pf	M	Pf	M	Pf	M	Pf
3721	37	30	55	90	74	50	18	70	3	80	7	50	9	40	11	20	18	70
3722	37	30	55	90	74	50	18	70	3	80	7	50	9	40	11	20	18	70
3723	37	30	55	90	74	50	18	70	3	80	7	50	9	40	11	20	18	70
3724	37	30	55	90	74	50	18	70	3	80	7	50	9	40	11	20	18	70
3725	37	30	55	90	74	50	18	70	3	80	7	50	9	40	11	20	18	70
3726	37	30	55	90	74	60	18	70	3	80	7	50	9	40	11	20	18	70
3727	37	30	56	—	74	60	18	70	3	80	7	50	9	40	11	20	18	70
3728	37	30	56	—	74	60	18	70	3	80	7	50	9	40	11	20	18	70
3729	37	30	56	—	74	60	18	70	3	80	7	50	9	40	11	20	18	70
3730	37	30	56	—	74	60	18	70	3	80	7	50	9	40	11	20	18	70
3731	37	40	56	—	74	70	18	70	3	80	7	50	9	40	11	20	18	70
3732	37	40	56	—	74	70	18	70	3	80	7	50	9	40	11	20	18	70
3733	37	40	56	—	74	70	18	70	3	80	7	50	9	40	11	20	18	70
3734	37	40	56	10	74	70	18	70	3	80	7	50	9	40	11	30	18	70
3735	37	40	56	10	74	70	18	70	3	80	7	50	9	40	11	30	18	70
3736	37	40	56	10	74	80	18	70	3	80	7	50	9	40	11	30	18	70
3737	37	40	56	10	74	80	18	70	3	80	7	50	9	40	11	30	18	70
3738	37	40	56	10	74	80	18	70	3	80	7	50	9	40	11	30	18	70
3739	37	40	56	10	74	80	18	70	3	80	7	50	9	40	11	30	18	70
3740	37	40	56	10	74	80	18	70	3	80	7	50	9	40	11	30	18	70
3741	37	50	56	20	74	90	18	80	3	80	7	50	9	40	11	30	18	80
3742	37	50	56	20	74	90	18	80	3	80	7	50	9	40	11	30	18	80
3743	37	50	56	20	74	90	18	80	3	80	7	50	9	40	11	30	18	80
3744	37	50	56	20	74	90	18	80	3	80	7	50	9	40	11	30	18	80
3745	37	50	56	20	74	90	18	80	3	80	7	50	9	40	11	30	18	80
3746	37	50	56	20	75	—	18	80	3	80	7	50	9	40	11	30	18	80
3747	37	50	56	30	75	—	18	80	3	80	7	50	9	40	11	30	18	80
3748	37	50	56	30	75	—	18	80	3	80	7	50	9	40	11	30	18	80
3749	37	50	56	30	75	—	18	80	3	80	7	50	9	40	11	30	18	80
3750	37	50	56	30	75	—	18	80	3	80	7	50	9	40	11	30	18	80
3751	37	60	56	30	75	10	18	80	3	80	7	60	9	40	11	30	18	80
3752	37	60	56	30	75	10	18	80	3	80	7	60	9	40	11	30	18	80
3753	37	60	56	30	75	10	18	80	3	80	7	60	9	40	11	30	18	80
3754	37	60	56	40	75	10	18	80	3	80	7	60	9	40	11	30	18	80
3755	37	60	56	40	75	10	18	80	3	80	7	60	9	40	11	30	18	80
3756	37	60	56	40	75	20	18	80	3	80	7	60	9	40	11	30	18	80
3757	37	60	56	40	75	20	18	80	3	80	7	60	9	40	11	30	18	80
3758	37	60	56	40	75	20	18	80	3	80	7	60	9	40	11	30	18	80
3759	37	60	56	40	75	20	18	80	3	80	7	60	9	40	11	30	18	80
3760	37	60	56	40	75	20	18	80	3	80	7	60	9	40	11	30	18	80

Gegen-stands-Summa	Werthgebühr								4/10 aus der vollen Werth-gebühr		4/10 aus 2/3 Werth-gebühr		Hinterlegungs-gebühr						Auseinander-setzungsgebühr			
	Volle		1/2		1/2 bis 2200 ℳ darüber 2/3		1 1/2												5/10		2/10	
	Art. 22. 40. 41. 50		Art. 25. 27. 29. 30. 38 Abs. 2		Art. 24		Art. 23		Art. 45 Abs. 3				Art. 100		Art. 101 a		Art. 101 b		der Sätze des § 8 des Reichsgerichts-Kosten-Gesetzes			
ℳ	ℳ	₰	ℳ	₰	ℳ	₰	ℳ	₰	ℳ	₰	ℳ	₰	ℳ	₰	ℳ	₰	ℳ	₰	ℳ	₰	ℳ	₰
3721	15	—	7	50	10	—	22	50	6	—	4	—	7	20	28	70	57	30	31	—	12	40
3722	15	—	7	50	10	—	22	50	6	—	4	—	7	20	28	70	57	30	31	—	12	40
3723	15	—	7	50	10	—	22	50	6	—	4	—	7	20	28	70	57	30	31	—	12	40
3724	15	—	7	50	10	—	22	50	6	—	4	—	7	20	28	70	57	30	31	—	12	40
3725	15	—	7	50	10	—	22	50	6	—	4	—	7	20	28	70	57	30	31	—	12	40
3726	15	—	7	50	10	—	22	50	6	—	4	—	7	20	28	70	57	30	31	—	12	40
3727	15	—	7	50	10	—	22	50	6	—	4	—	7	20	28	70	57	30	31	—	12	40
3728	15	—	7	50	10	—	22	50	6	—	4	—	7	20	28	70	57	30	31	—	12	40
3729	15	—	7	50	10	—	22	50	6	—	4	—	7	20	28	70	57	30	31	—	12	40
3730	15	—	7	50	10	—	22	50	6	—	4	—	7	20	28	70	57	30	31	—	12	40
3731	15	—	7	50	10	—	22	50	6	—	4	—	7	20	28	70	57	40	31	—	12	40
3732	15	—	7	50	10	—	22	50	6	—	4	—	7	20	28	70	57	40	31	—	12	40
3733	15	—	7	50	10	—	22	50	6	—	4	—	7	20	28	70	57	40	31	—	12	40
3734	15	—	7	50	10	—	22	50	6	—	4	—	7	20	28	70	57	40	31	—	12	40
3735	15	—	7	50	10	—	22	50	6	—	4	—	7	20	28	70	57	40	31	—	12	40
3736	15	—	7	50	10	—	22	50	6	—	4	—	7	20	28	70	57	40	31	—	12	40
3737	15	—	7	50	10	—	22	50	6	—	4	—	7	20	28	70	57	40	31	—	12	40
3738	15	—	7	50	10	—	22	50	6	—	4	—	7	20	28	70	57	40	31	—	12	40
3739	15	—	7	50	10	—	22	50	6	—	4	—	7	20	28	70	57	40	31	—	12	40
3740	15	—	7	50	10	—	22	50	6	—	4	—	7	20	28	70	57	40	31	—	12	40
3741	15	—	7	50	10	—	22	50	6	—	4	—	7	20	28	80	57	50	31	—	12	40
3742	15	—	7	50	10	—	22	50	6	—	4	—	7	20	28	80	57	50	31	—	12	40
3743	15	—	7	50	10	—	22	50	6	—	4	—	7	20	28	80	57	50	31	—	12	40
3744	15	—	7	50	10	—	22	50	6	—	4	—	7	20	28	80	57	50	31	—	12	40
3745	15	—	7	50	10	—	22	50	6	—	4	—	7	20	28	80	57	50	31	—	12	40
3746	15	—	7	50	10	—	22	50	6	—	4	—	7	20	28	80	57	50	31	—	12	40
3747	15	—	7	50	10	—	22	50	6	—	4	—	7	20	28	80	57	50	31	—	12	40
3748	15	—	7	50	10	—	22	50	6	—	4	—	7	20	28	80	57	50	31	—	12	40
3749	15	—	7	50	10	—	22	50	6	—	4	—	7	20	28	80	57	50	31	—	12	40
3750	15	—	7	50	10	—	22	50	6	—	4	—	7	20	28	80	57	50	31	—	12	40
3751	15	—	7	50	10	—	22	50	6	—	4	—	7	20	28	80	57	60	31	—	12	40
3752	15	—	7	50	10	—	22	50	6	—	4	—	7	20	28	80	57	60	31	—	12	40
3753	15	—	7	50	10	—	22	50	6	—	4	—	7	20	28	80	57	60	31	—	12	40
3754	15	—	7	50	10	—	22	50	6	—	4	—	7	20	28	80	57	60	31	—	12	40
3755	15	—	7	50	10	—	22	50	6	—	4	—	7	20	28	80	57	60	31	—	12	40
3756	15	—	7	50	10	—	22	50	6	—	4	—	7	20	28	80	57	60	31	—	12	40
3757	15	—	7	50	10	—	22	50	6	—	4	—	7	20	28	80	57	60	31	—	12	40
3758	15	—	7	50	10	—	22	50	6	—	4	—	7	20	28	80	57	60	31	—	12	40
3759	15	—	7	50	10	—	22	50	6	—	4	—	7	20	28	80	57	60	31	—	12	40
3760	15	—	7	50	10	—	22	50	6	—	4	—	7	20	28	80	57	60	31	—	12	40

Gegen-standsSumma	Staatsgebühren						Besitzveränderungsabgabe		Staatsgebühren									
	1		1½		2				1		2		2½		3		5	
	Prozent								pro mille									
ℳ	ℳ	₰	ℳ	₰	ℳ	₰	ℳ	₰	ℳ	₰	ℳ	₰	ℳ	₰	ℳ	₰	ℳ	₰
3761	37	70	56	50	75	30	18	90	3	80	7	60	9	50	11	30	18	90
3762	37	70	56	50	75	30	18	90	3	80	7	60	9	50	11	30	18	90
3763	37	70	56	50	75	30	18	90	3	80	7	60	9	50	11	30	18	90
3764	37	70	56	50	75	30	18	90	3	80	7	60	9	50	11	30	18	90
3765	37	70	56	50	75	30	18	90	3	80	7	60	9	50	11	30	18	90
3766	37	70	56	50	75	40	18	90	3	80	7	60	9	50	11	30	18	90
3767	37	70	56	60	75	40	18	90	3	80	7	60	9	50	11	40	18	90
3768	37	70	56	60	75	40	18	90	3	80	7	60	9	50	11	40	18	90
3769	37	70	56	60	75	40	18	90	3	80	7	60	9	50	11	40	18	90
3770	37	70	56	60	75	40	18	90	3	80	7	60	9	50	11	40	18	90
3771	37	80	56	60	75	50	18	90	3	80	7	60	9	50	11	40	18	90
3772	37	80	56	60	75	50	18	90	3	80	7	60	9	50	11	40	18	90
3773	37	80	56	60	75	50	18	90	3	80	7	60	9	50	11	40	18	90
3774	37	80	56	70	75	50	18	90	3	80	7	60	9	50	11	40	18	90
3775	37	80	56	70	75	50	18	90	3	80	7	60	9	50	11	40	18	90
3776	37	80	56	70	75	60	18	90	3	80	7	60	9	50	11	40	18	90
3777	37	80	56	70	75	60	18	90	3	80	7	60	9	50	11	40	18	90
3778	37	80	56	70	75	60	18	90	3	80	7	60	9	50	11	40	18	90
3779	37	80	56	70	75	60	18	90	3	80	7	60	9	50	11	40	18	90
3780	37	80	56	70	75	60	18	90	3	80	7	60	9	50	11	40	18	90
3781	37	90	56	80	75	70	19	—	3	80	7	60	9	50	11	40	19	—
3782	37	90	56	80	75	70	19	—	3	80	7	60	9	50	11	40	19	—
3783	37	90	56	80	75	70	19	—	3	80	7	60	9	50	11	40	19	—
3784	37	90	56	80	75	70	19	—	3	80	7	60	9	50	11	40	19	—
3785	37	90	56	80	75	70	19	—	3	80	7	60	9	50	11	40	19	—
3786	37	90	56	80	75	80	19	—	3	80	7	60	9	50	11	40	19	—
3787	37	90	56	90	75	80	19	—	3	80	7	60	9	50	11	40	19	—
3788	37	90	56	90	75	80	19	—	3	80	7	60	9	50	11	40	19	—
3789	37	90	56	90	75	80	19	—	3	80	7	60	9	50	11	40	19	—
3790	37	90	56	90	75	80	19	—	3	80	7	60	9	50	11	40	19	—
3791	38	—	56	90	75	90	19	—	3	80	7	60	9	50	11	40	19	—
3792	38	—	56	90	75	90	19	—	3	80	7	60	9	50	11	40	19	—
3793	38	—	56	90	75	90	19	—	3	80	7	60	9	50	11	40	19	—
3794	38	—	57	—	75	90	19	—	3	80	7	60	9	50	11	40	19	—
3795	38	—	57	—	75	90	19	—	3	80	7	60	9	50	11	40	19	—
3796	38	—	57	—	76	—	19	—	3	80	7	60	9	50	11	40	19	—
3797	38	—	57	—	76	—	19	—	3	80	7	60	9	50	11	40	19	—
3798	38	—	57	—	76	—	19	—	3	80	7	60	9	50	11	40	19	—
3799	38	—	57	—	76	—	19	—	3	80	7	60	9	50	11	40	19	—
3800	38	—	57	—	76	—	19	—	3	80	7	60	9	50	11	40	19	—

Gegen-stands-Summa	Werthgebühr								4/10 aus der vollen Werth-gebühr		4/10 aus 2/3 Werth-gebühr		Hinterlegungs-gebühr						Auseinander-setzungsgebühr			
	Volle		1/2		1/2 bis 2200 ℳ.		1 1/2												5/10		2/10	
	Art. 22. 40. 41. 50		Art. 25. 27. 29. 30. 38 Abs. 2		darüber 2/3 Art. 24		Art. 23		Art. 45 Abs. 3				Art. 100		Art. 101 a		Art. 101 b		der Sätze des § 8 des Reichsgerichts-Kosten-Gesetzes			
ℳ	ℳ	₰	ℳ	₰	ℳ	₰	ℳ	₰	ℳ	₰	ℳ	₰	ℳ	₰	ℳ	₰	ℳ	₰	ℳ	₰	ℳ	₰
3761	15	—	7	50	10	—	22	50	6	—	4	—	7	30	28	90	57	70	31	—	12	40
3762	15	—	7	50	10	—	22	50	6	—	4	—	7	30	28	90	57	70	31	—	12	40
3763	15	—	7	50	10	—	22	50	6	—	4	—	7	30	28	90	57	70	31	—	12	40
3764	15	—	7	50	10	—	22	50	6	—	4	—	7	30	28	90	57	70	31	—	12	40
3765	15	—	7	50	10	—	22	50	6	—	4	—	7	30	28	90	57	70	31	—	12	40
3766	15	—	7	50	10	—	22	50	6	—	4	—	7	30	28	90	57	70	31	—	12	40
3767	15	—	7	50	10	—	22	50	6	—	4	—	7	30	28	90	57	70	31	—	12	40
3768	15	—	7	50	10	—	22	50	6	—	4	—	7	30	28	90	57	70	31	—	12	40
3769	15	—	7	50	10	—	22	50	6	—	4	—	7	30	28	90	57	70	31	—	12	40
3770	15	—	7	50	10	—	22	50	6	—	4	—	7	30	28	90	57	70	31	—	12	40
3771	15	—	7	50	10	—	22	50	6	—	4	—	7	30	28	90	57	80	31	—	12	40
3772	15	—	7	50	10	—	22	50	6	—	4	—	7	30	28	90	57	80	31	—	12	40
3773	15	—	7	50	10	—	22	50	6	—	4	—	7	30	28	90	57	80	31	—	12	40
3774	15	—	7	50	10	—	22	50	6	—	4	—	7	30	28	90	57	80	31	—	12	40
3775	15	—	7	50	10	—	22	50	6	—	4	—	7	30	28	90	57	80	31	—	12	40
3776	15	—	7	50	10	—	22	50	6	—	4	—	7	30	28	90	57	80	31	—	12	40
3777	15	—	7	50	10	—	22	50	6	—	4	—	7	30	28	90	57	80	31	—	12	40
3778	15	—	7	50	10	—	22	50	6	—	4	—	7	30	28	90	57	80	31	—	12	40
3779	15	—	7	50	10	—	22	50	6	—	4	—	7	30	28	90	57	80	31	—	12	40
3780	15	—	7	50	10	—	22	50	6	—	4	—	7	30	28	90	57	80	31	—	12	40
3781	15	—	7	50	10	—	22	50	6	—	4	—	7	30	29	—	57	90	31	—	12	40
3782	15	—	7	50	10	—	22	50	6	—	4	—	7	30	29	—	57	90	31	—	12	40
3783	15	—	7	50	10	—	22	50	6	—	4	—	7	30	29	—	57	90	31	—	12	40
3784	15	—	7	50	10	—	22	50	6	—	4	—	7	30	29	—	57	90	31	—	12	40
3785	15	—	7	50	10	—	22	50	6	—	4	—	7	30	29	—	57	90	31	—	12	40
3786	15	—	7	50	10	—	22	50	6	—	4	—	7	30	29	—	57	90	31	—	12	40
3787	15	—	7	50	10	—	22	50	6	—	4	—	7	30	29	—	57	90	31	—	12	40
3788	15	—	7	50	10	—	22	50	6	—	4	—	7	30	29	—	57	90	31	—	12	40
3789	15	—	7	50	10	—	22	50	6	—	4	—	7	30	29	—	57	90	31	—	12	40
3790	15	—	7	50	10	—	22	50	6	—	4	—	7	30	29	—	57	90	31	—	12	40
3791	15	—	7	50	10	—	22	50	6	—	4	—	7	30	29	—	58	—	31	—	12	40
3792	15	—	7	50	10	—	22	50	6	—	4	—	7	30	29	—	58	—	31	—	12	40
3793	15	—	7	50	10	—	22	50	6	—	4	—	7	30	29	—	58	—	31	—	12	40
3794	15	—	7	50	10	—	22	50	6	—	4	—	7	30	29	—	58	—	31	—	12	40
3795	15	—	7	50	10	—	22	50	6	—	4	—	7	30	29	—	58	—	31	—	12	40
3796	15	—	7	50	10	—	22	50	6	—	4	—	7	30	29	—	58	—	31	—	12	40
3797	15	—	7	50	10	—	22	50	6	—	4	—	7	30	29	—	58	—	31	—	12	40
3798	15	—	7	50	10	—	22	50	6	—	4	—	7	30	29	—	58	—	31	—	12	40
3799	15	—	7	50	10	—	22	50	6	—	4	—	7	30	29	—	58	—	31	—	12	40
3800	15	—	7	50	10	—	22	50	6	—	4	—	7	30	29	—	58	—	31	—	12	40

Gegen-standss-Summa	Staatsgebühren						Besitz-verände-rungs-abgabe		Staatsgebühren									
	1		1 1/2		2				1		2		2 1/2		3		5	
	Prozent								pro mille									
ℳ	ℳ	₰	ℳ	₰	ℳ	₰	ℳ	₰	ℳ	₰	ℳ	₰	ℳ	₰	ℳ	₰	ℳ	₰
3801	38	10	57	10	76	10	19	10	3	90	7	70	9	60	11	50	19	10
3802	38	10	57	10	76	10	19	10	3	90	7	70	9	60	11	50	19	10
3803	38	10	57	10	76	10	19	10	3	90	7	70	9	60	11	50	19	10
3804	38	10	57	10	76	10	19	10	3	90	7	70	9	60	11	50	19	10
3805	38	10	57	10	76	10	19	10	3	90	7	70	9	60	11	50	19	10
3806	38	10	57	10	76	20	19	10	3	90	7	70	9	60	11	50	19	10
3807	38	10	57	20	76	20	19	10	3	90	7	70	9	60	11	50	19	10
3808	38	10	57	20	76	20	19	10	3	90	7	70	9	60	11	50	19	10
3809	38	10	57	20	76	20	19	10	3	90	7	70	9	60	11	50	19	10
3810	38	10	57	20	76	20	19	10	3	90	7	70	9	60	11	50	19	10
3811	38	20	57	20	76	30	19	10	3	90	7	70	9	60	11	50	19	10
3812	38	20	57	20	76	30	19	10	3	90	7	70	9	60	11	50	19	10
3813	38	20	57	20	76	30	19	10	3	90	7	70	9	60	11	50	19	10
3814	38	20	57	30	76	30	19	10	3	90	7	70	9	60	11	50	19	10
3815	38	20	57	30	76	30	19	10	3	90	7	70	9	60	11	50	19	10
3816	38	20	57	30	76	40	19	10	3	90	7	70	9	60	11	50	19	10
3817	38	20	57	30	76	40	19	10	3	90	7	70	9	60	11	50	19	10
3818	38	20	57	30	76	40	19	10	3	90	7	70	9	60	11	50	19	10
3819	38	20	57	30	76	40	19	10	3	90	7	70	9	60	11	50	19	10
3820	38	20	57	30	76	40	19	10	3	90	7	70	9	60	11	50	19	10
3821	38	30	57	40	76	50	19	20	3	90	7	70	9	60	11	50	19	20
3822	38	30	57	40	76	50	19	20	3	90	7	70	9	60	11	50	19	20
3823	38	30	57	40	76	50	19	20	3	90	7	70	9	60	11	50	19	20
3824	38	30	57	40	76	50	19	20	3	90	7	70	9	60	11	50	19	20
3825	38	30	57	40	76	50	19	20	3	90	7	70	9	60	11	50	19	20
3826	38	30	57	40	76	60	19	20	3	90	7	70	9	60	11	50	19	20
3827	38	30	57	50	76	60	19	20	3	90	7	70	9	60	11	50	19	20
3828	38	30	57	50	76	60	19	20	3	90	7	70	9	60	11	50	19	20
3829	38	30	57	50	76	60	19	20	3	90	7	70	9	60	11	50	19	20
3830	38	30	57	50	76	60	19	20	3	90	7	70	9	60	11	50	19	20
3831	38	40	57	50	76	70	19	20	3	90	7	70	9	60	11	50	19	20
3832	38	40	57	50	76	70	19	20	3	90	7	70	9	60	11	50	19	20
3833	38	40	57	50	76	70	19	20	3	90	7	70	9	60	11	50	19	20
3834	38	40	57	60	76	70	19	20	3	90	7	70	9	60	11	60	19	20
3835	38	40	57	60	76	70	19	20	3	90	7	70	9	60	11	60	19	20
3836	38	40	57	60	76	80	19	20	3	90	7	70	9	60	11	60	19	20
3837	38	40	57	60	76	80	19	20	3	90	7	70	9	60	11	60	19	20
3838	38	40	57	60	76	80	19	20	3	90	7	70	9	60	11	60	19	20
3839	38	40	57	60	76	80	19	20	3	90	7	70	9	60	11	60	19	20
3840	38	40	57	60	76	80	19	20	3	90	7	70	9	60	11	60	19	20

Gegen-stands-Summa	Werthgebühr								4/10 aus der vollen Werth-gebühr		4/10 aus 2/3 Werth-gebühr		Hinterlegungs-gebühr						Auseinander-setzungsgebühr			
	Volle		1/2		1/2 bis 2200 M.		1 1/2												5/10		2/10	
	Art. 22. 40. 41. 50		Art. 25. 27. 29. 30. 38 Abs. 2		darüber 2/3 Art. 24		Art. 23		Art. 45 Abs. 3				Art. 100		Art. 101 a		Art. 101 b		der Sätze des § 8 des Reichsgerichts-Kosten-Gesetzes			
M	M	₰	M	₰	M	₰	M	₰	M	₰	M	₰	M	₰	M	₰	M	₰	M	₰	M	₰
3801	15	—	7	50	10	—	22	50	6	—	4	—	7	30	29	10	58	10	31	—	12	40
3802	15	—	7	50	10	—	22	50	6	—	4	—	7	30	29	10	58	10	31	—	12	40
3803	15	—	7	50	10	—	22	50	6	—	4	—	7	30	29	10	58	10	31	—	12	40
3804	15	—	7	50	10	—	22	50	6	—	4	—	7	30	29	10	58	10	31	—	12	40
3805	15	—	7	50	10	—	22	50	6	—	4	—	7	30	29	10	58	10	31	—	12	40
3806	15	—	7	50	10	—	22	50	6	—	4	—	7	30	29	10	58	10	31	—	12	40
3807	15	—	7	50	10	—	22	50	6	—	4	—	7	30	29	10	58	10	31	—	12	40
3808	15	—	7	50	10	—	22	50	6	—	4	—	7	30	29	10	58	10	31	—	12	40
3809	15	—	7	50	10	—	22	50	6	—	4	—	7	30	29	10	58	10	31	—	12	40
3810	15	—	7	50	10	—	22	50	6	—	4	—	7	30	29	10	58	10	31	—	12	40
3811	15	—	7	50	10	—	22	50	6	—	4	—	7	30	29	10	58	20	31	—	12	40
3812	15	—	7	50	10	—	22	50	6	—	4	—	7	30	29	10	58	20	31	—	12	40
3813	15	—	7	50	10	—	22	50	6	—	4	—	7	30	29	10	58	20	31	—	12	40
3814	15	—	7	50	10	—	22	50	6	—	4	—	7	30	29	10	58	20	31	—	12	40
3815	15	—	7	50	10	—	22	50	6	—	4	—	7	30	29	10	58	20	31	—	12	40
3816	15	—	7	50	10	—	22	50	6	—	4	—	7	30	29	10	58	20	31	—	12	40
3817	15	—	7	50	10	—	22	50	6	—	4	—	7	30	29	10	58	20	31	—	12	40
3818	15	—	7	50	10	—	22	50	6	—	4	—	7	30	29	10	58	20	31	—	12	40
3819	15	—	7	50	10	—	22	50	6	—	4	—	7	30	29	10	58	20	31	—	12	40
3820	15	—	7	50	10	—	22	50	6	—	4	—	7	30	29	10	58	20	31	—	12	40
3821	15	—	7	50	10	—	22	50	6	—	4	—	7	30	29	20	58	30	31	—	12	40
3822	15	—	7	50	10	—	22	50	6	—	4	—	7	30	29	20	58	30	31	—	12	40
3823	15	—	7	50	10	—	22	50	6	—	4	—	7	30	29	20	58	30	31	—	12	40
3824	15	—	7	50	10	—	22	50	6	—	4	—	7	30	29	20	58	30	31	—	12	40
3825	15	—	7	50	10	—	22	50	6	—	4	—	7	30	29	20	58	30	31	—	12	40
3826	15	—	7	50	10	—	22	50	6	—	4	—	7	30	29	20	58	30	31	—	12	40
3827	15	—	7	50	10	—	22	50	6	—	4	—	7	30	29	20	58	30	31	—	12	40
3828	15	—	7	50	10	—	22	50	6	—	4	—	7	30	29	20	58	30	31	—	12	40
3829	15	—	7	50	10	—	22	50	6	—	4	—	7	30	29	20	58	30	31	—	12	40
3830	15	—	7	50	10	—	22	50	6	—	4	—	7	30	29	20	58	30	31	—	12	40
3831	15	—	7	50	10	—	22	50	6	—	4	—	7	30	29	20	58	40	31	—	12	40
3832	15	—	7	50	10	—	22	50	6	—	4	—	7	30	29	20	58	40	31	—	12	40
3833	15	—	7	50	10	—	22	50	6	—	4	—	7	30	29	20	58	40	31	—	12	40
3834	15	—	7	50	10	—	22	50	6	—	4	—	7	30	29	20	58	40	31	—	12	40
3835	15	—	7	50	10	—	22	50	6	—	4	—	7	30	29	20	58	40	31	—	12	40
3836	15	—	7	50	10	—	22	50	6	—	4	—	7	30	29	20	58	40	31	—	12	40
3837	15	—	7	50	10	—	22	50	6	—	4	—	7	30	29	20	58	40	31	—	12	40
3838	15	—	7	50	10	—	22	50	6	—	4	—	7	30	29	20	58	40	31	—	12	40
3839	15	—	7	50	10	—	22	50	6	—	4	—	7	30	29	20	58	40	31	—	12	40
3840	15	—	7	50	10	—	22	50	6	—	4	—	7	30	29	20	58	40	31	—	12	40

Gegen-stands-Summa	Staatsgebühren 1		Staatsgebühren 1½		Staatsgebühren 2		Besitz-veränderungs-abgabe		Staatsgebühren 1		Staatsgebühren 2		Staatsgebühren 2½		Staatsgebühren 3		Staatsgebühren 5	
	Prozent								pro mille									
M	M	₰	M	₰	M	₰	M	₰	M	₰	M	₰	M	₰	M	₰	M	₰
3841	38	50	57	70	76	90	19	30	3	90	7	70	9	70	11	60	19	30
3842	38	50	57	70	76	90	19	30	3	90	7	70	9	70	11	60	19	30
3843	38	50	57	70	76	90	19	30	3	90	7	70	9	70	11	60	19	30
3844	38	50	57	70	76	90	19	30	3	90	7	70	9	70	11	60	19	30
3845	38	50	57	70	76	90	19	30	3	90	7	70	9	70	11	60	19	30
3846	38	50	57	70	77	—	19	30	3	90	7	70	9	70	11	60	19	30
3847	38	50	57	80	77	—	19	30	3	90	7	70	9	70	11	60	19	30
3848	38	50	57	80	77	—	19	30	3	90	7	70	9	70	11	60	19	30
3849	38	50	57	80	77	—	19	30	3	90	7	70	9	70	11	60	19	30
3850	38	50	57	80	77	—	19	30	3	90	7	70	9	70	11	60	19	30
3851	38	60	57	80	77	10	19	30	3	90	7	80	9	70	11	60	19	30
3852	38	60	57	80	77	10	19	30	3	90	7	80	9	70	11	60	19	30
3853	38	60	57	80	77	10	19	30	3	90	7	80	9	70	11	60	19	30
3854	38	60	57	90	77	10	19	30	3	90	7	80	9	70	11	60	19	30
3855	38	60	57	90	77	10	19	30	3	90	7	80	9	70	11	60	19	30
3856	38	60	57	90	77	20	19	30	3	90	7	80	9	70	11	60	19	30
3857	38	60	57	90	77	20	19	30	3	90	7	80	9	70	11	60	19	30
3858	38	60	57	90	77	20	19	30	3	90	7	80	9	70	11	60	19	30
3859	38	60	57	90	77	20	19	30	3	90	7	80	9	70	11	60	19	30
3860	38	60	57	90	77	20	19	30	3	90	7	80	9	70	11	60	19	30
3861	38	70	58	—	77	30	19	40	3	90	7	80	9	70	11	60	19	40
3862	38	70	58	—	77	30	19	40	3	90	7	80	9	70	11	60	19	40
3863	38	70	58	—	77	30	19	40	3	90	7	80	9	70	11	60	19	40
3864	38	70	58	—	77	30	19	40	3	90	7	80	9	70	11	60	19	40
3865	38	70	58	—	77	30	19	40	3	90	7	80	9	70	11	60	19	40
3866	38	70	58	—	77	40	19	40	3	90	7	80	9	70	11	60	19	40
3867	38	70	58	10	77	40	19	40	3	90	7	80	9	70	11	70	19	40
3868	38	70	58	10	77	40	19	40	3	90	7	80	9	70	11	70	19	40
3869	38	70	58	10	77	40	19	40	3	90	7	80	9	70	11	70	19	40
3870	38	70	58	10	77	40	19	40	3	90	7	80	9	70	11	70	19	40
3871	38	80	58	10	77	50	19	40	3	90	7	80	9	70	11	70	19	40
3872	38	80	58	10	77	50	19	40	3	90	7	80	9	70	11	70	19	40
3873	38	80	58	10	77	50	19	40	3	90	7	80	9	70	11	70	19	40
3874	38	80	58	20	77	50	19	40	3	90	7	80	9	70	11	70	19	40
3875	38	80	58	20	77	50	19	40	3	90	7	80	9	70	11	70	19	40
3876	38	80	58	20	77	60	19	40	3	90	7	80	9	70	11	70	19	40
3877	38	80	58	20	77	60	19	40	3	90	7	80	9	70	11	70	19	40
3878	38	80	58	20	77	60	19	40	3	90	7	80	9	70	11	70	19	40
3879	38	80	58	20	77	60	19	40	3	90	7	80	9	70	11	70	19	40
3880	38	80	58	20	77	60	19	40	3	90	7	80	9	70	11	70	19	40

Gegenstands-Summa	Werthgebühr								4/10 aus der vollen Werthgebühr		4/10 aus 2/3 Werthgebühr		Hinterlegungsgebühr						Auseinandersetzungsgebühr			
	Volle		1/2		1/2 bis 2200 M.		1 1/2												5/10		2/10	
	Art. 22. 40. 41. 50		Art. 25. 27. 29. 30 38 Abs. 2		darüber 2/3 Art. 24		Art. 23		Art. 45 Abs. 3				Art. 100		Art. 101a		Art. 101b		der Sätze des § 8 des Reichsgerichts-Kosten-Gesetzes			
M	M	₰	M	₰	M	₰	M	₰	M	₰	M	₰	M	₰	M	₰	M	₰	M	₰	M	₰
3841	15	—	7	50	10	—	22	50	6	—	4	—	7	40	29	30	58	50	31	—	12	40
3842	15	—	7	50	10	—	22	50	6	—	4	—	7	40	29	30	58	50	31	—	12	40
3843	15	—	7	50	10	—	22	50	6	—	4	—	7	40	29	30	58	50	31	—	12	40
3844	15	—	7	50	10	—	22	50	6	—	4	—	7	40	29	30	58	50	31	—	12	40
3845	15	—	7	50	10	—	22	50	6	—	4	—	7	40	29	30	58	50	31	—	12	40
3846	15	—	7	50	10	—	22	50	6	—	4	—	7	40	29	30	58	50	31	—	12	40
3847	15	—	7	50	10	—	22	50	6	—	4	—	7	40	29	30	58	50	31	—	12	40
3848	15	—	7	50	10	—	22	50	6	—	4	—	7	40	29	30	58	50	31	—	12	40
3849	15	—	7	50	10	—	22	50	6	—	4	—	7	40	29	30	58	50	31	—	12	40
3850	15	—	7	50	10	—	22	50	6	—	4	—	7	40	29	30	58	50	31	—	12	40
3851	15	—	7	50	10	—	22	50	6	—	4	—	7	40	29	30	58	60	31	—	12	40
3852	15	—	7	50	10	—	22	50	6	—	4	—	7	40	29	30	58	60	31	—	12	40
3853	15	—	7	50	10	—	22	50	6	—	4	—	7	40	29	30	58	60	31	—	12	40
3854	15	—	7	50	10	—	22	50	6	—	4	—	7	40	29	30	58	60	31	—	12	40
3855	15	—	7	50	10	—	22	50	6	—	4	—	7	40	29	30	58	60	31	—	12	40
3856	15	—	7	50	10	—	22	50	6	—	4	—	7	40	29	30	58	60	31	—	12	40
3857	15	—	7	50	10	—	22	50	6	—	4	—	7	40	29	30	58	60	31	—	12	40
3858	15	—	7	50	10	—	22	50	6	—	4	—	7	40	29	30	58	60	31	—	12	40
3859	15	—	7	50	10	—	22	50	6	—	4	—	7	40	29	30	58	60	31	—	12	40
3860	15	—	7	50	10	—	22	50	6	—	4	—	7	40	29	30	58	60	31	—	12	40
3861	15	—	7	50	10	—	22	50	6	—	4	—	7	40	29	40	58	70	31	—	12	40
3862	15	—	7	50	10	—	22	50	6	—	4	—	7	40	29	40	58	70	31	—	12	40
3863	15	—	7	50	10	—	22	50	6	—	4	—	7	40	29	40	58	70	31	—	12	40
3864	15	—	7	50	10	—	22	50	6	—	4	—	7	40	29	40	58	70	31	—	12	40
3865	15	—	7	50	10	—	22	50	6	—	4	—	7	40	29	40	58	70	31	—	12	40
3866	15	—	7	50	10	—	22	50	6	—	4	—	7	40	29	40	58	70	31	—	12	40
3867	15	—	7	50	10	—	22	50	6	—	4	—	7	40	29	40	58	70	31	—	12	40
3868	15	—	7	50	10	—	22	50	6	—	4	—	7	40	29	40	58	70	31	—	12	40
3869	15	—	7	50	10	—	22	50	6	—	4	—	7	40	29	40	58	70	31	—	12	40
3870	15	—	7	50	10	—	22	50	6	—	4	—	7	40	29	40	58	70	31	—	12	40
3871	15	—	7	50	10	—	22	50	6	—	4	—	7	40	29	40	58	80	31	—	12	40
3872	15	—	7	50	10	—	22	50	6	—	4	—	7	40	29	40	58	80	31	—	12	40
3873	15	—	7	50	10	—	22	50	6	—	4	—	7	40	29	40	58	80	31	—	12	40
3874	15	—	7	50	10	—	22	50	6	—	4	—	7	40	29	40	58	80	31	—	12	40
3875	15	—	7	50	10	—	22	50	6	—	4	—	7	40	29	40	58	80	31	—	12	40
3876	15	—	7	50	10	—	22	50	6	—	4	—	7	40	29	40	58	80	31	—	12	40
3877	15	—	7	50	10	—	22	50	6	—	4	—	7	40	29	40	58	80	31	—	12	40
3878	15	—	7	50	10	—	22	50	6	—	4	—	7	40	29	40	58	80	31	—	12	40
3879	15	—	7	50	10	—	22	50	6	—	4	—	7	40	29	40	58	80	31	—	12	40
3880	15	—	7	50	10	—	22	50	6	—	4	—	7	40	29	40	58	80	31	—	12	40

Gegenstands-Summa	Staatsgebühren 1 Prozent		Staatsgebühren 1½ Prozent		Staatsgebühren 2 Prozent		Besitzveränderungsabgabe		Staatsgebühren 1 pro mille		Staatsgebühren 2 pro mille		Staatsgebühren 2½ pro mille		Staatsgebühren 3 pro mille		Staatsgebühren 5 pro mille	
ℳ	ℳ	₰	ℳ	₰	ℳ	₰	ℳ	₰	ℳ	₰	ℳ	₰	ℳ	₰	ℳ	₰	ℳ	₰
3881	38	90	58	30	77	70	19	50	3	90	7	80	9	80	11	70	19	50
3882	38	90	58	30	77	70	19	50	3	90	7	80	9	80	11	70	19	50
3883	38	90	58	30	77	70	19	50	3	90	7	80	9	80	11	70	19	50
3884	38	90	58	30	77	70	19	50	3	90	7	80	9	80	11	70	19	50
3885	38	90	58	30	77	70	19	50	3	90	7	80	9	80	11	70	19	50
3886	38	90	58	30	77	80	19	50	3	90	7	80	9	80	11	70	19	50
3887	38	90	58	40	77	80	19	50	3	90	7	80	9	80	11	70	19	50
3888	38	90	58	40	77	80	19	50	3	90	7	80	9	80	11	70	19	50
3889	38	90	58	40	77	80	19	50	3	90	7	80	9	80	11	70	19	50
3890	38	90	58	40	77	80	19	50	3	90	7	80	9	80	11	70	19	50
3891	39	—	58	40	77	90	19	50	3	90	7	80	9	80	11	70	19	50
3892	39	—	58	40	77	90	19	50	3	90	7	80	9	80	11	70	19	50
3893	39	—	58	40	77	90	19	50	3	90	7	80	9	80	11	70	19	50
3894	39	—	58	50	77	90	19	50	3	90	7	80	9	80	11	70	19	50
3895	39	—	58	50	77	90	19	50	3	90	7	80	9	80	11	70	19	50
3896	39	—	58	50	78	—	19	50	3	90	7	80	9	80	11	70	19	50
3897	39	—	58	50	78	—	19	50	3	90	7	80	9	80	11	70	19	50
3898	39	—	58	50	78	—	19	50	3	90	7	80	9	80	11	70	19	50
3899	39	—	58	50	78	—	19	50	3	90	7	80	9	80	11	70	19	50
3900	39	—	58	50	78	—	19	50	3	90	7	80	9	80	11	70	19	50
3901	39	10	58	60	78	10	19	60	4	—	7	90	9	80	11	80	19	60
3902	39	10	58	60	78	10	19	60	4	—	7	90	9	80	11	80	19	60
3903	39	10	58	60	78	10	19	60	4	—	7	90	9	80	11	80	19	60
3904	39	10	58	60	78	10	19	60	4	—	7	90	9	80	11	80	19	60
3905	39	10	58	60	78	10	19	60	4	—	7	90	9	80	11	80	19	60
3906	39	10	58	60	78	20	19	60	4	—	7	90	9	80	11	80	19	60
3907	39	10	58	70	78	20	19	60	4	—	7	90	9	80	11	80	19	60
3908	39	10	58	70	78	20	18	60	4	—	7	90	9	80	11	80	19	60
3909	39	10	58	70	78	20	19	60	4	—	7	90	9	80	11	80	19	60
3910	39	10	58	70	78	20	19	60	4	—	7	90	9	80	11	80	19	60
3911	39	20	58	70	78	30	19	60	4	—	7	90	9	80	11	80	19	60
3912	39	20	58	70	78	30	19	60	4	—	7	90	9	80	11	80	19	60
3913	39	20	58	70	78	30	19	60	4	—	7	90	9	80	11	80	19	60
3914	39	20	58	80	78	30	19	60	4	—	7	90	9	80	11	80	19	60
3915	39	20	58	80	78	30	19	60	4	—	7	90	9	80	11	80	19	60
3916	39	20	58	80	78	40	19	60	4	—	7	90	9	80	11	80	19	60
3917	39	20	58	80	78	40	19	60	4	—	7	90	9	80	11	80	19	60
3918	39	20	58	80	78	40	19	60	4	—	7	90	9	80	11	80	19	60
3919	39	20	58	80	78	40	19	60	4	—	7	90	9	80	11	80	19	60
3920	39	20	58	80	78	40	19	60	4	—	7	90	9	80	11	80	19	60

Gegenstands-Summa	Werthgebühr: Volle		Werthgebühr: 1/2		Werthgebühr: 1/2 bis 2200 M, darüber 2/3		Werthgebühr: 1 1/2		4/10 aus der vollen Werthgebühr		4/10 aus 2/3 Werthgebühr		Hinterlegungsgebühr: Art. 100		Hinterlegungsgebühr: Art. 101 a		Hinterlegungsgebühr: Art. 101 b		Auseinandersetzungsgebühr: 5/10		Auseinandersetzungsgebühr: 2/10	
	Art. 22. 40. 41. 50		Art. 25. 27. 29. 30. 38 Abs. 2		Art. 24		Art. 23		Art. 45 Abs. 3										der Sätze des § 8 des Reichsgerichts-Kosten-Gesetzes			
M	M	Pf	M	Pf	M	Pf	M	Pf	M	Pf	M	Pf	M	Pf	M	Pf	M	Pf	M	Pf	M	Pf
3881	15	—	7	50	10	—	22	50	6	—	4	—	7	40	29	50	58	90	31	—	12	40
3882	15	—	7	50	10	—	22	50	6	—	4	—	7	40	29	50	58	90	31	—	12	40
3883	15	—	7	50	10	—	22	50	6	—	4	—	7	40	29	50	58	90	31	—	12	40
3884	15	—	7	50	10	—	22	50	6	—	4	—	7	40	29	50	58	90	31	—	12	40
3885	15	—	7	50	10	—	22	50	6	—	4	—	7	40	29	50	58	90	31	—	12	40
3886	15	—	7	50	10	—	22	50	6	—	4	—	7	40	29	50	58	90	31	—	12	40
3887	15	—	7	50	10	—	22	50	6	—	4	—	7	40	29	50	58	90	31	—	12	40
3888	15	—	7	50	10	—	22	50	6	—	4	—	7	40	29	50	58	90	31	—	12	40
3889	15	—	7	50	10	—	22	50	6	—	4	—	7	40	29	50	58	90	31	—	12	40
3890	15	—	7	50	10	—	22	50	6	—	4	—	7	40	29	50	58	90	31	—	12	40
3891	15	—	7	50	10	—	22	50	6	—	4	—	7	40	29	50	59	—	31	—	12	40
3892	15	—	7	50	10	—	22	50	6	—	4	—	7	40	29	50	59	—	31	—	12	40
3893	15	—	7	50	10	—	22	50	6	—	4	—	7	40	29	50	59	—	31	—	12	40
3894	15	—	7	50	10	—	22	50	6	—	4	—	7	40	29	50	59	—	31	—	12	40
3895	15	—	7	50	10	—	22	50	6	—	4	—	7	40	29	50	59	—	31	—	12	40
3896	15	—	7	50	10	—	22	50	6	—	4	—	7	40	29	50	59	—	31	—	12	40
3897	15	—	7	50	10	—	22	50	6	—	4	—	7	40	29	50	59	—	31	—	12	40
3898	15	—	7	50	10	—	22	50	6	—	4	—	7	40	29	50	59	—	31	—	12	40
3899	15	—	7	50	10	—	22	50	6	—	4	—	7	40	29	50	59	—	31	—	12	40
3900	15	—	7	50	10	—	22	50	6	—	4	—	7	40	29	50	59	—	31	—	12	40
3901	15	—	7	50	10	—	22	50	6	—	4	—	7	40	29	60	59	10	31	—	12	40
3902	15	—	7	50	10	—	22	50	6	—	4	—	7	40	29	60	59	10	31	—	12	40
3903	15	—	7	50	10	—	22	50	6	—	4	—	7	40	29	60	59	10	31	—	12	40
3904	15	—	7	50	10	—	22	50	6	—	4	—	7	40	29	60	59	10	31	—	12	40
3905	15	—	7	50	10	—	22	50	6	—	4	—	7	40	29	60	59	10	31	—	12	40
3906	15	—	7	50	10	—	22	50	6	—	4	—	7	40	29	60	59	10	31	—	12	40
3907	15	—	7	50	10	—	22	50	6	—	4	—	7	40	29	60	59	10	31	—	12	40
3908	15	—	7	50	10	—	22	50	6	—	4	—	7	40	29	60	59	10	31	—	12	40
3909	15	—	7	50	10	—	22	50	6	—	4	—	7	40	29	60	59	10	31	—	12	40
3910	15	—	7	50	10	—	22	50	6	—	4	—	7	40	29	60	59	10	31	—	12	40
3911	15	—	7	50	10	—	22	50	6	—	4	—	7	40	29	60	59	20	31	—	12	40
3912	15	—	7	50	10	—	22	50	6	—	4	—	7	40	29	60	59	20	31	—	12	40
3913	15	—	7	50	10	—	22	50	6	—	4	—	7	40	29	60	59	20	31	—	12	40
3914	15	—	7	50	10	—	22	50	6	—	4	—	7	40	29	60	59	20	31	—	12	40
3915	15	—	7	50	10	—	22	50	6	—	4	—	7	40	29	60	59	20	31	—	12	40
3916	15	—	7	50	10	—	22	50	6	—	4	—	7	40	29	60	59	20	31	—	12	40
3917	15	—	7	50	10	—	22	50	6	—	4	—	7	40	29	60	59	20	31	—	12	40
3918	15	—	7	50	10	—	22	50	6	—	4	—	7	40	29	60	59	20	31	—	12	40
3919	15	—	7	50	10	—	22	50	6	—	4	—	7	40	29	60	59	20	31	—	12	40
3920	15	—	7	50	10	—	22	50	6	—	4	—	7	40	29	60	59	20	31	—	12	40

Gegen-stands-Summa	Staatsgebühren 1 Prozent		Staatsgebühren 1½ Prozent		Staatsgebühren 2 Prozent		Besitz-veränderungs-abgabe		Staatsgebühren 1 pro mille		Staatsgebühren 2 pro mille		Staatsgebühren 2½ pro mille		Staatsgebühren 3 pro mille		Staatsgebühren 5 pro mille	
ℳ	ℳ	₰	ℳ	₰	ℳ	₰	ℳ	₰	ℳ	₰	ℳ	₰	ℳ	₰	ℳ	₰	ℳ	₰
3921	39	30	58	90	78	50	19	70	4	—	7	90	9	90	11	80	19	70
3922	39	30	58	90	78	50	19	70	4	—	7	90	9	90	11	80	19	70
3923	39	30	58	90	78	50	19	70	4	—	7	90	9	90	11	80	19	70
3924	39	30	58	90	78	50	19	70	4	—	7	90	9	90	11	80	19	70
3925	39	30	58	90	78	50	19	70	4	—	7	90	9	90	11	80	19	70
3926	39	30	58	90	78	60	19	70	4	—	7	90	9	90	11	80	19	70
3927	39	30	59	—	78	60	19	70	4	—	7	90	9	90	11	80	19	70
3928	39	30	59	—	78	60	19	70	4	—	7	90	9	90	11	80	19	70
3929	39	30	59	—	78	60	19	70	4	—	7	90	9	90	11	80	19	70
3930	39	30	59	—	78	60	19	70	4	—	7	90	9	90	11	80	19	70
3931	39	40	59	—	78	70	19	70	4	—	7	90	9	90	11	80	19	70
3932	39	40	59	—	78	70	19	70	4	—	7	90	9	90	11	80	19	70
3933	39	40	59	—	78	70	19	70	4	—	7	90	9	90	11	80	19	70
3934	39	40	59	10	78	70	19	70	4	—	7	90	9	90	11	90	19	70
3935	39	40	59	10	78	70	19	70	4	—	7	90	9	90	11	90	19	70
3936	39	40	59	10	78	80	19	70	4	—	7	90	9	90	11	90	19	70
3937	39	40	59	10	78	80	19	70	4	—	7	90	9	90	11	90	19	70
3938	39	40	59	10	78	80	19	70	4	—	7	90	9	90	11	90	19	70
3939	39	40	59	10	78	80	19	70	4	—	7	90	9	90	11	90	19	70
3940	39	40	59	10	78	80	19	70	4	—	7	90	9	90	11	90	19	70
3941	39	50	59	20	78	90	19	80	4	—	7	90	9	90	11	90	19	80
3942	39	50	59	20	78	90	19	80	4	—	7	90	9	90	11	90	19	80
3943	39	50	59	20	78	90	19	80	4	—	7	90	9	90	11	90	19	80
3944	39	50	59	20	78	90	19	80	4	—	7	90	9	90	11	90	19	80
3945	39	50	59	20	78	90	19	80	4	—	7	90	9	90	11	90	19	80
3946	39	50	59	20	79	—	19	80	4	—	7	90	9	90	11	90	19	80
3947	39	50	59	30	79	—	19	80	4	—	7	90	9	90	11	90	19	80
3948	39	50	59	30	79	—	19	80	4	—	7	90	9	90	11	90	19	80
3949	39	50	59	30	79	—	19	80	4	—	7	90	9	90	11	90	19	80
3950	39	50	59	30	79	—	19	80	4	—	7	90	9	90	11	90	19	80
3951	39	60	59	30	79	10	19	80	4	—	8	—	9	90	11	90	19	80
3952	39	60	59	30	79	10	19	80	4	—	8	—	9	90	11	90	19	80
3953	39	60	59	30	79	10	19	80	4	—	8	—	9	90	11	90	19	80
3954	39	60	59	40	79	10	19	80	4	—	8	—	9	90	11	90	19	80
3955	39	60	59	40	79	10	19	80	4	—	8	—	9	90	11	90	19	80
3956	39	60	59	40	79	20	19	80	4	—	8	—	9	90	11	90	19	80
3957	39	60	59	40	79	20	19	80	4	—	8	—	9	90	11	90	19	80
3958	39	60	59	40	79	20	19	80	4	—	8	—	9	90	11	90	19	80
3959	39	60	59	40	79	20	19	80	4	—	8	—	9	90	11	90	19	80
3960	39	60	59	40	79	20	19	80	4	—	8	—	9	90	11	90	19	80

Gegen- stands- Summa	Werthgebühr: Volle, Art. 22. 40. 41. 50		1/2, Art. 25. 27. 29. 30. 38 Abs. 2		1/2 bis 2200 M., darüber 2/3, Art. 24		1 1/2, Art. 23		4/10 aus der vollen Werthgebühr, Art. 45 Abs. 3		4/10 aus 2/3 Werthgebühr, Art. 45 Abs. 3		Hinterlegungsgebühr, Art. 100		Hinterlegungsgebühr, Art. 101 a		Hinterlegungsgebühr, Art. 101 b		Auseinandersetzungsgebühr 5/10 der Sätze des § 8 des Reichsgerichts-Kosten-Gesetzes		Auseinandersetzungsgebühr 2/10 der Sätze des § 8 des Reichsgerichts-Kosten-Gesetzes	
M	M	Pf	M	Pf	M	Pf	M	Pf	M	Pf	M	Pf	M	Pf	M	Pf	M	Pf	M	Pf	M	Pf
3921	15	—	7	50	10	—	22	50	6	—	4	—	7	50	29	70	59	30	31	—	12	40
3922	15	—	7	50	10	—	22	50	6	—	4	—	7	50	29	70	59	30	31	—	12	40
3923	15	—	7	50	10	—	22	50	6	—	4	—	7	50	29	70	59	30	31	—	12	40
3924	15	—	7	50	10	—	22	50	6	—	4	—	7	50	29	70	59	30	31	—	12	40
3925	15	—	7	50	10	—	22	50	6	—	4	—	7	50	29	70	59	30	31	—	12	40
3926	15	—	7	50	10	—	22	50	6	—	4	—	7	50	29	70	59	30	31	—	12	40
3927	15	—	7	50	10	—	22	50	6	—	4	—	7	50	29	70	59	30	31	—	12	40
3928	15	—	7	50	10	—	22	50	6	—	4	—	7	50	29	70	59	30	31	—	12	40
3929	15	—	7	50	10	—	22	50	6	—	4	—	7	50	29	70	59	30	31	—	12	40
3930	15	—	7	50	10	—	22	50	6	—	4	—	7	50	29	70	59	30	31	—	12	40
3931	15	—	7	50	10	—	22	50	6	—	4	—	7	50	29	70	59	40	31	—	12	40
3932	15	—	7	50	10	—	22	50	6	—	4	—	7	50	29	70	59	40	31	—	12	40
3933	15	—	7	50	10	—	22	50	6	—	4	—	7	50	29	70	59	40	31	—	12	40
3934	15	—	7	50	10	—	22	50	6	—	4	—	7	50	29	70	59	40	31	—	12	40
3935	15	—	7	50	10	—	22	50	6	—	4	—	7	50	29	70	59	40	31	—	12	40
3936	15	—	7	50	10	—	22	50	6	—	4	—	7	50	29	70	59	40	31	—	12	40
3937	15	—	7	50	10	—	22	50	6	—	4	—	7	50	29	70	59	40	31	—	12	40
3938	15	—	7	50	10	—	22	50	6	—	4	—	7	50	29	70	59	40	31	—	12	40
3939	15	—	7	50	10	—	22	50	6	—	4	—	7	50	29	70	59	40	31	—	12	40
3940	15	—	7	50	10	—	22	50	6	—	4	—	7	50	29	70	59	40	31	—	12	40
3941	15	—	7	50	10	—	22	50	6	—	4	—	7	50	29	80	59	50	31	—	12	40
3942	15	—	7	50	10	—	22	50	6	—	4	—	7	50	29	80	59	50	31	—	12	40
3943	15	—	7	50	10	—	22	50	6	—	4	—	7	50	29	80	59	50	31	—	12	40
3944	15	—	7	50	10	—	22	50	6	—	4	—	7	50	29	80	59	50	31	—	12	40
3945	15	—	7	50	10	—	22	50	6	—	4	—	7	50	29	80	59	50	31	—	12	40
3946	15	—	7	50	10	—	22	50	6	—	4	—	7	50	29	80	59	50	31	—	12	40
3947	15	—	7	50	10	—	22	50	6	—	4	—	7	50	29	80	59	50	31	—	12	40
3948	15	—	7	50	10	—	22	50	6	—	4	—	7	50	29	80	59	50	31	—	12	40
3949	15	—	7	50	10	—	22	50	6	—	4	—	7	50	29	80	59	50	31	—	12	40
3950	15	—	7	50	10	—	22	50	6	—	4	—	7	50	29	80	59	50	31	—	12	40
3951	15	—	7	50	10	—	22	50	6	—	4	—	7	50	29	80	59	60	31	—	12	40
3952	15	—	7	50	10	—	22	50	6	—	4	—	7	50	29	80	59	60	31	—	12	40
3953	15	—	7	50	10	—	22	50	6	—	4	—	7	50	29	80	59	60	31	—	12	40
3954	15	—	7	50	10	—	22	50	6	—	4	—	7	50	29	80	59	60	31	—	12	40
3955	15	—	7	50	10	—	22	50	6	—	4	—	7	50	29	80	59	60	31	—	12	40
3956	15	—	7	50	10	—	22	50	6	—	4	—	7	50	29	80	59	60	31	—	12	40
3957	15	—	7	50	10	—	22	50	6	—	4	—	7	50	29	80	59	60	31	—	12	40
3958	15	—	7	50	10	—	22	50	6	—	4	—	7	50	29	80	59	60	31	—	12	40
3959	15	—	7	50	10	—	22	50	6	—	4	—	7	50	29	80	59	60	31	—	12	40
3960	15	—	7	50	10	—	22	50	6	—	4	—	7	50	29	80	59	60	31	—	12	40

Gegen-stands-Summa	Staatsgebühren 1 Prozent		Staatsgebühren 1½ Prozent		Staatsgebühren 2 Prozent		Besitz-veränderungs-abgabe		Staatsgebühren 1 pro mille		Staatsgebühren 2 pro mille		Staatsgebühren 2½ pro mille		Staatsgebühren 3 pro mille		Staatsgebühren 5 pro mille	
M	M	Pf	M	Pf	M	Pf	M	Pf	M	Pf	M	Pf	M	Pf	M	Pf	M	Pf
3961	39	70	59	50	79	30	19	90	4	—	8	—	10	—	11	90	19	90
3962	39	70	59	50	79	30	19	90	4	—	8	—	10	—	11	90	19	90
3963	39	70	59	50	79	30	19	90	4	—	8	—	10	—	11	90	19	90
3964	39	70	59	50	79	30	19	90	4	—	8	—	10	—	11	90	19	90
3965	39	70	59	50	79	30	19	90	4	—	8	—	10	—	11	90	19	90
3966	39	70	59	50	79	40	19	90	4	—	8	—	10	—	11	90	19	90
3967	39	70	59	60	79	40	19	90	4	—	8	—	10	—	12	—	19	90
3968	39	70	59	60	79	40	19	90	4	—	8	—	10	—	12	—	19	90
3969	39	70	59	60	79	40	19	90	4	—	8	—	10	—	12	—	19	90
3970	39	70	59	60	79	40	19	90	4	—	8	—	10	—	12	—	19	90
3971	39	80	59	60	79	50	19	90	4	—	8	—	10	—	12	—	19	90
3972	39	80	59	60	79	50	19	90	4	—	8	—	10	—	12	—	19	90
3973	39	80	59	60	79	50	19	90	4	—	8	—	10	—	12	—	19	90
3974	39	80	59	70	79	50	19	90	4	—	8	—	10	—	12	—	19	90
3975	39	80	59	70	79	50	19	90	4	—	8	—	10	—	12	—	19	90
3976	39	80	59	70	79	60	19	90	4	—	8	—	10	—	12	—	19	90
3977	39	80	59	70	79	60	19	90	4	—	8	—	10	—	12	—	19	90
3978	39	80	59	70	79	60	19	90	4	—	8	—	10	—	12	—	19	90
3979	39	80	59	70	79	60	19	90	4	—	8	—	10	—	12	—	19	90
3980	39	80	59	70	79	60	19	90	4	—	8	—	10	—	12	—	19	90
3981	39	90	59	80	79	70	20	—	4	—	8	—	10	—	12	—	20	—
3982	39	90	59	80	79	70	20	—	4	—	8	—	10	—	12	—	20	—
3983	39	90	59	80	79	70	20	—	4	—	8	—	10	—	12	—	20	—
3984	39	90	59	80	79	70	20	—	4	—	8	—	10	—	12	—	20	—
3985	39	90	59	80	79	70	20	—	4	—	8	—	10	—	12	—	20	—
3986	39	90	59	80	79	80	20	—	4	—	8	—	10	—	12	—	20	—
3987	39	90	59	90	79	80	20	—	4	—	8	—	10	—	12	—	20	—
3988	39	90	59	90	79	80	20	—	4	—	8	—	10	—	12	—	20	—
3989	39	90	59	90	79	80	20	—	4	—	8	—	10	—	12	—	20	—
3990	39	90	59	90	79	80	20	—	4	—	8	—	10	—	12	—	20	—
3991	40	—	59	90	79	90	20	—	4	—	8	—	10	—	12	—	20	—
3992	40	—	59	90	79	90	20	—	4	—	8	—	10	—	12	—	20	—
3993	40	—	59	90	79	90	20	—	4	—	8	—	10	—	12	—	20	—
3994	40	—	60	—	79	90	20	—	4	—	8	—	10	—	12	—	20	—
3995	40	—	60	—	79	90	20	—	4	—	8	—	10	—	12	—	20	—
3996	40	—	60	—	80	—	20	—	4	—	8	—	10	—	12	—	20	—
3997	40	—	60	—	80	—	20	—	4	—	8	—	10	—	12	—	20	—
3998	40	—	60	—	80	—	20	—	4	—	8	—	10	—	12	—	20	—
3999	40	—	60	—	80	—	20	—	4	—	8	—	10	—	12	—	20	—
4000	40	—	60	—	80	—	20	—	4	—	8	—	10	—	12	—	20	—

Gegen-stands-Summa	Werthgebühr: Volle (Art. 22. 40. 41. 50) A	Pf	Werthgebühr: 1/2 (Art. 25. 27. 29. 30. 38 Abs. 2) A	Pf	Werthgebühr: 1/2 bis 2200 A, darüber 2/3 (Art. 24) A	Pf	Werthgebühr: 1 1/2 (Art. 23) A	Pf	4/10 aus der vollen Werthgebühr (Art. 45 Abs. 3) A	Pf	4/10 aus 2/3 Werthgebühr (Art. 45 Abs. 3) A	Pf	Hinterlegungsgebühr: Art. 100 A	Pf	Hinterlegungsgebühr: Art. 101 a A	Pf	Hinterlegungsgebühr: Art. 101 b A	Pf	Auseinandersetzungsgebühr: 5/10 der Sätze des § 8 des Reichsgerichts-Kosten-Gesetzes A	Pf	Auseinandersetzungsgebühr: 2/10 der Sätze des § 8 des Reichsgerichts-Kosten-Gesetzes A	Pf
A	A	Pf	A	Pf	A	Pf	A	Pf	A	Pf	A	Pf	A	Pf	A	Pf	A	Pf	A	Pf	A	Pf
3961	15	—	7	50	10	—	22	50	6	—	4	—	7	50	29	90	59	70	31	—	12	40
3962	15	—	7	50	10	—	22	50	6	—	4	—	7	50	29	90	59	70	31	—	12	40
3963	15	—	7	50	10	—	22	50	6	—	4	—	7	50	29	90	59	70	31	—	12	40
3964	15	—	7	50	10	—	22	50	6	—	4	—	7	50	29	90	59	70	31	—	12	40
3965	15	—	7	50	10	—	22	50	6	—	4	—	7	50	29	90	59	70	31	—	12	40
3966	15	—	7	50	10	—	22	50	6	—	4	—	7	50	29	90	59	70	31	—	12	40
3967	15	—	7	50	10	—	22	50	6	—	4	—	7	50	29	90	59	70	31	—	12	40
3968	15	—	7	50	10	—	22	50	6	—	4	—	7	50	29	90	59	70	31	—	12	40
3969	15	—	7	50	10	—	22	50	6	—	4	—	7	50	29	90	59	70	31	—	12	40
3970	15	—	7	50	10	—	22	50	6	—	4	—	7	50	29	90	59	70	31	—	12	40
3971	15	—	7	50	10	—	22	50	6	—	4	—	7	50	29	90	59	80	31	—	12	40
3972	15	—	7	50	10	—	22	50	6	—	4	—	7	50	29	90	59	80	31	—	12	40
3973	15	—	7	50	10	—	22	50	6	—	4	—	7	50	29	90	59	80	31	—	12	40
3974	15	—	7	50	10	—	22	50	6	—	4	—	7	50	29	90	59	80	31	—	12	40
3975	15	—	7	50	10	—	22	50	6	—	4	—	7	50	29	90	59	80	31	—	12	40
3976	15	—	7	50	10	—	22	50	6	—	4	—	7	50	29	90	59	80	31	—	12	40
3977	15	—	7	50	10	—	22	50	6	—	4	—	7	50	29	90	59	80	31	—	12	40
3978	15	—	7	50	10	—	22	50	6	—	4	—	7	50	29	90	59	80	31	—	12	40
3979	15	—	7	50	10	—	22	50	6	—	4	—	7	50	29	90	59	80	31	—	12	40
3980	15	—	7	50	10	—	22	50	6	—	4	—	7	50	29	90	59	80	31	—	12	40
3981	15	—	7	50	10	—	22	50	6	—	4	—	7	50	30	—	59	90	31	—	12	40
3982	15	—	7	50	10	—	22	50	6	—	4	—	7	50	30	—	59	90	31	—	12	40
3983	15	—	7	50	10	—	22	50	6	—	4	—	7	50	30	—	59	90	31	—	12	40
3984	15	—	7	50	10	—	22	50	6	—	4	—	7	50	30	—	59	90	31	—	12	40
3985	15	—	7	50	10	—	22	50	6	—	4	—	7	50	30	—	59	90	31	—	12	40
3986	15	—	7	50	10	—	22	50	6	—	4	—	7	50	30	—	59	90	31	—	12	40
3987	15	—	7	50	10	—	22	50	6	—	4	—	7	50	30	—	59	90	31	—	12	40
3988	15	—	7	50	10	—	22	50	6	—	4	—	7	50	30	—	59	90	31	—	12	40
3989	15	—	7	50	10	—	22	50	6	—	4	—	7	50	30	—	59	90	31	—	12	40
3990	15	—	7	50	10	—	22	50	6	—	4	—	7	50	30	—	59	90	31	—	12	40
3991	15	—	7	50	10	—	22	50	6	—	4	—	7	50	30	—	60	—	31	—	12	40
3992	15	—	7	50	10	—	22	50	6	—	4	—	7	50	30	—	60	—	31	—	12	40
3993	15	—	7	50	10	—	22	50	6	—	4	—	7	50	30	—	60	—	31	—	12	40
3994	15	—	7	50	10	—	22	50	6	—	4	—	7	50	30	—	60	—	31	—	12	40
3995	15	—	7	50	10	—	22	50	6	—	4	—	7	50	30	—	60	—	31	—	12	40
3996	15	—	7	50	10	—	22	50	6	—	4	—	7	50	30	—	60	—	31	—	12	40
3997	15	—	7	50	10	—	22	50	6	—	4	—	7	50	30	—	60	—	31	—	12	40
3998	15	—	7	50	10	—	22	50	6	—	4	—	7	50	30	—	60	—	31	—	12	40
3999	15	—	7	50	10	—	22	50	6	—	4	—	7	50	30	—	60	—	31	—	12	40
4000	15	—	7	50	10	—	22	50	6	—	4	—	7	50	30	—	60	—	31	—	12	40

Gegen-stands-Summa	Staatsgebühren						Besitz-verände-rungs-abgabe		Staatsgebühren									
	1		1½		2				1		2		2½		3		5	
	Prozent								pro mille									
ℳ	ℳ	₰	ℳ	₰	ℳ	₰	ℳ	₰	ℳ	₰	ℳ	₰	ℳ	₰	ℳ	₰	ℳ	₰
4100	41	—	61	50	82	—	20	50	4	10	8	20	10	30	12	30	20	50
4200	42	—	63	—	84	—	21	—	4	20	8	40	10	50	12	60	21	—
4300	43	—	64	50	86	—	21	50	4	30	8	60	10	80	12	90	21	50
4400	44	—	66	—	88	—	22	—	4	40	8	80	11	—	13	20	22	—
4500	45	—	67	50	90	—	22	50	4	50	9	—	11	30	13	50	22	50
4600	46	—	69	—	92	—	23	—	4	60	9	20	11	50	13	80	23	—
4700	47	—	70	50	94	—	23	50	4	70	9	40	11	80	14	10	23	50
4800	48	—	72	—	96	—	24	—	4	80	9	60	12	—	14	40	24	—
4900	49	—	73	50	98	—	24	50	4	90	9	80	12	30	14	70	24	50
5000	50	—	75	—	100	—	25	—	5	—	10	—	12	50	15	—	25	—
5100	51	—	76	50	102	—	25	50	5	10	10	20	12	80	15	30	25	50
5200	52	—	78	—	104	—	26	—	5	20	10	40	13	—	15	60	26	—
5300	53	—	79	50	106	—	26	50	5	30	10	60	13	30	15	90	26	50
5400	54	—	81	—	108	—	27	—	5	40	10	80	13	50	16	20	27	—
5500	55	—	82	50	110	—	27	50	5	50	11	—	13	80	16	50	27	50
5600	56	—	84	—	112	—	28	—	5	60	11	20	14	—	16	80	28	—
5700	57	—	85	50	114	—	28	50	5	70	11	40	14	30	17	10	28	50
5800	58	—	87	—	116	—	29	—	5	80	11	60	14	50	17	40	29	—
5900	59	—	88	50	118	—	29	50	5	90	11	80	14	80	17	70	29	50
6000	60	—	90	—	120	—	30	—	6	—	12	—	15	—	18	—	30	—
6100	61	—	91	50	122	—	30	50	6	10	12	20	15	30	18	30	30	50
6200	62	—	93	—	124	—	31	—	6	20	12	40	15	50	18	60	31	—
6300	63	—	94	50	126	—	31	50	6	30	12	60	15	80	18	90	31	50
6400	64	—	96	—	128	—	32	—	6	40	12	80	16	—	19	20	32	—
6500	65	—	97	50	130	—	32	50	6	50	13	—	16	30	19	50	32	50
6600	66	—	99	—	132	—	33	—	6	60	13	20	16	50	19	80	33	—
6700	67	—	100	50	134	—	33	50	6	70	13	40	16	80	20	10	33	50
6800	68	—	102	—	136	—	34	—	6	80	13	60	17	—	20	40	34	—
6900	69	—	103	50	138	—	34	50	6	90	13	80	17	30	20	70	34	50
7000	70	—	105	—	140	—	35	—	7	—	14	—	17	50	21	—	35	—
7100	71	—	106	50	142	—	35	50	7	10	14	20	17	80	21	30	35	50
7200	72	—	108	—	144	—	36	—	7	20	14	40	18	—	21	60	36	—
7300	73	—	109	50	146	—	36	50	7	30	14	60	18	30	21	90	36	50
7400	74	—	111	—	148	—	37	—	7	40	14	80	18	50	22	20	37	—
7500	75	—	112	50	150	—	37	50	7	50	15	—	18	80	22	50	37	50
7600	76	—	114	—	152	—	38	—	7	60	15	20	19	—	22	80	38	—
7700	77	—	115	50	154	—	38	50	7	70	15	40	19	30	23	10	38	50
7800	78	—	117	—	156	—	39	—	7	80	15	60	19	50	23	40	39	—
7900	79	—	118	50	158	—	39	50	7	90	15	80	19	80	23	70	39	50
8000	80	—	120	—	160	—	40	—	8	—	16	—	20	—	24	—	40	—

Gegenstands-Summa	Werthgebühr								4/10 aus der vollen Werthgebühr		4/10 aus 2/3 Werthgebühr		Hinterlegungsgebühr						Auseinandersetzungsgebühr			
	Volle		1/2		1/2 bis 2200 M.		1 1/2												5/10		2/10	
	Art. 22. 40. 41. 50		Art. 25. 27. 29. 30. 38 Abs. 2		darüber 2/3 Art. 24		Art. 23		Art. 45 Abs. 3				Art. 100		Art. 101 a		Art. 101 b		der Sätze des § 8 des Reichsgerichts-Kosten-Gesetzes			
M	M	₰	M	₰	M	₰	M	₰	M	₰	M	₰	M	₰	M	₰	M	₰	M	₰	M	₰
4100	16	50	8	30	11	—	24	80	6	60	4	40	7	70	30	50	61	—	31	—	12	40
4200	16	50	8	30	11	—	24	80	6	60	4	40	7	80	31	—	62	—	31	—	12	40
4300	16	50	8	30	11	—	24	80	6	60	4	40	7	90	31	50	63	—	31	—	12	40
4400	16	50	8	30	11	—	24	80	6	60	4	40	8	—	32	—	64	—	34	—	13	60
4500	16	50	8	30	11	—	24	80	6	60	4	40	8	20	32	50	65	—	34	—	13	60
4600	16	50	8	30	11	—	24	80	6	60	4	40	8	30	33	—	66	—	34	—	13	60
4700	16	50	8	30	11	—	24	80	6	60	4	40	8	40	33	50	67	—	34	—	13	60
4800	16	50	8	30	11	—	24	80	6	60	4	40	8	50	34	—	68	—	34	—	13	60
4900	18	—	9	—	12	—	27	—	7	20	4	80	8	70	34	50	69	—	34	—	13	60
5000	18	—	9	—	12	—	27	—	7	20	4	80	8	80	35	—	70	—	34	—	13	60
5100	18	—	9	—	12	—	27	—	7	20	4	80	8	90	35	50	71	—	34	—	13	60
5200	18	—	9	—	12	—	27	—	7	20	4	80	9	—	36	—	72	—	34	—	13	60
5300	18	—	9	—	12	—	27	—	7	20	4	80	9	20	36	50	73	—	34	—	13	60
5400	18	—	9	—	12	—	27	—	7	20	4	80	9	30	37	—	74	—	34	—	13	60
5500	18	—	9	—	12	—	27	—	7	20	4	80	8	40	37	50	75	—	37	—	14	80
5600	18	—	9	—	12	—	27	—	7	20	4	80	9	50	38	—	76	—	37	—	14	80
5700	18	—	9	—	12	—	27	—	7	20	4	80	9	70	38	50	77	—	37	—	14	80
5800	19	50	9	80	13	—	29	30	7	80	5	20	9	80	39	—	78	—	37	—	14	80
5900	19	50	9	80	13	—	29	30	7	80	5	20	9	90	39	50	79	—	37	—	14	80
6000	19	50	9	80	13	—	29	30	7	80	5	20	10	—	40	—	80	—	37	—	14	80
6100	19	50	9	80	13	—	29	30	7	80	5	20	10	20	40	50	81	—	37	—	14	80
6200	19	50	9	80	13	—	29	30	7	80	5	20	10	30	41	—	82	—	37	—	14	80
6300	19	50	9	80	13	—	29	30	7	80	5	20	10	40	41	50	83	—	37	—	14	80
6400	19	50	9	80	13	—	29	30	7	80	5	20	10	50	42	—	84	—	37	—	14	80
6500	19	50	9	80	13	—	29	30	7	80	5	20	10	70	42	50	85	—	37	—	14	80
6600	19	50	9	80	13	—	29	30	7	80	5	20	10	80	43	—	86	—	37	—	14	80
6700	19	50	9	80	13	—	29	30	7	80	5	20	10	90	43	50	87	—	37	—	14	80
6800	21	—	10	50	14	—	31	50	8	40	5	60	11	—	44	—	88	—	40	50	16	20
6900	21	—	10	50	14	—	31	50	8	40	5	60	11	20	44	50	89	—	40	50	16	20
7000	21	—	10	50	14	—	31	50	8	40	5	60	11	30	45	—	90	—	40	50	16	20
7100	21	—	10	50	14	—	31	50	8	40	5	60	11	40	45	50	91	—	40	50	16	20
7200	21	—	10	50	14	—	31	50	8	40	5	60	11	50	46	—	92	—	40	50	16	20
7300	21	—	10	50	14	—	31	50	8	40	5	60	11	70	46	50	93	—	40	50	16	20
7400	21	—	10	50	14	—	31	50	8	40	5	60	11	80	47	—	94	—	40	50	16	20
7500	21	—	10	50	14	—	31	50	8	40	5	60	11	90	47	50	95	—	40	50	16	20
7600	21	—	10	50	14	—	31	50	8	40	5	60	12	—	48	—	96	—	40	50	16	20
7700	21	—	10	50	14	—	31	50	8	40	5	60	12	20	48	50	97	—	40	50	16	20
7800	21	—	10	50	14	—	31	50	8	40	5	60	12	30	49	—	98	—	40	50	16	20
7900	22	50	11	30	15	—	33	80	9	—	6	—	12	40	49	50	99	—	40	50	16	20
8000	22	50	11	30	15	—	33	80	9	—	6	—	12	50	50	—	100	—	40	50	16	20

Gegenstands-Summa	Staatsgebühren						Besitzveränderungsabgabe		Staatsgebühren									
	1		1 1/2		2				1		2		2 1/2		3		5	
	Prozent								pro mille									
M	M	₰	M	₰	M	₰	M	₰	M	₰	M	₰	M	₰	M	₰	M	₰
8100	81	—	121	50	162	—	40	50	8	10	16	20	20	30	24	30	40	50
8200	82	—	123	—	164	—	41	—	8	20	16	40	20	50	24	60	41	—
8300	83	—	124	50	166	—	41	50	8	30	16	60	20	80	24	90	41	50
8400	84	—	126	—	168	—	42	—	8	40	16	80	21	—	25	20	42	—
8500	85	—	127	50	170	—	42	50	8	50	17	—	21	30	25	50	42	50
8600	86	—	129	—	172	—	43	—	8	60	17	20	21	50	25	80	43	—
8700	87	—	130	50	174	—	43	50	8	70	17	40	21	80	26	10	43	50
8800	88	—	132	—	176	—	44	—	8	80	17	60	22	—	26	40	44	—
8900	89	—	133	50	178	—	44	50	8	90	17	80	22	30	26	70	44	50
9000	90	—	135	—	180	—	45	—	9	—	18	—	22	50	27	—	45	—
9100	91	—	136	50	182	—	45	50	9	10	18	20	22	80	27	30	45	50
9200	92	—	138	—	184	—	46	—	9	20	18	40	23	—	27	60	46	—
9300	93	—	139	50	186	—	46	50	9	30	18	60	23	30	27	90	46	50
9400	94	—	141	—	188	—	47	—	9	40	18	80	23	50	28	20	47	—
9500	95	—	142	50	190	—	47	50	9	50	19	—	23	80	28	50	47	50
9600	96	—	144	—	192	—	48	—	9	60	19	20	24	—	28	80	48	—
9700	97	—	145	50	194	—	48	50	9	70	19	40	24	30	29	10	48	50
9800	98	—	147	—	196	—	49	—	9	80	19	60	24	50	29	40	49	—
9900	99	—	148	50	198	—	49	50	9	90	19	80	24	80	29	70	49	50
10000	100	—	150	—	200	—	50	—	10	—	20	—	25	—	30	—	50	—
10100	101	—	151	50	202	—	50	50	10	10	20	20	25	30	30	30	50	50
10200	102	—	153	—	204	—	51	—	10	20	20	40	25	50	30	60	51	—
10300	103	—	154	50	206	—	51	50	10	30	20	60	25	80	30	90	51	50
10400	104	—	156	—	208	—	52	—	10	40	20	80	26	—	31	20	52	—
10500	105	—	157	50	210	—	52	50	10	50	21	—	26	30	31	50	52	50
10600	106	—	159	—	212	—	53	—	10	60	21	20	26	50	31	80	53	—
10700	107	—	160	50	214	—	53	50	10	70	21	40	26	80	32	10	53	50
10800	108	—	162	—	216	—	54	—	10	80	21	60	27	—	32	40	54	—
10900	109	—	163	50	218	—	54	50	10	90	21	80	27	30	32	70	54	50
11000	110	—	165	—	220	—	55	—	11	—	22	—	27	50	33	—	55	—
11100	111	—	166	50	222	—	55	50	11	10	22	20	27	80	33	30	55	50
11200	112	—	168	—	224	—	56	—	11	20	22	40	28	—	33	60	56	—
11300	113	—	169	50	226	—	56	50	11	30	22	60	28	30	33	90	56	50
11400	114	—	171	—	228	—	57	—	11	40	22	80	28	50	34	20	57	—
11500	115	—	172	50	230	—	57	50	11	50	23	—	28	80	34	50	57	50
11600	116	—	174	—	232	—	58	—	11	60	23	20	29	—	34	80	58	—
11700	117	—	175	50	234	—	58	50	11	70	23	40	29	30	35	10	58	50
11800	118	—	177	—	236	—	59	—	11	80	23	60	29	50	35	40	59	—
11900	119	—	178	50	238	—	59	50	11	90	23	80	29	80	35	70	59	50
12000	120	—	180	—	240	—	60	—	12	—	24	—	30	—	36	—	60	—

Gegen-stands-Summa	Werthgebühr								4/10 aus der vollen Werth-gebühr		4/10 aus 2/3 Werth-gebühr		Hinterlegungs-gebühr						Auseinander-setzungsgebühr			
	Volle		1/2		1/2 bis 2200 ℳ		1 1/2												5/10		2/10	
	Art. 22. 40. 41. 50		Art. 25. 27. 29. 30. 38 Abs. 2		darüber 2/3 Art. 24		Art. 23		Art. 45 Abs. 3				Art. 100		Art. 101 a		Art. 101 b		der Sätze des § 8 des Reichsgerichts-Kosten-Gesetzes			
ℳ	ℳ	₰	ℳ	₰	ℳ	₰	ℳ	₰	ℳ	₰	ℳ	₰	ℳ	₰	ℳ	₰	ℳ	₰	ℳ	₰	ℳ	₰
8100	22	50	11	30	15	—	33	80	9	—	6	—	12	70	50	50	101	—	40	50	16	20
8200	22	50	11	30	15	—	33	80	9	—	6	—	12	80	51	—	102	—	40	50	16	20
8300	22	50	11	30	15	—	33	80	9	—	6	—	12	90	51	50	103	—	45	—	18	—
8400	22	50	11	30	15	—	33	80	9	—	6	—	13	—	52	—	104	—	45	—	18	—
8500	22	50	11	30	15	—	33	80	9	—	6	—	13	20	52	50	105	—	45	—	18	—
8600	22	50	11	30	15	—	33	80	9	—	6	—	13	30	53	—	106	—	45	—	18	—
8700	22	50	11	30	15	—	33	80	9	—	6	—	13	40	53	50	107	—	45	—	18	—
8800	22	50	11	30	15	—	33	80	9	—	6	—	13	50	54	—	108	—	45	—	18	—
8900	22	50	11	30	15	—	33	80	9	—	6	—	13	70	54	50	109	—	45	—	18	—
9000	24	—	12	—	16	—	36	—	9	60	6	40	13	80	55	—	110	—	45	—	18	—
9100	24	—	12	—	16	—	36	—	9	60	6	40	13	90	55	50	111	—	45	—	18	—
9200	24	—	12	—	16	—	36	—	9	60	6	40	14	—	56	—	112	—	45	—	18	—
9300	24	—	12	—	16	—	36	—	9	60	6	40	14	20	56	50	113	—	45	—	18	—
9400	24	—	12	—	16	—	36	—	9	60	6	40	14	30	57	—	114	—	45	—	18	—
9500	24	—	12	—	16	—	36	—	9	60	6	40	14	40	57	50	115	—	45	—	18	—
9600	24	—	12	—	16	—	36	—	9	60	6	40	14	50	58	—	116	—	45	—	18	—
9700	24	—	12	—	16	—	36	—	9	60	6	40	14	70	58	50	117	—	45	—	18	—
9800	24	—	12	—	16	—	36	—	9	60	6	40	14	80	59	—	118	—	45	—	18	—
9900	24	—	12	—	16	—	36	—	9	60	6	40	14	90	59	50	119	—	45	—	18	—
10000	24	—	12	—	16	—	36	—	9	60	6	40	15	—	60	—	120	—	45	—	18	—
10100	27	—	13	50	18	—	40	50	10	80	7	20	15	20	60	50	121	—	50	—	20	—
10200	27	—	13	50	18	—	40	50	10	80	7	20	15	30	61	—	122	—	50	—	20	—
10300	27	—	13	50	18	—	40	50	10	80	7	20	15	40	61	50	123	—	50	—	20	—
10400	27	—	13	50	18	—	40	50	10	80	7	20	15	50	62	—	124	—	50	—	20	—
10500	27	—	13	50	18	—	40	50	10	80	7	20	15	70	62	50	125	—	50	—	20	—
10600	27	—	13	50	18	—	40	50	10	80	7	20	15	80	63	—	126	—	50	—	20	—
10700	27	—	13	50	18	—	40	50	10	80	7	20	15	90	63	50	127	—	50	—	20	—
10800	27	—	13	50	18	—	40	50	10	80	7	20	16	—	64	—	128	—	50	—	20	—
10900	27	—	13	50	18	—	40	50	10	80	7	20	16	20	64	50	129	—	50	—	20	—
11000	27	—	13	50	18	—	40	50	10	80	7	20	16	30	65	—	130	—	50	—	20	—
11100	27	—	13	50	18	—	40	50	10	80	7	20	16	40	65	50	131	—	50	—	20	—
11200	27	—	13	50	18	—	40	50	10	80	7	20	16	50	66	—	132	—	50	—	20	—
11300	27	—	13	50	18	—	40	50	10	80	7	20	16	70	66	50	133	—	50	—	20	—
11400	27	—	13	50	18	—	40	50	10	80	7	20	16	80	67	—	134	—	50	—	20	—
11500	27	—	13	50	18	—	40	50	10	80	7	20	16	90	67	50	135	—	50	—	20	—
11600	27	—	13	50	18	—	40	50	10	80	7	20	17	—	68	—	136	—	50	—	20	—
11700	27	—	13	50	18	—	40	50	10	80	7	20	17	20	68	50	137	—	50	—	20	—
11800	27	—	13	50	18	—	40	50	10	80	7	20	17	30	69	—	138	—	50	—	20	—
11900	27	—	13	50	18	—	40	50	10	80	7	20	17	40	69	50	139	—	50	—	20	—
12000	27	—	13	50	18	—	40	50	10	80	7	20	17	50	70	—	140	—	50	—	20	—

Gegenstands-Summa	Staatsgebühren Prozent 1		1½		2		Besitzveränderungsabgabe		Staatsgebühren pro mille 1		2		2½		3		5	
M	M	Pf	M	Pf	M	Pf	M	Pf	M	Pf	M	Pf	M	Pf	M	Pf	M	Pf
12100	121	—	181	50	242	—	60	50	12	10	24	20	30	30	36	30	60	50
12200	122	—	183	—	244	—	61	—	12	20	24	40	30	50	36	60	61	—
12300	123	—	184	50	246	—	61	50	12	30	24	60	30	80	36	90	61	50
12400	124	—	186	—	248	—	62	—	12	40	24	80	31	—	37	20	62	—
12500	125	—	187	50	250	—	62	50	12	50	25	—	31	30	37	50	62	50
12600	126	—	189	—	252	—	63	—	12	60	25	20	31	50	37	80	63	—
12700	127	—	190	50	254	—	63	50	12	70	25	40	31	80	38	10	63	50
12800	128	—	192	—	256	—	64	—	12	80	25	60	32	—	38	40	64	—
12900	129	—	193	50	258	—	64	50	12	90	25	80	32	30	38	70	64	50
13000	130	—	195	—	260	—	65	—	13	—	26	—	32	50	39	—	65	—
13100	131	—	196	50	262	—	65	50	13	10	26	20	32	80	39	30	65	50
13200	132	—	198	—	264	—	66	—	13	20	26	40	33	—	39	60	66	—
13300	133	—	199	50	266	—	66	50	13	30	26	60	33	30	39	90	66	50
13400	134	—	201	—	268	—	67	—	13	40	26	80	33	50	40	20	67	—
13500	135	—	202	50	270	—	67	50	13	50	27	—	33	80	40	50	67	50
13600	136	—	204	—	272	—	68	—	13	60	27	20	34	—	40	80	68	—
13700	137	—	205	50	274	—	68	50	13	70	27	40	34	30	41	10	68	50
13800	138	—	207	—	276	—	69	—	13	80	27	60	34	50	41	40	69	—
13900	139	—	208	50	278	—	69	50	13	90	27	80	34	80	41	70	69	50
14000	140	—	210	—	280	—	70	—	14	—	28	—	35	—	42	—	70	—
14100	141	—	211	50	282	—	70	50	14	10	28	20	35	30	42	30	70	50
14200	142	—	213	—	284	—	71	—	14	20	28	40	35	50	42	60	71	—
14300	143	—	214	50	286	—	71	50	14	30	28	60	35	80	42	90	71	50
14400	144	—	216	—	288	—	72	—	14	40	28	80	36	—	43	20	72	—
14500	145	—	217	50	290	—	72	50	14	50	29	—	36	30	43	50	72	50
14600	146	—	219	—	292	—	73	—	14	60	29	20	36	50	43	80	73	—
14700	147	—	220	50	294	—	73	50	14	70	29	40	36	80	44	10	73	50
14800	148	—	222	—	296	—	74	—	14	80	29	60	37	—	44	40	74	—
14900	149	—	223	50	298	—	74	50	14	90	29	80	37	30	44	70	74	50
15000	150	—	225	—	300	—	75	—	15	—	30	—	37	50	45	—	75	—
15100	151	—	226	50	302	—	75	50	15	10	30	20	37	80	45	30	75	50
15200	152	—	228	—	304	—	76	—	15	20	30	40	38	—	45	60	76	—
15300	153	—	229	50	306	—	76	50	15	30	30	60	38	30	45	90	76	50
15400	154	—	231	—	308	—	77	—	15	40	30	80	38	50	46	20	77	—
15500	155	—	232	50	310	—	77	50	15	50	31	—	38	80	46	50	77	50
15600	156	—	234	—	312	—	78	—	15	60	31	20	39	—	46	80	78	—
15700	157	—	235	50	314	—	78	50	15	70	31	40	39	30	47	10	78	50
15800	158	—	237	—	316	—	79	—	15	80	31	60	39	50	47	40	79	—
15900	159	—	238	50	318	—	79	50	15	90	31	80	39	80	47	70	79	50
16000	160	—	240	—	320	—	80	—	16	—	32	—	40	—	48		80	—

Gegenstands-Summa	Werthgebühr								4/10 aus der vollen Werthgebühr		4/10 aus 2/3 Werthgebühr		Hinterlegungsgebühr						Auseinandersetzungsgebühr			
	Volle		1/2		1/2 bis 2200 M.		1 1/2												5/10		2/10	
	Art. 22. 40. 41. 50		Art. 25. 27. 29. 30. 38 Abs. 2		darüber 2/3 Art. 24		Art. 23		Art. 45 Abs. 3				Art. 100		Art. 101 a		Art. 101 b		der Sätze des § 8 des Reichsgerichts-Kosten-Gesetzes			
M	M	₰	M	₰	M	₰	M	₰	M	₰	M	₰	M	₰	M	₰	M	₰	M	₰	M	₰
12100	30	—	15	—	20	—	45	—	12	—	8	—	17	70	70	50	141	—	55	—	22	—
12200	30	—	15	—	20	—	45	—	12	—	8	—	17	80	71	—	142	—	55	—	22	—
12300	30	—	15	—	20	—	45	—	12	—	8	—	17	90	71	50	143	—	55	—	22	—
12400	30	—	15	—	20	—	45	—	12	—	8	—	18	—	72	—	144	—	55	—	22	—
12500	30	—	15	—	20	—	45	—	12	—	8	—	18	20	72	50	145	—	55	—	22	—
12600	30	—	15	—	20	—	45	—	12	—	8	—	18	30	73	—	146	—	55	—	22	—
12700	30	—	15	—	20	—	45	—	12	—	8	—	18	40	73	50	147	—	55	—	22	—
12800	30	—	15	—	20	—	45	—	12	—	8	—	18	50	74	—	148	—	55	—	22	—
12900	30	—	15	—	20	—	45	—	12	—	8	—	18	70	74	50	149	—	55	—	22	—
13000	30	—	15	—	20	—	45	—	12	—	8	—	18	80	75	—	150	—	55	—	22	—
13100	30	—	15	—	20	—	45	—	12	—	8	—	18	90	75	50	151	—	55	—	22	—
13200	30	—	15	—	20	—	45	—	12	—	8	—	19	—	76	—	152	—	55	—	22	—
13300	30	—	15	—	20	—	45	—	12	—	8	—	19	20	76	50	153	—	55	—	22	—
13400	30	—	15	—	20	—	45	—	12	—	8	—	19	30	77	—	154	—	55	—	22	—
13500	30	—	15	—	20	—	45	—	12	—	8	—	19	40	77	50	155	—	55	—	22	—
13600	30	—	15	—	20	—	45	—	12	—	8	—	19	50	78	—	156	—	55	—	22	—
13700	30	—	15	—	20	—	45	—	12	—	8	—	19	70	78	50	157	—	55	—	22	—
13800	30	—	15	—	20	—	45	—	12	—	8	—	19	80	79	—	158	—	55	—	22	—
13900	30	—	15	—	20	—	45	—	12	—	8	—	19	90	79	50	159	—	55	—	22	—
14000	30	—	15	—	20	—	45	—	12	—	8	—	20	—	80	—	160	—	55	—	22	—
14100	33	—	16	50	22	—	49	50	13	20	8	80	20	20	80	50	161	—	60	—	24	—
14200	33	—	16	50	22	—	49	50	13	20	8	80	20	30	81	—	162	—	60	—	24	—
14300	33	—	16	50	22	—	49	50	13	20	8	80	20	40	81	50	163	—	60	—	24	—
14400	33	—	16	50	22	—	49	50	13	20	8	80	20	50	82	—	164	—	60	—	24	—
14500	33	—	16	50	22	—	49	50	13	20	8	80	20	70	82	50	165	—	60	—	24	—
14600	33	—	16	50	22	—	49	50	13	20	8	80	20	80	83	—	166	—	60	—	24	—
14700	33	—	16	50	22	—	49	50	13	20	8	80	20	90	83	50	167	—	60	—	24	—
14800	33	—	16	50	22	—	49	50	13	20	8	80	21	—	84	—	168	—	60	—	24	—
14900	33	—	16	50	22	—	49	50	13	20	8	80	21	20	84	50	169	—	60	—	24	—
15000	33	—	16	50	22	—	49	50	13	20	8	80	21	30	85	—	170	—	60	—	24	—
15100	33	—	16	50	22	—	49	50	13	20	8	80	21	40	85	50	171	—	60	—	24	—
15200	33	—	16	50	22	—	49	50	13	20	8	80	21	50	86	—	172	—	60	—	24	—
15300	33	—	16	50	22	—	49	50	13	20	8	80	21	70	86	50	173	—	60	—	24	—
15400	33	—	16	50	22	—	49	50	13	20	8	80	21	80	87	—	174	—	60	—	24	—
15500	33	—	16	50	22	—	49	50	13	20	8	80	21	90	87	50	175	—	60	—	24	—
15600	33	—	16	50	22	—	49	50	13	20	8	80	22	—	88	—	176	—	60	—	24	—
15700	33	—	16	50	22	—	49	50	13	20	8	80	22	20	88	50	177	—	60	—	24	—
15800	33	—	16	50	22	—	49	50	13	20	8	80	22	30	89	—	178	—	60	—	24	—
15900	33	—	16	50	22	—	49	50	13	20	8	80	22	40	89	50	179	—	60	—	24	—
16000	33	—	16	50	22	—	49	50	13	20	8	80	22	50	90	—	180	—	60	—	24	—

Gegen-stands-Summa	Staatsgebühren 1 Prozent		Staatsgebühren 1½ Prozent		Staatsgebühren 2 Prozent		Besitz-veränderungs-abgabe		Staatsgebühren 1 pro mille		Staatsgebühren 2 pro mille		Staatsgebühren 2½ pro mille		Staatsgebühren 3 pro mille		Staatsgebühren 5 pro mille	
M	M	Pf	M	Pf	M	Pf	M	Pf	M	Pf	M	Pf	M	Pf	M	Pf	M	Pf
16100	161	—	241	50	322	—	80	50	16	10	32	20	40	30	48	30	80	50
16200	162	—	243	—	324	—	81	—	16	20	32	40	40	50	48	60	81	—
16300	163	—	244	50	326	—	81	50	16	30	32	60	40	80	48	90	81	50
16400	164	—	246	—	328	—	82	—	16	40	32	80	41	—	49	20	82	—
16500	165	—	247	50	330	—	82	50	16	50	33	—	41	30	49	50	82	50
16600	166	—	249	—	332	—	83	—	16	60	33	20	41	50	49	80	83	—
16700	167	—	250	50	334	—	83	50	16	70	33	40	41	80	50	10	83	50
16800	168	—	252	—	336	—	84	—	16	80	33	60	42	—	50	40	84	—
16900	169	—	253	50	338	—	84	50	16	90	33	80	42	30	50	70	84	50
17000	170	—	255	—	340	—	85	—	17	—	34	—	42	50	51		85	—
17100	171	—	256	50	342	—	85	50	17	10	34	20	42	80	51	30	85	50
17200	172	—	258	—	344	—	86	—	17	20	34	40	43	—	51	60	86	—
17300	173	—	259	50	346	—	86	50	17	30	34	60	43	30	51	90	86	50
17400	174	—	261	—	348	—	87	—	17	40	34	80	43	50	52	20	87	—
17500	175	—	262	50	350	—	87	50	17	50	35	—	43	80	52	50	87	50
17600	176	—	264	—	352	—	88	—	17	60	35	20	44	—	52	80	88	—
17700	177	—	265	50	354	—	88	50	17	70	35	40	44	30	53	10	88	50
17800	178	—	267	—	356	—	89	—	17	80	35	60	44	50	53	40	89	—
17900	179	—	268	50	358	—	89	50	17	90	35	80	44	80	53	70	89	50
18000	180	—	270	—	360	—	90	—	18	—	36	—	45	—	54	—	90	—
18100	181	—	271	50	362	—	90	50	18	10	36	20	45	30	54	30	90	50
18200	182	—	273	—	364	—	91	—	18	20	36	40	45	50	54	60	91	—
18300	183	—	274	50	366	—	91	50	18	30	36	60	45	80	54	90	91	50
18400	184	—	276	—	368	—	92	—	18	40	36	80	46	—	55	20	92	—
18500	185	—	277	50	370	—	92	50	18	50	37	—	46	30	55	50	92	50
18600	186	—	279	—	372	—	93	—	18	60	37	20	46	50	55	80	93	—
18700	187	—	280	50	374	—	93	50	18	70	37	40	46	80	56	10	93	50
18800	188	—	282	—	376	—	94	—	18	80	37	60	47	—	56	40	94	—
18900	189	—	283	50	378	—	94	50	18	90	37	80	47	30	56	70	94	50
19000	190	—	285	—	380	—	95	—	19	—	38	—	47	50	57	—	95	—
19100	191	—	286	50	382	—	95	50	19	10	38	20	47	80	57	30	95	50
19200	192	—	288	—	384	—	96	—	19	20	38	40	48	—	57	60	96	—
19300	193	—	289	50	386	—	96	50	19	30	38	60	48	30	57	90	96	50
19400	194	—	291	—	388	—	97	—	19	40	38	80	48	50	58	20	97	—
19500	195	—	292	50	390	—	97	50	19	50	39	—	48	80	58	50	97	50
19600	196	—	294	—	392	—	98	—	19	60	39	20	49	—	58	80	98	—
19700	197	—	295	50	394	—	98	50	19	70	39	40	49	30	59	10	98	50
19800	198	—	297	—	396	—	99	—	19	80	39	60	49	50	59	40	99	—
19900	199	—	298	50	398	—	99	50	19	90	39	80	49	80	59	70	99	50
20000	200	—	300	—	400	—	100	—	20	—	40	—	50	—	60	—	100	—

Gegenstands-Summa	Werthgebühr: Volle (Art. 22. 40. 41. 50)		Werthgebühr: 1/2 (Art. 25. 27. 29. 30. 38 Abs. 2)		Werthgebühr: 1/2 bis 2200 M, darüber 2/3 (Art. 24)		Werthgebühr: 1 1/2 (Art. 23)		4/10 aus der vollen Werthgebühr (Art. 45 Abs. 3)		4/10 aus 2/3 Werthgebühr (Art. 45 Abs. 3)		Hinterlegungsgebühr: Art. 100		Hinterlegungsgebühr: Art. 101 a		Hinterlegungsgebühr: Art. 101 b		Auseinandersetzungsgebühr: 5/10 der Sätze des § 8 des Reichsgerichts-Kosten-Gesetzes		Auseinandersetzungsgebühr: 2/10 der Sätze des § 8 des Reichsgerichts-Kosten-Gesetzes	
M	M	₰	M	₰	M	₰	M	₰	M	₰	M	₰	M	₰	M	₰	M	₰	M	₰
16100	36	—	18	—	24	—	54	—	14	40	9	60	22	70	90	50	181	—	65	—	26	—
16200	36	—	18	—	24	—	54	—	14	40	9	60	22	80	91	—	182	—	65	—	26	—
16300	36	—	18	—	24	—	54	—	14	40	9	60	22	90	91	50	183	—	65	—	26	—
16400	36	—	18	—	24	—	54	—	14	40	9	60	23	—	92	—	184	—	65	—	26	—
16500	36	—	18	—	24	—	54	—	14	40	9	60	23	20	92	50	185	—	65	—	26	—
16600	36	—	18	—	24	—	54	—	14	40	9	60	23	30	93	—	186	—	65	—	26	—
16700	36	—	18	—	24	—	54	—	14	40	9	60	23	40	93	50	187	—	65	—	26	—
16800	36	—	18	—	24	—	54	—	14	40	9	60	23	50	94	—	188	—	65	—	26	—
16900	36	—	18	—	24	—	54	—	14	40	9	60	23	70	94	50	189	—	65	—	26	—
17000	36	—	18	—	24	—	54	—	14	40	9	60	23	80	95	—	190	—	65	—	26	—
17100	36	—	18	—	24	—	54	—	14	40	9	60	23	90	95	50	191	—	65	—	26	—
17200	36	—	18	—	24	—	54	—	14	40	9	60	24	—	96	—	192	—	65	—	26	—
17300	36	—	18	—	24	—	54	—	14	40	9	60	24	20	96	50	193	—	65	—	26	—
17400	36	—	18	—	24	—	54	—	14	40	9	60	24	30	97	—	194	—	65	—	26	—
17500	36	—	18	—	24	—	54	—	14	40	9	60	24	40	97	50	195	—	65	—	26	—
17600	36	—	18	—	24	—	54	—	14	40	9	60	24	50	98	—	196	—	65	—	26	—
17700	36	—	18	—	24	—	54	—	14	40	9	60	24	70	98	50	197	—	65	—	26	—
17800	36	—	18	—	24	—	54	—	14	40	9	60	24	80	99	—	198	—	65	—	26	—
17900	36	—	18	—	24	—	54	—	14	40	9	60	24	90	99	50	199	—	65	—	26	—
18000	36	—	18	—	24	—	54	—	14	40	9	60	25	—	100	—	200	—	65	—	26	—
18100	39	—	19	50	26	—	58	50	15	60	10	40	25	20	100	50	201	—	70	—	28	—
18200	39	—	19	50	26	—	58	50	15	60	10	40	25	30	101	—	202	—	70	—	28	—
18300	39	—	19	50	26	—	58	50	15	60	10	40	25	40	101	50	203	—	70	—	28	—
18400	39	—	19	50	26	—	58	50	15	60	10	40	25	50	102	—	204	—	70	—	28	—
18500	39	—	19	50	26	—	58	50	15	60	10	40	25	70	102	50	205	—	70	—	28	—
18600	39	—	19	50	26	—	58	50	15	60	10	40	25	80	103	—	206	—	70	—	28	—
18700	39	—	19	50	26	—	58	50	15	60	10	40	25	90	103	50	207	—	70	—	28	—
18800	39	—	19	50	26	—	58	50	15	60	10	40	26	—	104	—	208	—	70	—	28	—
18900	39	—	19	50	26	—	58	50	15	60	10	40	26	20	104	50	209	—	70	—	28	—
19000	39	—	19	50	26	—	58	50	15	60	10	40	26	30	105	—	210	—	70	—	28	—
19100	39	—	19	50	26	—	58	50	15	60	10	40	26	40	105	50	211	—	70	—	28	—
19200	39	—	19	50	26	—	58	50	15	60	10	40	26	50	106	—	212	—	70	—	28	—
19300	39	—	19	50	26	—	58	50	15	60	10	40	26	70	106	50	213	—	70	—	28	—
19400	39	—	19	50	26	—	58	50	15	60	10	40	26	80	107	—	214	—	70	—	28	—
19500	39	—	19	50	26	—	58	50	15	60	10	40	26	90	107	50	215	—	70	—	28	—
19600	39	—	19	50	26	—	58	50	15	60	10	40	27	—	108	—	216	—	70	—	28	—
19700	39	—	19	50	26	—	58	50	15	60	10	40	27	20	108	50	217	—	70	—	28	—
19800	39	—	19	50	26	—	58	50	15	60	10	40	27	30	109	—	218	—	70	—	28	—
19900	39	—	19	50	26	—	58	50	15	60	10	40	27	40	109	50	219	—	70	—	28	—
20000	39	—	19	50	26	—	58	50	15	60	10	40	27	50	110	—	220	—	70	—	28	—

Gegen-standss-Summa	Staatsgebühren						Besitz-veränderungs-abgabe		Staatsgebühren									
	1		1 ½		2				1		2		2 ½		3		5	
	Prozent								pro mille									
ℳ	ℳ	₰	ℳ	₰	ℳ	₰	ℳ	₰	ℳ	₰	ℳ	₰	ℳ	₰	ℳ	₰	ℳ	₰
20100	201	—	301	50	402	—	100	50	20	10	40	20	50	30	60	30	100	50
20200	202	—	303	—	404	—	101	—	20	20	40	40	50	50	60	60	101	—
20300	203	—	304	50	406	—	101	50	20	30	40	60	50	80	60	90	101	50
20400	204	—	306	—	408	—	102	—	20	40	40	80	51	—	61	20	102	—
20500	205	—	307	50	410	—	102	50	20	50	41	—	51	30	61	50	102	50
20600	206	—	309	—	412	—	103	—	20	60	41	20	51	50	61	80	103	—
20700	207	—	310	50	414	—	103	50	20	70	41	40	51	80	62	10	103	50
20800	208	—	312	—	416	—	104	—	20	80	41	60	52	—	62	40	104	—
20900	209	—	313	50	418	—	104	50	20	90	41	80	52	30	62	70	104	50
21000	210	—	315	—	420	—	105	—	21	—	42	—	52	50	63	—	105	—
21100	211	—	316	50	422	—	105	50	21	10	42	20	52	80	63	30	105	50
21200	212	—	318	—	424	—	106	—	21	20	42	40	53	—	63	60	106	—
21300	213	—	319	50	426	—	106	50	21	30	42	60	53	30	63	90	106	50
21400	214	—	321	—	428	—	107	—	21	40	42	80	53	50	64	20	107	—
21500	215	—	322	50	430	—	107	50	21	50	43	—	53	80	64	50	107	50
21600	216	—	324	—	432	—	108	—	21	60	43	20	54	—	64	80	108	—
21700	217	—	325	50	434	—	108	50	21	70	43	40	54	30	65	10	108	50
21800	218	—	327	—	436	—	109	—	21	80	43	60	54	50	65	40	109	—
21900	219	—	328	50	438	—	109	50	21	90	43	80	54	80	65	70	109	50
22000	220	—	330	—	440	—	110	—	22	—	44	—	55	—	66	—	110	—
22100	221	—	331	50	442	—	110	50	22	10	44	20	55	30	66	30	110	50
22200	222	—	333	—	444	—	111	—	22	20	44	40	55	50	66	60	111	—
22300	223	—	334	50	446	—	111	50	22	30	44	60	55	80	66	90	111	50
22400	224	—	336	—	448	—	112	—	22	40	44	80	56	—	67	20	112	—
22500	225	—	337	50	450	—	112	50	22	50	45	—	56	30	67	50	112	50
22600	226	—	339	—	452	—	113	—	22	60	45	20	56	50	67	80	113	—
22700	227	—	340	50	454	—	113	50	22	70	45	40	56	80	68	10	113	50
22800	228	—	342	—	456	—	114	—	22	80	45	60	57	—	68	40	114	—
22900	229	—	343	50	458	—	114	50	22	90	45	80	57	30	68	70	114	50
23000	230	—	345	—	460	—	115	—	23	—	46	—	57	50	69	—	115	—
23100	231	—	346	50	462	—	115	50	23	10	46	20	57	80	69	30	115	50
23200	232	—	348	—	464	—	116	—	23	20	46	40	58	—	69	60	116	—
23300	233	—	349	50	466	—	116	50	23	30	46	60	58	30	69	90	116	50
23400	234	—	351	—	468	—	117	—	23	40	46	80	58	50	70	20	117	—
23500	235	—	352	50	470	—	117	50	23	50	47	—	58	80	70	50	117	50
23600	236	—	354	—	472	—	118	—	23	60	47	20	59	—	70	80	118	—
23700	237	—	355	50	474	—	118	50	23	70	47	40	59	30	71	10	118	50
23800	238	—	357	—	476	—	119	—	23	80	47	60	59	50	71	40	119	—
23900	239	—	358	50	478	—	119	50	23	90	47	80	59	80	71	70	119	50
24000	240	—	360	—	480	—	120	—	24	—	48	—	60	—	72	—	120	—

Gegen-stands-Summa	Werthgebühr: Volle (Art. 22. 40 41. 50)		Werthgebühr: 1/2 (Art. 25. 27. 29. 30. 38 Abs. 2)		Werthgebühr: 1/2 bis 2200 M., darüber 2/3 (Art. 24)		Werthgebühr: 1 1/2 (Art. 23)		4/10 aus der vollen Werthgebühr (Art. 45 Abs. 3)		4/10 aus 2/3 Werthgebühr (Art. 45 Abs. 3)		Hinterlegungsgebühr: Art. 100		Hinterlegungsgebühr: Art. 101 a		Hinterlegungsgebühr: Art. 101 b		Auseinandersetzungsgebühr: 5/10 (der Sätze des § 8 des Reichsgerichts-Kosten-Gesetzes)		Auseinandersetzungsgebühr: 2/10 (der Sätze des § 8 des Reichsgerichts-Kosten-Gesetzes)	
M	M	₰	M	₰	M	₰	M	₰	M	₰	M	₰	M	₰	M	₰	M	₰	M	₰	M	₰
20100	42	—	21	—	28	—	63	—	16	80	11	20	27	70	110	50	221	—	75	—	30	—
20200	42	—	21	—	28	—	63	—	16	80	11	20	27	80	111	—	222	—	75	—	30	—
20300	42	—	21	—	28	—	63	—	16	80	11	20	27	90	111	50	223	—	75	—	30	—
20400	42	—	21	—	28	—	63	—	16	80	11	20	28	—	112	—	224	—	75	—	30	—
20500	42	—	21	—	28	—	63	—	16	80	11	20	28	20	112	50	225	—	75	—	30	—
20600	42	—	21	—	28	—	63	—	16	80	11	20	28	30	113	—	226	—	75	—	30	—
20700	42	—	21	—	28	—	63	—	16	80	11	20	28	40	113	50	227	—	75	—	30	—
20800	42	—	21	—	28	—	63	—	16	80	11	20	28	50	114	—	228	—	75	—	30	—
20900	42	—	21	—	28	—	63	—	16	80	11	20	28	70	114	50	229	—	75	—	30	—
21000	42	—	21	—	28	—	63	—	16	80	11	20	28	80	115	—	230	—	75	—	30	—
21100	42	—	21	—	28	—	63	—	16	80	11	20	28	90	115	50	231	—	75	—	30	—
21200	42	—	21	—	28	—	63	—	16	80	11	20	29	—	116	—	232	—	75	—	30	—
21300	42	—	21	—	28	—	63	—	16	80	11	20	29	20	116	50	233	—	75	—	30	—
21400	42	—	21	—	28	—	63	—	16	80	11	20	29	30	117	—	234	—	75	—	30	—
21500	42	—	21	—	28	—	63	—	16	80	11	20	29	40	117	50	235	—	75	—	30	—
21600	42	—	21	—	28	—	63	—	16	80	11	20	29	50	118	—	236	—	75	—	30	—
21700	42	—	21	—	28	—	63	—	16	80	11	20	29	70	118	50	237	—	75	—	30	—
21800	42	—	21	—	28	—	63	—	16	80	11	20	29	80	119	—	238	—	75	—	30	—
21900	42	—	21	—	28	—	63	—	16	80	11	20	29	90	119	50	239	—	75	—	30	—
22000	42	—	21	—	28	—	63	—	16	80	11	20	30	—	120	—	240	—	75	—	30	—
22100	42	—	21	—	28	—	63	—	16	80	11	20	30	20	120	50	241	—	80	—	32	—
22200	42	—	21	—	28	—	63	—	16	80	11	20	30	30	121	—	242	—	80	—	32	—
22300	42	—	21	—	28	—	63	—	16	80	11	20	30	40	121	50	243	—	80	—	32	—
22400	42	—	21	—	28	—	63	—	16	80	11	20	30	50	122	—	244	—	80	—	32	—
22500	42	—	21	—	28	—	63	—	16	80	11	20	30	70	122	50	245	—	80	—	32	—
22600	42	—	21	—	28	—	63	—	16	80	11	20	30	80	123	—	246	—	80	—	32	—
22700	42	—	21	—	28	—	63	—	16	80	11	20	30	90	123	50	247	—	80	—	32	—
22800	42	—	21	—	28	—	63	—	16	80	11	20	31	—	124	—	248	—	80	—	32	—
22900	42	—	21	—	28	—	63	—	16	80	11	20	31	20	124	50	249	—	80	—	32	—
23000	42	—	21	—	28	—	63	—	16	80	11	20	31	30	125	—	250	—	80	—	32	—
23100	44	—	22	—	29	40	66	—	17	60	11	80	31	40	125	50	251	—	80	—	32	—
23200	44	—	22	—	29	40	66	—	17	60	11	80	31	50	126	—	252	—	80	—	32	—
23300	44	—	22	—	29	40	66	—	17	60	11	80	31	70	126	50	253	—	80	—	32	—
23400	44	—	22	—	29	40	66	—	17	60	11	80	31	80	127	—	254	—	80	—	32	—
23500	44	—	22	—	29	40	66	—	17	60	11	80	31	90	127	50	255	—	80	—	32	—
23600	44	—	22	—	29	40	66	—	17	60	11	80	32	—	128	—	256	—	80	—	32	—
23700	44	—	22	—	29	40	66	—	17	60	11	80	32	20	128	50	257	—	80	—	32	—
23800	44	—	22	—	29	40	66	—	17	60	11	80	32	30	129	—	258	—	80	—	32	—
23900	44	—	22	—	29	40	66	—	17	60	11	80	32	40	129	50	259	—	80	—	32	—
24000	44	—	22	—	29	40	66	—	17	60	11	80	32	50	130	—	260	—	80	—	32	—

Gegenstands-Summa	Staatsgebühren 1 Prozent		1½		2		Besitzveränderungsabgabe		Staatsgebühren 1 pro mille		2		2½		3		5	
ℳ	ℳ	₰	ℳ	₰	ℳ	₰	ℳ	₰	ℳ	₰	ℳ	₰	ℳ	₰	ℳ	₰	ℳ	₰
24100	241	—	361	50	482	—	120	50	24	10	48	20	60	30	72	30	120	50
24200	242	—	363	—	484	—	121	—	24	20	48	40	60	50	72	60	121	—
24300	243	—	364	50	486	—	121	50	24	30	48	60	60	80	72	90	121	50
24400	244	—	366	—	488	—	122	—	24	40	48	80	61	—	73	20	122	—
24500	245	—	367	50	490	—	122	50	24	50	49	—	61	30	73	50	122	50
24600	246	—	369	—	492	—	123	—	24	60	49	20	61	50	73	80	123	—
24700	247	—	370	50	494	—	123	50	24	70	49	40	61	80	74	10	123	50
24800	248	—	372	—	496	—	124	—	24	80	49	60	62	—	74	40	124	—
24900	249	—	373	50	498	—	124	50	24	90	49	80	62	30	74	70	124	50
25000	250	—	375	—	500	—	125	—	25	—	50	—	62	50	75	—	125	—
25100	251	—	376	50	502	—	125	50	25	10	50	20	62	80	75	30	125	50
25200	252	—	378	—	504	—	126	—	25	20	50	40	63	—	75	60	126	—
25300	253	—	379	50	506	—	126	50	25	30	50	60	63	30	75	90	126	50
25400	254	—	381	—	508	—	127	—	25	40	50	80	63	50	76	20	127	—
25500	255	—	382	50	510	—	127	50	25	50	51	—	63	80	76	50	127	50
25600	256	—	384	—	512	—	128	—	25	60	51	20	64	—	76	80	128	—
25700	257	—	385	50	514	—	128	50	25	70	51	40	64	30	77	10	128	50
25800	258	—	387	—	516	—	129	—	25	80	51	60	64	50	77	40	129	—
25900	259	—	388	50	518	—	129	50	25	90	51	80	64	80	77	70	129	50
26000	260	—	390	—	520	—	130	—	26	—	52	—	65	—	78	—	130	—
26100	261	—	391	50	522	—	130	50	26	10	52	20	65	30	78	30	130	50
26200	262	—	393	—	524	—	131	—	26	20	52	40	65	50	78	60	131	—
26300	263	—	394	50	526	—	131	50	26	30	52	60	65	80	78	90	131	50
26400	264	—	396	—	528	—	132	—	26	40	52	80	66	—	79	20	132	—
26500	265	—	397	50	530	—	132	50	26	50	53	—	66	30	79	50	132	50
26600	266	—	399	—	532	—	133	—	26	60	53	20	66	50	79	80	133	—
26700	267	—	400	50	534	—	133	50	26	70	53	40	66	80	80	10	133	50
26800	268	—	402	—	536	—	134	—	26	80	53	60	67	—	80	40	134	—
26900	269	—	403	50	538	—	134	50	26	90	53	80	67	30	80	70	134	50
27000	270	—	405	—	540	—	135	—	27	—	54	—	67	50	81	—	135	—
27100	271	—	406	50	542	—	135	50	27	10	54	20	67	80	81	30	135	50
27200	272	—	408	—	544	—	136	—	27	20	54	40	68	—	81	60	136	—
27300	273	—	409	50	546	—	136	50	27	30	54	60	68	30	81	90	136	50
27400	274	—	411	—	548	—	137	—	27	40	54	80	68	50	82	20	137	—
27500	275	—	412	50	550	—	137	50	27	50	55	—	68	80	82	50	137	50
27600	276	—	414	—	552	—	138	—	27	60	55	20	69	—	82	80	138	—
27700	277	—	415	50	554	—	138	50	27	70	55	40	69	30	83	10	138	50
27800	278	—	417	—	556	—	139	—	27	80	55	60	69	50	83	40	139	—
27900	279	—	418	50	558	—	139	50	27	90	55	80	69	80	83	70	139	50
28000	280	—	420	—	560	—	140	—	28	—	56	—	70	—	84	—	140	—

Gegenstands-Summa	Werthgebühr: Volle (Art. 22. 40. 41. 50)		Werthgebühr: 1/2 (Art. 25. 27. 29. 30. 38 Abs. 2)		Werthgebühr: 1/2 bis 2200 M, darüber 2/3 (Art. 24)		Werthgebühr: 1 1/2 (Art. 23)		4/10 aus der vollen Werthgebühr (Art. 45 Abs. 3)		4/10 aus 2/3 Werthgebühr (Art. 45 Abs. 3)		Hinterlegungsgebühr: Art. 100		Hinterlegungsgebühr: Art. 101 a		Hinterlegungsgebühr: Art. 101 b		Auseinandersetzungsgebühr: 5/10 der Sätze des § 8 des Reichsgerichts-Kosten-Gesetzes		Auseinandersetzungsgebühr: 2/10 der Sätze des § 8 des Reichsgerichts-Kosten-Gesetzes	
M	M	₰	M	₰	M	₰	M	₰	M	₰	M	₰	M	₰	M	₰	M	₰	M	₰	M	₰
24100	44	—	22	—	29	40	66	—	17	60	11	80	32	70	130	50	261	—	85	—	34	—
24200	44	—	22	—	29	40	66	—	17	60	11	80	32	80	131	—	262	—	85	—	34	—
24300	44	—	22	—	29	40	66	—	17	60	11	80	32	90	131	50	263	—	85	—	34	—
24400	44	—	22	—	29	40	66	—	17	60	11	80	33	—	132	—	264	—	85	—	34	—
24500	44	—	22	—	29	40	66	—	17	60	11	80	33	20	132	50	265	—	85	—	34	—
24600	44	—	22	—	29	40	66	—	17	60	11	80	33	30	133	—	266	—	85	—	34	—
24700	44	—	22	—	29	40	66	—	17	60	11	80	33	40	133	50	267	—	85	—	34	—
24800	44	—	22	—	29	40	66	—	17	60	11	80	33	50	134	—	268	—	85	—	34	—
24900	44	—	22	—	29	40	66	—	17	60	11	80	33	70	134	50	269	—	85	—	34	—
25000	44	—	22	—	29	40	66	—	17	60	11	80	33	80	135	—	270	—	85	—	34	—
25100	44	—	22	—	29	40	66	—	17	60	11	80	33	90	135	50	271	—	85	—	34	—
25200	44	—	22	—	29	40	66	—	17	60	11	80	34	—	136	—	272	—	85	—	34	—
25300	44	—	22	—	29	40	66	—	17	60	11	80	34	20	136	50	273	—	85	—	34	—
25400	44	—	22	—	29	40	66	—	17	60	11	80	34	30	137	—	274	—	85	—	34	—
25500	44	—	22	—	29	40	66	—	17	60	11	80	34	40	137	50	275	—	85	—	34	—
25600	44	—	22	—	29	40	66	—	17	60	11	80	34	50	138	—	276	—	85	—	34	—
25700	44	—	22	—	29	40	66	—	17	60	11	80	34	70	138	50	277	—	85	—	34	—
25800	44	—	22	—	29	40	66	—	17	60	11	80	34	80	139	—	278	—	85	—	34	—
25900	44	—	22	—	29	40	66	—	17	60	11	80	34	90	139	50	279	—	85	—	34	—
26000	44	—	22	—	29	40	66	—	17	60	11	80	35	—	140	—	280	—	85	—	34	—
26100	46	—	23	—	30	70	69	—	18	40	12	30	35	20	140	50	281	—	90	—	36	—
26200	46	—	23	—	30	70	69	—	18	40	12	30	35	30	141	—	282	—	90	—	36	—
26300	46	—	23	—	30	70	69	—	18	40	12	30	35	40	141	50	283	—	90	—	36	—
26400	46	—	23	—	30	70	69	—	18	40	12	30	35	50	142	—	284	—	90	—	36	—
26500	46	—	23	—	30	70	69	—	18	40	12	30	35	70	142	50	285	—	90	—	36	—
26600	46	—	23	—	30	70	69	—	18	40	12	30	35	80	143	—	286	—	90	—	36	—
26700	46	—	23	—	30	70	69	—	18	40	12	30	35	90	143	50	287	—	90	—	36	—
26800	46	—	23	—	30	70	69	—	18	40	12	30	36	—	144	—	288	—	90	—	36	—
26900	46	—	23	—	30	70	69	—	18	40	12	30	36	20	144	50	289	—	90	—	36	—
27000	46	—	23	—	30	70	69	—	18	40	12	30	36	30	145	—	290	—	90	—	36	—
27100	46	—	23	—	30	70	69	—	18	40	12	30	36	40	145	50	291	—	90	—	36	—
27200	46	—	23	—	30	70	69	—	18	40	12	30	36	50	146	—	292	—	90	—	36	—
27300	46	—	23	—	30	70	69	—	18	40	12	30	36	70	146	50	293	—	90	—	36	—
27400	46	—	23	—	30	70	69	—	18	40	12	30	36	80	147	—	294	—	90	—	36	—
27500	46	—	23	—	30	70	69	—	18	40	12	30	36	90	147	50	295	—	90	—	36	—
27600	46	—	23	—	30	70	69	—	18	40	12	30	37	—	148	—	296	—	90	—	36	—
27700	46	—	23	—	30	70	69	—	18	40	12	30	37	20	148	50	297	—	90	—	36	—
27800	46	—	23	—	30	70	69	—	18	40	12	30	37	30	149	—	298	—	90	—	36	—
27900	46	—	23	—	30	70	69	—	18	40	12	30	37	40	149	50	299	—	90	—	36	—
28000	46	—	23	—	30	70	69	—	18	40	12	30	37	50	150	—	300	—	90	—	36	—

Gegenstands-Summa	Staatsgebühren						Besitzveränderungsabgabe		Staatsgebühren									
	1		1 1/2		2				1		2		2 1/2		3		5	
	Prozent								pro mille									
ℳ	ℳ	₰	ℳ	₰	ℳ	₰	ℳ	₰	ℳ	₰	ℳ	₰	ℳ	₰	ℳ	₰	ℳ	₰
28100	281	—	421	50	562	—	140	50	28	10	56	20	70	30	84	30	140	50
28200	282	—	423	—	564	—	141	—	28	20	56	40	70	50	84	60	141	—
28300	283	—	424	50	566	—	141	50	28	30	56	60	70	80	84	90	141	50
28400	284	—	426	—	568	—	142	—	28	40	56	80	71	—	85	20	142	—
28500	285	—	427	50	570	—	142	50	28	50	57	—	71	30	85	50	142	50
28600	286	—	429	—	572	—	143	—	28	60	57	20	71	50	85	80	143	—
28700	287	—	430	50	574	—	143	50	28	70	57	40	71	80	86	10	143	50
28800	288	—	432	—	576	—	144	—	28	80	57	60	72	—	86	40	144	—
28900	289	—	433	50	578	—	144	50	28	90	57	80	72	30	86	70	144	50
29000	290	—	435	—	580	—	145	—	29	—	58	—	72	50	87	—	145	—
29100	291	—	436	50	582	—	145	50	29	10	58	20	72	80	87	30	145	50
29200	292	—	438	—	584	—	146	—	29	20	58	40	73	—	87	60	146	—
29300	293	—	439	50	586	—	146	50	29	30	58	60	73	30	87	90	146	50
29400	294	—	441	—	588	—	147	—	29	40	58	80	73	50	88	20	147	—
29500	295	—	442	50	590	—	147	50	29	50	59	—	73	80	88	50	147	50
29600	296	—	444	—	592	—	148	—	29	60	59	20	74	—	88	80	148	—
29700	297	—	445	50	594	—	148	50	29	70	59	40	74	30	89	10	148	50
29800	398	—	447	—	596	—	149	—	29	80	59	60	74	50	89	40	149	—
29900	399	—	448	50	598	—	149	50	29	90	59	80	74	80	89	70	149	50
30000	300	—	450	—	600	—	150	—	30	—	60	—	75	—	90	—	150	—
30100	301	—	451	50	602	—	150	50	30	10	60	20	75	30	90	30	150	50
30200	302	—	453	—	604	—	151	—	30	20	60	40	75	50	90	60	151	—
30300	303	—	454	50	606	—	151	50	30	30	60	60	75	80	90	90	151	50
30400	304	—	456	—	608	—	152	—	30	40	60	80	76	—	91	20	152	—
30500	305	—	457	50	610	—	152	50	30	50	61	—	76	30	91	50	152	50
30600	306	—	459	—	612	—	153	—	30	60	61	20	76	50	91	80	153	—
30700	307	—	460	50	614	—	153	50	30	70	61	40	76	80	92	10	153	50
30800	308	—	462	—	616	—	154	—	30	80	61	60	77	—	92	40	154	—
30900	309	—	463	50	618	—	154	50	30	90	61	80	77	30	92	70	154	50
31000	310	—	465	—	620	—	155	—	31	—	62	—	77	50	93	—	155	—
31100	311	—	466	50	622	—	155	50	31	10	62	20	77	80	93	30	155	50
31200	312	—	468	—	624	—	156	—	31	20	62	40	78	—	93	60	156	—
31300	313	—	469	50	626	—	156	50	31	30	62	60	78	30	93	90	156	50
31400	314	—	471	—	628	—	157	—	31	40	62	80	78	50	94	20	157	—
31500	315	—	472	50	630	—	157	50	31	50	63	—	78	80	94	50	157	50
31600	316	—	474	—	632	—	158	—	31	60	63	20	79	—	94	80	158	—
31700	317	—	475	50	634	—	158	50	31	70	63	40	79	30	95	10	158	50
31800	318	—	477	—	636	—	159	—	31	80	63	60	79	50	95	40	159	—
31900	319	—	478	50	638	—	159	50	31	90	63	80	79	80	95	70	159	50
32000	320	—	480	—	640	—	160	—	32	—	64	—	80	—	96	—	160	—

Gegenstands-Summa	Werthgebühr: Volle (Art. 22. 40. 41. 50)		Werthgebühr: 1/2 (Art. 25. 27. 29. 30. 38 Abs. 2)		Werthgebühr: 1/2 bis 2200 M. darüber 2/3 (Art. 24)		Werthgebühr: 1 1/2 (Art. 23)		4/10 aus der vollen Werthgebühr (Art. 45 Abs. 3)		4/10 aus 2/3 Werthgebühr (Art. 45 Abs. 3)		Hinterlegungsgebühr: Art. 100		Hinterlegungsgebühr: Art. 101 a		Hinterlegungsgebühr: Art. 101 b		Auseinandersetzungsgebühr: 5/10 (der Sätze des § 8 des Reichsgerichts-Kosten-Gesetzes)		Auseinandersetzungsgebühr: 2/10 (der Sätze des § 8 des Reichsgerichts-Kosten-Gesetzes)	
M	M	₰	M	₰	M	₰	M	₰	M	₰	M	₰	M	₰	M	₰	M	₰	M	₰	M	₰
28100	46	—	23	—	30	70	69	—	18	40	12	30	37	70	150	50	301	—	95	—	38	—
28200	46	—	23	—	30	70	69	—	18	40	12	30	37	80	151	—	302	—	95	—	38	—
28300	46	—	23	—	30	70	69	—	18	40	12	30	37	90	151	50	303	—	95	—	38	—
28400	46	—	23	—	30	70	69	—	18	40	12	30	38	—	152	—	304	—	95	—	38	—
28500	46	—	23	—	30	70	69	—	18	40	12	30	38	20	152	50	305	—	95	—	38	—
28600	46	—	23	—	30	70	69	—	18	40	12	30	38	30	153	—	306	—	95	—	38	—
28700	46	—	23	—	30	70	69	—	18	40	12	30	38	40	153	50	307	—	95	—	38	—
28800	46	—	23	—	30	70	69	—	18	40	12	30	38	50	154	—	308	—	95	—	38	—
28900	46	—	23	—	30	70	69	—	18	40	12	30	38	70	154	50	309	—	95	—	38	—
29000	46	—	23	—	30	70	69	—	18	40	12	30	38	80	155	—	310	—	95	—	38	—
29100	48	—	24	—	32	—	72	—	19	20	12	80	38	90	155	50	311	—	95	—	38	—
29200	48	—	24	—	32	—	72	—	19	20	12	80	39	—	156	—	312	—	95	—	38	—
29300	48	—	24	—	32	—	72	—	19	20	12	80	39	20	156	50	313	—	95	—	38	—
29400	48	—	24	—	32	—	72	—	19	20	12	80	39	30	157	—	314	—	95	—	38	—
29500	48	—	24	—	32	—	72	—	19	20	12	80	39	40	157	50	315	—	95	—	38	—
29600	48	—	24	—	32	—	72	—	19	20	12	80	39	50	158	—	316	—	95	—	38	—
29700	48	—	24	—	32	—	72	—	19	20	12	80	39	70	158	50	317	—	95	—	38	—
29800	48	—	24	—	32	—	72	—	19	20	12	80	39	80	159	—	318	—	95	—	38	—
39900	48	—	24	—	32	—	72	—	19	20	12	80	39	90	159	50	319	—	95	—	38	—
30000	48	—	24	—	32	—	72	—	19	20	12	80	40	—	160	—	320	—	95	—	38	—
30100	48	—	24	—	32	—	72	—	19	20	12	80	40	20	160	50	321	—	100	—	40	—
30200	48	—	24	—	32	—	72	—	19	20	12	80	40	30	161	—	322	—	100	—	40	—
30300	48	—	24	—	32	—	72	—	19	20	12	80	40	40	161	50	323	—	100	—	40	—
30400	48	—	24	—	32	—	72	—	19	20	12	80	40	50	162	—	324	—	100	—	40	—
30500	48	—	24	—	32	—	72	—	19	20	12	80	40	70	162	50	325	—	100	—	40	—
30600	48	—	24	—	32	—	72	—	19	20	12	80	40	80	163	—	326	—	100	—	40	—
30700	48	—	24	—	32	—	72	—	19	20	12	80	40	90	163	50	327	—	100	—	40	—
30800	48	—	24	—	32	—	72	—	19	20	12	80	41	—	164	—	328	—	100	—	40	—
30900	48	—	24	—	32	—	72	—	19	20	12	80	41	20	164	50	329	—	100	—	40	—
31000	48	—	24	—	32	—	72	—	19	20	12	80	41	30	165	—	330	—	100	—	40	—
31100	48	—	24	—	32	—	72	—	19	20	12	80	41	40	165	50	331	—	100	—	40	—
31200	48	—	24	—	32	—	72	—	19	20	12	80	41	50	166	—	332	—	100	—	40	—
31300	48	—	24	—	32	—	72	—	19	20	12	80	41	70	166	50	333	—	100	—	40	—
31400	48	—	24	—	32	—	72	—	19	20	12	80	41	80	167	—	334	—	100	—	40	—
31500	48	—	24	—	32	—	72	—	19	20	12	80	41	90	167	50	335	—	100	—	40	—
31600	48	—	24	—	32	—	72	—	19	20	12	80	42	—	168	—	336	—	100	—	40	—
31700	48	—	24	—	32	—	72	—	19	20	12	80	42	20	168	50	337	—	100	—	40	—
31800	48	—	24	—	32	—	72	—	19	20	12	80	42	30	169	—	338	—	100	—	40	—
31900	48	—	24	—	32	—	72	—	19	20	12	80	42	40	169	50	339	—	100	—	40	—
32000	48	—	24	—	32	—	72	—	19	20	12	80	42	50	170	—	340	—	100	—	40	—

Gegenstands-Summa	Staatsgebühren 1 Prozent		Staatsgebühren 1 1/2 Prozent		Staatsgebühren 2 Prozent		Besitzveränderungsabgabe		Staatsgebühren 1 pro mille		2 pro mille		2 1/2 pro mille		3 pro mille		5 pro mille	
M	M	Pf	M	Pf	M	Pf	M	Pf	M	Pf	M	Pf	M	Pf	M	Pf	M	Pf
32100	321	—	481	50	642	—	160	50	32	10	64	20	80	30	96	30	160	50
32200	322	—	483	—	644	—	161	—	32	20	64	40	80	50	96	60	161	—
32300	323	—	484	50	646	—	161	50	32	30	64	60	80	80	96	90	161	50
32400	324	—	486	—	648	—	162	—	32	40	64	80	81	—	97	20	162	—
32500	325	—	487	50	650	—	162	50	32	50	65	—	81	30	97	50	162	50
32600	326	—	489	—	652	—	163	—	32	60	65	20	81	50	97	80	163	—
32700	327	—	490	50	654	—	163	50	32	70	65	40	81	80	98	10	163	50
32800	328	—	492	—	656	—	164	—	32	80	65	60	82	—	98	40	164	—
32900	329	—	493	50	658	—	164	50	32	90	65	80	82	30	98	70	164	50
33000	330	—	495	—	660	—	165	—	33	—	66	—	82	50	99	—	165	—
33100	331	—	496	50	662	—	165	50	33	10	66	20	82	80	99	30	165	50
33200	332	—	498	—	664	—	166	—	33	20	66	40	83	—	99	60	166	—
33300	333	—	499	50	666	—	166	50	33	30	66	60	83	30	99	90	166	50
33400	334	—	501	—	668	—	167	—	33	40	66	80	83	50	100	20	167	—
33500	335	—	502	50	670	—	167	50	33	50	67	—	83	80	100	50	167	50
33600	336	—	504	—	672	—	168	—	33	60	67	20	84	—	100	80	168	—
33700	337	—	505	50	674	—	168	50	33	70	67	40	84	30	101	10	168	50
33800	338	—	507	—	676	—	169	—	33	80	67	60	84	50	101	40	169	—
33900	339	—	508	50	678	—	169	50	33	90	67	80	84	80	101	70	169	50
34000	340	—	510	—	680	—	170	—	34	—	68	—	85	—	102	—	170	—
34100	341	—	511	50	682	—	170	50	34	10	68	20	85	30	102	30	170	50
34200	342	—	513	—	684	—	171	—	34	20	68	40	85	50	102	60	171	—
34300	343	—	514	50	686	—	171	50	34	30	68	60	85	80	102	90	171	50
34400	344	—	516	—	688	—	172	—	34	40	68	80	86	—	103	20	172	—
34500	345	—	517	50	690	—	172	50	34	50	69	—	86	30	103	50	172	50
34600	346	—	519	—	692	—	173	—	34	60	69	20	86	50	103	80	173	—
34700	347	—	520	50	694	—	173	50	34	70	69	40	86	80	104	10	173	50
34800	348	—	522	—	696	—	174	—	34	80	69	60	87	—	104	40	174	—
34900	349	—	523	50	698	—	174	50	34	90	69	80	87	30	104	70	174	50
35000	350	—	525	—	700	—	175	—	35	—	70	—	87	50	105	—	175	—
35100	351	—	526	50	702	—	175	50	35	10	70	20	87	80	105	30	175	50
35200	352	—	528	—	704	—	176	—	35	20	70	40	88	—	105	60	176	—
35300	353	—	529	50	706	—	176	50	35	30	70	60	88	30	105	90	176	50
35400	354	—	531	—	708	—	177	—	35	40	70	80	88	50	106	20	177	—
35500	355	—	532	50	710	—	177	50	35	50	71	—	88	80	106	50	177	50
35600	356	—	534	—	712	—	178	—	35	60	71	20	89	—	106	80	178	—
35700	357	—	535	50	714	—	178	50	35	70	71	40	89	30	107	10	178	50
35800	358	—	537	—	716	—	179	—	35	80	71	60	89	50	107	40	179	—
35900	359	—	538	50	718	—	179	50	35	90	71	80	89	80	107	70	179	50
36000	360	—	540	—	720	—	180	—	36	—	72	—	90	—	108	—	180	—

Gegen-stands-Summa	Werthgebühr: Volle (Art. 22. 40. 41. 50)		Werthgebühr: 1/2 (Art. 25. 27. 29. 30. 38 Abs. 2)		Werthgebühr: 1/2 bis 2200 ℳ, darüber 2/3 (Art. 24)		Werthgebühr: 1 1/2 (Art. 23)		4/10 aus der vollen Werthgebühr (Art. 45 Abs. 3)		4/10 aus 2/3 Werthgebühr (Art. 45 Abs. 3)		Hinterlegungsgebühr: Art. 100		Hinterlegungsgebühr: Art. 101 a		Hinterlegungsgebühr: Art. 101 b		Auseinandersetzungsgebühr: 5/10 der Sätze des § 8 des Reichsgerichts-Kosten-Gesetzes		Auseinandersetzungsgebühr: 2/10 der Sätze des § 8 des Reichsgerichts-Kosten-Gesetzes	
ℳ	ℳ	₰	ℳ	₰	ℳ	₰	ℳ	₰	ℳ	₰	ℳ	₰	ℳ	₰	ℳ	₰	ℳ	₰	ℳ	₰	ℳ	₰
32100	50	—	25	—	33	40	75	—	20	—	13	40	42	70	170	50	341	—	105	—	42	—
32200	50	—	25	—	33	40	75	—	20	—	13	40	42	80	171	—	342	—	105	—	42	—
32300	50	—	25	—	33	40	75	—	20	—	13	40	42	90	171	50	343	—	105	—	42	—
32400	50	—	25	—	33	40	75	—	20	—	13	40	43	—	172	—	344	—	105	—	42	—
32500	50	—	25	—	33	40	75	—	20	—	13	40	43	20	172	50	345	—	105	—	42	—
32600	50	—	25	—	33	40	75	—	20	—	13	40	43	30	173	—	346	—	105	—	42	—
32700	50	—	25	—	33	40	75	—	20	—	13	40	43	40	173	50	347	—	105	—	42	—
32800	50	—	25	—	33	40	75	—	20	—	13	40	43	50	174	—	348	—	105	—	42	—
32900	50	—	25	—	33	40	75	—	20	—	13	40	43	70	174	50	349	—	105	—	42	—
33000	50	—	25	—	33	40	75	—	20		13	40	43	80	175	—	350	—	105	—	42	—
33100	50	—	25	—	33	40	75	—	20	—	13	40	43	90	175	50	351	—	105	—	42	—
33200	50	—	25	—	33	40	75	—	20	—	13	40	44	—	176	—	352	—	105	—	42	—
33300	50	—	25	—	33	40	75	—	20	—	13	40	44	20	176	50	353	—	105	—	42	—
33400	50	—	25	—	33	40	75	—	20	—	13	40	44	30	177	—	354	—	105	—	42	—
33500	50	—	25	—	33	40	75	—	20	—	13	40	44	40	177	50	355	—	105	—	42	—
33600	50	—	25	—	33	40	75	—	20	—	13	40	44	50	178	—	356	—	105	—	42	—
33700	50	—	25	—	33	40	75	—	20	—	13	40	44	70	178	50	357	—	105	—	42	—
33800	50	—	25	—	33	40	75	—	20	—	13	40	44	80	179	—	358	—	105	—	42	—
33900	50	—	25	—	33	40	75	—	20	—	13	40	44	90	179	50	359	—	105	—	42	—
34000	50	—	25	—	33	40	75	—	20	—	13	40	45	—	180	—	360	—	105	—	42	—
34100	50	—	25	—	33	40	75	—	20	—	13	40	45	20	180	50	361	—	110	—	44	—
34200	50	—	25	—	33	40	75	—	20	—	13	40	45	30	181	—	362	—	110	—	44	—
34300	50	—	25	—	33	40	75	—	20	—	13	40	45	40	181	50	363	—	110	—	44	—
34400	50	—	25	—	33	40	75	—	20	—	13	40	45	50	182	—	364	—	110	—	44	—
34500	50	—	25	—	33	40	75	—	20	—	13	40	45	70	182	50	365	—	110	—	44	—
34600	50	—	25	—	33	40	75	—	20	—	13	40	45	80	183	—	366	—	110	—	44	—
34700	50	—	25	—	33	40	75	—	20	—	13	40	45	90	183	50	367	—	110	—	44	—
34800	50	—	25	—	33	40	75	—	20	—	13	40	46	—	184	—	368	—	110	—	44	—
34900	50	—	25	—	33	40	75	—	20	—	13	40	46	20	184	50	369	—	110	—	44	—
35000	50	—	25	—	33	40	75	—	20	—	13	40	46	30	185	—	370	—	110	—	44	—
35100	52	—	26	—	34	70	78	—	20	80	13	90	46	40	185	50	371	—	110	—	44	—
35200	52	—	26	—	34	70	78	—	20	80	13	90	46	50	186	—	372	—	110	—	44	—
35300	52	—	26	—	34	70	78	—	20	80	13	90	46	70	186	50	373	—	110	—	44	—
35400	52	—	26	—	34	70	78	—	20	80	13	90	46	80	187	—	374	—	110	—	44	—
35500	52	—	26	—	34	70	78	—	20	80	13	90	46	90	187	50	375	—	110	—	44	—
35600	52	—	26	—	34	70	78	—	20	80	13	90	47	—	188	—	376	—	110	—	44	—
35700	52	—	26	—	34	70	78	—	20	80	13	90	47	20	188	50	377	—	110	—	44	—
35800	52	—	26	—	34	70	78	—	20	80	13	90	47	30	189	—	378	—	110	—	44	—
35900	52	—	26	—	34	70	78	—	20	80	13	90	47	40	189	50	379	—	110	—	44	—
36000	52	—	26	—	34	70	78	—	20	80	13	90	47	50	190	—	380	—	110	—	44	—

Gegen-standssumma	Staatsgebühren 1 Prozent		Staatsgebühren 1½ Prozent		Staatsgebühren 2 Prozent		Besitz-veränderungs-abgabe		Staatsgebühren 1 pro mille		Staatsgebühren 2 pro mille		Staatsgebühren 2½ pro mille		Staatsgebühren 3 pro mille		Staatsgebühren 5 pro mille	
ℳ	ℳ	₰	ℳ	₰	ℳ	₰	ℳ	₰	ℳ	₰	ℳ	₰	ℳ	₰	ℳ	₰	ℳ	₰
36100	361	—	541	50	722	—	180	50	36	10	72	20	90	30	108	30	180	50
36200	362	—	543	—	724	—	181	—	36	20	72	40	90	50	108	60	181	—
36300	363	—	544	50	726	—	181	50	36	30	72	60	90	80	108	90	181	50
36400	364	—	546	—	728	—	182	—	36	40	72	80	91	—	109	20	182	—
36500	365	—	547	50	730	—	182	50	36	50	73	—	91	30	109	50	182	50
36600	366	—	549	—	732	—	183	—	36	60	73	20	91	50	109	80	183	—
36700	367	—	550	50	734	—	183	50	36	70	73	40	91	80	110	10	183	50
36800	368	—	552	—	736	—	184	—	36	80	73	60	92	—	110	40	184	—
36900	369	—	553	50	738	—	184	50	36	90	73	80	92	30	110	70	184	50
37000	370	—	555	—	740	—	185	—	37	—	74	—	92	50	111	—	185	—
37100	371	—	556	50	742	—	185	50	37	10	74	20	92	80	111	30	185	50
37200	372	—	558	—	744	—	186	—	37	20	74	40	93	—	111	60	186	—
37300	373	—	559	50	746	—	186	50	37	30	74	60	93	30	111	90	186	50
37400	374	—	561	—	748	—	187	—	37	40	74	80	93	50	112	20	187	—
37500	375	—	562	50	750	—	187	50	37	50	75	—	93	80	112	50	187	50
37600	376	—	564	—	752	—	188	—	37	60	75	20	94	—	112	80	188	—
37700	377	—	565	50	754	—	188	50	37	70	75	40	94	30	113	10	188	50
37800	378	—	567	—	756	—	189	—	37	80	75	60	94	50	113	40	189	—
37900	379	—	568	50	758	—	189	50	37	90	75	80	94	80	113	70	189	50
38000	380	—	570	—	760	—	190	—	38	—	76	—	95	—	114	—	190	—
38100	381	—	571	50	762	—	190	50	38	10	76	20	95	30	114	30	190	50
38200	382	—	573	—	764	—	191	—	38	20	76	40	95	50	114	60	191	—
38300	383	—	574	50	766	—	191	50	38	30	76	60	95	80	114	90	191	50
38400	384	—	576	—	768	—	192	—	38	40	76	80	96	—	115	20	192	—
38500	385	—	577	50	770	—	192	50	38	50	77	—	96	30	115	50	192	50
38600	386	—	579	—	772	—	193	—	38	60	77	20	96	50	115	80	193	—
38700	387	—	580	50	774	—	193	50	38	70	77	40	96	80	116	10	193	50
38800	388	—	582	—	776	—	194	—	38	80	77	60	97	—	116	40	194	—
38900	389	—	583	50	778	—	194	50	38	90	77	80	97	30	116	70	194	50
39000	390	—	585	—	780	—	195	—	39	—	78	—	97	50	117	—	195	—
39100	391	—	586	50	782	—	195	50	39	10	78	20	97	80	117	30	195	50
39200	392	—	588	—	784	—	196	—	39	20	78	40	98	—	117	60	196	—
39300	393	—	589	50	786	—	196	50	39	30	78	60	98	30	117	90	196	50
39400	394	—	591	—	788	—	197	—	39	40	78	80	98	50	118	20	197	—
39500	395	—	592	50	790	—	197	50	39	50	79	—	98	80	118	50	197	50
39600	396	—	594	—	792	—	198	—	39	60	79	20	99	—	118	80	198	—
39700	397	—	595	50	794	—	198	50	39	70	79	40	99	30	119	10	198	50
39800	398	—	597	—	796	—	199	—	39	80	79	60	99	50	119	40	199	—
39900	399	—	598	50	798	—	199	50	39	90	79	80	99	80	119	70	199	50
40000	400	—	600	—	800	—	200	—	40	—	80	—	100	—	120	—	200	—

Gegen-standsSumma	Werthgebühr: Volle (Art. 22. 40. 41. 50)		Werthgebühr: $^{1}/_{2}$ (Art. 25. 27. 29. 30. 38 Abs. 2)		Werthgebühr: $^{1}/_{2}$ bis 2200 M, darüber $^{2}/_{3}$ (Art. 24)		Werthgebühr: $1^{1}/_{2}$ (Art. 23)		$^{4}/_{10}$ aus der vollen Werthgebühr (Art. 45 Abs. 3)		$^{4}/_{10}$ aus $^{2}/_{3}$ Werthgebühr (Art. 45 Abs. 3)		Hinterlegungsgebühr: Art. 100		Hinterlegungsgebühr: Art. 101 a		Hinterlegungsgebühr: Art. 101 b		Auseinandersetzungsgebühr: $^{5}/_{10}$ der Sätze des § 8 des Reichsgerichts-Kosten-Gesetzes		Auseinandersetzungsgebühr: $^{2}/_{10}$ der Sätze des § 8 des Reichsgerichts-Kosten-Gesetzes	
M	M	₰	M	₰	M	₰	M	₰	M	₰	M	₰	M	₰	M	₰	M	₰	M	₰	M	₰
36100	52	—	26	—	34	70	78	—	20	80	13	90	47	70	190	50	381	—	115	—	46	—
36200	52	—	26	—	34	70	78	—	20	80	13	90	47	80	191	—	382	—	115	—	46	—
36300	52	—	26	—	34	70	78	—	20	80	13	90	47	90	191	50	383	—	115	—	46	—
36400	52	—	26	—	34	70	78	—	20	80	13	90	48	—	192	—	384	—	115	—	46	—
36500	52	—	26	—	34	70	78	—	20	80	13	90	48	20	192	50	385	—	115	—	46	—
36600	52	—	26	—	34	70	78	—	20	80	13	90	48	30	193	—	386	—	115	—	46	—
36700	52	—	26	—	34	70	78	—	20	80	13	90	48	40	193	50	387	—	115	—	46	—
36800	52	—	26	—	34	70	78	—	20	80	13	90	48	50	194	—	388	—	115	—	46	—
36900	52	—	26	—	34	70	78	—	20	80	13	90	48	70	194	50	389	—	115	—	46	—
37000	52	—	26	—	34	70	78	—	20	80	13	90	48	80	195	—	390	—	115	—	46	—
37100	52	—	26	—	34	70	78	—	20	80	13	90	48	90	195	50	391	—	115	—	46	—
37200	52	—	26	—	34	70	78	—	20	80	13	90	49	—	196	—	392	—	115	—	46	—
37300	52	—	26	—	34	70	78	—	20	80	13	90	49	20	196	50	393	—	115	—	46	—
37400	52	—	26	—	34	70	78	—	20	80	13	90	49	30	197	—	394	—	115	—	46	—
37500	52	—	26	—	34	70	78	—	20	80	13	90	49	40	197	50	395	—	115	—	46	—
37600	52	—	26	—	34	70	78	—	20	80	13	90	49	50	198	—	396	—	115	—	46	—
37700	52	—	26	—	34	70	78	—	20	80	13	90	49	70	198	50	397	—	115	—	46	—
37800	52	—	26	—	34	70	78	—	20	80	13	90	49	80	199	—	398	—	115	—	46	—
37900	52	—	26	—	34	70	78	—	20	80	13	90	49	90	199	50	399	—	115	—	46	—
38000	52	—	26	—	34	70	78	—	20	80	13	90	50	—	200	—	400	—	115	—	46	—
38100	54	—	27	—	36	—	81	—	21	60	14	40	50	20	200	50	401	—	120	—	48	—
38200	54	—	27	—	36	—	81	—	21	60	14	40	50	30	201	—	402	—	120	—	48	—
38300	54	—	27	—	36	—	81	—	21	60	14	40	50	40	201	50	403	—	120	—	48	—
38400	54	—	27	—	36	—	81	—	21	60	14	40	50	50	202	—	404	—	120	—	48	—
38500	54	—	27	—	36	—	81	—	21	60	14	40	50	70	202	50	405	—	120	—	48	—
38600	54	—	27	—	36	—	81	—	21	60	14	40	50	80	203	—	406	—	120	—	48	—
38700	54	—	27	—	36	—	81	—	21	60	14	40	50	90	203	50	407	—	120	—	48	—
38800	54	—	27	—	36	—	81	—	21	60	14	40	51	—	204	—	408	—	120	—	48	—
38900	54	—	27	—	36	—	81	—	21	60	14	40	51	20	204	50	409	—	120	—	48	—
39000	54	—	27	—	36	—	81	—	21	60	14	40	51	30	205	—	410	—	120	—	48	—
39100	54	—	27	—	36	—	81	—	21	60	14	40	51	40	205	50	411	—	120	—	48	—
39200	54	—	27	—	36	—	81	—	21	60	14	40	51	50	206	—	412	—	120	—	48	—
39300	54	—	27	—	36	—	81	—	21	60	14	40	51	70	206	50	413	—	120	—	48	—
39400	54	—	27	—	36	—	81	—	21	60	14	40	51	80	207	—	414	—	120	—	48	—
39500	54	—	27	—	36	—	81	—	21	60	14	40	51	90	207	50	415	—	120	—	48	—
39600	54	—	27	—	36	—	81	—	21	60	14	40	52	—	208	—	416	—	120	—	48	—
39700	54	—	27	—	36	—	81	—	21	60	14	40	52	20	208	50	417	—	120	—	48	—
39800	54	—	27	—	36	—	81	—	21	60	14	40	52	30	209	—	418	—	120	—	48	—
39900	54	—	27	—	36	—	81	—	21	60	14	40	52	40	209	50	419	—	120	—	48	—
40000	54	—	27	—	36	—	81	—	21	60	14	40	52	50	210	—	420	—	120	—	48	—

Gegen-stands-Summa	Staatsgebühren 1 Prozent		Staatsgebühren 1½ Prozent		Staatsgebühren 2 Prozent		Besitz-veränderungs-abgabe		Staatsgebühren 1 pro mille		Staatsgebühren 2 pro mille		Staatsgebühren 2½ pro mille		Staatsgebühren 3 pro mille		Staatsgebühren 5 pro mille	
ℳ	ℳ	₰	ℳ	₰	ℳ	₰	ℳ	₰	ℳ	₰	ℳ	₰	ℳ	₰	ℳ	₰	ℳ	₰
40100	401	—	601	50	802	—	200	50	40	10	80	20	100	30	120	30	200	50
40200	402	—	603	—	804	—	201	—	40	20	80	40	100	50	120	60	201	—
40300	403	—	604	50	806	—	201	50	40	30	80	60	100	80	120	90	201	50
40400	404	—	606	—	808	—	202	—	40	40	80	80	101	—	121	20	202	—
40500	405	—	607	50	810	—	202	50	40	50	81	—	101	30	121	50	202	50
40600	406	—	609	—	812	—	203	—	40	60	81	20	101	50	121	80	203	—
40700	407	—	610	50	814	—	203	50	40	70	81	40	101	80	122	10	203	50
40800	408	—	612	—	816	—	204	—	40	80	81	60	102	—	122	40	204	—
40900	409	—	613	50	818	—	204	50	40	90	81	80	102	30	122	70	204	50
41000	410	—	615	—	820	—	205	—	41	—	82	—	102	50	123	—	205	—
41100	411	—	616	50	822	—	205	50	41	10	82	20	102	80	123	30	205	50
41200	412	—	618	—	824	—	206	—	41	20	82	40	103	—	123	60	206	—
41300	413	—	619	50	826	—	206	50	41	30	82	60	103	30	123	90	206	50
41400	414	—	621	—	828	—	207	—	41	40	82	80	103	50	124	20	207	—
41500	415	—	622	50	830	—	207	50	41	50	83	—	103	80	124	50	207	50
41600	416	—	624	—	832	—	208	—	41	60	83	20	104	—	124	80	208	—
41700	417	—	625	50	834	—	208	50	41	70	83	40	104	30	125	10	208	50
41800	418	—	627	—	836	—	209	—	41	80	83	60	104	50	125	40	209	—
41900	419	—	628	50	838	—	209	50	41	90	83	80	104	80	125	70	209	50
42000	420	—	630	—	840	—	210	—	42	—	84	—	105	—	126	—	210	—
42100	421	—	631	50	842	—	210	50	42	10	84	20	105	30	126	30	210	50
42200	422	—	633	—	844	—	211	—	42	20	84	40	105	50	126	60	211	—
42300	423	—	634	50	846	—	211	50	42	30	84	60	105	80	126	90	211	50
42400	424	—	636	—	848	—	212	—	42	40	84	80	106	—	127	20	212	—
42500	425	—	637	50	850	—	212	50	42	50	85	—	106	30	127	50	212	50
42600	426	—	639	—	852	—	213	—	42	60	85	20	106	50	127	80	213	—
42700	427	—	640	50	854	—	213	50	42	70	85	40	106	80	128	10	213	50
42800	428	—	642	—	856	—	214	—	42	80	85	60	107	—	128	40	214	—
42900	429	—	643	50	858	—	214	50	42	90	85	80	107	30	128	70	214	50
43000	430	—	645	—	860	—	215	—	43	—	86	—	107	50	129	—	215	—
43100	431	—	646	50	862	—	215	50	43	10	86	20	107	80	129	30	215	50
43200	432	—	648	—	864	—	216	—	43	20	86	40	108	—	129	60	216	—
43300	433	—	649	50	866	—	216	50	43	30	86	60	108	30	129	90	216	50
43400	434	—	651	—	868	—	217	—	43	40	86	80	108	50	130	20	217	—
43500	435	—	652	50	870	—	217	50	43	50	87	—	108	80	130	50	217	50
43600	436	—	654	—	872	—	218	—	43	60	87	20	109	—	130	80	218	—
43700	437	—	655	50	874	—	218	50	43	70	87	40	109	30	131	10	218	50
43800	438	—	657	—	876	—	219	—	43	80	87	60	109	50	131	40	219	—
43900	439	—	658	50	878	—	219	50	43	90	87	80	109	80	131	70	219	50
44000	440	—	660	—	880	—	220	—	44	—	88	—	110	—	132	—	220	—

Gegen-stands-Summa	Werthgebühr: Volle (Art. 22. 40. 41. 50)		Werthgebühr: 1/2 (Art. 25. 27. 29. 30. 38 Abs. 2)		Werthgebühr: 1/2 bis 2200 M, darüber 2/3 (Art. 24)		Werthgebühr: 1 1/2 (Art. 23)		4/10 aus der vollen Werthgebühr (Art. 45 Abs. 3)		4/10 aus 2/3 Werthgebühr (Art. 45 Abs. 3)		Hinterlegungsgebühr (Art. 100)		Hinterlegungsgebühr (Art. 101 a)		Hinterlegungsgebühr (Art. 101 b)		Auseinandersetzungsgebühr 5/10 der Sätze des § 8 des Reichsgerichts-Kosten-Gesetzes		Auseinandersetzungsgebühr 2/10 der Sätze des § 8 des Reichsgerichts-Kosten-Gesetzes	
M	M	₰	M	₰	M	₰	M	₰	M	₰	M	₰	M	₰	M	₰	M	₰	M	₰	M	₰
40100	54	—	27	—	36	—	81	—	21	60	14	40	52	70	210	50	421	—	125	—	50	—
40200	54	—	27	—	36	—	81	—	21	60	14	40	52	80	211	—	422	—	125	—	50	—
40300	54	—	27	—	36	—	81	—	21	60	14	40	52	90	211	50	423	—	125	—	50	—
40400	54	—	27	—	36	—	81	—	21	60	14	40	53	—	212	—	424	—	125	—	50	—
40500	54	—	27	—	36	—	81	—	21	60	14	40	53	20	212	50	425	—	125	—	50	—
40600	54	—	27	—	36	—	81	—	21	60	14	40	53	30	213	—	426	—	125	—	50	—
40700	54	—	27	—	36	—	81	—	21	60	14	40	53	40	213	50	427	—	125	—	50	—
40800	54	—	27	—	36	—	81	—	21	60	14	40	53	50	214	—	428	—	125	—	50	—
40900	54	—	27	—	36	—	81	—	21	60	14	40	53	70	214	50	429	—	125	—	50	—
41000	54	—	27	—	36	—	81	—	21	60	14	40	53	80	215	—	430	—	125	—	50	—
41100	56	—	28	—	37	40	84	—	22	40	15	—	53	90	215	50	431	—	125	—	50	—
41200	56	—	28	—	37	40	84	—	22	40	15	—	54	—	216	—	432	—	125	—	50	—
41300	56	—	28	—	37	40	84	—	22	40	15	—	54	20	216	50	433	—	125	—	50	—
41400	56	—	28	—	37	40	84	—	22	40	15	—	54	30	217	—	434	—	125	—	50	—
41500	56	—	28	—	37	40	84	—	22	40	15	—	54	40	217	50	435	—	125	—	50	—
41600	56	—	28	—	37	40	84	—	22	40	15	—	54	50	218	—	436	—	125	—	50	—
41700	56	—	28	—	37	40	84	—	22	40	15	—	54	70	218	50	437	—	125	—	50	—
41800	56	—	28	—	37	40	84	—	22	40	15	—	54	80	219	—	438	—	125	—	50	—
41900	56	—	28	—	37	40	84	—	22	40	15	—	54	90	219	50	439	—	125	—	50	—
42000	56	—	28	—	37	40	84	—	22	40	15	—	55	—	220	—	440	—	125	—	50	—
42100	56	—	28	—	37	40	84	—	22	40	15	—	55	20	220	50	441	—	130	—	52	—
42200	56	—	28	—	37	40	84	—	22	40	15	—	55	30	221	—	442	—	130	—	52	—
42300	56	—	28	—	37	40	84	—	22	40	15	—	55	40	221	50	443	—	130	—	52	—
42400	56	—	28	—	37	40	84	—	22	40	15	—	55	50	222	—	444	—	130	—	52	—
42500	56	—	28	—	37	40	84	—	22	40	15	—	55	70	222	50	445	—	130	—	52	—
42600	56	—	28	—	37	40	84	—	22	40	15	—	55	80	223	—	446	—	130	—	52	—
42700	56	—	28	—	37	40	84	—	22	40	15	—	55	90	223	50	447	—	130	—	52	—
42800	56	—	28	—	37	40	84	—	22	40	15	—	56	—	224	—	448	—	130	—	52	—
42900	56	—	28	—	37	40	84	—	22	40	15	—	56	20	224	50	449	—	130	—	52	—
43000	56	—	28	—	37	40	84	—	22	40	15	—	56	30	225	—	450	—	130	—	52	—
43100	56	—	28	—	37	40	84	—	22	40	15	—	56	40	225	50	451	—	130	—	52	—
43200	56	—	28	—	37	40	84	—	22	40	15	—	56	50	226	—	452	—	130	—	52	—
43300	56	—	28	—	37	40	84	—	22	40	15	—	56	70	226	50	453	—	130	—	52	—
43400	56	—	28	—	37	40	84	—	22	40	15	—	56	80	227	—	454	—	130	—	52	—
43500	56	—	28	—	37	40	84	—	22	40	15	—	56	90	227	50	455	—	130	—	52	—
43600	56	—	28	—	37	40	84	—	22	40	15	—	57	—	228	—	456	—	130	—	52	—
43700	56	—	28	—	37	40	84	—	22	40	15	—	57	20	228	50	457	—	130	—	52	—
43800	56	—	28	—	37	40	84	—	22	40	15	—	57	30	229	—	458	—	130	—	52	—
43900	56	—	28	—	37	40	84	—	22	40	15	—	57	40	229	50	459	—	130	—	52	—
44000	56	—	28	—	37	40	84	—	22	40	15	—	57	50	230	—	460	—	130	—	52	—

Gegenstands-Summa	Staatsgebühren 1 Prozent		1½ Prozent		2 Prozent		Besitzveränderungsabgabe		Staatsgebühren 1 pro mille		2 pro mille		2½ pro mille		3 pro mille		5 pro mille	
ℳ	ℳ	₰	ℳ	₰	ℳ	₰	ℳ	₰	ℳ	₰	ℳ	₰	ℳ	₰	ℳ	₰	ℳ	₰
44100	441	—	661	50	882	—	220	50	44	10	88	20	110	30	132	30	220	50
44200	442	—	663	—	884	—	221	—	44	20	88	40	110	50	132	60	221	—
44300	443	—	664	50	886	—	221	50	44	30	88	60	110	80	132	90	221	50
44400	444	—	666	—	888	—	222	—	44	40	88	80	111	—	133	20	222	—
44500	445	—	667	50	890	—	222	50	44	50	89	—	111	30	133	50	222	50
44600	446	—	669	—	892	—	223	—	44	60	89	20	111	50	133	80	223	—
44700	447	—	670	50	894	—	223	50	44	70	89	40	111	80	134	10	223	50
44800	448	—	672	—	896	—	224	—	44	80	89	60	112	—	134	40	224	—
44900	449	—	673	50	898	—	224	50	44	90	89	80	112	30	134	70	224	50
45000	450	—	675	—	900	—	225	—	45	—	90	—	112	50	135	—	225	—
45100	451	—	676	50	902	—	225	50	45	10	90	20	112	80	135	30	225	50
45200	452	—	678	—	904	—	226	—	45	20	90	40	113	—	135	60	226	—
45300	453	—	679	50	906	—	226	50	45	30	90	60	113	30	135	90	226	50
45400	454	—	681	—	908	—	227	—	45	40	90	80	113	50	136	20	227	—
45500	455	—	682	50	910	—	227	50	45	50	91	—	113	80	136	50	227	50
45600	456	—	684	—	912	—	228	—	45	60	91	20	114	—	136	80	228	—
45700	457	—	685	50	914	—	228	50	45	70	91	40	114	30	137	10	228	50
45800	458	—	687	—	916	—	229	—	45	80	91	60	114	50	137	40	229	—
45900	459	—	688	50	918	—	229	50	45	90	91	80	114	80	137	70	229	50
46000	460	—	690	—	920	—	230	—	46	—	92	—	115	—	138	—	230	—
46100	461	—	691	50	922	—	230	50	46	10	92	20	115	30	138	30	230	50
46200	462	—	693	—	924	—	231	—	46	20	92	40	115	50	138	60	231	—
46300	463	—	694	50	926	—	231	50	46	30	92	60	115	80	138	90	231	50
46400	464	—	696	—	928	—	232	—	46	40	92	80	116	—	139	20	232	—
46500	465	—	697	50	930	—	232	50	46	50	93	—	116	30	139	50	232	50
46600	466	—	699	—	932	—	233	—	46	60	93	20	116	50	139	80	233	—
46700	467	—	700	50	934	—	233	50	46	70	93	40	116	80	140	10	233	50
46800	468	—	702	—	936	—	234	—	46	80	93	60	117	—	140	40	234	—
46900	469	—	703	50	938	—	234	50	46	90	93	80	117	30	140	70	234	50
47000	470	—	705	—	940	—	235	—	47	—	94	—	117	50	141	—	235	—
47100	471	—	706	50	942	—	235	50	47	10	94	20	117	80	141	30	235	50
47200	472	—	708	—	944	—	236	—	47	20	94	40	118	—	141	60	236	—
47300	473	—	709	50	946	—	236	50	47	30	94	60	118	30	141	90	236	50
47400	474	—	711	—	948	—	237	—	47	40	94	80	118	50	142	20	237	—
47500	475	—	712	50	950	—	237	50	47	50	95	—	118	80	142	50	237	50
47600	476	—	714	—	952	—	238	—	47	60	95	20	119	—	142	80	238	—
47700	477	—	715	50	954	—	238	50	47	70	95	40	119	30	143	10	238	50
47800	478	—	717	—	956	—	239	—	47	80	95	60	119	50	143	40	239	—
47900	479	—	718	50	958	—	239	50	47	90	95	80	119	80	143	70	239	50
48000	480	—	720	—	960	—	240	—	48	—	96	—	120	—	144	—	240	—

Gegenstands-Summa	Werthgebühr: Volle (Art. 22. 40. 41. 50)		Werthgebühr: 1/2 (Art. 25. 27. 29. 30. 38 Abs. 2)		Werthgebühr: 1/2 bis 2200 M. darüber 2/3 (Art. 24)		Werthgebühr: 1 1/2 (Art. 23)		4/10 aus der vollen Werthgebühr (Art. 45 Abs. 3)		4/10 aus 2/3 Werthgebühr (Art. 45 Abs. 3)		Hinterlegungsgebühr: Art. 100		Hinterlegungsgebühr: Art. 101 a		Hinterlegungsgebühr: Art. 101 b		Auseinandersetzungsgebühr: 5/10 der Sätze des § 8 des Reichsgerichts-Kosten-Gesetzes		Auseinandersetzungsgebühr: 2/10 der Sätze des § 8 des Reichsgerichts-Kosten-Gesetzes	
M	M	Pf	M	Pf	M	Pf	M	Pf	M	Pf	M	Pf	M	Pf	M	Pf	M	Pf	M	Pf	M	Pf
44100	58	—	29	—	38	70	87	—	23	20	15	50	57	70	230	50	461	—	135	—	54	—
44200	58	—	29	—	38	70	87	—	23	20	15	50	57	80	231	—	462	—	135	—	54	—
44300	58	—	29	—	38	70	87	—	23	20	15	50	57	90	231	50	463	—	135	—	54	—
44400	58	—	29	—	38	70	87	—	23	20	15	50	58	—	232	—	464	—	135	—	54	—
44500	58	—	29	—	38	70	87	—	23	20	15	50	58	20	232	50	465	—	135	—	54	—
44600	58	—	29	—	38	70	87	—	23	20	15	50	58	30	233	—	466	—	135	—	54	—
44700	58	—	29	—	38	70	87	—	23	20	15	50	58	40	233	50	467	—	135	—	54	—
44800	58	—	29	—	38	70	87	—	23	20	15	50	58	50	234	—	468	—	135	—	54	—
44900	58	—	29	—	38	70	87	—	23	20	15	50	58	70	234	50	469	—	135	—	54	—
45000	58	—	29	—	38	70	87	—	23	20	15	50	58	80	235	—	470	—	135	—	54	—
45100	58	—	29	—	38	70	87	—	23	20	15	50	58	90	235	50	471	—	135	—	54	—
45200	58	—	29	—	38	70	87	—	23	20	15	50	59	—	236	—	472	—	135	—	54	—
45300	58	—	29	—	38	70	87	—	23	20	15	50	59	20	236	50	473	—	135	—	54	—
45400	58	—	29	—	38	70	87	—	23	20	15	50	59	30	237	—	474	—	135	—	54	—
45500	58	—	29	—	38	70	87	—	23	20	15	50	59	40	237	50	475	—	135	—	54	—
45600	58	—	29	—	38	70	87	—	23	20	15	50	59	50	238	—	476	—	135	—	54	—
45700	58	—	29	—	38	70	87	—	23	20	15	50	59	70	238	50	477	—	135	—	54	—
45800	58	—	29	—	38	70	87	—	23	20	15	50	59	80	239	—	478	—	135	—	54	—
45900	58	—	29	—	38	70	87	—	23	20	15	50	59	90	239	50	479	—	135	—	54	—
46000	58	—	29	—	38	70	87	—	23	20	15	50	60	—	240	—	480	—	135	—	54	—
46100	58	—	29	—	38	70	87	—	23	20	15	50	60	20	240	50	481	—	140	—	56	—
46200	58	—	29	—	38	70	87	—	23	20	15	50	60	30	241	—	482	—	140	—	56	—
46300	58	—	29	—	38	70	87	—	23	20	15	50	60	40	241	50	483	—	140	—	56	—
46400	58	—	29	—	38	70	87	—	23	20	15	50	60	50	242	—	484	—	140	—	56	—
46500	58	—	29	—	38	70	87	—	23	20	15	50	60	70	242	50	485	—	140	—	56	—
46600	58	—	29	—	38	70	87	—	23	20	15	50	60	80	243	—	486	—	140	—	56	—
46700	58	—	29	—	38	70	87	—	23	20	15	50	60	90	243	50	487	—	140	—	56	—
46800	58	—	29	—	38	70	87	—	23	20	15	50	61	—	244	—	488	—	140	—	56	—
46900	58	—	29	—	38	70	87	—	23	20	15	50	61	20	244	50	489	—	140	—	56	—
47000	58	—	29	—	38	70	87	—	23	20	15	50	61	30	245	—	490	—	140	—	56	—
47100	60	—	30	—	40	—	90	—	24	—	16	—	61	40	245	50	491	—	140	—	56	—
47200	60	—	30	—	40	—	90	—	24	—	16	—	61	50	246	—	492	—	140	—	56	—
47300	60	—	30	—	40	—	90	—	24	—	16	—	61	70	246	50	493	—	140	—	56	—
47400	60	—	30	—	40	—	90	—	24	—	16	—	61	80	247	—	494	—	140	—	56	—
47500	60	—	30	—	40	—	90	—	24	—	16	—	61	90	247	50	495	—	140	—	56	—
47600	60	—	30	—	40	—	90	—	24	—	16	—	62	—	248	—	496	—	140	—	56	—
47700	60	—	30	—	40	—	90	—	24	—	16	—	62	20	248	50	497	—	140	—	56	—
47800	60	—	30	—	40	—	90	—	24	—	16	—	62	30	249	—	498	—	140	—	56	—
47900	60	—	30	—	40	—	90	—	24	—	16	—	62	40	249	50	499	—	140	—	56	—
48000	60	—	30	—	40	—	90	—	24	—	16	—	62	50	250	—	500	—	140	—	56	—

Gegenstands-Summa	Staatsgebühren 1 Prozent		1½ Prozent		2 Prozent		Besitzveränderungsabgabe		Staatsgebühren 1 pro mille		2 pro mille		2½ pro mille		3 pro mille		5 pro mille	
M	M	Pf	M	Pf	M	Pf	M	Pf	M	Pf	M	Pf	M	Pf	M	Pf	M	Pf
48100	481	—	721	50	962	—	240	50	48	10	96	20	120	30	144	30	240	50
48200	482	—	723	—	964	—	241	—	48	20	96	40	120	50	144	60	241	—
48300	483	—	724	50	966	—	241	50	48	30	96	60	120	80	144	90	241	50
48400	484	—	726	—	968	—	242	—	48	40	96	80	121	—	145	20	242	—
48500	485	—	727	50	970	—	242	50	48	50	97	—	121	30	145	50	242	50
48600	486	—	729	—	972	—	243	—	48	60	97	20	121	50	145	80	243	—
48700	487	—	730	50	974	—	243	50	48	70	97	40	121	80	146	10	243	50
48800	488	—	732	—	976	—	244	—	48	80	97	60	122	—	146	40	244	—
48900	489	—	733	50	978	—	244	50	48	90	97	80	122	30	146	70	244	50
49000	490	—	735	—	980	—	245	—	49	—	98	—	122	50	147	—	245	—
49100	491	—	736	50	982	—	245	50	49	10	98	20	122	80	147	30	245	50
49200	492	—	738	—	984	—	246	—	49	20	98	40	123	—	147	60	246	—
49300	493	—	739	50	986	—	246	50	49	30	98	60	123	30	147	90	246	50
49400	494	—	741	—	988	—	247	—	49	40	98	80	123	50	148	20	247	—
49500	495	—	742	50	990	—	247	50	49	50	99	—	123	80	148	50	247	50
49600	496	—	744	—	992	—	248	—	49	60	99	20	124	—	148	80	248	—
49700	497	—	745	50	994	—	248	50	49	70	99	40	124	30	149	10	248	50
49800	498	—	747	—	996	—	249	—	49	80	99	60	124	50	149	40	249	—
49900	499	—	748	50	998	—	249	50	49	90	99	80	124	80	149	70	249	50
50000	500	—	750	—	1000	—	250	—	50	—	100	—	125	—	150	—	250	—
50100	501	—	751	50	1002	—	250	50	50	10	100	20	125	30	150	30	250	50
50400	504	—	756	—	1008	—	252	—	50	40	100	80	126	—	151	20	252	—
50700	507	—	760	50	1014	—	253	50	50	70	101	40	126	80	152	10	253	50
51000	510	—	765	—	1020	—	255	—	51	—	102	—	127	50	153	—	255	—
51300	513	—	769	50	1026	—	256	50	51	30	102	60	128	30	153	90	256	50
51600	516	—	774	—	1032	—	258	—	51	60	103	20	129	—	154	80	258	—
51900	519	—	778	50	1038	—	259	50	51	90	103	80	129	80	155	70	259	50
52200	522	—	783	—	1044	—	261	—	52	20	104	40	130	50	156	60	261	—
52500	525	—	787	50	1050	—	262	50	52	50	105	—	131	30	157	50	262	50
52800	528	—	792	—	1056	—	264	—	52	80	105	60	132	—	158	40	264	—
53100	531	—	796	50	1062	—	265	50	53	10	106	20	132	80	159	30	265	50
53400	534	—	801	—	1068	—	267	—	53	40	106	80	133	50	160	20	267	—
53700	537	—	805	50	1074	—	268	50	53	70	107	40	134	30	161	10	268	50
54000	540	—	810	—	1080	—	270	—	54	—	108	—	135	—	162	—	270	—
54300	543	—	814	50	1086	—	271	50	54	30	108	60	135	80	162	90	271	50
54600	546	—	819	—	1092	—	273	—	54	60	109	20	136	50	163	80	273	—
54900	549	—	823	50	1098	—	274	50	54	90	109	80	137	30	164	70	274	50
55200	552	—	828	—	1104	—	276	—	55	20	110	40	138	—	165	60	276	—
55500	555	—	832	50	1110	—	277	50	55	50	111	—	138	80	166	50	277	50
55800	558	—	837	—	1116	—	279	—	55	80	111	60	139	50	167	40	279	—

Gegenstands-Summa	Werthgebühr: Volle (Art. 22. 40. 41. 50)		Werthgebühr: 1/2 (Art. 25. 27. 29. 30. 38 Abs. 2)		Werthgebühr: 1/2 bis 2200 M, darüber 2/3 (Art. 24)		Werthgebühr: 1 1/2 (Art. 23)		4/10 aus der vollen Werthgebühr (Art. 45 Abs. 3)		4/10 aus 2/3 Werthgebühr (Art. 45 Abs. 3)		Hinterlegungsgebühr Art. 100		Hinterlegungsgebühr Art. 101 a		Hinterlegungsgebühr Art. 101 b		Auseinandersetzungsgebühr 5/10 der Sätze des § 8 des Reichsgerichts-Kosten-Gesetzes		Auseinandersetzungsgebühr 2/10 der Sätze des § 8 des Reichsgerichts-Kosten-Gesetzes	
M	M	₰	M	₰	M	₰	M	₰	M	₰	M	₰	M	₰	M	₰	M	₰	M	₰	M	₰
48100	60	—	30	—	40	—	90	—	24	—	16	—	62	70	250	50	501	—	145	—	58	—
48200	60	—	30	—	40	—	90	—	24	—	16	—	62	80	251	—	502	—	145	—	58	—
48300	60	—	30	—	40	—	90	—	24	—	16	—	62	90	251	50	503	—	145	—	58	—
48400	60	—	30	—	40	—	90	—	24	—	16	—	63	—	252	—	504	—	145	—	58	—
48500	60	—	30	—	40	—	90	—	24	—	16	—	63	20	252	50	505	—	145	—	58	—
48600	60	—	30	—	40	—	90	—	24	—	16	—	63	30	253	—	506	—	145	—	58	—
48700	60	—	30	—	40	—	90	—	24	—	16	—	63	40	253	50	507	—	145	—	58	—
48800	60	—	30	—	40	—	90	—	24	—	16	—	63	50	254	—	508	—	145	—	58	—
48900	60	—	30	—	40	—	90	—	24	—	16	—	63	70	254	50	509	—	145	—	58	—
49000	60	—	30	—	40	—	90	—	24	—	16	—	63	80	255	—	510	—	145	—	58	—
49100	60	—	30	—	40	—	90	—	24	—	16	—	63	90	255	50	511	—	145	—	58	—
49200	60	—	30	—	40	—	90	—	24	—	16	—	64	—	256	—	512	—	145	—	58	—
49300	60	—	30	—	40	—	90	—	24	—	16	—	64	20	256	50	513	—	145	—	58	—
49400	60	—	30	—	40	—	90	—	24	—	16	—	64	30	257	—	514	—	145	—	58	—
49500	60	—	30	—	40	—	90	—	24	—	16	—	64	40	257	50	515	—	145	—	58	—
49600	60	—	30	—	40	—	90	—	24	—	16	—	64	50	258	—	516	—	145	—	58	—
49700	60	—	30	—	40	—	90	—	24	—	16	—	64	70	258	50	517	—	145	—	58	—
49800	60	—	30	—	40	—	90	—	24	—	16	—	64	80	259	—	518	—	145	—	58	—
49900	60	—	30	—	40	—	90	—	24	—	16	—	64	90	259	50	519	—	145	—	58	—
50000	60	—	30	—	40	—	90	—	24	—	16	—	65	—	260	—	520	—	145	—	58	—
50100	66	—	33	—	44	—	99	—	26	40	17	60	65	20	260	50	521	—	150	—	60	—
50400	66	—	33	—	44	—	99	—	26	40	17	60	65	50	262	—	524	—	150	—	60	—
50700	66	—	33	—	44	—	99	—	26	40	17	60	65	90	263	50	527	—	150	—	60	—
51000	66	—	33	—	44	—	99	—	26	40	17	60	66	30	265	—	530	—	150	—	60	—
51300	66	—	33	—	44	—	99	—	26	40	17	60	66	70	266	50	533	—	150	—	60	—
51600	66	—	33	—	44	—	99	—	26	40	17	60	67	—	268	—	536	—	150	—	60	—
51900	66	—	33	—	44	—	99	—	26	40	17	60	67	40	269	50	539	—	150	—	60	—
52200	66	—	33	—	44	—	99	—	26	40	17	60	67	80	271	—	542	—	155	—	62	—
52500	66	—	33	—	44	—	99	—	26	40	17	60	68	20	272	50	545	—	155	—	62	—
52800	66	—	33	—	44	—	99	—	26	40	17	60	68	50	274	—	548	—	155	—	62	—
53100	66	—	33	—	44	—	99	—	26	40	17	60	68	90	275	50	551	—	155	—	62	—
53400	66	—	33	—	44	—	99	—	26	40	17	60	69	30	277	—	554	—	155	—	62	—
53700	66	—	33	—	44	—	99	—	26	40	17	60	69	70	278	50	557	—	155	—	62	—
54000	66	—	33	—	44	—	99	—	26	40	17	60	70	—	280	—	560	—	155	—	62	—
54300	66	—	33	—	44	—	99	—	26	40	17	60	70	40	281	50	563	—	160	—	64	—
54600	66	—	33	—	44	—	99	—	26	40	17	60	70	80	283	—	566	—	160	—	64	—
54900	66	—	33	—	44	—	99	—	26	40	17	60	71	20	284	50	569	—	160	—	64	—
55200	66	—	33	—	44	—	99	—	26	40	17	60	71	50	286	—	572	—	160	—	64	—
55500	66	—	33	—	44	—	99	—	26	40	17	60	71	90	287	50	575	—	160	—	64	—
55800	66	—	33	—	44	—	99	—	26	40	17	60	72	30	289	—	578	—	160	—	64	—

Gegen-stands-Summa	Staatsgebühren						Besitz-verände-rungs-abgabe		Staatsgebühren									
	1		1 ½		2				1		2		2 ½		3		5	
	Prozent								pro mille									
ℳ	ℳ	₰	ℳ	₰	ℳ	₰	ℳ	₰	ℳ	₰	ℳ	₰	ℳ	₰	ℳ	₰	ℳ	₰
56100	561	—	841	50	1122	—	280	50	56	10	112	20	140	30	168	30	280	50
56400	564	—	846	—	1128	—	282	—	56	40	112	80	141	—	169	20	282	—
56700	567	—	850	50	1134	—	283	50	56	70	113	40	141	80	170	10	283	50
57000	570	—	855	—	1140	—	285	—	57	—	114	—	142	50	171	—	285	—
57300	573	—	859	50	1146	—	286	50	57	30	114	60	143	30	171	90	286	50
57600	576	—	864	—	1152	—	288	—	57	60	115	20	144	—	172	80	288	—
57900	579	—	868	50	1158	—	289	50	57	90	115	80	144	80	173	70	289	50
58200	582	—	873	—	1164	—	291	—	58	20	116	40	145	50	174	60	291	—
58500	585	—	877	50	1170	—	292	50	58	50	117	—	146	30	175	50	292	50
58800	588	—	882	—	1176	—	294	—	58	80	117	60	147	—	176	40	294	—
59100	591	—	886	50	1182	—	295	50	59	10	118	20	147	80	177	30	295	50
59400	594	—	891	—	1188	—	297	—	59	40	118	80	148	50	178	20	297	—
59700	597	—	895	50	1194	—	298	50	59	70	119	40	149	30	179	10	298	50
60000	600	—	900	—	1200	—	300	—	60	—	120	—	150	—	180	—	300	—
60300	603	—	904	50	1206	—	301	50	60	30	120	60	150	80	180	90	301	50
60600	606	—	909	—	1212	—	303	—	60	60	121	20	151	50	181	80	303	—
60900	609	—	913	50	1218	—	304	50	60	90	121	80	152	30	182	70	304	50
61200	612	—	918	—	1224	—	306	—	61	20	122	40	153	—	183	60	306	—
61500	615	—	922	50	1230	—	307	50	61	50	123	—	153	80	184	50	307	50
61800	618	—	927	—	1236	—	309	—	61	80	123	60	154	50	185	40	309	—
62100	621	—	931	50	1242	—	310	50	62	10	124	20	155	30	186	30	310	50
62400	624	—	936	—	1248	—	312	—	62	40	124	80	156	—	187	20	312	—
62700	627	—	940	50	1254	—	313	50	62	70	125	40	156	80	188	10	313	50
63000	630	—	945	—	1260	—	315	—	63	—	126	—	157	50	189	—	315	—
63300	633	—	949	50	1266	—	316	50	63	30	126	60	158	30	189	90	316	50
63600	636	—	954	—	1272	—	318	—	63	60	127	20	159	—	190	80	318	—
63900	639	—	958	50	1278	—	319	50	63	90	127	80	159	80	191	70	319	50
64200	642	—	963	—	1284	—	321	—	64	20	128	40	160	50	192	60	321	—
64500	645	—	967	50	1290	—	322	50	64	50	129	—	161	30	193	50	322	50
64800	648	—	972	—	1296	—	324	—	64	80	129	60	162	—	194	40	324	—
65100	651	—	976	50	1302	—	325	50	65	10	130	20	162	80	195	30	325	50
65400	654	—	981	—	1308	—	327	—	65	40	130	80	163	50	196	20	327	—
65700	657	—	985	50	1314	—	328	50	65	70	131	40	164	30	197	10	328	50
66000	660	—	990	—	1320	—	330	—	66	—	132	—	165	—	198	—	330	—
66300	663	—	994	50	1326	—	331	50	66	30	132	60	165	80	198	90	331	50
66600	666	—	999	—	1332	—	333	—	66	60	133	20	166	50	199	80	333	—
66900	669	—	1003	50	1338	—	334	50	66	90	133	80	167	30	200	70	334	50
67200	672	—	1008	—	1344	—	336	—	67	20	134	40	168	—	201	60	336	—
67500	675	—	1012	50	1350	—	337	50	67	50	135	—	168	80	202	50	337	50
67800	678	—	1017	—	1356	—	339	—	67	80	135	60	169	50	203	40	339	—

Gegenstands-Summa	Werthgebühr								4/10 aus der vollen Werthgebühr		4/10 aus 2/3 Werthgebühr		Hinterlegungsgebühr						Auseinandersetzungsgebühr			
	Volle		1/2		1/2 bis 2200 M.		1 1/2												5/10		2/10	
	Art. 22. 40. 41. 50		Art. 25. 27. 29. 30. 38 Abs. 2		darüber 2/3 Art. 24		Art. 23		Art. 45 Abs. 3				Art. 100		Art. 101 a		Art. 101 b		der Sätze des § 8 des Reichsgerichts-Kosten-Gesetzes			
M	M	₰	M	₰	M	₰	M	₰	M	₰	M	₰	M	₰	M	₰	M	₰	M	₰	M	₰
56100	66	—	33	—	44	—	99	—	26	40	17	60	72	70	290	50	581	—	165	—	66	—
56400	66	—	33	—	44	—	99	—	26	40	17	60	73	—	292	—	584	—	165	—	66	—
56700	66	—	33	—	44	—	99	—	26	40	17	60	73	40	293	50	587	—	165	—	66	—
57000	66	—	33	—	44	—	99	—	26	40	17	60	73	80	295	—	590	—	165	—	66	—
57300	66	—	33	—	44	—	99	—	26	40	17	60	74	20	296	50	593	—	165	—	66	—
57600	66	—	33	—	44	—	99	—	26	40	17	60	74	50	298	—	596	—	165	—	66	—
57900	66	—	33	—	44	—	99	—	26	40	17	60	74	90	299	50	599	—	165	—	66	—
58200	66	—	33	—	44	—	99	—	26	40	17	60	75	30	301	—	602	—	170	—	68	—
58500	66	—	33	—	44	—	99	—	26	40	17	60	75	70	302	50	605	—	170	—	68	—
58800	66	—	33	—	44	—	99	—	26	40	17	60	76	—	304	—	608	—	170	—	68	—
59100	66	—	33	—	44	—	99	—	26	40	17	60	76	40	305	50	611	—	170	—	68	—
59400	66	—	33	—	44	—	99	—	26	40	17	60	76	80	307	—	614	—	170	—	68	—
59700	66	—	33	—	44	—	99	—	26	40	17	60	77	20	308	50	617	—	170	—	68	—
60000	66	—	33	—	48	—	99	—	26	40	17	60	77	50	310	—	620	—	170	—	68	—
60300	72	—	36	—	48	—	108	—	28	80	19	20	77	90	311	50	623	—	175	—	70	—
60600	72	—	36	—	48	—	108	—	28	80	19	20	78	30	313	—	626	—	175	—	70	—
60900	72	—	36	—	48	—	108	—	28	80	19	20	78	70	314	50	629	—	175	—	70	—
61200	72	—	36	—	48	—	108	—	28	80	19	20	79	—	316	—	632	—	175	—	70	—
61500	72	—	36	—	48	—	108	—	28	80	19	20	79	40	317	50	635	—	175	—	70	—
61800	72	—	36	—	48	—	108	—	28	80	19	20	79	80	319	—	638	—	175	—	70	—
62100	72	—	36	—	48	—	108	—	28	80	19	20	80	20	320	50	641	—	180	—	72	—
62400	72	—	36	—	48	—	108	—	28	80	19	20	80	50	322	—	644	—	180	—	72	—
62700	72	—	36	—	48	—	108	—	28	80	19	20	80	90	323	50	647	—	180	—	72	—
63000	72	—	36	—	48	—	108	—	28	80	19	20	81	30	325	—	650	—	180	—	72	—
63300	72	—	36	—	48	—	108	—	28	80	19	20	81	70	326	50	653	—	180	—	72	—
63600	72	—	36	—	48	—	108	—	28	80	19	20	82	—	328	—	656	—	180	—	72	—
63900	72	—	36	—	48	—	108	—	28	80	19	20	82	40	329	50	659	—	180	—	72	—
64200	72	—	36	—	48	—	108	—	28	80	19	20	82	80	331	—	662	—	185	—	74	—
64500	72	—	36	—	48	—	108	—	28	80	19	20	83	20	332	50	665	—	185	—	74	—
64800	72	—	36	—	48	—	108	—	28	80	19	20	83	50	334	—	668	—	185	—	74	—
65100	72	—	36	—	48	—	108	—	28	80	19	20	83	90	335	50	671	—	185	—	74	—
65400	72	—	36	—	48	—	108	—	28	80	19	20	84	30	337	—	674	—	185	—	74	—
65700	72	—	36	—	48	—	108	—	28	80	19	20	84	70	338	50	677	—	185	—	74	—
66000	72	—	36	—	48	—	108	—	28	80	19	20	85	—	340	—	680	—	185	—	74	—
66300	72	—	36	—	48	—	108	—	28	80	19	20	85	40	341	50	683	—	190	—	76	—
66600	72	—	36	—	48	—	108	—	28	80	19	20	85	80	343	—	686	—	190	—	76	—
66900	72	—	36	—	48	—	108	—	28	80	19	20	86	20	344	50	689	—	190	—	76	—
67200	72	—	36	—	48	—	108	—	28	80	19	20	86	50	346	—	692	—	190	—	76	—
67500	72	—	36	—	48	—	108	—	28	80	19	20	86	90	347	50	695	—	190	—	76	—
67800	72	—	36	—	48	—	108	—	28	80	19	20	87	30	349	—	698	—	190	—	76	—

Gegen-standS-Summa	Staatsgebühren 1 Prozent		1½ Prozent		2 Prozent		Besitz-veränderungs-abgabe		Staatsgebühren 1 pro mille		2 pro mille		2½ pro mille		3 pro mille		5 pro mille	
M	M	₰	M	₰	M	₰	M	₰	M	₰	M	₰	M	₰	M	₰	M	₰
68100	681	—	1021	50	1362	—	340	50	68	10	136	20	170	30	204	30	340	50
68400	684	—	1026	—	1368	—	342	—	68	40	136	80	171	—	205	20	342	—
68700	687	—	1030	50	1374	—	343	50	68	70	137	40	171	80	206	10	343	50
69000	690	—	1035	—	1380	—	345	—	69	—	138	—	172	50	207	—	345	—
69300	693	—	1039	50	1386	—	346	50	69	30	138	60	173	30	207	90	346	50
69600	696	—	1044	—	1392	—	348	—	69	60	139	20	174	—	208	80	348	—
69900	699	—	1048	50	1398	—	349	50	69	90	139	80	174	80	209	70	349	50
70200	702	—	1053	—	1404	—	351	—	70	20	140	40	175	50	210	60	351	—
70500	705	—	1057	50	1410	—	352	50	70	50	141	—	176	30	211	50	352	50
70800	708	—	1062	—	1416	—	354	—	70	80	141	60	177	—	212	40	354	—
71100	711	—	1066	50	1422	—	355	50	71	10	142	20	177	80	213	30	355	50
71400	714	—	1071	—	1428	—	357	—	71	40	142	80	178	50	214	20	357	—
71700	717	—	1075	50	1434	—	358	50	71	70	143	40	179	30	215	10	358	50
72000	720	—	1080	—	1440	—	360	—	72	—	144	—	180	—	216	—	360	—
72300	723	—	1084	50	1446	—	361	50	72	30	144	60	180	80	216	90	361	50
72600	726	—	1089	—	1452	—	363	—	72	60	145	20	181	50	217	80	363	—
72900	729	—	1093	50	1458	—	364	50	72	90	145	80	182	30	218	70	364	50
73200	732	—	1098	—	1464	—	366	—	73	20	146	40	183	—	219	60	366	—
73500	735	—	1102	50	1470	—	367	50	73	50	147	—	183	80	220	50	367	50
73800	738	—	1107	—	1476	—	369	—	73	80	147	60	184	50	221	40	369	—
74100	741	—	1111	50	1482	—	370	50	74	10	148	20	185	30	222	30	370	50
74400	744	—	1116	—	1488	—	372	—	74	40	148	80	186	—	223	20	372	—
74700	747	—	1120	50	1494	—	373	50	74	70	149	40	186	80	224	10	373	50
75000	750	—	1125	—	1500	—	375	—	75	—	150	—	187	50	225	—	375	—
75300	753	—	1129	50	1506	—	376	50	75	30	150	60	188	30	225	90	376	50
75600	756	—	1134	—	1512	—	378	—	75	60	151	20	189	—	226	80	378	—
75900	759	—	1138	50	1518	—	379	50	75	90	151	80	189	80	227	70	379	50
76200	762	—	1143	—	1524	—	381	—	76	20	152	40	190	50	228	60	381	—
76500	765	—	1147	50	1530	—	382	50	76	50	153	—	191	30	229	50	382	50
76800	768	—	1152	—	1536	—	384	—	76	80	153	60	192	—	230	40	384	—
77100	771	—	1156	50	1542	—	385	50	77	10	154	20	192	80	231	30	385	50
77400	774	—	1161	—	1548	—	387	—	77	40	154	80	193	50	232	20	387	—
77700	777	—	1165	50	1554	—	388	50	77	70	155	40	194	30	233	10	388	50
78000	780	—	1170	—	1560	—	390	—	78	—	156	—	195	—	234	—	390	—
78300	783	—	1174	50	1566	—	391	50	78	30	156	60	195	80	234	90	391	50
78600	786	—	1179	—	1572	—	393	—	78	60	157	20	196	50	235	80	393	—
78900	789	—	1183	50	1578	—	394	50	78	90	157	80	197	30	236	70	394	50
79200	792	—	1188	—	1584	—	396	—	79	20	158	40	198	—	237	60	396	—
79500	795	—	1192	50	1590	—	397	50	79	50	159	—	198	80	238	50	397	50
79800	798	—	1197	—	1596	—	399	—	79	80	159	60	199	50	239	40	399	—

Gegen-stands-Summa	Werthgebühr								4/10 aus der vollen Werth-gebühr		4/10 aus 2/3 Werth-gebühr		Hinterlegungs-gebühr						Auseinander-setzungsgebühr			
	Volle		1/2		1/2 bis 2200 ℳ darüber 2/3		1 1/2												5/10		2/10	
	Art. 22. 40. 41. 50		Art. 25. 27. 29. 30. 38 Abs. 2		Art. 24		Art. 23		Art. 45 Abs. 3				Art. 100		Art. 101 a		Art. 101 b		der Sätze des § 8 des Reichsgerichts-Kosten-Gesetzes			
ℳ	ℳ	₰	ℳ	₰	ℳ	₰	ℳ	₰	ℳ	₰	ℳ	₰	ℳ	₰	ℳ	₰	ℳ	₰	ℳ	₰	ℳ	₰
68100	72	—	36	—	48	—	108	—	28	80	19	20	87	70	350	50	701	—	195	—	78	—
68400	72	—	36	—	48	—	108	—	28	80	19	20	88	—	352	—	704	—	195	—	78	—
68700	72	—	36	—	48	—	108	—	28	80	19	20	88	40	353	50	707	—	195	—	78	—
69000	72	—	36	—	48	—	108	—	28	80	19	20	88	80	355	—	710	—	195	—	78	—
69300	72	—	36	—	48	—	108	—	28	80	19	20	89	20	356	50	713	—	195	—	78	—
69600	72	—	36	—	48	—	108	—	28	80	19	20	89	50	358	—	716	—	195	—	78	—
69900	72	—	36	—	48	—	108	—	28	80	19	20	89	90	359	50	719	—	195	—	78	—
70200	78	—	39	—	52	—	117	—	31	20	20	80	90	30	361	—	722	—	200	—	80	—
70500	78	—	39	—	52	—	117	—	31	20	20	80	90	70	362	50	725	—	200	—	80	—
70800	78	—	39	—	52	—	117	—	31	20	20	80	91	—	364	—	728	—	200	—	80	—
71100	78	—	39	—	52	—	117	—	31	20	20	80	91	40	365	50	731	—	200	—	80	—
71400	78	—	39	—	52	—	117	—	31	20	20	80	91	80	367	—	734	—	200	—	80	—
71700	78	—	39	—	52	—	117	—	31	20	20	80	92	20	368	50	737	—	200	—	80	—
72000	78	—	39	—	52	—	117	—	31	20	20	80	92	50	370	—	740	—	200	—	80	—
72300	78	—	39	—	52	—	117	—	31	20	20	80	92	90	371	50	743	—	205	—	82	—
72600	78	—	39	—	52	—	117	—	31	20	20	80	93	30	373	—	746	—	205	—	82	—
72900	78	—	39	—	52	—	117	—	31	20	20	80	93	70	374	50	749	—	205	—	82	—
73200	78	—	39	—	52	—	117	—	31	20	20	80	94	—	376	—	752	—	205	—	82	—
73500	78	—	39	—	52	—	117	—	31	20	20	80	94	40	377	50	755	—	205	—	82	—
73800	78	—	39	—	52	—	117	—	31	20	20	80	94	80	379	—	758	—	205	—	82	—
74100	78	—	39	—	52	—	117	—	31	20	20	80	95	20	380	50	761	—	210	—	84	—
74400	78	—	39	—	52	—	117	—	31	20	20	80	95	50	382	—	764	—	210	—	84	—
74700	78	—	39	—	52	—	117	—	31	20	20	80	95	90	383	50	767	—	210	—	84	—
75000	78	—	39	—	52	—	117	—	31	20	20	80	96	30	385	—	770	—	210	—	84	—
75300	78	—	39	—	52	—	117	—	31	20	20	80	96	70	386	50	773	—	210	—	84	—
75600	78	—	39	—	52	—	117	—	31	20	20	80	97	—	388	—	776	—	210	—	84	—
75900	78	—	39	—	52	—	117	—	31	20	20	80	97	40	389	50	779	—	210	—	84	—
76200	78	—	39	—	52	—	117	—	31	20	20	80	97	80	391	—	782	—	215	—	86	—
76500	78	—	39	—	52	—	117	—	31	20	20	80	98	20	392	50	785	—	215	—	86	—
76800	78	—	39	—	52	—	117	—	31	20	20	80	98	50	394	—	788	—	215	—	86	—
77100	78	—	39	—	52	—	117	—	31	20	20	80	98	90	395	50	791	—	215	—	86	—
77400	78	—	39	—	52	—	117	—	31	20	20	80	99	30	397	—	794	—	215	—	86	—
77700	78	—	39	—	52	—	117	—	31	20	20	80	99	70	398	50	797	—	215	—	86	—
78000	78	—	39	—	52	—	117	—	31	20	20	80	100	—	400	—	800	—	215	—	86	—
78300	78	—	39	—	52	—	117	—	31	20	20	80	100	40	401	50	803	—	220	—	88	—
78600	78	—	39	—	52	—	117	—	31	20	20	80	100	80	403	—	806	—	220	—	88	—
78900	78	—	39	—	52	—	117	—	31	20	20	80	101	20	404	50	809	—	220	—	88	—
79200	78	—	39	—	52	—	117	—	31	20	20	80	101	50	406	—	812	—	220	—	88	—
79500	78	—	39	—	52	—	117	—	31	20	20	80	101	90	407	50	815	—	220	—	88	—
79800	78	—	39	—	52	—	117	—	31	20	20	80	102	30	409	—	818	—	220	—	88	—

Gegen-stands-Summa	Staatsgebühren						Besitz-verände-rungs-abgabe		Staatsgebühren									
	1		1½		2				1		2		2½		3		5	
	Prozent								pro mille									
M	M	₰	M	₰	M	₰	M	₰	M	₰	M	₰	M	₰	M	₰	M	₰
80100	801	—	1201	50	1602	—	400	50	80	10	160	20	200	30	240	30	400	50
80400	804	—	1206	—	1608	—	402	—	80	40	160	80	201	—	241	20	402	—
80700	807	—	1210	50	1614	—	403	50	80	70	161	40	201	80	242	10	403	50
81000	810	—	1215	—	1620	—	405	—	81	—	162	—	202	50	243	—	405	—
81300	813	—	1219	50	1626	—	406	50	81	30	162	60	203	30	243	90	406	50
81600	816	—	1224	—	1632	—	408	—	81	60	163	20	204	—	244	80	408	—
81900	819	—	1228	50	1638	—	409	50	81	90	163	80	204	80	245	70	409	50
82200	822	—	1233	—	1644	—	411	—	82	20	164	40	205	50	246	60	411	—
82500	825	—	1237	50	1650	—	412	50	82	50	165	—	206	30	247	50	412	50
82800	828	—	1242	—	1656	—	414	—	82	80	165	60	207	—	248	40	414	—
83100	831	—	1246	50	1662	—	415	50	83	10	166	20	207	80	249	30	415	50
83400	834	—	1251	—	1668	—	417	—	83	40	166	80	208	50	250	20	417	—
83700	837	—	1255	50	1674	—	418	50	83	70	167	40	209	30	251	10	418	50
84000	840	—	1260	—	1680	—	420	—	84	—	168	—	210	—	252	—	420	—
84300	843	—	1264	50	1686	—	421	50	84	30	168	60	210	80	252	90	421	50
84600	846	—	1269	—	1692	—	423	—	84	60	169	20	211	50	253	80	423	—
84900	849	—	1273	50	1698	—	424	50	84	90	169	80	212	30	254	70	424	50
85200	852	—	1278	—	1704	—	426	—	85	20	170	40	213	—	255	60	426	—
85500	855	—	1282	50	1710	—	427	50	85	50	171	—	213	80	256	50	427	50
85800	858	—	1287	—	1716	—	429	—	85	80	171	60	214	50	257	40	429	—
86100	861	—	1291	50	1722	—	430	50	86	10	172	20	215	30	258	30	430	50
86400	864	—	1296	—	1728	—	432	—	86	40	172	80	216	—	259	20	432	—
86700	867	—	1300	50	1734	—	433	50	86	70	173	40	216	80	260	10	433	50
87000	870	—	1305	—	1740	—	435	—	87	—	174	—	217	50	261	—	435	—
87300	873	—	1309	50	1746	—	436	50	87	30	174	60	218	30	261	90	436	50
87600	876	—	1314	—	1752	—	438	—	87	60	175	20	219	—	262	80	438	—
87900	879	—	1318	50	1758	—	439	50	87	90	175	80	219	80	263	70	439	50
88200	882	—	1323	—	1764	—	441	—	88	20	176	40	220	50	264	60	441	—
88500	885	—	1327	50	1770	—	442	50	88	50	177	—	221	30	265	50	442	50
88800	888	—	1332	—	1776	—	444	—	88	80	177	60	222	—	266	40	444	—
89100	891	—	1336	50	1782	—	445	50	89	10	178	20	222	80	267	30	445	50
89400	894	—	1341	—	1788	—	447	—	89	40	178	80	223	50	268	20	447	—
89700	897	—	1345	50	1794	—	448	50	89	70	179	40	224	30	269	10	448	50
90000	900	—	1350	—	1800	—	450	—	90	—	180	—	225	—	270	—	450	—
90300	903	—	1354	50	1806	—	451	50	90	30	180	60	225	80	270	90	451	50
90600	906	—	1359	—	1812	—	453	—	90	60	181	20	226	50	271	80	453	—
90900	909	—	1363	50	1818	—	454	50	90	90	181	80	227	30	272	70	454	50
91200	912	—	1368	—	1824	—	456	—	91	20	182	40	228	—	273	60	456	—
91500	915	—	1372	50	1830	—	457	50	91	50	183	—	228	80	274	50	457	50
91800	918	—	1377	—	1836	—	459	—	91	80	183	60	229	50	275	40	459	—

Gegen-stands-Summa	Werthgebühr Volle Art. 22. 40. 41. 50		Werthgebühr 1/2 Art. 25. 27. 29. 30. 38 Abs. 2		Werthgebühr 1/2 bis 2200 M. darüber 2/3 Art. 24		Werthgebühr 1 1/2 Art. 23		4/10 aus der vollen Werthgebühr Art. 45 Abs. 3		4/10 aus 2/3 Werthgebühr Art. 45 Abs. 3		Hinterlegungsgebühr Art. 100		Hinterlegungsgebühr Art. 101 a		Hinterlegungsgebühr Art. 101 b		Auseinandersetzungsgebühr 5/10 der Sätze des § 8 des Reichsgerichts-Kosten-Gesetzes		Auseinandersetzungsgebühr 2/10 der Sätze des § 8 des Reichsgerichts-Kosten-Gesetzes	
M	M	₰	M	₰	M	₰	M	₰	M	₰	M	₰	M	₰	M	₰	M	₰	M	₰	M	₰
80100	84	—	42	—	56	—	126	—	33	60	22	40	102	70	410	50	821	—	225	—	90	—
80400	84	—	42	—	56	—	126	—	33	60	22	40	103	—	412	—	824	—	225	—	90	—
80700	84	—	42	—	56	—	126	—	33	60	22	40	103	40	413	50	827	—	225	—	90	—
81000	84	—	42	—	56	—	126	—	33	60	22	40	103	80	415	—	830	—	225	—	90	—
81300	84	—	42	—	56	—	126	—	33	60	22	40	104	20	416	50	833	—	225	—	90	—
81600	84	—	42	—	56	—	126	—	33	60	22	40	104	50	418	—	836	—	225	—	90	—
81900	84	—	42	—	56	—	126	—	33	60	22	40	104	90	419	50	839	—	225	—	90	—
82200	84	—	42	—	56	—	126	—	33	60	22	40	105	30	421	—	842	—	230	—	92	—
82500	84	—	42	—	56	—	126	—	33	60	22	40	105	70	422	50	845	—	230	—	92	—
82800	84	—	42	—	56	—	126	—	33	60	22	40	106	—	424	—	848	—	230	—	92	—
83100	84	—	42	—	56	—	126	—	33	60	22	40	106	40	425	50	851	—	230	—	92	—
83400	84	—	42	—	56	—	126	—	33	60	22	40	106	80	427	—	854	—	230	—	92	—
83700	84	—	42	—	56	—	126	—	33	60	22	40	107	20	428	50	857	—	230	—	92	—
84000	84	—	42	—	56	—	126	—	33	60	22	40	107	50	430	—	860	—	230	—	92	—
84300	84	—	42	—	56	—	126	—	33	60	22	40	107	90	431	50	863	—	235	—	94	—
84600	84	—	42	—	56	—	126	—	33	60	22	40	108	30	433	—	866	—	235	—	94	—
84900	84	—	42	—	56	—	126	—	33	60	22	40	108	70	434	50	869	—	235	—	94	—
85200	84	—	42	—	56	—	126	—	33	60	22	40	109	—	436	—	872	—	235	—	94	—
85500	84	—	42	—	56	—	126	—	33	60	22	40	109	40	437	50	875	—	235	—	94	—
85800	84	—	42	—	56	—	126	—	33	60	22	40	109	80	439	—	878	—	235	—	94	—
86100	84	—	42	—	56	—	126	—	33	60	22	40	110	20	440	50	881	—	240	—	96	—
86400	84	—	42	—	56	—	126	—	33	60	22	40	110	50	442	—	884	—	240	—	96	—
86700	84	—	42	—	56	—	126	—	33	60	22	40	110	90	443	50	887	—	240	—	96	—
87000	84	—	42	—	56	—	126	—	33	60	22	40	111	30	445	—	890	—	240	—	96	—
87300	84	—	42	—	56	—	126	—	33	60	22	40	111	70	446	50	893	—	240	—	96	—
87600	84	—	42	—	56	—	126	—	33	60	22	40	112	—	448	—	896	—	240	—	96	—
87900	84	—	42	—	56	—	126	—	33	60	22	40	112	40	449	50	899	—	240	—	96	—
88200	84	—	42	—	56	—	126	—	33	60	22	40	112	80	451	—	902	—	245	—	98	—
88500	84	—	42	—	56	—	126	—	33	60	22	40	113	20	452	50	905	—	245	—	98	—
88800	84	—	42	—	56	—	126	—	33	60	22	40	113	50	454	—	908	—	245	—	98	—
89100	84	—	42	—	56	—	126	—	33	60	22	40	113	90	455	50	911	—	245	—	98	—
89400	84	—	42	—	56	—	126	—	33	60	22	40	114	30	457	—	914	—	245	—	98	—
89700	84	—	42	—	56	—	126	—	33	60	22	40	114	70	458	50	917	—	245	—	98	—
90000	84	—	42	—	56	—	126	—	33	60	22	40	115	—	460	—	920	—	245	—	98	—
90300	90	—	45	—	60	—	135	—	36	—	24	—	115	40	461	50	923	—	250	—	100	—
90600	90	—	45	—	60	—	135	—	36	—	24	—	115	80	463	—	926	—	250	—	100	—
90900	90	—	45	—	60	—	135	—	36	—	24	—	116	20	464	50	929	—	250	—	100	—
91200	90	—	45	—	60	—	135	—	36	—	24	—	116	50	466	—	932	—	250	—	100	—
91500	90	—	45	—	60	—	135	—	36	—	24	—	116	90	467	50	935	—	250	—	100	—
91800	90	—	45	—	60	—	135	—	36	—	24	—	117	30	469	—	938	—	250	—	100	—

Gegen-standS-Summa	Staatsgebühren						Besitz-veränderungs-abgabe		Staatsgebühren									
	1		1 1/2		2				1		2		2 1/2		3		5	
	Prozent								pro mille									
ℳ	ℳ	₰	ℳ	₰	ℳ	₰	ℳ	₰	ℳ	₰	ℳ	₰	ℳ	₰	ℳ	₰	ℳ	₰
92100	921	—	1381	50	1842	—	460	50	92	10	184	20	230	30	276	30	460	50
92400	924	—	1386	—	1848	—	462	—	92	40	184	80	231	—	277	20	462	—
92700	927	—	1390	50	1854	—	463	50	92	70	185	40	231	80	278	10	463	50
93000	930	—	1395	—	1860	—	465	—	93	—	186	—	232	50	279	—	465	—
93300	933	—	1399	50	1866	—	466	50	93	30	186	60	233	30	279	90	466	50
93600	936	—	1404	—	1872	—	468	—	93	60	187	20	234	—	280	80	468	—
93900	939	—	1408	50	1878	—	469	50	93	90	187	80	234	80	281	70	469	50
94200	942	—	1413	—	1884	—	471	—	94	20	188	40	235	50	282	60	471	—
94500	945	—	1417	50	1890	—	472	50	94	50	189	—	236	30	283	50	472	50
94800	948	—	1422	—	1896	—	474	—	94	80	189	60	237	—	284	40	474	—
95100	951	—	1426	50	1902	—	475	50	95	10	190	20	237	80	285	30	475	50
95400	954	—	1431	—	1908	—	477	—	95	40	190	80	238	50	286	20	477	—
95700	957	—	1435	50	1914	—	478	50	95	70	191	40	239	30	287	10	478	50
96000	960	—	1440	—	1920	—	480	—	96	—	192	—	240	—	288	—	480	—
96300	963	—	1444	50	1926	—	481	50	96	30	192	60	240	80	288	90	481	50
96600	966	—	1449	—	1932	—	483	—	96	60	193	20	241	50	289	80	483	—
96900	969	—	1453	50	1938	—	484	50	96	90	193	80	242	30	290	70	484	50
97200	972	—	1458	—	1944	—	486	—	97	20	194	40	243	—	291	60	486	—
97500	975	—	1462	50	1950	—	487	50	97	50	195	—	243	80	292	50	487	50
97800	978	—	1467	—	1956	—	489	—	97	80	195	60	244	50	293	40	489	—
98100	981	—	1471	50	1962	—	490	50	98	10	196	20	245	30	294	30	490	50
98400	984	—	1476	—	1968	—	492	—	98	40	196	80	246	—	295	20	492	—
98700	987	—	1480	50	1974	—	493	50	98	70	197	40	246	80	296	10	493	50
99000	990	—	1485	—	1980	—	495	—	99	—	198	—	247	50	297	—	495	—
99300	993	—	1489	50	1986	—	496	50	99	30	198	60	248	30	297	90	496	50
99600	996	—	1494	—	1992	—	498	—	99	60	199	20	249	—	298	80	498	—
99900	999	—	1498	50	1998	—	499	50	99	90	199	80	249	80	299	70	499	50
100200	1002	—	1503	—	2004	—	501	—	100	20	200	40	250	50	300	60	501	—
100500	1005	—	1507	50	2010	—	502	50	100	50	201	—	251	30	301	50	502	50
100800	1008	—	1512	—	2016	—	504	—	100	80	201	60	252	—	302	40	504	—
101100	1011	—	1516	50	2022	—	505	50	101	10	202	20	252	80	303	30	505	50
101400	1014	—	1521	—	2028	—	507	—	101	40	202	80	253	50	304	20	507	—
101700	1017	—	1525	50	2034	—	508	50	101	70	203	40	254	30	305	10	508	50
102000	1020	—	1530	—	2040	—	510	—	102	—	204	—	255	—	306	—	510	—
102300	1023	—	1534	50	2046	—	511	50	102	30	204	60	255	80	306	90	511	50
102600	1026	—	1539	—	2052	—	513	—	102	60	205	20	256	50	307	80	513	—
102900	1029	—	1543	50	2058	—	514	50	102	90	205	80	257	30	308	70	514	50
103200	1032	—	1548	—	2064	—	516	—	103	20	206	40	258	—	309	60	516	—
103500	1035	—	1552	50	2070	—	517	50	103	50	207	—	258	80	310	50	517	50
103800	1038	—	1557	—	2076	—	519	—	103	80	207	60	259	50	311	40	519	—

Gegen-standS-Summa	Werthgebühr								4/10 aus der vollen Werthgebühr		4/10 aus 2/3 Werthgebühr		Hinterlegungsgebühr						Auseinandersetzungsgebühr			
	Volle		1/2		1/2 bis 2200 M darüber 2/3		1 1/2												5/10		2/10	
	Art. 22. 40. 41. 50		Art. 25. 27. 29. 30. 38 Abs. 2		Art. 24		Art. 23		Art. 45 Abs. 3				Art. 100		Art. 101a		Art. 101b		der Sätze des § 8 des Reichsgerichts-Kosten-Gesetzes			
M	M	Pf	M	Pf	M	Pf	M	Pf	M	Pf	M	Pf	M	Pf	M	Pf	M	Pf	M	Pf	M	Pf
92100	90	—	45	—	60	—	135	—	36	—	24	—	117	70	470	50	941	—	255	—	102	—
92400	90	—	45	—	60	—	135	—	36	—	24	—	118	—	472	—	944	—	255	—	102	—
92700	90	—	45	—	60	—	135	—	36	—	24	—	118	40	473	50	947	—	255	—	102	—
93000	90	—	45	—	60	—	135	—	36	—	24	—	118	80	475	—	950	—	255	—	102	—
93300	90	—	45	—	60	—	135	—	36	—	24	—	119	20	476	50	953	—	255	—	102	—
93600	90	—	45	—	60	—	135	—	36	—	24	—	119	50	478	—	956	—	255	—	102	—
93900	90	—	45	—	60	—	135	—	36	—	24	—	119	90	479	50	959	—	255	—	102	—
94200	90	—	45	—	60	—	135	—	36	—	24	—	120	30	481	—	962	—	260	—	104	—
94500	90	—	45	—	60	—	135	—	36	—	24	—	120	70	482	50	965	—	260	—	104	—
94800	90	—	45	—	60	—	135	—	36	—	24	—	121	—	484	—	968	—	260	—	104	—
95100	90	—	45	—	60	—	135	—	36	—	24	—	121	40	485	50	971	—	260	—	104	—
95400	90	—	45	—	60	—	135	—	36	—	24	—	121	80	487	—	974	—	260	—	104	—
95700	90	—	45	—	60	—	135	—	36	—	24	—	122	20	488	50	977	—	260	—	104	—
96000	90	—	45	—	60	—	135	—	36	—	24	—	122	50	490	—	980	—	260	—	104	—
96300	90	—	45	—	60	—	135	—	36	—	24	—	122	90	491	50	983	—	265	—	106	—
96600	90	—	45	—	60	—	135	—	36	—	24	—	123	30	493	—	986	—	265	—	106	—
96900	90	—	45	—	60	—	135	—	36	—	24	—	123	70	494	50	989	—	265	—	106	—
97200	90	—	45	—	60	—	135	—	36	—	24	—	124	—	496	—	992	—	265	—	106	—
97500	90	—	45	—	60	—	135	—	36	—	24	—	124	40	497	50	995	—	265	—	106	—
97800	90	—	45	—	60	—	135	—	36	—	24	—	124	80	499	—	998	—	265	—	106	—
98100	90	—	45	—	60	—	135	—	36	—	24	—	125	20	500	50	1001	—	270	—	108	—
98400	90	—	45	—	60	—	135	—	36	—	24	—	125	50	502	—	1004	—	270	—	108	—
98700	90	—	45	—	60	—	135	—	36	—	24	—	125	90	503	50	1007	—	270	—	108	—
99000	90	—	45	—	60	—	135	—	36	—	24	—	126	30	505	—	1010	—	270	—	108	—
99300	90	—	45	—	60	—	135	—	36	—	24	—	126	70	506	50	1013	—	270	—	108	—
99600	90	—	45	—	60	—	135	—	36	—	24	—	127	—	508	—	1016	—	270	—	108	—
99900	90	—	45	—	60	—	135	—	36	—	24	—	127	40	509	50	1019	—	270	—	108	—
100200	96	—	48	—	64	—	144	—	38	40	25	60	127	80	511	—	1022	—	275	—	110	—
100500	96	—	48	—	64	—	144	—	38	40	25	60	128	20	512	50	1025	—	275	—	110	—
100800	96	—	48	—	64	—	144	—	38	40	25	60	128	50	514	—	1028	—	275	—	110	—
101100	96	—	48	—	64	—	144	—	38	40	25	60	128	90	515	50	1031	—	275	—	110	—
101400	96	—	48	—	64	—	144	—	38	40	25	60	129	30	517	—	1034	—	275	—	110	—
101700	96	—	48	—	64	—	144	—	38	40	25	60	129	70	518	50	1037	—	275	—	110	—
102000	96	—	48	—	64	—	144	—	38	40	25	60	130	—	520	—	1040	—	275	—	110	—
102300	96	—	48	—	64	—	144	—	38	40	25	60	130	40	521	50	1043	—	280	—	112	—
102600	96	—	48	—	64	—	144	—	38	40	25	60	130	80	523	—	1046	—	280	—	112	—
102900	96	—	48	—	64	—	144	—	38	40	25	60	131	20	524	50	1049	—	280	—	112	—
103200	96	—	48	—	64	—	144	—	38	40	25	60	131	50	526	—	1052	—	280	—	112	—
103500	96	—	48	—	64	—	144	—	38	40	25	60	131	90	527	50	1055	—	280	—	112	—
103800	96	—	48	—	64	—	144	—	38	40	25	60	132	30	529	—	1058	—	280	—	112	—

GegenstandsSumma	Staatsgebühren 1 Prozent		Staatsgebühren 1½ Prozent		Staatsgebühren 2 Prozent		Besitzveränderungsabgabe		Staatsgebühren 1 pro mille		Staatsgebühren 2 pro mille		Staatsgebühren 2½ pro mille		Staatsgebühren 3 pro mille		Staatsgebühren 5 pro mille	
ℳ	ℳ	₰	ℳ	₰	ℳ	₰	ℳ	₰	ℳ	₰	ℳ	₰	ℳ	₰	ℳ	₰	ℳ	₰
104100	1041	—	1561	50	2082	—	520	50	104	10	208	20	260	30	312	30	520	50
104400	1044	—	1566	—	2088	—	522	—	104	40	208	80	261	—	313	20	522	—
104700	1047	—	1570	50	2094	—	523	50	104	70	209	40	261	80	314	10	523	50
105000	1050	—	1575	—	2100	—	525	—	105	—	210	—	262	50	315	—	525	—
105300	1053	—	1579	50	2106	—	526	50	105	30	210	60	263	30	315	90	526	50
105600	1056	—	1584	—	2112	—	528	—	105	60	211	20	264	—	316	80	528	—
105900	1059	—	1588	50	2118	—	529	50	105	90	211	80	264	80	317	70	529	50
106200	1062	—	1593	—	2124	—	531	—	106	20	212	40	265	50	318	60	531	—
106500	1065	—	1597	50	2130	—	532	50	106	50	213	—	266	30	319	50	532	50
106800	1068	—	1602	—	2136	—	534	—	106	80	213	60	267	—	320	40	534	—
107100	1071	—	1606	50	2142	—	535	50	107	10	214	20	267	80	321	30	535	50
107400	1074	—	1611	—	2148	—	537	—	107	40	214	80	268	50	322	20	537	—
107700	1077	—	1615	50	2154	—	538	50	107	70	215	40	269	30	323	10	538	50
108000	1080	—	1620	—	2160	—	540	—	108	—	216	—	270	—	324	—	540	—
108300	1083	—	1624	50	2166	—	541	50	108	30	216	60	270	80	324	90	541	50
108600	1086	—	1629	—	2172	—	543	—	108	60	217	20	271	50	325	80	543	—
108900	1089	—	1633	50	2178	—	544	50	108	90	217	80	272	30	326	70	544	50
109200	1092	—	1638	—	2184	—	546	—	109	20	218	40	273	—	327	60	546	—
109500	1095	—	1642	50	2190	—	547	50	109	50	219	—	273	80	328	50	547	50
109800	1098	—	1647	—	2196	—	549	—	109	80	219	60	274	50	329	40	549	—
110100	1101	—	1651	50	2202	—	550	50	110	10	220	20	275	30	330	30	550	50
110400	1104	—	1656	—	2208	—	552	—	110	40	220	80	276	—	331	20	552	—
110700	1107	—	1660	50	2214	—	553	50	110	70	221	40	276	80	332	10	553	50
111000	1110	—	1665	—	2220	—	555	—	111	—	222	—	277	50	333	—	555	—
111300	1113	—	1669	50	2226	—	556	50	111	30	222	60	278	30	333	90	556	50
111600	1116	—	1674	—	2232	—	558	—	111	60	223	20	279	—	334	80	558	—
111900	1119	—	1678	50	2238	—	559	50	111	90	223	80	279	80	335	70	559	50
112200	1122	—	1683	—	2244	—	561	—	112	20	224	40	280	50	336	60	561	—
112500	1125	—	1687	50	2250	—	562	50	112	50	225	—	281	30	337	50	562	50
112800	1128	—	1692	—	2256	—	564	—	112	80	225	60	282	—	338	40	564	—
113100	1131	—	1696	50	2262	—	565	50	113	10	226	20	282	80	339	30	565	50
113400	1134	—	1701	—	2268	—	567	—	113	40	226	80	283	50	340	20	567	—
113700	1137	—	1705	50	2274	—	568	50	113	70	227	40	284	30	341	10	568	50
114000	1140	—	1710	—	2280	—	570	—	114	—	228	—	285	—	342	—	570	—
114300	1143	—	1714	50	2286	—	571	50	114	30	228	60	285	80	342	90	571	50
114600	1146	—	1719	—	2292	—	573	—	114	60	229	20	286	50	343	80	573	—
114900	1149	—	1723	50	2298	—	574	50	114	90	229	80	287	30	344	70	574	50
115200	1152	—	1728	—	2304	—	576	—	115	20	230	40	288	—	345	60	576	—
115500	1155	—	1732	50	2310	—	577	50	115	50	231	—	288	80	346	50	577	50
115800	1158	—	1737	—	2316	—	579	—	115	80	231	60	289	50	347	40	579	—

Gegen-stands-Summa	Werthgebühr: Volle (Art. 22. 40. 41. 50)		Werthgebühr: 1/2 (Art. 25. 27. 29. 30. 38 Abs. 2)		Werthgebühr: 1/2 bis 2200 ℳ, darüber 2/3 (Art. 24)		Werthgebühr: 1 1/2 (Art. 23)		4/10 aus der vollen Werthgebühr (Art. 45 Abs. 3)		4/10 aus 2/3 Werthgebühr (Art. 45 Abs. 3)		Hinterlegungsgebühr Art. 100		Hinterlegungsgebühr Art. 101 a		Hinterlegungsgebühr Art. 101 b		Auseinandersetzungsgebühr 5/10 der Sätze des § 8 des Reichsgerichts-Kosten-Gesetzes		Auseinandersetzungsgebühr 2/10 der Sätze des § 8 des Reichsgerichts-Kosten-Gesetzes	
ℳ	ℳ	₰	ℳ	₰	ℳ	₰	ℳ	₰	ℳ	₰	ℳ	₰	ℳ	₰	ℳ	₰	ℳ	₰	ℳ	₰	ℳ	₰
104100	96	—	48	—	64	—	144	—	38	40	25	60	132	70	530	50	1061	—	285	—	114	—
104400	96	—	48	—	64	—	144	—	38	40	25	60	133	—	532	—	1064	—	285	—	114	—
104700	96	—	48	—	64	—	144	—	38	40	25	60	133	40	533	50	1067	—	285	—	114	—
105000	96	—	48	—	64	—	144	—	38	40	25	60	133	80	535	—	1070	—	285	—	114	—
105300	96	—	48	—	64	—	144	—	38	40	25	60	134	20	536	50	1073	—	285	—	114	—
105600	96	—	48	—	64	—	144	—	38	40	25	60	134	50	538	—	1076	—	285	—	114	—
105900	96	—	48	—	64	—	144	—	38	40	25	60	134	90	539	50	1079	—	285	—	114	—
106200	96	—	48	—	64	—	144	—	38	40	25	60	135	30	541	—	1082	—	290	—	116	—
106500	96	—	48	—	64	—	144	—	38	40	25	60	135	70	542	50	1085	—	290	—	116	—
106800	96	—	48	—	64	—	144	—	38	40	25	60	136	—	544	—	1088	—	290	—	116	—
107100	96	—	48	—	64	—	144	—	38	40	25	60	136	40	545	50	1091	—	290	—	116	—
107400	96	—	48	—	64	—	144	—	38	40	25	60	136	80	547	—	1094	—	290	—	116	—
107700	96	—	48	—	64	—	144	—	38	40	25	60	137	20	548	50	1097	—	290	—	116	—
108000	96	—	48	—	64	—	144	—	38	40	25	60	137	50	550	—	1100	—	290	—	116	—
108300	96	—	48	—	64	—	144	—	38	40	25	60	137	90	551	50	1103	—	295	—	118	—
108600	96	—	48	—	64	—	144	—	38	40	25	60	138	30	553	—	1106	—	295	—	118	—
108900	96	—	48	—	64	—	144	—	38	40	25	60	138	70	554	50	1109	—	295	—	118	—
109200	96	—	48	—	64	—	144	—	38	40	25	60	139	—	556	—	1112	—	295	—	118	—
109500	96	—	48	—	64	—	144	—	38	40	25	60	139	40	557	50	1115	—	295	—	118	—
109800	96	—	48	—	64	—	144	—	38	40	25	60	139	80	559	—	1118	—	295	—	118	—
110100	102	—	51	—	68	—	153	—	40	80	27	20	140	20	560	50	1121	—	300	—	120	—
110400	102	—	51	—	68	—	153	—	40	80	27	20	140	50	562	—	1124	—	300	—	120	—
110700	102	—	51	—	68	—	153	—	40	80	27	20	140	90	563	50	1127	—	300	—	120	—
111000	102	—	51	—	68	—	153	—	40	80	27	20	141	30	565	—	1130	—	300	—	120	—
111300	102	—	51	—	68	—	153	—	40	80	27	20	141	70	566	50	1133	—	300	—	120	—
111600	102	—	51	—	68	—	153	—	40	80	27	20	142	—	568	—	1136	—	300	—	120	—
111900	102	—	51	—	68	—	153	—	40	80	27	20	142	40	569	50	1139	—	300	—	120	—
112200	102	—	51	—	68	—	153	—	40	80	27	20	142	80	571	—	1142	—	305	—	122	—
112500	102	—	51	—	68	—	153	—	40	80	27	20	143	20	572	50	1145	—	305	—	122	—
112800	102	—	51	—	68	—	153	—	40	80	27	20	143	50	574	—	1148	—	305	—	122	—
113100	102	—	51	—	68	—	153	—	40	80	27	20	143	90	575	50	1151	—	305	—	122	—
113400	102	—	51	—	68	—	153	—	40	80	27	20	144	30	577	—	1154	—	305	—	122	—
113700	102	—	51	—	68	—	153	—	40	80	27	20	144	70	578	50	1157	—	305	—	122	—
114000	102	—	51	—	68	—	153	—	40	80	27	20	145	—	580	—	1160	—	305	—	122	—
114300	102	—	51	—	68	—	153	—	40	80	27	20	145	40	581	50	1163	—	310	—	124	—
114600	102	—	51	—	68	—	153	—	40	80	27	20	145	80	583	—	1166	—	310	—	124	—
114900	102	—	51	—	68	—	153	—	40	80	27	20	146	20	584	50	1169	—	310	—	124	—
115200	102	—	51	—	68	—	153	—	40	80	27	20	146	50	586	—	1172	—	310	—	124	—
115500	102	—	51	—	68	—	153	—	40	80	27	20	146	90	587	50	1175	—	310	—	124	—
115800	102	—	51	—	68	—	153	—	40	80	27	20	147	30	589	—	1178	—	310	—	124	—

Gegen-standsSumma	Staatsgebühren 1 Prozent		Staatsgebühren 1 1/2 Prozent		Staatsgebühren 2 Prozent		Besitzveränderungsabgabe		Staatsgebühren 1 pro mille		Staatsgebühren 2 pro mille		Staatsgebühren 2 1/2 pro mille		Staatsgebühren 3 pro mille		Staatsgebühren 5 pro mille	
ℳ	ℳ	₰	ℳ	₰	ℳ	₰	ℳ	₰	ℳ	₰	ℳ	₰	ℳ	₰	ℳ	₰	ℳ	₰
116100	1161	—	1741	50	2322	—	580	50	116	10	232	20	290	30	348	30	580	50
116400	1164	—	1746	—	2328	—	582	—	116	40	232	80	291	—	349	20	582	—
116700	1167	—	1750	50	2334	—	583	50	116	70	233	40	291	80	350	10	583	50
117000	1170	—	1755	—	2340	—	585	—	117	—	234	–	292	50	351	—	585	—
117300	1173	—	1759	50	2346	—	586	50	117	30	234	60	293	30	351	90	586	50
117600	1176	—	1764	—	2352	—	588	—	177	60	235	20	294	—	352	80	588	—
117900	1179	—	1768	50	2358	—	589	50	117	90	235	80	294	80	353	70	589	50
118200	1182	—	1773	—	2364	—	591	—	118	20	236	40	295	50	354	60	591	—
118500	1185	—	1777	50	2370	—	592	50	118	50	237	—	296	30	355	50	592	50
118800	1188	—	1782	—	2376	—	594	—	118	80	237	60	297	—	356	40	594	—
119100	1191	—	1786	50	2382	—	595	50	119	10	238	20	297	80	357	30	595	50
119400	1194	—	1791	—	2388	—	597	—	119	40	238	80	298	50	358	20	597	—
119700	1197	—	1795	50	2394	—	598	50	119	70	239	40	299	30	359	10	598	50
120000	1200	—	1800	—	2400	—	600	—	120	—	240	—	300	—	360	—	600	—
130000	1300	—	1950	—	2600	—	650	—	130	—	260	—	325	—	390	—	650	—
140000	1400	—	2100	—	2800	—	700	—	140	—	280	—	350	—	420	—	700	—
150000	1500	—	2250	—	3000	—	750	—	150	—	300	—	375	—	450	—	750	—
160000	1600	—	2400	—	3200	—	800	—	160	—	320	—	400	—	480	—	800	—
170000	1700	—	2550	—	3400	—	850	—	170	—	340	—	425	—	510	—	850	—
180000	1800	—	2700	—	3600	—	900	—	180	—	360	—	450	—	540	—	900	—
190000	1900	—	2850	—	3800	—	950	—	190	—	380	—	475	—	570	—	950	—
200000	2000	—	3000	—	4000	—	1000	—	200	—	400	—	500	—	600	—	1000	—
210000	2100	—	3150	—	4200	—	1050	—	210	—	420	—	525	—	630	—	1050	—
220000	2200	—	3300	—	4400	—	1100	—	220	—	440	—	550	—	660	—	1100	—
230000	2300	—	3450	—	4600	—	1150	—	230	—	460	—	575	—	690	—	1150	—
240000	2400	—	3600	—	4800	—	1200	—	240	—	480	—	600	—	720	—	1200	—
250000	2500	—	3750	—	5000	—	1250	—	250	—	500	—	625	—	750	—	1250	—
260000	2600	—	3900	—	5200	—	1300	—	260	—	520	—	650	—	780	—	1300	—
270000	2700	—	4050	—	5400	—	1350	—	270	—	540	—	675	—	810	—	1350	—
280000	2800	—	4200	—	5600	—	1400	—	280	—	560	—	700	—	840	—	1400	—
290000	2900	—	4350	—	5800	—	1450	—	290	—	580	—	725	—	870	—	1450	—
300000	3000	—	4500	—	6000	—	1500	—	300	—	600	—	750	—	900	—	1500	—
310000	3100	—	4650	—	6200	—	1550	—	310	—	620	—	775	—	930	—	1550	—
320000	3200	—	4800	—	6400	—	1600	—	320	—	640	—	800	—	960	—	1600	—
330000	3300	—	4950	—	6600	—	1650	—	330	—	660	—	825	-	990	—	1650	—
340000	3400	—	5100	—	6800	—	1700	—	340	—	680	—	850	—	1020	—	1700	—
350000	3500	—	5250	—	7000	—	1750	—	350	—	700	—	875	—	1050	—	1750	—
360000	3600	—	5400	—	7200	—	1800	—	360	—	720	—	900	—	1080	—	1800	—
370000	3700	—	5550	—	7400	—	1850	—	370	—	740	—	925	—	1110	—	1850	—
380000	3800	—	5700	—	7600	—	1900	—	380	—	760	—	950	—	1140	—	1900	—

Gegen-stands-Summa	Werthgebühr: Volle (Art. 22. 40. 41. 50)		Werthgebühr: 1/2 (Art. 25. 27. 29. 30. 33 Abs. 2)		Werthgebühr: 1/2 bis 2200 M, darüber 2/3 (Art. 24)		Werthgebühr: 1 1/2 (Art. 23)		4/10 aus der vollen Werthgebühr (Art. 45 Abs. 3)		4/10 aus 2/3 Werthgebühr (Art. 45 Abs. 3)		Hinterlegungsgebühr (Art. 100)		Hinterlegungsgebühr (Art. 101 a)		Hinterlegungsgebühr (Art. 101 b)		Auseinandersetzungsgebühr 5/10 der Sätze des § 8 des Reichsgerichts-Kosten-Gesetzes		Auseinandersetzungsgebühr 2/10 der Sätze des § 8 des Reichsgerichts-Kosten-Gesetzes	
M	M	Pf	M	Pf	M	Pf	M	Pf	M	Pf	M	Pf	M	Pf	M	Pf	M	Pf	M	Pf	M	Pf
116100	102	—	51	—	68	—	153	—	40	80	27	20	147	70	590	50	1181	—	315	—	126	—
116400	102	—	51	—	68	—	153	—	40	80	27	20	148	—	592	—	1184	—	315	—	126	—
116700	102	—	51	—	68	—	153	—	40	80	27	20	148	40	593	50	1187	—	315	—	126	—
117000	102	—	51	—	68	—	153	—	40	80	27	20	148	80	595	—	1190	—	315	—	126	—
117300	102	—	51	—	68	—	153	—	40	80	27	20	149	20	596	50	1193	—	315	—	126	—
117600	102	—	51	—	68	—	153	—	40	80	27	20	149	50	598	—	1196	—	315	—	126	—
117900	102	—	51	—	68	—	153	—	40	80	27	20	149	90	599	50	1199	—	315	—	126	—
118200	102	—	51	—	68	—	153	—	40	80	27	20	150	30	601	—	1202	—	320	—	128	—
118500	102	—	51	—	68	—	153	—	40	80	27	20	150	70	602	50	1205	—	320	—	128	—
118800	102	—	51	—	68	—	153	—	40	80	27	20	151	—	604	—	1208	—	320	—	128	—
119100	102	—	51	—	68	—	153	—	40	80	27	20	151	40	605	50	1211	—	320	—	128	—
119400	102	—	51	—	68	—	153	—	40	80	27	20	151	80	607	—	1214	—	320	—	128	—
119700	102	—	51	—	68	—	153	—	40	80	27	20	152	20	608	50	1217	—	320	—	128	—
120000	102	—	51	—	68	—	153	—	40	80	27	20	152	50	610	—	1220	—	320	—	128	—
130000	108	—	54	—	72	—	162	—	43	20	28	80	165	—	660	—	1320	—	345	—	138	—
140000	114	—	57	—	76	—	171	—	45	60	30	40	177	50	710	—	1420	—	370	—	148	—
150000	120	—	60	—	80	—	180	—	48	—	32	—	190	—	760	—	1520	—	395	—	158	—
160000	126	—	63	—	84	—	189	—	50	40	33	60	202	50	810	—	1620	—	420	—	168	—
170000	132	—	66	—	88	—	198	—	52	80	35	20	215	—	860	—	1720	—	445	—	178	—
180000	138	—	69	—	92	—	207	—	55	20	36	80	227	50	910	—	1820	—	470	—	188	—
190000	144	—	72	—	96	—	216	—	57	60	38	40	240	—	960	—	1920	—	495	—	198	—
200000	150	—	75	—	100	—	225	—	60	—	40	—	252	50	1010	—	2020	—	520	—	208	—
210000	156	—	78	—	104	—	234	—	62	40	41	60	265	—	1060	—	2120	—	545	—	218	—
220000	162	—	81	—	108	—	243	—	64	80	43	20	277	50	1110	—	2220	—	570	—	228	—
230000	168	—	84	—	112	—	252	—	67	20	44	80	290	—	1160	—	2320	—	595	—	238	—
240000	174	—	87	—	116	—	261	—	69	60	46	40	302	50	1210	—	2420	—	620	—	248	—
250000	180	—	90	—	120	—	270	—	72	—	48	—	315	—	1260	—	2520	—	645	—	258	—
260000	186	—	93	—	124	—	279	—	74	40	49	60	327	50	1310	—	2620	—	670	—	268	—
270000	192	—	96	—	128	—	288	—	76	80	51	20	340	—	1360	—	2720	—	695	—	278	—
280000	198	—	99	—	132	—	297	—	79	20	52	80	352	50	1410	—	2820	—	720	—	288	—
290000	204	—	102	—	136	—	306	—	81	60	54	40	365	—	1460	—	2920	—	745	—	298	—
300000	210	—	105	—	140	—	315	—	84	—	56	—	377	50	1510	—	3020	—	770	—	308	—
310000	216	—	108	—	144	—	324	—	86	40	57	60	390	—	1560	—	3120	—	795	—	318	—
320000	222	—	111	—	148	—	333	—	88	80	59	20	402	50	1610	—	3220	—	820	—	328	—
330000	228	—	114	—	152	—	342	—	91	20	60	80	415	—	1660	—	3320	—	845	—	338	—
340000	234	—	117	—	156	—	351	—	93	60	62	40	427	50	1710	—	3420	—	870	—	348	—
350000	240	—	120	—	160	—	360	—	96	—	64	—	440	—	1760	—	3520	—	895	—	358	—
360000	246	—	123	—	164	—	369	—	98	40	65	60	452	50	1810	—	3620	—	920	—	368	—
370000	252	—	126	—	168	—	378	—	100	80	67	20	465	—	1860	—	3720	—	945	—	378	—
380000	258	—	129	—	172	—	387	—	103	20	68	80	477	50	1910	—	3820	—	970	—	388	—

GegenstandsSumma	Staatsgebühren						Besitzveränderungsabgabe		Staatsgebühren									
	1		1 ½		2				1		2		2 ½		3		5	
	Prozent								pro mille									
ℳ	ℳ	₰	ℳ	₰	ℳ	₰	ℳ	₰	ℳ	₰	ℳ	₰	ℳ	₰	ℳ	₰	ℳ	₰
390000	3900	—	5850	—	7800	—	1950	—	390	—	780	—	975	—	1170	—	1950	—
400000	4000	—	6000	—	8000	—	2000	—	400	—	800	—	1000	—	1200	—	2000	—
410000	4100	—	6150	—	8200	—	2050	—	410	—	820	—	1025	—	1230	—	2050	—
420000	4200	—	6300	—	8400	—	2100	—	420	—	840	—	1050	—	1260	—	2100	—
430000	4300	—	6450	—	8600	—	2150	—	430	—	860	—	1075	—	1290	—	2150	—
440000	4400	—	6600	—	8800	—	2200	—	440	—	880	—	1100	—	1320	—	2200	—
450000	4500	—	6750	—	9000	—	2250	—	450	—	900	—	1125	—	1350	—	2250	—
460000	4600	—	6900	—	9200	—	2300	—	460	—	920	—	1150	—	1380	—	2300	—
470000	4700	—	7050	—	9400	—	2350	—	470	—	940	—	1175	—	1410	—	2350	—
480000	4800	—	7200	—	9600	—	2400	—	480	—	960	—	1200	—	1440	—	2400	—
490000	4900	—	7350	—	9800	—	2450	—	490	—	980	—	1225	—	1470	—	2450	—
500000	5000	—	7500	—	10000	—	2500	—	500	—	1000	—	1250	—	1500	—	2500	—
1000000	10000	—	15000	—	20000	—	5000	—	1000	—	2000	—	2500	—	3000	—	5000	—
2000000	20000	—	30000	—	40000	—	10000	—	2000	—	4000	—	5000	—	6000	—	10000	—
3000000	30000	—	45000	—	60000	—	15000	—	3000	—	6000	—	7500	—	9000	—	15000	—
4000000	40000	—	60000	—	80000	—	20000	—	4000	—	8000	—	10000	—	12000	—	20000	—
5000000	50000	—	75000	—	100000	—	25000	—	5000	—	10000	—	12500	—	15000	—	25000	—

Gegenstands-Summa	Werthgebühr								4/10 aus der vollen Werthgebühr		4/10 aus 2/3 Werthgebühr		Hinterlegungsgebühr						Auseinandersetzungsgebühr			
	Volle		1/2		1/2 bis 2200 M., darüber 2/3		1 1/2												5/10		2/10	
	Art. 22. 40. 41. 50		Art. 25. 27. 29. 30. 38 Abs. 2		Art. 24		Art. 23		Art. 45 Abs. 3				Art. 100		Art. 101a		Art. 101b		der Sätze des § 8 des Reichsgerichts-Kosten-Gesetzes			
M	M	Pf	M	Pf	M	Pf	M	Pf	M	Pf	M	Pf	M	Pf	M	Pf	M	Pf	M	Pf	M	Pf
390000	264	—	132	—	176	—	396	—	105	60	70	40	490	—	1960	—	3920	—	995	—	398	—
400000	270	—	135	—	180	—	405	—	108	—	72	—	502	50	2010	—	4020	—	1020	—	408	—
410000	271	—	135	50	180	70	406	50	108	40	72	30	515	—	2060	—	4120	—	1045	—	418	—
420000	272	—	136	—	181	40	408	—	108	80	72	60	527	50	2110	—	4220	—	1070	—	428	—
430000	273	—	136	50	182	—	409	50	109	20	72	80	540	—	2160	—	4320	—	1095	—	438	—
440000	274	—	137	—	182	70	411	—	109	60	73	10	552	50	2210	—	4420	—	1120	—	448	—
450000	275	—	137	50	183	40	412	50	110	—	73	40	565	—	2260	—	4520	—	1145	—	458	—
460000	276	—	138	—	184	—	414	—	110	40	73	60	577	50	2310	—	4620	—	1170	—	468	—
470000	277	—	138	50	184	70	415	50	110	80	73	90	590	—	2360	—	4720	—	1195	—	478	—
480000	278	—	139	—	185	40	417	—	111	20	74	20	602	50	2410	—	4820	—	1220	—	488	—
490000	279	—	139	50	186	—	418	50	111	60	74	40	615	—	2460	—	4920	—	1245	—	498	—
500000	280	—	140	—	186	70	420	—	112	—	74	70	627	50	2510	—	5020	—	1270	—	508	—
1000000	330	—	165	—	220	—	495	—	132	—	88	—	1252	50	5010	—	10020	—	2520	—	1008	—
2000000	430	—	215	—	286	70	645	—	172	—	114	70	2502	50	10010	—	20020	—	5020	—	2008	—
3000000	530	—	265	—	353	40	795	—	212	—	141	40	3752	50	15010	—	30020	—	7520	—	3008	—
4000000	630	—	315	—	420	—	945	—	252	—	168	—	5002	50	20010	—	40020	—	10020	—	4008	—
5000000	730	—	365	—	486	70	1095	—	292	—	194	70	6252	50	25010	—	50020	—	12520	—	5008	—

FSC
www.fsc.org
MIX
Papier | Fördert gute Waldnutzung
FSC® C083411

Kolibri 360 GmbH
Ferdinand-Jühlke-Straße 7
99095 Erfurt, Deutschland
produktsicherheit@kolibri360.de